Andrei S. Markovits / Philip S. Gorski

# Grün schlägt Rot

Rotbuch Verlag

Andrei S. Markovits / Philip S. Gorski

# Grün schlägt Rot

## Die deutsche Linke nach 1945

Aus dem Englischen
von Ilse Utz

Rotbuch Verlag

Die Deutsche Bibliothek – CIP-Einheitsaufnahme

Markovits, Andrei S.:
Grün schlägt rot / Markovits/Gorski. Aus dem Amerikan. von
Ilse Utz. – Hamburg : Rotbuch Verlag, 1997
Einheitssacht.: The German left <dt.>
ISBN 3-88022-465-X
NE: Gorski, Philip S.:

1. Auflage 1997

Originaltitel: The German Left. Red, Green, and Beyond,
Polity Press

Der Epilog wurde von Andrei Markovits
eigens für die deutsche Ausgabe geschrieben.
Umschlaggestaltung: Groothuis + Malsy, Bremen
unter Verwendung zweier Fotos von Jupp H. Darchinger
und Burckhard Kretschmann
Herstellung: Das Herstellungsbüro, Hamburg
Satz: Greiner & Reichel, Köln
Druck und Bindung: Clausen & Bosse, Leck
Printed in Germany
ISBN 3-88022-465-X

# Inhalt

**Anhang** 459

# Vorwort und Danksagung

Es ist durchaus passend, daß ich diese nachdenklichen Worte des Dankes im kalifornischen Santa Cruz schreibe, wo die ersten konkreten Schritte zu diesem Buch eingeleitet wurden. Wie ich im Vorwort zu meiner Monographie über die westdeutschen Gewerkschaften *(The Politics of the West German Trade Unions: Strategies of Class and Interest Representation in Growth and Crisis)* dargestellt habe, interessierten mich – als Wissenschaftler, der sich hauptsächlich mit europäischer Politik befaßt – besonders zwei Fragen, die einen großen Teil meiner Forschungsarbeit ausmachten: Wodurch unterscheidet sich die Bundesrepublik von den vorausgegangenen politischen Formationen in der deutschen Geschichte des 20. Jahrhunderts? Sind diese unterschiedlichen Institutionen und Werte so fest verankert, daß sie eine Zukunft garantieren können, die frei von den Schrecken der Vergangenheit wäre? Dann legte ich dar, daß meine Arbeit über die westdeutschen Gewerkschaften der erste Teil einer wissenschaftlichen Trilogie waren, die befriedigende empirische Antworten auf diese Fragen suchte. Der zweite Teil, zu dem 1986 schon beträchtliche Vorarbeiten vorlagen, bestand in einer umfangreichen Untersuchung über die Linke in der Bundesrepublik, insbesondere über ihre intellektuellen und vielfältigen politischen Ausdrucksformen nach den epochemachenden Ereignissen der späten 60er Jahre. Das vorliegende Buch ist das Ergebnis meiner Bemühungen.

Niemand hat die Durchführung und Vollendung dieses Projekts hilfreicher unterstützt als mein lieber Freund und geschätzter Kollege Joel Krieger. Wir waren beide von meinem Kollegen Michael Brown zu einer Konferenz mit dem Thema »Ende des Sozialstaats?« eingeladen worden, die Michael Anfang Juni 1985 an der University of California in Santa Cruz organisiert hatte. Joel sollte auf der Konferenz über Großbritannien, ich über die Bundesrepublik referieren. Wir teilten ein Hotelzimmer in Santa Cruz, so daß wir viele Gelegenheiten hatten, nicht nur über unsere Konferenzbeiträge zu diskutieren, sondern auch ausführlich ein Thema zu besprechen, das von entscheidender Bedeutung für unsere Identität als Wissenschaftler, Akademiker und aktiv Beteiligte war: das Schicksal der Linken in den Vereinigten Staaten und in Europa. Im Laufe dieser wunderbaren Gespräche und Diskussionen erfuhr Joel von meiner Absicht, eine ausführliche Untersuchung über die Linke in der Bundesrepublik, insbesondere in ihrer nach-68er und grünen Ausformung zu verfassen. Von jenem Juni 1985 in Santa Cruz bis zur Fertigstellung des Buches fast acht Jahre später hat mich Joel in einzigartiger Weise ermutigt. Nicht ein einziges Mal geriet seine Unterstützung des Projekts ins Wanken, und er wurde nie ungeduldig, wenn ich zum wiederholten Mal den Zeitplan nicht einhielt. Seit ich Joel im Oktober 1975 am Center for European Studies der Harvard University begegnet war, kannte ich ihn als erstklassigen Wissenschaftler, vorzüglichen Kenner britischer Politik, produktiven Autor und zuverlässigen Freund. Aber erst bei der Abfassung dieses Buches lernte ich Joels bewundernswerte Fähigkeiten als akademischer Lehrer kennen, dessen Ausdauer, Einfühlungsvermögen und Nachdenklichkeit die Vollendung dieses Projekts erst ermöglicht haben.

Wie in allen Bereichen meines geistigen und privaten Lebens spielte das Center for European Studies in Harvard auch bei der Entstehung und Durchführung dieser Arbeit eine sehr wichtige Rolle. Die einzigartige, von seinem Präsidenten Stanley Hoffmann, dem Direktor Guido Goldmann und der stellvertretenden Direktorin Abby Collins so hervorragend gestaltete und gepflegte Atmosphäre hat es mir ermöglicht, auf dem Gebiet europäischer Politik wissenschaftlich zu arbeiten. Dazu kamen Treffen mit begabten Studenten – ob mit und ohne akademischen Abschluß –, die aufgrund ihres Interesses für europäische Entwicklungen jahrelang mit mir zusammenarbeiteten. Einer dieser Studenten war Philip Gorski, der Mitautor dieses Buches. Ich traf Phil im Januar 1985, als er mich bat, ihm bei der Formulierung einiger Gedanken über die Grünen zu helfen. Er wollte im Sommer in Deutschland ein Projekt durchführen, das er am Harvard College möglicherweise zu seiner Diplomarbeit ausbauen konnte. Von unserer ersten Begegnung an, die passenderweise im Peasant Stock, dem damals einzigen »grünen« Restaurant in Cambridge stattfand, das unterdessen leider zugemacht hat, wuchs zwischen Phil und mir eine intellektuelle und persönliche Beziehung, die seither besteht. Da ich Phils Doktorarbeit betreute und selbst an einem ähnlichen Thema arbeitete, stellten wir im Spätfrühjahr 1985 fest, daß wir Aufstieg und Bedeutung der Grünen und ihres Milieus ähnlich interpretierten, nämlich mehr als Folge der politischen Transformation der deutschen Linken denn als Resultat einer ökologischen Krise des Kapitalismus. Dank Joels Ermutigung wurde aus Phils informeller Zusammenarbeit mit mir ein Buchprojekt.

Ein Fulbright-Darlehen und ein Stipendium der National Science Foundation ermöglichten Phil, zwei Jahre in Deutschland zu verbringen, in denen er bei Jürgen Habermas in Frankfurt studierte und Material für unser Buch sammelte. Die ersten Entwürfe wurden zwischen Cambridge und Frankfurt hin und her geschickt, und meine häufigen Besuche in Deutschland waren kurze, aber nützliche Brainstorming-Treffen, die manchmal in einem der Aufenthaltsräume des Frankfurter Flughafens stattfanden. Da Phil nach Berkeley ging, wo ihn im Zusammenhang mit seiner Promotion in Soziologie viel Arbeit erwartete, und ich von den vielen Dingen in Beschlag genommen war, die ein Professorendasein mit sich bringt, ruhte das Projekt eine ganze Weile, wenn es auch nie ganz begraben wurde.

Das Center for European Studies erwies sich abermals als idealer Ort, um dem Vorhaben neuen Schwung zu geben. Die Bibliothek, mit vielen aktuellen deutschen Publikationen bestückt, zahlreiche Besucher aus Deutschland, die ständigen Mitarbeiter und die Gäste von anderen amerikanischen Universitäten schufen eine geistig so anregende Atmosphäre und boten so viel wissenschaftliche Unterstützung, daß ich in den letzten Jahren immer wieder gern zu diesem Projekt zurückkehrte. Vor allem sind im Center auch große studentische Talente zu entdecken, und diese Studenten haben ebenfalls zur Fertigstellung der Arbeit beigetragen. Ich möchte hier Karen Donfried nennen, die im Zuge ihrer Promotionsvorbereitungen an der Fletscher School for Law and Diplomacy der Tufts University äußerst wertvolle Arbeit leistete, indem sie Hunderte von Zeitungsausschnitten und andere Informationsquellen kategorisierte. Gregory Wilpert von der Brandeis University hat am Kapitel über die K-Gruppen und den Terrorismus mitgearbeitet. Susanne Altenberger, ebenfalls von der Brandeis University, war an dem Kapitel über die ostdeutschen Grünen beteiligt.

Dieses Buch wäre nicht ohne die Hilfe von zwei äußerst begabten jungen Frauen zum Abschluß gebracht worden. Beth Noveck, damals an der Harvard, jetzt an der Yale University, und Manik Hinchey von der Yale University, waren sowohl hervorragende angehende Sozialwissenschaftlerinnen als auch anspruchsvolle Lektorinnen, die Phil und mir halfen, unsere verschiedenen Entwürfe über einen Kontinent hinweg aufeinander abzustimmen, neue Passagen zu schreiben, wo dies notwendig war, und revisionswürdige umzuschreiben. Durch ihre Mitwirkung an diesem Buch wurden beide Frauen enge Freundinnen und haben auch bei weiteren Projekten mitgearbeitet. Beth hat mit mir eine längere Arbeit über das schwierige Verhältnis zwischen Juden und Deutschen verfaßt, die in einem unter der Schirmherrschaft des Holocaust Memorial Center stehenden, von David Wyman herausgegebenen und von der John Hopkins University Press veröffentlichten Sammelband erschienen ist. Diese Untersuchung bildet den dritten Teil meiner Trilogie über Nachkriegsdeutschland und die wichtigsten Aspekte und Institutionen seiner Demokratie – leider auch den am wenigsten optimistischen. Manik arbeitet weiter mit mir an der Erforschung der politischen Rolle Deutschlands im neuen Europa, die ebenfalls wenig erfreulich ist. Beths und Maniks Intellekt, Fleiß, Humor und Engagement erinnern ständig an die seltenen Augenblicke, in denen es wirklich ein Privileg und eine Freude ist, Lehrer zu sein. Zudem möchte ich meinen tiefempfundenen Dank gegenüber dem Program for the Study of Germany and Europe beim Center for European Studies der Harvard University ausdrücken, dessen großzügige finanzielle Unterstützung es mir ermöglicht hat, diese begabten jungen Leute an verschiedenen Phasen dieses Projekts zu beteiligen. Zum Schluß danke ich den wunderbaren Menschen bei Polity Press in England. David Helds ermutigende Faxe, Debbie Seymours und Gil Motleys Kompetenz und herrlicher Sinn für Humor machten alle Formen der Kommunikation über den Atlantik hinweg ebenso angenehm wie effizient. Zu besonderem Dank bin ich Ann Bone verpflichtet. Sie hat als Lektorin eine so eindrucksvolle und sorgfältige Arbeit geleistet und mit bewundernswerter und mir bis dahin in diesem Maße noch nicht begegneten Fähigkeit den Text stilistisch verbessert und klarer gemacht. Besonders Anns gleichbleibende Heiterkeit und Freundlichkeit bei unseren zahllosen Telefongesprächen zu jeder Tages- und

Nachtzeit lernte ich schätzen. Auch David Roll von Oxford University Press in New York erwies sich als aufmerksamer und ermutigender Lektor. Die Vorzüge dieses Buches sind zu einem großen Teil ebenso sein Verdienst wie das aller hier erwähnten Personen. Für die Mängel bin allein ich verantwortlich.

In diesem kurzen Beisatz zur deutschen Ausgabe möchte ich die Gelegenheit wahrnehmen, vier Personen für ihre Unterstützung dieses Unterfangens zu danken. Mein erster Dank gilt Peter Hammans, der sich als Lektor des Rotbuch Verlages entschied, unser Buch auf Deutsch zu veröffentlichen, um es einem interessierten deutschsprachigen Publikum vorzustellen. Im Laufe der Produktion der deutschen Ausgabe erwies er sich stets als sachkundiger und hilfreicher Begleiter auf einem langen und manchmal holprigen Weg. Ilse Utz übersetzte den englischen Text mit viel Können und Sprachgefühl. Neben seinen intellektuellen Fähigkeiten und vielen anderen positiven Eigenschaften bewies Arthur Heinrich einmal mehr eine tiefgehende und aufrichtige Freundschaft mir gegenüber, indem er Teile des deutschen Manuskripts gegenlas und mit bedenkenswerten Bemerkungen und Korrekturen versah. Schließlich danke ich an dieser Stelle Volker Bahl, einem deutschen Linken im besten Sinne, für seine nun bereits fast fünfundzwanzig Jahre währende Freundschaft und Unterstützung. Seine wöchentlichen transatlantischen Sendungen zahlreicher relevanter Texte aus dem politischen, sozialen und kulturellen Geschehen der Bundesrepublik bedeuten zwar einen von mir überaus geschätzten, aber trotzdem nur oberflächlichen Ausdruck einer tiefen intellektuellen Wahlverwandtschaft, die ich hoffentlich noch lange Jahre mit ihm teilen darf.

Andrei S. Markovits

# Einleitung

Dieses Buch soll vor allem Antworten auf einige einfache Fragen geben: Warum haben die Grünen im Laufe der 80er Jahre die Politik in der Bundesrepublik Deutschland entscheidend verändert? Wie haben sie es geschafft, den Stil und die politischen Inhalte der deutschen Linken tiefgreifend umzumodeln? Und schließlich: Was hat die deutschen Grünen zu den wichtigsten und profiliertesten Vertretern einer neuen Politik in den hochentwickelten kapitalistischen Staaten gemacht, einer häufig als »postmodern« charakterisierten Politik, womit die schwindende Bedeutung der traditionellen Kategorien des politischen Denkens und Handelns gemeint ist? Schlicht ausgedrückt: Was hat die Grünen zur einflußreichsten Anti-Establishment-Partei in Europa, vielleicht sogar in der gesamten industriellen, kapitalistischen Welt gemacht?

Es liegt auf der Hand, daß diese Fragen einen komparativen Ansatz erfordern. Wir wollen die Entwicklung der deutschen Grünen auf einer allgemeinen und einer besonderen Ebene untersuchen. In diesem Einleitungsteil konzentrieren wir uns hauptsächlich auf die erste Ebene. Unserer Meinung nach lassen sich eine Reihe von unabhängigen Variablen ausmachen, die zum Aufstieg grüner Politik in den meisten wirtschaftlich entwickelten Staaten beigetragen haben.[1] Trotz beträchtlicher Unterschiede in ihrer Stärke und inhaltlichen Orientierung ist es den grünen Parteien gelungen, den politischen Diskurs und den »politischen Raum« in sämtlichen industriell fortgeschrittenen Ländern einschließlich Japans zu verändern. Es sieht tatsächlich so aus, als hätten die grünen Parteien und Bewegungen jene gesellschaftlichen Konfliktmuster und parteipolitischen Strukturen, die die Politik in diesen Gesellschaften seit dem Ende des Ersten Weltkrieges bestimmt haben, dauerhaft verändert.[2] Obwohl die Hauptlinien der Politik noch immer entlang der alten Achse des Gegensatzes zwischen Unternehmer und Arbeiter verlaufen (d. h. sich im wesentlichen um Konfliktlösungsstrategien im Bereich von Produktion und (Um-)Verteilung drehen), sind neue »postindustrielle« Konflikte entstanden, die hauptsächlich die Verbesserung (bzw. Erhaltung) von Umwelt und Lebensqualität sowie Fragen des (Null-) Wachstums betreffen.

Während die Entwicklung des politischen Potentials der Grünen teilweise auf säkulare Trends zurückzuführen ist, wurde die Institutionalisierung dieses Potentials stark durch innenpolitische Umstände beeinflußt. Daher werden wir im zweiten Teil der Einleitung zu erklären versuchen, warum die grünen Parteien im Laufe der 70er und 80er Jahre – in der goldenen Ära der grünen Bewegung – in manchen Ländern zu wichtigen politischen Akteuren wurden und in anderen nicht. Mit anderen Worten, wir werden versuchen, die Faktoren herauszuarbeiten, die zur erfolgreichen »Parteibildung« der Grünen beigetragen haben.

Im dritten Teil der Einleitung – sowie in einem großen Teil dieses Buches – untersuchen wir die Grünen in der Bundesrepublik Deutschland, insbesondere ihre deutsche Spezifik. Unter deutscher Spezifik verstehen wir vor allem die Besonderheiten der politischen Entwicklung in Deutschland seit dem Zweiten Weltkrieg, aber wir verstehen darunter auch das schreckliche historische Erbe, das der Krieg selbst hinterlassen hat. Wir wagen die kühne Behauptung, daß es direkte – wenn auch zumeist versteckte – Verbindungslinien zwischen Auschwitz und den Grünen gibt. Diese Verbindung, so glauben wir, hat die deutschen Grünen sowohl für die Beteiligten als auch für die Beobachter zu einem komplexen, mißverstandenen, unheimlichen und widersprüchlichen Phänomen gemacht und zu ihrer politischen Bedeutung in und außerhalb der Bundesrepublik beigetragen. In gewissem Sinne betrachten wir die Grünen also als eine besondere historische Ausdrucksform der deutschen Linken und somit als eine weitere komplizierte Facette der ewigen »deutschen Frage«. Die Komplexität der deutschen Geschichte im 20. Jahrhundert und ihr Hineinwirken in die Gegenwart ist an der Tatsache erkennbar, daß es erst am 3. Oktober 1990 wieder ein »Gesamtdeutschland« gab. Vom Mai 1949 bis zum 3. Oktober 1990 umfaßten die von den Vereinigten Staaten, Großbritannien und Frankreich nach der deutschen Niederlage von 1945 besetzten Zonen das, was als Bundesrepublik Deutschland bekannt und kurz Westdeutschland genannt wurde. Als Reaktion auf die Schaffung der Bundesrepublik durch die Westmächte entstand in der sowjetisch besetzten Zone Anfang Oktober 1949 die Deutsche Demokratische Republik, auch Ostdeutschland genannt. Nach der Implosion dieses Gebildes und seiner Übernahme durch Westdeutschland bezieht sich der Ausdruck »Bundesrepublik Deutschland« jetzt auf den Osten wie den Westen Deutschlands. In unserer Analyse meint der Ausdruck »Bundesrepublik« zumeist nur Westdeutschland, aber in vielen Fällen auch das seit kurzem wiedervereinigte Ost- und Westdeutschland. Wir glauben, daß es dem Leser nicht schwerfällt, den Unterschied zu erkennen, da die Kontexte für Klarheit sorgen. Dennoch spiegeln die Doppeldeutigkeit des Begriffs und die dadurch ausgelöste gelegentliche Verwirrung die realen Verhältnisse sehr gut wider, da ein Ländername wie »Bundesrepublik« in der Tat mehrdeutig ist. Weil vergleichbare Unklarheiten im Falle »Frankreich«, »Italien«, »Vereinigte Staaten« oder »Mexiko« nicht aufkommen, ist dies ein Hinweis auf die teilweise ungelöste Komplexität der »deutschen Frage«. Damit sind die Schwierigkeiten und Probleme deutscher Identität und Politik im 20. Jahrhundert angedeutet, von denen die Grünen einen wesentlichen Teil bilden.

In diesem Buch geht es uns darum, das sich verändernde Gesicht einer der wichtigsten und traditionsreichsten Linken in Europa zu beschreiben und zu analysieren. Vor dem Aufstieg der Grünen verfolgte die Linke in Deutschland und anderswo eine Politik des »Fortschritts«, ausgerichtet an den Zielen sozialer Gleichheit und politischer Gerechtigkeit. Obwohl es sich um universalistische Ziele handelt, setzte die Linke in bezug auf deren Verwirklichung hauptsächlich auf die Arbeiterklasse. Linksgerichtete Intellektuelle hatten seit dem 19. Jahrhundert die Arbeiterklasse als den Hauptträger des historischen Wandels betrachtet. In Deutschland, der Geburtsstätte des Sozialismus marxistischer Prägung, hatte das symbiotische Verhältnis zwischen Klasseninteresse und sozialem Fortschritt eine besondere Bedeutung. Der Nationalsozialismus war teilweise eine Gegenreaktion auf die wachsende politische Macht der Arbeiterklasse in Deutschland. Während die Naziherrschaft die Auffassungen der deutschen Linken stark beeinflußte, wurde das enge und als selbstverständlich geltende Verhältnis zwischen der Linken und der Arbeiterbewegung erst in den 80er Jahren ernsthaft in Frage gestellt. Das »Ergrünen« der deutschen Linken bedeutete nicht das Verschwinden »roter« Politik. Aber von nun an wurde die deutsche Linke zunehmend »farbiger«.

Die schwindende Hegemonie der roten Linken wurde teilweise durch Veränderungen in der kapitalistischen Produktion hervorgerufen. Schon in den späten 60er Jahren vollzogen sich grundlegende strukurelle Veränderungen, die zu einer immer stärkeren Fragmentierung der Arbeiterklasse führten. Gleichzeitig änderte sich durch die Entwicklungen im Bereich der Produktion auch die soziale Zusammensetzung der Arbeiterklasse. So führte der Übergang vom früheren System der bis ins kleinste durchorganisierten Massenproduktion am Fließband, häufig als Fordismus bezeichnet, zu einer stärker gruppenorientierten und flexiblen Produktionsform (Postfordismus) und zu einer entsprechenden Verschiebung innerhalb der Arbeiterklasse. Die »klassischen« oder »fordistischen« Arbeiter – hauptsächlich gelernte männliche Fabrikarbeiter in der Schwerindustrie – wurden von den »postfordistischen« Arbeitern zurückgedrängt, zu denen hochspezialisierte Facharbeiter, Büroangestellte und Beschäftigte im öffentlichen Dienst gehörten. Diese bildeten zusammen die »neue Klasse«, sie unterschied sich in ihrer sozialen Zusammensetzung, ihren politischen Bestrebungen und kulturellen Ausdrucksformen grundlegend von ihrem »alten« industriellen Vorgängermodell. Im Zuge des Übergangs vom Fordismus zum Postfordismus bildete sich ein soziales Milieu heraus, das zum neuen Adressaten von Arbeiterpolitik wurde.

Während dieser Übergang im Westen einen erheblichen Umbruch darstellte, verstärkte er im Osten eine schon zunehmende wirtschaftliche Stagnation. Der plötzliche Zusammenbruch des sogenannten real existierenden Sozialismus im Jahre 1989 hatte sich schon lange vorher abgezeichnet, der Zeitpunkt allerdings stand im Zusammenhang mit der Unfähigkeit dieses Systems, sich den Veränderungen des global operierenden Kapitalismus anzupassen.

Die sich verschärfende Krise des Sozialismus leninistischer Prägung hatte tiefgreifende Auswirkungen auf die gesamte westeuropäische Linke. Aber auch hier fiel der Bundesrepublik Deutschland eine Sonderrolle zu. Kein anderes westliches Land wurde so direkt und nachhaltig durch die Revolution in Osteuropa beeinflußt wie sie. Umgekehrt hatten linke Visionen in keinem anderen mittel- oder osteuropäischen Land »nach dem Zusammenbruch« eine solche Hegemonie wie in der Deutschen Demokratischen Republik. Während der schrittweisen Absetzung der SED-Herrschaft einte Akademiker und Intellektuelle dort die Hoffnung auf einen »dritten Weg« zwischen Kapitalismus und Staatssozialismus. Obwohl die Hoffnung dieses »dritten Weges« mit der Bürgerbewegung der ehemaligen DDR rasch von der Bildfläche des neu vereinten Landes verschwand, ist es bemerkenswert, wie sehr sich die Werte des Sozialismus einer hohen Legitimation und Beliebtheit in den fünf neuen Ländern erfreuen – besonders im Vergleich zu anderen Ländern des ehemaligen realen Sozialismus.

## Was waren die strukturellen Voraussetzungen für die Herausbildung grüner Politik in den fortgeschrittenen kapitalistischen Gesellschaften?

*Die Erfahrungen der 60er Jahre.* Wie durch viele Veranstaltungen und Rückblicke »zwanzig Jahre danach« in den USA, Frankreich, Italien, Deutschland und anderswo belegt wurde, waren die »Sechziger« eine Art Wasserscheide in der politischen Geschichte des Westens. Nicht von ungefähr sprechen die Menschen immer noch nostalgisch oder verächtlich von dieser Zeit, denn die späten 60er Jahre führten bei einem Großteil der Öffentlichkeit zu einer tiefgreifenden Veränderung von Werten, Ideologie und Politik.

Die Sechziger wecken freilich nicht nur die Erinnerung an einen Zeitabschnitt, sondern auch an eine Generation. 1968 – wie 1848 – betrat eine neue Generation die politische Bühne, die durch ihre politischen Anschauungen und ihren Aktivismus das Establishment herausforderte. Die Achtundsechziger *(les soixante-huitards)* waren in erster Linie ein demographisches Phänomen. In den späten 40er und frühen 50er Jahren geboren, waren sie das Ergebnis des Babybooms, der dem Zweiten Weltkrieg folgte. Sie ließen sich aber nicht allein demographisch definieren; vielmehr konstituierten ihre gemeinsamen Lebenserfahrungen sie als Generation.[3] In einer Zeit aufgewachsen, die durch beispiellosen Wohlstand und ungewohnte Stabilität gekennzeichnet war, revoltierten die Angehörigen dieser Generation gegen den Konformismus und die Selbstzufriedenheit ihrer Eltern. Sie drängten auf neuen Wagemut und Optimismus in allen Lebensbereichen, besonders aber in der Politik.[4]

*Die neue Klasse.* In den letzten fünfundzwanzig Jahren vollzog sich in der Klassenstruktur der fortgeschrittenen kapitalistischen Gesellschaften eine radikale Veränderung. Auf der einen Seite verlor die traditionelle Arbeiterklasse – das heißt, die männlichen Fabrikarbeiter – rasch an Bedeutung. Auf der anderen Seite nahm die Zahl der Angestellten durch die Ausweitung des Dienstleistungssektors gewaltig zu. Da die soziale Basis der traditionellen Linken schrumpfte, rückte die politische Orientierung dieser »neuen Klasse« zunehmend ins Blickfeld.

In den späten 60er Jahren existierte bereits eine umfangreiche Literatur zu dieser Frage.[5] Während sich die meisten Autoren über den Umfang der Veränderung einig waren, stimmten nur wenige in bezug auf die damit verbundenen politischen Implikationen überein. Optimisten behaupteten, daß die »neue Arbeiterklasse« ein radikalisierendes Element in die »alte« Arbeiterklasse bringen würde, die sich immer stärker an bürgerliche Werte und Lebensformen anpaßte. Das Ende des »Endes der Ideologie« stünde kurz bevor.[6] Eine monotone und fremdbestimmte Arbeitswelt, so die zuversichtliche Argumentation, führe bei der »neuen Mittelschicht« zu einer größeren Entfremdung als bei ihren Vorgängern. Dadurch sowie aufgrund ihres höheren Bildungsstandes seien die Mitglieder dieser Klasse weniger angepaßt und unterwürfig, als es die traditionelle Arbeiterklasse offensichtlich inzwischen geworden war.

Pessimistischere Interpreten meinten, von dieser »neuen Klasse« ginge ein entradikalisierender und entideologisierender Einfluß aus.[7] Gestützt auf Erkenntnisse, denen zufolge Mobilität nach oben und Angestelltentätigkeit Konformismus und Mäßigung förderten, konzentrierten sie sich auf die dieser sozialen Entwicklung innewohnende Tendenz zur politischen Mitte.[8] Dieser Argumentation zufolge wären den neuen Angestellten aufgrund ihrer selbstbewußten Mittelstandsidentität die Anliegen der traditionellen Arbeiterklasse fremd, was wiederum zur Folge hätte, daß die Fabrikarbeiter noch mehr zurückstecken würden.

Mit den eben geschilderten Entwicklungen ging in den 60er Jahren ein starker Ausbau des Bildungswesens einher. Der von der Babyboom-Generation ausgehende quantitative Druck, die wachsende Nachfrage nach hochqualifizierten Arbeitskräften und die Bildungspolitik reformfreudiger Landesregierungen spielten dabei eine Rolle.

Hochschulen und Universitäten, die lange Zeit den Sprößlingen einer kleinen, askriptiven Elite klassische Bildung vermittelt hatten, boten jetzt zunehmend fachspezifische Ausbildungen und berufsorientierte Studiengänge an, zugeschnitten auf eine größere, quasi-meritokratische Schicht von Managern und Bürokraten. Dieser Trend zur Vermassung und Taylorisierung der Universität rief den gemeinsamen – und oft erfolgreichen – Widerstand der Studenten hervor. Eine Bildungsreform war daher sowohl Ursache als auch Folge der 60er Jahre.

In den späten 60er Jahren wuchsen die Unklarheiten über den gesellschaftlichen Stellenwert der Universitäten. Waren sie zuallerst Orte der Grundlagenforschung, die von den politischen Aktivitäten ihrer jeweiligen Regierungen unberührt blieben? Oder waren sie aufgrund des steigenden Anteils der angewandten Forschung längst Partner, wenngleich Juniorpartner, der Regierungen in der Innen- und Außenpolitik geworden? (Dies war ein wichtiges Thema bei der Studentenrevolte in den Vereinigten Staaten und in der Bundesrepublik, das in Frankreich und Italien aber weniger Bedeutung hatte.) Waren die Universitäten in erster Linie Lehr- oder Forschungseinrichtungen? Wie sahen geeignete Lehrpläne für eine rasch wachsende und sozial differenziertere Studentenschaft aus? Sollten die Universitäten Bastionen einer klassischen humanistischen Bildung bleiben oder der Berufsvorbereitung dienen? Wer sollte darüber entscheiden? Der Kampf um die Universität weitete sich auf andere Themen aus und politisierte viele Studenten.

In der Vergangenheit hatten Studenten an der Spitze vieler sozialer Bewegungen gestanden.[9] Aber in den 60er Jahren erlangten sie eine bis dahin nicht gekannte Bedeutung. Das war zuerst auf ihr rein zahlenmäßiges Gewicht zurückzuführen, ergab sich aber auch aus dem hohen Stellenwert der universitären Ausbildung in den entwickelten kapitalistischen Gesellschaften. Die »Megaversität« war immer unentbehrlicher geworden – als ein Ort der Forschung, Lehre, Ausbildung, Strategieentwicklung, Integration und Entscheidungsfindung in der modernen Gesellschaft.[10] Eines der charakteristischen Merkmale des modernen Kapitalismus war das Vorhandensein eines breit gefächerten und vielseitigen höheren Bildungssystems.

Unabhängig von der Entwicklung der Universitäten im Laufe der 60er Jahre wurden sie in jedem Fall bürokratischer. Und damit entfaltete sich auch dort die Dialektik, die allen Bürokratien innewohnt. Durch die Aufnahme von bislang ausgeschlossenen sozialen Gruppen erfüllte die bürokratisierte Universität eine wichtige Demokratisierungsaufgabe. Insbesondere in Europa führten Reformen dazu, daß in den 60er Jahren – und danach – Kinder aus der Mittelschicht und der unteren Mittelschicht sowie eine beträchtliche Zahl von Arbeiterkindern Zugang zu den Universitäten erhielten – und zwar als Studenten, nicht als Hausmeister. (Das soll nicht heißen, daß aus den Universitäten egalitäre Institutionen wurden. Und die Einführung von Leistungsmechanismen – ihrerseits das Ergebnis der Lehrplanreformen – trug zur Perpetuierung und Legitimierung der bestehenden Ungleichheiten bei.[11])

Dennoch veränderte die Bürokratisierung Auftrag, Form und das gesamte Erscheinungsbild der Universität – sowie die Art und Weise der Aneignung höherer Bildung. Denn indem die Bürokratie Größe, Distanz und Unpersönlichkeit förderte, verstärkte sie die Entfremdung zwischen den Studenten, und das sogar bei Studierenden ein und derselben Fakultät. Für viele schien die »Megaversität« nur ein anderer Zweig der »Kulturindustrie« zu sein. Wie der Staat, die multinationalen Konzerne, politischen Parteien, Kirchen und Gewerkschaften war die Universität eine weitere auf Bewußtseinskontrolle ausgerichtete Institution.

Aber bei ebendiesen bürokratischen Institutionen und insbesondere beim Staat fanden diese neuen Universitätsabsolventen in den frühen 70er Jahren Arbeit. Sie wurden Lehrer, Verwaltungsfachleute, Erzieher und Sozialarbeiter in dem schnell wachsenden und weitverzweigten öffentlichen Sektor und bildeten den Kern dessen, was Claus Offe und andere zutreffend als »dekommodifizierte« Arbeitskräfte bezeichneten.[12] Wie wir noch sehen werden, gewannen die Grünen in Westdeutschland und anderswo aus diesem Milieu ihre meisten Aktivisten, Mitglieder, Wähler und Sympathisanten.[13] So war auch in dieser Hinsicht der Aufstieg der Grünen untrennbar mit der Ausweitung des Wohlfahrtsstaates und den etatistischen Reformen aufgeklärter Technokraten im Gefolge der Studentenrevolten verbunden.

*Der Postfordismus und das Ende des sozialdemokratischen Kompromisses.* Die »materielle Basis« für Reformen im höheren Bildungswesen und für die Ausweitung des staatlichen Sektors in den späten 60er und frühen 70er Jahren bildete ein allgemeiner Wirtschaftsboom. Der Wohlstand steigerte die Erwartungen. In Ländern wie der Bundesrepublik und Italien wurden die Arbeiter aufmüpfig. Unter Führung der Gewerkschaften forderten sie unter Hinweis auf die stark gestiegenen Gewinne beträchtliche Lohnerhöhungen. Die September-Streiks in Westdeutschland und der »heiße Herbst« in Italien, bei denen Streiks unter gewerkschaftlicher Führung und die Militanz der Arbeiterklasse beispiellose Vorteile für die organisierten Arbeiter erreichten, schufen eine theoretische und strategische Verbindung zwischen derjenigen Linken, die die Sache der traditionellen Produktionsarbeiter vertrat, und derjenigen, die für die Interessen der neuen Angestelltenschicht eintrat. Die erfolgreiche Mobilisierung der Arbeiter sorgte mit dafür, daß die alten leninistischen Ideen für die entstehenden Studentenbewegungen wieder interessant wurden und ihre Nachfolger zu diversen leninistischen Interpretationen des Marxismus inspirierten: In Berlin, Paris und Mailand mündete das in die Gründung kommunistischer Splittergruppen.

In den späten 60er und frühen 70er Jahren erkämpften die Gewerkschaften die größten Lohnerhöhungen der Nachkriegszeit[14], was sicherlich durch den allgemeinen Wohlstand und die angespannte Arbeitsmarktlage ermöglicht wurde. Aber der Erfolg und der Charakter dieser Mobilisierung der Arbeiter ging auch zu einem großen Teil auf die Studentenrebellionen zurück. Radikale Studenten, die als angestellte Wirtschaftsfachleute arbeiteten oder andere intellektuelle, oft sozialwissenschaftlich geprägte Aufgaben übernahmen, schlossen sich der Arbeiterklasse an und veränderten den Forderungskatalog der abhängig Beschäftigten. Wie immer, blieb das Verhältnis zwischen marxistischen Intellektuellen und Gewerkschaftsfunktionären gespannt, aber der Einfluß der Intellektuellen führte zu neuen Akzenten in den Tarifverhandlungen und bei den Forderungen an den Staat. Fragen nach der Qualität des Arbeitslebens, Demokratie am Arbeitsplatz, Mitbestimmung und Kontrolle über die Produktion wurden in den meisten westeuropäischen Ländern und, in geringerem Maße, in den Vereinigten Staaten allmählich zum Gegenstand ernsthafter Diskussionen.[15]

Zur gleichen Zeit durchlief die kapitalistische Produktionsweise tiefgreifende Veränderungen. Wie man es auch nennen mag – »postindustriell«, »technologisch-elektronisch« oder anders –, in der

Geschichte des Kapitalismus hatte zweifellos eine neue Epoche begonnen.[16] Von größter Bedeutung für diesen Prozeß war der zentrale Stellenwert von Information und Wissen. Die neuen Entwicklungen veränderten nicht nur die soziale Zusammensetzung der Arbeiterklasse (wie oben erwähnt), sondern auch das Bewußtsein der Bürger; sie beseitigten die bestehende Trennung zwischen privater und öffentlicher Sphäre und beeinflußten letztlich Form und Inhalt der Politik insgesamt. Es war eine von grenzenlosem Optimismus erfüllte Zeit, die mit der Mitte der 70er Jahre ausbrechenden Krise enden sollte.

Der Zusammenbruch des Systems von Bretton Woods im Jahre 1971, das in der gesamten Nachkriegsperiode bis dahin den Rahmen für die internationalen Handels- und Finanzgeschäfte abgegeben hatte, markierte das Ende einer Ära. Plötzlich geriet die keynesianische Vollbeschäftigungspolitik, die auf dem Primat des Konsums und einer Strategie des nachfrageinduzierten Wachstums basierte –, die dem sozialdemokratischen Politikverständnis der 60er Jahre entsprochen hatte – an allen Fronten in ernsthafte Schwierigkeiten. Der Wirtschaftsboom der späten 60er und frühen 70er Jahre und die amerikanischen Ausgaben für den Vietnamkrieg heizten die Inflation an. Vielleicht noch wichtiger aber war, daß der Motor des Keynesianismus – ein nachhaltiges, nachfrageinduziertes makroökonomisches Wachstum – nach dem ersten Ölpreisschock zum Jahreswechsel 1973/74 plötzlich zum Stillstand kam und seine frühere Dynamik und Stetigkeit nie mehr zurückgewann. Verschiedene Sparmaßnahmen, die sich aus (neo-)korporatistischen Konfliktbewältigungskonzepten ergaben, ersetzten den Keynesianismus als vorherrschende Wirtschaftsstrategie der meisten kapitalistischen Länder. Das korporatistische System bedeutete eine enge institutionelle Zusammenarbeit jener Eliten, die die Interessen von Kapital, Arbeit und Staat vertraten. Dieses Dreier-Verhältnis nahm formelle und informelle Formen an und beeinflußte viele Politikfelder, von der Wirtschafts und Sozialpolitik bis hin zur Außen- und Kulturpolitik. Aufgrund der Stagnation bzw. der Verlangsamung des Wirtschaftswachstums wurde es immer schwieriger, die großzügige Verteilungspolitik fortzusetzen, die beträchtlich zum politischen Erfolg der Sozialdemokratie beigetragen hatte. Ironischerweise traf das Gürtel-enger-Schnallen die überzeugtesten Anhänger der Sozialdemokratie am härtesten. Die Arbeiter wurden aufgefordert, ihre Lohnforderungen zu reduzieren und Reformerwartungen gegenüber dem Staat herunterzuschrauben. Da Sparen auf der Tagesordnung stand, wurden Sozialausgaben, die den sozial und ökonomisch weniger gut gestellten Schichten dieser Länder zugute kommen sollten, stark gekürzt oder ganz gestrichen.[17] Neben der Arbeiterklasse waren es auch die »Kinder der Sozialdemokratie«, um Willy Brandts Charakterisierung zu verwenden, die unter diesen Kürzungen zu leiden hatten. Denn die Senkung der Ausgaben für den öffentlichen Sektor machte auch den Beschäftigten im Gesundheits- und Sozialbereich, den Bürokraten in wohlfahrtsstaatlichen Einrichtungen, den Bafög-Studenten und den Stipendiaten zu schaffen. Die dekommodifizierte Arbeit, weitgehend ein Produkt sozialdemokratischer Reformbemühungen, wurde plötzlich selbst Opfer der sozialdemokratischen Etatkürzungen. (Obwohl sozialdemokratische Parteien beispielsweise in Frankreich und Italien nicht die Regierung stellten, war dies insofern ein Zeitalter der Sozialdemokratie, als die soziale Demokratie mehr ein ökonomisches Arrangement als Ergebnis der formellen Ausübung der Staatsmacht durch eine sozialdemokratische oder sozialistische Partei war.)

Gleichzeitig attackierte die Rechte den sozialdemokratischen Etatismus. Die Konservativen boten statt dessen verschiedene neoliberale und neokonservative Wirtschaftsstrategien an, die den Primat des Marktes als wichtigsten Ort und Motor der Produktion und der Verteilung von Wirtschaftsgütern betonten. Nach dem zweiten Ölpreisschock von 1979 begann fast jedes kapitalistische Land, seine Wirtschaftsstrategie auf den Markt auszurichten. Wenn die anti-etatistische Rhetorik in Großbritannien unter Margret Thatcher und in Amerika unter Ronald Reagan auch am stärksten ausgeprägt war – in ganz Westeuropa wurde eine marktorientierte und monetaristische Politik betrieben, unabhängig davon, welche Partei die Macht hatte.

Die ökonomische Krise und der offensichtliche Mangel an Allheilmitteln lösten auch auf der Linken kritische Reaktionen aus. Die Ölkrisen machten vielen Menschen im Westen klar, daß genau das Gut, das das industrielle Wachstum der Nachkriegszeit buchstäblich angeheizt hatte, begrenzt und der Kontrolle der Ersten Welt weitgehend entzogen war. Die Erkenntnis von den Grenzen des Wirtschaftswachstums mündete in eine heftige normative Kritik am Wachstum überhaupt.

Ein zentrales Moment in diesem Prozeß des Umdenkens auf der Linken war der Unfall auf Three Mile Island im März 1979. Gerade als die Technokraten die Atomenergie als potentiellen Ersatz für das Öl und als Grundlage der energiepolitischen Unabhängigkeit der kapitalistischen Welt anpriesen, bestätigte dieser Zwischenfall die Ängste und Sorgen, die die Öffentlichkeit seit langem bezüglich der Atomenergie umtrieben. Die Entlegitimierung der Atomenergie ließ bei vielen Menschen Fragen nach der Machbarkeit und der Wünschbarkeit eines ständigen Wirtschaftswachstums aufkommen, jenes zentralen Punktes, der Sozialdemokraten aller Richtungen lange Zeit geeint hatte.

Die Frage des Wachstums und seiner potentiellen Rolle bei der Schaffung einer besseren Gesellschaft wurde das zentrale Problem, an dem sich die Geister der »alten« (roten) und der »neuen« (grünen) Linken schieden. So fand im Laufe der späten 70er und frühen 80er Jahre der Antikapitalismus vieler Achtundsechziger seinen Ausdruck in der Ablehnung eines ungezügelten Wirtschaftswachstums. Gleichzeitig spülte die Welle der Antiwachstums-Einstellung eine neue Generation von Protestierern (und mitunter auch Angehörige der älteren Generation) in die Umweltschutz- und Anti-Atomkraft-Bewegungen. Die engagiertesten und lautstärksten Teile der Linken wurden schnell grün.

Diese ideologische Verschiebung innerhalb der Linken entsprach den Veränderungen, die sich in der Struktur des Kapitalismus vollzogen. Auf der einen Seite stand die Globalisierung der Märkte. Auf der anderen Seite wuchs die Regionalisierung der industriellen Produktion. Diese beiden Entwicklungen – die eine von oben, die andere von unten[18] – unterminierten die etatistisch ausgerichteten politischen und ökonomischen Strategien der alten Linken rasch. Die Bürokratie war nicht nur undemokratisch, sondern auch ineffektiv geworden. Eine »postfordistische« Wirtschaftspolitik erfordert soziale und politische Regelungen, die sich vom keynesianischen Wohlfahrtsstaat und von der industriellen Massenproduktion unterscheiden. Wie die neokonservativen »marktorientierten« Strategien kann die grüne Aufforderung »global denken und lokal handeln« als Reaktion auf die postfordistische Welt gesehen werden.

*Der Verschleiß der klassischen Ideologie.* Die großen Ideologien, die die Nachkriegsära beherrscht haben – Liberalismus, Marxismus-Leninismus und Sozialdemokratismus – entstanden allesamt im 19. Jahrhundert. Im Kampf gegen den Faschismus gingen sie ein kurzlebiges Bündnis ein, dessen Zusammenbruch die Ära des kalten Krieges einläutete. Der von Amerika repräsentierte Liberalismus stand dem von der Sowjetunion verkörperten Marxismus-Leninismus gegenüber, und die Sozialdemokratie stand geographisch und politisch zwischen beiden. Diese Ideologien wurden vor allem in den letzten zehn Jahren durch tiefe, in einigen Fällen sogar vernichtende Krisen in Frage gestellt.

Die Krise des Liberalismus war unlösbar mit der Krise Amerikas als weltweit führender demokratischer Macht verbunden. Die Vereinigten Staaten erlitten im Vietnamkrieg ihren ersten Legitimitätsverlust. Dies und die darauffolgenden außenpolitischen Abenteuer von kürzerer Dauer und geringerem Umfang machten vielen Menschen klar, daß ein im Inneren liberal-demokratisches Land in seinen außenpolitischen Beziehungen durchaus imperial(istisch) auftreten konnte. Dieser Prestigeverlust war jedoch weitgehend auf eine verhältnismäßig kleine Schicht von Studenten, Intellektuellen und Radikalen beschränkt. Erst einige politische Skandale und soziale Mißstände, die Amerika in den 70er und 80er Jahren zu schaffen machten – Watergate, Irangate, die steigende Kriminalität in den Städten, Drogen, der Zerfall amerikanischer Innenstädte, Obdachlosigkeit, Armut und ein allgemeiner Niedergang des Bürgersinns – führten auch in der breiteren Bevölkerung zu Enttäuschung, ja sogar zu Zynismus. Mitte der 80er Jahre büßte Amerika zudem seine bis dahin eindeutige wirtschaftliche Vormachtstellung ein. Riesige und anscheinend nicht behebbare Defizite in der Zahlungs- und Handelsbilanz sowie wirtschaftliche Erfolge der Japaner und der »vier Tiger« in Asien schienen ebenfalls die Schwäche des amerikanischen politischen Systems deutlich zu machen. Die Vereinigten Staaten blieben zwar weiterhin die weitaus wichtigste kapitalistische Macht; ihre moralische Führungsrolle büßte jedoch an Legitimation ein und konnte auch durch positive Ereignisse der 80er und 90er Jahre nicht vollständig wettgemacht werden.

Es bleibt abzuwarten, ob dies eine Krise der amerikanischen politischen Ökonomie oder des Liberalismus per se ist, aber der schmachvolle und endgültige Untergang des Marxismus-Leninismus steht völlig außer Zweifel. Mit dem Zusammenbruch der Sowjetunion im Dezember 1991 hat er als Modell für die wirtschaftliche, politische und soziale Entwicklung seinen empirischen Bezugspunkt verloren. Die Ernüchterung über den real existierenden Sozialismus sowjetischer Spielart begann in – zugegebenermaßen begrenzten – Teilen der europäischen Linken jedoch viel früher. Als die Rote Armee 1968 den Prager Frühling brutal niederschlug, war die Sowjetunion für die ersten grünen Segmente der Linken schon zu einem Anti-Modell geworden. Trotz eines kurzen, auf kleine Gruppen beschränkten Wiederauflebens des kommunistischen Sektierertums hatte die Sowjetunion in den 70er Jahren für die meisten fortschrittlichen Menschen im Westen einen entscheidenden Legitimitätsverlust in bezug auf ihren Modellcharakter erlitten. Die demokratische Rhetorik verdeckte notdürftig eine unflexible Gerontokratie, die persönliche Wahlmöglichkeiten, die Freiheit des Individuums und kritisches Denken von einer schwerfälligen und ineffektiven Bürokratie ersticken ließ. Nach ihren anfänglichen Fortschritten bei der Industrialisierung (erreicht durch Zwangskollektivierungen auf Kosten von Millionen von Menschenleben) und der technischen Entwicklung (symbolisiert durch den Sputnik) blieb die Sowjetunion hoffnungslos hinter dem Westen zurück – ein überaus »produktiver« Umweltverschmutzer und Produzent von Atomenergie. Wenn die Aversion der Linken gegen den Kommunismus sicher stets schwächer ausgeprägt war als ihre negativen Gefühle gegenüber dem Liberalismus, so konnte diese Linke der Sowjetunion erst mit den Friedensinitiativen von Michail Gorbatschow etwas abgewinnen. Abgesehen davon, daß der Zusammenbruch der UdSSR das Wort »Sozialismus« auf Jahrzehnte hinaus diskreditiert hat – der europäischen Linken und den entwickelten Industrieländern hat er nur wenig Positives hinterlassen. Wie schon erwähnt wurden die sozialdemokratischen Reformbemühungen Mitte der 70er Jahre durch eine lange und schwere Wirtschaftskrise verlangsamt, gestoppt und sogar rückgängig gemacht. Und in Anbetracht der strukturellen Veränderungen in der Weltwirtschaft – Übergang zum Postfordismus – ist unklar, ob das alte Rezept aus Keynesianismus und Umverteilung noch greift.[19] Jedenfalls hatten zu Anfang der 80er Jahre große Teile der Linken ihre Aufmerksamkeit auf »postmaterielle« Themen wie

Frieden, Umwelt und individuelle Autonomie gerichtet, die über die üblichen »materiellen« Anliegen hinausgingen. Die kritischen Grünen brachten nicht nur neue Schwerpunkte in die Diskussion ein. Sie hinterfragten auch das unklare und zusammengewürfelte politische Konzept der Sozialdemokratie mitsamt deren Weltsicht: ihr Vertrauen in Bürokratie und Technik, ihre Betonung von Wohlstand und Sicherheit, ihre Auffassung von Fortschritt und Universalismus. Damit griff das grüne Denken in seinen pointiertesten Ausdrucksformen die in der Aufklärung liegenden Wurzeln der Sozialdemokratie an.

*Postmaterialismus und die neuen sozialen Bewegungen.* In den 70er Jahren stellten Forscher eine dramatische Hinwendung zu »postmateriellen« Werten, Präferenzen und Lebensweisen fest. Von besonderer politischer Relevanz war die veränderte Einstellung zum Verhältnis zwischen privatem und öffentlichem Bereich. Die traditionellen Grenzen, die für die moderne liberale Ordnung so wesentlich waren, wurden fließend oder gänzlich neu gezogen, so daß ein verwirrendes Werte- und Traditionsgefüge entstand, das später »postmodern« genannt werden sollte. Postmaterielle Wertorientierungen – und mit ihnen ein neues Verständnis von öffentlich und privat – schienen bei der (wachsenden) Minderheit von jungen, akademisch gebildeten, dekommodifizierten Menschen am ausgeprägtesten zu sein. Während Ursprung und Charakter der postmateriellen Werte weiterhin diskutiert wurden, waren diese Werte[20] – darin zeigten sich die meisten Forscher einig – den materialistischen Werten der Sozialdemokratie diametral entgegengesetzt. Deshalb fand der Postmaterialismus seinen stärksten politischen Ausdruck außerhalb der etablierten Linken, nämlich in dem bunten Gemisch der »neuen sozialen Bewegungen«.

Eine Fülle von Literatur hat sich mit den »neuen sozialen Bewegungen« befaßt[21], besonders in jenen Ländern, in denen die Bewegungen am stärksten waren, beispielsweise in der Bundesrepublik.[22] Der interessanteste Aspekt dieser Untersuchungen ist vielleicht die Diskussion über die »Neuheit« dieser Bewegungen, d. h. die Frage, worin sie sich von »alten« Bewegungen und insbesondere von der Arbeiterbewegung unterscheiden. Anstatt diese Diskussion ausführlich wiederzugeben, wollen wir lediglich einige Merkmale dieser Bewegungen beschreiben, denen die Wissenschaftler[23] das Attribut »neu« gegeben haben.

Im Gegensatz zu den alten Bewegungen, die sich auf die Ausweitung von Rechten konzentrierten, richten die neuen sozialen Bewegungen ihre Energie auf die Ausweitung von »Autonomie«. Legt man T.H. Marshalls Trilogie von politischen, sozialen und Bürgerrechten zugrunde, lassen sich die alten Bewegungen einem Spektrum zuordnen: Der Kampf um politische Rechte und Bürgerrechte wurde von der liberalen Bourgeoisie geführt, der Kampf um soziale Rechte hingegen der Arbeiterbewegung. Während die neuen sozialen Bewegungen – insbesondere die Frauenbewegung – weiterhin für die Erweiterung dieser Rechte und ihre Ausdehnung auf alle Bürger eintreten, bleibt ihr Hauptanliegen jedoch die Herstellung von Autonomie für Gruppen (und Individuen) gegenüber dem Staat, der Wirtschaft und allen Großorganisationen. Das Ziel dieser neuen Bewegungen ist die vollständige Souveränität des individuellen Denkens und Handelns. Dieses Ringen um Autonomie – wie auch das Ziel der Vermeidung von Angst[24] – läßt sich nicht ohne weiteres in eine Politik der Interessenvertretung und des Kompromisses übersetzen, sondern fördert statt dessen eine Politik, die auf Emotionalität und Gesinnung abhebt (Gesinnungspolitik).[25] Im Gegensatz zur alten Politik der materiellen Verteilung ist die neue Politik der Autonomie tendenziell ein Nullsummenspiel.

Anders als die sozialistischen Bewegungen vermeiden die neuen sozialen Bewegungen im allgemeinen umfassende Visionen oder Theorien. Sie schreiben Beschwerden, Frustrationen und Forderungen auf ihre Fahnen, die häufig inkohärent und mitunter widersprüchlich sind und sich nicht zu einem einheitlichen Ganzen zusammenfügen. Auch wenn dies nicht auf eine postmoderne »anything goes«-Relativierung hinausläuft, so erklärt es doch das tiefsitzende Mißtrauen der neuen sozialen Bewegungen gegenüber dem Glauben der alten bzw. gewissermaßen der neuen alten Linken an allumfassende ideologische Konstrukte. Genau aus diesem Grund haben Mitglieder der alten Linken sowie gestandene Achtundsechziger den Anhängern der neuen sozialen Bewegungen gelegentlich vorgeworfen, zu untheoretisch, ja theoriefeindlich zu sein.

Die neuen sozialen Bewegungen basieren selten auf Interessen. Sie befassen sich vielmehr mit der Erhaltung und Vermehrung kollektiver Güter. Für sie rangieren kollektive Zielsetzungen immer vor privaten Bestrebungen. Darum ist der Grad der Professionalisierung in grünen Parteien (oder Parteien, die in grünen Bewegungen verankert sind) so niedrig. Die grünen Parteien haben in der Regel – wenn überhaupt – nur wenige »Apparatschiks« oder »Notabeln«, die »von« der oder »für« die Politik leben. Statt dessen werden die Parteien gewöhnlich von »postmaterialistischen Unternehmern« geführt, die ihr Einkommen aus einer Kombination von Halbtagsarbeit (häufig auf dem grauen Markt) und nichtspezifischer Parteitätigkeit, aus öffentlichen Geldern (für ein Wahlamt), aus der Staatsbürokratie oder der Sozialfürsorge beziehen. Sie leben aber in den dekommodifizierten Nischen des hochentwickelten Kapitalismus. Im Gegensatz zu den traditionellen Politikern, die im Laufe ihrer politischen Karriere Geld und Macht anhäufen wollen, werden grüne »Unternehmer« hauptsächlich von »ideellen Interessen« geleitet und streben Wohlstand vor allem als materielle Basis für ihre politischen Aktivitäten an.[26]

Die Anhänger der neuen sozialen Bewegungen definieren die Gesellschaft bezeichnenderweise nicht klassenmäßig, wie es die Arbeiterbewegung und die meisten Gruppierungen der Linken getan haben. (Sie definieren sie selbstverständlich auch nicht mit den rassischen oder ethnischen Begriffen bzw. Kriterien des Faschismus). Vielmehr begreifen sie die Gesellschaft als Gattung, das heißt als Menschheit oder als »Milieu«, das von direkter Interaktion und einem gemeinsamen Lebensstil bestimmt wird. Diese beiden Vorstellungen sollen durch den Glauben an die »Einheit in der Vielfalt« sowie über eine »Politik der Identität« versöhnt werden.

Hauptgegner der neuen sozialen Bewegungen ist nicht eine Klasse von Eigentümern, sondern der Staat, die Mega-Organisation, die Mega-Bürokratie, die Mega-Maschine. Alle diese Institutionen des modernen Lebens sind von Übel und gefährlich schon aufgrund ihrer Größe, die sie zwangsläufig zu undemokratischen, unflexiblen, unverantwortlichen und fremdbestimmten Gebilden macht. Ihre Größe und bürokratische Starrheit führen dazu, daß sich diese Institutionen von ihrem ursprünglichen Auftrag entfernt haben, der zuerst und vor allem darin bestand, dem Volk und seinen Bedürfnissen zu dienen. Die Anhänger der neuen sozialen Bewegungen lehnen die Atomenergie nicht nur deshalb ab, weil sie die Gesundheit der Bevölkerung bedroht, sondern auch, weil sie auf große Ausgaben, große Organisationen, große Einsatzmöglichkeiten angelegt ist. Atomkraftwerke brauchen gerade wegen ihrer Bedeutung für die

Energieversorgung eines Landes und für rüstungsrelevante Industriezweige einen großen Schutzapparat. Deshalb besteht für die Aktivisten der neuen sozialen Bewegungen eine zwangsläufige Verbindung zwischen den Übeln des Atomstaates und denen des Sicherheitsstaates.[27]

Im Gegensatz zu früheren Bewegungen der 50er und auch der 60er Jahre (Friedensbewegung, Anti-Atomkraft-Bewegung, Studentenbewegung) wurden die »neuen« sozialen Bewegungen weder mit Geldern der etablierten politischen Parteien geschaffen noch waren sie in irgendeiner Weise von diesen abhängig (obwohl sie heute vielleicht von den öffentlichen Geldern profitieren, die von grünen Parteien kontrolliert werden). Daher wurden die Aktivisten der neuen sozialen Bewegungen nicht von den verschiedenen Institutionen der etablierten Linken absorbiert, wie das früher bei radikalen Studenten und anderen Aktivisten der Fall war, die nach ihrer Zeit in der »Bewegung« oft eine Stellung in den Gewerkschaften oder jenen Parteien fanden, die der etablierten Linken nahestanden. Somit haben die neuen sozialen Bewegungen eine politische Infrastruktur außerhalb der etablierten Parteien geschaffen.

Die Anhänger der neuen sozialen Bewegungen verstehen sich nicht als revolutionär – zumindest nicht im strengen leninistischen Sinn einer Avantgarde-Partei. Sie bestehen darauf, zur Propagierung und Erreichung ihrer politischen Ziele die vorhandenen Kanäle zu benutzen. So haben die neuen sozialen Bewegungen immer Wahlpolitik betrieben, Kandidaten für verschiedene Ämter aufgestellt und im allgemeinen ihre »staatsbürgerlichen Pflichten« als konventionelle Interessengruppen ausgeübt. Gleichzeitig haben sie versucht, neue politische Mitwirkungsformen und Ausdrucksmöglichkeiten, insbesondere außerparlamentarische und außerinstitutionelle Partizipationsformen, zu legitimieren, wobei sie Strategien des zivilen Ungehorsams, Demonstrationen und Blockaden von umstrittenen Einrichtungen anwandten.

Die Teilnahme an den neuen sozialen Bewegungen erfordert persönliche und politische Veränderungen. Beide müssen gleichzeitig und mit großem Engagement vollzogen werden. Die Mitgliedschaft in den neuen sozialen Bewegungen unterscheidet sich beispielsweise erheblich von der Mitarbeit in religiösen Sekten, die nicht offen politische Ziele verfolgen, oder von der Mitgliedschaft in konventionellen politischen Organisationen wie den Gewerkschaften und etablierten Parteien, die keine persönliche Veränderung verlangen. Die neuen sozialen Bewegungen betrachten Veränderungen auf der Makro- und Mikroebene als unlösbar miteinander verbunden. Die Teilnahme an den neuen sozialen Bewegungen erfordert eine weniger strikte Trennung von öffentlicher und privater Sphäre, einer der geheiligtsten Grundsätze des Liberalismus – und der Moderne schlechthin. Hier haben die Frauenbewegung und die auf Gleichstellung der Geschlechter abzielende Politik eine entscheidende Rolle gespielt. Denn in starkem Gegensatz zur alten wie zur alten Neuen Linken, die der Gleichstellung der Frauen viel verbale Ermutigung und theoretische Unterstützung gewidmet, diese emanzipatorische Idee jedoch nicht in die tägliche Praxis ihres Organisationslebens umgesetzt haben, war die Aktivität in den »neuen« sozialen Bewegungen zweifellos mit dem umfassenden Bemühen verbunden, den Sexismus im öffentlichen und privaten Leben der Mitglieder und Sympathisanten auszumerzen.

Die neuen sozialen Bewegungen streben das an, was der westdeutsche Grüne Joschka Fischer eine »dynamische Interaktion« mit dem politischen Mainstream nennt. Die neuen sozialen Bewegungen agieren im Raum zwischen Establishment und Systemopposition. Bei dieser schwierigen Gratwanderung setzt eine Bewegung ihre Existenz als Bewegung aufs Spiel, wenn sie dem politischen Mainstream zu weit entgegenkommt und ihn von außen nicht genügend herausfordert. Wenn sie allerdings nicht mehr aus dem Mainstream der Gesellschaft unterstützt wird und nicht mehr an der Politik des Establishments teilhat, wird sie zu einer Sekte. Folglich haben die neuen sozialen Bewegungen im allgemeinen die Mitwirkung und Unterstützung konservativer Elemente wie Bauern oder Hausfrauen begrüßt, deren »Wertkonservatismus« sie als eine direkte Herausforderung für die Sachzwänge der staatlichen Bürokratie, der kapitalistischen Warenwirtschaft und des industriellen Apparats betrachten. Für die neuen sozialen Bewegungen sind Establishment und Mainstream an sich nichts Negatives, anders als für die »neue« Linke und die »alte« Linke in ihrer »Gegengesellschafts«- und »Ghetto«-Phase, die in den fortgeschrittensten kapitalistischen Ländern bis zu den 50er Jahren (und länger) dauerte. Andererseits halten die neuen sozialen Bewegungen selbstbewußt an ihrem Charakter als »Bewegung« und als Herausforderer des Systems fest. Daher sind sie zu einem ständigen Drahtseilakt zwischen Herausforderung des Systems und Teilhabe am System gezwungen.

Die neuen sozialen Bewegungen stützen sich sehr stark auf ihr eigenes Umfeld, so wie es die Arbeiterbewegung in ihren frühen Phasen getan hat. Da diese Bewegungen den Produktions- und den Reproduktionsbereich umfassen, verfügen sie über eigene Subgesellschaften mit alternativen Reparaturwerkstätten, Lebensmittelgeschäften, Betreuungszentren, Zeitungen, Clubs, Bekleidungsgeschäften, mittelgroßen Unternehmen, eigener Sprache und besonderen Gewohnheiten. Die neuen sozialen Bewegungen haben diesen alternativen Lebensstil stark ausgeweitet (er begann während der Hippiezeit der späten 60er Jahre als Begleiterscheinung der Neuen Linken) und damit ein autonomes politisches Milieu geschaffen.

Und schließlich versuchen die neuen sozialen Bewegungen, eine fortschrittliche und universalistische Kritik an der Moderne und der Modernisierung zu formulieren, indem sie die institutionalisierten Formen der technischen, wirtschaftlichen, politischen und kulturellen Rationalität in Frage stellen. Gleichzeitig bemühen sie sich, eine romantische Idealisierung traditioneller Institutionen und Werte wie Familie, Kleinbesitz, Gemeinschaft und Nation zu vermeiden. Natürlich muß die Frage ihres Erfolges auf diesem Gebiet empirisch beantwortet werden und bleibt daher offen.

Wir haben jetzt das Ende des ersten Teils unserer Einleitung erreicht, in dem wir einige gemeinsame Merkmale aller »neuen« sozialen Bewegungen der entwickelten kapitalistischen Welt darstellten. Wir haben einige der Gründe skizziert, die zum Entstehen dieser Bewegungen überall im liberalen kapitalistischen Westen beitrugen. Im nächsten Teil wollen wir versuchen, einige Gemeinsamkeiten jener Länder zu beleuchten, in denen diese Bewegungen im Laufe der 80er Jahre zu kleinen, aber wichtigen politischen Parteien wurden, von denen bedeutende innovative Impulse ausgingen. Bestand unsere Aufgabe bislang darin, die Grünen als Bewegung und Ausdruck eines allgemeinen postmaterialistischen Phänomens zu beschreiben, so werden wir uns im nächsten Teil auf die Grünen als kleine, aber erfolgreiche politische Parteien konzentrieren.[28]

## Warum haben sich in manchen Ländern erfolgreiche grüne Parteien entwickelt und in anderen nicht?

Herbert Kitschelt hat die aufkommenden grünen Parteien zutreffend als »linkslibertär« charakterisiert.[29] Mit ihrem Mißtrauen gegenüber dem Markt, den Privatinvestitionen und der Akkumulationsethik stehen diese Parteien ebenso fest in der Tradition der Linken wie mit ihren umfassenden egalitären Bestrebungen. Aber in starkem Gegensatz zur alten Linken sind sie insofern libertär, als sie die bürokratischen und etatistischen Strategien des Sozialismus ablehnen und das Schwergewicht auf Partizipation und Demokratie legen. Zusammenfassend läßt sich sagen, daß die Linkslibertären wichtige Teile des sozialistischen Forderungskatalogs akzeptieren, während sie die dazugehörigen politischen Mittel und die produktionsbezogene Fixierung ablehnen.

Ferdinand Müller-Rommel spricht dagegen von »neuen politischen Parteien«.[30] Sie seien, so behauptet er, aus zwei unterschiedlichen Strängen hervorgegangen: einmal aus den »kleinen Linksparteien« wie die Radikale Partei in Italien, die Pazifistische Sozialistische Partei (PSP) in den Niederlanden und die Vereinigte Sozialistische Partei (PSU) in Frankreich. Dies sind typische Parteien der Neuen Linken, die Mitte bis Ende der 60er Jahre aus der Studentenbewegung erwuchsen. Von Anfang an profilierten sich diese Parteien explizit als linke Alternativen zu den etablierten sozialistischen, sozialdemokratischen und kommunistischen Parteien. Ihre Anhänger waren vorwiegend eher links als postmaterialistisch eingestellt. Während ihre Mitglieder und Anhänger hauptsächlich aus dem dekommodifizierten Bereich kamen, waren diese Parteien entschieden mehr »rot« als »grün«, mehr »sozialistisch« als »oppositionell«, mehr »produktionsorientiert« als »ökologisch«.

Neben diesen kleinen Linksparteien macht Müller-Rommel eine zweite Gruppe von »neu gegründeten grünen Parteien« aus, die ein Produkt der 70er Jahre sind. Während die Zusammensetzung ihrer Mitgliedschaft der der neuen politischen Parteien ähnelt, lassen die neu gegründeten grünen Parteien eine größere ideologische Vielfalt erkennen. Sie kennzeichnet eine ausgeprägtere Affinität zum Postmaterialismus und eine größere Distanz zu allen Spielarten des Sozialismus. Obwohl noch immer ein Teil der Linken, standen diese neuen grünen Parteien dem Marxismus der alten und neuen Linken wesentlich mißtrauischer – wenn nicht gar feindselig – gegenüber als die kleinen Linksparteien der späten 60er Jahre. Beide Parteitypen verschmolzen formal zu der schwierigen Allianz, die Müller-Rommel »neue politische Parteien« nennt. Diese Symbiose hat in den späten 70er und in den 80er Jahren den Reformdiskurs in manchen europäischen Ländern beherrscht.[31]

Wenn wir uns die Länder anschauen, in denen die grünen Parteien während der späten 70er und der 80er Jahre auf lokaler und nationaler Ebene in die Parlamente gewählt wurden (wir lassen vorläufig weniger bedeutende Wahlen wie die für das Europäische Parlament außer acht), dann stellen wir fest, daß sie fast ausnahmslos zu Mittel- und Nordeuropa gehörten: Österreich, Belgien, Dänemark, Island, Luxemburg, Niederlande, Norwegen, Schweden, Schweiz und Westdeutschland. In zwei Ländern, Finnland und Italien, entstanden zwar auch neue politische Parteien, erlangten dort aber nicht annähernd die politische Bedeutung, die sie in den anderen Ländern erreichten. In allen anderen Ländern der Ersten Welt, insbesondere in den Vereinigten Staaten, Kanada, Australien, Großbritannien, Japan, Frankreich und Spanien, blieben grüne oder ähnliche Parteien, die aus den neuen sozialen Bewegungen hervorgegangen waren, unbedeutend bis bedeutungslos. Es sei daran erinnert, daß wir uns hier mit dem *Ursprung* der grünen Parteiformation, nicht mit ihrer späteren Entwicklung befassen. So entstanden Anfang der 90er Jahre grüne Parteien auch in Spanien, Griechenland und Frankreich; in Frankreich gab es sogar zwei. Aber bezeichnenderweise hatten diese »verspäteten« grünen Parteien außer dem Namen wenig mit den ursprünglichen grünen Parteien gemeinsam. Sie verstanden sich entweder als bloße systemkritische Protestparteien oder als ökologische Interessengruppen, die beschlossen, zu den nationalen Wahlen anzutreten. Keine dieser grünen Parteien, die zur letztgenannten Ländergruppe gehörten, erreichte jemals die politische Bedeutung und innovative Kraft, die ihre Vorläufer in den späten 70er und in den 80er Jahren kennzeichneten. Während die Politik durch das Entstehen von grünen Parteien beispielsweise in Deutschland und Österreich stark verändert wurde, war dies in Ländern wie Frankreich und Italien eindeutig nicht der Fall.

Im restlichen Teil dieses Abschnitts wollen wir diese Entwicklung zu erklären versuchen, indem wir mehrere Merkmale betrachten, durch die sich die erste Gruppe von Ländern, die wir aus verständlichen Gründen »demokratisch-korporatistisch« nennen, von den Ländern der beiden anderen Gruppen unterscheidet.

In jedem Land, in dem neue politische Parteien Bedeutung erlangten, waren sozialdemokratische Parteien während des Entstehens dieser neuen sozialen Bewegungen und/oder während ihrer erfolgreichen Institutionalisierung entweder an der Regierung beteiligt oder stellten sie allein. Kitschelt bestätigt dies, indem er aufzeigt, daß seine »linkslibertären« Parteien in denjenigen Ländern erfolgreich waren, in denen es wenige Streiks und Arbeitskämpfe gab. In Ländern, in denen zahlreiche Arbeitskämpfe stattfanden (gemessen an den verlorenen Arbeitstagen pro Jahr) wie in Australien, den Vereinigten Staaten, Kanada, Irland und Großbritannien bildeten sich kaum linkslibertäre Parteien, und wenn es sie gab, erlangten sie keine nennenswerte politische Bedeutung.[32] Dies ist sehr aufschlußreich, denn, wie Walter Korpi in seiner originellen Arbeit über die unterschiedliche Stärke der Arbeiterbewegung in westlichen liberalen Demokratien ausgeführt hat, gibt es in den Ländern, in denen die Arbeiterparteien an der Macht beteiligt sind, weniger Streiks als in Staaten, in denen das nicht der Fall ist.[33]

In diesen Ländern wurde der Klassenkonflikt nach dem Zweiten Weltkrieg teilweise aufgrund der Stärke der Arbeiterbewegung in hohem Maße institutionalisiert. Der Kampf zwischen Kapital und Arbeit entwickelte sich zu einem hoch ritualisierten, durch viele »halböffentliche« Institutionen geregelten und vermittelten Vorgang, bei dem keine Seite den Wunsch oder die Fähigkeit hatte, einen K.o.-Sieg zu erzielen.[34] In diesen Ländern gehören korporatistische Formen der Konfliktvermittlung zu den wichtigsten Merkmalen des politischen Lebens: sei es in dem von drei Elementen (Staat-Kapital-Arbeit) getragenen vertikalen und zentralistischen Modell, das alle wichtigen Bereiche der Volkswirtschaft in Österreich, Norwegen und Schweden durchdringt; oder in dem sorgsam ausbalancierten religiösen »Säulensystem« der Niederlande, seinem auf Sprachen gegründeten Gegenstück in der Schweiz und dem auf Klassen gegründeten Äquivalent in Österreich. Alle diese Länder haben ein fein abgestimmtes außerparlamentarisches und halbparlamentarisches System der Konfliktregelung entwickelt, dessen Hauptkennzeichen sein integrativer Charakter ist. Obwohl die Arbeiterbewegung immer noch so etwas wie eine »Gegenmacht« sein soll, ist sie zum wichtigen Träger wie auch großen Nutznießer des auf Verhandlung und Kompromiß basierenden Systems geworden. Der »Pakt«, dessen informelle Regeln noch bedeutsamer sind als seine formellen, hat die Arbeiterbewegung über ihre sozialdemokratischen Institutionen zu einem entscheidenden Akteur im »organisierten« Kapitalismus gemacht.[35]

Aufgrund der Stärke der Arbeiterbewegung – und des konservativen Paternalismus – entwickelten diese Länder ein eng geknüpftes Netz sozialer Sicherung, das eine zentrale Bedeutung für die Legitimität des politischen Systems insgesamt gewonnen hat. Der Wohlfahrtsstaat federte die durch den Markt hervorgebrachten Ungleichgewichte ab und wurde so zum größten Spender kollektiver Gerechtigkeit. Während in Ländern mit einem ungezügelteren Kapitalismus wie in den USA der Wert gegenseitiger Hilfe im privaten Bereich hochgehalten wurde (von George Bush als »tausend Lichtpunkte« beschrieben), wurde in den »Pakt«-Ländern der Staat zum Hauptgaranten kollektiver Solidarität. Hier verließen sich die Menschen mehr auf staatliche Reformen als auf individuelle Initiative, um die Chancen des Einzelnen zu verbessern und die materielle Sicherheit zu vergrößern. Der Staat leistete das, indem er nicht nur ein Existenzminimum für die Ärmsten und Schwächsten bereitstellte, sondern auch jedem Bürger Bildung, Gesundheits- und Altersversorgung sowie zahlreiche andere soziale Leistungen bot. Um diese Programme durchzuführen, wurden wahre Legionen von Angestellten (Frauen und Männer) eingestellt. Als Wohltäter und Arbeitgeber schuf dieser Staat also einen großen Dienstleistungsbereich, der den Regeln des Marktes enthoben war.

Ermuntert durch das Wirtschaftswachstum der frühen 70er Jahre, versuchten mehrere sozialdemokratische Parteien – hauptsächlich in Österreich, in der Bundesrepublik und in Schweden –, den Reformprozeß auf neue Bereiche auszudehnen. Entsprechend dem berühmten Satz von Willy Brandt »mehr Demokratie wagen«, bemühten sie sich, die individuellen Freiheitsrechte auszuweiten, den Arbeitnehmern mehr Rechte am Arbeitsplatz zu geben und sich außenpolitisch zu öffnen. Die Achse Kreisky-Brandt-Palme leitete eine breite öffentliche Diskussion ein, schuf ein optimistisches Klima und fungierte als Vorläufer und Schrittmacher für die neuen politischen Parteien, die sich einige Jahre später entwickeln sollten.

Ab Mitte der 70er Jahre erlahmte der sozialdemokratische Reformeifer. Von jetzt an führten die Sozialdemokraten eine schizophrene Existenz, da sie als Regierungspartei genau die Programme zusammenstrichen, von denen ihr Erfolg als Partei der Bewegung abhing. Nicht nur Umverteilungsreformen wurden eilig rückgängig gemacht, zudem gerieten auch jene Reformen unter Beschuß, die die Grundstrukturen der kapitalistischen Akkumulation verändert hatten – das Tarifsystem und das staatliche Eigentum an wichtigen Industrien. Die sozialdemokratischen Regierungen versuchten also, mit der wirtschaftlichen Situation dadurch fertigzuwerden, daß sie ihre eigenen Anhänger zwangen, die Kosten der Umstrukturierung zu tragen. Es überraschte nicht, daß dies die Sozialdemokratie die Unterstützung der Aktivisten der »neuen« Linken und des dekommodifizierten Milieus insgesamt kostete.[36] Die Sozialdemokratie verlor in all diesen Ländern die Kontrolle über das Tempo des Reformprozesses, und ihre Anhänger – ob Pragmatiker oder Idealisten – fingen an, nach Alternativen zu suchen. Einige fanden sie in einem wiederbelebten Neokonservatismus, während andere den Kern der neuen politischen Parteien bildeten.

In der letztgenannten Gruppe waren viele Menschen besorgt über die Schwächung der parlamentarischen Demokratie, einen potentiellen »Nebeneffekt« des Korporatismus: In dem Maße, wie Verhandlungen zwischen den Spitzen der organisierten Interessengruppen an Bedeutung gewinnen, schwindet die Bedeutung – und Macht – der parlamentarischen Gremien fast zwangsläufig. Korporatistische »Pakte« sind zwar ausgezeichnete Modelle für die technokratische Steuerung von hochentwickelten Volkswirtschaften und sogar zur Erreichung größerer materieller Gleichheit, aber sie bedeuten auch weniger demokratische Rechenschaftslegung. Sie verhindern in hohem Maße die Mitwirkungsmöglichkeiten »unorganisierter«, also solcher Gruppen, die nicht entlang feststehender sozialer Konfliktlinien angesiedelt sind, und schließen die Berücksichtigung »nichtmaterieller«, also solcher Interessen aus, die außerhalb des Produktions- und Distributionsbereiches liegen. So hat eine sozialdemokratische Regierungsausübung langfristig entdemokratisierende und entfremdende Auswirkungen.

In jedem Land, in dem in den späten 70er Jahren neuartige politische Parteien entstanden, gab es entweder keine kommunistischen Parteien oder sie waren lediglich »Juniorpartner«. Die relative Bedeutungslosigkeit des Kommunismus in diesen Ländern ließ eine »Lücke« links von der Sozialdemokratie entstehen, die bis zum Aufkommen der grünen Parteien in den 80er Jahren bestehen blieb. In Ländern mit starken – oder sogar dominanten – kommunistischen Parteien wie Finnland, Frankreich, Italien, Griechenland, Portugal und Spanien blieben die neuen politischen Parteien schwach. Dort war der Kommunismus der Hauptträger des Protestes und die wichtigste Alternative zur Sozialdemokratie.

Das Mehrheitswahlrecht in Ländern wie USA und Großbritannien bildet eine fast unüberwindbare Hürde für die parlamentarische Repräsentanz von neuen Parteien. Alle Länder, in denen sich in den 80er Jahren grüne Parteien entwickelten, haben ein Verhältniswahlrecht. Die Grüne Partei Großbritanniens ist zum Beispiel die älteste in Westeuropa. Seit ihrer Gründung im Jahre 1973 haben sich die britischen Grünen einer beträchtlichen Unterstützung erfreut, insbesondere bei den Wahlen zum Europaparlament in den späten 80er Jahren, wo sie fast 15 Prozent erreichten. Infolgedessen kann die Tatsache, daß sie nicht ein einziges Parlamentsmitglied in Westminster haben, nur durch die Hürden bedingt sein, die in das Wahlsystem eingebaut sind.[37]

Mit Ausnahme von Belgien und Österreich haben alle korporatistischen Demokratien große protestantische Mehrheiten. In der Bundesrepublik Deutschland war die grüne Partei beispielsweise in protestantischen Gegenden politisch erfolgreicher und ideologisch radikaler als in katholischen.[38] Es deutet auch einiges darauf hin, daß in Deutschland Protestanten in den »neuen sozialen Bewegungen« aktiver waren.[39] Während das Verhältnis zwischen religiösem Hintergrund und politischem Radikalismus genauer untersucht werden müßte, besteht ganz offensichtlich eine Verbindung zwischen Protestantismus und »neuartiger Politik«.[40]

Damit endet der zweite Teil der Einleitung. Wir haben auf eine Reihe von Faktoren hingewiesen, die unserer Ansicht nach erklären, warum sich neue soziale Bewegungen nur in den korporatistischen Demokratien Nord- und Mitteleuropas zu erfolgreichen und effektiven neuen politischen Parteien entwickelten. In dieser Gruppe spielen die deutschen Grünen eine besondere Rolle, denn sie wurden zur bekanntesten und einflußreichsten grünen Partei der Welt. Dies hat zweifellos etwas mit der Größe und Wirtschaftskraft der Bundesrepublik zu tun, doch dafür sind noch andere Faktoren verantwortlich, die sich aus der politischen Geschichte Deutschlands ergeben.

## Warum die Grünen in der Bundesrepublik eine große Rolle spielen

Auf den ersten Blick erscheint die Antwort auf die Frage, warum die Grünen in der Bundesrepublik eine so große Rolle spielen, enttäuschend einfach. Gleichwohl sind wir der Ansicht, daß der wichtigste Grund für die politische und moralische Bedeutung der Grünen im öffentlichen Leben der Bundesrepublik im allgemeinen und der Linken im besonderen eng mit dem zusammenhängt, was man den »Holocaust-Effekt« nennen könnte. Dieser ist mit einer Reihe von hochsensiblen Themen verbunden, die unter der Oberfläche des politischen Diskurses lagen und seit dem Ende des Zweiten Weltkrieges immer wieder eruptiv in das öffentliche Leben eingebrochen sind. Ob offen diskutiert oder nicht, ob öffentlich anerkannt oder nicht: Die deutsche Vergangenheit ist eine Bürde, die schwer auf vielen wichtigen Bereichen der heutigen deutschen Politik und Gesellschaft lastet.[41] Diese Ansicht stützt sich auf die Tatsache, daß Deutschland von allen vergleichbaren Industriestaaten der einzige ist, in dem das Gewicht der Vergangenheit so schwer und allgegenwärtig ist. Alle Länder haben in ihrer Geschichte Dinge erlebt, die umstritten sind und das Land spalten. In Frankreich ruft die Revolution noch nach zweihundert Jahren sehr unterschiedliche Gefühle hervor und führt zu diametral entgegengesetzten Interpretationen. Das französische Engagement in Algerien hat in der Weise Spuren hinterlassen, daß heute eine Bewegung und eine Partei in Frankreich populär sind, die offen gegen Einwanderer (d.h. gegen Araber und faktisch gegen Algerier) auftreten. Mit dem Zusammenbruch der Sowjetunion scheinen auch die russische Bevölkerung und die anderen früheren Volksrepubliken ihre Diskussion über das Erbe von Lenin und Stalin zu beginnen. Der amerikanische Bürgerkrieg war erst zu Ende, als der Süden in die wirtschaftliche Entwicklung Amerikas eingebunden war und die Bürgerrechtspolitik der Johnson-Regierung in der zweiten Hälfte der 60er Jahre ihre Wirkung entfaltete. Auch die Spuren des Vietnamkrieges sind noch längst nicht beseitigt. Trotz der scheinbar erfolgreichen Beendigung des Golfkrieges und Präsident Bushs selbstzufriedener Erklärung, daß Amerika das Vietnam-Syndrom ein für allemal abgeschüttelt habe, bleibt es weiterhin eine offene Wunde und nährt den Konflikt zwischen »Tauben« und »Falken«, zwischen rechts und links. Israel hat seinen eigenen »Historikerstreit« über die Aufnahme der Holocaust-Überlebenden in den Yishuv (die jüdischen Siedlungen, bevor es den Staat Israel gab) und die Ereignisse von 1948, die die Vertreibung/freiwillige Abwanderung der Araber mit sich brachten. Die zwei großen politischen Lager Österreichs interpretieren den Bürgerkrieg von 1934 noch immer recht unterschiedlich, und die Frage des Anschlusses erregt weiterhin die Gemüter auf beiden Seiten der politischen Trennungslinie. Japan, zusammen mit Deutschland der Hauptverlierer des Zweiten Weltkrieges, hat sehr engagiert über die Rolle, die das Militär und die militaristische Ideologie während des Krieges gespielt haben, und über sein Verhältnis zu den anderen asiatischen Ländern nach diesem Krieg diskutiert. Aber nirgends sind die Ereignisse der jüngsten Vergangenheit so schwer zu bewältigen, so schmerzhaft und – das ist unsere Ansicht – politisch von einem solchen Gewicht wie in Deutschland. Hier gilt es freilich, deutlich zwischen dem früheren Westdeutschland und dem früheren Ostdeutschland zu unterscheiden. Wie unzureichend und unvollständig die Auseinandersetzung Westdeutschlands mit der deutschen Vergangenheit auch gewesen sein mag, es kann darauf verweisen, daß es in seiner 40jährigen Geschichte Ereignisse gegeben hat, die eine öffentliche Diskussion über dieses schmerzliche und unvergängliche Thema förderten. Die Auschwitz-, Treblinka- und Majdanek-Prozesse, die wiederholten Kontroversen über die Verjährungsfristen für den nationalsozialistischen Völkermord, die Fernsehserie »Holocaust«, der Fall Bitburg, der »Historikerstreit«, der Golfkrieg, Steven Spielbergs Film »Schindlers Liste« und die heftige Debatte um Daniel Goldhagens Buch *Hitlers willige Vollstrecker* haben ausführliche und intensive Diskussionen über die deutsche Vergangenheit und ihre Bedeutung für Westdeutschland ausgelöst. Während der westdeutsche Staat und die politische Klasse den Holocaust »instrumentalisierten«, indem sie ihn als das tragische Ergebnis des abartigen Verhaltens eines Wahnsinnigen hinstellten und dadurch die gesamte vorhergehende deutsche Geschichte und die Rolle des deutschen (und europäischen) Kapitalismus entlasteten, hatte die westdeutsche Zivilgesellschaft einige Schlüsselerlebnisse, die den Holocaust zu einer Realität im täglichen politischen Leben der Bundesrepublik machten. Die meisten Westdeutschen versuchten, das Thema zu vermeiden, empfanden es als peinlich und lästig, wurden zornig und fühlten sich vielleicht sogar schuldig; aber nur wenige hätten leugnen können, daß es ein schweres Erbe für die deutsche Gegenwart darstellt. So viele Fehler auch gemacht wurden, Westdeutschland beschäftigte sich zwar in unzureichender, aber ernsthafter Weise mit seiner Nazi-Vergangenheit.

Parallelen zu diesem Prozeß der kollektiven Reflexion, das sollte betont werden, sucht man im früheren Ostdeutschland vergebens. Dort war der Entlastungsmechanismus ziemlich einfach: Der Nationalsozialismus, wie jede andere Spielart des Faschismus, wurde ausschließlich als eine besonders krasse Ausdrucksform der kapitalistischen Klassenherrschaft betrachtet. Da der Kapitalismus in der Deutschen Demokratischen Republik (DDR) durch den Sozialismus ersetzt worden war, galt der Faschismus und Nationalsozialismus als »historisch überwunden«. Er blieb damit nur für den kapitalistischen Westen ein Problem. Eine Politik des *verordneten Antifaschismus* exkulpierte die Ostdeutschen insgesamt, und zwar durch staatliches Dekret, »von oben«. Diese Vorgehensweise machte den Nazismus zu einem Problem des Kapitalismus und nicht des ganzen Deutschland, vor allem nicht des »guten« Deutschland der Arbeiter und Bauern, die »ihren« Staat – die DDR – besaßen. Diese vierzig Jahre währende Lüge war vielleicht die einzige, die die Bürger der DDR bereitwillig akzeptierten. Sie machte die Ostdeutschen praktischerweise zur »besseren« Hälfte der beiden Deutschland. Die Ostdeutschen mochten im Vergleich zu ihren westdeutschen Brüdern und Schwestern materiell unterlegen, wirtschaftlich benachteiligt, politisch bevormundet, geographisch eingeengt und in ihren persönlichen Freiheitsrechten eingeschränkt sein, aber sie hatten wenigstens die unendliche Genugtuung, die Antinazis, die Antifaschisten, die Antikapitalisten, kurz, die moralisch überlegenen Deutschen zu sein. Jede Lüge, so Goebbels' teuflische Überzeugung, wird wahr, wenn sie nur oft genug wiederholt wird. Dies gilt um so mehr für Lügen, die jene, für die sie bestimmt sind, als höchst legitim empfinden, weil sie durch sie entlastet werden. So war es beispielsweise nicht ungewöhnlich, daß Schüler in der DDR glaubten, ein sowjetisches und ostdeutsches Militärbündnis habe Hitlers böses Regime besiegt. In ähnlicher Weise behauptete die Politik des staatlich verordneten Antifaschismus, die DDR habe – natürlich im Gegensatz zur Bundesrepublik – jede Form des Antisemitismus mit Stumpf und Stiel ausgerottet. Die Juden wurden nie als die besonderen Opfer des Dritten Reiches betrachtet. Nur als »Antifaschisten« erhielten die wenigen Juden, die nach dem Krieg in der DDR blieben (oder in die DDR zurückkehrten), staatliche Entschädigungen. Und selbstverständlich befand es die DDR niemals für nötig, irgendeine materielle oder sonstige Wiedergutmachung an die jüdische Gemeinde insgesamt, sei es in Israel, sei es anderswo, zu leisten. Statt dessen hat der bösartige Antizionismus, den die DDR über zwanzig Jahre lang in massiver und systematischer Weise propagierte, besonders nach dem Sechs-Tage-Krieg vom Juni 1967, in der europäischen Nachkriegsgeschichte wohl nicht seinesgleichen.

Die Verlogenheit dieses entlastenden, verordneten Antifaschismus wurde bald nach dem Fall der Berliner Mauer offenkundig. Konrad Weiß, dem die demokratische Linke, die Bürgerrechtsbewegung und die Grünen auf zahlreichen politischen Gebieten zu großem Dank verpflichtet sein sollten, gebührt besonderes Lob für seine wiederholten Veröffentlichungen, die darauf verweisen, daß es sich bei dem vermeintlich »verordneten« Antifaschismus der ehemaligen DDR um einen eher »gebrochenen« handelte. Dabei dominierte der ordinäre und ganz selbstverständliche 08/15-Antisemitismus mit stalinistischer Verbrämung die politische Kultur dieses von einigen Linken noch immer als modellhaft gepriesenen Staates bereits seit Beginn der 50er Jahre.[42] Die brutalen Angriffe neonazistischer Jugendlicher auf Ausländer und die – noch aufschlußreichere – Duldung, ja Billigung dieser abscheulichen Ausschreitungen durch ostdeutsche Bürger machten der ganzen Welt das klägliche Versagen einer vierzigjährigen kommunistischen Diktatur deutlich, die verhindert hatte, daß sich die Ostdeutschen mit der deutschen Nazi-Vergangenheit auseinandersetzten. Mit dem Ende der kommunistischen Diktatur, die, wie alle – außer den Leichtgläubigsten – wußten, ihre eigenen Horrorgeschichten hat, besteht die reale Gefahr, daß das neue, wiedervereinigte Deutschland, insbesondere in seinen östlichen Bundesländern, in der ehemaligen DDR, die Nazi-Vergangenheit erneut massiv verdrängt. Aufgrund der Notwendigkeit, die Fehler – und Verbrechen – des kommunistischen Regimes aufzuarbeiten, ist zu befürchten – und die Anzeichen mehren sich –, daß die »andere Vergangenheit«, nämlich der Nationalsozialismus, wieder an den Rand gedrängt wird. Besonders unerfreulich sind klar erkennbare Tendenzen, Kommunismus und Nationalsozialismus gleichzusetzen. Der Hinweis, daß beide Systeme Diktaturen waren und Verbrechen begangen haben, soll die Neigung und den Wunsch bemänteln, beide zu »relativieren« und dadurch zu »bewältigen«.

Das Einmalige an der deutschen Situation ist, daß mehrere eigentlich unterschiedliche Probleme zusammenkommen, von denen keines jemals richtig gelöst wurde. Es gab in Europa viele faschistische Bewegungen, ja sogar Regierungen. Aber keine hat sechs Millionen Juden auf eine von der Regierung angeordnete bürokratische und systematische Weise umgebracht. Es gab im Zweiten Weltkrieg eine Reihe von Verlierern, aber kein Land mußte den Schmerz und die Schande ertragen, über vierzig Jahre lang als Nation geteilt zu sein. Von den Ländern, die in den kalten Krieg verwickelt waren, lag keines so dicht an der Grenze der Systeme wie Deutschland. Kurzum, Deutschlands politische und moralische Situation unterschied sich seit 1945 nicht nur von der aller anderen entwickelten kapitalistischen Staaten, sondern sie ließ auch eine ganz besondere Atmosphäre entstehen, in der die Politik der neuen sozialen Bewegungen eine besondere Bedeutung erlangte. Auf den folgenden Seiten wollen wir einige Faktoren darstellen, die zu dieser deutschen Situation beigetragen haben und die – wir haben sie den »Holocaust-Effekt« genannt –, die deutschen Grünen zur wichtigsten neuen politischen Partei von allen grünen Parteien in Europa, ja in der Welt, gemacht haben.

*Die große Kluft zwischen den Generationen in der Bundesrepublik.* Vergleichende Untersuchungen zeigen deutlich, daß die Kluft zwischen den Generationen in der Bundesrepublik stärker ausgeprägt ist als in anderen vergleichbaren liberalen Demokratien.[43] Dies gilt besonders für die Achtundsechziger-Generation und ihre Eltern. Die

Eltern waren der Hauptteil dessen, was man später als »schweigende Generation« bezeichnete, also die letzte Generation, die als junge Erwachsene voll am Krieg teilgenommen hatte. Die Angehörigen dieser Generation hatten sich als »unfähig zu trauern« erwiesen und versucht, dadurch mit ihrem schlechten Gewissen fertigzuwerden, daß sie sich über die Vergangenheit ausschwiegen und sich eifrig dem wirtschaftlichen (Wieder-)Aufbau der Bundesrpublik widmeten. Die Achtundsechziger waren die ersten, die ihren Eltern privat und öffentlich massiv entgegentraten. Der öffentliche Aspekt der Studentenrevolte in der Bundesrepublik lag in erster Linie darin, daß die Nachgiebigkeit und Verständnisbereitschaft der Institutionen und der politischen Kultur der Bonner Republik gegenüber dem Naziregime kritisiert wurden. Die Studenten und ihre wenigen intellektuellen Verbündeten außerhalb der akademischen Welt sahen in der Universität, der Staatsbürokratie, dem Marktfetischismus der kapitalistischen Gesellschaft und einigen politischen Entwicklungen eine Fortsetzung des Naziregimes in seinem Wesen, wenngleich ohne seine schlimmsten Auswüchse. Es kam nicht von ungefähr, daß damals in der Bundesrepublik der größte Teil der sozialwissenschaftlichen Literatur über den »Faschismus« erschien, in der die meisten Autoren zum ersten Mal versuchten, diesen Begriff mit der Vergangenheit ihres Landes zu verbinden.[44] Das Aufkommen dieser Literatur und die Tatsache, daß der Faschismus zu einem Thema der Neuen Linken wurde, waren vor allem auf den plötzlichen Wahlerfolg einer weit rechts stehenden, verkappten Nazipartei, der Nationaldemokratischen Partei Deutschlands (NPD) im Jahre 1966, nach der ersten Rezession der Bundesrepublik, zurückzuführen.[45] So schienen Faschismus und Bonner Republik für viele studentische Aktivisten durchaus vereinbar zu sein; für manche wurden sie sogar synonym. Im Gegensatz zu den Studentenrevolten, die gleichzeitig in anderen entwickelten kapitalistischen Ländern wie Frankreich, USA und Italien stattfanden, protestierte die westdeutsche Neue Linke gegen zwei Regime: gegen die Bonner Republik und ihren nazistischen Vorläufer. Auf eine vermittelte und häufig kurzsichtige Weise brachen erstmals auf westdeutschem Boden massive Proteste gegen die deutsche Nazizeit aus – ein aufrichtiger, wenn auch mit Fehlern behafteter und später Versuch eines deutlich sichtbaren Teils der westdeutschen Öffentlichkeit, Deutschlands einzigartige mörderische Vergangenheit zu bewältigen.[46] Zusammen mit Willy Brandts Kniefall am Gedenkstein für die jüdischen Opfer des Aufstandes im Warschauer Ghetto und seiner Annäherung an Deutschlands östliche Nachbarn durch die Ostpolitik trug die massive Kritik der Neuen Linken am deutschen Nationalsozialismus und am Stillschweigen der Bonner Republik darüber – vielleicht indirekt, aber dadurch nicht weniger entscheidend – dazu bei, eine Atmosphäre der Reue, wenn nicht der Bußfertigkeit in bezug auf die deutsche Vergangenheit zu schaffen. Dies trug, zumindest bis zur deutschen Wiedervereinigung 1989, dazu bei, daß die Bundesrepublik allmählich als ein »normales« Mitglied der europäischen und der internationalen Gemeinschaft akzeptiert wurde.

Die Auseinandersetzung mit zwei Systemen vertiefte die Kluft zwischen den Generationen in der Bundesrepublik mehr als irgendwo sonst in der entwickelten kapitalistischen Welt. Dieses Phänomen ist teilweise dafür verantwortlich, daß das Vermächtnis der Studentenbewegung in der Politik der westdeutschen Grünen so lange weiterwirkt. Seit den späten 60er Jahren gab es in Westdeutschland eine politisierte Gegenkultur, die die Welt der neuen sozialen Bewegungen bildete und die Grünen noch immer umgibt. Während manche Aktivisten sich in den späten 60er Jahren auf den Bereich der Kultur beschränkten und dadurch politisch bedeutungslos wurden (wie Mitglieder der amerikanischen Neuen Linken), blieben die Gegenkultur und die 60er Jahre in Westdeutschland auch deswegen lebendig, weil der Generationenkonflikt hier große politische Bedeutung hatte.

*Die geopolitische und geographische Situation der Bundesrepublik.* Im Gegensatz zu anderen Ländern mit wichtigen neuartigen politischen Parteien stand Westdeutschland bei allen Ost-West-Konfrontationen an vorderster Front. Obwohl Österreich ebenfalls an die Länder des Warschauer Pakts grenzte, war es niemals Mitglied der NATO und niemals geteilt, wodurch es in einem potentiellen Krieg zwischen Ost- und Westeuropa eine völlig andere Rolle gespielt hätte. Anders als westdeutsche Rechte und Linke in den späten 80er Jahren häufiger behaupteten, scheint fraglich, ob nur die Deutschen zu Opfern eines europäischen Krieges geworden wären (»je kürzer die Raketen, desto toter die Deutschen«).[47] Dennoch wurde in der Welt vor 1989 kaum bezweifelt, daß jeder Krieg, an dem alle, bis auf die europäischen Länder in starker geographischer Randlage (z.B. Türkei und Griechenland) beteiligt wären, Deutschland besonders träfe. Daher hatte der Pazifismus – eine ziemlich weitverbreitete Ideologie bei allen »neuen« sozialen Bewegungen – in der »alternativen« Szene der Bundesrepublik neben seiner moralischen auch eine existentielle Dimension. Die Nähe Westdeutschlands zu Osteuropa und zur Sowjetunion, sein Status als Grenzstaat zum Warschauer Pakt, ließ es für die Stationierung einer großen Zahl atomarer Mittelstreckenraketen, insbesondere von landgestützten Cruise Missiles und Pershing II-Raketen, geeignet erscheinen. Tatsächlich wurden die sehr treffsicheren Pershing II-Raketen wohl in der Bundesrepublik, aber nicht bei den anderen europäischen Verbündeten der Vereinigten Staaten stationiert. Es hing auch mit der geographischen Lage der Bundesrepublik zusammen, daß zu Anfang der 80er Jahre in Westdeutschland eine besonders aktive, starke und engagierte Friedensbewegung entstand, die gegen den Doppelbeschluß der NATO stritt, in einer Reihe von europäischen Ländern Mittelstreckenraketen aufzustellen. Zwar zogen die Friedensbewegungen in Großbritannien, Holland und Belgien viel Aufmerksamkeit auf sich, aber sie gewannen nirgends die zentrale innen- und außenpolitische Bedeutung der westdeutschen. Daß der »Frieden« ein besonders wichtiges deutsches Thema war, wurde beim Golfkrieg von 1991 überzeugend bestätigt. Während es genügend Beweise dafür gibt, daß die erste deutsche Friedensbewegung der 80er Jahre – die gegen die Aufstellung von Mittelstreckenraketen auf deutschem Boden protestierte – stark, wenn auch teilweise versteckt, national (ja nationalistisch) ausgerichtet war, war diese Bewegung gleichzeitig sehr europäisch, denn die belgischen, holländischen, italienischen und britischen Friedensaktivisten trugen ihre Forderungen ebenfalls lautstark vor.[48] Aber kaum acht Jahre später war der Frieden als höchstes Ziel faktisch ein Monopol der Deutschen geworden. In keinem anderen europäischen Land löste der Golfkrieg so starke Sorgen und Ängste – man könnte auch sagen Hysterie – in fast allen Bevölkerungsgruppen aus wie im wiedervereinigten Deutschland. Diese »zweite« Bewegung, die über das gegenkulturelle Milieu hinausging, das die Friedensbewegung der frühen 80er Jahre dominierte, umfaßte Mitglieder aller politischen Parteien und gewann die Sympathien einer beträchtlichen Zahl von führenden deutschen Intellektuellen, von Angehörigen der politischen Elite und von Meinungsmachern, die zum Establishment der Bundesrepublik gehörten. Alle diese Kräfte einte die Auffassung, daß nur die Deutschen den Frieden wirklich schätzten, weil sie aufgrund ihrer schrecklichen Vergangenheit eine gründliche Lektion erhalten hatten. Im Gegensatz zu Westmächten wie Großbritannien, Frankreich und vor allem den Vereinigten Staaten, die für viele Deutsche per se bellizistisch waren, erschien Deutschland diesen Menschen als eine moralisch überlegene Nation, weil sie den Frieden zur höchsten aller Tugenden erhoben hatte.[49] Für die große Bedeutung der westdeutschen Friedensbewegung war somit nicht nur die zufällige geographische Lage des Landes verantwortlich. Wenden wir uns nunmehr drei weiteren wichtigen Faktoren zu.

*Die ungelöste nationale Frage.* Es ist von Anfang an festzuhalten, daß die zentrale Bedeutung der nationalen Frage für die deutsche Diskussion nach dem Krieg und ihre aktuellen Ausdrucksformen im öffentlichen Raum in Ost- wie Westdeutschland wenig mit irgendwelchen nationalistischen Gefühlen bei Mitgliedern der grünen Partei oder der neuen sozialen Bewegungen zu tun haben. Vielmehr deutet vieles darauf hin, daß die Grünen und ihre Anhänger die am wenigsten offen nationalistischen Kräfte der Bundesrepublik sind. Die Aktivisten dieses Milieus verstehen sich aufgrund ihrer Beschäftigung mit internationalen Fragen wie Ökologie, Feminismus und Ausbeutung der Dritten Welt, um nur die wichtigsten zu nennen, nicht nur als Internationalisten, sondern drängten auch als einzige politisch relevante Gruppe in der Bundesrepublik immer darauf, die deutsche Staatsbürgerschaft sofort und uneingeschränkt auf die sogenannten »Gastarbeiter« und die in der Bundesrepublik lebenden Ausländer auszudehnen. Die Grünen und ihre Mitstreiter zeigten sich auch am liberalsten in bezug auf eine möglichst großzügige Aufnahme von Asylsuchenden und anderen Flüchtlingen, von denen die meisten aus der Dritten Welt und den ärmeren Ländern Osteuropas kommen.[50] Folglich wäre es irreführend, die Grünen und ihre Verbündeten als linke Nationalisten abzustempeln, deren politisches Programm eine Wiedervereinigung der beiden Deutschlands auf der Basis der alten nationalistischen Gefühle von vor 1945 mit einigen geringfügigen Veränderungen vorgesehen hätte.

Tatsächlich brachte der starke Antinationalismus den Grünen bei den ersten gesamtdeutschen Parlamentswahlen am 2. Dezember 1990 ein schlechtes Wahlergebnis ein, so daß die westdeutschen Grünen nicht mehr im Parlament vertreten waren. Damit beschränkte sich die Rolle der Grünen im Bundestag auf eine Handvoll ostdeutscher Grüne und deren Verbündete, die – als eine Folge der Opposition der (ost- und westdeutschen) Grünen gegen die deutsche Wiedervereinigung – als eigenständige Kraft in diese Wahl gingen, also ohne die größere und politisch versiertere Westpartei. Gerade weil der Nationalismus für die Grünen und ihr Umfeld ein so unliebsames (vielleicht sogar unwichtiges) Thema war, kann man die offene Abneigung der Grünen verstehen, die deutsche Einheit mit ihren unvermeidbar nationalen – wenn nicht gar nationalistischen – Untertönen zu akzeptieren. Man wurde nach dem Fall der Berliner Mauer im November 1989 das Gefühl nicht los, daß sich die deutsche Linke im allgemeinen und die Grünen im besonderen der Ereignisse schämten – ja sie geradezu ablehnten –, die mit dem Scheitern der DDR als sozialistisches Experiment auf deutschem Boden begannen und mit der deutschen Wiedervereinigung endeten.

Die Befürchtungen der Grünen – und der Linken insgesamt – hinsichtlich des deutschen Nationalismus gingen über Vorsicht und Angst hinaus. Sie lehnten ihn rundweg ab und konnten, was noch wichtiger war, einfach nicht mit dieser Frage umgehen. Die Grünen und ihr Umfeld hatten sich bezeichnenderweise zu den im europäischen Vergleich am wenigsten nationalistischen Repräsentanten der deutschen Nachkriegsordnung entwickelt. Die Westgrünen waren prototypische Vertreter der westdeutschen Linken und ihres Umfeldes: mehr in der Toskana, in Berkeley und Nicaragua als in Leipzig oder Rostock zu Hause. Auch für die ostdeutschen Grünen war der Nationalismus entweder ein neutrales oder ein negativ besetztes Thema. Für sie wie für die westdeutsche Linke verblaßte seine Bedeutung im Vergleich zu Fragen wie Ökologie, Frauen- (und persönliche) Emanzipation, dem Kampf gegen alle Formen der Fremdbestimmung und – was am wichtigsten war – das Hochhalten eines wahrhaft sozialistischen Projekts, das frei war von der bürokratischen Brutalität des »real existierenden Sozialismus« ostdeutscher Prägung, der den Begriff »Sozialismus« zynisch für seine eigenen inhumanen Zwecke mißbraucht hatte. Die fehlende Bereitschaft der Grünen, die neue nationale Realität zu akzeptieren, und ihr Entschluß, am 2. Dezember 1990 getrennt in die Wahlen zu gehen, trugen direkt dazu bei, daß die Westgrünen an der Fünf-Prozent-Hürde scheiterten. Hätten die Grünen wie die anderen Parteien einen gemeinsamen Wahlkampf geführt, schließlich war das Land ja am 3. Oktober 1989 wiedervereinigt worden, hätte die Wahlarithmetik es ihnen erlaubt, als Partei im ersten gesamtdeutschen Bundestag zu sitzen und nicht als östliche Splittergruppe, zu der sie nolens volens geworden waren.

Dennoch unterstellen wir, daß es eine Beziehung zwischen dem deutschen Nationalismus und der großen Bedeutung der westdeutschen Grünen gibt, wenngleich die Grünen selbst weder Nationalisten waren noch sind. Unserer Ansicht nach ist die Bedeutung der westdeutschen Grünen und das Durchhaltevermögen der neuen sozialen Bewegungen in der Bundesrepublik zu einem guten Teil eine Folge der unklaren deutschen Identität seit 1945. In keinem anderen europäischen Land – mit der bemerkenswerten Ausnahme Ostdeutschlands – sind Millionen Menschen, die zur Nachkriegsgeneration gehören, mit dem Stigma und den Unsicherheiten aufgewachsen, die der deutschen nationalen Identität anhafteten. Schwedische, dänische, holländische, belgische und sogar österreichische Jugendliche wuchsen nicht unbedingt in einer chauvinistischen Atmosphäre auf, in der ihnen beigebracht wurde, alles, was zu ihrem Land gehört, auf Kosten des Fremden zu verherrlichen, aber sie waren in bezug auf ihre nationale Identität sicherlich nicht so beschämt und verunsichert. Nach dem Verschwinden des übersteigerten Nationalismus als eines politisch bedeutsamen Faktors im Westeuropa der Nachkriegszeit blieb die Nation – im Unterschied zum Nationalismus – eines der vielen Momente, die die staatsbürgerliche Identität in den liberalen Demokratien bestimmten. So konnte man ohne Wenn und Aber schwedisch, dänisch oder holländisch sein, ohne gleichzeitig einen schwedischen, dänischen oder holländischen Nationalismus zu repräsentieren oder zu verfechten. In den meisten westeuropäischen Ländern gab es eine nationale Identität, die manchmal stärker, manchmal schwächer ausgeprägt war; aber nirgends brachte sie die Belastungen, Unsicherheiten, Verwirrungen und Schamgefühle mit sich wie in der Bundesrepublik. Der Antikommunismus und ein eher schwacher gesamteuropäischer Internationalismus sollten zwischen den 50er und 60er Jahren einen brauchbaren Ersatz für die nationale

Identität abgeben. Die Ostpolitik unterminierte den ersteren, langwierige bürokratische Kämpfe um Agrarsubventionen und Stahlquoten dämpften den letzteren, und derweil wurde der deutsche Nationalismus kaum akzeptabler. Vergleichbares war sonst nirgends in Europa zu finden. Wir wollen also *nicht* sagen, daß die Grünen den Nationalismus wieder als einen akzeptablen Diskurs in die bundesdeutsche politische Diskussion einführten: Vielmehr wurde die Bedeutung der Grünen und ihres »alternativen« Milieus in Westdeutschland teilweise durch ein politisches und psychologisches Klima geschaffen, in dem die mit der nationalen Identität verbundenen Unsicherheiten und Schwierigkeiten durchgehend eine entscheidende Rolle spielten, wenngleich diese Faktoren oft nicht wahrgenommen wurden.

*Das Verhältnis der Bundesrepublik zu den Vereinigten Staaten.* Während die Vereinigten Staaten seit 1945 gegenüber Westeuropa insgesamt die Stellung des Primus inter pares eingenommen haben, war ihr Verhältnis zur Bundesrepublik zweifellos strukturell ein anderes. In etwa vergleichbar mit ihrem Verhältnis zu Japan, waren die Vereinigten Staaten Erschaffer, Befreier, Besatzer, Vorbild, Schutzmacht, Verbündeter, Rivale und starker Arm der Bundesrepublik. Das deutsch-amerikanische Verhältnis bestand – im Gegensatz zu den französisch-amerikanischen, anglo-amerikanischen oder schwedisch-amerikanischen Beziehungen – nicht nur in »normalen« bilateralen Beziehungen zwischen zwei Staaten mit allen damit verbundenen Schwierigkeiten, Spannungen und Belohnungen. Unter der sichtbaren Ebene der deutsch-amerikanischen Beziehungen liegt ein Eisberg von Beherrschung, Unterwerfung, Dankbarkeit, Eifersucht, übermäßiger Fürsorge, Angst vor Verlassenwerden, Freundschaft und Rivalität von erheblich größeren Ausmaßen als in den anderen Beziehungen, die die Vereinigten Staaten nach dem Krieg zu Europa entwickelten. Der Amerikanismus oder Antiamerikanismus hat in der Bundesrepublik eine qualitativ andere (positive und negative) Bedeutung als in anderen europäischen Ländern. Dieses sehr komplexe Verhältnis bleibt in der Bundesrepublik untrennbar mit dem ständigen und weitverbreiteten Empfinden verbunden, sie habe – zumindest bis zum 3. Oktober 1990 – unter einem Mangel an politischer Souveränität, insbesondere gegenüber den USA, zu leiden gehabt. Als die westdeutsche Friedensbewegung gegen die Aufstellung amerikanischer Mittelstreckenraketen protestierte, drückten der Wunsch der Grünen, die westdeutsche Bindung an die NATO zu kappen, und später die massiven und explizit antiamerikanischen Proteste dieses Milieus gegen den Golfkrieg folglich nicht nur politische und strategische Meinungsverschiedenheiten zwischen zwei beliebigen Ländern – in diesem Fall Deutschland und Amerika – aus. Im Gegensatz zu parallelen Entwicklungen in Großbritannien und Spanien beispielsweise bedeutete dieser Kurs auch einen Kampf um Souveränität, Erinnerung, Geschichte und Identität. Vor diesem Hintergrund hat die Rolle, die die Vereinigten Staaten für die Bundesrepublik spielen, der Protest- und Oppositionspolitik einen besonderen Inhalt gegeben, der so in keinem anderen westeuropäischen Land erkennbar ist.[51] Wir meinen, daß die große Bedeutung der westdeutschen Grünen und des sie unterstützenden Milieus im Vergleich zu parallelen Entwicklungen in der schon erwähnten Gruppe der nord- und mitteleuropäischen Länder untrennbar mit Amerikas Rolle in der deutschen Nachkriegsgeschichte verbunden ist.

*Einige Besonderheiten der deutschen Geistesgeschichte.* Viele westliche Beobachter der jüngsten politischen Entwicklungen in der Bundesrepublik – vor allem französische, britische und amerikanische – haben betont, daß die deutschen Traditionen der Romantik, der Liebe zur Natur und des Antimodernismus Schlüssel zu einem richtigen Verständnis der Strategien und Wunschvorstellungen der Grünen sind.[52] Uns scheinen diese Erklärungen etwas zu einfach, und wir lehnen jegliche Analysen über die Grünen ab, die – wenn auch nur implizit – versuchen, sie aufgrund ihrer Naturverbundenheit und ihrer Abneigung gegen den modernen Rationalismus in die Nähe der Nazis zu rücken, aber ohne Zweifel haben manche Stränge der deutschen Geistesgeschichte Eingang in die Weltanschauung der deutschen Linken und der Grünen gefunden. Es wäre wohl auch merkwürdig, wenn man in einer von deutschen Intellektuellen getragenen Protestbewegung keine Elemente deutschen zivilisationskritischen Denkens fände. In allen fortgeschrittenen kapitalistischen Ländern attackieren die »neuen« sozialen Bewegungen die Grundlagen der industriellen Modernisierung – das Wirtschaftswachstum, die autoritäre Bürokratie, das repräsentative Regierungssystem und die Logik der Rationalität. Darin gibt es keinen Unterschied zwischen den Grünen in Deutschland oder in Vermont. Was den deutschen Grünen eine wesentlich größere politische Wirksamkeit verschafft, das ist – unter vielen anderen in dieser Einleitung beschriebenen Faktoren – eine einflußreiche politische Tradition, die in der Vergangenheit ähnliche Forderungen erhoben hat, wenngleich häufig in einem völlig anderen Kontext. Eine interkulturelle oder historische Relativierung scheint nicht angebracht: Es ist keineswegs so, daß es antimodernistische Gedanken und Bewegungen in keiner anderen entwickelten Industriegesellschaft außer in Deutschland gäbe; und ebensowenig sind die Grünen aufgrund ihres Antimodernismus im Sinne von grün = braun den Nazis vergleichbar. Für uns ist in diesem Zusammenhang wichtig, daß es eine bestimmte deutsche Tradition gibt, die unter sehr andersartigen sozioökonomischen Verhältnissen und in einer sehr andersartigen historischen Situation durch sehr andersartige politische Kräfte zum Ausdruck gebracht wurde.

Der Hauptteil dieses Buches enthält eine ausführliche Untersuchung der Grünen als eine Erscheinungsform der Linken in Deutschland. Obwohl wir unsere Untersuchung anfänglich auf die alte Bundesrepublik konzentrierten, veranlaßten uns die wichtigen Ereignisse von 1989/90 zur Einbeziehung der ostdeutschen Grünen und ihres Umfeldes. Aufregend dabei war die Feststellung sowohl grundlegender Ähnlichkeiten als auch krasser Unterschiede zwischen diesen zwei politischen Gruppierungen, die sich auf beiden Seiten der Berliner Mauer herausbildeten. Obwohl sich das empirische Material des Buches mehr mit den Westgrünen als mit den Ostgrünen befaßt, sollte die Darstellung der letzteren nicht als nachgeschoben verstanden werden. Sie soll vielmehr zeigen, wie gemeinsame Themen in zwei sehr unterschiedlichen sozioökonomischen Systemen aufkamen und zu ähnlichen Ausdrucksformen von politischem Dissens und Kritik führten. Gleichzeitig beleuchtet der Fall Ostdeutschland die Besonderheiten der westdeutschen Grünen, die sich im speziellen Kontext der bundesrepublikanischen Nachkriegszeit entwickelten. Wir haben unser Material in drei Teile gegliedert. In Teil I mit dem Titel »Die Vorläufer« geben die ersten vier Kapitel einen historischen Überblick über das, was wir als die Vorläufer der Grünen in der Bundesrepublik betrachten. Hier erörtern wir die entscheidenden Entwicklungen der

»alten« wie der »neuen« Linken, die unserer Ansicht nach für ein richtiges Verständnis der Grünen wichtig sind. Im nächsten Teil, der »Ideologie und politische Programmatik« heißt, werden im fünften Kapitel die Hauptsäulen grünen Denkens in einem historischen und vergleichenden Kontext betrachtet. Hier gehen wir dem Wesen des Antimodernismus der Grünen sowie einigen anderen Aspekten ihrer Weltanschauung nach. Das sechste Kapitel befaßt sich mit den aktuellen politischen Vorschlägen und strategischen Neuerungen, die die politische Realität der Grünen bestimmen. Wir untersuchen ihre Vorstellungen zu Themen wie Verteidigung, Ökonomie, Ökologie und außenpolitische Beziehungen. Teil III zur »Politischen Praxis« zeichnet detailliert die aktuellen Entwicklungen im politischen Leben der Grünen in den 80er Jahren nach. Im siebten Kapitel sehen wir uns die internen Diskussionen in den verschiedenen Fraktionen der Partei an, untersuchen, wie stark die Realität einer Partei durch die Bewegung verändert (und akzeptiert) wurde, und schätzen die Konflikte ein, die das Verhältnis der Partei zu anderen politischen Akteuren, vor allem zu den traditionellen Repräsentanten der »alten« Linken, den altehrwürdigen Sozialdemokraten, kennzeichnen. Den Aufstieg der ostdeutschen Bewegung der Grünen und ihre Rolle beim Sturz des kommunistischen Regimes untersucht das achte Kapitel, es schließt mit einer Analyse des komplizierten Verhältnisses zwischen ostgrünen und westlichen Parteifreunden. Unser Buch endet mit einem ausführlichen Schlußkapitel, in dem wir die Bedeutung der Grünen für die sich wandelnde Linke, für die politische Landschaft in Deutschland und damit für die entwickelten kapitalistischen Länder insgesamt einschätzen. Der Anhang enthält einige Wahlergebnisse und zwei Graphiken zur Genealogie der westdeutschen und der ostdeutschen Grünen.

Ein für die deutsche Ausgabe verfaßter Epilog bildet den Schluß dieser Studie über Grüne und Linke in der Bundesrepublik Deutschland.

# Teil I

# Die Vorläufer

Seit ihrem Entstehen in den späten 70er Jahren haben die westdeutschen Grünen vor allem wegen ihrer »Neuheit« schnell ein sowohl kritisches als auch wohlwollendes Interesse auf sich gezogen. Für jene Politikwissenschaftler, die der Stabilität der westeuropäischen Parteienlandschaft überdrüssig waren, für die Soziologen, die in bezug auf die traditionellen marxistischen Kategorien ernüchtert waren und für die Linken, die zwischen der zunehmenden Gemäßigtheit der traditionellen sozialdemokratischen Organisationen und der Ohnmacht des außerparlamentarischen Protestes gefangen waren, schien das Aufkommen der Grünen eine dramatische Veränderung zu signalisieren. Beobachter beschrieben die Grünen als eine »Partei neuen Typs«, als Vorboten einer »postindustriellen« oder »postmodernen« Politik, als Repräsentanten einer »neuen Klasse«, als Hinweis auf das Ende des »Links-Rechts-Spektrums« und als Produkt einer weltweiten ökologischen Krise. Solche Charakterisierungen sind begründet, denn wie wir später sehen werden, waren Ideologie, Praxis und politisches Verhalten der Grünen selbstbewußt unorthodox, unberechenbar und zeitweise sogar sprunghaft. Zudem unterscheiden sich der politische Stil und die politischen Anliegen der Grünen radikal von denen der Nachkriegssozialdemokratie in Europa, weil sie Antworten auf eine neue Problemlage verkörpern.

Aber die Grünen haben etwas unmißverständlich »deutsches«. Die immer heftigeren ideologischen Kämpfe, die in den 80er Jahren zwischen den »Fundamentalisten« (Fundis) und den »Realisten« (Realos) tobten und bei denen es um die relativen Vorteile einer Fundamentalopposition und eines allmählichen Reformprozesses ging, erinnert an die historischen Diskussionen in der deutschen Sozialdemokratie während der Zweiten Internationale (insbesondere an die um die Jahrhundertwende geführte Massenstreikdebatte, die sich um die Zweckmäßigkeit von Streiks als Strategie für soziale Veränderungen drehte). Ebenso erinnern eine gewisse Naturromantik, die Sehnsucht nach einem einfachen Lebensstil und ein ausgeprägtes Gemeinschaftsgefühl an die deutsche Romantik sowie an die Wandervögel und die Jugendbewegung der 20er Jahre. Auch die Ironie, Phantasie und spektakulären Auftritte, die die politische Praxis und das Verhalten der Grünen kennzeichneten, können nur vor dem Hintergrund der deutschen Studentenbewegung der 60er Jahre verstanden werden. In mancher Hinsicht ist die Kontinuität zwischen den Grünen und ihren Vorläufern in der deutschen Linken fast so erstaunlich wie ihre »Neuheit«.

Wir möchten keinesfalls leugnen, daß die Grünen ein neues Phänomen darstellen, von dem innovative Impulse ausgehen, und daß die Gründe für ihren Aufstieg und ihren weitverzweigten Einfluß über die Grenzen Deutschlands hinausreichen. Aber es wäre ebenso falsch zu übersehen, daß ihre Wurzeln in der spezifischen nationalen politischen Kultur und einzigartigen institutionellen Umgebung der westdeutschen Linken liegen. Wie bereits in der Einleitung dargelegt, sehen wir die Herausbildung der deutschen Grünen als ein Ergebnis der größeren sozioökonomischen und politischen Entwicklungen, die alle Industrieländer seit den späten 60er Jahren verändert haben, sowie spezieller deutscher Faktoren.

In diesem Teil geht es vorwiegend um die letzteren. Unsere These lautet, daß eine genauere historische und empirische Untersuchung der politischen Kultur der deutschen Linken und ihrer institutionellen Umgebung mehrere wesentliche Dinge erklären kann, die von vielen systemtheoretischen oder schlichteren marxistischen Analysen nicht richtig erfaßt werden; das gilt insbesondere für die Frage, warum die verschiedenen Anliegen der Grünen um den Begriff Ökologie zentriert waren und warum sie eine unorthodoxe Organisationsform wählten.

Im Mittelpunkt der Analyse stehen die Nachkriegsereignisse. Wir glauben, daß man in der deutschen Nachkriegslinken klare Vorläufer der grünen Partei erkennen kann. Die direkteste Verbindung bestand darin, daß die Grünen als reine Wahlbündnisse von Gruppen entstanden, die sowohl mit der Sozialdemokratischen Partei als auch mit den außerparlamentarischen Taktiken unzufrieden waren: die Frauenbewegung, die Ökologiebewegung, die Anti-Atom- und Friedensbewegung, »alternative« und sonstige Bewegungen, locker bezeichnet als »neue soziale Bewegungen«; die vielen »Bürgerinitiativen«, die sich bildeten, um ein bestimmtes Ziel auf lokaler Ebene zu erreichen (wie beispielsweise die Erhaltung eines Parks, die Verhinderung des Baus einer Autobahn, einer Startbahn, eines Staudamms, einer Durchgangsstraße oder die Schaffung von Stadtteilinitiativen); die Reste der verschiedenen revolutionären marxistischen Splittergruppen oder »K-Gruppen«.

Um jedoch die Anatomie dieser direkten Vorläufer der Grünen zu verstehen, muß man weiter zurückgehen. Man muß den Blick sowohl auf die Studentenbewegung der 60er Jahre als auch auf die Entwicklung der deutschen Sozialdemokratie in den 50er Jahren richten, wobei unser Ausgangspunkt die Sozialdemokratische Partei Deutschlands ist, die älteste politische Partei des Landes, die lange die Interessen der Arbeiterschaft vertreten und die etablierte Linke repräsentiert hat. Wir untersuchen die außerparlamentarischen Organisationen, die in den 50er Jahren aus dieser Partei hervorgingen, ihre Entwicklung und ihre unterschiedlichen Wege, wobei wir stets im Auge behalten, daß sie in den 80er Jahren wieder zusammenfanden und die Grünen bildeten. Zwei Hauptfragen werden uns in den folgenden Kapiteln ständig beschäftigen: Warum wurden Teile dieser Gruppen trotz ihrer recht unterschiedlichen Ziele und Interessen und ihrer Aversion gegen Parlamentspolitik schließlich doch zu einer parlamentarischen Partei? Wie wurde ein vergleichsweise großer Teil der deutschen Bevölkerung, insbesondere junge Menschen, Akademiker, Stadtbewohner und politisch Engagierte, entweder in dieser Partei aktiv oder entwickelte sich zu einem passiven Kreis wohlwollender Zuschauer? Das Hauptziel dieses Teils besteht also darin, die Entwicklungen in der politischen Kultur, der institutionellen Umgebung und der Problemlage der außerparlamentarischen Opposition, der Linken und der SPD nachzuzeichnen, die schließlich einem Wahlbündnis den Weg ebneten, das als die Grünen bekannt wurde.

Diesen Prozeß teilen wir im folgenden in vier Phasen ein, von denen jede einer unabhängigen Protestwelle entspricht, die von bestimmten Organisationen getragen, durch bestimmte Strategien gekennzeichnet und auf bestimmte Ziele ausgerichtet war: die erste Protestphase gegen die deutsche Wiederbewaffnung (1950-61); der

Aufstieg der Neuen Linken und der Studentenbewegung (1961-69), die marxistisch-leninistische Kaderpolitik und der Terrorismus (1969-77); das Anwachsen der neuen sozialen Bewegungen (1975 bis heute). Wir versuchen zu zeigen, daß der Aufstieg und das Wesen der Grünen großenteils als ein verständliches und logisches Ergebnis dieser Kette von radikalen Protesten und Aktivitäten in der deutschen Nachkriegsgeschichte angesehen werden können.

# 1. Rekonstruktion, Remilitarisierung, Reintegration: Das Aufkommen der außerparlamentarischen Linken

Die deutsche Linke wies lange drei Merkmale auf: ihre Vorliebe für eine straffe (Partei-)Organisation, ihre parlamentarische Ausrichtung und ihre Beherrschung durch die Sozialdemokraten.[1] Selbst diejenigen, denen es gelang, diese Hegemonie vorübergehend, aber glaubwürdig, anzufechten – unabhängige sozialistische Gruppen wie die USPD und kommunistische Parteien wie die KPD – wurden schon bald zu Bewahrern genau der Merkmale, die sie zuvor als Grundübel der Sozialdemokratie heftig kritisiert hatten. Aber keiner dieser Herausforderer der SPD vor 1945 konnte als »außerparlamentarisch« in irgendeinem relevanten Sinn dieses Wortes bezeichnet werden. Selbst die Kommunisten, die dem Parlamentarismus in der Theorie völlig ablehnend gegenüberstanden, blieben in der Praxis der parlamentarischen Tätigkeit verhaftet und generell auf den Staat »fixiert«. Außerdem hatte die deutsche Linke an Karl Kautskys Traum vom Erreichen einer Mehrheit durch Wahlen festgehalten. Vor diesem Hintergrund und nach der Niederlage und Teilung Deutschlands begann die deutsche Linke 1945 mit ihrem eigenen vielversprechenden Wiederaufbau.[2]

Nach dem Krieg schien das politische Klima für die deutsche Linke ungewöhnlich günstig zu sein. Das in einem überwältigenden Maße antifaschistische und antimilitaristische öffentliche Klima gab der Linken einen Glaubwürdigkeitsbonus gegenüber der Rechten und erlaubte es SPD und KPD, sich als Nachfolger der Besatzungsmächte zu betrachten.[3] Zudem war der Hauptgegner des Sozialismus, das Kapital, wegen der Rolle, die einige seiner mächtigsten Vertreter im Dritten Reich gespielt hatten, schwach und diskreditiert. Als die Besatzungsmächte versuchten, das Land durch eine strenge Entnazifizierung und politische Umerziehungsprogramme zu »liberalisieren« und zu »demokratisieren«, waren die Linken ihre einzigen geeigneten und akzeptablen Ansprechpartner.

Trotz dieser anfangs so ermutigenden Umstände waren die 50er Jahre für die Linke ein Jahrzehnt wiederholter Wahlniederlagen, schwindender Unterstützung und eskalierender innerer Konflikte. Bei den Wahlen von 1946, 1949, 1953 und 1957 erhielt die SPD 35 Prozent, 29,2 Prozent, 28,8 und 31,8 Prozent der Stimmen, während die Christlich Demokratische Union, die führende konservative Partei der Bundesrepublik, 1957 der »bürgerlichen Koalition«, die sie bei den ersten beiden Wahlen der Bundesrepublik (1949 und 1953) geschmiedet hatte, die absolute Mehrheit der Bundestagssitze verschaffen konnte.[4] Die Verluste der moskauorientierten marxistisch-leninistischen KPD fielen noch schwerer aus als die der Sozialdemokraten. Die schnelle Verfestigung von kommunistisch-totalitären Parteidiktaturen in Osteuropa, die Gründung der DDR und der Ausbruch des Koreakrieges – mit einem Wort, der kalte Krieg – entfachten in Westdeutschland einen heftigen Antikommunismus. 1954 erzielte die KPD lediglich 2,2 Prozent der Stimmen gegenüber 9,4 Prozent im Jahre 1946.

Aber es sollte noch schlimmer kommen. Am 17. August 1956 ordnete das Bundesverfassungsgericht die Auflösung der KPD an, die zu einer Bedrohung für die durch das Grundgesetz garantierte freiheitliche, demokratische Grundordnung erklärt wurde.[5] Die relative Stabilität der SPD-Wählerschaft täuschte über die allgemein nachlassende Unterstützung für die Linke hinweg. Und mit den ausbleibenden Wahlerfolgen der SPD wurden die Stimmen der gemäßigten Reformer in der SPD lauter, die 1959 im Godesberger Programm gipfelten, in dem die SPD ihren traditionellen Status einer »Klassen«- oder »Arbeiter«-Partei gegen den einer »Massen«- oder »Volks«-Partei eintauschte. So entstand in den 50er Jahren in der Bundesrepublik links von der systemkonformen Sozialdemokratie eine politische Lücke.

Allerdings reichen die unbefriedigenden Wahlergebnisse nicht aus, um die wichtige Godesberger Entscheidung der SPD zu erklären. Die 50er Jahre waren für die deutsche Linke nicht nur ein Jahrzehnt der Niederlagen, sondern auch eines der zutiefst enttäuschten Erwartungen. Die völlige Zerschlagung des Nationalsozialismus und die Teilung Deutschlands hatten ein großes institutionelles und politisches Vakuum hinterlassen, das bei der Linken Hoffnungen auf eine Umstrukturierung und Demokratisierung der Wirtschaft in einem wiedervereinigten, nicht bewaffneten und friedlichen Deutschland nährte. Die Vision der Linken hatte vier Schwerpunkte: Mitbestimmung; eine staatlich gelenkte Wirtschaft, in der der Markt eine wichtige, aber begrenzte Rolle spielen sollte; Ostpolitik/Wiedervereinigung und schließlich Abrüstung. Man kann mit gutem Grund davon ausgehen, daß die überwältigende Mehrheit der westdeutschen Bevölkerung diese Vision teilte.[6]

Aber 1958 hatte sich ein ausgesprochen konservativer Kurs durchgesetzt, und die SPD mußte in jedem dieser Punkte eine unabänderliche Niederlage hinnehmen. Die Beziehungen zwischen Arbeitgebern und Arbeitnehmern wurden nicht etwa durch die Mitbestimmung geregelt, sondern die Niederlagen der Gewerkschaften führten dazu, daß dieses vielgepriesene System der Arbeiterkontrolle auf die niedergehende Kohle- und Stahlindustrie beschränkt wurde.[7] Und anstelle einer verstaatlichten Wirtschaft (oder »sozialisierten«, um die von der Linken bevorzugte Terminologie zu gebrauchen) entwickelte sich die Bundesrepublik zur glühendsten Verfechterin der freien Marktwirtschaft und zum Inbegriff ihrer vielbeneideten Erfolgsgeschichte. Was das Verhältnis zum Osten betraf, erinnerte die Existenz der DDR täglich an die Teilung des Landes und seine Besetzung durch fremde Mächte. Auch in puncto Abrüstung fiel die Bilanz der Linken eher dürftig aus. Die Bundesrepublik bekam nicht nur ihre eigene Armee, sondern sie gliederte diese Armee in das westliche Militärbündnis NATO ein und ließ die Stationierung amerikanischer Atomwaffen auf deutschem Boden zu. Alles in allem war dies weit von der vielversprechenden Situation entfernt, die sich die Linke direkt nach Kriegsende erhofft hatte.

Außerdem bestimmten die aus diesen Nachkriegs-Weichenstellungen hervorgegangenen Gesetze und Institutionen unwiderruflich die Parameter der weiteren Entwicklung in der Bundesrepublik. Karl-Werner Brand, Detlef Büser und Dieter Rucht behaupten: »In diesen drei Dimensionen der Verwässerung oder Rücknahme ursprünglicher Hoffnungen auf einen radikalen Neubeginn ... liegen die spezifischen Krisen- und Delegitimationspotentiale, die im Verlauf der 50er und 60er Jahre den Nährboden außerparlamentarischer Protestbewegungen abgeben.«[8] Die Entscheidung der SPD, den dornigen Weg der Opposition aufzugeben und auf das Modell der Volkspartei[9] hinzuarbeiten, war nicht nur der Versuch, ihren Stimmenanteil zu vergrößern, sondern bedeutete auch die Anerkennung der gegebenen politischen, sozialen und wirtschaftlichen Ordnung.

Aber es stand nicht zu erwarten, daß alle diese Enttäuschungen stoisch hinnehmen würden, und diejenigen, die das neue System ablehnten, konnten ihre politische Heimat nicht mehr in der SPD finden. So wurde in der Bundesrepublik die außerparlamentarische Opposition geboren.

Wir wollen kurz die drei Hauptphasen des politischen Protestes in den 50er Jahren untersuchen, die sich an den Fragen Mitbestimmung, Wiederbewaffnung und Atomwaffen entzündeten.

## Der Kampf der Gewerkschaften um Mitbestimmung in der Industrie und Vergesellschaftung der Wirtschaft

Die erste Phase des Protestes gegen die entstehende Nachkriegsordnung der Bundesrepublik war der Kampf der deutschen Gewerkschaften um Vergesellschaftung der und Mitbestimmung in den deutschen Schlüsselindustrien. Im politischen Klima der damaligen Zeit wirkten diese Ziele nicht so radikal, wie es im nachhinein den Anschein haben mag. Zumindest anfangs hatten sie die Unterstützung nicht nur der Arbeiterparteien SPD und KPD, sondern auch des größten Teils der bürgerlichen CDU und eines großen Teils der deutschen Bevölkerung.[10] Nach dem Krieg war das deutsche Kapital wegen seiner engen Verbindung zum Nationalsozialismus zutiefst diskreditiert.

Auch wenn das Kapital geschwächt war, hatten die Pläne zur Vergesellschaftung der Schlüsselindustrien und zur Einführung der Mitbestimmung in den 40er und 50er Jahren zwei weitere entschiedene Feinde: die amerikanische Militärregierung und den CDU-Vorsitzenden und Bundeskanzler Konrad Adenauer.[11] Mit Beginn des kalten Krieges waren die Amerikaner hauptsächlich an einem wirtschaftlich gesunden Bollwerk gegen den sowjetisch beherrschten Osten interessiert und meinten, dies sei am besten durch eine wieder angekurbelte freie Marktwirtschaft in der Bundesrepublik zu erreichen. Folglich wurden Reformpläne für Deutschland außenpolitischen Zielen untergeordnet, und die Vereinigten Staaten beschränkten die Umgestaltung der deutschen Wirtschaft auf die Entflechtung der stark kartellierten und konzentrierten Zweige der deutschen Industrie.[12] Diese Politik fand den Beifall Konrad Adenauers und seines Wirtschaftsministers Ludwig Erhard, dessen Konzept der »sozialen Marktwirtschaft« vor der Wahl von 1949 zum offiziellen Parteiprogramm der CDU erhoben worden war.[13]

Die CDU und die amerikanische Militärregierung hatten bereits 1948 Schritte eingeleitet, um die Durchführung gewisser Mitbestimmungs- und Vergesellschaftungsmaßnahmen zu stoppen. Aufgrund der in aller Stille aufgegebenen Entnazifizierungsbemühungen wurden die meisten Kapitalisten und Manager, die Hitlers Kriegsmaschine unterstützt hatten, de facto – wenn auch nicht de jure – rehabilitiert.[14] Obwohl das 1948 verabschiedete Grundgesetz eine Reihe von Formulierungen enthielt, die ausdrücklich auf die Rechte und das Wohlergehen der Arbeitnehmer abgestellt waren, erfüllte das Endergebnis nicht die Hoffnungen der Gewerkschaften und der Linken. So warnte der IG Metall-Vorsitzende Walter Freitag: »Sollen die alten Besitzer, die die Verantwortung für das Unglück tragen, sollen die wieder in Rang und Würde gebracht werden, dann lohnt es sich, daß die Eisen- und Stahlarbeiter ihre ganze Kraft einsetzen und die Betriebe zum Stillegen bringen.«[15] Aber wie so oft in dieser kritischen Zeit unterstützten die Gewerkschaften ihre radikale Rhetorik nicht durch energische Aktionen. Freitags Befürchtungen hinsichtlich der restaurierten Macht des Kapitals bewahrheiteten sich schon 1952.[16]

Dennoch errangen die Gewerkschaften in dieser ansonsten ungebrochenen Kette von Rückschlägen einen wichtigen Sieg für die Arbeitnehmer und die Linke. Die Absicht der Adenauer-Regierung, das in der Eisen-und Stahlindustrie praktizierte Mitbestimmungsmodell abzubauen, rief in den Gewerkschaften große (und berechtigte) Sorgen hervor. Sie befürchteten die Aufhebung der Montanmitbestimmung, einer wichtigen Errungenschaft der Nachkriegszeit. Da sie sich der symbolischen Bedeutung dieser Regelung für die Arbeitnehmer sehr wohl bewußt waren, schienen DGB, IG Metall und IG Bergbau und Energie zu einer konzertierten Gegenwehr bereit. Der Protest der Gewerkschaftsführung wurde von der Basis unterstützt.[17] Adenauer, der die drohende Gefahr eines großen Streiks erkannte, bot sich als Vermittler an. Bis zur letzten Minute geführte Verhandlungen und die Zustimmung der CDU im Bundestag gaben dem vorhandenen Mitbestimmungsmodell eine gesetzliche Grundlage. Aber der Hauptangriff der konservativen Regierung und der Industrie-Eliten auf gewerkschaftliche Positionen bestand nicht so sehr in der offenen Konfrontation als vielmehr in der bewußten Umgehung und stillschweigenden Sabotierung bestehender Gesetze.[18]

In einem Briefwechsel diskutierten der DGB-Vorsitzende Hans Böckler und Kanzler Konrad Adenauer in den frühen 50er Jahren über die Rolle der Gewerkschaften in einer liberalen Demokratie. Böckler äußerte die – von den Gewerkschaften seit der Weimarer Republik vertretene – Auffassung, daß die wirtschaftliche Demokratie eine Voraussetzung für die politische Demokratie sei. Adenauer hielt dem entgegen, daß allein das Parlament der Ort demokratischer Mitwirkung sei. Dies, so meinte er, schlösse die Einflußnahme von Interessengruppen wie den Gewerkschaften auf den politischen Prozeß aus.[19] Diese Meinungsverschiedenheit prägte die 1950 einsetzende Diskussion über die voraussichtliche Verabschiedung eines umfassenden Betriebsverfassungsgesetzes. Wäre dieses die Gewerkschaft schwächende Gesetz durchgekommen, hätte es verheerende Folgen für den Einfluß der Gewerkschaften bei den Arbeitern und ihre Präsenz in den bundesdeutschen Unternehmen gehabt. Diesem Gesetzentwurf zufolge sollten die Betriebsräte die einzigen Arbeitnehmervertreter im Betrieb sein; die Gewerkschaften wären aus diesem für die organisierten Arbeitnehmer so wichtigen Bereich ausgeschlossen. Der Entwurf legte den Betriebsräten auch gewisse Einschränkungen auf, indem er vorschrieb, daß ihre Loyalität in erster Linie dem Unternehmen und nicht der Gewerkschaft oder den Arbeitnehmern zu gelten habe. Weit davon entfernt, eine paritätische Mitbestimmung zu gewähren, sah der Entwurf vor, daß die Arbeitnehmer ein Drittel der Sitze im Aufsichtsrat eines Unternehmes bekamen (anstatt die Hälfte, wie es die Montanmitbestimmung vorsah). Als die Beratungen eines gemeinsamen Ausschusses von Gewerkschaftern und Managern (die sogenannten »Hattenheimer Verhandlungen«) 1950 scheiterten[20], gelang es dem DGB, die Arbeit des Ausschusses zu blockieren und die Verabschiedung des Gesetzentwurfs im Parlament zwei Jahre hinauszuzögern. Aber die Gewerkschaften versäumten es, einen Gegenvorschlag oder eine alternative Strategie auszuarbeiten. Dies führte 1952 zu einem weiteren teuer erkauften und erfolglosen parlamentarischen Kampf der Arbeitnehmervertreter und der Linken in der Bundesrepublik. Konservative Kräfte unter Führung einer parlamentarischen Mehrheit aus der dominierenden CDU und ihrem kleinen Koalitionspartner FDP – eine Laissez-faire-Partei im klassischen Stil des europäischen Liberalismus – verabschiedeten das Betriebsverfassungsgesetz. Es schloß die Arbeitnehmer von jeglicher Entscheidungsgewalt im Betrieb aus, was die innerbetriebliche Präsenz der deutschen Gewerkschaften massiv schwächte.

Im Sommer 1952 war die Niederlage der Arbeiterbewegung in puncto Umgestaltung der Wirtschaft und politischer Wandel nahezu total. 1946 hatten die Gewerkschaften und die SPD sich als die einzigen Kräfte betrachtet, die fähig wären, eine lebensfähige Demokratie in Deutschland aufzubauen. Aber Adenauer hatte diesem Anspruch geschickt den Boden entzogen, indem er »Demokratie« zu einer starken parlamentarischen Exekutive umdefinierte, die auf den Kanzler zugeschnitten war (die sogenannte Kanzlerdemokratie). Es gab mehrere Punkte, an denen eine radikalere Gewerkschaftstaktik hätte ansetzen können, um Adenauers Kurs zu blockieren. Doch die Gewerkschaftsführung scheint gezögert zu haben, die parlamentarischen Institutionen der Bundesrepublik direkt in Frage zu stellen. Diese stillschweigende Anerkennung des Parlamentarismus als der legitimsten und praktikabelsten Ausübung der Demokratie, auch wenn er in unseliger Weise von Adenauer ausgenutzt wurde, war ein wichtiger Schritt in der Geschichte der deutschen Linken. Die Linke – insbesondere die von der Sozialdemokratie dominierte – hatte lange die staatlichen Institutionen und den Staat selbst verteidigt. Man könnte sogar sagen, daß die Weimarer Republik überhaupt nur so lange überleben konnte, weil sie von der Sozialdemokratie rückhaltlos unterstützt wurde. Aber in der Weimarer Republik trug die SPD die parlamentarische Demokratie und den Staat mit, weil es keine bessere Möglichkeit gab. Erst in den 50er Jahren begann die deutsche Linke, den Parlamentarismus aktiv zu unterstützen und eine Identifikation mit den republikanischen Institutionen zu entwickeln. Aus diesem Grund blieben die Führer der Sozialdemokratie und der Gewerkschaften mißtrauisch gegenüber außerparlamentarischen Bewegungen und Taktiken, die sie an die Braunhemden von Hitlers SA erinnerten.

## Deutschland: Wiederbewaffnet und geteilt

Erschien 1945 eine grundlegende Umgestaltung der deutschen Wirtschaft vielleicht wünschenswert, so galt die Wiederbewaffnung Deutschlands als ein Ding der Unmöglichkeit. Die allgemeine Erschöpfung, die Niederlage und die Besetzung des Landes riefen in der deutschen Bevölkerung eine ausgesprochen antimilitaristische Stimmung (oder zumindest Haltung) hervor. 1946 drückte Adenauer den Wunsch nach deutscher »Neutralität« aus, und sein zukünftiger Verteidigungsminister Franz Josef Strauß sagte: »Wer noch einmal ein Gewehr in die Hand nehmen will, dem soll die Hand abfallen.«[21] Die siegreichen Verbündeten, besonders Frankreich und die Sowjetunion, schienen entschlossen zu sein, die deutsche Militärmacht für immer zu neutralisieren.[22]

Hauptsächlich, wenn auch nicht ausschließlich, führte die Übereinstimmung der deutschen und amerikanischen Interessen im veränderten Klima des kalten Krieges allmählich einen Umschwung herbei. Die Verkündung der Truman-Doktrin und der Beginn des Marshall-Plans 1947, die Berlin-Blockade und die Luftbrücke der Alliierten 1948 und der Ausbruch des Korea-Krieges 1950 sorgten für eine weitere Zunahme der Spannungen zwischen Ost und West. Mit jeder Eskalation wurden diejenigen Stimmen lauter, die die Einbeziehung eines wiederbewaffneten Deutschlands in das westliche Bündnis forderten.[23] Für die Vereinigten Staaten machten Deutschlands geopolitische Lage und (potentielle) militärische Stärke seine Einbindung in ein von Amerika geführtes Bündnis unerläßlich. Adenauer sah in einem deutschen Militärbeitrag das einzige, was er in die Waagschale werfen konnte, um die Wiederherstellung der politischen Souveränität zu erreichen.[24] Aus seiner Sicht war eine kleinere, im Westen verankerte Republik, politisch nicht nur möglich, sondern auch wünschenswerter als ein zwischen Ost und West »schwankendes« vereinigtes Deutschland.

Angesichts dieser Interessenübereinstimmung mußten die Wiederbewaffnung und die Integration Westdeutschlands in den Westen schnell vorankommen. Schon frühzeitig fing Adenauer an, das Verteidigungsministerium aufzubauen.[25] Im Mai 1952 unterzeichnete die Bundesrepublik einen Vertrag zum Aufbau einer Europäischen Verteidigungsgemeinschaft (EVU) unter supranationalem Kommando. Im Gegenzug sicherten die Alliierten der Bundesrepublik im sogenannten Generalvertrag oder Deutschlandvertrag die volle Souveränität zu.[26] Im Februar 1954 verabschiedete der Bundestag ein Wehrergänzungsgesetz, das den militärischen Diensten eine verfassungsmäßige und rechtmäßige Grundlage gab.[27] Als der EVU-Vertrag 1954 in der französischen Nationalversammlung durchfiel, wurde ein neues Paket von Abmachungen geschnürt, das den französischen Bedenken Rechnung trug, die sogenannten Pariser Verträge.[28] Wie die Vereinbarung über die EVU, enthielten sie auch einen Generalvertrag, der Deutschlands nationale Souveränität vorsah. Der Bundestag ratifizierte das Paket Anfang 1955. Wie wir im folgenden Abschnitt sehen werden, wurden die ersten amerikanischen Atomwaffen nur drei Jahre später in der Bundesrepublik stationiert. Dadurch gab Adenauer der Sicherung der Existenz der Bundesrepublik implizit Priorität, ein Weg, der die Hoffnungen auf ein vereintes Deutschland schnell zunichte machte. Adenauer war überzeugt, daß Deutschlands destruktive Impulse nur durch eine feste – und unveränderliche – Einbindung in den Westen in Schach gehalten werden konnten. Er trat für den Aufbau einer stabilen parlamentarischen Demokratie ein, für die er die nationale Einheit zu opfern bereit war. Nirgends zeigte sich Adenauers politisches Format so deutlich wie in seiner Bereitschaft, die »heilige« nationale Einheit für wirtschaftliche Stabilität und politische Demokratie aufzugeben. Dies war um so bemerkenswerter, als er einer konservativen Partei und einer Mitte-Rechts-Koalitionsregierung vorstand.

Die Kette von Entwicklungen, die in der Wiederbewaffnung Westdeutschlands gipfelten, stieß auf den entschiedenen Widerstand der organisierten Linken – KPD, SPD und DGB – und rief einen außerparlamentarischen Proteststurm mit unterschiedlichen Verbindungen zu den Gewerkschaften und Parteien hervor. Daher können wir das Entstehen einer unabhängigen außerparlamentarischen Linken in der Bundesrepublik zwischen 1950 und 1956 datieren.

Um die Form zu verstehen, die der außerparlamentarische Widerstand gegen die Wiederbewaffnung annahm, ist es wichtig, die von der SPD in dieser Zeit praktizierte Opposition zu untersuchen, insbesondere Kurt Schumachers kompromißlose Oppositionspolitik. Die SPD mit ihrem starken Parteiapparat, mächtigen Hilfsorganisationen und einer marxistischen Weltanschauung mit Absolutheitsanspruch präsentierte sich lange als die einzige Kraft, die in der Lage wäre, eine umfassende Systemopposition zu betreiben. Die neue Strategie aber war subtiler.

Während Schumacher die Bundesrepublik nicht völlig verurteilte oder ablehnte, betrachtete er sie nie als dauerhaftes Gebilde. Er sprach gerne von ihr als »Provisorium« oder Übergangsstaat. Die Bundesrepublik war ein geteiltes und besetztes Deutschland, und in den Augen Schumachers und der Sozialdemokraten konnte ein Deutschland ohne Souveränität und Einheit kein richtiges Deutschland sein. Der SPD-Standpunkt beinhaltete einen kaum verhüllten Patriotismus, eine Art Links-Nationalismus, das Gefühl, Deutschland habe genug gelitten und nicht nur Nazis, sondern auch ins Exil getriebene Widerstandskämpfer hervorgebracht, so daß es folglich nicht mit der nationalen Teilung »bestraft« werden dürfe.[29] Theo Pirker faßt dieses Empfinden recht gut zusammen, wenn er sagt, daß das Ziel der kompromißlosen Opposition Schumachers nicht eine Regierungsumbildung, sondern eine Regierungsneubildung mit einer konsequenten alternativen Politik gewesen sei. Am Ende sollte die Verwandlung des provisorischen bürgerlichen Staates in ein dauerhaftes sozialistisches deutsches Reich stehen.[30]

Auf diese Vision von einem wiedervereinigten, souveränen und sozial erneuerten Deutschland richtete Schumacher die SPD aus.[31] Sie bestimmte wiederum die Haltung der SPD zur deutschen Wiederbewaffnung.

Die kompromißlose Opposition erforderte wesentlich mehr als eine einfache parlamentarische Opposition. Aber sie bedeutete keine absolute, grundsätzliche Opposition gegen alle bestehenden staatlichen und gesellschaftlichen Institutionen[32], denn Schumacher war fest von der parlamentarischen Demokratie überzeugt.[33] Zwei Dinge hielt Schumacher durchaus nicht für »provisorisch«: die parlamentarischen Institutionen der Bundesrepublik und vor allem ihre Verfassung, ihr Grundgesetz. Seiner Ansicht nach war in der Demokratie ebensowenig Platz für »Experimente« mit »radikaler« oder »Basis«-Demokratie wie für den leninistischen »demokratischen Zentralismus«. Ihn erinnerten eine plebiszitäre Politik oder eine politische Bewegung stark an den Nazismus, er betrachtete sie daher als unzulässige politische Strategie.

Schumachers Eintreten für den Parlamentarismus beruhte auch

auf einer strategischen Überlegung. Er war fest davon überzeugt, daß das Scheitern der von der CDU betriebenen Politik der freien Marktwirtschaft einerseits und der Einsatz der Sozialdemokratie für die nationale Einheit Deutschlands andererseits bald eine Mehrheit der westdeutschen Wähler auf die Seite der SPD bringen würde. Wären die sozialdemokratischen Hochburgen im Osten wieder mit der Bundesrepublik vereinigt, sei die SPD-Mehrheit eine ausgemachte Sache.[34]

Es ist wichtig hervorzuheben, daß der Widerstand der SPD gegen die Wiederbewaffnung nicht auf Pazifismus basierte. Für Schumacher war die parlamentarische Demokratie es wert, verteidigt zu werden – wenn nötig, auch mit deutschen Waffen.[35] Nach Schumachers Worten war das deutsche Schicksal unauflöslich mit dem der westlichen Demokratie verbunden, und schon das sei ein hinreichender Grund für die deutsche Wiederbewaffnung.[36]

Schumachers Antikommunismus und Westorientierung überwogen seinen Antimilitarismus.[37] Aber im Gegensatz zu Adenauer war Schumacher keineswegs bereit, auf die politische Souveränität eines vereinigten Deutschlands zugunsten der Unterordnung eines Rumpf-Deutschlands unter ein von den USA dominiertes Verteidigungsbündnis zu verzichten.[38]

Folglich kamen die ersten außerparlamentarischen Proteste gegen die deutsche Wiederbewaffnung nicht von der SPD, sondern von religiösen, pazifistischen und kommunistischen Organisationen. Im Herbst 1950, nach einer heftigen, offenen Diskussion über die Wiederbewaffnung in der Evangelischen Kirche in Deutschland (EKD), richtete der bekannte Theologe und Kirchenpräsident Martin Niemöller einen vielgelesenen offenen Brief an Adenauer, in dem er dem Kanzler vorschlug, entweder Neuwahlen anzusetzen oder eine Volksabstimmung über die Wiederbewaffnung durchzuführen.[39] Gleichzeitig wurden große Teile der Bevölkerung von einer pazifistischen Stimmung ergriffen, die in der Parole »Ohne mich« oder »Ohne uns« gipfelte.[40] Es kam auch zu vereinzelten Protesten von seiten der Gewerkschaften.[41] 1950 und 1952 gründete die KPD mehrere Friedensorganisationen und veranstaltete in Berlin Friedenskonferenzen.[42]

Eine gemäßigtere Gruppe unter der Führung von Gustav Heinemann, der wegen der Frage der Wiederbewaffnung als Adenauers Innenminister zurückgetreten war, gründete die Notgemeinschaft für den Frieden Europas, deren Aktivitäten sich auf eine massive Petitionskampagne konzentrierten.[43]

Entsprechend Schumachers Auffassung über Demokratie teilte die SPD den entschiedenen Widerstand der CDU gegen Heinemanns Plan einer Volksabstimmung.[44] Im Frühjahr 1952 ging die SPD soweit, Heinemanns Mitarbeit in der Notgemeinschaft und seine Mitgliedschaft in der SPD für unvereinbar zu erklären.[45]

Die SPD lehnte jede außerparlamentarische Taktik ab und versuchte statt dessen, die Verträge durch die Anrufung des Bundesverfassungsgerichts[46] und ihr Veto im Bundesrat zu blockieren.[47] Adenauer brachte beides zu Fall.

Erst unmittelbar vor der parlamentarischen und juristischen Niederlage und der Verabschiedung der Pariser Verträge schloß sich die SPD mit dem Mut der Verzweiflung und mit starkem Widerwillen der außerparlamentarischen Opposition an. Im Frühjahr 1955 luden SPD, DGB und EKD sowie verschiedene Intellektuelle etwa tausend ausgesuchte Gäste zu einem Wochenende mit Vorträgen und Veranstaltungen gegen die Wiederbewaffnung ein. Als Ort wählte man die symbolträchtige Frankfurter Paulskirche, in der 1848 die Nationalversammlung getagt hatte. Das Motto der Paulskirchen-Bewegung, wie sie damals hieß, lautete »Rettet die Einheit, den Frieden und die Freiheit! Gegen Kommunismus und Nationalismus!« Wie ihr »Deutsches Manifest« hervorhob, war die Bewegung ausschließlich deshalb gegen die Pariser Verträge, weil sie ein Hindernis für die Wiedervereinigung darstellten.[48] Nach der Verabschiedung der Pariser Verträge einige Monate später, ging die Paulskirchen-Bewegung in aller Stille ein. Ihre Organisationsform war weder geeignet noch dafür gedacht, eine anhaltende öffentliche Opposition gegen die Wiederbewaffnung zu mobilisieren.[49] Vielmehr war die Paulskirchen-Bewegung weitgehend darauf abgestellt, die radikalen Strömungen im DGB und in der SPD einzudämmen, die einen Generalstreik forderten.[50]

Weder die Einstellung der SPD zur Wiederbewaffnung noch ihre Auffassung von demokratischer Mitwirkung in dieser Zeit ließen sich mit einer pazifistischen, außerparlamentarischen Bewegung in Einklang bringen. Kein Wunder also, daß die einzige Organisation, die in diese Richtung tendierte, von Gustav Heinemann gegründet wurde. Nachdem Adenauer seine Petitionskampagne verboten hatte, gründete Heinemann die kurzlebige Gesamtdeutsche Volkspartei (GVP), die rechtzeitig vor der Bundestagswahl von 1953 aus seiner Notgemeinschaft hervorging. Was die GVP zu einem historisch ungewöhnlichen Phänomen machte und ihren geringen Erfolg erklärte, war ihre Ähnlichkeit mit späteren, besser entwickelten Formen der Mobilisierung und Organisierung von Protest: Sie hatte insofern eine klare Botschaft (man könnte sagen ein »Thema«), als sie die Verhinderung der Wiederbewaffnung forderte; sie hatte insofern ein erkennbares Ziel, als sie den Sturz Adenauers anstrebte; und sie war bereit, die parlamentarische Taktik mit der außerparlamentarischen zu verbinden. Die vielleicht größte Schwäche der GVP war ihre Unfähigkeit, jene Linken zu erreichen, deren Haltung zur Wiederbewaffnung mehr der der GVP als der der SPD ähnelte. Ein solches historisches Bündnis gelang erst fünfundzwanzig Jahre später.

Zusammenfassend kann man sagen, daß die potentielle Opposition gegen die Wiederbewaffnung in der ersten Hälfte der 50er Jahre groß war, während der organisierte Widerstand klein blieb. Dies lag zumindest teilweise an der Einstellung der SPD zu außerparlamentarischer Politik. Diese ergab sich wiederum nicht allein aus dem Phlegma oder der Unfähigkeit der Sozialdemokraten. Vielmehr drückte sie die Bindung der Partei an den Parlamentarismus aus, wenn auch in einem relativ eingeschränkten Sinn. Das daraus resultierende Unvermögen der SPD, ihre alternative Vorstellung von Deutschland umfassend darzustellen, frustrierte nicht nur gewisse Strömungen in der Partei, sondern entfremdete diese zudem ihren potentiellen Wählern. Auch ohne die nachfolgende Protestwelle in der zweiten Hälfte der 50er Jahre hätte die SPD ihre oppositionellen Tendenzen vielleicht doch noch voll in die außerparlamentarischen Bewegungen der damaligen Bundesrepublik eingebracht.

## »Eine Weiterentwicklung der Artillerie«: Der Kampf gegen die atomare Plage

Der Wunsch, amerikanische Atomwaffen auf deutschem Boden zu stationieren, bestand schon vor der Ratifizierung der Pariser Verträge und hielt sich fast vier Jahre lang. Nach den NATO-Beratungen, die 1954 begannen[51], und nach einer Pressekampagne der Adenauer-

Regierung im Jahre 1955[52] boten die Vereinigten Staaten formell an, Ende 1957 »taktische« Atomwaffen und Sprengköpfe auf deutschem Boden zu stationieren. Die CDU nutzte die Gelegenheit und brachte im Bundestag eine Gesetzesvorlage durch, die vorsah, »die Streitkräfte der Bundesrepublik mit den modernsten Waffen auszurüsten ...«[53] In vielerlei Hinsicht ähnelten sowohl die Argumente als auch die Konfliktlinien dem Kampf um die Wiederbewaffnung, mit einem wichtigen Unterschied[54]: Der Plan zur Stationierung von Atomwaffen auf westdeutschem Boden rief Proteste hervor, die wesentlich breiter, tiefer und nachdrücklicher waren als die gegen die Wiederbewaffnung einige Jahre zuvor. Der wichtigste Grund dafür war die Tatsache, daß sich die SPD direkt an der Organisierung des Widerstands gegen die Stationierung von Atomwaffen beteiligte. Darüber hinaus gab es noch ein gewisses Restpotential aus der Protestbewegung gegen die Wiederbewaffnung, das sich mobilisieren und organisieren ließ.

Der Ursprung der westdeutschen Bewegung gegen die atomare Bewaffnung lag in dem besonderen Zusammentreffen von Ereignissen im Frühjahr 1957. Mehrere Monate vor den Parlamentswahlen brachte die SPD im Bundestag eine große Anfrage ein, um die halb geheimen Verhandlungen der Adenauer-Regierung mit den USA offenzulegen.[55] Adenauer versuchte, die Sache herunterzuspielen, indem er taktische Atomwaffen[56] ungeschickterweise als eine bloße Weiterentwicklung der Artillerie bezeichnete.[57] Diese Verzerrung der Realität veranlaßte achtzehn der bekanntesten Atomphysiker Deutschlands, private Gespräche mit Adenauer einzustellen und die »Göttinger Erklärung«[58] zu veröffentlichen, die im wesentlichen das zerstörerische Potential der Atombombe und die Unmöglichkeit des Schutzes vor ihr beschrieb und Klarheit in die allgemeine Verwirrung über die Bedeutung von »taktischen« Atomwaffen brachte (die Adenauer und sein Verteidigungsminister Strauß bewußt gefördert hatten). Der DGB, die IG Metall und die protestantische Kirche gaben Unterstützungsadressen heraus.[59] Spontan entstanden örtliche Aktionsausschüsse, und die Meinungsumfragen zeigten eine schnell wachsende Ablehnung des Adenauer-Kurses durch die Bevölkerung.[60]

Trotz oder vielleicht wegen der bevorstehenden Wahlen ging die SPD bei der Mobilisierung dieses Widerstands vorsichtig zu Werke.[61] In ihrem »Ollenhauer-Plan« (Erich Ollenhauer war der Nachfolger

Kurt Schumachers) versuchte die SPD, die atomare Abrüstung mit ihrem Ziel der Wiedervereinigung durch ein kontinentales »System der kollektiven Sicherheit« zu verbinden. Die Supermächte sollten es durch eine Art organisatorischer Verschmelzung von NATO und Warschauer Pakt zum Zweck der allgemeinen Sicherheit garantieren.[62]

Im Wahlkampf griff Adenauer diesen Plan mit seiner üblichen Taktik an: Er versuchte, die Sozialdemokraten als Sympathisanten der Kommunisten zu denunzieren und stellte den Wohlstand des Wirtschaftswunders der ostdeutschen Wirtschaftsmisere gegenüber. Auf diese Weise gelang es ihm, die Frage der Atombombe zu neutralisieren. Im Juni erhielten die CDU und ihre noch konservativere und stramm katholische bayerische Schwesterpartei CSU 50,2 Prozent der Stimmen (das einzige Mal in der Geschichte der Bundesrepublik – ja, der deutschen Demokratie –, daß eine Partei die absolute Mehrheit erreichte). Und das trotz der Tatsache, daß sich den Meinungsumfragen zufolge etwa 70 Prozent der Bevölkerung entschieden gegen die Stationierung von Atomraketen auf deutschem Boden aussprachen.[63] Adenauer war es eindeutig gelungen, nicht die Wiederaufrüstung, sondern die Frage des wirtschaftlichen Wohlstands in den Mittelpunkt des Wahlkampfes zu stellen.

Die düstere Stimmung bei den Sozialdemokraten und ihren Sympathisanten nach der dritten Abfuhr für die SPD bei den Wahlen in der jungen Republik wurde durch den Plan des polnischen Außenministers Adam Rapacki wieder aufgehellt: Die Absicht, eine entmilitarisierte Zone in Mitteleuropa (einschließlich beider Teile Deutschlands) als Grundlage eines kollektiven Sicherheitssystems zu schaffen, wurde von der SPD und den amerikanischen Liberalen begeistert aufgenommen.[64]

Aber der kurzzeitige Optimismus der Linken brach zusammen, als eine NATO-Konferenz in Paris im Dezember 1957 die Entschlossenheit der Allianz bekräftigte, in der Bundesrepublik Atomwaffen zu stationieren. Da Adenauer nur die Zustimmung des Bundestags zu den Plänen der NATO brauchte, wurde das Parlament zwangsläufig zum Austragungsort des Konfliktes.

Diesmal versuchte die SPD, ihre parlamentarische Taktik mit außerparlamentarischer Mobilisierung zu verbinden. Im Januar forderte die Partei im Bundestag eine weitere außenpolitische Debatte.[65] Sie legte auch einen Gesetzentwurf zum Verbot der Herstellung oder Stationierung von Atomwaffen in der Bundesrepublik vor.[66] Erich Ollenhauer kündigte eine »Aufklärungskampagne« an, um eine »breite Protestwelle gegen den atomaren Tod« ins Leben zu rufen. Die Kampagne »Kampf dem Atomtod« (KdA) war von Anfang an als echte Massenmobilisierung über die Grenzen der SPD und der üblichen Parlamentspolitik hinaus gedacht. Die Initiatoren bezogen das gesamte Oppositionsspektrum von 1954 ein.[67] Der große Parteiapparat der SPD wurde in Bewegung gesetzt, um Unterschriftenlisten in Umlauf zu bringen, örtliche KdA-Ausschüsse zu bilden und bundesweit Massenveranstaltungen zu organisieren. Die KdA-Kampagne erreichte die erste koordinierte Massenmobilisierung in der jungen Republik: Innerhalb von zwei Wochen fanden in über der Hälfte der deutschen Städte mit mehr als 200 000 Einwohnern Demonstrationen statt.[68]

Der Adenauer-Regierung gelang es zwar schließlich, alle Bemühungen der SPD und der KdA-Bewegung juristisch und politisch zu blockieren[69], doch der Verlauf dieser außerparlamentarischen Mobilisierung war durch mehrere Ereignisse gekennzeichnet, die aus der Sicht unserer Analyse eine langfristige Bedeutung hatten.

Erstens: Trotz einer ursprünglich positiven Reaktion[70] seitens der SPD[71], der Gewerkschaftsbasis[72] und der Öffentlichkeit[73] schreckte die DGB-Führung letztlich davor zurück, zu einem großen Streik aufzurufen, um die Kampagne zu unterstützen. Schließlich lagen die Prioritäten des DGB vor allem bei Lohnerhöhungen und der beunruhigenden Frage der potentiell negativen Auswirkungen der Automation auf die Sicherheit der Arbeitsplätze; die Gewerkschaftsführung war vor allem nicht bereit, die neugewonnene Glaubwürdigkeit als zuverlässiger »Sozialpartner« bei der Errichtung einer erfolgreichen sozialen Marktwirtschaft in der Bundesrepublik aufs Spiel zu setzen. Die Entscheidung des DGB war insofern Teil einer größeren Entwicklung, als die organisierten Arbeitnehmer bereit waren, ihre Aktivitäten zu »entpolitisieren« und sich auf »materielle« Fragen zu beschränken. Diese Entwicklung signalisierte den ersten Bruch im Bündnis zwischen linken Intellektuellen und der organisierten Arbeitnehmerschaft seit dem Ende des Nationalsozialismus.

Der zweite Punkt betraf den Umgang der SPD mit der KdA-Bewegung nach Adenauers Sieg. Während die führenden KdA-Leute dazu neigten, die Kampagne auch nach der Verabschiedung des NATO-Kommuniqués und des Verbots einer Volksbefragung durch das Bundesverfassungsgericht fortzusetzen und auszuweiten, fingen gemäßigte SPD-Führer an, die Bewegung und ihre außerparlamentarischen Strukturen aufzulösen. Das Ziel der SPD bei der Gründung von KdA bestand lediglich darin, im Fall eines parlamentarischen Konflikts Druck auf die Herrschenden auszuüben. Die Partei hatte niemals vor, eine unabhängige außerparlamentarische Opposition gegen Atomwaffen zu etablieren. Herbert Wehner sah bezeichnenderweise die Gefahr einer Fortsetzung von KdA darin, »... Stimmungen zu wecken und Personen zu sammeln, mit denen die Sozialdemokratie dann ... von einem bestimmten Punkt an gar nicht mehr weiterkomme und sich dadurch zusätzlich den Weg zu den sogenannten durchschnittlichen Menschen verbaute.«[74]

Wehner machte sich im wesentlichen die Position des DGB zu eigen, indem er sich und die SPD von den Anliegen radikaler und unabhängiger Angehöriger der Mittelschicht distanzierte, um sich auf die erreichbaren materiellen Ziele des »Mannes auf der Straße« zu konzentrieren.

Dies war natürlich kein isolierter Vorgang, sondern Teil eines größeren Prozesses grundlegender sozialdemokratischer Umorientierung in den 50er Jahren, die im Godesberger Programm von 1959 gipfelte. Godesberg war aus mehreren Gründen ein immens wichtiges Ereignis für die Entwicklung der außerparlamentarischen Opposition in der Bundesrepublik. Erstens machte die bewußte Entideologisierung der Sozialdemokratie diese als Kristallisationspunkt für utopische Bestrebungen bzw. für jede grundsätzliche Kritik des Status quo unbrauchbar. Zweitens war die Partei durch ihre unbedingte Bindung an Parlamentarismus und Interessenausgleich gezwungen, auf alle außerparlamentarischen Formen der Politik und Agitation zu verzichten.

Der dritte durch KdA signalisierte Wendepunkt betraf die Struktur des Themas, an dem sich der Protest entzündete. Es kam vor allem zu einer starken Veränderung der Rhetorik von KdA. Appelle richteten sich an keine bestimmte Gruppe, noch viel weniger an eine Klasse. Sie repräsentierten auch nicht den Kampf zwischen zwei gegensätzlichen Interessen. Vielmehr glaubten die Aktivisten von KdA, einerseits für die ganze Menschheit zu sprechen, andererseits eine abgehobene, fremdbestimmte und bedrohliche bürokratische Macht anzuprangern.[75] Der Widerstand gegen Atomwaffen paßte nicht in das traditionelle Schema des Konflikts zwischen Kapital und Arbeit und machte dadurch die üblichen Instrumente traditioneller sozialistischer Politik zu stumpfen Waffen.

Das Band zwischen dem Radikalismus der Mittelschicht und den sozialistischen Bestrebungen der Arbeiterklasse wurde genauso brüchig wie das zwischen den zur Mittelschicht gehörenden Intellektuellen und den organisierten Arbeitnehmern. Dem entsprach die Loslösung des KdA von SPD und DGB. Obwohl es mit der KdA-Kampagne nach der Trennung von der SPD bergab ging, war sie in den 60er Jahren die erste kraftvolle Entfaltung einer außerparlamentarischen Opposition. KdA schaffte eine breite öffentliche Mobilisierung, nicht nur im Sinne einer »Bewußtseinserweiterung«, darüber hinaus entstand eine Gruppe von engagierten und erfahrenen potentiellen Oppositionsführern. Die Saat, die diese Kampagne gesät hatte – Wissen, Taktik und persönliches moralisches Engagement –, sollte erst Jahre später aufgehen.

## 2. »Wiedertäufer in der Überfluß-gesellschaft«: Die Neue Linke und die Studentenrevolte

Adenauer trat 1963 nach über zehn Amtsjahren als Kanzler zurück. Der Bundestag wählte seinen populären Wirtschaftsminister und Vater der »sozialen Marktwirtschaft«, Ludwig Erhard, zum Kanzler. So endete die ehrwürdige »Ära Adenauer«, in der die westdeutsche Wirtschaft wiederaufgebaut und eine parlamentarische Demokratie errichtet wurde. Das Land hatte erstaunlichen Wohlstand geschaffen, sich zu einem vertrauenswürdigen Partner des Westens und zu einer stabilen Demokratie entwickelt. Überdies hatte die breite Bevölkerung, auch der durchschnittliche Arbeiter, vor allem dank der starken Stellung der Gewerkschaften bei den Tarifverhandlungen, zunehmend an diesem nie gekannten Wohlstand und dieser Sicherheit teil. Die Deutschen stellten mit großer Genugtuung fest, daß ihr Erfolg der Aufmerksamkeit, ja, der Bewunderung, der übrigen Welt sicher sein konnte. Unter Adenauers Führung war die Bundesrepublik trotz der furchtbaren – und unvergeßlichen – Schrecken des Nationalsozialismus zu einer respektierten und mächtigen Nation geworden. Adenauers Programm des wirtschaftlichen und politischen Wiederaufbaus war, mit der wichtigen Ausnahme der Wiedervereinigung, verwirklicht worden.

Die Stabilität der Bundesrepublik versprach, mehr als oberflächlich zu sein. Das neue soziale und politische Gebilde schien die traditionellen Ursachen von Konflikten und Unruhen beseitigt zu haben: materielle Ungleichheit und autoritäre politische Strukturen. Erstens neutralisierte der Nachkriegskompromiß zwischen Kapital und Arbeit weitgehend den Klassenkonflikt in seinen militanten Ausdrucksformen und trug dazu bei, die Arbeitnehmer zu einem wichtigen, wenn auch zum Juniorpartner der westdeutschen Wirtschaft zu machen. Zweitens waren Parlamentarismus und demokratische Grundwerte trotz Adenauers strengem Regiment in der jungen Republik fest verankert. Die »Spiegel-Affäre«, bei der Verteidigungsminister Franz Josef Strauß 1962 eine illegale Durchsuchungsaktion in den Räumen des bekanntesten deutschen Nachrichtenmagazins anordnete, bedeutete einen Härtetest für die Tragfähigkeit und Lebendigkeit der demokratischen Institutionen und politischen Werte des Landes.[1] Trotz dieser offenkundigen Gründe für die Zufriedenheit mit dem Status quo waren die 60er Jahre eine Zeit nie gekannter Unruhen.

Wie bereits im vorausgehenden Kapitel erläutert, waren die beiden Riesen der Linken, die SPD und der DGB, von Anfang bis Mitte der 60er Jahre so fest in das gesellschaftliche und politische System der Bundesrepublik eingebunden, daß sie die utopischen Bestrebungen von radikalen Angehörigen der Mittelschicht nicht mehr repräsentieren bzw. auffangen konnten. Die Energien dieser Gruppe fanden statt dessen ein Ventil in der außerparlamentarischen Opposition oder APO. Der Begriff APO bezeichnete niemals eine einzelne Organisation oder Tendenz. Die APO war vielmehr ein loses Negativbündnis zwischen einem diffusen Spektrum von Gruppen, die ein gemeinsamer »Gegner« einte. Dennoch waren in der APO zwei Gruppen besonders wegweisend und einflußreich: die »Ostermarsch«-Bewegung, die sich schließlich zum »Kampf für Demokratie und Abrüstung« entwickelte, und der sozialdemokratische Studentenbund oder SDS. Die Entwicklung der APO weist drei relativ unterschiedliche Entwicklungsphasen auf. Die erste (1959-66) war eine Zeit der organisatorischen und theoretischen Konsolidierung, in der sich die APO als eine selbständige, von den Gewerkschaften und der SPD unabhängige linke Kraft konstituierte. Die zweite (1966-68), gekennzeichnet durch den Beginn der Studentenunruhen in Westberlin, umfaßte eine Zeit der politischen Opposition, in der neue und heute vertraute Formen der politischen Praxis (wie Sit-ins) erfunden und verbreitet wurden. Die dritte (1968/69) war eine kurze Zeit umfassender Opposition, die durch die Eigendynamik einer eskalierenden Konfrontation mit dem Staat und die zunehmende Radikalisierung der Protestierenden geprägt war. In diese Phase fiel eine starke Mobilisierung der Protestierenden und ihrer Sympathisanten. Das »Scheitern« dieser dritten Phase führte zur nachfolgenden Zersplitterung und schließlichen Auflösung der APO.

## Vom Ostermarsch zum Kampf für Abrüstung

Um die Ursprünge der APO freizulegen, müssen wir kurz zur Adenauer-Ära, insbesondere zu den Jahren 1959-61 zurückkehren, in denen eine bemerkenswerte und direkte Kontinuität zwischen der Bewegung gegen die Atombewaffnung und der APO erkennbar ist. Nachdem die SPD die Kampagne »Kampf dem Atomtod«[2] »verraten« hatte, entschlossen sich viele »heimatlose« Aktivisten und Sympathisanten, die SPD zu verlassen und sich anderen Organisationen anzuschließen. Der größte Teil des KdA-Vorstands wurde in dem von Hamburg aus operierenden »Ostermarsch der Atomwaffengegner« aktiv, eine von mehreren kleinen Bewegungen, ein Überbleibsel der Aktivitäten von 1958. Die Ostermarsch-Bewegung wurde von dem Kriegsdienstverweigerer aus Gewissensgründen Hans-Konrad Tempel geleitet und verdankte ihren Namen der Form ihres Protestrituals – ein viertägiger Schweigemarsch, der jedes Jahr zu Ostern stattfand.[3]

In den frühen 60er Jahren änderte die Bewegung ihr Selbstverständnis und ihre Organisationsform, was für die Entwicklung der APO von bahnbrechender Bedeutung war. Unter Tempels Führung hatte die Ostermarsch-Bewegung vor allem einen »moralisch begründeten Pazifismus« vertreten, der in seiner Grundanschauung konservativ und antikommunistisch war. Ihre Demonstrationen »richteten sich nicht gegen einen bestimmten politischen Kontrahenten, sondern unbestimmt gegen ›den‹ Krieg und ›die‹ Bombe.«[4]

Aber 1961 hatte sich im Führungskreis der Ostermarsch-Bewegung ein verändertes Verständnis durchgesetzt, das, nach Tempels Worten »eine Konkretisierung und Neuformulierung der Zielsetzung« der Ostermarsch-Bewegung notwendig machte. Während der Ostermarsch 1960 gegen »atomare Kampfmittel jeder Art und jeder Nation« gerichtet war, forderte die Organisation drei Jahre später von den »Staatsmännern«, Mitteleuropa »atomwaffenfrei« und zu einer demilitarisierten Zone internationaler Entspannung zu machen.[5] So begann ein Prozeß der Selbstreflexion, durch den die Ziele und das politische Programm der Bewegung umfassender und größeren Teilen des soziopolitischen »Umfeldes« zugänglicher wurden. Die unbestimmte moralische Opposition der Ostermarsch-Bewegung gegen Atomwaffen wich allmählich einer gezielten Gesellschaftskritik am Militarismus in der kapitalistischen Gesellschaft. Diese Radikalisierung des Bewußtseins fand darin ihren Ausdruck, daß der Name Ostermarsch-Bewegung zuerst zu »Kampf für Abrüstung« (KfA) und dann zu »Kampf für Demokratie und Abrüstung« (KfDA) wurde.

Parallel dazu wurden Organisation und Aktivität der Bewegung breiter und intensiver. Früher hatte Tempel die Teilnahme auf Nichtkommunisten beschränkt.[6] Um den streng moralischen Charakter der Bewegung hervorzuheben, hatte er den Marschierern Schweigen und Gewaltlosigkeit verordnet.[7] Bei der ersten bundesweiten Konferenz im Herbst 1961 wurde er von einem Teil des Führungskreises offen kritisiert, der es für notwendig hielt, »für eine bestimmte politische Position von allen möglichen Seiten her Zustimmung zu gewinnen.«[8] 1963 hatte sich diese Strömung durchgesetzt, und es kam zu einer Reihe von Veränderungen, u. a. zu dem neuen Namen »Kampf für Abrüstung«. Der neue KfA-Vorstand leitete vorsichtig Gespräche mit den Kommunisten ein und bemühte sich aktiver um die Unterstützung und Teilnahme anderer linker Organisationen, darunter die linken Flügel von SPD und DGB. So entwickelte sich KfA zu einer bunt gemischten »Ein-Punkt«-Bewegung.

Daß die Ostermärsche zu einer offen politischen Bewegung geworden waren, zeigte sich darin, daß sie ihren feierlichen Ernst aufgaben und zu lauten, fröhlichen, optimistisch gestimmten Veranstaltungen wurden, denn, so formulierte es ein führendes Mitglied: »Unser Marsch ist nicht allein Demonstration gegen den Krieg; er ist eine Demonstration für das Leben.«[9] Während der Ostermarsch *das* zentrale Ereignis blieb, dehnten die Organisatoren den Radius der Aktivitäten auf den »Hiroshima-Tag« am 6. August, internationale Abrüstungskonferenzen und spontane Demonstrationen als Reaktion auf politische Ereignisse aus. Ein Mitglied des Führungskreises sagte ganz deutlich, daß es für KfA bei der Suche nach neuen Anhängern »notwendig« sei, »nach den Gesetzen der modernen Werbepsychologie vorzugehen.«[10] Der Erfolg dieser neuen Vorgehensweise zeigt sich anschaulich in den plötzlich steigenden Teilnehmerzahlen 1963 und 1964 (siehe nebenstehende Tabelle).

Dieser Erfolg ergab sich offensichtlich nicht aus einer »objektiven« Verschärfung des Rüstungswettlaufs, er resultierte vielmehr aus einer neuen Oppositionsform, die Widerstand gegen ihn mobilisieren

Teilnahme am Kampf für Abrüstung, 1960-1964

| Jahr | Teilnehmerzahl | Veranstaltungen |
|---|---|---|
| 1960 | 1000 | nicht bekannt |
| 1961 | 23000 | nicht bekannt |
| 1962 | 50000 | nicht bekannt |
| 1963 | 100000 | 130 |
| 1964 | 130000 | 280 |

Quelle: Hans Karl Rupp, *Außerparlamentarische Opposition in der Ära Adenauers*, Köln 1970, S. 147.

konnte. Da das Wettrüsten nicht direkt die Interessen einer bestimmten Gruppe berührte, sondern eine allgemeine und abstrakte Bedrohung darstellte, mußte jede Bewegung gegen die Vergrößerung des Waffenarsenals diese Entwicklung in geradezu apokalyptischer Weise darstellen, um eine nennenswerte Gegenwehr der Bevölkerung zu erreichen.

Eine entscheidende Voraussetzung für die außerparlamentarische Opposition, die durch die APO verkörpert wurde, war ihr Bruch mit den von der Arbeiterbewegung geschaffenen Mobilisierungsformen. Diese Modelle erschienen nicht mehr angemessen, weil die KfA-Bewegung mehr auf gemeinsamen Wertvorstellungen als auf gemeinsamen Interessen beruhte. Die Unterschiedlichkeit der Teilnehmer – KfA umfaßte u. a. Christen, Pazifisten, »alte« und »neue« Linke, führende Leute von SPD und DGB – bedeutete, daß die Mobilisierung selektiv und von besonderer Form sein mußte. Dies wurde hauptsächlich durch die Beschränkung des Kampfes auf ein Negativprogramm erreicht, das auf einem Minimalkonsens basierte. Am Beispiel des von KfA entwickelten Organisationsmodells orientierten sich in den späten 60er Jahren viele Bewegungen.

## Der SDS: Von der Nachwuchsschmiede der Partei zur intellektuellen Avantgarde

Die zweite Keimzelle der APO war der Sozialistische Deutsche Studentenbund (SDS). Im Gegensatz zur gleichnamigen amerikanischen Organisation Students for a Democratic Society (SDS) begann der SDS nicht als ein radikales außerparlamentarisches Experiment der Neuen Linken. Er wurde als Jugendorganisation der SPD gegründet, um an Wahlen zu den Allgemeinen Studentenausschüssen (ASTA) teilzunehmen, die hochschulpolitische Position der SPD zu vertreten und den Parteinachwuchs zu schulen.

Wie »Kampf dem Atomtod« stieß die SPD 1959 den SDS ab, und zwar auf Geheiß der gemäßigten und reformistischen Kräfte in der Partei, denen der widerspenstige linke Flügel des SDS völlig gegen den Strich ging.[11] Die Teilnahme des SDS am Berliner Studentenkongreß gegen Atomwaffen[12], auf dem auch Kommunisten auftraten, lieferte den Vorwand für Disziplinierungsmaßnahmen. Die SPD drehte dem SDS den Geldhahn zu, und in den nächsten beiden Jahren zerfiel die Organisation langsam. Der rechte Flügel schloß sich einer von der SPD gegründeten sozialistischen Konkurrenzorganisation, dem Sozialdemokratischen Hochschulbund (SHB) an. 1961 verbot die Parteiführung die gleichzeitige Mitgliedschaft im SDS und in der SPD.[13]

Ohne die finanzielle Unterstützung des Sozialistischen Förderkreises, der Anfang 1961 von links eingestellten Professoren gegründet wurde, hätte der SDS nicht überleben können.[14] Nachdem die SPD auch die Mitgliedschaft in diesem Förderkreis als unvereinbar mit der Zugehörigkeit zur SPD erklärt hatte, verließen viele Unterstützer dieses Förderkreises die SPD und gründeten den Sozialistischen Bund. Eine zweite Gruppe von SPD-Mitgliedern war aus der Partei ausgeschlossen worden, weil sie enge Beziehungen zur ostdeutschen Sozialistischen Einheitspartei (SED) hatte. Sie gründete 1960 die Vereinigung Unabhängiger Sozialisten. Die »Godesberger Wende« der SPD führte also schließlich zur Entfremdung und zum Ausschluß mehrerer Generationen radikaler sozialistischer Intellektueller aus dem parlamentarischen Spektrum linker Politik in der Bundesrepublik.

Es lohnt, darüber zu spekulieren, welche unbeabsichtigten und unvorhersehbaren Auswirkungen die Entscheidung des Bundesverfassungsgerichts, die westdeutsche KPD 1956 für verfassungswidrig zu erklären, auf diese Ereignisse hatte. Womöglich wäre ein erheblicher Teil der desillusionierten Sozialdemokraten zu ihr abgewandert, wenn es sie 1960 noch gegeben hätte. Dann wäre die radikale linke Intelligenz vielleicht in das parlamentarische System der Bundesrepublik integriert geblieben. Da es für die SPD-Linke jedoch keine parlamentarische Alternative gab, wurde die außerparlamentarische Artikulation von Politik für diese linken Kritiker zu einer strukturellen Notwendigkeit. Dies war für sie die einzige Möglichkeit, weiterhin politisch aktiv und ihren Überzeugungen treu zu bleiben.

Dies erkannte der SDS schon bald. Im Herbst 1962 präsentierte er sich ausdrücklich als »theoretische Avantgarde-Organisation, die langfristig die Mehrheit der bürgerlichen Intelligenz für ihre emanzipatorischen Ziele gewinnen« wollte.[15]

Im SDS drehten sich die Diskussionen zunehmend um die Rolle der akademischen Intelligenz im fortgeschrittenen Kapitalismus, während der Arbeiterklasse weniger Aufmerksamkeit geschenkt wurde.[16] Die »antiautoritäre« Strömung, die ab 1965 unter der Führung von Rudi Dutschke und Bernd Rabehl die Oberhand gewann, sah eine objektiv entpolitisierte Massengesellschaft, die nur durch Randgruppen und Außenseiter politisch neu belebt werden könne. Wir haben ausgeführt, daß ein Hauptmerkmal der Neuen Linken darin bestand, daß die Arbeiterklasse als Subjekt der Geschichte, wie es die traditionelle Linke verstand, durch Studenten und andere (Rand-)Gruppen außerhalb des Produktionsbereichs ersetzt wurde.

Der SDS nahm den Gedanken ihres theoretischen Idols Herbert Marcuse auf, die Arbeiterklasse nicht länger als »Subjekt der Geschichte« und Hauptträger einer fortschrittlichen Veränderung zu betrachten. Marcuse behauptete, daß die Arbeiter »verbürgerlicht« und korrumpiert seien und nicht länger als soziale Basis für eine radikale Opposition dienen könnten. Folglich verlagerten die SDSler ihre politischen Hoffnungen, den Kapitalismus grundlegend zu transformieren, auf ein Bündnis von radikalen Intellektuellen, Befreiungsbewegungen in der Dritten Welt und verschiedenen lumpenproletarischen Elementen in der Ersten Welt (z.B. Gefängnisinsassen und andere sozial Deklassierte).

Die Rolle des SDS und sein Beitrag zur westdeutschen Studentenbewegung unterschieden sich sehr von denen des Kampfes für Abrüstung. Im starken Gegensatz zu den Abrüstungs-Aktivisten war der SDS nie eine Massenorganisation, wollte es auch nicht sein. Selbst auf dem Höhepunkt der Studentenbewegung im Jahre 1968 hatte er wenig mehr als 2000 Mitglieder.[17] In auffallendem Gegensatz auch zum SDS in den USA mit etwa 45 000 Mitgliedern blieb der deutsche SDS immer eine kleine Gruppe von unabhängigen Radikalen der Neuen Linken.[18] Er war demzufolge viel kopflastiger, theoretischer und letztlich monolithischer als sein bunter gemischtes und amorpheres amerikanisches Gegenstück. Als wichtigstes theoretisches Diskussionsforum übte der SDS einen Einfluß auf die APO aus, der in keinem Verhältnis zur tatsächlichen Zahl seiner Mitglieder stand. Was KfA auf organisatorischer Ebene bedeutet hatte, war der SDS auf theoretischer Ebene geworden: ein Wegbereiter linksgerichteter Politik und fortschrittlicher Veränderung in der Bundesrepublik Deutschland.

## Der Protestfunke: Die Studentenrevolte in Westberlin

Bis 1965 konzentrierten sich die meisten Aktivitäten des SDS und der westdeutschen Studentenbewegung in Westberlin. Dafür gab es eine Reihe von Gründen: So waren die Berliner wegen des besonderen Status, den die Stadt nach dem Krieg bekommen hatte, vom Wehrdienst befreit. Das bedeutete, daß sich Westberlin zum Mekka der bundesdeutschen Jugend- und Alternativkultur entwickelte. Ein weiterer Grund betraf den besonderen Charakter der Freien Universität. Die Freie Universität, mit amerikanischer Hilfe in den späten 40er Jahren gegründet, als Berlins traditionsreiche Humboldt Universität unter kommunistischen Einfluß geriet, da sie im Ostteil der geteilten Stadt lag, wurde zu der am stärksten amerikanisierten höheren Bildungsanstalt und zur bei weitem liberalsten und demokratischsten im Deutschland Adenauers in den Fünfzigern und Anfang der 60er Jahre. Außerdem räumte das sogenannte »Berliner Modell« dem Studentenparlament der Freien Universität ein ungewöhnliches Maß an Freiheit und Selbstbestimmung ein. Dieses »Berliner Modell« wurde im Sommersemester 1965 zum Ausgangspunkt für den ersten Ausbruch einer breiten Protestwelle auf dem Campus der

Freien Universität. Bis dahin hatten die Aktivitäten des SDS vorwiegend in »Kongreßpolitik« wie kleinen Diskussions- und Arbeitsgruppen und den jährlichen Delegiertenkonferenzen bestanden. Die erste konkrete politische Aktion, an der der SDS teilnahm, war eine Kampagne zur Reformierung des autoritären deutschen Universitätssystems, der sogenannten Ordinarienuniversität, in der eine Handvoll Lehrstuhlinhaber faktisch jeden Aspekt des Universitätslebens bestimmte. Seit der sogenannten Humboldtschen Reform zu Beginn des 19. Jahrhunderts hatten die Professoren die Kontrolle über den Inhalt der Studienpläne, über Forschung, Lehre und Berufungen.[19] Die studentische Unterstützung für dieses System kam aus den schlagenden Verbindungen und konservativen Studentenorganisationen wie dem Ring Christlich Demokratischer Studenten (RCDS). 1963 startete der SDS eine Kampagne, um den RCDS aus dem Studentenparlament zu drängen. Im Aufwind seiner steigenden Popularität gelang es dem SDS, innerhalb von zwei Jahren das Studentenparlament zu übernehmen. Bald wurden auch an anderen westdeutschen Universitäten die Studentenparlamente »rot«.

Die Ziele der Bewegungen weiteten sich aus und nahmen sogar globale Dimensionen an, als der SDS begann, in der Bundesrepublik eine verhängnisvolle und alarmierende Entwicklung auszumachen.[20] 1964 rückte die beunruhigende Gegenwart der nationalsozialistischen Vergangenheit plötzlich in den Vordergrund der öffentlichen Diskussion, als in Frankfurt die Auschwitz-Prozesse stattfanden.[21] Eine Kontroverse entzündete sich an der Frage einer Verlängerung der Verjährungsfrist, ohne die alle Nazikriegsverbrecher bald vor strafrechtlicher Verfolgung sicher gewesen wären.[22] Die angespannte Situation wurde dadurch noch weiter angeheizt, daß in diesem Jahr die Nationaldemokratische Partei Deutschlands (NPD) gegründet wurde, die Verbindungen zu alten Nazis hatte. Außerdem zog die NPD in mehrere Länderparlamente ein, da sie die Fünf-Prozent-Hürde mühelos genommen hatte.[23] All dies erinnerte die linksgerichteten Intellektuellen daran, daß die Nazivergangenheit keineswegs bewältigt war. Der Faschismus schien für die Bundesrepublik keine Frage der Vergangenheit.

In dieser Situation forderte die Linke eine gründliche Vergangenheitsbewältigung – die ältere Generation sollte ihr Schweigen über die nationalsozialistische Ära brechen.[24] Die Linke, insbesondere in ihrer akademischen Ausprägung, empfand die im Deutschland Adenauers betriebene Vergangenheitsbewältigung als unehrlich und hohl. Anstatt wirklich zu den Wurzeln des Faschismus vorzudringen, bastele sich Westdeutschland eifrig die bequeme Ideologie eines rabiaten Antikommunismus, die ihm die Auseinandersetzung mit sich selbst erspare. Dieses Credo, so die Linke, habe den demokratischen Reformprozeß in Westdeutschland blockiert. Wie der Antikommunismus in diesem Deutschland »zum Wohlfühlen« die Demokratie ersetzt habe, so verdecke der allgemeine Wohlstand die immensen gesellschaftlichen Kosten des Kapitalismus.[25] Es war nach Auffassung der Linken notwendig, sich den brutalen Fakten der Vergangenheit zu stellen, sich nicht allein von den Naziverbrechen zu distanzieren, sondern deren Wurzeln in der deutschen Geschichte, Kultur und im deutschen Bewußtsein zu erkennen. Aufgrund der Auseinandersetzung mit der deutschen Vergangenheit brachte die westdeutsche Linke eine Fülle von (oft überaus vereinfachender) Literatur über den Faschismus hervor. In gewissem Sinn setzte die Linke die Entlastungspraktiken des westdeutschen Establishments fort, indem sie die einzigartige Brutalität der deutschen Nazivergangenheit und ihre systematische Judenvernichtung unter den Gattungsbegriff und »strukturellen« Oberbegriff »Faschismus« subsumierte. Dadurch veränderte die Linke an der Herangehensweise der Rechten an die deutsche Vergangenheit viel weniger, als sie glaubte, denn letztlich legte sie gegenüber dem einzigartigen – und hervorstechendsten – Merkmal des Nazismus, der Vernichtung der europäischen Juden, sorgsames Schweigen und erschreckende Gleichgültigkeit an den Tag.

Mit der ersten Wirtschaftsrezession der Nachkriegszeit zwischen 1966 und 1967[26] hatte die Linke noch weitere Gründe zu der Vermutung, daß Adenauers Erfolgsrezept von innen ausgehöhlt wurde. Der Rückschlag war nicht nur materieller, sondern auch psychologischer Art. Die Vorstellung von ständig steigendem wirtschaftlichem Wachstum und Wohlstand zerplatzte wie eine Seifenblase. Daß es unerwartet zu Unruhen in der Arbeitnehmerschaft[27] und zu wirtschaftlicher Stagnation kam, bewies, daß die grundlegenden Instabilitäten der großen kapitalistischen Volkswirtschaften nicht überwunden waren. Dies führte in gewissen linken Kreisen zu einer Renaissance des Marxismus und proletarischen Sozialismus.

Bundeskanzler Ludwig Erhard wollte der Krise mit seinem Plan für eine »formierte Gesellschaft« entgegentreten.[28] Der Linken erschienen Erhards Worte nur als irreführender Ausdruck für zentralistische, autoritäre Strukturen. Sie sahen die eifrige Verfolgung der Kommunisten durch die CDU-geführte Regierung und die Hinwendung der Nach-Godesberg-SPD zur politischen Mitte als zwei Strategien im Kampf des konservativen Establishments gegen jedwede radikale Opposition. Der Eintritt der SPD in eine »große Koalition« mit der CDU/CSU im Jahre 1966 bekräftigte den Willen der Herrschenden, die bestehenden Institutionen und Machtverhältnisse in der Bundesrepublik zu zementieren und alle radikalen Alternativen auszuschalten. Der außerparlamentarischen Linken galt die Bildung der großen Koalition als weiterer Beleg für die massive Rechtsentwicklung der SPD und die unendlichen Kooptationsfähigkeiten des konservativen Establishments. Diese Unzufriedenheit mit der SPD trieb die außerparlamentarische Linke zur Aktion und bestimmte ihre Reaktion auf zwei zentrale Ereignisse: den Vietnamkrieg und die sogenannten »Notstandsgesetze«.[29]

1965 wurde zum ersten Mal bekannt, daß Amerika in Vietnam die Zivilbevölkerung bombardierte. Einige prominente Studentenführer sagten einige Jahre später, kein politisches Ereignis habe in den Diskussionen und bei der Politisierung der Studenten eine so entscheidende Rolle gespielt wie der Vietnamkrieg.[30] Dieser »imperialistische Krieg« gegen eine »nationale Befreiungsbewegung« unter dem Banner von Freiheit und Demokratie erschien zahlreichen deutschen – und amerikanischen – Studenten als Gipfel der Heuchelei. Die radikalen Studenten identifizierten sich mit dem Vietcong und Ho Chi Minh und sahen sich oft selbst als integralen Bestandteil eines globalen Kampfes gegen Unterdrückung.[31] Die deutschen Studenten fanden in den vielgelesenen Arbeiten des zur Frankfurter Schule gehörenden Philosophen Herbert Marcuse eine theoretische Rechtfertigung für dieses heroische Selbstverständnis als »revolutionäres Subjekt«.

Der Herbst 1965 war an der Freien Universität Berlin das »Vietnam-Semester«. Es begann mit dem einflußreichen und sorgfältig recherchierten »Vietnam-Report«[32] des KfA und dem Appell des vom SDS beherrschten Studentenparlaments zum »Frieden in Vietnam«. Im Laufe des Wintersemesters fanden viele Aktivitäten statt – Ausstellungen von Bildern und Dokumenten, Filme, wöchentliche Presseschauen, Podiumsdiskussionen und Demonstrationen.[33] Der Ton der studentischen Kritik wurde schärfer. Der SDS warf der amerikanischen Regierung vor, »aus Gründen der Erhaltung ihrer militärischen, politischen und wirtschaftlichen oder ideologischen Macht ... auf die Existenz eines ganzen Volkes keine Rücksicht zu nehmen.«[34]

Anfang 1966 gerieten die Studentendemonstrationen gegen den »schmutzigen Krieg in Vietnam« immer mehr zur offenen Konfrontation mit dem Staat.[35] Durch Sit-ins und andere Formen des passiven Widerstands, die der amerikanischen Bürgerrechts- und Studentenbewegung entlehnt waren[36], zogen die protestierenden Studenten zunehmend die Aufmerksamkeit der Medien auf sich. Die Presse war jedoch in ihrer überwiegenden Mehrheit den Studenten und ihren Aktivitäten gegenüber negativ eingestellt. Vor allem die von dem Pressezaren Axel Springer kontrollierten Boulevardblätter gingen in die Offensive.[37] Wegen Springer sollte sich die Feindseligkeit zwischen den Studenten und den etablierten Medien weiter zuspitzen.

Im Frühjahr 1966 fand in der Frankfurter Universität ein bundesweiter vom SDS veranstalteter Kongreß »Vietnam – Analyse eines Exempels« statt. Unter den 2200 Teilnehmern waren faktisch alle bekannten Linksintellektuellen Westdeutschlands.[38] Der Vietnam-Kongreß war der Höhepunkt der »Kongreßpolitik« des SDS. Da dieser durch die Anti-Vietnamkrieg-Kampagne Auftrieb erhalten hatte, drängte der Vorstand darauf, der Kongreß müsse »die ›Kader‹ für die breitere Agitation ... stellen«.[39]

Bereits zu diesem Zeitpunkt zeichneten sich Spaltungen ab. Eine Gruppe, die Marcuses Position vertrat, forderte »die Arbeit an der Befreiung des Bewußtseins«, da sie »eine *materielle* Grundbedingung für die Umwälzung des Bestehenden« sei.[40] Eine zweite, gegen Marcuse gerichtete Strömung vertrat die Auffassung, den Protest auf pragmatischere und leicht erreichbare Ziele zu beschränken. In der Protestbewegung gegen den Vietnamkrieg und in der Studentenbewegung sollte sich der erste, »antiautoritäre« Kurs durchsetzen.

Wenden wir uns jetzt der Diskussion um die Notstandsgesetze zu, dem zweiten Schwerpunkt außerparlamentarischer Aktivität. Die Notstandsgesetze waren ein Paket von Gesetzen und Verfassungsänderungen, die darauf abzielten, der Regierung im Falle schwerwiegender innerer Unruhen größere Vollmachten zu geben. Die Idee zu dieser Verfassungsänderung und rechtspolitischen Offensive kam von der CDU und der FDP, die der Ansicht waren, daß das Grundgesetz der Regierung im Falle eines nationalen Notstands nicht genügend Handlungsmöglichkeiten gebe. Entwürfe dieser Verfassungsänderung wurden 1960 und 1962 in den Bundestag eingebracht. Die Zentristen und die Godesberg-Befürworter in der SPD erkannten dies schnell als gute Gelegenheit, das neue gemäßigte Image der SPD durch Zustimmung zu den Notstandsgesetzen hervorzuheben, während sie zugleich versuchten, einige drastische Bestimmungen abzuschwächen. Die SPD-Linke, die besonders aktiven Gewerkschaften unter Führung der mächtigen IG Metall und natürlich die von der Neuen Linken dominierte Intelligenz der Bundesrepublik widersetzten sich diesen Maßnahmen vehement. Sollten sie Gesetzeskraft erlangen, dann befürchteten diese Kritiker eine ernsthafte Beschneidung demokratischer Rechte und Freiheiten durch einen dirigistischen und autoritären Staat. Der heftige Kampf um die Notstandsgesetze bestimmte die 60er Jahre. Schließlich verabschiedete der Bundestag 1968 die Gesetze mit Hilfe der großen Koalition. Obwohl Sozialdemokraten und Gewerkschaften erreichten, daß die Endfassung der Gesetze deutlich weniger diktatorisch ausfiel, als es sich ihre konservativen Initiatoren ursprünglich vorgestellt hatten, erregte allein die Tatsache, daß diese Gesetze mit Unterstützung der SPD beschlossen worden waren, den Zorn der studentischen Linken und ihrer Anhänger. Mehr als jede andere politische Entscheidung der Sozialdemokraten in der Bonner Republik war es wohl ihre Zustimmung zu den Notstandsgesetzen, die viele Linke davon überzeugte, daß die SPD einen Schwenk vollzogen und sich zum treuen Erfüllungsgehilfen der kapitalistischen Ordnung gewandelt hatte. Kaum verwunderlich also, daß die Neue Linke und ihre Verbündeten auf diese Entwicklungen mit massenhafter Mobilisierung reagierten.

Diese Mobilisierung unterschied sich in mehrerer Hinsicht von dem Protest gegen den Vietnamkrieg. Erstens beherrschten die radikalen Studenten diese Bewegung nicht. Zweitens war das Thema begrenzter und klarer umrissen: Die Verabschiedung der Notstandsgesetze erforderte im Bundestag eine Zweidrittelmehrheit, die nur mit den Stimmen der SPD erreicht werden konnte. Drittens hatten sich auch gemäßigte Sozialdemokraten und Gewerkschafter den Notstandsgesetzen lange widersetzt.[41] Hier gab es also die Chance eines breiten linken Bündnisses.

Gerüchte von der Bereitschaft der SPD, eine gemäßigte Version der Notstandsgesetze zu verabschieden und im Gegenzug eine große Koalition mit der CDU/CSU zu bilden, beförderten die linke Mobilisierung.[42] Ein von über 1000 Intellektuellen und Geistlichen unterzeichneter Appell, der in der Presse große Resonanz fand, rief die Gewerkschaften und die Öffentlichkeit auf, sich gegen die Notstandsgesetze zu wehren.[43] Der SDS, der seine Ablehnung der Notstandsgesetze schon einige Jahre früher geäußert hatte[44], führte im Frühjahr 1965 eine massive öffentlichkeitswirksame Kampagne durch.[45] Er veranstaltete[46] den Kongreß »Demokratie vor dem Notstand«[47], auf dem die beiden Hauptstränge der außerparlamentarischen Linken zusammenkamen. Vom SDS initiiert[48], wurde er von einem Sonderausschuß des »Kampfes für Abrüstung« geplant und durchgeführt.[49] Damit stellte die KfA ihre technisch-organisatorische Kompetenz in den Dienst der APO. Der Kongreß, der in Frankfurt stattfand, wurde nicht zuletzt aufgrund der Tüchtigkeit der KfA-Mitglieder ein Riesenerfolg.[50]

Die gesamte Kampagne war tatsächlich – zumindest vorübergehend – ein Triumph. Unter dem Druck der Linken zog die SPD-Führung ihre Unterstützung für die Notstandsgesetze vorläufig zurück. Komitees, in denen Studenten, Gewerkschafter, Linksintellektuelle, Kirchenvertreter und sogar SPD-Funktionäre saßen, organisierten bundesweit die Opposition gegen die Notstandsgesetze[51] und trugen dazu bei, daß sich die unterschiedlichen Kräfte der Linken in der Bundesrepublik konsolidieren konnten.

Dieses Experiment der Zusammenarbeit zwischen Gewerkschaften, radikalen Studenten und Linksintellektuellen ließ bei den »orthodoxen« SDS-Aktivisten die Hoffnung auf ein Bündnis zwischen den Intellektuellen und der Arbeiterklasse wieder aufleben.[52] Einige Radikale begriffen die Notstandsgesetze sogar als »Teil einer umfassenden politisch-militärisch-gesellschaftlichen Gesamtstrategie«[53] von seiten des Kapitals und des Staates in ihrem unablässigen Kampf gegen Gewerkschaften und Linke. Diese Interpretation der Verhältnisse in der Bundesrepublik sollte in den 70er Jahren in den kommunistischen Splittergruppen eine große Rolle spielen.[54] Aber die anderen Gegner der Notstandsgesetze sahen sich selbst als eine Art Ergänzung der parlamentarischen Demokratie, als ein Korrektiv für den Fall, daß die parlamentarische Mehrheit nicht mehr den Willen des Volkes repräsentierte und ihr begrenztes Mandat aus Größenwahn und Hybris überschritt. Diese Position nahm später die radikale Strömung in der SPD ein.

Bevor wir die verschiedenen Gruppierungen untersuchen, die auf die APO folgten, wollen wir zeigen, wie sich die innere Dynamik der Bewegung in den späten 60er Jahren entwickelte. Die politische Orientierung der Bewegung wurde immer systembezogener und globaler. Eine fast apokalyptische Stimmung verbreitete sich unter den Aktivisten und verlieh den Aufgaben, vor denen die Bewegung stand, den Anschein größter Dringlichkeit. Jedes Ereignis und jede Aktion schienen bedeutungsschwer. Diese Krisenstimmung und die dadurch geschürten Erwartungen bildeten eine spannungsreiche Mischung.

## Eskalation und Auflösug der APO: »Vom Protest zum Widerstand«

Zur Explosion kam es im Sommer 1967 in Berlin. Der Funke, der sie entzündete, war die Erschießung des Studenten Benno Ohnesorg am 2. Juni durch einen Polizisten bei einer Demonstration gegen den Schah des Iran. Dieser Vorfall war ein Wendepunkt in der Bewegung, denn er setzte eine Spirale eskalierender Gewalt und Gegengewalt in Gang.[55]

Die Studenten und die Linke begriffen Ohnesorgs Tod nicht als einen tragischen Unfall, als Ergebnis menschlichen Irrtums. Statt dessen interpretierten sie ihn als politischen Mord, als unerbittliche Folge der gefühllosen Handlungen eines repressiven Systems. Obwohl Ohnesorg tatsächlich nur ein sympathisierender Zuschauer war, stilisierten ihn die Militanten sofort zu einem Märtyrer hoch. Die Unnachgiebigkeit der Behörden trug nicht gerade dazu bei, diese Interpretation der Ereignisse zu widerlegen. Es ist zumindest möglich, daß eine offizielle Entschuldigung oder ein Ausdruck des Bedauerns den Aufschrei hätte dämpfen können, aber die Polizei, die Politiker und die etablierten Medien verschanzten sich hinter einer Mauer des Schweigens.[56]

In der folgenden Woche demonstrierten in der ganzen Bundesrepublik über 100000 Studenten.[57] Die Studentenbewegung, die bis dahin in Berlin gegärt hatte, griff schnell auf Westdeutschland über.

Die studentischen Aktivisten sahen in Ohnesorg das zufällige Opfer eines geplanten Versuches, die außerparlamentarische Opposition zu unterdrücken.[58] Der SDS erklärte, der Tod Ohnesorgs sei der erste politische Mord in der Nachkriegsgeschichte der Bundesrepublik.[59] Die Bürgerkriegssprache unterstrich die Ansicht militanter APO-Mitglieder, die APO sei zu einer emanzipatorischen »Aufstandsbewegung« in der Bundesrepublik geworden.

Die gleiche dramatische Bewußtseinsveränderung zeigte sich eine Woche später auf dem Kongreß »Hochschule und Demokratie«. Die Diskussion drehte sich nicht um die Frage, *ob*, sondern *wann* »illegale Aktionen« und Gewalt legitime Mittel des Widerstands in einer modernen kapitalistischen Gesellschaft und parlamentarischen Demokratie wie der Bundesrepublik seien. Es bildete sich ein harter Kern radikaler Studenten heraus, der einen Kurs umfassenden Widerstands und physischer Gewalt propagierte[60] und sich als Teil einer internationalen Guerillabewegung betrachtete. Dies zeigte sich an der Losung, die in diesen Monaten zum ersten Mal auftauchte: »Vietnam ist das Spanien unserer Generation.«[61]

Der erste Angriffspunkt galt allerdings nicht dem Staatsapparat, wie er durch Bonn oder den Bundestag verkörpert wurde, sondern der schrillsten Stimme des Kapitals, dem Presseimperium von Axel Cäsar Springer.[62] Mitten in den Vorbereitungen der Anti-Springer-Kampagne gab es plötzlich einen zweiten Angriff auf ein Menschenleben. Der Anschlag galt dem SDS-Führer und Kopf der Bewegung, Rudi Dutschke. Im Frühjahr 1968 wurden auf dem Kurfürstendamm in Westberlin auf Dutschke drei beinahe tödliche Schüsse abgegeben. In einem Flugblatt, das der SDS am nächsten Tag verteilte, hieß es: »Ungeachtet der Frage, ob Rudi das Opfer einer politischen Verschwörung wurde: man kann jetzt schon sagen, daß dieses Verbrechen nur die Konsequenz der systematischen Hetze ist, welche Springer-Konzern und Senat in zunehmendem Maße gegen die demokratischen Kräfte dieser Stadt betrieben haben.«[63]

Am selben Abend eskalierte eine spontane Demonstration vor dem Hauptgebäude des Springer Verlages in Westberlin zu einem bis dahin ungekannten Maß der Gewalt und des Vandalismus.[64]

Die folgenden Wochen bis zum Mai sind als »Osterunruhen« bekannt, sie markierten sowohl den Wendepunkt als auch den Scheideweg der APO. Im »Geist der Volksfront«[65] marschierten Studenten und Arbeiter Seite an Seite.[66] Beim Ostermarsch, einst Ausdruck einer pazifistischen Gesinnung, kam es zu brutalen und gewaltsamen Zusammenstößen zwischen den Massen der Demonstranten und der Polizei.[67] Der »Sternmarsch« nach Bonn gegen die Notstandsgesetze brachte etwa 50000 Protestierende auf die Beine, darunter eine beachtliche Zahl von Gewerkschaftern. Da auch in anderen europäischen Ländern Studenten und Arbeiter zusammengingen[68], waren die westdeutschen radikalen Studenten nicht die einzigen, die (fälschlicherweise) glaubten, daß sich mit diesem vorübergehenden Schulterschluß ihre langgehegte Hoffnung auf ein dauerhaftes Bündnis zwischen Arbeitern und Studenten erfüllte.

Im Sommer 1968, als der Einfluß der APO seinen Höhepunkt erreicht zu haben schien, geriet sie in eine strategische und moralische Sackgasse. Der SDS und andere APO-Organisationen erkannten, daß Zusammenstöße mit dem Staat (in Gestalt der Polizei), in denen die üblichen Aktionsformen gipfelten, zu nichts führten.[69] Auf dieses Dilemma gab es im wesentlichen vier mögliche Antworten.

Die erste Antwort: eine Verbreiterung der Oppositionsbasis durch »Organisierung der Massen«. Diesen Weg ging die Kommunistische Partei Deutschlands – Aufbauorganisation (KPD-AO), die die Schleusen für eine Welle von »Avantgardeparteien der Arbeiterklasse« öffnete, welche zumeist zwischen 1969 und 1971 entstanden, um »das Proletariat« für den gewaltsamen Sturz des Kapitalismus »zu mobilisieren«. Diejenigen, die den Weg des revolutionären Kommunismus wählten, hielten zwar an den Mitteln der gewaltsamen Konfrontation fest, erkannten aber, daß eine kleine Gruppe von radikalen Studenten keinen Bürgerkrieg führen konnte. Folglich suchten sie einen traditionellen Verbündeten – die Arbeiterklasse. Da die Gründer der KPD-AO die Organisationsform der APO, eine lose Solidarität auf der Grundlage gemeinsamer Rituale, für ihr politisches Ziel ungeeignet fanden, wählten sie die für leninistische Parteien kennzeichnende streng hierarchische Organisation mit straffer Disziplin und zentraler Planung.

Die zweite Antwort: der Einsatz bewaffneter Gewalt, um einen »Bürgerkrieg« auszulösen, ohne die sofortige Unterstützung der Arbeiterklasse zu suchen. Die winzige Minderheit, die bereit war, diesen Schritt hin zur Gewalt zu tun, aber weniger Geduld als die erstgenannte Gruppe hatte, auf die Arbeiterklasse zu warten, und auch weniger Vertrauen in diese setzte, fand ihren Weg in die terroristische Rote Armee Fraktion (RAF) oder in einen ihrer Sympathisanten- und Unterstützerkreise wie die Roten Zellen. Diejenigen, die diesen Weg einschlugen, hatten wenig Skrupel, Gewalt gegen Sachen und schließlich auch gegen Menschen anzuwenden.

Die dritte Antwort: der Rückzug aus Politik und Gesellschaft, um sich selbst zu verwirklichen. Die bedeutendste Gruppe, die Gewalt ablehnte oder des politischen Aktivismus und der Konfrontation mit dem System überdrüssig war und sich in ihr eigenes subkulturelles Milieu zurückzog, war die legendäre Westberliner Kommune 1. Anstatt die bestehende Gesellschaft zu zerstören, versuchten die meisten Mitglieder der Kommune 1 und anderer ähnlicher Organisationen, aus der Gesellschaft auszusteigen und eine radikale Alternative aufzubauen.

Die Grenze zwischen »Ausstieg« und bewaffnetem Kampf blieb in den späten 60er und frühen 70er Jahren immer durchlässig. Wie wir später sehen werden, war die Westberliner Kommune 1 zwar führend in bezug auf die Ausstiegsoption, hatte aber auch eine gewalttätige Seite, die einige ihrer Mitglieder und Sympathisanten zu Terroristen werden ließ. Beide traditionellen Spielarten des Anarchismus – passiver Widerstand und aktive Konfrontation – fanden sich im Milieu der westdeutschen Post-APO-Linken repräsentiert. Natürlich hegten beide Strömungen eine ausgeprägte Verachtung und Feindseligkeit gegenüber den bestehenden Autoritäten und dem Staat.

Und schließlich die Antwort der Jungsozialisten: Durch die Veränderung der bestehenden Institutionen, insbesondere der SPD, sollten »radikale Reformen« erreicht werden. Diese vier Antworten bestimmten die Hauptrichtungen der Post-APO-Politik in den 70er Jahren.

In dieser Ära gab es ein bemerkenswertes – und seltenes – Zusammentreffen kultureller Veränderung »von unten« und sozialer Reformen »von oben«. Wenn es der APO auch nicht gelang, ihre erklärten Ziele zu erreichen, so schaffte sie es doch, den Konservatismus des öffentlichen und privaten Diskurses in der Bundesrepublik aufzubrechen. Auf diese Weise ebnete sie der Beteiligung der Sozialdemokratie an der staatlichen Macht den Weg. Durch die sozialdemokratische Machtausübung entstand wiederum ein institutioneller Raum für die radikale Linke, die außerdem von öffentlichen Mitteln profitierte. Von Anfang an bestand zwischen den APO-Sprößlingen und den Patriarchen der SPD ein merkwürdiges Verhältnis gegenseitiger Abhängigkeit. So begann eine lange Symbiose zwischen der im Staat verankerten SPD und einer zunehmend zersplitterten außerparlamentarischen Linken, die bis Anfang der 80er Jahre die Existenz der westdeutschen Linken prägte.

In den Jahren nach 1968 zerfiel die APO in eine Vielzahl von Splittergruppen. Die vereinigte Front der Linken, die in den späten 60er Jahren kurz nahe schien, war zu Anfang der 70er Jahre unmöglich geworden. Die Grünen waren Ergebnis und Erben dieser politisch verworrenen Situation. Aber ihnen ging fast ein Jahrzehnt voraus, in dem es die Nachfolger der APO noch schwerer hatten. Wir wenden uns jetzt diesen Kräften zu, wobei wir mit den zahlreichen kommunistischen Gruppen einerseits und dem Terrorismus andererseits beginnen.

# 3. Revolutionäre Kaderpolitik und Terrorismus

*Mit Gregory Wilpert*

## Die Kommunistischen Gruppen in Westdeutschland (K-Gruppen)

Die K-Gruppen der späten 60er und frühen 70er Jahre versuchten vor allem, die APO als eine dauerhafte gesellschaftliche Kraft zu institutionalisieren und ihre »Basis im Volk« bis in die Arbeiterklasse hinein auszudehnen. Aufgrund der Meinungsverschiedenheiten über das Erreichen des revolutionären Ziels – eine Diskussion, die in den späten 60er Jahren in der sozialistischen Fraktion der APO begonnen hatte – zerfiel die Welt der K-Gruppen in Marxisten-Leninisten und nichtleninistische Sozialisten. Enttäuscht von 1968 – und angespornt durch die Ansätze von Solidarität zwischen Arbeitern und Studenten –, verließen Studenten die Universität, um Kontakt zu den »Massen« zu suchen und Basis-, Stadtteil- und Betriebsgruppen zu gründen; auf diese Weise sollten die Institutionen einer Basisdemokratie aufgebaut werden. Während sich diese Aktivisten bald in sich befehdende ideologische Fraktionen spalteten – Leninisten, Spartakisten, Trotzkisten, Maoisten und Anarchisten –, einte sie die traditionelle Auffassung von der Arbeiterklasse als »revolutionärem Subjekt«.

Ausgehend von den neulinken Anschauungen der Frankfurter Schule, die die APO geprägt hatten, kehrten sie zur Orthodoxie der alten Linken zurück. Sie huldigten einem »reinen« Marxismus – oder dem, was sie dafür hielten. Damals entstanden »Kapital«-Arbeitskreise und »Grundrisse«-Seminare nicht nur in den traditionellen Bastionen der Bewegung wie Berlin und Frankfurt, sondern auch in Universitätsstädten wie Heidelberg, Göttingen, Marburg und Tübingen. Dabei waren diese Städte keineswegs austauschbar oder identisch, vielmehr brachte jede dieser Städte ihr eigenes radikales Milieu hervor, das sich von dem der anderen unterschied. So entwickelte sich zum Beispiel in der traditionsreichen Universitätsstadt Marburg – Heimat des legendären marxistischen Wissenschaftlers Wolfgang Abendroth – eine ungleich »orthodoxere« Linie als etwa in Heidelberg oder Tübingen, wo bei den Linken unkonventionellere Formen radikaler Politik vorherrschten. Solche Unterschiede schlugen sich auch in den entstehenden linken Subkulturen in den Großstädten nieder, vor allem in Westberlin und Frankfurt. Während Frankfurt eine Hochburg des »spontanen«, unorthodoxen Radikalismus blieb, der auf einer anarchistischen und basisdemokratischen Interpretation des Marxismus basierte, entwickelte sich die linke Szene in Berlin in eine viel orthodoxere Richtung und interpretierte den marxistischen Sozialismus auf eine konventionelle, hauptsächlich leninistische Art und Weise.

Der grundlegende Unterschied zwischen den Marxisten-Leninisten auf der einen und den nichtleninistischen Sozialisten auf der anderen Seite bestand darin, daß erstere für den Prozeß einer fortschrittlichen Veränderung der Avantgarde-Partei zentrale Bedeutung beimaßen, während letztere dem Maoismus zuneigten, der auf eine von den Massen getragene Kulturrevolution setzte.

### Deutsche Kommunistische Partei (DKP)

*Geschichte und Organisation.* Die DKP war die Nachfolgerin der alten Kommunistischen Partei Deutschlands, die von Hitler in den 30er Jahren zerschlagen und dann bis 1945 brutal unterdrückt wurde. Die KPD wurde nach dem Zweiten Weltkrieg vorwiegend von früheren Mitgliedern der Vorkriegspartei wiedergegründet. Im August 1956 erklärte das Bundesverfassungsgericht die KPD für verfassungswidrig, da das Parteiprogramm gegen die »freiheitlich-demokratische Grundordnung« gerichtet sei. Zur Zeit ihres Verbots hatte die KPD etwa 70000 Mitglieder. Ungefähr 7000 von ihnen waren 1968 an der Gründung der DKP beteiligt.[1] Durch die positiven Ereignisse der 60er Jahre ermutigt, in denen sich in Westdeutschland die Möglichkeit der Wiederbelebung einer echten Linken links von der Sozialdemokratie abzeichnete, hofften die alten Mitglieder, daß sie eine lebendige und offene kommunistische Präsenz in der Bundesrepublik würden schaffen können. Daher riefen mehrere führende

Funktionäre – Karl Schabrod, Franz Ahrens, Kurt Erlebach, Richard Scheringer und Manfred Kapluck – im März 1967 ein »Initiativkomitee zur Legalisierung der KPD« ins Leben.[2] Aber Justizminister Gustav Heinemann schloß eine Legalisierung der KPD aus, so daß sich die Gründung einer neuen Partei als einzige Alternative erwies. Die offizielle Gründung der DKP fand am 27. Oktober 1968 in Essen statt.

Viele Mitglieder der neuen DKP hatten der KPD angehört.[3] In den zehn Jahren nach 1969 verdoppelte sich die Mitgliederzahl der DKP von 22000 auf 46500.[4] 1976 verfügte die Partei über etwa 300 Betriebsgruppen in Fabriken und Büros, davon die Hälfte in der Metallindustrie[5], aber die Studentenorganisation der DKP, der MSB-Spartakus, war in vieler Hinsicht zum sichtbarsten gesellschaftlichen Repräsentanten der Partei und ihrer Politik geworden. Die Aktivitäten der DKP wurden größtenteils von der DDR finanziert.[6]

*Ideologie und Aktivitäten.* Die DKP achtete sorgfältig darauf, Ausdrücke wie »Revolution« und »Diktatur des Proletariats« zu vermeiden, um nicht das Risiko einzugehen, wie die KPD für verfassungswidrig erklärt zu werden. Zwar trat die DKP für eine Teilnahme am parlamentarischen Leben ein, betrachtete diese jedoch nur als Ergänzung zum wirklichen Kampf, der in einem bürgerlichen System per definitionem außerparlamentarisch sein mußte. Die DKP sah die Bundesrepublik als ein vom Monopolkapital beherrschtes Land, in dem die Macht der Monopole den Staatsapparat und damit alle wichtigen Bereiche von Politik und Gesellschaft kontrollierte. Diese strikt instrumentelle Interpretation des Systems der Bundesrepublik wurde als Theorie des staatsmonopolistischen Kapitalismus (Stamokap) bekannt.

Die DDR war für die DKP das Hauptmodell einer guten und gerechten Gesellschaft. Um auch in der Bundesrepublik einen »Sieg des Sozialismus« zu erreichen, vertrat die Partei die Interessen der Arbeiterklasse. Das bedeutete konkret eine aktive Rolle in den bundesdeutschen Gewerkschaften, insbesondere in solchen, die für ihren Radikalismus bekannt waren, wie die IG Metall, die IG Druck und Papier und die Gewerkschaft Handel, Banken, Versicherungen.[7]

Wie ihr ideologisches Vorbild DDR entwickelte sich die DKP zu einer stagnierenden und unattraktiven Bastion der alten Linken.

Wahlpolitisch fast bedeutungslos – die Partei kam niemals auch nur auf 1 Prozent der Stimmen bei einer Parlamentswahl[8] –, war und blieb die DKP mit ihren theoretischen Auffassungen und ihrer politischen Strategie ein Überbleibsel aus den 50er Jahren. Die DKP erreichte niemals eine Bedeutung für die Linke oder für die Politik in der Bundesrepublik, die sie über die graue Eintönigkeit einer Apparatschik-Existenz hinausgeführt hätte.

Aber nicht an allen orthodoxen marxistischen Gruppen waren die Ereignisse der 60er Jahre spurlos vorbeigegangen. Andere, deren Wurzeln in der Neuen Linken lagen, gebärdeten sich wesentlich radikaler und innovativer.

### Kommunistische Partei Deutschlands (KPD)

*Geschichte und Organisation.* Die neue KPD war ein Beispiel für eine revitalisierte Orthodoxie. Sie hatte mit der alten, 1956 verbotenen KPD nur den Namen gemein und wurde 1971 von den ehemaligen SDS-Aktivisten Jürgen Horlemann und Christian Semler in Berlin gegründet. Bemühungen um den Aufbau einer neuen KPD hatte es schon in den späten 60er Jahren auf Initiative der KPD-AO gegeben. Die meisten Mitglieder kamen aus den Roten Zellen in Berlin, besonders aus denen an der Freien Universität.

Schon bald nach ihrer Gründung ermittelte die Polizei gegen die Partei, weil ihre Mitglieder angeblich bei Demonstrationen Gewalt angewendet hatten.[9] Diese Ermittlungen wurden jedoch eingestellt, als die behaupteten kriminellen Aktivitäten der Partei nicht bewiesen werden konnten.[10]

1977 hatte die KPD ungefähr 800 Vollmitglieder und etwa 4500 bis 5000 Sympathisanten. Sie verfügte über 6 Regionalausschüsse, die aus ungefähr 75 Zellen bestanden, von denen 40 Betriebsgruppen waren.[11]

*Ideologie und Aktivitäten.* Die neue KPD war erklärtermaßen maoistisch. Das bedeutete engagierte Unterstützung der chinesischen Politik und insbesondere der »Kulturrevolution«. Wie die meisten maoistischen Organisationen prangerte die KPD die Sowjetunion als rückwärtsgewandte und gefährliche Kraft an, die der Ausbreitung einer wirklich progressiven Politik im globalen Maßstab entgegenstand. Dieser Antisowjetismus war so stark, daß die KPD die westdeutsche Bundeswehr und sogar die NATO als Bollwerk gegen den sowjetischen Imperialismus unterstützte. Nach Maos Tod blieb die KPD der maoistischen Politik und Ideologie treu, wie sie von der Viererbande in China, insbesondere von Maos Witwe, verkörpert wurde.

Die Hauptstrategie der KPD bestand darin, durch spektakuläre und gewaltsame Aktionen bei Demonstrationen Aufmerksamkeit zu erregen, wobei sich diese Demonstrationen gewöhnlich auf örtliche oder regionale Probleme wie steigende Tarife im öffentlichen Nahverkehr, Atomkraftwerke oder Hausbesetzungen konzentrierten. Ein anderes wichtiges Feld sah die KPD in der Gewerkschaftsarbeit, wo sie versuchte, die »an sich fortschrittliche« Basis von ihrer »an sich reaktionären« Führung zu trennen, die, so glaubte die KPD, zwangsläufig nur Handlanger des Monopolkapitalismus war. Um in den Gewerkschaften eine Revolution von unten auszulösen, gründete die KPD eine innergewerkschaftliche Opposition, die sogenannte Revolutionäre Gewerkschaftsopposition, deren Kürzel RGO aus den Tagen der Weimarer Republik stammte; damals hatte die mächtige KPD in einer militanteren Phase des deutschen Klassenkampfes die Vorherrschaft der SPD in den deutschen Betrieben dadurch herausgefordert, daß sie in den Gewerkschaften eine radikale revolutionäre Opposition aufbaute. Diese Wiederbelebung der RGO durch die neue KPD war ein noch größerer Fehlschlag als ihr legendärer Vorläufer.

### Kommunistische Partei Deutschlands/ Marxisten-Leninisten (KPD/ML)

*Geschichte und Organisation.* Die KPD/ML wurde am 31. Dezember 1968 von Ernst Aust, einem ehemaligen KPD-Funktionär, in Hamburg gegründet. Das Ziel der Partei, das sie nie erreichte, bestand darin, alle Marxisten-Leninisten in einer Partei zu organisieren. 1974 nahm die KPD/ML an den Hamburger Wahlen teil, danach boykottierte sie alle Wahlen. Die Partei, die ihre Zentrale später nach Dortmund verlegte, war in 5 Bundesländern und 40 Gemeinden vertreten. Die Zahl ihrer Mitglieder wurde auf 700 bis 800 geschätzt. Mehrmals versuchten KPD und KPD/ML, sich zu vereinigen, aber aufgrund persönlicher Rivalitäten und internationaler Entwicklungen in bezug auf den Marxismus erwies sich dies als unmöglich.[12] Ein einziges Mal kam es zu einem Bündnis mit anderen kommunistischen Gruppen: anläßlich einer Demonstration in Berlin am 8. Oktober 1977, die sich gegen den Vorschlag von CDU und CSU richtete, alle neuen kommunistischen Parteien, die nach der APO entstanden, zu verbieten.

*Ideologie und Aktivitäten.* Obwohl sich die KPD/ML und die KPD in ihren Publikationen erbittert bekämpften und sich wechselseitig Gewalt androhten, waren beide hinsichtlich ihrer Ideologie und ihrer Ansichten praktisch ununterscheidbar. Die KPD/ML vertrat – genau wie die KPD – alle marxistisch-leninistischen und maoistischen Doktrinen: den demokratischen Zentralismus, die Diktatur des Proletariats, die Rolle der Avantgarde-Partei und – entsprechend der maoistischen Auffassung – die Ablehnung des »Revisionismus« der Sowjetunion wie der DDR. Der Hauptunterschied zwischen KPD/ML und KPD bestand darin, daß erstere bis in die späten 80er Jahre hinein maoistisch blieb, während die KPD Mitte der 80er Jahre auf die neue chinesische Linie einschwenkte. Das Vorbild der KPD/ML war Enver Hoxhas Albanien, zu dem die Partei sehr enge Kontakte pflegte. Wie die KPD trat auch die KPD/ML für den Einsatz von Gewalt zur Erreichung einer sozialistischen Revolution ein; und wie die KPD erlitt sie mit ihrer Gewerkschaftspolitik Schiffbruch.

### Kommunistischer Bund Westdeutschlands (KBW)

*Geschichte und Organisation.* Mit etwa 2800 Mitgliedern war der KBW die stärkste maoistische und marxistisch-leninistische Partei in Westdeutschland.[13] Er wurde am 12. Juni 1973 in Bremen von zahlreichen kleineren unabhängigen kommunistischen Gruppen gegründet. Vordenker und Generalsekretär war Joscha Schmierer, ein ehemaliger SDS-Aktivist aus Heidelberg. 1977 verlegte der KBW seine Parteizentrale von Mannheim nach Frankfurt, um zu unterstreichen, daß er eine ernstzunehmende Partei und keine Studentenorganisation sei. Gleichzeitig nahm die Partei den Namen Kommunistische Partei Westdeutschlands (KPW) an, ersetzte also den informellen »Bund« durch die formelle »Partei«. Der KBW brüstete sich damit, die einzige kommunistische Partei nach 68 zu sein, die in einem Parlament vertreten war (Helga Rosenbaum wurde im Mai 1977 in den Heidelberger Gemeinderat gewählt). Die Partei war in ungefähr 50 Gemeinden präsent und besaß etwa 250 Zellen in Fabriken, Schulen und Universitäten.

*Ideologie und Aktivitäten.* Wie andere maoistische Parteien war der KBW dem Marxismus-Leninismus und verwandten Doktrinen verpflichtet, idealisierte er China und Albanien. Revolutionäre Gewalt machte einen wichtigen Bestandteil seiner Strategie aus, wie sich bei Aktionen während einer Demonstration in Heidelberg im Sommer 1975 zeigte. Dem KBW gelang es, in Anti-Atomkraft-Gruppen einzudringen und sie zu gewaltsamen Protestformen gegen Atomkraftwerke zu bringen. Im Gegensatz zu KPD und KPD/ML hatte der KBW nie vor, die in der Bundesrepublik bestehenden Gewerkschaften zu vernichten, sondern wollte sie reformieren. Deshalb organisierte er in den Gewerkschaften keine Oppositionsgruppen, sondern konzentrierte seine Anstrengungen statt dessen auf Wahlerfolge. Aus diesem Grund nahm der KBW sowohl an allgemeinen als auch an innergewerkschaftlichen Wahlen teil. Mit einer gewissen Bescheidenheit und einem Realitätssinn, der in diesem Post-APO-Milieu des radikalen Aktivismus sonst völlig fehlte, betrachtete sich der KBW nie als eine echte kommunistische Partei, da ihm die massenhafte Unterstützung der Arbeiterklasse fehlte.

### Kommunistischer Bund (KB)

*Geschichte und Organisation.* 1971 in Hamburg gegründet, war der Kommunistische Bund (KB), ähnlich wie der KBW, ein Konglomerat kleinerer kommunistischer Gruppen wie dem Sozialistischen Arbeiter- und Lehrlingszentrum (SALZ) oder dem Kommunistischen Arbeiterbund (KAB). Mit 800 bis 1500 Mitgliedern, vornehmlich in Norddeutschland, in Zellen nach dem Prinzip des demokratischen Zentralismus organisiert, war der KB vielleicht die undurchsichtigste der K-Gruppen in den 70er Jahren. Der KB machte relativ erfolgreiche Gewerkschaftsarbeit und erreichte bei den Betriebsratswahlen von 1975 und 1978 an manchen Orten 33 Prozent der Stimmen. Ende der 70er Jahre waren über hundert KB-Mitglieder Betriebsräte in verschiedenen Unternehmen der Bundesrepublik.[14] Auch die Hochschulgruppe des KB hatte einen gewissen Erfolg, sie war beispielsweise 1976 im Göttinger ASTA vertreten.[15]

*Ideologie und Aktivitäten.* Auch der KB verfolgte einen orthodoxen Marxismus-Leninismus maoistischer Spielart, an dem er nach Maos Tod unbeirrt festhielt. Wie der KBW glaubte der KB, daß die Zeit für die Schaffung einer richtigen politischen Partei noch nicht reif sei, da die Arbeiterklasse verschiedenen reformistischen Ideologien anhing. Der KB unterschied sich von allen K-Gruppen mit seinem Schlachtruf »Faschismus«, mit dem er die Gegenrevolution bezeichnete, die er überall in der Bundesrepublik auf dem Vormarsch wähnte.

### Gruppe Internationale Marxisten (GIM)

*Geschichte und Organisation.* 1969 gegründet und mit Hauptsitz in Frankfurt, war die GIM die größte und einzige von insgesamt 10 trotzkistischen Organisationen in der Bundesrepublik, die an Wahlen teilnahm. Die GIM gehörte offiziell der 1938 von Trotzki gegründeten Vierten Internationale an. Die Zahl ihrer Mitglieder betrug circa 400-600[16], und sie hatte in den späten 70er und frühen 80er Jahren insgesamt 51 Ortsgruppen. Obwohl die GIM in den 80er Jahren Mitglieder und Einfluß im linken Milieu verlor, verschwand diese Gruppe – im Gegensatz zu ihren Kollegen und Rivalen aus den K-Gruppen – niemals ganz von der politischen Bühne Westdeutschlands, was vielleicht wieder einmal Trotzkis eindrucksvollen und bleibenden Einfluß beweist.

*Ideologie und Aktivitäten.* Die GIM betrachtete Staat und Bürokratie als Haupthindernisse für die Errichtung des Sozialismus, weil diese die Selbstbestimmung der Arbeiter verhinderten. Der demokratische Zentralismus als Organisationsprinzip bedeutete bei der GIM einen geringeren Zentralismus als bei den K-Gruppen, da hier dieses

Prinzip besagte, die Entscheidungsbildung von unten mit der Durchsetzung der Disziplin von oben zu kombinieren. Verglichen mit den K-Gruppen war die GIM eher bereit, Kompromisse mit jenen Unternehmern und Managern zu schließen, die bessere Arbeitsbedingungen anboten. Sie engagierte sich außerdem für sichere Arbeitsplätze und Arbeitszeitverkürzung, lehnte die Gewerkschaften ab, weil diese die Streikbereitschaft unterdrückten, opponierte gegen die Bundeswehr, die sie als Machtinstrument der Bourgeoisie ansah. Die GIM kritisierte die Sowjetunion, ihre osteuropäischen Satelliten und China, weil die Produktion in all diesen Ländern staatlich kontrolliert war und nicht von den Arbeitern bestimmt wurde.

## Der Terrorismus

Eines der komplexesten und unerfreulichsten Phänomene in der Nach-68er-Linken war der Terrorismus. Obwohl er nur einige hundert Aktivisten und Sympathisanten hatte, erlangten die Terroristen – weitgehend durch ihre spektakulären Aktionen und die erbarmungslose Reaktion des Staates – in der westdeutschen Linken eine Bedeutung, die in keinem Verhältnis zu ihrer zahlenmäßigen Stärke stand. Das lag daran, daß der Terrorismus – wenn auch in extremer Form – Werte vertrat, die viele westdeutsche Linke tief verinnerlicht hatten: ständige Konfrontation mit einem repressiven Staat; eine aktive Rolle von Intellektuellen, die auf die Veränderung der Gesellschaft drängten; Widerwille gegen eine »selbstzufriedene« und »verbürgerlichte« Arbeiterklasse; die tiefe Überzeugung, daß friedlicher Protest ein schwaches und begrenztes Mittel zur Erreichung von Reformen sei; schließlich die Ablehnung der bestehenden Institutionen – einschließlich der der traditionellen Linken – als eines sinnvollen Rahmens für politische Aktivität.

Der mit der Baader-Meinhof-Gruppe befaßte Generalbundesanwalt Siegfried Buback wurde im April 1977 ermordet. Wenig später erschien ein Nachruf, verfaßt von einem unter dem Pseudonym »Mescalero«[17] schreibenden Göttinger Studenten, der seine »klammheimliche Freude« über Bubacks Tod eingestand.[18] Eine Gruppe von 43 Professoren, über den Verdacht der Terror-Sympathie erhaben, verantwortete den Nachdruck des sofort massiver Kritik ausgesetzten Nachrufs. Die Lehrenden begrüßten keineswegs den Mordanschlag, vielmehr wollten sie den Vorrang des Grundrechts auf Meinungsfreiheit, gekoppelt an die Freiheit der Veröffentlichung, demonstrieren. Ihr Engagement zeigte das Unbehagen vieler Linker ob der bundesdeutschen Wirklichkeit. Das Resultat dieses Engagements war ambivalent: Zunächst einmal folgten äußerst repressive Gesetze zur Bekämpfung des Terrorismus. Doch die folgende langwierige und schwierige Diskussion über politische Gewalt erwies sich als sehr bedeutsam, weil sie das Bekenntnis zu friedlichem und gewaltlosem Protest förderte, das zum Hauptelement der neuen sozialen Bewegungen und schließlich auch des politischen Programms der Grünen wurde.

Zwischen den westdeutschen linken terroristischen Organisationen bestanden erhebliche Unterschiede in bezug auf Mitgliederzahl, Organisationsform und Hintergrund. Zwischen 1967 und 1985 bildeten sich vier terroristische Gruppen, die Bewegung 2. Juni, die Rote Armee Fraktion (RAF), das Sozialistische Patienten Kollektiv (SPK) und die Roten Zellen (RZ). Einige waren sehr straff organisiert wie die RAF, andere weniger wie die RZ. Ihre Hauptaktivitäten entfalteten sie zu verschiedenen Zeiten: die Bewegung 2. Juni und das SPK in den frühen 70er, die RZ in den 80er Jahren und die RAF während der 70er bis hinein in die 90er Jahre. Allen gemeinsam ist die Tatsache, daß ihre Wurzeln in der Studentenbewegung und der Gegenkultur der späten 60er Jahre lagen. Ihre Mitglieder zählten hauptsächlich zur oberen Mittelschicht, wobei eine große Mehrheit von Aktivisten aus dem Milieu der Kommunen und der von Studenten dominierten Subkultur im Umfeld der Universitäten kam.[19]

Durch den Zusammenbruch der Studentenbewegung breitete sich unter vielen 68ern eine hoffnungslose und verzweifelte Stimmung aus. Diejenigen, die am Traum der Revolution festhielten, bildeten zwei Gruppen. Die eine setzte ihr Vertrauen in die Arbeiter und ging in die K-Gruppen. Die andere, entschieden kleinere, die vom Proletariat enttäuscht war, forderte radikalere Mittel. Sie nahm den »bewaffneten Kampf« gegen den Staat auf, da ihre Mitglieder ihn als einzigen realistischen Weg zur Förderung der Revolution ansahen.

## Bewegung 2. Juni

Eine der ersten terroristischen Organisationen war die Bewegung 2. Juni, eine in Westberlin konzentrierte regionale Gruppe. Sie ging aus den lose organisierten sogenannten Haschrebellen hervor, die in verschiedenen Berliner Kommunen lebten. 1969 gab es in der gesamten Bundesrepublik eine Welle von Bombenanschlägen und Brandstiftungen.[20] Die Haschrebellen – zu denen Georg von Rauch, Michael »Bommi« Baumann, Heinz Brockmann, Annerose Reiche, Angela Luther, Peter Knoll, Thomas Weissbecker und Ralf Reinders gehörten – waren für eine Reihe solcher Anschläge in Westberlin verantwortlich, darunter ein Bombenanschlag auf das jüdische Gemeindezentrum in Berlin, den Gerichtspräsidenten, den Generalstaatsanwalt und diverse Autos mit amerikanischem Kennzeichen.[21] Eine Verhaftungswelle setzte dem ein Ende. Als Georg von Rauch, einer der führenden Haschrebellen, Ende 1971 von der Polizei erschossen wurde, verwandelte sich die Gruppe in eine wesentlich straffer geführte Organisation, die sich fortan »Bewegung 2. Juni« nannte, zum Gedenken an jenen Tag, an dem ein Polizist den Studenten Benno Ohnesorg erschossen hatte.

Der Bewegung 2. Juni schwebte ursprünglich ein *modus operandi* vor, der sich von dem der RAF unterschied. Ihre Mitglieder wollten ihre Aktivitäten auf Berlin beschränken und sich vor allem lokalen Themen zuwenden, wie steigende Tarife im öffentlichen Nahverkehr und Unterstützung von Arbeitern bei Konflikten mit ihrer Betriebsleitung. In dem Maße jedoch, wie die eigenen Aktionen eskalierten, benötigte die Bewegung 2. Juni mehr logistische Unterstützung in Form von Wohnungen, Autos, Waffen, Papieren und Geld; sie erhielt sie teilweise von der RAF.

Inspirieren ließ sich die Gruppe in ihrer Strategie und Taktik durch das *Minihandbuch des Stadtguerilleros* des Lateinamerikaners Carlos Marighella. Es empfahl zwei Hauptziele: die »physische Liquidierung« der Bosse und ihrer Helfershelfer in Armee und Polizei; und »die Enteignung des Reichtums und der Produktionsmittel, die der Regierung, den Monopolkapitalisten, den Grundeigentümern und den Imperialisten gehören.« Bankraub wurde zur Erreichung des zweiten Ziels als besonders geeignet angesehen. Dieses Handbuch gab unter anderem Anleitungen zur Herstellung von Bomben und zum Autodiebstahl.[22] Der Bewegung 2. Juni galten die Tupamaros in Uruguay als reale Vorbilder für diese Art von Stadtguerilla.

Den ersten Toten hatte die Gruppe im Februar 1972 zu beklagen, als sie einen Bombenanschlag auf den britischen Yachtclub in Berlin verübte. In einer späteren Erklärung gab die Bewegung 2. Juni zu, der Verlust eines ihrer Mitglieder zeuge von einem Fehler in der Gesamtstrategie der Gruppe. Dies sowie andere Meinungsverschiedenheiten mit der RAF hinsichtlich der vielen RAF-Bombenanschläge in jenem Jahr beendeten die Zusammenarbeit der Bewegung 2. Juni mit der RAF. Die Bewegung 2. Juni wurde ständig durch Festnahmen dezimiert, die teilweise auf einen Informanten aus ihren eigenen Reihen zurückgingen; nach seiner Enttarnung wurde er am 5. Juni 1974 von der Gruppe umgebracht. Am 9. November desselben Jahres wurde der oberste Richter von Berlin, Günter von Drenckmann von der Bewegung 2. Juni in seiner Wohnung erschossen, nachdem ein Entführungsversuch gescheitert war.[23]

Um ihre Genossen aus dem Gefängnis zu befreien, entführte die Bewegung 2. Juni am 25. Februar 1975 Peter Lorenz, den Vorsitzenden der Berliner CDU. Zur Vorbereitung dieser Entführung raubte die Gruppe zwei Banken aus und erbeutete über 100000 DM. Zu dieser Zeit bestand der harte Kern der Gruppe aus Fritz Teufel, im Jahre 1969 führend an den Aktivitäten der Kommune 1 beteiligt, Ralf Reinders, Ronald Fritsch, Gerald Klöpper, Till Meyer, Inge Viett (die 1977 RAF-Mitglied wurde), Juliane Plambeck und Gabriele Rollnick. Die Gruppe forderte die Freilassung von sechs Terroristen, zu denen auch der Rechtsanwalt Horst Mahler gehörte, ein ehemaliges RAF-Mitglied, außerdem verlangte sie eine Boeing 707, die sie an einen Ort ihrer Wahl bringen sollte. Am 2. März beschloß die Polizei, ihren Forderungen nachzugeben und die Gefangenen (mit Ausnahme von Horst Mahler, der sich weigerte, an dieser Aktion teilzunehmen) nach Südjemen ausfliegen zu lassen. Am 4. März wurde Peter Lorenz freigelassen. In Flugblättern erklärte die Gruppe später, daß sie ihre Aktionen als Selbstverteidigung und sich selbst als revolutionäre Avantgarde betrachte. Einen Monat nach der Entführung meldete die Polizei die ersten Festnahmen.[24] 1977 war die Gruppe dermaßen geschrumpft, daß sie sich auflöste. Das, was von ihr übrig blieb, schloß sich der »zweiten Generation« von RAF-Aktivisten an.

Auch die RAF hatte zu Ende der 60er Jahre ihre Hauptbasis in Westberlin. Die Brandstiftung im Brüsseler Kaufhaus »A l'innovation« und die Zerstörung der dort ausgestellten amerikanischen Produkte am 22. Mai 1967 inspirierte die gewaltbereiten Mitglieder der Kommune 1 zu einem Flugblatt mit der Frage: »Wann werden in Berlin Kaufhäuser brennen?«[25] Knapp ein Jahr später, am 5. April 1968, wurden Gudrun Ensslin, Andreas Baader und zwei weitere Personen unter dem Verdacht festgenommen, drei Tage zuvor zwei Frankfurter Kaufhäuser in Brand gesteckt zu haben.

Gudrun Ensslin, eines der Gründungsmitglieder der RAF, war eine Pfarrerstochter. Sie studierte an der Freien Universität Berlin Philosophie, Deutsch und Englisch. Anläßlich ihres einjährigen Aufenthalts in den USA übernahm sie die Ideen der Weathermen, einer der radikalsten Nachfolgeorganisationen des amerikanischen SDS. 1967 begegnete ihr Andreas Baader, der damals ein unstetes Leben führte. Er hatte erst das Gymnasium aufgegeben, dann eine Töpferlehre abgebrochen, um schließlich mit zwanzig nach Berlin zu gehen und Kunstgeschichte zu studieren. Baader galt immer als »Problemkind«, und bevor er nach Berlin zog, hatte er schon zahlreiche Auto- und Motorraddiebstähle begangen. Der unpolitische Baader wurde durch Ensslin, die eine gewisse Zeit lang in SDS-Kreisen verkehrt hatte, sowie durch die Erschießung von Benno Ohnesorg am 2. Juni 1967 politisiert. Baader ging in Horst Mahlers Republikanischen Club und trat mit der Kommune 1 in Verbindung, die ihn dann aufnahm, weil er ein Mann der Tat war. Etwas später fuhren er und Ensslin mit zwei Kommune 1-Mitgliedern nach Frankfurt, wo sie die Massen aktivieren wollten, indem sie ein Kaufhaus anzündeten. Otto Schily, später einer der prominentesten Grünen und einer ihrer entschiedensten Realos, und Horst Mahler, später ein Mitglied der RAF, verteidigten die vier Brandstifter. Die Angeklagten wurden zu drei Jahren Gefängnis verurteilt.

Mahler, in den frühen 60er Jahren ein angesehener und erfolgreicher Rechtsanwalt, war Mitbegründer des Republikanischen Clubs in Berlin, eines Kommunikations- und Kontaktzentrums der außerparlamentarischen Opposition. Er verteidigte viele führende Köpfe der Studentenbewegung, insbesondere Rudi Dutschke, Fritz Teufel und Andreas Baader. Mit der Zeit wurde er auch einer der Cheftheoretiker der Bewegung. Während des Brandstifterprozesses gegen Baader und Ensslin fand sich Mahler auf der Anklagebank wieder, weil er an den Demonstrationen gegen den Springer-Konzern nach dem Anschlag auf Rudi Dutschke teilgenommen hatte.

Nach 14 Monaten Gefängnis wurden Baader und Ensslin am 13. Juni 1969 auf freien Fuß gesetzt. Während sie auf das Ergebnis ihrer Berufung warteten, fingen beide an, in einer pädagogischen Lehrwerkstatt für jugendliche Straftäter zu arbeiten. Nachdem ihre Berufung zurückgewiesen wurde, gingen sie nach Paris. Als sie hörten, daß eine neue militante linke Gruppe gegründet werden sollte, kehrten sie heimlich nach Deutschland zurück. Die Gründer dieser Gruppe waren Fritz Teufel und Dieter Kunzelmann; Kunzelmann hatte sich bei der Al Fatah in Jordanien ausbilden lassen und wurde später als Vertreter der Alternativen Liste (AL) ins Westberliner Parlament gewählt. Aber Kunzelmann und Teufel waren nicht radikal genug. Ensslin und Baader beschlossen, sich der von Manfred Grashof und Petra Schelm gegründeten Gruppe anzuschließen. Baader wurde schnell zu deren Anführer – so entstand die RAF.

Mit Hilfe eines Informanten nahm die Polizei Baader am 4. April 1970 fest. Daraufhin entwarf die RAF einen Plan zu seiner Befreiung, der am 14. Mai 1970 erfolgreich durchgeführt wurde, als Baader Hafturlaub hatte und angeblich mit Ulrike Meinhof, einem neuen RAF-Mitglied, Recherchen für ein Buch machte. Bei der Flucht wurde ein Polizeibeamter schwer verwundet.

Ulrike Meinhof (geboren 1934) wuchs bei ihrer Adoptivmutter auf, einer engagierten Pazifistin. Nach dem Studium engagierte sich Meinhof im Kampf für atomare Abrüstung. Dort lernte sie ihren späteren Ehemann, den Herausgeber der linksgerichteten Zeitschrift *Konkret* kennen, die in jener Zeit angeblich finanzielle Zuwendungen von der DDR bekam. Die beiden gingen in die (damals illegale) KPD. Mit ihren überaus kritischen und bissigen Artikeln für *Konkret* erregte Meinhof bundesweit Aufsehen. Nach ihrer Scheidung im Jahre 1967 zog sie nach Berlin, wo sie weiterhin für *Konkret* schrieb und gleichzeitig für die *Rote Presse Korrespondenz*, ein Hauptorgan der Neuen Linken. Meinhof arbeitete auch mit Rudi Dutschke für eine neue linke Zeitschrift mit dem Namen *Konkret Berlin*. In Frankfurt traf sie Andreas Baader und Gudrun Ensslin in ihrer pädagogischen Lehrwerkstatt.

Kurz nach der Befreiung von Andreas Baader flog die Gruppe nach Jordanien, um sich von der Al Fatah für den Guerillakrieg ausbilden zu lassen. Nach Konflikten mit den Palästinensern kehrte die Gruppe nach Berlin zurück, wo sie sich wieder dem »Untergrundkampf« widmete. Autos und Wohnungen wurden gekauft; am 29. September 1970 überfiel die Gruppe in Berlin drei Banken und erbeutete dabei 220000 DM.[26] Am 8. Oktober wurden Horst Mahler und andere verhaftet.

Nachdem die Gruppe überlegt hatte, wie sie Mahler befreien könnte, beschloß sie, wieder nach Westdeutschland zu gehen. Kurz danach verfaßte Ulrike Meinhof ein Positionspapier, in dem sich die Gruppe zum ersten Mal »Rote Armee Fraktion« nannte. Dies war der Auftakt zu einer Serie von Anschlägen in Westdeutschland, die im dreifachen Bombenanschlag auf das Hauptquartier des V. Corps der US-Armee in Frankfurt am 11. Mai 1972 gipfelte. Bombenanschläge auf Armee-Einrichtungen in sechs anderen Städten folgten, bei denen Unschuldige getötet und verletzt wurden: auf das bayerische Landeskriminalamt in München, auf einen Bundesrichter in Karlsruhe, bei dem dessen Frau schwere Verletzungen davontrug, auf den Springer Verlag in Hamburg, auf das europäische Hauptquartier der US-Armee in Heidelberg, bei dem zwei Soldaten getötet und fünf schwer verletzt wurden. Am 1. Juni 1972 gelang es der Polizei schließlich, Andreas Baader, Holger Meins und Jan-Carl Raspe in Frankfurt aufzuspüren und nach einem Schußwechsel zu verhaften. Am selben Tag wurde Gudrun Ensslin in Hamburg in Haft genommen. Ulrike Meinhof und Gerhard Müller nahm die Polizei zwei Wochen später in Hannover fest.

In diesen frühen 70er Jahren veröffentlichte die RAF eine Vielzahl von Broschüren und Flugblättern, in denen sie ihre politische Ideologie und Strategie ausführlich darstellte. Im Gegensatz zur Bewegung 2. Juni, die im Untergrund operierte, schien die RAF es darauf anzulegen, sich öffentlich zu profilieren. Sie argumentierte für das Primat der Praxis und behauptete, der bewaffnete Kampf sei die höchste Form des Marxismus-Leninismus. Die grundsätzliche Richtigkeit des bewaffneten Kampfes, so Meinhof, dürfe niemals angezweifelt werden. Sie hänge einzig und allein von seiner Machbarkeit ab.[27]

Damit sollten die Bemühungen um die Organisierung der Arbeiterklasse keineswegs aufgegeben werden, weil »die Organisierung illegaler bewaffneter Widerstandsgruppen legale proletarische Organisationen nicht ersetzen kann und der bewaffnete Kampf die politische Arbeit im Betrieb und im Stadtteil nicht ersetzen kann.«[28]

Aber Meinhof bestand darauf, daß nur ein bewaffneter Kampf die Arbeiter einen und zum Sturz des Systems veranlassen könne.[29] Sie lehnte die Theorien der Neuen Linken ab, da nicht die Theorie, sondern der bewaffnete Kampf das einzige Mittel sei, ein historisches Bündnis zwischen Arbeitern und Intellektuellen zu schmieden. Der Erfolg, nicht die Theorie sei der einzige Maßstab für die Richtigkeit einer Aktion. Verschiedene Gruppen der Neuen Linken kritisierten diese Einstellung als »vulgäre Trial and Error«-Strategie. Während in der RAF Konsens hinsichtlich des bewaffneten Kampfes bestand, gab es Meinungsverschiedenheiten hinsichtlich der »revolutionären Strategie und Taktik«. Mahler war der Auffassung, daß der Kampf gegen den Imperialismus in der Dritten Welt am wichtigsten sei. Er sah die RAF als eine Stadtguerilla, die versuche, die Instrumente des Imperialismus mit der logistischen Unterstützung der breiten Bevölkerung zu zerstören. Meinhof vertrat dagegen den Standpunkt, daß der Klassenkampf in Deutschland das Wichtigste sei. Ihrer Ansicht nach mußte die RAF erst die Unterstützung der Bevölkerung durch spektakuläre revolutionäre Aktionen gewinnen; die würden der RAF einen psychologischen Sieg einbringen, indem sie zeigten, daß der Staat keineswegs unbesiegbar war und durch den Terrorismus eingeschüchtert werden konnte. Meinhofs Position war um so radikaler, als sie eine Kombination von Terror und psychologischer Kriegführung vorsah, während Mahler für eine begrenztere Strategie von Obstruktion und Sabotage eintrat. Meinhofs Position setzte sich schließlich durch.

Sie sah drei Phasen des revolutionären Kampfes vor: Zuerst würde der Bevölkerung gezeigt, daß bewaffnete Gruppen imstande seien, den Staat zu bekämpfen; dann beginge man exemplarische Anschläge zur Demoralisierung der herrschenden Klasse, und schließlich würde ein allgemeiner Volkskrieg gegen das repressive System geführt. Die RAF sollte der Katalysator für die erste Phase sein.[30]

Nach der Verhaftung des harten Kerns der RAF nahm die Polizei an, die terroristische Szene zerschlagen zu haben. Sie irrte. Die RAF trat an vielen Orten wieder in Erscheinung, wenn auch nicht mehr in Großstädten. Ihre Aktivitäten bestanden 1973/74 vorwiegend in

Bombenanschlägen auf ausländische Einrichtungen (wie beispielsweise auf die iranische und chilenische Botschaft und ein israelisches Reisebüro), auf US-Militärstützpunkte, auf Polizeireviere und Mitarbeiter der Justiz. Am 24. April 1975 stürmte und besetzte das »Kommando Holger Meins«, benannt nach einem RAF-Mitglied, das nach einem Hungerstreik im Gefängnis gestorben war, die westdeutsche Botschaft in Stockholm. Sechs Geiseln wurden genommen, darunter der Botschafter. Nachdem das Kommando eine Geisel erschossen hatte, um die Polizei zum Verlassen des Gebäudes zu zwingen, forderten die Terroristen die Freilassung von 26 inhaftierten RAF-Aktivisten einschließlich der RAF-Führung sowie die Bereitstellung eines Flugzeugs in Frankfurt. Die Regierung unter Helmut Schmidt lehnte es ab, auf die Forderungen einzugehen, obwohl die Terroristen drohten, nach Ablauf der von ihnen gesetzten Frist jede Stunde eine Geisel zu erschießen. Kurz vor der Erstürmung der Botschaft durch die Polizei explodierte zufällig eine der Bomben der Terroristen und bot den Sicherheitskräften die Gelegenheit, die Geiseln zu befreien und die Terroristen festzunehmen.

1976 entstand eine weitere terroristische Gruppe um den Rechtsanwalt Siegfried Haag und seinen Freund Roland Meyer, die sogenannte »Haag-Meyer-Bande«. Diese Gruppe setzte auch nach der Festnahme ihrer führenden Köpfe am 30. November 1976 ihre Operationen fort, was großenteils auf den Einfluß zurückzuführen war, den Baader und Ensslin aus dem Gefängnis heraus mit Hilfe ihrer Anwälte auf RAF-Mitglieder und deren Gesinnungsgenossen ausübten. Während der Gerichtsverhandlungen bereiteten Baader und Ensslin Brigitte Mohnhaupt im Gefängnis darauf vor, nach Beendigung ihrer Haftzeit die Führung zu übernehmen. Sobald sie auf freiem Fuß war, reorganisierte sie die Gruppe und nannte sie wieder RAF, um die Kontinuität zwischen der ersten und der zweiten Organisation zu betonen. In der Nacht vom 8. auf den 9. Mai 1976, als ihr Prozeß in seine zweite Phase ging, erhängte sich Ulrike Meinhof in ihrer Zelle. Im Laufe dieses Jahres registrierte die Polizei etwa 150 Bomben- und Brandanschläge in über 50 westdeutschen Städten, die auf das Konto der RAF oder anderer linksgerichteter terroristischer Organisationen gingen.

1977 rückte die RAF durch zwei Morde in den Mittelpunkt der öffentlichen Aufmerksamkeit. Am 7. April ermordeten RAF-Mitglieder den Generalbundesanwalt Siegfried Buback auf offener Straße mit seinem Chauffeur und einer weiteren in seinem Auto befindlichen Person. Die RAF beschrieb diese Aktion als »Hinrichtung« wegen Bubacks Rolle als »Agent des Systems«, weil er den »Knotenpunkt zwischen der Justiz und den Nachrichtendiensten« bilde und schuld am Tod von Ulrike Meinhof, Holger Meins und Siegfried Hauser sei (Hauser war bei dem Überfall auf die Stockholmer Botschaft umgekommen).

Am 30. Juli wurde Jürgen Ponto, Vorstandsvorsitzender der Dresdner Bank, nach einem gescheiterten Entführungsversuch in seinem Haus von RAF-Mitgliedern getötet. Die Gruppe verschaffte sich dadurch Zugang zu dem Haus, daß Susanne Albrecht, die Tochter eines der engsten Freunde der Familie Ponto, einen Besuch vorgab.

Ein noch dramatischerer Anschlag wurde im folgenden Monat vereitelt, als die Polizei ein selbstgebautes Raketenabschußgerät fand, das mit 42 Raketen bestückt und auf das Büro des Generalbundesanwalts in Karlsruhe gerichtet war. Der Apparat funktionierte allerdings nicht.

Am 5. September 1977 schlug die RAF wieder zu – diesmal in Köln. In einer waghalsigen Aktion überfiel eine Gruppe, die sich »Siegfried Hauser Kommando der RAF« nannte, Hanns-Martin Schleyer, den Präsidenten des Bundesverbands der Deutschen Arbeitgeberverbände (BDA). Die Terroristen entführten Schleyer und töteten dabei seinen Fahrer und drei Polizisten. Für die Freilassung Schleyers forderten sie Freiheit für 11 inhaftierte RAF-Mitglieder, darunter Baader, Ensslin und Jan-Carl Raspe, von denen jeder zudem 100 000 DM erhalten sollte. Wie im Fall der Geiselnahme in der Stockholmer Botschaft weigerte sich die Bundesregierung, irgendeiner Forderung der Terroristen nachzugeben.

Sechs Wochen später, am 13. Oktober, entführten palästinensische Terroristen ein Flugzeug der Lufthansa, zwangen den Piloten, nach Mogadischu in Somalia zu fliegen, und forderten die Freilassung eben dieser 11 Terroristen sowie zweier Palästinenser, die in einem türkischen Gefängnis einsaßen. Nachdem die deutsche Regierung die Terroristen eine Weile hingehalten hatte, stürmte eine Anti-Terror-Sondereinheit (GSG-9) das Flugzeug, befreite alle Passagiere und tötete drei palästinensische Terroristen. Einige Stunden nach dieser Aktion wurden Baader, Ensslin und Raspe tot in ihren Zellen gefunden. Eine Untersuchung ergab, daß es sich um Selbstmord handelte, obwohl die mysteriösen Umstände ihres Todes dazu führten, daß viele Menschen dieses Ergebnis anzweifelten. Am Tag nach dem Tod der Terroristen fand die Polizei Schleyers Leiche im Kofferraum eines Autos nahe der französischen Grenze.

Die Ereignisse von 1977 waren für die RAF sehr demoralisierend. Viele Beteiligte an diesen Aktionen wurden alsbald festgenommen – die RAF schien am Ende. Diejenigen, die nicht verhaftet wurden, verließen entweder das Land oder die RAF. Doch die Organisation machte weiter. 1979 fing sie erneut an, Mitglieder zu rekrutieren. Drei Jahre nach ihrem letzten Bankraub überfielen RAF-Mitglieder eine Bank in Bochum und erbeuteten 124000 DM. In diesem Jahr unternahm die RAF auch den – gescheiterten – Mordversuch an dem NATO-Kommandeur Alexander Haig in Brüssel. Im September 1981 verfehlte eine Panzerabwehrrakete nur knapp das Auto von US-General Frederick Kroesen.[31]

Nach den Unterlagen, die die Polizei 1984 fand, hatte die RAF einen Dreistufenplan für 1985: Zuerst sollten Militärstützpunkte der NATO bombardiert werden, dann sollten die inhaftierten RAF-Mitglieder einen Hungerstreik beginnen, begleitet von RAF-Anschlägen im ganzen Land. Und schließlich sollten Anschläge auf Vertreter des Repressionsapparats verübt werden. Die RAF führte diesen Plan im Dezember 1984 aus, als Häftlinge, die der RAF angehörten, einen Hungerstreik begannen. Gleichzeitig fanden überall in Europa Attentate statt. Am 25. Januar 1985 wurde der französische General René Audran getötet, am 1. Februar der Vorstandsvorsitzende der Motoren-Turbinen-Union, Ernst Zimmermann; und am 8. August 1985 verübte die RAF einen Bombenanschlag auf den amerikanischen Luftwaffenstützpunkt in Frankfurt, bei dem zwei Amerikaner getötet und elf verletzt wurden. Die Polizei fand Beweise, daß die RAF mit der französischen terroristischen Organisation Action Directe (AD) wie mit den Cellules Communistes Combattantes (CCC) in Belgien zusammenarbeitete.[32]

Obwohl die RAF stark geschwächt war, beunruhigte sie die deutsche Öffentlichkeit bis in die 90er Jahre durch spektakuläre Morde an Persönlichkeiten des öffentlichen Lebens. Im Herbst 1989 ermordete die RAF den Vorstandsvorsitzenden der Deutschen Bank, Alfred Herrhausen, den wohl prominentesten deutschen Wirtschaftsführer. Kaum 18 Monate später, im Frühjahr 1991, gelang es der RAF erneut, einen bekannten deutschen Industriellen umzubringen. Diesmal hatten es die Terroristen auf Detlef Rohwedder, den früheren Vorstandsvorsitzenden des Stahlkonzerns Hoesch, abgesehen; er war als SPD-Anhänger bekannt und zum Zeitpunkt seines Todes Vorsitzender der Treuhandanstalt, die im Auftrag der Bundesregierung die Privatisierung der ostdeutschen Wirtschaft durchführte. In beiden Fällen ermordete die RAF Prototypen ihrer Hauptfeinde: mächtige, aber aufgeklärte Wirtschaftsführer mit engen Beziehungen zum privaten und öffentlichen Sektor der deutschen Wirtschaft.

### Sozialistisches Patienten Kollektiv Heidelberg (SPK)

Drei Monate vor der Befreiung Baaders im Februar 1970 gründete ein gewisser Dr. Wolfgang Huber in Heidelberg das SPK. Trotz ständiger Probleme mit der Universitätsklinik, an der er arbeitete, schaffte er es – durch Hungerstreiks mit seinen Studenten –, in der Universität Räume für seine Therapiegruppe zu behalten. Nach Ansicht des SPK machten die sozialen und ökonomischen Verhältnisse der Bundesrepublik die Menschen krank, und der einzige Weg, wieder gesund zu werden, bestand in der Zerschlagung des Systems.[33] Eine Therapie, die den Einzelnen heilte, ohne das System zu verändern, das Hauptursache des Problems war, versprach keine Heilung. Die theoretische Grundlage dieser Auffassung waren die Schriften Ronald D. Laings.

Das SPK hatte einen inneren Kreis von etwa 12 therapeutischen und politischen Leitfiguren. Die Existenz dieses inneren Kreises wurde vor den anderen 300 Mitgliedern geheimgehalten. Es bestanden verschiedene Arbeitsgruppen, darunter eine für Radiotechnik, eine für Bombentechnik und eine für Karate. Huber glaubte, daß 1000 Mitglieder für eine gut organisierte Revolution ausreichten, die er 1972/73 plante. Zu Anfang umfaßte diese Organisation etwa 30 Mitglieder, bis März 1971 hatte sich deren Zahl auf 300 erhöht. Das SPK versuchte auch, Kontakte zu anderen extremistischen Gruppen, insbesondere zur RAF, herzustellen.[34]

Die Gruppe erregte viel Aufsehen, vor allem bei Psychiatriepatienten. Sie setzte ihre Betreuung fort, ungeachtet der Tatsache, daß sie damit begonnen hatte, Anschläge auf öffentliche Gebäude, Brücken und militärische Einrichtungen zu verüben. Im Sommer 1971 erwarb die Gruppe Waffen, Sprengstoff und Munition, und zwar vorwiegend von der RAF. Als Huber und seine Frau Ende Juli 1971 verhaftet wurden, zerfiel die Gruppe.[35] Aber viele ihrer Mitglieder schlossen sich anderen terroristischen Vereinigungen an. Ralf Reinders ging zum Beispiel in die Bewegung 2. Juni und war einer der Lorenz-Entführer, Hanna Krabbe nahm an der Besetzung der deutschen Botschaft in Stockholm teil.

### Revolutionäre Zellen (RZ)

Die RZ gingen aus der gleichen linken Studentenszene des Nach-68er-Milieus hervor wie die RAF und die Bewegung 2. Juni, fingen allerdings in Frankfurt an. Die RZ hatten die RAF immer wegen ihres elitären und hierarchischen Stils kritisiert. Anders als die RAF waren die RZ lose, d.h. in vielen kleinen Zellen (drei bis fünf Personen) organisiert. Es gab zwei Sektionen: Die Mitglieder der einen begingen Gewalttaten, zugleich aber führten sie ein normales bürgerliches Leben; die der anderen waren Berufsrevolutionäre. Zu den größeren Aktionen der RZ gehörten die Mitte 1976 zusammen mit palästinensischen Terroristen durchgeführte Flugzeugentführung von Entebbe und die Geiselnahme von OPEC-Ministern in Wien im Dezember 1975, ebenfalls mit Hilfe von Palästinensern. Die engen Beziehungen, die manche Zellen zur »Volksfront für die Befreiung Palästinas« unterhielten, führten zu Anschlägen auf israelische Ziele in Deutschland.

Die RZ entstanden um 1973, als sich linke Gruppen nach den Bombenanschlägen der RAF von 1972 aufspalteten. Die Mitglieder der RZ probierten neue Taktiken, indem sie so lange wie möglich legal lebten und subversive Aktivitäten in ihre »Freizeit« verlegten. Daher wurden sie von anderen radikalen Gruppen als »Feierabend-Guerilla« verspottet. Die RZ gewannen Mitglieder aus verschiedenen anarchistischen und kommunistischen Organisationen (wie Schwarze Hilfe, Rote Hilfe, Antiimperialistischer Kampf und Revolutionärer Kampf) und bildeten eine Art Dachorganisation für diverse revolutionäre Bewegungen.

Die RZ zogen zum ersten Mal 1974 die Aufmerksamkeit des ganzen Landes auf sich, als sie an zahlreichen Streiks teilnahmen. Dies entsprach ihrem erklärten Ziel, die sozialen Probleme zu politisieren und zu radikalisieren. Aber im Gegensatz zur RAF betrachteten die RZ Gewalt gegen Personen und illegale Aktionen nur als letztes Mittel. Statt dessen wählten sie radikale Widerstandsformen, die in der gesetzlichen Grauzone lagen, wie Betriebsbesetzungen, Aktionen zur Senkung der öffentlichen Verkehrstarife (die meist in Vandalismus ausarteten), sogenanntes »Gratiseinkaufen«, Sabotageakte auf Baustellen, Terror durch Telefonanrufe und politische Graffiti. Die Zellen operierten fast völlig unabhängig voneinander, da es keine zentrale Koordinationsinstanz gab. 1977, als die RAF Buback, Ponto und Schleyer ermordete, distanzierten sich die RZ von der RAF, für sie waren diese Aktionen unverantwortlich und kontraproduktiv. Die Ideologie der Gruppe wurde in ihrem Organ *Revolutionärer Zorn* propagiert.

Die Broschüre *Guerilla Diffusa* kam 1981 heraus und beschrieb, wie Gruppen von der Art der Roten Zellen organisiert sein sollten. Darin hieß es, daß eine Vielzahl von kleinen autonomen Guerillagruppen viel besser für den Sturz der bestehenden Gesellschaftsordnung geeignet sei als eine straff organisierte Avantgardegruppe leninistischer Prägung, weil es der Polizei schwerer falle, solche lose verbundenen Gruppen von Aktivisten aufzuspüren. Außerdem sollten die Aktivitäten auf Molotow-Anschläge gegen Banken und Kaufhäuser gerichtet sein, sollten das Geschäftsleben stören, aber keine Menschenleben gefährden.

Die RZ-Aktionsgebiete umfaßten hauptsächlich Berlin, das Rhein-Main-Gebiet, das Ruhrgebiet und gelegentlich auch Hamburg und Nordwestdeutschland. 1982 schätzte das Bundeskriminalamt, daß die RZ für 132 Bomben- oder Brandanschläge verantwortlich seien, die Schäden in Höhe von 50 Millionen DM verursacht hatten. Die Zahl der Zellen wurde auf 50 bis 100 mit insgesamt ungefähr 300 bis 500 Mitgliedern geschätzt. Obwohl gegen pazifistische Friedens- und Anti-Atomkraft-Gruppen eingestellt, kamen die meisten RZ-Mitglieder aus solchen Initiativen. Sowohl die verstreuten Guerillagruppen als auch die Roten Zellen waren hinsichtlich der Durchführung ihrer zahlreichen Terrorakte ziemlich erfolgreich, während die Behörden nicht so recht wußten, wer die Täter eigentlich waren, wie sie operierten und welchem Milieu sie entstammten. In bezug auf den rein zahlenmäßigen Umfang der Operationen übertrafen die Roten Zellen sowohl die RAF als auch die Bewegung 2. Juni bei weitem.

### Die Reaktion des Staates auf den Terrorismus

Die Reaktion des Staates auf den Terrorismus war besorgniserregend. Die Regierungskoalition aus SPD und Freien Demokraten zeigte sich empfänglich für die Kritik von CDU und CSU, sie reagiere zu »weich« auf den Terrorismus[36], und setzte deshalb auf gravierende strafrechtliche Maßnahmen, um den Terrorismus zurückzudrängen. Zwischen 1974 und 1978 verabschiedete der Bundestag eine Reihe von Strafrechtsergänzungen, darunter die neue Bestimmung, Rechtsanwälten die Verteidigung bestimmter Mandanten zu untersagen, wenn sie im Verdacht standen, Mitteilungen ihrer Mandanten an die Außenwelt weiterzugeben, und das Recht der Behörden, Telefongespräche von Anwälten abzuhören, die verdächtigt wurden, eine kriminelle Vereinigung zu unterstützen. 1978 wurde ein Gesetz erlassen, das die Polizei ermächtigte, Personen an öffentlichen Orten aufzufordern, sich auszuweisen, auch wenn sie nicht in dem Verdacht standen, eine strafbare Handlung begangen zu haben. Führten diese Personen ihre Ausweispapiere nicht bei sich oder kamen sonstige Zweifel an ihrer Identität auf, konnten sie bis zu 12 Stunden inhaftiert werden.[37]

Das wohl umstrittenste Gesetz dieser Zeit war das Kontaktsperre-Gesetz. Nach der Entführung von Hanns-Martin Schleyer im September 1977 ordneten die Länderjustizminister an, daß eine Reihe von Häftlingen, denen Mitgliedschaft in oder Unterstützung einer terroristischen Vereinigung vorgeworfen wurde, weder Zeitungen erhalten und Radio hören, noch Briefe verschicken oder erhalten und mit ihren Anwälten korrespondieren durften. Der Bundestag legalisierte diese Vorstöße und verabschiedete am 29. September 1977 das Kontaktsperre-Gesetz, das die Behörden berechtigte, Häftlingen, die wegen terroristischer Aktivitäten angeklagt oder verurteilt waren, jeglichen Kontakt miteinander, mit ihren Anwälten oder der Außenwelt für 30 Tage zu verbieten. Danach konnte die Sperre erneut verhängt werden.[38]

Manche hatten den Eindruck, daß das Kontaktsperre-Gesetz eine nicht zu rechtfertigende Einschränkung der bürgerlichen Freiheiten sei. Vier SPD-Abgeordnete stimmten mit der Begründung gegen den Entwurf, daß sie die freie soziale und rechtsstaatliche Grundlage des liberaldemokratischen Staates aufrechterhalten wollten. Zwölf weitere SPD-Abgeordnete und vier FDP-Abgeordnete enthielten sich der Stimme. Ihr Verhalten brachte ihnen den Ärger des Fraktionsvorsitzenden Herbert Wehner ein, der die Dissidenten wegen ihrer Verletzung der Parteidisziplin rügte. Zweihundert SPD-Abgeordnete unterzeichneten einen Brief, in dem sie Wehner den Rücken stärkten, weil dieser die Prinzipien der Demokratie im Bundestag hochhalte.[39]

Viele der sogenannten SPD-Kanalarbeiter[40], die führende Positionen in den »anpaßlerischen« Gewerkschaften bekleideten, unterstützten die Anti-Terrorismus-Gesetze enthusiastisch. Die Linken betrachteten diese Gesetze allerdings als weiteren Beleg für die »Staatshörigkeit« der SPD – ein Hinweis auf die Weimarer Republik, als der Sozialdemokrat Gustav Noske die Reichswehr einsetzte, um den Spartakusaufstand niederzuschlagen.[41] Die Kontroverse um die Anti-Terrorismus-Gesetze riß eine tiefe Kluft zwischen der alten und der neuen Linken auf, insbesondere in der Frage des Verhältnisses von Staat und Gesellschaft.

Der Terrorismus verstärkte die negativsten Eigenschaften der deutschen Linken. Er warf ein Licht auf ihren Dogmatismus, der keinen Raum für Diskussionen und Debatten, geschweige denn für Dissens ließ. Er machte ein tiefsitzendes elitäres Denken sichtbar, das sich immer wieder in der Auffassung zeigte, die Massen brauchten aktive Führer, die ihnen den Weg wiesen. Dieses Avantgarde-Verständnis ist zwar für jede kleine, zellenförmige und geheime Organisation kennzeichnend, war aber bei den deutschen Terroristen besonders stark ausgeprägt und ging mit großer Selbstgerechtigkeit einher. Wie wir heute aus Interviews mit Ex-Terroristen wissen, glaubten sie wirklich an ihre moralische Überlegenheit. Dieses »Sendungsbewußtsein« als eine rein moralische Kategorie ist bei allen terroristischen Gruppen der Welt anzutreffen, aber der politische Diskurs wies einen besonderen Zug auf, der ihn verschiedenen deutschen Politiktraditionen nicht unähnlich machte. In diesem Sinne hatte der Terrorismus über die deutsche Linke hinaus – wie weit diese auch gefaßt wird – auch etwas mit den deutschen Verhältnissen zu tun.

Das bezeugen die engen Beziehungen zwischen den deutschen Terroristen und ihren palästinensischen Kollegen. Bekanntlich unterhielten die Al Fatah, die PFLP, die Demokratische Palästinensische Befreiungsfront (DFLP), die palästinensische Terrororganisation As Saiqa und andere Organisationen Ausbildungslager, in denen während der 70er und Anfang der 80er Jahre Terroristen aus vielen Ländern trainiert wurden. Die Deutschen, die in diese Lager kamen, waren in vieler Hinsicht nichts Besonderes. Und dennoch hatte die Affinität mancher deutscher Linker zu Organisationen, deren größter Wunsch und einziges Ziel die Vernichtung des Staates Israel war, noch eine ganz andere Dimension. Es war einer der schändlichsten Augenblicke der deutschen Nach-Holocaust-Geschichte, der noch immer nicht als ein solcher erkannt wird, als deutsche Terroristen den Palästinensern während der Entführung einer El-Al-Maschine im Sommer 1976 in Entebbe halfen, jüdische Passagiere zu »selektieren«. Daß deutsche Linke genau das gleiche taten, was ihre Eltern den Juden kaum 30 Jahre zuvor angetan hatten, zeugt von einer Grausamkeit, die ihre Wurzeln sowohl in der unmäßigen Wut der jüngeren Generation auf die ältere als auch in erheblicher geschichtlicher Ignoranz haben muß. Eine der fundamentalsten Legitimationssäulen der neuen Bundesrepublik war ihre »besondere« Beziehung zu den Juden und vor allem zu Israel. Nur wenige Dinge konnten die Verachtung für diese Republik deutlicher machen als die rücksichtslose Mißachtung der »Besonderheit« dieser Beziehung. Um jeden Zweifel an dieser radikalen Gegenposition auszuschließen, ging man noch einen Schritt weiter und bildete ein aktives Bündnis mit denjenigen, deren Politik darauf abzielte, die Juden drei Jahrzehnte nach Auschwitz wieder zu vernichten.

Ebenso häßlich wie der Terrorismus selbst war die Reaktion des Staates auf ihn. Unter Verletzung seiner eigenen Werte – bürgerliche Freiheiten und ordentliche Gerichtsverfahren – mobilisierte der westdeutsche Staat Repressions- und Überwachungskräfte, die über das notwendige Maß einer angemessenen Reaktion hinausgingen. Die extreme Wehrhaftigkeit des Staates höhlte nicht nur die demokratische Ordnung der Bundesrepublik aus. Sie vermochte auch nicht, den Terrorismus auszumerzen. Die staatlichen Maßnahmen erschienen vor allem deswegen als unverhältnismäßig, weil keine Spielart des Linksextremismus, zumal die terroristische, irgendeine Unterstützung in der Bevölkerung fand.

Man sehe sich zum Vergleich die späte und dürftige Reaktion des deutschen Staates auf den schwerwiegenden rechten Terrorismus an, der 15 Jahre später im wiedervereinigten Deutschland den öffentlichen Frieden gefährdete und etliche Menschenleben forderte. Die staatlichen Organe duldeten etwa 1992 wiederholte Brandanschläge auf Ausländer in der früheren DDR sowie in Städten und Gemeinden der alten Bundesrepublik durch Rechtsextremisten. Erst als zahlreiche Stimmen aus dem Ausland deutlich machten, daß das Bild Deutschlands in der Öffentlichkeit erneut ernsthaft beschädigt werden könnte, ergriff die Regierung Maßnahmen, um die Aktivitäten des rechten Extremismus und Terrorismus einzudämmen. Es bedurfte also der potentiellen Bedrohung des meistgeschätzten Gutes der Bundesrepublik – ihrer Exporte –, damit der deutsche Staat auf eine Situation reagierte, die hinsichtlich der Gefährdung der demokratischen Ordnung wesentlich brisanter war als die Herausforderungen durch terroristische Aktivitäten der Linken in den 70er und 80er Jahren. Der Grund für diesen auffallenden Unterschied ist völlig klar: Da die Bundesrepublik eine Demokratie ist, richten sich die politischen Akteure – wie in anderen Ländern auch – nach der öffentlichen Meinung. Und in diesem Fall konnte es keinen Zweifel geben: Während praktisch niemand in Westdeutschland die Ziele oder die Taktik des linken Extremismus der 70er und 80er Jahre unterstützte, konnte dies vom rechten Extremismus zehn Jahre später nicht behauptet werden. Natürlich lehnte eine große Mehrheit der Deutschen die Taktik des Rechtsextremismus entschieden ab, aber eine ebenfalls eindrucksvolle Mehrheit war mit den Zielen der Terroristen einverstanden. Ausländer sollten abgeschreckt werden, als Flüchtlinge oder Asylsuchende nach Deutschland zu kommen. Der Erfolg des rechten Terrorismus stellte sich denn auch rasch ein. Im Herbst 1992 brachte die konservativ-liberale Koalitionsregierung – mit Hilfe der sozialdemokratischen Opposition – ein neues Gesetz auf den Weg, das die Einreise nach Deutschland für potentielle Flüchtlinge und Asylsuchende erschwerte. Der linke Terrorismus konnte in den 20 Jahren seiner Existenz nicht im entferntesten von einem solchen Sieg träumen.

Aber es gibt noch einen weiteren Aspekt, der den Terrorismus eng mit den heutigen Ereignissen in Deutschland verbindet. Zu den vielen erschreckenden Enthüllungen, die den Untergang der Deutschen Demokratischen Republik begleiteten, zählte auch die Tatsache, daß das Regime der DDR die linken Terroristen der Bundesrepublik praktisch immer aktiv unterstützt hat. Sie leistete nicht nur logistische und finanzielle Hilfe, sondern nahm auch jene Terroristen auf, die vor den westdeutschen Behörden auf der Flucht waren. Dies war für jene deutschen Linken besonders desillusionierend, die den Terrorismus zwar nicht als reale politische Option, aber die Terroristen als legitime Gegenkraft zur verachteten Bundesrepublik ansahen. Daß die zwar nicht »unbefleckten«, aber legitimen Helden der antileninistischen Linken, diese Veteranen der APO mit dem bankrotten DDR-Regime faktisch zusammengearbeitet hatten, war für viele ehemalige 68er eine schwere Enttäuschung. Doch wenden wir uns nun der positiven Hinterlassenschaft von 1968 zu.

# 4. Revolution, Rückzug, Reform: Zur APO und zurück ... zum Parlament

Zu Beginn der 70er Jahre gab es in der Linken im wesentlichen drei Tendenzen: Revolution, Rückzug und Reform. Angesichts dieser Disparität wäre es den historischen Akteuren ziemlich unwahrscheinlich vorgekommen, daß die anfangs so divergierenden und oft im Widerstreit stehenden Tendenzen, die wir in den beiden vorausgegangenen Kapiteln dargestellt haben, ein Jahrzehnt später (wieder-) vereinigt werden würden. Aber während der späten 70er und frühen 80er Jahre bildete sich eine relativ einheitliche Protestkonstellation heraus, die im wesentlichen aus der Anti-Atomkraft- und der Ökologiebewegung bestand. Diese Protestbewegung bildete die Plattform für die ersten grünen Wahllisten und Parteien, die 1977 und 1978 auf kommunaler und Landesebene entstanden. Wir wollen uns zunächst auf die grüne Bewegung konzentrieren (die grüne Partei wird in den folgenden Kapiteln behandelt), indem wir versuchen, eine zweigleisige Entwicklung nachzuzeichnen: einerseits das »Ergrünen« der radikalen »Überbleibsel« der APO, der sogenannten »68er-Generation«, und andererseits die Mobilisierung und Radikalisierung liberaler oder gemäßigter Elemente des Bildungsbürgertums. Um die historische Bedeutung der Grünen sowie das (im Westen offene, im Osten verborgene) Grünwerden der deutschen Linken zu begreifen, ist es wichtig, dieses Bündnis zwischen Kräften zu verstehen, die man als »postmarxistische« radikale Linke und »postmaterielle« reformistische Mittelschicht bezeichnen könnte.

Der Grund für diese beiden Entwicklungen liegt im Scheitern der sozialdemokratischen Reformpolitik in den 70er Jahren. Waren die 60er Jahre ein Jahrzehnt der Desillusionierung der radikalen Linken, so lassen sich die 70er Jahre als Jahrzehnt der Enttäuschung bezeichnen. Die Aussichten auf grundlegende Reformen nach der Bildung der Brandt-Scheel-Regierung 1969 erschienen vielen Menschen dermaßen glänzend, daß der Ausdruck »Reformeuphorie« geprägt wurde, um die Stimmung jener Zeit zu beschreiben. Die Mitgliedschaft der SPD wuchs in den frühen 70er Jahren beträchtlich, vor allem bei jungen Wählern einschließlich ehemaliger APO-Mitglieder, die sich von den immer radikaler werdenden Jungsozialisten angezogen fühlten.[1]

Der »sozialdemokratische Kompromiß«, also die strategische Vision und das sozialpolitische Konzept, die der sozialdemokratischen Reformpolitik der SPD/FDP-Koalition zugrunde lagen, verdient es, noch einmal kurz umrissen zu werden. Die Grundidee war einfach: Das durch keynesianische Maßnahmen stabilisierte Wirtschaftswachstum würde einen Überschuß erbringen, der groß genug wäre, um der Arbeiterklasse Lohnerhöhungen und der liberalen Mittelschicht soziale Reformprogramme zu bescheren, ohne die Gewinne der Unternehmen zu gefährden oder das Investitionsvolumen zu verringern. Der Fehler in der Gleichung bestand in der Annahme eines unbegrenzten Wirtschaftswachstums. Die ökonomischen Verwerfungen, die durch das starke Ansteigen des Ölpreises nach dem Jom-Kippur-Krieg sowie durch die weltweite Rezession von 1977 entstanden, unterminierten die theoretischen Prämissen und die materielle Grundlage des sozialdemokratischen Reformprogramms. Als die Regierung Schmidt erkannte, daß sie vor der Alternative Aufgabe der sozialen Reformen oder wirtschaftlicher Niedergang stand, entschied sie sich für die erste Option.

Für die radikale Linke und für Sympathisanten der SPD waren diese Prioritäten nicht akzeptabel. Wie 1959 (Godesberger Programm) und 1966 (Notstandsgesetze und Bildung der Großen Koalition) fühlten sich die Linken von der SPD verraten, so daß viele ihre Hoffnungen auf die außerparlamentarischen Bewegungen setzten. Gleichzeitig wurde die einst bestrickende Vision der sozialdemokratischen »Wachstumsgesellschaft« durch den Bericht *Global 2000* aus dem Jahre 1973 massiv attackiert. Verfaßt von einer Gruppe angesehener internationaler Experten im Auftrag einer großen Vereinigung von Wissenschaftlern, Politikern und Intellektuellen, die sich mit globalen Entwicklungen befaßten, bekannt als Club of Rome, kam der Bericht zu dem Schluß, daß dem Wachstum ökologische Grenzen gesetzt seien. Paradoxerweise scheiterte die sozialdemokratische Reformpolitik genau dort, wo sie vorher Erfolg gehabt hatte. Einerseits brachten das Vertrauen der SPD in das Wirtschaftswachstum und ihre Infrastrukturpolitik unbeabsichtigte schädliche Nebenwirkungen für die Umwelt mit sich, da industrielle Expansion und Bauprogramme die Verseuchung und Zerstörung der Natur weiter beschleunigten. Andererseits riefen die zentralistische Verwaltung und die bürokratische Durchführung dieser Pläne zunehmend Unzufriedenheit und Opposition bei liberal gesonnenen Bürgern hervor, die mehr demokratische Mitbestimmung verlangten.

Das Protestpotential, das selbst für gemäßigte Angehörige der Mittelschicht in ökologischen Themen steckte, zeigte sich während der 70er Jahre in der spontanen Bildung von Hunderten von Bürgerinitiativen.[2] Wachsender Widerstand gegen die Atomenergie trug dazu bei, die verschiedenen Stränge der Bürgerinitiativenbewegung zu einer einheitlichen, nationalen Ökologiebewegung zusammenzuführen. Sie wurde ihrerseits zu dem Banner, unter dem sich die verstreuten Kräfte der Linken mit politisch gemäßigten Elementen und Menschen aus der Mittelschicht zusammenfanden, für die diese Art des Engagements völliges Neuland bedeutete. Gleichzeitig entstand eine »neue« Frauenbewegung, die sich auf die Abtreibungsfrage konzentrierte. Und schließlich bildete die »neue« Friedensbewegung, die sich in den späten 70er und frühen 80er Jahren aufgrund des Widerstands gegen die Mittelstreckenraketen bildete und ein Bündnis mit der Ökologiebewegung einging, eine entscheidende Stütze für die entstehende grüne Bewegung und ihren sich entwickelnden »parlamentarischen Arm« – woraus die grüne Partei hervorgehen sollte.

Willy Brandts zutreffende Beschreibung der Grünen als »verlorene Kinder der SPD« faßte die Lage zusammen, in der sich die Sozialdemokraten in den Siebzigern befanden. Die Wirtschaftskrise zwang die Partei, zwischen ihrem Regierungsauftrag und dem Wählerauftrag zu wählen. Anders ausgedrückt, die SPD mußte sich zwischen zwei Identitäten entscheiden: Regierungspartei oder Bewegungspartei. Erstere trug den Sieg davon. Diese Strategie konnte durchaus als »ökonomischer Noskeismus« bezeichnet werden, denn sozialdemokratischer Ordnungssinn und die schließliche Unterordnung unter kapitalistische »Sachzwänge« gewannen wieder einmal die Oberhand über den Drang nach gesellschaftlichem Wandel und Systemveränderung. Wie sich Gustav Noskes SPD für eine Verteidigung der neuen, bürgerlichen Weimarer Republik gegen die revolutionären Bestrebungen von Teilen der sozialdemokratischen Basis und der um vieles radikaleren Gruppierungen innerhalb der Arbeiterschaft entschlossen hatte, konnte man auch die Sparmaßnahmen der Schmidt-Regierung zur Milderung der Wirtschaftskrise als einen offensichtlichen Versuch interpretieren, das sozialdemokratische Reformpotential zugunsten der Stabilisierung des Status quo auf Eis zu legen.

Es ist schwierig, den komplexen Entwicklungsprozeß der grünen Bewegung zu analysieren. Im Gegensatz zur Studentenbewegung lassen sich Begriffe der Ausbreitung und Intensivierung – wie »Mobilisierung« oder »Radikalisierung« – nicht ohne weiteres auf die grüne Bewegung anwenden. Sie breitete sich nicht von einem zentralen Ort – wie Westberlin – oder einer zentralen Organisation – wie dem SDS oder dem KfA – aus. Vielmehr glich sie einem »Flickenteppich«, der allmählich aus einer Vielzahl von kleinen Resten und »neuen Stückchen« zusammengenäht wurde; das Endprodukt war keine monolithische Organisation (wie die traditionellen Linksparteien), sondern ein buntgemischtes Bündnis, dessen eklektische Ursprünge offenkundig waren. Die politischen Farben waren vielfältig: die rote der SPD oder der K-Gruppen, die grüne der »Öko-Freaks« und »Öko-Bauern«, die tiefschwarze der Anarchisten und Autonomen sowie die schwarze der CDU-orientierten »Wertkonservativen«.

Die Darstellung selbst muß den Charakter dieses Prozesses widerspiegeln. Folglich gehen wir nicht streng chronologisch vor, sondern beschreiben nacheinander jeden der sechs Stränge im Flickenteppich der grünen Bewegung, wobei wir mit den drei Nach-APO-Tendenzen – Resignation, Reform und Revolution – beginnen und mit den drei wichtigsten neuen Bewegungen der 70er Jahre – Frauen-, Ökologie- und Friedensbewegung – schließen. Wir versuchen dabei, den zeitlichen Rahmen und die Struktur der Prozesse freizulegen, die zu der keineswegs notwendigen und keinesfalls unvermeidlichen Vereinigung dieser Faktoren zu einer »grünen« Protestbewegung führten.

## Die alternative Szene und die Spontis: Die Infrastruktur einer neuen Politik

Die »alternative Bewegung« entstand aus jenen Tendenzen in der APO und der Studentenbewegung, die auf einen Rückzug in die Subkultur und eine Revolutionierung der Massenkultur gerichtet waren. Die alternative Bewegung wollte eine radikale Alternative zu allen Aspekten der bestehenden Gesellschaft sein: zur Konsumkultur, zur kapitalistischen Marktwirtschaft, zur bürgerlichen Familie und zu den Indoktrinationen der etablierten Medien. Manche Wissenschaftler definierten die Bewegung als Versuch, eine gesellschaftliche Veränderung direkt durch selbstbestimmte Arbeits- und kollektive Lebensformen zu erreichen.[3]

Für die alternative *Tageszeitung* war »alternativ« wiederum etwas anderes. Sie meinte, es komme nicht darauf an, die ganze Gesellschaft zu verändern, sondern ein Haus zu haben, in dem man anders leben könne.[4]

Beide Tendenzen, der Blick nach außen und der nach innen, also Revolution und Resignation, bildeten eine schwierige Symbiose innerhalb der alternativen Bewegung.

Aufgrund der vielen Brüche, des Fehlens klarer Grenzen und der heterogenen Mitgliederschaft ist die tatsächliche Topologie der alternativen Bewegung komplexer, als es aus ihrer Selbstdarstellung hervorgeht. Man muß zwischen ländlichen und städtischen Segmenten unterscheiden, wobei der Einfluß der »Landkommunen«- und der »Flucht-aufs-Land«-Bewegung letztlich auf eine winzige und politisch bedeutungslose Gruppe von Bekehrten beschränkt blieb. Aus unserer Sicht interessanter waren die städtischen, alternativen, subkulturellen Milieus in den bundesdeutschen Metropolen Westberlin, Frankfurt, Köln, München, Hamburg und Düsseldorf.

Die alternative Bewegung verfügte über keine formelle Organisation, Struktur oder Mitgliederschaft. Sie war mehr kulturell als politisch ausgerichtet.[5] Daher ist schwer zu sagen, was oder wer zu ihr »gehörte«. Es fällt wesentlich leichter, die Bewegung mit konzentrischen Kreisen zu vergleichen, denen unterschiedliche Ebenen der Organisation und des Engagements entsprachen[6]: 1. das alternative Milieu und die alternative Kultur auf individueller Ebene; 2. die alternative Öffentlichkeit und »Szene«; 3. alternative Projekte und

Parteien. Jede dieser Ebenen entspricht einem bestimmten Stadium der historischen Entwicklung und des wachsenden öffentlichen Einflusses der Bewegung. Zwischen 1970 und 1975 bestand die Bewegung aus verstreuten und unverbundenen Projekten, individuellen Experimenten und politischen Initiativen vor Ort. Bis 1977 entwikkelten sich unkonventionelle Publikationsorgane, entstand ein Netzwerk alternativer Schriften, deren Klammer abgehobene urbane »Szenen« waren, in denen alternative Aktivisten und Intellektuelle mit eigener Sprache, Kleidung und Verhaltensweisen lebten. In der letzten Phase von 1977 bis 1980 wurden viele alternative Projekte gegründet, beispielsweise die Zusammenlegung von Arbeits- und Wohnsphäre auf der Basis alternativer Prinzipien. In diesem hochdifferenzierten und zugleich überraschend informellen und durchlässigen Milieu fingen verschiedene linke Kräfte an, sich unter dem Dach einer alternativen Politik zusammenzutun.

Schauen wir uns jetzt jede dieser Phasen und das jeweilige entsprechende Segment der Bewegung näher an.

Die alternative Bewegung begann damit, daß desillusionierte 68er jedwede organisierte Aktion ablehnten und sich ins Privatleben zurückzogen. Diese ernüchterten Aktivisten leiteten eine Privatisierung und lokale Beschränkung der Politik ein. Ein ehemaliger APO-Führer drückte es provokativ aus: »Was geht mich Vietnam an? Ich habe Orgasmusprobleme!« Zuerst wurden diese verstreuten Überreste der »antiautoritären Revolte« nur durch vage neue Ideen – »neue Sinnlichkeit«, »neue Spiritualität«[7] – und die Ablehnung von »APO-Scheiß«[8] wie Versammlungen, Veranstaltungen und Organisationen zusammengehalten.

Mit der Zeit entwickelte sich das alternative Milieu allerdings zu einem festen Bestandteil der westdeutschen Metropolen. In vielen Städten entstanden alternative Wohnviertel – in Berlin Kreuzberg und Schöneberg, in Frankfurt Bockenheim und Nordend, in Hamburg St. Pauli – mit Treffpunkten wie Cafés, Bars, Diskos, Galerien, Läden, Clubs oder Kinos, die alle die alternative Klientel der Stadt und ihres Umlandes bedienten. Jedes Viertel hatte wiederum eine Matrix von Nischen und Submilieus. Eine wichtige Trennungslinie verlief dabei zwischen »Müslis« und »Mollies« (Molotowcocktails). Musik aus den 60er Jahren, Topfpflanzen und rustikale »Natur«-Möbel verwiesen auf eine »Müsli«- oder »altneue« Linke mit Hippieeinschlag, während schwarzes Dekor, moderne Kunst, Art-déco-Möbel und progressive New-Wave-Musik oder Punk die etwas jüngere Nach-68-Avantgarde kennzeichneten. Bisherige »Randgruppen«, insbesondere Frauen und Homosexuelle, schufen sich ebenfalls ihre eigene Szene. Eine Fülle von Untergrundfilmen, -theater und -musik sowie eine anpolitisierte Boheme rundeten dieses alternative kulturelle Angebot ab.

Durch die Mainstream-Kultur vermittelt, reichten die Formen, Gewohnheiten, Gedanken und Schauplätze der alternativen Kultur und des alternativen Milieus bis in die deutsche Studentenschaft und die aufgeklärte Mittelschicht hinein. Ihre Anziehungskraft war groß und wirkte auf 61 Prozent der Bevölkerung zwischen 22 und 25 Jahren, 45 Prozent der SPD-Wähler und 49 Prozent der FDP-Wähler.[9] Der Verkaufserfolg und die Ausbreitung von »alternativen« Produkten (Biobrot, ungegerbte Ledersandalen, rustikale Möbel, Overalls, Tabak für selbstgedrehte Zigaretten) und im Gefolge dessen die Punk-Mode (schwarz, Leder, extreme Frisuren und Outfits) zeugten von der starken Ausstrahlungskraft des alternativen, radikalen Chics.

Für diejenigen, die zum inneren Kreis gehörten, schuf das alternative Milieu auch eine materielle Infrastruktur für die Reproduktion eines radikalen politischen Protestpotentials. Die bekannten, fest verankerten und sich ausbreitenden alternativen Milieus in Berlin, Frankfurt und anderen Städten zogen Studenten, Aussteiger und Mitglieder von Randgruppen an. Waren sie erst integriert, fiel ihnen das Bleiben leicht. Man konnte einen Monat von umgerechnet 500, 400 und mit Sparsamkeit und Findigkeit sogar von 300 DM leben. Die relativ großzügige Studentenförderung in der Bundesrepublik[10] und das große Angebot von Teilzeitarbeit in diesem Milieu machten für viele Jugendliche und junge Erwachsene eine alternative Existenz sowohl zu einer langfristigen Möglichkeit als auch zu einer attraktiven Option. Diese Szene, die schließlich zum festen Bestandteil der sozialen Landschaft der Bundesrepublik wurde, war – und ist – ein großes Reservoir für radikale politische Aktivisten, weil die Bedingungen, die in den späten 60er und 70er Jahren zu ihrem Entstehen führten, noch immer vorhanden sind: eine tiefsitzende Abneigung gegen den Kapitalismus, eine ebenso heftige Ablehnung der Bundesrepublik, die Verachtung für alle bestehenden politischen und administrativen Institutionen und der starke Wunsch, anders zu sein, sich abzuheben und etwas Neues zu wagen.

Ein kleinerer und engagierterer Kreis in diesem alternativen Milieu entschied sich für alternative Wohnmodelle in Form von Wohngemeinschaften. Die Hausarbeit und die Einkäufe wurden gewöhnlich aufgeteilt, und die Möbel gehörten allen zusammen. Wohngemeinschaftsangehörige waren meistens Studenten, aber auch Arbeitnehmer sowie verheiratete oder unverheiratete Paare und Kinder (häufig auch alleinerziehende Mütter). Während die WGs in den späten 60er Jahren als radikal andere Formen der Haushaltsführung und des Sexuallebens entstanden, hatte in den 70er und 80er Jahren das pragmatische Motiv geringerer Miete und gemeinsamer Hausarbeit Priorität. Viele ehemalige APO-Mitglieder und ihre Nachfolger wählten die WG, weil sie darin die Möglichkeit sahen, ihr politisches und privates Leben zusammenzubringen.

Ein zentrales Medium, durch das jede Szene ihre Grenzen und ihre Identität definierte, waren die verschiedenen »Stadtzeitschriften«, die lokale kulturelle und politische Ereignisse zusammenfaßten und kommentierten. Meistens entwickelten sie sich konzeptionell und häufig buchstäblich aus lokalen Stadtzeitungen und Informationsblättern. Nach einem kurzen Höhepunkt in den frühen 70er Jahren wurden diese sporadisch erscheinenden Informationsblätter durch solche ersetzt, die ideologische Konzessionen an die Erfordernisse des Marktes machten. Der Erfolg der Stadtzeitschriften zeigte sich an ihrer Langlebigkeit und ihren konstant hohen Auflagen (schätzungsweise 1,6 Millionen Exemplare pro Woche).

Ein ähnlicher Prozeß läßt sich an der schrittweisen Institutionalisierung alternativer Verlage beobachten. Ende der 60er, Anfang der 70er Jahre wurden Hunderte von winzigen, linken Verlagen mit geringer Kapitalausstattung gegründet, um das »Monopol der bürgerlichen Presse und der Verlagskonzerne« zu brechen. Heute ist davon nur eine Handvoll erfolgreicher Unternehmen übriggeblieben. Außer linker Gesellschaftstheorie und Geschichtswissenschaft, die für ein akademisches Publikum bestimmt sind, verbreiten die alternativen Verlage eine Fülle von Literatur über das, was man »Pop-Politik« nennen könnte.[11] Debatten unter Linken, aktuelle Ereignisse und spirituelle Themen werden einem größeren Sympathisantenkreis vermittelt. So sind Bücher über toxische Chemikalien wie Dioxin, den Atomunfall von Tschernobyl, die deutsche Friedensbewegung, die Revolution in Osteuropa, die Sandinisten von Nicaragua und den Feminismus längst nicht mehr nur auf den Auslagetischen des gegenkulturellen Milieus, sondern auch in bürgerlichen Buchhandlungen zu finden.

Die Krönung der linken Gegenöffentlichkeit war zweifellos die Gründung der ersten alternativen Tageszeitung. Nach einer eineinhalbjährigen Planungs- und Diskussionsphase und örtlichen Initiativen in deutschen Großstädten begann *Die Tageszeitung*, *TAZ*, ihren regulären Betrieb im Frühjahr 1979 mit einer Auflage von 30 000 Exemplaren, Mitte 1980 lag sie bei 50 000 und 1991 bei etwa 100 000 – eine starke Leistung, wenn man bedenkt, wie häufig konkurrierende Blätter im Laufe der Jahre eingegangen sind. So gab *Die Neue* –, die – wie die *TAZ* – zuerst im Frühjahr 1979 erschien und – ebenfalls wie die *TAZ* – versuchte, die Tageszeitung des alternativen Milieus zu werden, knapp ein Jahr später auf. Ein Grund für dieses Scheitern war ihre wesentlich rigidere ideologische Ausrichtung, sie propagierte im wesentlichen die von der DKP, den linken Jusos, der IG Metall und der IG Druck und Papier vertretene »Stamokap«-Linie. Die *TAZ* berichtet weder ausführlich über die Tagesereignisse, noch erhebt sie diesen Anspruch.[12] Statt dessen verfolgte sie stets das Ziel, den legendären Dogmatismus und die notorische Humorlosigkeit der deutschen Linken dadurch zu kritisieren, daß sie für neue spontane und witzige Ideen offen blieb. In ihrem Bemühen, unberechenbar und kritisch zu sein, druckte die *TAZ* wiederholt Leitartikel und Stories, die von ihrer Leserschaft – dem linken urbanen Milieu – als konservativ, reaktionär, ja blasphemisch zurückgewiesen wurden.[13]

Dies entsprach der Absicht des ersten Redaktionskollektivs, das verkündete, die *TAZ* werde wieder Ohren für Melodien haben, die außerhalb der Linken gespielt würden.[14] Das Projekt *TAZ* verdankt sich dem zunehmend zerfasernden Diskurs der Linken und dem Bedürfnis, diesen Diskurs wieder zusammenzuführen, wenn schon nicht im Bereich der aktuellen Politik, so doch wenigstens in den Lesegewohnheiten. Tatsächlich bot die *TAZ* ein einzigartiges und wichtiges Diskussionsforum, das in den frühen 90er Jahren weit über das linke alternative Milieu hinaus Anerkennung fand.[15] Als vielleicht einzige Institution der deutschen Linken, die nie einem Dogma anhing oder einer ideologischen Fraktion angehörte, war die *TAZ* ein

Ort des intellektuellen Gebens und Nehmens, der in diesem Milieu normalerweise nicht existiert. So gesehen gehört die *TAZ* zu den eindrucksvollsten, bleibenden Hinterlassenschaften der westdeutschen Neuen Linken.

Wenn sich in dieser Zeit eine typisch alternative Politikform und ein Diskurs entwickelten, die sich von anderen linken Strömungen deutlich unterschieden, dann in den »spontaneistischen« und »undogmatischen Basisgruppen«, die Mitte der 70er Jahre entstanden. Die Selbstdarstellung als »undogmatisch« stellte eine Ablehnung des ideologischen, organisatorischen und taktischen Dogmatismus der »orthodoxen« K-Gruppen dar.[16] Spontaneität bedeutete die Idealisierung und Praktizierung direkter, unvermittelter, unberechenbarer und unvorhersehbarer Aktions- und Interaktionsformen. Johannes Schütte beschreibt drei Grundkomponenten der »morphologischen Struktur« des Spontaneismus: Ablehnung von verfestigten, prägenden, zählebigen Formen und Protest dagegen auf der praktischen wie theoretischen Ebene; Sensibilisierung, Nichtkooperation und Rückzug in harmoniefähige Experimentierräume; Ausstieg aus der bestehenden Ordnung und die explorative und spekulative Suche nach dem unbestimmten Anderen.[17]

Die Anhänger dieser Spontaneität, die sogenannten Spontis, entzogen sich den Leistungsanforderungen des »Systems«, um sich – oft geradezu besessen – auf die Behebung des Schadens zu konzentrieren, den diese Anforderungen ihrer Psyche und den zwischenmenschlichen Beziehungen zugefügt hatten. Ein beliebter Sponti-Spruch brachte diese Auffassung auf den Punkt: »Ein bißchen mehr Lustprinzip kann nicht schaden!«

Informelle Sponti-Basisgruppen gab es schon 1973, aber eine undogmatische und spontaneistische Politik gewann erst Anfang 1975 an den westdeutschen Universitäten einen nennenswerten Einfluß, und zwar durch den schnellen Zustrom von neuen Anhängern reformistisch-sozialistischer Gruppen. Unter ihnen waren Jusos sowie Anhänger des Sozialdemokratischen Hochschulbundes (in den frühen 60er Jahren von der SPD als Alternative zum radikalen SDS gegründet) und sogar ehemals orthodoxe Kommunisten von der DKP und den K-Gruppen.[18] Da sie sich weiterhin behaupten und dem wachsenden Einfluß der orthodoxen marxistischen Gruppen etwas entgegensetzen wollten, schlossen sich Spontis und undogmatische

Linke an vielen Universitäten zusammen und kandidierten gemeinsam für die Wahlen zum AStA.[19]

Die Demonstrationen der Spontis bestanden im Abfeiern von Ritualen und hatten wenig mit Strategie und politischen Inhalten zu tun. Im Gegensatz zur APO waren die Spontis selbstironisch und witzig bis zum Nonsens.[20] Zu ihrem Repertoire gehörten Tanz, Straßentheater und Blumen für die Polizei. Ein Höhepunkt der Sponti-Aktivitäten und ein für die alternative Bewegung wichtiges Ereignis war das Berliner »Tunix-Treffen«. Das Werbeflugblatt forderte alle »Freaks« auf, »zum Tunix-Strand zu segeln«, einer imaginären, humorvoll beschriebenen alternativen Utopie »unter den Pflastersteinen dieses Landes.«[21] Das Treffen, an dem 17000 bis 20000 junge Leute teilnahmen[22], stand unter dem Motto »Abschied vom Modell Deutschland«[23] und bot absurdes Theater, Tanz und vieles mehr.

Vor dem Hintergrund der marxistisch-sozialistischen politischen Kultur, die es in Deutschland ein Jahrhundert lang gegeben hatte, kam dem Spontaneismus eine tiefere Bedeutung zu. Mehr als ein leeres Ritual, ein Sich-gehen-Lassen oder blanker Nihilismus, repräsentierte er eine intellektuelle Offenheit, die gewissermaßen programmatische Bedeutung erlangte. Der Spontaneismus bildete ein notwendiges Gegengewicht zur besonders im Milieu der K-Gruppen grassierenden theoretischen und organisatorischen Orthodoxie, die in einer sich schnell verändernden Welt mehr hinderlich als förderlich war. Den Geist des Spontaneismus, das Improvisieren und den schöpferischen Umgang mit Politik zeigte der folgende Satz: »Experimentieren, ohne zu wissen, wo man landet!«[24] Soweit sich der Spontaneismus überhaupt in eine programmatische Formel fassen ließ, kam sein zentraler Grundsatz in der denkwürdigen Parole der Pariser Studenten während ihrer Demonstrationen im Mai 1968 zum Ausdruck: »Die Phantasie an die Macht«.[25] Gleichzeitig brachte er jedoch auch einige unangenehme, vor allem antiintellektuelle Exzesse mit sich.[26]

Da sich die Spontis von der Vergangenheit lösten, waren sie oft fähig, den politischen Diskurs wieder so zu öffnen, daß er für neue Probleme und Praxen empfänglich wurde. Sie lehnten Prinzipien oder Theorien als Wegweiser ab und setzten statt dessen auf die unmittelbare Betroffenheit.[27] Dementsprechend gaben sie das Ideal der

»Emanzipation« zugunsten der »Autonomie« oder der »Bedürfnisbefriedigung« auf. Die Spontis suchten nach Formen der Gruppeninteraktion, die sowohl informelle als auch formelle Machtstrukturen zu unterlaufen vermochten – also Basisdemokratie: »eine radikaldemokratische, dezentralisierte Organisation in miteinander verbundenen autonomen Gruppen.«[28] Obwohl die Spontibewegung auch einige anarchistische Extremisten in ihren Reihen hatte[29], bestand ihre Hauptwirkung darin, einer pragmatischen, linken, radikalreformerischen Politik zum Durchbruch zu verhelfen. Das Konzept von unmittelbarer Betroffenheit und Selbstbestimmtheit machte es möglich, Kritik und Unzufriedenheit in bezug auf Ökologie oder die Rechte von »Rand«-Gruppen zu organisieren, die ein politisches System, das auf der Artikulation von Klassenkonflikten und materiellen Interessen basierte, kaum aufgegriffen bzw. überhaupt registriert hätte. Der Spontaneismus wies also einen gangbaren Weg zu einem postmarxistischen Radikalismus, zu einer Politik, die nichts mehr mit der »Dialektik der Niederlage« der deutschen Linken, mit verbalem Radikalismus und praktischem Scheitern zu tun hatte. Die Spontis eröffneten der radikalen Linken in Deutschland eine Perspektive, die ihr später helfen sollte, den Teufelskreis von Radikalisierung, Niederlage und Resignation zu durchbrechen, in dem sie seit 1848 und der Ersten Internationale gefangen war.

## Die neue Frauenbewegung

Wie viele Veränderungen in der deutschen Linken, hatte auch die Frauenbewegung ihre Wurzeln in den Widersprüchen der APO und der deutschen Studentenbewegung. Sie begann plötzlich und mit einer schwungvollen symbolischen Handlung am 13. September 1968 auf der zwanzigsten Delegiertenkonferenz des SDS. Nach herabsetzenden Bemerkungen des (ausschließlich männlichen) Podiums über die Rede von Helke Sander vom neugegründeten Berliner Aktionsrat zur Befreiung der Frau[30] warf die »Genossin« Sigrid Röger dem SDS-Theoretiker Hans-Jürgen Krahl wütend eine Tomate ins Gesicht.

Kurz nach dem heute berühmten Tomatenwurf wurde in Frankfurt der erste Weiberrat gegründet – der Name war teilweise ironisch, teilweise polemisch gemeint. 1969 trafen sich die Weiberräte aus der ganzen Bundesrepublik in Hannover unter dem Motto »Befreit die sozialistischen Eminenzen von ihren bürgerlichen Schwänzen!«. Aber dennoch waren diese »Weiber« zuerst Sozialistinnen und dann Frauen. Wie August Bebel, der fast hundert Jahre zuvor sein Buch *Die Frau und der Sozialismus* veröffentlicht hatte, sahen sie im Kampf zwischen Kapital und Arbeit immer noch den »Hauptwiderspruch«, dem alle anderen Widersprüche, auch die zwischen den Geschlechtern, untergeordnet und daher als Nebenwidersprüche anzusehen waren. »Da unter kapitalistischen Produktionsverhältnissen alle Bereiche des gesellschaftlichen und privaten Lebens durch den Klassenantagonismus gekennzeichnet sind, hatte auch die Theorie und Praxis der Frauenbewegung Klassencharakter.«[31]

Bezeichnenderweise ging der Frankfurter Weiberrat fast vollzählig in die DKP, und der Berliner Aktionsrat benannte sich in Sozialistischer Frauenbund von Westberlin um.[32] Diese Organisationen waren »eher marxistische Schulungskurse für Frauen als Emanzipationsgruppen. Den Frauen sollen Nachhilfestunden in politischer Ökonomie erteilt werden, die sie auf den Wissensstand der Männer bringen sollen.«[33]

Die »autonome« oder »radikalfeministische« Strömung in der deutschen Frauenbewegung – in Opposition zu ihrem marxistischen Gegenstück – entstand im Sommer 1971 im Zuge der Protestwelle gegen den Antiabtreibungsparagraphen, den Paragraphen 218. Die »Aktion 218« und die Frauenbefreiung rückten in den Mittelpunkt der öffentlichen Aufmerksamkeit, als die Journalistin und Publizistin Alice Schwarzer, die zu einer der bekanntesten und umstrittensten deutschen Feministinnen werden sollte, ein spektakuläres Medienereignis organisierte. Nach dem Beispiel der Pariser Bewegung für die Befreiung der Frau brachte Schwarzer 374 prominente und unbekannte Frauen zusammen, deren Name, Foto und Unterschrift am 1. Juni in der Titelgeschichte des *Stern* unter der Überschrift »Ich habe abgetrieben!« erschienen.[34] Die starke positive Resonanz in der Bevölkerung veränderte den Charakter der deutschen Frauenbewegung, indem sie Unterstützung und Aktivität über den kleinen Kreis der intellektuellen Avantgarde und des sozialistischen Universitätsmilieus hinaus mobilisierte. Im selben Monat fand in Düsseldorf die erste Delegiertenkonferenz der »Aktion 218« statt.[35] Nur sechs Wochen nach dem Erscheinen des *Stern*-Artikels bekannten sich weitere 2345 Frauen öffentlich zu ihrer Abtreibung, und es gingen 86 000 Solidaritätserklärungen ein.[36] Ute Frevert bilanzierte: »Daß es nicht beim Theoretisieren im akademischen Getto blieb und sich eine Frauen-*Bewegung* mit eigenem Aktionsprogramm und politischen Zielen entwickelte, lag wesentlich an der ... Debatte um eine Reform des Paragraphen 218.«[37]

Es lohnt sich, die Gründe hierfür zu untersuchen. Im Gegensatz beispielsweise zur Diskriminierung bei der Entlohnung (ein empirischer Eckpfeiler der orthodoxen sozialistischen Analyse)[38], die die Frauen zwar hart trifft, aber nicht ausschließlich gegen sie gerichtet ist, zeigte sich bei der Abtreibungsfrage eine geschlechtsspezifische Unterdrückung »ohne Klasseninhalt«. Hier ging es nicht um die Ungleichbehandlung in der Produktion, sondern um die Reglementierung der Reproduktion in einem sehr individuellen, buchstäblichen und körperlichen Sinne. Wir werden am Ende dieses Abschnitts auf diese Frage zurückkommen, an dieser Stelle sei darauf hingewiesen, wie sehr die Abtreibungsfrage die »neue Frauenbewegung« prägte. Einmal hinterfragte sie bei sozialistisch eingestellten Frauen das Theorem vom »Nebenwiderspruch« von August Bebel oder Friedrich Engels; sie forderte von ihnen die Entscheidung, hauptsächlich sozialistisch oder hauptsächlich feministisch zu sein und brachte sie in vielen Fällen dazu, sich zu einem radikalen Feminismus zu bekehren und zu spontihaften oder autonomen Frauengruppen überzuwechseln.[39] Zudem steckte in der Abtreibungsfrage ein großes Protestpotential, denn sie betraf letztlich alle Frauen, nicht nur Studentinnen, sondern auch ansonsten »unpolitische« Hausfrauen. So gesehen, diente ein frauenspezifisches Anliegen als Hebel, um das Bewußtsein zu stärken, daß Frauen eine politisch einflußreiche Gruppe waren.

In den 80er Jahren blieb die Abtreibung ein wichtiger Katalysator für feministische Politik, sie wurde auch zum umstrittensten Thema bei der Wiedervereinigung 1990. Das lag daran, daß sie in der früheren DDR völlig legal gewesen war. Daß Abtreibung in den fünf neuen Bundesländern weiterhin legal blieb, war vielleicht das einzige Beispiel dafür, daß eine frühere ostdeutsche Regelung nicht abgeschafft oder an westdeutsche Verhältnisse angepaßt wurde. So entstand die merkwürdige Situation, daß eine Frau in einem Bundesland, etwa in Sachsen, eine ganz legale Abtreibung durchführen durfte, während sie zum Beispiel in Bayern deswegen strafrechtlich verfolgt werden konnte. Diese anormale Situation wurde im Juni 1992 beseitigt, als der Bundestag eine modifizierte Form der ostdeutschen Regelung für die gesamte Bundesrepublik beschloß. Danach erwies sich jedoch die Mobilisierung konservativer Kräfte, besonders in der Rechtsprechung, als weitgehend erfolgreich. Die Entscheidung des Bundesverfassungsgerichts vom 28. Mai 1993 ordnete die progressiven Dimensionen der einstigen ostdeutschen Regelung den wesentlich restriktiveren und frauenfeindlicheren Gepflogenheiten der alten Bundesrepublik unter.[40]

Die leidenschaftliche Debatte um den Paragraphen 218 machte auf ein bis dahin in der Realität der deutschen Politik völlig ignoriertes Diskriminierungsmuster aufmerksam. Die geschlechtsspezifische Unterdrückung im Reproduktionsbereich sollte nie wieder die gleiche sein wie vor dem Aufkommen der Frauenbewegung. Der Streit um die Abtreibungsfrage hatte Auswirkungen, die über das unmittelbare Anliegen hinausgingen. Er trug dazu bei, die Privatsphäre zu politisieren, die gesamte Gesellschaft für die Probleme des Hausfrauendaseins wie für Fragen der Sexualität und Kindererziehung zu sensibilisieren, und eröffnete dem Diskurs fortschrittlicher Politik ein großes, bislang unerschlossenes Denk-, Diskussions- und Aktionsfeld.

Der erste bundesweite Frauenkongreß, der im März 1972 in Frankfurt stattfand, läutete die neue Frauenbewegung ein und bildete den Auftakt zu einer Phase fieberhafter und innovativer politischer Aktivität. Es wurden vier Arbeitsgruppen organisiert: Gründe für die Selbstorganisation von Frauen, die Situation der erwerbstätigen Frau, die Funktion der Familie in der Gesellschaft, Paragraph 218.[41] Man entwarf einen ausführlichen Forderungskatalog, der u. a. Teilzeitarbeit für Männer und Frauen, gleichen Lohn für gleiche Arbeit, ein bezahltes Babyjahr für Mütter und Väter und die Schaffung von autonomen, d. h. Männer ausschließenden Frauenorganisationen umfaßte.[42] Diese Maßnahmen waren auf die Doppelbelastung der Frauen durch Hausarbeit und berufliche Karriere abgestellt. Besonders engagiert wurde über den begrenzten Charakter jeder »Befreiung« diskutiert, die das Schwergewicht auf Erwerbstätigkeit lege und den häuslichen Bereich vernachlässige. Viele Frauen vertraten die Ansicht, daß die völlige Gleichstellung der Geschlechter auf dem Arbeitsmarkt durch gleiche Entlohnung nicht den häuslichen Bereich tangiere, in dem die Frauen unbezahlte Arbeit leisteten, und zwar gewöhnlich zum Vorteil der Männer. Diese und andere drängenden Fragen schlugen sich nicht nur in Theorien und Reden nieder, den Worten folgten auch Taten. Provokative und aufsehenerregende Demonstrationen waren fortan an der Tagesordnung. Schönheitswettbewerbe wurden gestört, Eingänge zu Sexshops zugemauert, es gab Massenaustritte aus der Kirche, Ärzte, die Mitglieder des Hartmann-Bundes waren, wurden mit Schweineschwänzen bedacht. »Hinter den Slogans ›Frauen gemeinsam sind stark‹ und ›Das Persönliche ist politisch‹, verbarg sich ein völlig neues Organisations- und Politikverständnis.«[43]

Im Frühjahr 1972 erschienen die erste feministische Frauenzeitschrift: Gudrun Feigenwinters *Hexenpresse* sowie ein Frauenhandbuch, das von der Berliner Gruppe »Brot und Rosen« herausgegeben wurde. Die westdeutschen Frauen, die ihre eigene Bewegung relativ spät gründeten, verschlangen auch die übersetzten Bücher aus dem beachtlichen Vorrat amerikanischer feministischer Literatur.[44]

Obwohl in dieser Zeit verschiedene neue Themen aufkamen, konzentrierten sich 1973/74 die meisten Aktivitäten nach wie vor auf den Paragraphen 218. Nachdem am 11. Februar 1973 auf einem Frauenkongreß in München zum ersten Mal die sicherere und effektivere »Absaugmethode« demonstriert worden war, wurde diese Methode selbst zum Gegenstand der Agitation seitens der Frauen.[45] 1974 legte die sozial-liberale Koalition einen Entwurf zur Reform des Paragraphen 218, die sogenannte Fristenlösung vor. Danach sollten Abtreibungen in den ersten drei Monaten unter bestimmten, bürokratisch festgelegten Bedingungen erlaubt sein. Die Frauenbewegung reagierte mit der »Aktion letzter Versuch« und erklärte den 16. März zum nationalen Protesttag. Um ihre Lage und ihren Status anschaulich darzustellen, verkleideten sich Frauen in der ganzen Bundesrepublik als Opfer, die durch illegale Abtreibungskliniken umgekommen wären, banden sich den Mund zu und trugen an Händen und Füßen Kugeln und Ketten aus Pappe. In einer charakteristischen Formulierung sprach der *Spiegel* von einem »Aufstand der Schwestern«.

Noch bevor der SPD/FDP-Gesetzentwurf 1974 den Bundestag passierte, was die feministische Agitation in der Bundesrepublik erst einmal weitgehend zum Verstummen brachte, zeigten sich bereits die

Vorboten der zweiten Phase der neuen Frauenbewegung, der sogenannten Wende nach innen. 1973 gründeten Frauen in Heidelberg die erste »Bewußtseinserweiterungs«- oder »Selbsterfahrungsgruppe«.[46] Am 3. März 1974 fand auf dem Campus der Technischen Universität in Berlin das erste Frauenfestival, das »Rockfest im Rock«, statt, das nicht wie erwartet 200, sondern 2000 Frauen anzog, die einen Abend lang tanzten, tranken und redeten.[47] Während Frauen sich sozial und sexuell entdeckten und Ausdrücke wie »neue Zärtlichkeit« und »Frauen lieben Frauen« die Runde machten, stand das Liebespaar Judy Andersen und Marion Ihns wegen Ermordung des Ihns-Ehemanns vor Gericht. Eine verleumderische Sensationspresse und ein schlampig geführter Prozeß machten die lesbische Beziehung der Angeklagten zum eigentlichen Gegenstand des allgemeinen Interesses.[48] Diese Konfrontation mit der patriarchalen Gewalt erhöhte die Zahl der Frauen, die sich als lesbisch outeten, entfachte angespannte, aber produktive Debatten unter und zwischen heterosexuellen und homosexuellen Frauen über Sexualpolitik und setzte Experimente einer Lesben-»Bewegung« in Gang. Anfang 1974 wurde der gewöhnlich abweisenden Verwaltung der Freien Universität in Berlin die Genehmigung für Frauenarbeitsgruppen und Frauenseminare sowie Frauenlehrstühle abgerungen. Im Frühjahr 1974 existierten in der Bundesrepublik 12 Frauenzentren[49], in denen Frauen Informationen und Erfahrungen austauschen, Veranstaltungen durchführen und sich medizinischen Rat holen konnten.[50]

1975 proklamierten die Vereinten Nationen ein »Internationales Jahr der Frau«, und Alice Schwarzer veröffentlichte den »Frauen-Bestseller« *Der kleine Unterschied und seine großen Folgen*. Das Buch handelte von der patriarchalen Vereinnahmung der weiblichen Sexualität als Mittel zur Kontrolle der Reproduktion. Die positive öffentliche Debatte, die das Buch entfachte, und eine beispiellose Pressekampagne gegen Schwarzer lenkten zum ersten Mal die öffentliche Aufmerksamkeit massiv auf die Frauenbewegung. In der zweiten Hälfte der 70er Jahre stießen aufgrund der zunehmenden Medienresonanz und der introspektiven Abwendung von der Agitation Scharen von Frauen zur Bewegung, die vorher gezögert hatten. Im Gegensatz zu den APO-68ern, Ex-Kommunisten und Anarcho-Spontis brachten diese Frauen keine politischen Erfahrungen in die Bewegung ein; statt dessen wollten sie vor allem über Alltagsprohleme, über ihre Probleme sprechen. Sie waren nicht an Marx interessiert und wußten auch nichts über Marx, sondern suchten in den Selbsterfahrungsgruppen ein geeignetes Forum für ihre Probleme. Ausgehend von ihrer subjektiven Betroffenheit, diskutierten sie über Themen wie Kinder, Sexualität, Karriere, Familienleben, Beziehungen, Identität und Gefühle gegenüber anderen Frauen. Aber wenn diese Frauen sich ausgesprochen hatten, verschwanden sie häufig wieder. Daher gab es bei den Mitgliedern der Selbsterfahrungsgruppen eine starke Fluktuation, und nur wenige Gruppen hielten sich länger als ein Jahr.

Wie im zweiten Stadium der alternativen Bewegung zeigten sich in dieser Phase der Frauenbewegung erste Ansätze einer feministischen Öffentlichkeit. 1976 wurde in München der erste Frauenverlag mit dem Namen »Frauenoffensive« gegründet. Ihm folgten in kurzer Zeit ein halbes Dutzend weitere Verlage in der ganzen Republik. In jenem Jahr öffneten in Berlin und München Frauenbuchhandlungen, und 1977 erschienen zwei bundesweite Frauenzeitschriften, *Emma* und *Courage*, in den Regalen und an den Kiosken, die zusammen schnell eine Auflage von über 200 000 erreichten. Außerdem fand ab 1976 in Berlin jedes Jahr eine »Frauen-Sommeruniversität« statt, die sich mit einem bestimmten Thema befaßte.[51]

Die Entwicklung der Frauenbewegung unterschied sich in einem wesentlichen Punkt von der der alternativen Bewegung, dem der Organisation. Die Frauenbewegung hatte Dimensionen erreicht, die nicht mehr durch persönliche Kontakte der Aktivistinnen koordiniert werden konnten. Im Gegensatz zur Ökologie-, Friedens- und Anti-Atom-Bewegung fehlte der Frauenbewegung eine Dachorganisation, die die Aktivitäten bundesweit koordinieren konnte. Dafür gab es im wesentlichen zwei Gründe: erstens die Tatsache, daß alle Probleme, die mit dem Reproduktionsbereich zusammenhingen, auf der »persönlichen« und »unpolitischen« Ebene angesiedelt und damit für eine konventionelle Strategie der Massenagitation ungeeignet waren; und zweitens der Umstand, daß das Primat der »Autonomie«, das dem Kontakt mit anderen, typisch patriarchalen, politischen Organisationen entgegenstand, konkrete Schritte zur Gewinnung der Unterstützung des anderen Geschlechts verhinderte.

Daß sich diese Merkmale nicht zwangsläufig aus dem Wesen feministischer Politik per se ergaben, läßt sich am besten anhand eines vergleichbaren Beispiels zeigen – dem Kampf, den die amerikanische Frauenbewegung mit Hilfe der National Organization for Women (NOW) für die Aufnahme der Gleichstellungsforderung in die amerikanische Verfassung führte. Abgesehen von dem konkreten Ausgang dieses Kampfes, der in diesem Fall tatsächlich mit einer Niederlage der NOW und der amerikanischen Frauen endete, gelang es der NOW, eine riesige Anzahl Amerikanerinnen zu mobilisieren, die sich der Frauenbewegung anschlossen, obwohl sie nie ein aktives feministisches Bewußtsein entwickelten. Die Flexibilität und Toleranz des politischen Systems in Amerika machten es möglich, dieses System auf viel breiterer Front in Frage zu stellen, als das in Deutschland denkbar war. Aufgrund der jeweils unterschiedlichen politischen Landschaft und Geschichte machten die Frauen in den USA und in der Bundesrepublik ganz unterschiedliche Erfahrungen bei dem Versuch, ähnliche Anliegen durchzusetzen.

Das relative Defizit der westdeutschen Frauenbewegung an formeller Organisation verhinderte nicht, daß alternative Parteien ihre Forderungen aufgriffen. Aber es trug dazu bei, daß die unterschiedlichen Anliegen der neuen sozialen Bewegungen unter dem Dach einer »grünen« Partei organisiert und dadurch mit einer ökologischen Identität befrachtet wurden, die nicht immer in Einklang mit den Problem- und Interessenkonstellationen stand, die sie repräsentieren wollten – beispielsweise jene der Frauen.

Zwischen 1977 und 1980 richtete sich die Aufmerksamkeit der Frauenbewegung wie auch der alternativen Bewegung hauptsächlich auf projektbezogene Aktivitäten, die teilweise die Grundlage für eine Ausweitung der feministischen Gegenkultur bildeten. Neben dem Bemühen um die Schaffung einer feministischen Öffentlichkeit durch Verlage, Zeitschriften und Buchhandlungen entstanden Bars, Restaurants, Psychotherapiezentren, ja sogar Fahrschulen für Frauen. Die Feministinnen konnten sich an einem bestimmten Kleidungsstil und einem Insiderjargon erkennen. Frauenkommunen für Heteros und Lesben erlebten 1976/77 eine kurze Blüte.

Neben der Öffentlichkeitsarbeit waren »Frauenhäuser« in dieser Zeit wohl die am weitesten verbreiteten Projekte. Indem sie mißhandelten Frauen und ihren Kindern Schutz, Unterstützung und Therapie in einer Gemeinschaft boten, halfen sie nicht nur den Opfern, sondern halfen auch, den Schleier des Schweigens zu zerreißen, den die Behörden bisher über Gewalt in der Familie gebreitet hatten. Das erste Frauenhaus wurde 1976 in Berlin eröffnet, und 1979 gab es Frauenhäuser in 14 Städten der Bundesrepublik.[52] Gesundheitszentren für Frauen hatten das Ziel, der Entfremdung der Frauen von ihrem Körper entgegenzuwirken, Selbstuntersuchungen zu fördern und in gynäkologischen Fragen aufzuklären und zu beraten.

Aktive und aggressive Kampagnen gegen Vergewaltigung und Gewalt gegen Frauen, die mit einer an die Aktion 218 erinnernden Intensität organisiert, propagiert und diskutiert wurden, vervollständigten diese Selbsthilfeprojekte. Am 1. März 1977 gingen Frauen in Berlin auf die Straße, um gegen Vergewaltigung und Mord zu protestieren, und am 30. April organisierten Frauen den ersten Marsch zur Verteidigung ihrer Sicherheit unter dem Motto »Holt euch die Nacht zurück«, indem sie mit Töpfen und Pfannen klappernd durch die Straßen zogen. In diesem Frühjahr entstand auch der erste »heiße Draht« für vergewaltigte Frauen.[53] Der theoretische Schlußstein wurde durch die Veröffentlichung der deutschen Ausgabe von Susan Brownmillers feministischer Kritik an der Vergewaltigung, *Gegen unseren Willen*, gelegt.

Ab 1979/80 suchte die Frauenbewegung vorsichtig nach Gemeinsamkeiten mit anderen neuen sozialen Bewegungen. In einer Erklärung »Gewalt gegen Frauen«, die auf der zweiten bundesweiten Frauenkonferenz am 6./7. Oktober 1979 in Düsseldorf verfaßt wurde, stellte die »Demokratische Fraueninitiative« einen Zusammenhang zwischen der sexuellen Gewalt gegen Frauen, der »strukturellen Gewalt« am Arbeitsplatz, dem Wettrüsten und der Umweltzerstörung her.[54] Andere Gruppen wie beispielsweise »Frauen für den Frieden« thematisierten die drängenden globalen Fragen aus Sicht der Frauen.[55] Auf dem Frauenkongreß gegen Atomwaffen und Militarismus am 15./16. September 1979 sprach Sibylle Plogstedt vom »Mann-gegen-Mann-Kampfdenken«[56] und unterstrich dadurch den Zusammenhang zwischen Gewalt und Patriarchat.

Neben dieser offensichtlichen Repolitisierung entstand ein neues Gravitationszentrum um Ausdrücke wie »Neue Mütterlichkeit« und »Neue Weiblichkeit«, das die ideologischen Fronten in der Frauenbewegung polarisierte. In einem repräsentativen Text, der im Frauenjahrbuch 1977 erschien, schrieb Eva Maria Stark, daß »der Wunsch nach einem Kind tief aus dem Bauch hochkommen kann«, pries die

Vorzüge Mutterschaft, die »friedfertige Mutter-Kind-Beziehung«, die »Opferbereitschaft der Mütter«, die »Bedürfnisse und Rhythmen unseres Bauches«.[57] Vier Jahre später bekundete Monika Jaeckel noch unverblümter, daß die Mutterschaft der Sinn des Frauseins sei: »Frauen sehnen sich danach, das, was sie selbst ausmacht und betrifft, zu bekennen und zu leben. Wir Frauen sollten anfangen, das gesellschaftliche Potential des Mutterseins als Teil einer starken und einigen Frauenbewegung zu entfalten.«[58]

Diese Verklärung der körperlichen Dimension der Mutterschaft und des Menstruationszyklus war in gewisser Hinsicht die Suche nach »Gleichheit bei Unterschiedlichkeit«, der Versuch, bei dem Wunsch nach absoluter Gleichheit die weibliche Identität zu behaupten. Die entpolitisierende Dynamik dieser »Neuen Weiblichkeit« zeigte sich am dramatischsten in der Renaissance von Zauberei, Mondkulten, heidnischen Gebräuchen und anderen vormodernen spiritualistischen und irrationalistischen Tendenzen. Die radikalen Feministinnen richteten ihre Angriffe vor allem auf den offenkundigen Biologismus der neuen Weiblichkeit, ihre Gleichsetzung von weiblichen Bedürfnissen mit hormonellen Vorgängen. Sie warfen ihr vor, daß sie den Einfluß der Sozialisierung auf die Herausbildung der Geschlechterrollen ignoriere, und waren der Ansicht, daß diese neue Weiblichkeit ein unpolitisches Bild von den Frauen zeichne, das den konservativen Männern in die Hände arbeite.

Die Frauenbewegung stellte sich in den späten 70er Jahren widersprüchlich dar. In den Kampagnen gegen Gewalt und Vergewaltigung gab es deutliche Zeichen einer Politisierung. Versuche, die feministische Theorie und Praxis in einer übergreifenden »Revolte des Reproduktionsbereichs gegen die Bedingungen des Produktionsbereichs«[59] anzusiedeln, und ein »Ergrünen« der Frauenbewegung ab 1979 zeigten sich an Organisationen wie »Frauen für den Frieden« und der »Fraueninternationale«. Hier traten auch zum ersten Mal zukünftige grüne Politikerinnen wie Petra Kelly als Aktivistinnen der feministischen, Friedens- und Ökologiebewegung hervor. In den Augen vieler Feministinnen, besonders im radikalen Lager, bestand das Haupthindernis für eine einheitliche, politische Frauenbewegung im Fehlen einer »konkreten Utopie«, einer phantasievollen Vision einer zukünftigen feministischen Gesellschaft, die als Orientierung für die Alltagspolitik dienen konnte. Das Wiederaufleben von Mystizismus und Spiritualismus erwies sich als »konkrete Utopie«, als phantasievolle Veranschaulichung langfristiger politischer Ideale, als gänzlich unbrauchbar. Mehr noch, es ließ eine latente antimodernistische Tendenz erkennen, die alle neuen sozialen Bewegungen durchzog und sie für gewisse rechte, »reaktionäre« Politiker interessant und attraktiv machte. Dieser Antimodernismus sollte sich später auch im »fundamentalistischen« Flügel der Grünen zeigen. Die komplexe Problematik des Reproduktionsbereichs machte es äußerst schwer, eine praktikable Reformpolitik zu formulieren.

## Die Jusos: Das gescheiterte Projekt radikaler Reformen

Eine weitere wichtige Gruppe im grünen Bündnis Ende der 70er, Anfang der 80er Jahre bestand aus enttäuschten SPD- und, in geringerem Umfang, aus ehemaligen FDP-Wählern, vor allem Studenten und junge, gebildete Angehörige der »neuen Mittelschicht«, also genau diejenigen, deren Stimmen die Sozialdemokraten in den späten 60er Jahren an die Macht gebracht hatten.[60] Diese Gruppe, zu der viele Aktivisten und Sympathisanten der APO gehörten, stieß besonders in den Jahren zwischen 1965 und 1969 zur SPD; damals war über die Hälfte der neuen Parteimitglieder jünger als 35 Jahre. Sie setzten ihre Hoffnungen auf die SPD und erwarteten eine konsequente Reformstrategie sowie eine langfristige antikapitalistische Zielsetzung.[61] Da alle SPD-Mitglieder unter 35 automatisch Jusos sind, wuchs die Jugendorganisation der Partei bis 1980 auf 180000 Mitglieder an, von denen 25 Prozent – d.h. 45000 – in der Weise politisch tätig waren, daß sie auf Veranstaltungen gingen, ehrenamtlich für die Partei arbeiteten und über das Wählen hinaus aktiv am politischen Leben teilnahmen.[62] Zwischen 1969 und 1979 gaben die Jusos der SPD starke oppositionelle Impulse, regten in der Partei die erste theoretische Diskussion seit Godesberg an und bildeten den Kern der innerparteilichen Opposition. Diese zehnjährige Juso-Geschichte gibt aufschlußreiche Einblicke nicht nur in die Schwierigkeiten, mit denen Radikalreformer in der SPD zu kämpfen hatten, sondern auch in den Prozeß, durch den ein Wählerblock von radikalen Angehörigen der Mittelschicht weg von der SPD in die Arme der Grünen getrieben wurde.

Von ihrer (Neu-)Gründung 1945 bis 1968/69 waren die Jusos eine passive Kaderorganisation, ein loyaler Lieferant von logistischer Unterstützung und zukünftigen Führungspersönlichkeiten für die Mutterpartei. Die Verwandlung der Jusos von einer Art Partei-Briefträger für die junge Generation zu einer fortschrittlichen Gruppe, die auf notwendige Reformen drängte,[63] spiegelte einen generellen Wandel in der SPD wider. Dieser Prozeß der Radikalisierung wurde weitgehend durch den ideologischen und persönlichen Einfluß der APO und APO-Aktivisten vorangetrieben. 1967 hatten linke Jusos in den traditionellen Hochburgen der SPD-Linken wie Südhessen, Schleswig-Holstein und einigen Wohngebieten in Berlin die Kontrolle über die Jugendorganisation der Partei gewonnen und verabschiedeten Resolutionen, in denen sie die Große Koalition kritisierten. 1968 gab es sowohl an der Basis als auch im Juso-Bundesvorstand eine linke Mehrheit.[64] Nach vorheriger Absprache kam es auf dem Münchner Juso-Kongreß vom 5./7. Dezember 1969 zum friedlichen Putsch gegen loyale Parteirechte und zur formellen Anklage gegen den damaligen Juso-Vorsitzenden Peter Corterier.[65] In der Schlußerklärung des Kongresses zur »Lage und Aufgabe der SPD« übten die Jusos starke Kritik an der schrittweisen Vereinnahmung der SPD durch das »Volkspartei«-Image. Sie forderten die »Demokratisierung aller gesellschaftlichen Lebensbereiche« und den allmählichen Übergang zu einer vergesellschafteten Wirtschaft und beschrieben ihre eigene Funktion in Politik und Gesellschaft als »Mittlerrolle zwischen nichtorganisierter Jugend und den Parteimitgliedern.«[66]

All dies entfachte einen Sturm der Entrüstung. Der ehemalige Juso-Vorsitzende Corterier nannte die Jusos einen »Brückenkopf der APO in der SPD«[67], die rechten SPDler forderten disziplinarische Maßnahmen, und die Presse berichtete ausführlich über den Linkskurs der Jusos. Aber es gab auch Zustimmung, denn ehemalige APO-Aktivisten strömten zu den Jusos und halfen, ihren ohnehin schon dominanten linken Flügel weiter zu stärken.[68] In den folgenden Jahren erreichte die Mobilisierung und Ausdehnung der linken Basis[69], insbesondere unter den Jungwählern, einen historisch beispiellosen Höhepunkt: 1972 waren von insgesamt 107000 neuen Parteimitgliedern 65 Prozent im Juso-Alter.[70]

In diesem Abschnitt soll nicht der Übergang von Brandts »Reformeuphorie« und »Mehr Demokratie wagen« zu Schmidts »Modell Deutschland« und »Stabilisierung des Erreichten« nachgezeichnet oder erklärt werden. Ob man nun die Ära Schmidt als Erfolg oder Fehlschlag, als Realismus oder Ausverkauf wertet, es bleibt die Tatsache, daß sie radikalen Reformbestrebungen, die Tausende neuer Mitglieder von der SPD erwartet hatten, eine bittere Enttäuschung bereitete. Bis zu den späten 70er Jahren waren diese enttäuschten Hoffnungen zu einem riesigen Reservoir an Mißtrauen gegenüber der Sozialdemokratie und der parlamentarischen Politik im allgemeinen gewachsen. Gleichzeitig zeichneten diese Aktivisten ein Negativbild von der Parteistruktur und der politischen Strategie, das die Grünen entscheidend beeinflussen sollte.

Im folgenden wollen wir das Juso-Programm vorstellen, um eine Reihe von prägenden Erfahrungen und theoretischen Prämissen zu beleuchten, die einen nachhaltigen Einfluß auf die historischen Dimensionen des grünen Projekts und denen der deutschen Linken hatten.

Hervorstechendste Neuerung und bleibende Hinterlassenschaft der Jusos war ihre »Doppelstrategie«, die darauf abzielte, die »Mobilisierung, Politisierung und Organisierung« der Bevölkerung mit »intensiver Zusammenarbeit auf allen Ebenen der Partei« zu kombinieren, wozu auch das Ziel einer internen Parteireform gehörte. Das erste Standbein dieser Strategie war die Arbeit an der Basis, also in der Kommunalpolitik. Die Jusos arbeiteten auf ihrer »kommunalpolitischen Arbeitskonferenz« in Mannheim am 24./25. April 1971 diesbezügliche Richtlinien aus. Auf dieser Konferenz war auch zum ersten Mal von der »Doppelstrategie« die Rede, ein Ausdruck, der zum Erkennungszeichen der Jusos wurde.[71] Zu den »kommunalpolitischen Arbeitsfeldern« gehörten 1. Stadtplanung, Städtebau und Sanierung; 2. Wohnen und Mieten; 3. Verkehr; 4. Arbeit und Freizeit; 5. Kommunale Wirtschaftsförderung; 6. Kommunale Bildungspolitik; 7. Kommunales Gesundheits- und Sozialwesen.[72] Auf dieser Ebene, so argumentierten die Jusos, auf der politische Entscheidungen unmittelbare und weitverzweigte Auswirkungen hatten, sei es möglich, apathische Bürger aufzurütteln und zu politisieren. Indem die Jusos eine aktive Zusammenarbeit zwischen den direkt Betroffenen anregten, wollten sie Brandts berühmtes Versprechen »Mehr Demokratie wagen« einlösen. Durch ihr lokalpolitisches Engagement hofften sie, eine Wählerbasis für eine radikale Reformpolitik zu schaffen, die der

SPD junge Wähler zuführen und helfen würde, die Partei nach links zu treiben. Die Jusos initiierten zahlreiche lokale Kampagnen. Sie kämpften gegen Mieterhöhungen, Bodenspekulation, Autobahnausbau und Zerstörung von Kinderspielplätzen. In vielen Fällen arbeiteten sie bei diesen Kampagnen mit anderen politischen Organisationen zusammen, darunter Kommunisten und Bürgerinitiativen, und diese Bündnisse waren oftmals erfolgreich.[73]

Das andere Standbein der Doppelstrategie, die Arbeit innerhalb der Partei, sollte die demokratischen Reflexe reaktivieren. Die Jusos wollten eine bessere und ständige Kontrolle der Amtsinhaber und Parteifunktionäre durch die Mitglieder einführen, die übliche Häufung von Funktionen abbauen und öffentliche Ämter von Parteiämtern trennen.[74] Alle gewählten Mandatsträger und Parteifunktionäre sollten sich einem »imperativen Mandat« unterwerfen, was bedeutet hätte, daß sie für alles, was sie taten, auf die eine oder andere Weise vor der Parteibasis oder vielleicht sogar einem Parteitag hätten Rechenschaft ablegen müssen.[75] In manchen Fällen waren die Jusos auch in der Lage, mächtige SPD-Politiker wie den damaligen Bürgermeister von München und Vorsitzenden der bayerischen Sozialdemokraten, Hans-Jochen Vogel, zu zwingen, entweder auf ihr Parteiamt oder ihr öffentliches Amt zu verzichten. Zu Beginn des Bundestagswahlkampfes 1972 starteten die Jusos eine recht erfolgreiche Kampagne, die das Ziel hatte, den zur Routine verkommenen Vorgang der Kandidatenaufstellung wieder zu politisieren. Sie sorgten dafür, daß sich in allen Fällen, auch in den aussichtslosesten, zumindest ein linker oder progressiver Kandidat um die Aufstellung bewarb. Jede Juso-Ortsgruppe entwarf oder bekam einen gut durchdachten Fragenkatalog, mit dem sie die Diskussion zwischen den beiden Kandidaten über für die Bevölkerung wichtige Fragen beleben wollte. Selbst dort, wo die Juso-Kandidaten geschlagen wurden, hatte ihre Kandidatur einen produktiven Beitrag zur Demokratisierung des Nominierungsprozesses geleistet, da dieses neue Verfahren – eine Art informelle Vorwahl – innerparteiliche Diskussionen und Kontroversen auslöste. In vielen Fällen gewannen auch linke, von den Jusos unterstützte Kandidaten. Die Wirksamkeit dieser Strategie zeigte sich daran, daß die Zahl der linken SPD-Vertreter im Parlament, der sogenannte »Leverkusener Kreis«, 1972 von 25 auf fast 50 stieg.[76] Die Jusos hofften, daß ihre Doppelstrategie zu einer »allmählichen Beseitigung des technokratischen Übergewichts der Verwaltung und zur Abschaffung der informellen, nichtöffentlichen Entscheidungsgremien« führen würde, die von den konservativen »Kanalarbeitern« und Parteibonzen dominiert würden – zum Nachteil der reformwilligen Kräfte in der SPD.[77]

Ein weiteres Angriffsziel der Jusos war der in der SPD verbreitete unreflektierte »Pragmatismus«, seitdem die Partei ihren »konformistischen Kurs« eingeschlagen hatte. Das theoretische Defizit der Partei war so groß geworden, daß die von den Jusos entfachte »Theoriediskussion« zu einer pauschalen Aneignung der Ideen der Neuen Linken führte.[78] Für die Jusos sollte die Theorie nicht Utopien, sondern das Bewußtsein für soziale Widersprüche und Konflikte entwickeln helfen und einen Beitrag zur stärkeren Humanisierung des sozialen und politischen Lebens leisten.[79] Nur durch die genaue Kenntnis des Feindes konnte die Schlacht um eine Systemveränderung gewonnen werden. Wie diese Veränderung aussehen sollte, erarbeitete ein Strategiekongreß der Jusos am 11./12. Dezember 1971 in Hannover, einige Monate nach der kommunalpolitischen Konferenz.[80] Das Ergebnis waren die sogenannten Fünf Thesen zur Analyse der Gesellschaft, die lose unter dem Begriff einer »Strategie systemüberwindender Reformen« zusammengefaßt wurden. Dieses Konzept versuchte, ausgehend von Autonomieräumen und/oder gewerkschaftlichen Gegenpositionen, die vielen notwendigen systemimmanenten Veränderungen so anzulegen, daß sie tendenziell die Grundlagen des kapitalistischen Systems in Frage stellten oder teilweise über sie hinausgingen und dadurch ermöglichten, weitere soziale und politische Gegenpositionen zu besetzen.[81]

Aber das Ganze war mehr Idee als Strategie, so daß verschiedene Gruppen innerhalb der Jusos die Thesen unterschiedlich interpretierten. Drei theoretische Strömungen und dementsprechend drei Politikansätze bildeten sich heraus: die reformistische Mehrheitslinie, auch die »Vorstands« Fraktion genannt; die Stamokap-Linie, so genannt nach ihrer Theorie des staatsmonopolistischen Kapitalismus; und die antirevisionistische Linie, die wie die DKP und die K-Gruppen einen traditionellen, orthodoxen Marxismus vertrat. Eine heiß diskutierte Frage (ein Überbleibsel aus den APO-Tagen) betraf die klassenmäßige Zusammensetzung des revolutionären Subjekts: Sollte es ein Bündnis von Lohnarbeitern und Kleinbürgern sein oder nur aus Lohnarbeitern bestehen? Noch haarspalterischer war die umständliche Diskussion darüber, ob der Staat nur als archetypischer Kapitalist *handelte* oder der archetypische Kapitalist *war*.[82]

Trotz dieser dogmatischen Wende in der Theoriediskussion waren diese Debatten für die Partei als ganze fruchtbar. Angespornt von den Jusos, verständigte sich die SPD-Linke auf sozialistische Positionen, die sie auf dem Parteitag im Mai 1973 vertrat. Der Parteitag selbst brachte einige vielversprechende Ergebnisse, darunter den Beschluß, eine Kommission zu ernennen, die auf der Grundlage des Godesberger Programms ein langfristiges sozialpolitisches Programm erarbeiten sollte, das konkretisiert und quantifiziert werden mußte.[83] Daraus entstand der »Orientierungsrahmen 1975-1985«, ausgearbeitet unter Vorsitz und Federführung von Helmut Schmidt. Obwohl das Programm während der Kanzlerschaft von Schmidt nur geringen politischen Einfluß hatte, markierte es dennoch einen Wendepunkt in der Parteigeschichte der SPD, denn es war das erste größere Dokument, das die Jusos initiiert und an dem sie in allen Phasen seiner Formulierung mitgewirkt hatten.

Aber die Wirksamkeit der Jusos erwies sich als ebenso kurzlebig wie die Brandtsche Reformeuphorie, die sie inspiriert hatte. 1974 stürzten beide in eine tiefe Krise. Ständige interne Fehden untergruben die Fähigkeit der Jusos zu innerparteilicher Opposition. Auf dem Juso-Kongreß vom 25. bis 27. Januar in München kam es zu einer hitzigen hochtheoretischen Diskussion.[84] Der Parteivorstand gab seine laxe Politik auf und machte mit großer Entschiedenheit klar, daß divergierende Meinungen in der Partei nur so lange geduldet würden, wie sie deren Handlungsfähigkeit nicht beeinträchtigten. Der Vorstand nahm besonders daran Anstoß, daß die Stamokap-Leute die sozialliberale Koalition in Bonn als »Agenten des Monopolkapitalismus« bezeichneten. Beobachter registrierten, daß mit dem Vorstandsbeschluß in bezug auf den Münchner Bundeskongreß ein härterer Ton gegenüber den Jusos angeschlagen wurde.[85] Und am 28. Juni 1974, etwa sechs Wochen nach dem Amtsantritt von Schmidt als Bundeskanzler[86], schränkte ein zweiter Vorstandsbeschluß zu den Arbeitsgemeinschaften, einschließlich aller Juso-Organisationen, den Handlungsspielraum der Jusos weiter ein. Er legte fest, daß Beschlüsse von Arbeitsgemeinschaften im Gegensatz zu Parteitagsbeschlüssen nicht verbindlich seien, daß sie nicht im Widerspruch zu Beschlüssen von Parteigremien stehen dürften und daß Funktionäre von Arbeitsgemeinschaften, die versuchten, gegen die Statuten und Richtlinien der Partei zu verstoßen, aus der Partei ausgeschlossen werden konnten.[87] In den folgenden Wochen wurde dieser Beschluß dahingehend ausgeweitet, daß der Vorstand eine Art Zensur ausüben durfte; und die Definition einer Arbeitsgemeinschaft wurde so gefaßt, daß sie einzelne Parteimitglieder betraf. Die Partei bekam das Recht, die Juso-Funktionäre zum Schweigen zu bringen.[88]

Die zweite Attacke des Parteivorstands hatte eine anti-kommunistische Stoßrichtung. In ihrer Kommunalpolitik gingen die Jusos sporadisch Zweckbündnisse mit der DKP und den K-Gruppen ein. Schon im November 1970 verabschiedeten der SPD-Vorstand, der Parteirat und die Kontrollkommission eine Resolution, die es den Jusos untersagte, an Veranstaltungen, Publikationen oder Flugblättern mitzuwirken, an denen auch die DKP oder eine ihrer zahlreichen Hilfsorganisationen beteiligt waren.[89] Damit standen die Jusos vor der Wahl, entweder das Feld zu räumen, wenn sich Ansatzpunkte für politische Aktivitäten ergaben *und* die DKP dort tätig war, oder einen größeren Konflikt mit der Partei und eine Vielzahl von Parteiverfahren zu riskieren, die Auswirkungen auf die Ziele ihrer Basisarbeit haben würden.[90]

Karsten Voigt setzte eine Diskussion darüber in Gang, wie sich die Jusos in bezug auf die – und in Abgrenzung von den – Kommunisten definieren und deutlich machen könnten, unter welchen Bedingungen sie mit der DKP und ihren Hilfsorganisationen zusammenarbeiteten bzw. diese Zusammenarbeit ausschlügen.[91]

Trotz der offen kritischen Einstellung der Jusos zur DKP leitete die SPD, stets darum besorgt, daß man ihr eine zu große Nähe zum Kommunismus nachsagen könnte, disziplinarische Maßnahmen ein und verlangte von mehreren Jusos, insbesondere von kommunalpolitisch aktiven, die Mitgliedsbücher zurück.[92] Zu Recht sahen viele Linke in den Entscheidungen des Parteivorstands ein verstärktes Bemühen der SPD, die radikale Linke zu zersplittern, ins Abseits zu drängen, ja, sie zu kriminalisieren. In der Geschichte der Bundesrepublik haben nur wenige Regierungsbeschlüsse eine derart emotionale, polemische und langanhaltende Kontroverse hervorgerufen wie der Erlaß der Regierung Brandt-Scheel zur Beschäftigung von »Radikalen« im öffentlichen Dienst. Er wurde als »Radikalenerlaß« oder, wie seine Gegner ihn nannten, als »Berufsverbote« bekannt. Der Erlaß, der in erster Linie auf die Kommunisten abzielte, schloß jede Person vom öffentlichen Dienst aus, deren Loyalität gegenüber dem Staat die Behörden anzweifelten. Die Durchführung dieser Maßnahme führte zu einer Überprüfung von 3,5 Millionen Menschen, zur Ablehnung von 2250 Bewerbern aus politischen Gründen, zu Disziplinarverfahren gegen 2000 öffentliche Bedienstete und zur Entlassung von 256. Er rief internationale Proteste und Aktionen hervor, die bis in die 90er Jahre hineinreichten. Diese traurige Episode des Mißbrauchs staatlicher Macht zum Schutz einer angeblich bedrohten Ordnung war wohl eines der schändlichsten Kapitel in der Geschichte der deutschen Sozialdemokraten seit 1945.[93]

Der vorausgegangene Überblick über die Aktivitäten der Jusos zeigt in konzentrierter Form eine kollektive Entwicklung, die zahllose individuelle Parallelen im breiteren Spektrum der Nach-68er-SPD-Sympathisanten hat. Unter Brandt wurde das in den späten 60er und frühen 70er Jahren mobilisierte große linke Potential dahingehend kanalisiert, daß es eine tiefgreifende Demokratisierung und die Verwirklichung radikaler Reformprojekte erhoffte. Unter Schmidt scheiterten diese Hoffnungen an der weltweiten Rezession. Dies allein hätte die Glaubwürdigkeit der SPD in den Augen der radikalen Linken nicht zerstört; aber Schmidt entschied sich gegen ein Festhalten an Brandts (teuren) Reformversprechen und war nicht bereit, die (vielleicht verheerenden) ökonomischen und wahlpolitischen Konsequenzen hinzunehmen. Der undemokratische Maulkorb, der der Linken innerhalb und außerhalb der Partei verpaßt wurde, bedeutete, daß die Entfremdung der Linken von der SPD eine andere Qualität bekam. Nicht nur die Politik, sondern die Partei selbst schien undemokratisch und reformunwillig. Daß viele Grüne der SPD lange mit Verbitterung, Ablehnung und Mißtrauen gegenüberstanden, läßt sich nur vor dem Hintergrund dieser »verratenen Hoffnungen« verstehen.

Für diejenigen, die radikaldemokratische und reformerische Ansprüche hatten, war die Alternative klar: Außerparlamentarismus oder eine neue Partei. Der folgende Abschnitt geht der Frage nach, warum man sich für letztere entschied.

## Von den »Bürgerinitiativen« über »Atomkraft, nein danke« zur Ökologiebewegung

Obwohl die Anhänger und Anliegen aller in diesem Abschnitt geschilderten Bewegungen heute wahrscheinlich in den Reihen der Grünen zu finden sind, bezog die Partei ihren Namen, ihre Identität und ihr Image von der Ökologiebewegung. Wäre es auch falsch, den Einfluß der in diesem Kapitel schon behandelten Vorläufer zu unterschätzen, so hat das Verhältnis der »Ökopartei« zur Umweltbewegung doch eine besondere Bedeutung. Im folgenden werden wir nachzeichnen, wie Mitte der 70er Jahre die ökologische Thematik zur Bildung eines außerparlamentarischen Bündnisses zwischen reformorientierten Wählern aus der Mittelschicht, der radikalen Linken und den »neuen« Bewegungen führte. Die Frage, warum gerade die Ökologie und nicht irgendein anderes gravierendes Problem (wie die Ungleichheiten zwischen den Geschlechtern und Klassen oder die Beziehungen zwischen Deutschen und Ausländern, um nur einige zu nennen) zum Bindeglied zwischen diesen verschiedenen Teilen des politischen Potentials wurde, untersuchen die folgenden Kapitel.

Die Ökologiebewegung entwickelte sich in drei Stufen. In ihrer ersten Phase (1969-75) kämpften »Bürgerinitiativen« gegen bürokratische Entscheidungen auf kommunaler Ebene und schufen auf diese Weise eine wichtige Verbindung zwischen Ökologie und partizipatorischer Demokratie. In der zweiten Phase (1975-77) entwickelte sich der Protest gegen die Atomenergie und führte zu einer Radikalisierung der Bewegung. In der dritten Phase (1977-80) verschmolzen diese verschiedenen Protest- und Oppositionssegmente zunehmend unter der Rubrik »Ökologie«. Betrachten wir diese drei Segmente näher.

### Die erste Phase, 1969 bis 1975

Der in den 70er Jahren aufkommende Begriff »Bürgerinitiativen« geht auf eine in den späten 50er und frühen 60er Jahren formulierte Idee zurück, die damals eine individuelle staatsbürgerliche Aktivität bezeichnete.[94] Sodann bedeutete der Begriff aufgrund der 1967/68 gegründeten Sozialdemokratischen Wählerinitiativen eine bestimmte Form politischer Organisation.

Beide Bedeutungen, die partizipatorische und die formal-organisatorische, verschmolzen im Laufe der 70er Jahre, als die Bürgerinitiativen zu einer Bürgerinitiativbewegung anwuchsen. Tatsächlich waren Bürgerinitiativen strukturell heterogen und hatten so verschiedene Formen wie die Umstände und Probleme, die ihre Entwicklung auslösten und begleiteten.[95] Dennoch kristallisierte sich das Ideal von der Bürgerbewegung als eines »Formprinzips« heraus. Die Bürgerinitiativen waren nicht-hierarchische, demokratische, basisorientierte Organisationen, die sozial und ideologisch unterschiedlich ausgerichtete Menschen gegen ein bedrohliches Projekt oder ein bedrohliches Vorhaben der Verwaltung mobilisierten. Ihr Hauptfeind war nicht so sehr die herrschende Klasse der Reichen, sondern die staatlichen Bürokraten und die Manager großer, unpersönlicher Organisationen. Die Bürgerinitiativen betrachteten es als wichtigsten Auftrag, statt des Kapitalismus die Technokratie, statt des Marktes die Megamaschine zu bekämpfen.

In der Entstehungsphase von 1969-72 speisten sich die Bürgerinitiativen aus mehreren Quellen. Eine bestand aus denjenigen Segmenten der Studentenbewegung, die sich im Gefolge der APO der Stadtteilarbeit, Umweltschutzinitiativen oder anderen Formen lokaler Politik zuwandten. Die größere Offenheit der westdeutschen politischen Kultur in den späten 60er Jahren hatte auch dem Durchschnittsbürger gezeigt, wieviel Druck von unkonventionellen, direkten Aktionen ausgehen konnte.[96] Die Bürgerinitiativen bezeugten in erster Linie den erwachenden Aktivismus der bundesdeutschen Mittelschicht, und zwar nicht in ihrer Rolle als Staatsbürger, sondern als Bürgertum. Die Daten zeigen, daß Mitglieder und Potential der Bürgerinitiativen vor allem aus der gebildeten Mittelschicht kamen.[97] 36,4 Prozent ihrer Mitglieder kamen aus dem freiberuflichen Sektor; 27,3 Prozent aus den Reihen der Beamten, gewöhnlich der gehobenen Beamten mit Universitätsabschluß; 24,2 Prozent waren Manager von Dienstleistungsunternehmen und Angestellte in anderen Wirtschaftsbereichen.[98] Bei den führenden Leuten der Bürgerinitiativen scheint diese Korrelation von Schichtzugehörigkeit und Bildungsgrad noch ausgeprägter zu sein.[99] Wie die Friedensbewegung der frühen 50er und späten 60er Jahre, war die Bürgerinitiativbewegung

Ausdruck eines basisorientierten Radikalismus von Angehörigen der Mittelschicht.

Während die Aktivisten der Bürgerinitiativen aufgrund ihrer relativen finanziellen Sicherheit und ihres Bildungsgrads sensibel für neuartige Probleme waren[100], entstanden die Probleme selbst – zumindest nach Auffassung dieser Aktivisten – zu einem erheblichen Teil durch die zunehmende makroökonomische Steuerung und die zentralistische Infrastrukturplanung des Staates unter der technokratischen Ägide der SPD-geführten Koalition. »Das Motiv zur spontanen Bildung von Bürgerinitiativen bieten in aller Regel Mißstände und Fehlentwicklungen sozial- und umweltpolitischer Art.«[101]

Solche Mißstände zeigten sich in den 70er Jahren besonders in den Bereichen Verkehr, Energie, industrielle Großproduktion und Stadtentwicklung. Dort lagen auch die Hauptschwerpunkte der Aktivitäten und des Protestes der Bürgerinitiativen.[102] Bürgerinitiativen kämpften beispielsweise gegen den Bau einer Schnellstraße oder eines Atomkraftwerkes, bemühten sich um staatliche Gelder für eine Schule, versuchten, strengere Lärmschutzmaßnahmen durchzusetzen, Änderungen von Flächennutzungsplänen oder eine völlige Freigabe der Mieten zu verhindern. Die meisten Bürgerinitiativen wollten ein Projekt verhindern.[103] Sie opponierten hauptsächlich gegen technokratische Lösungen für – ihrer Meinung nach – tiefergehende soziale Probleme.

Entsprechend der sozialen Zusammensetzung gaben sich die meisten Bürgerinitiativen gemäßigt und suchten den konstruktiven Dialog mit dem Staat, obwohl sie seine technokratische Ausrichtung ablehnten. Ihre Beschwerden richteten sie zumeist an staatliche oder kommunale Behörden, die unter der SPD zunehmend von vollziehenden in planende Verwaltungen verwandelt worden waren.[104] Zumindest zu Anfang wollten die Aktivisten eine auf Zusammenarbeit ausgerichtete, plebiszitäre Ergänzung zur offiziellen technokratischen Bürokratie sein.[105]

Die größere Bedeutung der Bürgerinitiativen für die Entwicklung der grünen Bewegung war daher eine zweifache. Obwohl das Ideal der Bürgerinitiativen nur in der Anfangsphase der Bewegung (1969-72) der Realität entsprach, als sie wirklich »auf dem Niveau der Ein-Punkt-Aktion«[106] agierten, hatte das Konzept von politischer Partizipation und Demokratie, das sie repräsentierten, später starken Einfluß auf die neuen sozialen Bewegungen.[107] Die Bürgerinitiativen nahmen eine Synthese von partizipatorischer Demokratie und politischer Verteidigung des Reproduktionsbereichs vorweg, die die Basis für ein Bündnis von reformorientierter Mittelschicht und radikaler Linken bildete. Dies schuf eine wichtige Voraussetzung für die späteren Wahlerfolge der Grünen.

### Die zweite Phase, 1975 bis 1977

Die hinter den Bürgerinitiativen stehenden Kräfte bekamen erst mit der Anti-Atomkraft-Bewegung 1975 eine radikale, einheitliche, bundesweite Organisation. Der Boden dafür war allerdings schon durch Entwicklungen zwischen 1972 und 1975 bereitet worden.

Erstens schienen der Bericht des Club of Rome *Global 2000* über die *Grenzen des Wachstums* und die weltweite Ölkrise darauf hinzudeuten, ja, zu bestätigen, daß nicht so sehr individuelle, bürokratische Planungsfehler, sondern die gesamte Politik des unkontrollierten Wachstums für die Mißstände verantwortlich war, die die Bürgerinitiativen beheben wollten. Parallel dazu wurde intensiv über »Lebensqualität« diskutiert und bezweifelt, daß das Wachstum und seine Ergebnisse – nämlich ein Überfluß an dauerhaften Konsumgütern – als Maßstab für menschliches Glück und soziale Gerechtigkeit dienen könnten.

Zweitens verschafften die Berichterstattung der Medien und die akademische Diskussion über die Bürgerinitiativen deren Aktivitäten öffentliche Unterstützung, und es zeigte sich »eine klare Tendenz zur fortschreitenden Kooperation und Koordination der lokalen Gruppen«.[108] 1972 wurde die erste Dachorganisation gebildet: 15 Initiativen schlossen sich zum Bundesverband der Bürgerinitiativen für Umweltschutz, BBU, zusammen, der bald zur größten und bedeutendsten Ökologieorganisation in der Bundesrepublik wurde. Die Bildung einer zweiten übergreifenden Organisation im selben Jahr, des Oberrheinischen Aktionskomitees gegen Umweltgefährdung durch Kernkraftwerke, bildete den Auftakt zum Kampf gegen die Atomenergie, ein Kampf, der die Bürgerinitiativbewegung in den nächsten zwei Jahren beherrschen, vorwärtstreiben und schließlich verändern sollte.

Die erste Phase der Anti-Atomkraft-Bewegung begann 1972 im oberrheinischen Wyhl in Baden-Württemberg, wo es eine fragile Symbiose von Industrieparks und malerischen Weinbergen gab. In der Region waren bereits mehrere Bürgerinitiativen aktiv[109], als bekannt wurde, daß Wyhl einer von mehreren potentiellen Standorten für das in jenem Jahr geplante Atomkraftwerk war.[110] Erst im Frühjahr 1973 erfuhren die dortigen Bürger, also die am stärksten betroffene Gruppe – aus dem Radio[111] –, von diesen Plänen! Als Wyhl wenig später tatsächlich als Standort ausgesucht wurde, erbrachten zahlreiche Unterschriftenlisten über 100 000 Voten gegen den geplanten Bau.

Die offiziellen Anhörungen im Sommer 1974[112] platzten, als bekannt wurde, daß vier Mitglieder des staatlichen Untersuchungsausschusses zugleich Vorstandsmitglieder des planenden Energiekonzerns waren.[113] Der durch das Bekanntwerden dieses Interessenkonfliktes angerichtete Schaden konnte durch die folgenden Informationskampagnen[114] und Versuche, die Bürgerinitiativen und die mit ihnen zusammenarbeitenden Wissenschaftler zu diskriminieren, nicht behoben werden. Im Spätsommer marschierten 2000 Demonstranten zu dem in Aussicht genommenen Baugelände, wo sie das Internationale Komitee der 21 badisch-elsässischen Bürgerinitiativen gründeten[115] und beschlossen, das Gelände nötigenfalls zu besetzen. Sie verlasen eine lange, wütende Erklärung, in der sie Mauscheleien, Korruption und undemokratische Praktiken der Vertreter von Regierung und Energiekonzern anprangerten, und, noch bedeutsamer, sie erklärten ihren generellen Widerstand gegen jeglichen Einsatz von Atomenergie.[116] Hier, wie auch anderswo in der schnell wachsenden Anti-Atomkraft-Bewegung, spielten Überheblichkeit und Korruptheit von Politikern und Wirtschaftsvertretern eine entscheidende Rolle beim Wandel von gemäßigten, regional beschränkten Protesten zur bundesweiten Oppositionsfront gegen das Atomenergieprogramm der Bundesrepublik. Initiative und Eigeninteresse auf lokaler Ebene verschmolzen bald zur Forderung nach mehr Demokratie und einer sozial verantwortlichen Energieplanung.[117]

Durch dubiose Manöver und eine sehr umstrittene Volksbefragung gelang es den Politikern und dem Energiekonzern, das Baugelände zu erwerben.[118] Trotz anhaltenden Widerstands und anhängiger Verfahren begannen am 17. Februar 1975 die Baumaßnahmen.[119]

Am nächsten Tag hielten 30 Bürgerinitiativen eine gemeinsame Pressekonferenz ab, und unmittelbar danach besetzten mehrere hundert Teilnehmer den Bauplatz und brachten die Arbeiten zum Stillstand. Zwei Tage später räumten 650 Polizisten das Gelände. Die öffentliche Resonanz auf diese Ereignisse brachte den Demonstranten so viel Unterstützung, daß sich am 23. Februar 28 000 Menschen – unter ihnen Protestierende aus Frankreich und der Schweiz – zum Baugelände aufmachten. Die Demonstranten, entschlossen, das Gelände besetzt zu halten, errichteten eine kleine »alternative« Siedlung. Einen Monat später bauten sie ein »Haus der Freundschaft« und ein Zentrum für Erwachsenenbildung.[120] Diese Aktivitäten wurden Ende März von Erfolg gekrönt, als ein Verwaltungsgerichtsbeschluß den Baustopp anordnete.

Der Sieg von Wyhl war ein entscheidendes Moment bei der Bildung der Anti-Atomkraft-Bewegung. Er entwickelte sich zum Katalysator und Symbol für den Protest in der übrigen Bundesrepublik. Die Taktik, das Baugelände zu besetzen und es in eine alternative Kolonie zu verwandeln, war ein provokatives – und konstruktives – Modell, das in späteren Konflikten häufig Nachahmung fand. Und in Wyhl trat zum ersten Mal ein harter Kern von mobilen Protestierern, darunter viele Kommunisten und Anarchisten, auf den Plan und wurde Bestandteil der Anti-Atomkraft-Szene.

Ihre Präsenz war in der zweiten Phase der Anti-Atomkraft-Bewegung von großer Bedeutung. Sie begann in Brokdorf, einem kleinen Dorf an der Unterelbe in Schleswig-Holstein. Dort wurde im Herbst 1973 der Bau eines Atomkraftwerks bekanntgegeben. Die erste BI, die Bürgerinitiative Umweltschutz Unterelbe (BUU), entstand zwei Wochen später.[121] Wie in Wyhl versuchten der Energiekonzern und die Landesregierung zunächst, die Gemeinde mit großzügigen öffentlichen Projekten zu ködern.[122] Aber diesmal gelang es nicht, mit Hilfe einer Volksbefragung Unterstützung für die Anlage zu bekommen[123], – was das Energieunternehmen nicht daran hinderte, den Bau wie geplant fortzusetzen.[124]

Der Konflikt in Brokdorf erreichte eine qualitativ andere Stufe der Polarisierung und Brutalität als in Wyhl. Extremisten, die eine gewaltsame Konfrontation mit dem Staat suchten, mischten sich unter die friedlichen Protestierer. Die Polizei wendete sehr entschlossen und ziemlich wahllos Gewalt an. Die Bürgerinitiativen wurden von den Behörden schikaniert, bespitzelt und ausgetrickst.[125] Bevor die Bauarbeiten begannen, entstand die »Festung Brokdorf« mit Wassergraben, Zaun und Stacheldraht, um die Wiederholung einer Besetzung wie in Wyhl zu verhindern.[126] Vier Tage später versammelten sich 30 000 bis 45 000 Personen unter dem Motto »Wo Recht zu Unrecht wird, wird Widerstand zur Pflicht« und »Keine Atomkraftwerke in Brokdorf und anderswo«.[127] Nach den üblichen Reden durchbrachen 2000 Demonstranten die Polizeikette, überwanden den Wassergraben, rissen, von Wasserwerfern beschossen, einen Teil der Absperrung nieder und besetzten einen Abschnitt des Geländes. Dieser Vorgang, mit dem die Grenze zur offenen Gewalt überschritten worden war, führte zu einer raschen Eskalation, zuerst in Wyhl[128], im folgenden Jahr bei den Demonstrationen gegen die geplanten Reaktoren in Grohnde und Malville in Frankreich, wo die Zusammenstöße zwischen Polizei und Demonstranten auf beiden Seiten Verwundete forderten.[129]

Die »Schlachten« von Brokdorf, Grohnde und Malville sowie die terroristischen Akte im »heißen Sommer« 1977 führten bei der gemäßigten Mehrheit der Kernkraftgegner zu einer Phase der Besinnung: »Innerhalb der Anti-Atombewegung setzte nun eine Wende ein. Es war klar geworden, daß das Mittel der Bauplatzbesetzung ... unter den gewandelten Bedingungen völlig ungeeignet war. Der quasi-militärische Aufmarsch begünstigte Provokationen und Übergriffe beider Seiten. Gewaltaktionen brachten das Anliegen der Bürgerinitiativen bei der breiten Bevölkerung in Mißkredit.«[130]

Um der Gewalt Einhalt zu gebieten, ohne die Bewegung zu zersplittern, erhoben die Bürgerinitiativen die Gewaltlosigkeit zum obersten Prinzip, ohne sich freilich von der kleinen Minderheit gewalttätiger Anarchisten und Kommunisten kategorisch zu distanzieren.[131]

Die von den Protestierern ausgehende Botschaft blieb von den Politikern nicht unbemerkt. 1975 veröffentlichten Erhard Eppler (SPD) und Herbert Gruhl (CDU) zwei einflußreiche Bücher über die »ökologische Krise«.[132] 1976/77 nahm die SPD-Führung, aufgeschreckt durch den eskalierenden Konflikt zwischen Staat und Atomkraftgegnern sowie den Umschwung der öffentlichen Meinung, die sich plötzlich gegen die Atomenergie aussprach[133], sogar eine verständnisvolle Haltung ein.[134] Aber letztlich bestimmte in der SPD weiterhin ein Bündnis zwischen Parteitechnokraten (wie Kanzler Helmut Schmidt), konservativen Funktionären und lohnorientierten Gewerkschaftern die traditionelle Politik der »materiellen« Interessenvertretung auf der Basis eines produktionshörigen Krisenmanagements, ungehemmten Wirtschaftswachstums und steigender Löhne.

So bestand also eine der wichtigsten politischen Entwicklungen im Jahre 1977 darin, daß die SPD in der Ökologiefrage den Zug verpaßte und dadurch für mindestens zehn Jahre – wahrscheinlich sogar länger – die Chance verspielte, in diesem zentralen Bereich progressiver Politik in der Bundesrepublik einer der Hauptakteure zu sein. Der überhebliche Autoritarismus und die starre Haltung auf seiten aller Behörden auf Bundes-, Landes- und kommunaler Ebene gegenüber den Bürgerinitiativen und der Anti-Atomkraft-Bewegung enttäuschten einen großen Teil der gebildeten Mittelschicht und führte zu ihrer Entfremdung vom Staat und von den etablierten Parteien, insbesondere von der Sozialdemokratie.

### Die dritte Phase, 1977 bis 1980

Obwohl Anliegen und Argumente sowohl der Bürgerinitiativen als auch der Anti-Atomkraft-Bewegung um die Ökologie zentriert waren, fingen ihre jeweiligen Aktivisten und Anhänger erst 1977 an, sich selbst als Teil einer »Ökologiebewegung« zu betrachten. In einem bahnbrechenden Dokument, das vieles von dem ersten Programm der Grünen vorwegnahm, erklärte der BBU – Ende der 70er Jahre ein mächtiger Verband, der in seinem Einflußbereich ungefähr 400 Bürgerinitiativen umfaßte[135] –: »Die Zielsetzung einer ökologischen Wirtschaft kann nicht durch punktuelle Einzelmaßnahmen im Bereich des technischen Umweltschutzes erreicht werden, sondern nur, wenn die Erfordernisse der Ökologie Grundlage der gesamten Wirtschafts- und Gesellschaftspolitik werden.«[136]

Die »ökologische Alternative«, wie es in diesen Jahren immer wieder hieß[137], beruhe auf zwei Grundideen. Die erste war das »qualitative Wachstum«: »ein Mittelweg, der ... vor allem eine Senkung der Wachstumsraten des Ressourcen- und Umweltverbrauchs, aber nicht des schon erreichten Nachfrageniveaus erfordert.«[138] Die zweite Vision betraf eine »ökologische Kreislaufwirtschaft«, bei der die

Produktion im Einklang mit den »natürlichen Gleichgewichten« der Umwelt stünde. Diesem Konzept zufolge sollte die Produktion immer voll das ersetzen, was sie der Natur entnahm, und der Natur nie mehr hinzufügen, als diese wiederverwerten konnte. Kurzum, die Produktion sollte das ökologische Gleichgewicht anstreben, das es in den primitiven Wirtschaften der Jäger und Sammler gegeben hatte.

Neben dieser Vision eines ökologischen Reformprojekts bildete sich eine Öko-Ideologie heraus, die sich an der zunehmenden Durchdringung des politischen Vokabulars mit ökologischen Prinzipien – oder vielmehr naturalistischen Analogien –, wie etwa »Einheit in der Vielfalt«, sowie an der wachsenden Anziehungskraft eines ökologischen Lebensstils zeigte, der in seinen materiellen Ansprüchen spartanisch und in seiner Alltagspraxis umweltbewußt war.

Wichtiger für unsere Analyse ist die Tatsache, daß viele radikale und reformistische Bewegungen in den 70er Jahren damit begannen, sich mit der Rolle der Ökologie und ihrem Verhältnis zu den eigenen Anliegen zu beschäftigen. Theoretiker des kommunistisch/sozialistischen Spektrums, von den orthodoxen Mitgliedern der DKP und verschiedener K-Gruppen bis hin zu linken Sozialdemokraten und Jusos, begannen, die begrenzte Sichtweise und die positive Einstellung des marxistischen Sozialismus zu Wachstum, Technik und Ausbeutung der Natur kritisch zu hinterfragen.[139] Die Diskussion über den »Ökofeminismus« setzte 1975 ein.[140] Die ökofeministischen Argumente gingen davon aus, daß Frauen ein anderes, gesünderes, schonenderes Verhältnis zur Natur hätten als Männer, die sich durch ihr instrumentelles und lineares Denken sowie ihre entfremdenden und ausbeuterischen Aktivitäten von der Natur entfernt hätten. Demnach, so die Ökofeministinnen, sei die ökologische Krise das offenkundige Ergebnis des Patriarchats. Nur eine feminisierte Gesellschaft könne die Voraussetzung für gesunde und dauerhafte ökologische Reformen schaffen, die zu einer ökologischen Gesellschaft führten, welche diesen Namen verdiente.[141]

Zu dieser Zeit formulierten auch verschiedene »anthroposophische« Gesellschaften, die einen dritten Weg zwischen Kapitalismus und Sozialismus befürworteten (und eine wichtige Rolle bei der Gründung der Grünen spielten), Theorien über einen »ökologischen Humanismus«, die die Umweltkrise, das Wettrüsten und den Nord-Süd-Konflikt als Herausforderung für die menschliche Gattung sahen.[142] Nur eine moralische und ethische Revolution könne die sichere Katastrophe abwenden, die aus dieser schlimmen Lage unweigerlich erwachse. Und die Christen, vor allem in der evangelischen Kirche, hinterfragten die biblische Maxime, daß sich die Menschen die Natur untertan machen sollten. Sie betonten statt dessen ihre Rolle als Bewahrer der Schöpfung.[143]

Das Ökologie-Konzept hielt die verschiedenen Kräfte der Linken in den späten 70er Jahren zusammen. Ein weit gefaßter Ökologie-Begriff diente als Kristallisationspunkt diffuser Interessen und Engagements für die natürlichen und sozialen Strukturen der physischen und kulturellen Reproduktion. Obwohl diese ökologische Synthese, wie wir später sehen werden, die reformpolitische Theorie und Praxis mit schwierigen Problemen konfrontierte, schuf sie zumindest einen Minimalkonsens, auf dessen Basis die alten und neuen Anliegen der Linken in den 70er Jahren verfochten werden konnten. Während der Ökosozialismus, der Ökofeminismus und das Ökochristentum wesentlich zum Entstehen der Grünen beitrugen, erwies sich ein anderes Bündnis, nämlich »Ökopax«, als wichtigster Faktor für ihren schließlichen Erfolg.

## Die neue Friedensbewegung

In den Jahren 1980/81 wuchs die »neue Friedensbewegung« zur größten und heterogensten Massenbewegung in der Geschichte der Bundesrepublik an, übertraf ihren Vorläufer in den späten 50er Jahren bei weitem und nahm Dimensionen an, die weit über die Bürgerinitiativen, die Anti-Atomkraft- und Ökologiebewegung hinausgingen. Ihre Entstehungsfaktoren waren so vielfältig wie ihre Anhänger unterschiedlich. Die Bewegung einte der Widerstand gegen die Stationierung der amerikanischen Pershing II-Raketen und der Cruise Missiles.

Der »Raketen-Kanzler« Helmut Schmidt, der in diesem Drama zwei tragende Rollen für sich beanspruchen konnte, brachte den Stein ins Rollen. Zum einen war er in den späten 70er Jahren einer der strategischen Vordenker bei der Überprüfung der NATO-Verteidigungspolitik, die den »Doppelbeschluß« initiierten, welcher sowjetisch-amerikanische Abrüstungsgespräche mit der Aufstellung von

Mittelstreckenraketen verband; zum anderen gelang es ihm, in der Gesellschaft und in den Parteien breite Zustimmung für die Aufstellung der Mittelstreckenraketen zu gewinnen. In dieser Rolle trieb Schmidt einen Keil zwischen die SPD und das reformorientierte Bildungsbürgertum und die Studenten, was eine tiefere Kluft aufriß, als es der »heiße Herbst« und Brokdorf jemals getan hatten. Dieser tiefgehende Bruch zwischen den Befürwortern der Stationierung um Kanzler Schmidt und einer stetig wachsenden Zahl von Pazifisten, die gegen die Stationierung und den Kanzler opponierten, spaltete die SPD in einem solchen Maße, daß sie sich auch Mitte der 90er Jahre davon noch nicht erholt hatte. Diese Entfremdung zwischen rechten und der Mitte zuzurechnenden Sozialdemokraten, die an der Regierung waren, und der oppositionellen Linken, also zwischen Regierungs- und Bewegungspartei, war die letzte Etappe in der Entwicklung einer »autonomen, überparteilichen und außerparlamentarischen Basis- und Massenbewegung«.[144] Dieser Riß in einer zunehmend auseinanderdriftenden Sozialdemokratie war der letzte und vielleicht entscheidende Faktor dafür, daß eine große Wählerschar ins grün-alternative Lager überwechselte.

Die westdeutsche Friedensbewegung durchlief zwischen 1975 und 1985 im wesentlichen vier Phasen. Trotz einer leichten Zunahme der Demonstrationen und Aktivitäten ab 1975/76 blieb die Friedensbewegung in dem Schlummerzustand, in den sie nach dem Ende der APO gefallen war, bis der NATO-Doppelbeschluß sie 1979 aufweckte. Es folgte eine Periode der Agitation und Mobilisierung, die im Herbst 1981 in der ersten Massendemonstration gipfelte. Sie mündete in eine Phase maximaler Mobilisierung, die anhielt, bis der Bundestag die Stationierung der Mittelstreckenraketen billigte, die im November 1983 begann. Während sich die gemäßigten Kräfte zurückzogen, gingen die militanten Anhänger zu gewaltsamem Widerstand und Blockadeaktionen über, die 1985 zur Spaltung und zum Zusammenbruch der Friedensbewegung führten.

### Die erste Phase, 1975 bis 1979

In den frühen 70er Jahren, die ganz im Zeichen der Entspannungspolitik standen, erhielten altehrwürdige pazifistische Organisationen wie die Deutsche Friedensgesellschaft/Vereinigte Kriegsdienstverweigerer (DFG/VK), die 1882 gegründet worden war, und die Deutsche Friedensunion (DFU) Friedensaktivitäten gewissermaßen auf kleiner Flamme aufrecht. Daneben entstanden (1968) die Aktionsgemeinschaft Dienst für den Frieden und die Aktion Sühnezeichen/ Friedensdienst, die beide eine führende Rolle in der neuen Friedensbewegung spielen sollten. Das erste Aufkeimen des autonomen und basisdemokratischen Elements der neuen Friedensbewegung war die 1975 gegründete Demokratische Fraueninitiative.[145]

Hinzu kam die von der Regierung geförderte Friedensforschung.[146] Eine weitere bedeutende Organisation entstand 1974, das Komitee für Abrüstung und Zusammenarbeit (KOFAZ), das trotz – oder wegen – seiner engen Beziehungen zur DKP[147] und seiner Übereinstimmung mit der sowjetischen Außenpolitik[148] bestrebt war, breiteste Unterstützung für Entspannung und Abrüstung zu erreichen, und dadurch eine führende Rolle in der neuen Friedensbewegung errang.[149] Nach einer erfolgreichen Friedensdemonstration in Bonn im Frühjahr 1976[150] begann das KOFAZ, jedes Jahr mehrere gutbesuchte Demonstrationen zu organisieren, die später einen Anknüpfungspunkt für neue oppositionelle Kräfte bildeten.

### Die zweite Phase, 1979 bis 1981

Die neue Friedensbewegung begann mit der Sicherheitskonferenz der NATO in Brüssel im Dezember 1979. Der Doppelbeschluß war gerade mit der unerläßlichen Zustimmung Westdeutschlands verabschiedet worden. Im angespannten Klima der internationalen Beziehungen in den späten 70er Jahren gab es gute Gründe, in den neuen Raketen, die von Osten und Westen auf Europa gerichtet waren, mehr zu sehen als nur ein weiteres unwichtiges und technisches Kapitel im Wettrüsten.[151] Die Wahl von Ronald Reagan, des größten Hardliners der letzten Jahrzehnte, zum amerikanischen Präsidenten, führte bei gemäßigten und liberalen Westdeutschen zu einem Vertrauensverlust gegenüber den Vereinigten Staaten.[152] Und nicht zuletzt war da die besondere Rolle der Bundesrepublik: Sie wäre die vorgeschobene Verteidigungslinie der NATO gewesen, wenn die Pershings und Cruise Missiles in einem begrenzten Atomkrieg in Europa zum Einsatz gekommen wären, wie manche Strategen geplant hatten und wofür sie – was viel wichtiger war – von Millionen von Deutschen zu Recht oder zu Unrecht gefürchtet wurden.

Betrachten wir jetzt die Konfiguration, die sich in den Jahren unmittelbar nach dem Doppelbeschluß für jede der fünf Gruppierungen in der Friedensbewegung herausbildete, aus denen später große Teile der grünen Wähler kommen sollten.

*Konservative Bekehrte.* Angesichts der technischen Natur der Diskussion und der besonderen Bedrohung, die der Doppelbeschluß für die Bundesrepublik darstellte, ist es kaum verwunderlich, daß die erste fundierte Kritik an den Mittelstreckenraketen nicht von linken Pazifisten, sondern von konservativen Persönlichkeiten und Militärangehörigen wie Alfred Mechtersheimer und Gert Bastian kam[153]: »Bei einem Versagen der Abschreckung wären die Überlebenschancen der Europäer ... gleich Null!«[154]

Viele Friedensforscher griffen die »Expertokratie« an, stellten die Prämissen ihrer strategischen Modelle in Frage und entwickelten Vorschläge für nichtatomare »alternative« Verteidigungskonzepte.[155] Die Tatsache, daß die »Ziele der Friedensbewegung in erster Linie militär- und sicherheitspolitisch begründet« waren, unterschied sie wesentlich von dem vagen Moralismus der »alten« Friedensbewegung der 50er Jahre.[156]

*Das Ökopax-Bündnis.* Die Interaktion und Kooperation zwischen der Ökologie- und der neuen Friedensbewegung entwickelten sich rasch. Bekannte Wissenschaftler, die sich mit den neuen sozialen Bewegungen der Bundesrepublik befaßten, drückten es so aus: »Vom Selbstverständnis der Ökologiebewegung als ›Lebensbewegung‹ war da kein weiter Weg zur Friedensbewegung als ›Überlebensbewegung‹«.[157] Dieses Bündnis wurde besonders vorangetrieben von Jo Leinen, dem Vorsitzenden des BBU, und von den Friedensaktivisten Roland Vogt und Petra Kelly; zusammen verfolgten sie ihre Vision einer »Ökopax«-Bewegung auf der Basis des »Prinzips Leben«.[158]

Die Ökopax-Synthese wurde 1979/80 durch Kongresse und die Zusammenarbeit an der Basis gefestigt.[159] Die Ökopax-Aktivisten thematisierten viele sich überschneidende Punkte: das prekäre Verhältnis zwischen »friedlicher« und militärischer Nutzung der Atomenergie und ihre Verbreitung in der Dritten Welt[160]; die Ausbeutung der natürlichen Ressourcen[161] und das darin liegende militärische Konfliktpotential[162]; schließlich den funktionalen und systematischen Zusammenhang zwischen der »Drohung eines Atomkrieges« und der »schleichenden Zerstörung der Natur durch ungezügelte Industrialisierung«, der eine ökologische Interpretation des militärisch-industriellen Komplexes ermöglichte.[163] Diese Synthese von Ökologie- und Friedensbewegung hatte eine ebenso starke intellektuelle wie existentielle Grundlage.

*Christliche Organisationen.* Einen dritten, sehr einflußreichen Strang dieser neuen Friedensbewegung bildeten die verschiedenen religiösen Gruppen. Die beiden wichtigsten, Aktion Sühnezeichen, Friedensdienst (ASF) und Aktionsgemeinschaft Dienst für den Frieden (AGDF), gegründet 1958 bzw. 1968, hatten schon seit geraumer Zeit pazifistische Positionen vertreten. Bei den christlichen Pazifisten trat im Mai 1978 eine Wende zur Politik ein, als die Initiative Ohne Rüstung leben 13000 Unterschriften von Christen vorlegten[164], welche ihre Bereitschaft erklärten, »ohne den Schutz von militärischen Waffen zu leben«.[165] Entsprechend dem Vorbild der holländischen protestantischen Kirchen organisierte die ASF im Oktober 1980 an 350 Orten in der Bundesrepublik eine Friedenswoche unter dem Motto »Frieden schaffen ohne Waffen«[166] mit derartigem Erfolg, daß sie in den folgenden Jahren jährlich wiederholt wurde.[167]

*Der linke SPD-Flügel.* Da es in der SPD starken Widerstand gegen den Doppelbeschluß gab, nahmen viele Parteilinke entweder offen an den Aktivitäten der Friedensbewegung teil oder unterstützten sie und ihr Umfeld zurückhaltend, aber entschlossen. Prominente Persönlichkeiten des geistigen und kulturellen Lebens, allesamt SPD-Mitglieder, unterzeichneten 1980 den Bielefelder Appell, der die Ernsthaftigkeit und daher den Wert der Abrüstungsgespräche zwischen den Supermächten in Frage stellte.[168] Im Juni 1981 gaben SPD-Mitglieder und -sympathisanten, darunter Erhard Eppler und Oskar

Lafontaine, im Namen der sogenannten Gustav Heinemann Initiative, des moralischen Gewissens der Partei, eine Erklärung zur Sicherheitspolitik heraus, deren elegante und subtile Formulierung ihren radikalen Kern nur notdürftig verschleierte: Ablehnung einer auf strategischer Parität beruhenden Abschreckung und Hinweise auf die historisch und verfassungsmäßig geforderte Friedenspflicht Deutschlands.[169] Wenig später verabschiedeten die Jusos auf ihrem Bundeskongreß eine noch radikalere Erklärung.[170]

*Basisorganisationen.* Die »unabhängigen« oder »autonomen« Organisationen hatten in der neuen Friedensbewegung kein organisatorisches Sprachrohr, bis im März 1982 die Bundeskonferenz Unabhängiger Friedensgruppen (BUF) gegründet wurde. Sie umfaßte hauptsächlich Anarchisten, Antiimperialisten und Antimilitaristen, die für radikale Widerstandsformen, insbesondere zivilen Ungehorsam eintraten.[171] Wegen ihrer extremen taktischen und inhaltlichen Positionen und ihres sehr amorphen Charakters blieben diese Gruppen relativ marginal und traten erst in der Endphase der Bewegung in den Vordergrund.

Ihre Vertreter kamen zum ersten Mal im Herbst 1980 auf einem Forum in Krefeld unter dem Motto »Der Atomtod bedroht uns alle« zusammen. Das Ergebnis dieses Forums, der Krefelder Appell, legte den Minimalkonsens der Friedensbewegung auf einen nicht verhandelbaren Widerstand gegen die Stationierung der Pershing II und der Cruise Missiles auf deutschem Boden fest.[172] Innerhalb von sechs Monaten hatten etwa 800000 Westdeutsche den Krefelder Appell unterzeichnet, und nach eineinhalb Jahren war diese Zahl auf über zwei Millionen gewachsen.[173] Der Appell bedeutete den Höhepunkt der Mobilisierungsphase der Friedensbewegung.

### Die dritte Phase, 1981 bis 1983

Der nächste Meilenstein für die Friedensbewegung war die große Massendemonstration in Bonn im Oktober 1981. Angespornt durch einen spontanen Friedensmarsch im Anschluß an den protestantischen Kirchentag im Sommer 1980[174], fand ein Treffen von 22 prominenten Friedensaktivisten statt, die das Spektrum der Bewegung (mit

Ausnahme der »Autonomen«)[175] repräsentierten und die Demonstration vorbereiteten. Um der Taktik der Regierung entgegenzutreten, die die Bewegung als kommunistisch unterwandert und gesteuert in Verruf zu bringen versuchte, wurde die Demonstration von ASF und AGDF veranstaltet.[176] Mitte Juli fand erneut ein Treffen von etwa 95 Organisationen statt, um eine möglichst große Teilnehmerzahl zu erreichen.[177] In ihrem Flugblatt forderten die Veranstalter nicht nur, daß die Regierungen der NATO-Mitgliedsstaaten ihre Zustimmung zu dem Beschluß zurückziehen sollten, neue Mittelstreckenraketen in Europa zu stationieren, sondern die Friedensaktivisten griffen auch die im Sommer zuvor von der Russell-Friedensstiftung erhobene Forderung auf, ein atomwaffenfreies Europa zu errichten.[178]

Die Zahl der Teilnehmer betrug dann nicht wie erwartet 50 000, sondern 300 000, was diese Demonstration zur bis dahin größten in der Geschichte der Bundesrepublik machte.[179] Dieser Erfolg war weitgehend auf die Einheit und das politische Geschick der Veranstalter und auf die sorgfältige Formulierung ihres Appells zurückzuführen.

Der Einfluß der Demonstration machte sich sofort bemerkbar. Fast die Hälfte der Bevölkerung der Bundesrepublik war danach positiv gegenüber der Friedensbewegung eingestellt, und fast ein Viertel aller 18- bis 29jährigen bekundete die Bereitschaft oder den Wunsch nach aktiver Teilnahme.[180] Der kleine Kreis von Veranstaltern war durch dieses Ergebnis so ermutigt, daß er nicht nur die Treffen fortsetzte[181], sondern im Frühjahr 1982 ein offizielles Koordinationskomitee bildete, das die weiteren Aktivitäten der Friedensbewegung steuerte.[182] Es organisierte nicht nur eine Reihe von Großdemonstrationen, sondern machte auch Pressearbeit, gab Erklärungen und Positionspapiere zu aktuellen Ereignissen heraus und sorgte für ein positives Image der Friedensbewegung.[183]

Die Zeit vom Frühjahr 1982 bis November 1983, als der Bundestag für die Stationierung dieser Waffen stimmte, bildete den Höhepunkt der Demonstrationsphase. Die Euphorie der Bonner Kundgebung, die Konsolidierung des Koordinationskomitees und der Beginn der Verhandlungen zwischen den USA und der UdSSR in Genf im November 1981 gaben der Friedensbewegung 1982 enormen Auftrieb. Zum ersten Mal seit 1968 wurden bundesweit Ostermärsche veranstaltet, an denen 1982 etwa 500000 und 1983 650000 Menschen teilnahmen.[184] Der NATO-Gipfel im Sommer 1982 in Bonn, in dessen Verlauf Ronald Reagan eine Rede vor dem Bundestag hielt, zog etwa 400000 Demonstranten in die Hauptstadt, wodurch der Rekord vom Oktober des vorausgegangenen Jahres noch übertroffen wurde.[185]

Die Tatsache, daß die Bundestagswahl vom März 1983, notwendig geworden nach dem Bruch der sozialliberalen Koalition im September 1982, mitten in die »heiße Phase« der neuen Friedensbewegung fiel, war für den parlamentarischen Erfolg wichtig, den die neuen sozialen Bewegungen in Form einer neuen Partei, der Grünen, haben sollte. Obwohl Helmut Schmidts potentieller Nachfolger Hans-Jochen Vogel erklärte, daß er alles in seiner Macht Stehende täte, damit die Verhandlungen in Genf zu einem Erfolg und die Stationierung der Mittelstreckenraketen »überflüssig« würde, sollten die Grünen von den Stimmen derjenigen profitieren, die den Doppelbeschluß ohne Wenn und Aber ablehnten.[186] Die Aktivitäten der Friedensbewegung schienen seit der Bonner Demonstration von 1981 einen Umschwung der öffentlichen Meinung gegen die Mittelstreckenraketen herbeigeführt zu haben.[187]

### Die vierte Phase, 1983 bis 1985

Die vierte und letzte Phase der Friedensbewegung begann im Sommer 1983 mit Demonstrationen gegen den Besuch des damaligen stellvertretenden US-Präsidenten George Bush bei einem deutsch-amerikanischen Freundschaftsfest in Krefeld. Eine ausgeklügelte Planung sowohl von seiten der Polizei als auch von militanten »Autonomen« bildeten das Vorspiel zu gewaltsamen Konfrontationen, die durchaus vergleichbar waren mit den Anti-Atomkraft-Demonstrationen im »heißen Herbst« 1977.[188] Als deutlich wurde, daß die Verhandlungen der Supermächte in Genf zum Scheitern verurteilt waren, fingen die »Autonomen« und »Unabhängigen« an, für die kommenden Monate »Widerstandsaktionen« gegen die Stationierung der Raketen zu planen.[189] Sie gipfelten in dem gemeinsamen Versuch, die für November vorgesehene Debatte und Abstimmung im Bundestag zu stören.[190] Im Dezember fand der erste geplante Sabotageakt statt.[191]

Die Autonomen und Unabhängigen hatten wie früher bestenfalls eine Minderheitsposition. Nur sehr wenige waren bereit, den Kampf nach der Abstimmung im Bundestag fortzusetzen. Selbst bei den engagiertesten Vertretern des Koordinationskomitees entwickelte sich zunehmend eine Polarisierung zwischen »Demonstrierern« und »Blockierern«.[192] Der Einheit der Friedensbewegung drohte auch aus einer anderen Richtung Gefahr. Seitdem der Minimalkonsens, der in der Verhinderung der Stationierung der Raketen bestanden hatte, durch die Stationierung gekippt worden war, gab es keine Basis für die Zusammenarbeit mehr. Und auch die Suche nach einer neuen Grundlage, die sich in Parolen wie »Raus aus der NATO«, in Kampagnen wie »Volksbefragung« oder in Aktionen wie den »Menschenketten« niederschlug, war nicht sonderlich erfolgreich. Während die Führung der Friedensbewegung durchaus fähig war, neue Kompromißformeln zu finden, um die Einheit des Koordinationskomitees aufrechtzuerhalten, schien sie nicht in der Lage zu sein, breite Unterstützung für neue Kampagnen zu mobilisieren. An den Aktivitäten im Herbst 1984 beteiligten sich nur kleine militante Gruppen.[193]

Dies unterschied sich sichtbar von der machtvollen Friedensbewegung, die ihre Bedeutung durch die eindrucksvolle Koalition unterschiedlichster Kräfte gewonnen hatte. Aus dieser heterogenen politischen Bewegung sollte schließlich die grüne Partei der 80er Jahre werden.

Teil II

# Ideologie und politische Programmatik

Nachdem wir in den vier Kapiteln des ersten Teils unseres Buches die Vorläufer der westdeutschen Grünen recht ausführlich beschrieben haben, befassen wir uns jetzt mit den hervorstechendsten Merkmalen dieser neuen politischen Formation. Deren Darstellung umfaßt zwei Teile. Der erste bezieht sich auf eine Analyse der grünen Ideologie. Kapitel 5 gibt einen Überblick über die wichtigsten ideologischen Stränge der komplexen und heterogenen grünen Bewegung. Da sich die Grünen zu Recht viel auf ihre Unkonventionalität zugute halten, kann eine Analyse ihrer Ideologie die komplexe Wirklichkeit zwangsläufig nicht ganz erfassen. Es gibt weltanschauliche Züge mancher Grüner, die unsere Darstellung nicht einmal erwähnt. Die folgende Analyse ist in dem Sinne historisch ausgerichtet, als wir die wichtigsten ideologischen Stränge herausarbeiten und zu Ideologien in Beziehung setzen, die schon früher die deutsche Politik prägten. Es geht dabei nicht um eine umfassende Darstellung aller Ideologien, die Einfluß auf die Alltagspraxis der Grünen als Partei und Bewegung hatten; es geht auch nicht um eine aktualisierte Darstellung der neuesten Entwicklungen im grünen Denken. Vielmehr sollen die wichtigsten ideologischen Pfeiler beschrieben werden, auf die sich die Grünen in den entscheidenden Phasen ihres Entstehungsprozesses berufen haben.

Die zweite von uns analysierte Dimension der gegenwärtigen Verfassung der Grünen bezieht sich auf ihre Politik, wie sie sich in ihrer Programmatik darstellt (Kapitel 6). In einem gewissen Sinne betrachten wir Politik als angewandte Ideologie. Beinhaltet die Ideologie abstrakte Prinzipien und Ordnungskategorien, so versucht die Politik, diese in politischen Alltag umzusetzen. Deshalb sehen wir einen engen Zusammenhang zwischen grüner Ideologie und Politik, die wir in Teil II beschreiben. Kapitel 6 konzentriert sich auf die wichtigsten

Aspekte grüner Politik, die wir in zweifacher Hinsicht für bemerkenswert halten: erstens in ihrer Bedeutung für die politische Realität der Bundesrepublik und zweitens als Elemente, die die grüne Identität bestimmen.

Politik kann von der Input- wie von der Outputseite her eingeschätzt werden. Angesichts der Tatsache, daß die Grünen stets eine »Milieu«-Partei geblieben sind – so haben sie ihre Rolle als Exekutivmacht bis heute nur als Juniorpartner der Sozialdemokraten in Ländern und Kommunen, nie jedoch auf Bundesebene ausgeübt –, kann grüne Politik nicht mit hinreichender Sicherheit als »Output« gemessen werden. Deshalb befaßt sich die Analyse in Kapitel 6 nur mit der »Input«-Dimension grüner Politik. Wir konzentrieren uns also auf das, was die Grünen sagen, schreiben, wollen und erhoffen und nicht auf das, was sie tatsächlich tun.

Das bedeutet natürlich nicht, den zahlenmäßig kleinen Grünen jeglichen Einfluß auf die Outputseite des deutschen politischen Systems abzusprechen – im Gegenteil. Wie wir in Teil III und im Schlußkapitel darstellen werden, war der vielleicht hervorstechendste Aspekt der Grünen ihre Fähigkeit, die politische Debatte in der Bundesrepublik zu verändern; dies hatte wiederum starke Auswirkungen auf Praxis, Form und Inhalt fortschrittlicher Politik in Deutschland.

# 5. Ideologie: Die Welt, wie sie entworfen wird

Die drei vorausgegangenen Kapitel haben gezeigt, daß die Grünen als Teil der westdeutschen Linken und insbesondere in ihrem Verhältnis zur deutschen Sozialdemokratie gesehen werden müssen. Die entscheidenden Dimensionen der Grünen – ihr historischer Entstehungsprozeß, die politische Landschaft, in der sie agieren, die politischen Anliegen, die sie thematisieren – lassen sich nur dann verstehen, wenn die Grünen in Beziehung zur Entwicklung und zu den Dilemmata der deutschen Sozialdemokratie gesetzt werden. Dementsprechend wird die These entwickelt, daß die grüne Ideologie in all ihren Varianten den Versuch darstellt, eine theoretisch fundierte Synthese von ökologischer und sozialistischer Politik zu bilden. Anders ausgedrückt, den grünen Ideologen ging es um eine Rekonstruktion des marxistischen Sozialismus.[1] In den Anfangsjahren der Partei hätten viele Grüne diese Einschätzung empört zurückgewiesen. Ihre Überzeugung, daß die Grünen eine völlig neue Politik schufen, daß sie ein historisches Bündnis der gesamten Menschheit schmiedeten und über die verschlissenen Alternativen des etablierten politischen Spektrums hinaus einer neuen Gesellschaft den Weg ebneten, kam in der damals beliebten Parole zum Ausdruck, die Grünen seien »weder links noch rechts, sondern vorn«.

Rückblickend erscheint dieser Anspruch übertrieben und entbehrt nicht einer gewissen Ironie, wenn man bedenkt, daß die meisten grünen Aktivisten und Anhänger ihren linken Hintergrund während der 70er Jahre in der SPD, den K-Gruppen oder den »undogmatischen« marxistischen Organisationen erwarben. Nachdem die Partei schon zu Beginn der 80er Jahre die gemäßigten und konservativen Umweltschützer um Herbert Gruhl ausgeschlossen hatte (siehe Kapitel 7), besetzte sie den leeren politischen Raum links von der SPD. Ein politischer Raum läßt sich als legitime Mobilisierungsmöglichkeit in einem politischen System definieren, das nicht vollständig durch eingespielte Mechanismen monopolisiert ist.[2] Doch erst Mitte der 80er Jahre entsprach das Selbstverständnis der Grünen dem linken Image, der linken Politik und den linken Bindungen der Partei.

Zwar nahmen die Grünen in der politischen Landschaft Westdeutschlands in etwa den Platz ein, den die französischen und italienischen Kommunistischen Parteien in ihren Ländern hatten – das heißt den linken Rand des »respektablen« politischen Spektrums –, es wäre aber verfehlt, die Grünen nur als »radikale Sozialisten« zu charakterisieren, eine Etikettierung, die die meisten Grünen ohnehin ablehnen würden. Obwohl die historischen Vorläufer und die soziale Zusammensetzung der Mehrheit der Führung und der Aktivisten der Welt des Nach-APO-Sozialismus entstammten, war die Ideologie der Grünen auch vom »radikalen Umweltschutz« tief durchdrungen. Wie es zu dieser Synthese kam, ist Gegenstand dieses Kapitels. Ihren Erfolg als realistische Option für die Tagespolitik im heutigen Deutschland wird der Abschnitt »Politische Praxis« beleuchten.

Auf theoretischer Ebene war der Versuch, Ökologie und reformistischen Sozialismus zu verbinden, besonders schwierig, da die radikale Ökologie mit naturalistischen Begriffen und Metaphern (»Überleben«, »Kreislauf«, »Vielfalt«) arbeitet, um auf diese Weise sowohl die Gesellschaft zu interpretieren als auch Maßstäbe zur Beurteilung politischen Handelns zu gewinnen. Der Naturalismus der radikalen Ökologie steht im starken Widerstreit mit den traditionellen Kategorien der radikalen Aufklärung (»Menschheit«, »Vernunft«, »Befreiung«). In vieler Hinsicht war die grüne Strategiedebatte der 80er Jahre ein Kampf zwischen dieser radikalen Ökologie und dem reformistischen Sozialismus, so wie das Ausscheiden der sogenannten Fundamentalisten aus der Partei in den 90er Jahren auf praktischer Ebene das Unvermögen demonstrierte, eine bleibende Synthese zwischen beiden herzustellen.

In diesem Kapitel machen wir zuerst deutlich, daß es bei den Grünen vier ideologische Hauptströmungen gegeben hat; jede für sich stellte einen anderen Versuch der Versöhnung von Sozialismus und Ökologie dar. Dann zeigen wir, wie diese ideologischen Differenzen in die grüne Strategiedebatte einflossen (und letztlich Versuche zu ihrer Überwindung torpedierten). Dann untersuchen wir jede der vier Tendenzen genauer und konzentrieren uns dabei auf die schwierigste (und problematischste): die radikale Ökologie. Dadurch läßt sich besser verstehen, worum es bei den Diskussionen der 80er Jahre ging und was durch die Trennung der Fundamentalisten von den Grünen in den 90er Jahren verlorenging. Diese Schilderung soll die Dilemmata beleuchten, vor denen jede ökologische Rekonstruktion der sozialistischen Ideologie steht, und deutlich machen, wie notwendig ein solches Projekt ist, wenn eine lebendige Linke nach dem Zusammenbruch des »real existierenden Sozialismus« im 21. Jahrhundert überleben will.

## Die vier ideologischen Hauptströmungen: Eine Typologie

Bei den verschiedenen Versuchen der westdeutschen Grünen, Ökologie und Sozialismus miteinander zu verbinden, lassen sich vier Hauptrichtungen ausmachen. Vom marxistischen Sozialismus kommen der *Dogmatismus* der revolutionären Strategie und des Glaubens an die Unvermeidbarkeit des sozialen und materiellen Fortschritts sowie der *Humanismus*, der die Emanzipation und Befreiung des Menschen in den Mittelpunkt der politischen Praxis rückt.

Schema 1 **Marxistischer Sozialismus**

| Ökologie | | HUMANISMUS | DOGMATISMUS |
|---|---|---|---|
| | REFORMISMUS | A | C |
| | NATURALISMUS | B | D |

Beide Tendenzen wurzeln letztlich im politischen Denken der Aufklärung. Von der Ökologie kommen ein *Reformismus*, der auf die Beseitigung der Umweltschäden und den Umbau der industriellen Produktion mit dem Ziel der Ausschaltung der Ursachen von Umweltzerstörungen abzielt, sowie ein *Naturalismus*, der die »gute Gesellschaft« in ökologischen Kategorien zu definieren versucht. Die Kombinationsmöglichkeiten dieser Hauptkomponenten grüner Ideologie werden aus dem voranstehenden Schema ersichtlich.

Wie alle vierseitigen Typologien kann natürlich auch diese nur eine sehr elementare Schematisierung von häufig komplexen Beziehungen leisten. Beispielsweise wäre ein reformistischer Humanismus (A) ohne die vorherige Veränderung des objektivierenden, »wertfreien« und letztlich ausbeuterischen Verhältnisses zur Natur nicht vorstellbar (was eine Anleihe bei D bedeutet). Ebensowenig könnte ein dogmatischer Naturalismus (D) in dem Bestreben, den ursprünglichen Zustand der Umwelt zu erhalten und/oder wiederherzustellen, die Frage der menschlichen Emanzipation und des sozialen Fortschritts umgehen. Die Grenzen dieser Typologie liegen in der unterschiedlichen Haltung zur aufklärerischen Vorstellung von einem unvermeidlichen, universellen, materiellen und sozialen Fortschritt, wie die Linke sie von Kant, Hegel und Marx übernommen hat. Aus der ökologischen Kritik ergeben sich theoretisch zwei Antworten: Man kann versuchen, den Sozialismus zu »ökologisieren« (reformistischer Humanismus) oder die Ökologie zu »sozialisieren« (dogmatischer Naturalismus). Während der erste Versuch darin besteht, die sozialistische Interpretation der aufklärerischen Vorstellung von Befreiung und Fortschritt durch Vernunft zu *rekonstruieren*, drückt der zweite das Bestreben aus, diese Vorstellung zugunsten des Ideals einer ganzheitlichen und harmonischen Natur aufzugeben, das an vormodernen und nicht-westlichen Kulturen und Religionen ausgerichtet ist. Diese vier ideologischen Tendenzen entsprechen, grob gesagt, den vier Fraktionen und Koalitionsstrategien, die sich im Verlauf der 80er Jahre bei den Grünen herausbildeten (siehe Schema 2).

Realisten und Fundamentalisten repräsentieren die größeren und stärkeren Fraktionen, während die Ökolibertären und die Ökosozialisten kleinere, mit einer der größeren Gruppen verbündete Gruppen sind. Wichtig dabei ist, daß die sich überschneidenden Bündnisse durch »Strategie«-Fragen und nicht etwa durch »Ziele« bestimmt werden. Gruppieren wir die Matrix Humanismus/Dogmatismus und Reformismus/Naturalismus um, damit anstelle der früheren Gegenüberstellung von »Ökologie« und »marxistischem Sozialismus« die Bipolarität von »Strategie« und »Zielen« in den Blick kommt, ergibt sich eine nützliche graphische Kategorisierung der vier grünen Hauptfraktionen, ihrer Strategie, Ziele und Bündnisse (siehe Schema 3).

Schema 2 **Marxistischer Sozialismus**

Ökologie

| | HUMANISMUS | DOGMATISMUS |
|---|---|---|
| REFORMISMUS | Realisten ↑ | theoretisch möglich, aber bei den Grünen nicht anzutreffen |
| NATURALISMUS | Ökolibertäre ↑<br>Ökosozialisten → | Fundamentalisten |

Schema 3 **Ziele**

Strategie

| | NATURALISMUS | HUMANISMUS |
|---|---|---|
| REFORMISMUS | Ökolibertäre ↔ | Realisten |
| DOGMATISMUS | Fundamentalisten ↔ | Ökosozialisten |

Die Ökolibertären vertreten eine Reformpolitik und verbünden sich daher häufig mit den Realisten (Realos). Die Ökosozialisten wiederum fühlen sich durch ihre Strategie der »Fundamentalopposition« mit den Fundamentalisten (Fundis) verbunden, obwohl ihre geistige Verwurzelung in der humanistischen Tradition von Vernunft und Emanzipation nur schwer mit dem bedingungslosen Glauben der Fundamentalisten an den Naturalismus zu vereinbaren ist. Dieses Bündnis- und Interaktionsmuster läßt die Anatomie einer blockierten Entwicklung erkennen, die den Grünen im Laufe ihrer gesamten Existenz zu schaffen gemacht hat. Während die Fundamentalisten letztlich nicht fähig waren, ein Mehrheitsbündnis auf der Grundlage eines dogmatischen Naturalismus zu bilden, gelang es ihnen wiederholt, reformistisch-humanistische Koalitionen zwischen Ökoliberalen, Ökosozialisten und Realisten zu Fall zu bringen.

Die Suche der Grünen nach einer ideologischen Identität aus Sozialismus und Ökologie brachte für die junge Partei also zwei schwerwiegende Gefahren mit sich. Die erste bestand in der mehrmals sehr realen Möglichkeit, daß sich die radikale Linke auf der Grundlage von naturalistischen Kategorien neu formieren würde, die auf romantische und antiwestliche Traditionen deutschen Denkens zurückgingen. Die zweite und unmittelbarere Gefahr war die politische Lähmung der Partei, verbunden mit abnehmender Wählerunterstützung, die aus der anhaltenden, aber ergebnislosen Konfrontation zwischen den vier Tendenzen resultierte.

## Die grüne Strategiedebatte: Ein Fall von blockierter Entwicklung

Der Streit zwischen Fundis und Realos brach 1982 in Hessen aus, als die »Fischer/Cohn-Bendit-Bande« den Frankfurter Fundamentalisten um Jutta Ditfurth und Manfred Zieran die Kontrolle über die Landespartei entriß. Die Kontroverse konzentrierte sich schnell auf die Frage eines Bündnisses zwischen Grünen und SPD. Dieses Problem überschattete jede bedeutsame strategische und inhaltliche Frage in der Bundespartei. Wie wir im Kapitel »Die politische Praxis« sehen werden, verschärfte sich diese Kontroverse 1984 nach dem ersten rot-grünen Bündnis in Hessen. Einen Höhepunkt erreichte sie nach den Wahlniederlagen der Grünen in Nordrhein-Westfalen und im Saarland im Frühjahr 1985. Während der Konflikt nach der Euphorie der Partei über ihr ausgezeichnetes Abschneiden bei den Bundestagswahlen am 25. Januar 1987 kurz abebbte, entbrannte er am Jahresende wieder mit aller Heftigkeit. Ende der 80er Jahre war das politische Überleben der Grünen durch den innerparteilichen Streit bedroht. Erst nach dem großen Finanzskandal von 1989 begann die fundamentalistische Fraktion abzubröckeln. Ihr endgültiges Ausscheiden aus der Partei erfolgte erst Anfang der 90er Jahre, wodurch ihre Hauptrivalen, die vielgeschmähten Realos, in Zugzwang gerieten. Während der Streit zwischen Fundis und Realos – wie jeder innerparteiliche Konflikt – viele und die Sache verschlimmernde Facetten hatte, spielte er in bezug auf die optimale Strategie der grünen Partei eine zentrale Rolle.

Strategiedebatten waren in Deutschland seit Karl Marx immer ein Hauptthema sozialistischer Politik, und das nicht zuletzt wegen Marx' eigener ambivalenter Einstellung zur politischen Praxis. Somit steht die innerparteiliche Fehde der Grünen in einer bestimmten Tradition, die von der großen Revolution/Reform-Debatte zwischen Rosa Luxemburg und Karl Kautsky während der Zweiten Internationale bis zum Konflikt zwischen dem Juso-Konzept von den »systemüberwindenden Reformen« und der orthodoxen leninistischen Politik kommunistischer Sekten in den 70er Jahren reicht. Die Diskussion zwischen Fundamentalisten und Realisten kam – wie auch die früheren Diskussionen – die progressiven Kräfte teuer zu stehen, weil sie die Partei und die Bewegung schwächten und ihr wichtige Unterstützung entzogen.

Der Konflikt zwischen Fundis und Realos läßt sich jedoch nicht völlig in den Rahmen dieses historischen Vergleiches spannen, da es in dieser Strategiedebatte nicht um Revolution versus Reform ging. Die »Krise der Linken« und die Auflösung der K-Gruppen in den späten 70er Jahren diskreditierten das orthodoxe Revolutionskonzept der westdeutschen Linken. Der Ökosozialist Eckhard Strattmann bestand darauf, für die ganze Partei zu sprechen, als er betonte, daß über die »Reformstrategie anstelle des revolutionären Unsinns ebenso ein Konsens besteht wie über das Parlament als Entscheidungsinstrument...«[4] Während sich der »Konsens« auf die reformistische Taktik bezog, gab es durchaus noch ein Festhalten an revolutionären Zielen. So sagte der Realo Helmut Wiesenthal, seinen Fundi-Erzrivalen Rainer Trampert zitierend: »In diesem Punkt waren sich alle Strömungen bei den Grünen einig: das wichtigste Ziel ist nicht die Verbesserung des Status quo, sondern eine fundamentale Veränderung dieser Gesellschaft ...«[5]

An der Oberfläche bestand das Problem in der Fundi/Realo-Debatte in der Frage, ob ein Bündnis mit der SPD (falls sich rot-grüne Mehrheiten ergeben würden) ein gangbarer Weg zu einer »fundamentalen Veränderung« wäre oder nicht. Der unmittelbare Hintergrund der Diskussion war nicht theoretischer, sondern historischer Art. Die Grünen im allgemeinen und die Fundamentalisten im besonderen hatten ein tiefsitzendes Mißtrauen gegenüber den Sozialdemokraten. Das historische Bild der radikalen Linken von der SPD war das von Kooptierung und Verrat. Die radikalen Linken sahen eine direkte

Kontinuität zwischen der SPD, die 1914 für die Kriegskredite gestimmt hatte und an der Ermordung von Karl Liebknecht und Rosa Luxemburg im Jahre 1918 mitschuldig war, und ihrer Nachfolgerin, die dem Land in der Nachkriegszeit neben anderen feigen und kompromißlerischen Handlungen ein repressives Antiterrorgesetz und den vielgehaßten NATO-Doppelbeschluß beschert hatte.

Die Fundamentalisten betrachteten die SPD als unakzeptablen politischen Partner[6] und die beiden großen Parteien SPD und CDU, wenn auch nicht in der Rhetorik, so doch in der aktuellen Politik als weitgehend identisch.[7] Sie lehnten vor allem aufgrund eines tiefsitzenden Widerwillens gegen die Sozialdemokraten und eines grundsätzlichen Mißtrauens gegenüber ihren Motiven jegliche Partnerschaft mit der SPD ab. »Die Funktion der Sozialdemokratie bestand immer darin, soziale Bewegungen, progressive Bewegungen zu integrieren...«[8] Und dennoch: Seit Rudolf Bahros übertriebenen Hoffnungen auf eine grüne Mehrheit[9] der Boden entzogen war, bekannten die meisten Fundamentalisten, daß die SPD langfristig der einzige mögliche Koalitionspartner der Grünen blieb. Für sie setzte ein rot-grünes Bündnis allerdings stets eine radikale innere Veränderung der SPD voraus. Die Fundamentalisten glaubten, daß diese am besten durch einen völligen Verzicht auf Kompromisse zu erreichen sei. Obwohl sie der Meinung waren, daß den Grünen allenfalls eine rein taktische Abweichung von diesem Kurs erlaubt sei – als zeitlich begrenzte und informelle Zusammenarbeit mit der SPD in einzelnen Punkten (auf der Basis einer widerwilligen Tolerierung der Sozialdemokratie) –, um die Menschen von der Wichtigkeit bestimmter Inhalte zu überzeugen und den politischen Bankrott und die moralische Armseligkeit der SPD zu »entlarven«, hätte die Weltanschauung dieser Fraktion nie ein strategisches Bündnis mit der SPD zugelassen.[10] Während diese Distanzierungsstrategie es schwer machte, den Wählern – zumindest kurzfristig – greifbare Erfolge in Aussicht zu stellen, behaupteten die Fundamentalisten, daß es für die Grünen am allerwichtigsten sei, in Prinzipienfragen kompromißlos und radikal zu sein. Gerade das Festhalten an »radikalen Inhalten«, so die Fundis, machte in den Augen der Welt die »politische Grundlage« der Bewegung aus.[11]

Während die Realisten dieses grundsätzliche Mißtrauen und diese Skepsis gegenüber der SPD teilten, unterschieden sie zwischen der

Kanalarbeiter-Fraktion der SPD-Rechten und »grünen« Sozialdemokraten wie Oskar Lafontaine, Gerhard Schröder oder Peter Glotz. Für die Realos bestand der beste Weg zur Veränderung der SPD in einem Bündnis mit den Grünen, das, so glaubten viele Realos, die Position der SPD-Linken unweigerlich stärke. In einer formellen Koalition wäre die SPD gezwungen, mit den Grünen in Fragen wie Atomenergie oder Abrüstung zu kooperieren, hinsichtlich derer SPD-Wähler den Grünen nahestanden. Eine Verweigerung der SPD diskreditiere sie bei ihren zunehmend aufmüpfigen und kritischen Wählern. Die Realos meinten, daß die Öffentlichkeit die Grünen als notwendiges Korrektiv anerkenne und belohne und dadurch ihre Position in der deutschen Politik in dem Maße stärke, in dem sie der SPD Reformen abtrotzen könnten. Letztlich beruhe die Legitimität der Grünen nicht auf »reinem Verbalradikalismus«, sondern auf ihrer Fähigkeit, konkrete und sichtbare, wenn auch nur allmähliche Reformen durchzusetzen. Andernfalls verlöre die Partei langfristig die Unterstützung der Bevölkerung.

Nahmen die Realisten also einen kritischen, aber differenzierten Standpunkt zur SPD ein, so lehnten die Fundamentalisten die Sozialdemokraten in Bausch und Bogen ab. Die Realisten wollten, daß die Grünen die Rolle eines ökologischen Korrektivs spielten und dem Sozialismus neue Impulse gaben. Das Ziel der Fundamentalisten bestand dagegen darin, die Sozialdemokratie zu attackieren, zu spalten und schließlich zu zerstören und die Überreste als Rohstoff zum Aufbau einer grünen Mehrheit zu verwenden.

Auf einer anderen Ebene betraf der Streit über die Koalitionsfrage auch das relative Gewicht des parlamentarischen Reformismus und der Protestbewegung in einer Strategie radikaler politischer Veränderung. Hier wurden die Grünen von den Geistern der früheren Strategiedebatten der deutschen Linken heimgesucht. Für viele Fundamentalisten wie zum Beispiel Jutta Ditfurth bedeutete die grüne Doppelstrategie die Suche nach einem »Weg zwischen Reformismus und bewaffneter Militanz«.[12] Die fundamentalistische Position verdeutlichte Petra Kellys berühmter Vergleich mit dem Fußballspiel: Die Bewegung sei das Standbein, und die Partei sei das Spielbein. Kelly begriff die parlamentarische Arbeit nicht als Ziel, sondern als Teil einer Strategie; die Grünen seien die Antipartei-Partei und das Wichtigste sei die Arbeit und die Veränderung an der Basis.[13]

»Die Parlamente sind für uns ein Ort wie der Marktplatz, wie der Bauplatz, wo wir sprechen können, unsere Standpunkte hineintragen und Informationen hinaustragen können ... Ich möchte, daß eine starke Basis-Bewegung wie unsere eine Stimme im Parlament hat ... Das Parlament ist kein Ziel, sondern Teil einer Strategie. Wir sind die Antipartei-Partei ... Das wichtigste ist, an der Basis zu arbeiten, an der Basis zu verändern.«

Die Fundamentalisten behaupteten, daß die Möglichkeit von grundlegenden gesellschaftlichen Veränderungen durch das Parlament begrenzt sei, da die gesellschaftlich relevanten Entscheidungen – Wettrüsten, Atomenergie, Industrieproduktion – in Regierungsbürokratien, Kabinettssitzungen und Aufsichtsräten fielen, aber niemals in Parlamenten getroffen würden.[14] Die sozialen Bewegungen könnten dagegen die Verhältnisse in der Zivilgesellschaft direkt verändern und Legitimationsdruck auf die »wirklichen« Machtzentren ausüben. Die Fundamentalisten glaubten, daß die Grünen ihren parlamentarischen Einfluß am effektivsten für die taktische und logistische Unterstützung der sozialen Bewegungen einsetzen könnten, indem sie ihnen die notwendige Publizität verschafften und ihnen Geld und organisatorische Hilfe zukommen ließen. Anstatt nach aussichtslosen und verfrühten Reformen durch Koalitionen zu streben, sollten die Grünen zuerst eine breite gesellschaftliche Oppositionsbasis aufbauen. So meinte der Ökosozialist Thomas Ebermann, es ginge darum, die Kräfte zu sammeln, die auf eine Veränderung vorbereitet seien. In einer Zeit, in der viele Menschen noch nicht von der Notwendigkeit einer fundamentalen Veränderung überzeugt seien, stelle sich die Machtfrage nicht.[15] Sie gewinne erst dann akute Bedeutung, wenn eine Mehrheit der Bevölkerung die Richtigkeit der grünen Positionen »erkenne«. Grundlegende gesellschaftliche Reformen könne es erst geben, wenn sich diese massive Bewußtseinsveränderung vollzogen habe.

Die Realisten hielten dem entgegen, daß Reformen die ersten Schritte in einer Strategie grundlegender gesellschaftlicher Veränderungen sein müßten. Diese Strategie kam in solchen Formulierungen wie »radikale Reformen mit einer fundamentalen Intention« oder »systemüberwindende Realpolitik« zum Ausdruck; gemeint war damit eine Politik der schrittweisen Reformen, die letztlich auf das radikale Ideal einer neuen Gesellschaft ausgerichtet war. Nach Einschätzung der Realisten konnte eine gesellschaftliche Massenbewegung helfen, die grünen Forderungen zu legitimieren oder Druck auf andere Parteien auszuüben, aber jede »realistische Einschätzung der Machtverhältnisse in der Bundesrepublik« zeigte, daß die wirkliche Macht bei den etablierten Institutionen lag. Daher konnte ein »realer« gesellschaftlicher Wandel nur auf dem »reformistischen Weg, dem Weg der Teilhabe an der Macht« erreicht werden.[16] Die Realisten behaupteten keineswegs, daß das Parlament der einzige Ort sei, an dem gesellschaftliche Macht ausgeübt werde, aber sie bestanden darauf, daß das Parlament für die radikale Linke neu und relevant sei.[17] Joschka Fischer sprach vom »parlamentarischen Arm der Bewegung« und meinte, daß sich die grüne Partei darauf konzentrieren sollte, die im Parlament angesiedelten Hebel gesellschaftlicher Macht in Bewegung zu setzen. Dabei sei es notwendig, zwischen den Aufgaben einer Bewegung und denen einer Partei zu unterscheiden, wollten die Grünen aber beide erfüllen, würden sie langfristig an dieser Frage scheitern.[18]

Die Realisten befürworteten eine Art politische Arbeitsteilung zwischen der grünen Bewegung und der grünen Partei. Sie behaupteten, daß das Betonen der Bewegung bei den Fundamentalisten aus einer infantilen und antiquierten Faszination des oppositionellen Subkultur-Ghettos herrühre, so daß die Fundamentalisten den Ernst der sozialen und Umweltprobleme in Deutschland verkannten. Umweltpolitische Reformen waren nicht nur dringend geboten, meinten die Realisten, sondern konnten auch den für die Entfaltung autonomer Entwicklungen in Gesellschaft, Kultur und Wirtschaft notwendigen Raum schaffen.[19] Da Reformen außerdem eine parlamentarische Mehrheit erforderten, hielten die Realisten ein Bündnis mit den Sozialdemokraten für zwingend.

Der Dogmatismus der Fundamentalisten war von der einfachen, quasi-chiliastischen Art, wie sie für den orthodoxen Marxismus kennzeichnend ist. Kein Wunder also, daß so viele Ex-Kommunisten bei ihnen eine wichtige Rolle spielten. Die Fundamentalisten glaubten, die richtigen Antworten und besten Lösungen für die sozialen Probleme der Gegenwart zu haben und betrachteten politische Konzessionen folglich als »verlogene Kompromisse« (Ditfurth). Petra Kelly hielt bestimmte Fragen für nicht kompromißfähig. Ein wenig Tod, ein wenig Vernichtung, ein wenig Krebs, ein wenig Krieg oder ein wenig Gewalt gäbe es nicht.[20]

Die Fundamentalisten sahen keine Notwendigkeit für Kompromisse, Dialoge oder Diskussionen, weil sie die Wahrheit auf ihrer Seite glaubten und ihre Position zwangsläufig schließlich siegreich wähnten. Die Grünen brauchten demnach nur zu warten und sich den Glauben an die reine Lehre zu bewahren, um ihre Rolle bei der Einläutung des goldenen ökologischen Zeitalters zu spielen.

Gleichwohl hatte die »blockierte Entwicklung«, für die die Strategiedebatte symptomatisch war, ihre Ursache nicht nur im fundamentalistischen Dogmatismus. Schließlich hatten die Fundamentalisten selten eine Mehrheit in der Parteiführung und bei den grünen Wählern nur eine Minderheit hinter sich. Die Realisten wiederum brauchten zehn Jahre, um ihrer reformistisch-humanistischen Koalition zu einer quasi-hegemonialen Stellung zu verhelfen – was sich in gewisser Weise als Pyrrhus-Sieg erwies, weil es den Realisten eine eigene Art von dogmatischem Reformismus abverlangte. Die Realisten mußten derart viel Energie aufwenden, um eine konstruktive parlamentarische Tätigkeit gegen die Argumente der Fundamentalisten zu verteidigen, daß sie allzu häufig in einer engen, ja geradezu obsessiven Weise auf die Koalitionsfrage fixiert waren. Diese übermäßig starke Betonung der Koalitionsfrage blockierte ihrerseits Prozesse kreativen politischen Denkens und theoretischer Diskussion. Die wiederholt von den Fundamentalisten vorgebrachte Beschuldigung, führende Realos wie Joschka Fischer seien nichts weiter als »machohafte Machtpolitiker«[21], war zu einer Art »self-fulfilling prophecy« geworden, denn das realistische Lager zeigte sich zweifellos von einem gewissen Zynismus in bezug auf politische Inhalte und, damit einhergehend, von einer Fixierung auf die Regierungsmacht als politisches Allheilmittel erfaßt. Der dogmatische Reformismus der Realisten machte die Strategie des Parlamentarismus zu einem Fetisch.

Die Ursprünge der ideologischen und politischen Blockbildung bei den Grünen gingen über den Fundi/Realo-Konflikt hinaus. Es standen sich zwei von Marx abgeleitete Denkfiguren gegenüber, die unreflektiert, vielleicht sogar unbewußt, in die grüne Ideologie und Analyse eingeflossen waren. Die erste betraf die Idee der »radikalen Gesellschaftsveränderung«. Die meisten Grünen sprachen weiterhin von einer »System«- oder »Struktur«-Veränderung, d. h. einer allseitigen und umfassenden Umgestaltung von Staat, Wirtschaft, Gesellschaft und Kultur, die von den Formen der kollektiven Entscheidungsbildung bis hin zur Ästhetik des individuellen Lebensstils reichte. In dieser Hinsicht blieben die Grünen vom Begriff der »gesellschaftlichen Totalität« beeinflußt, den sie von Hegel, Marx und Lukàcs übernommen hatten; da eine wirklich radikale gesellschaftliche Veränderung total sein muß, können Strategien, die auf begrenzte oder schrittweise Verbesserungen abzielen – also Reformen – nur dann gerechtfertigt sein, wenn sie in eine Programmatik oder eine Strategie eingelassen sind, die die Systemveränderung vorantreiben. Daher führten die Fundamentalisten zur Begründung der Existenz der Grünen als Parlamentspartei gerne ihre Fähigkeit an, das »kontinuierlich zu fördern, was die Bewegung meist nur als spontane Wirkung und Nachwirkung hervorruft, eine Änderung des Bewußtseins großer Massen.«[22] Selbst die Realisten fühlten sich bemüßigt hervorzuheben, daß die parlamentarische Arbeit eine »systemüberwindende Option« enthielte.[23]

Die zweite Denkfigur, mit der es die Grünen und besonders die Fundamentalisten hielten, war die Idee der »Krise«. Da das voluntaristische politische Handeln nicht ausreichend erscheint, um eine Systemveränderung herbeizuführen, muß man auf das Spiel »objektiver Kräfte« vertrauen. Viele Grüne sind der Auffassung, daß »ohne tiefgreifende ›Überlebensreformen‹ in den nächsten fünfzehn Jahren keine humane Lebensperspektive über das Jahr 2000 hinaus denkbar ist.«[24] Es ist dieser Glaube an die unmittelbar bevorstehende und Veränderung bewirkende Krise, der bei den Grünen oft zu Attentismus und dem »Warten auf das Schlimmste« geführt hat, die einst den radikalen revolutionären Sozialismus kennzeichneten.

Das Ergebnis dieser unreflektierten Aneignung des marxistischen Totalitätsbegriffs und der Krisentheorie bestand darin, daß jede Diskussion über die politische Praxis automatisch in den Kategorien Opposition versus Integration stattzufinden hatte. Folglich mußte jeder Kompromiß, der mit »dem System« geschlossen wurde – selbst wenn er offensichtlich positive Resultate zeitigte –, zwangsläufig als unbeabsichtigte Kooptation oder bewußter Ausverkauf gesehen werden. Diese Argumentation diente den Fundamentalisten dazu, fast jeden Vorschlag oder jeden Versuch zur Entfaltung oder Vergrößerung des politischen Einflusses der Grünen kategorisch abzulehnen, sei es die Teilnahme an einer Regierungskoalition, die Professionalisierung der Partei, die Verbreiterung der Wählerbasis oder zahllose andere

Fragen. Diese tiefsitzenden Vorbehalte kamen in Petra Kellys Befürchtung zum Ausdruck, daß es den Grünen eine Tages gelingen könnte, 13 Prozent der Stimmen zu bekommen und zu einer »Machterwerbspartei« zu werden.[25]

Aufgrund dieser Logik konnten fundamentalistische Führungspersönlichkeiten und Medienstars wie Rainer Trampert und Jutta Ditfurth lange mit gutem Gewissen die verheerendsten Wahlniederlagen der Grünen wenn auch nicht als Erfolge, so doch gewiß nicht als Fehlschläge bewerten.

Wie so oft wurden die Grundannahmen des fundamentalistischen Denkens in ihrer reinsten und klarsten Form von Rudolf Bahro formuliert, für den es hinsichtlich der Industriegesellschaft nur zwei Möglichkeiten gab: »Einstieg« oder »Ausstieg«.[26] Diese starre Alternative bedeutete, daß die Fundamentalopposition im Parlament nur ihr Scheitern als Erfolg betrachtete.[27]

So machte sich das Dilemma der blockierten Entwicklung der grünen Partei auf drei sich wechselseitig verstärkenden Ebenen bemerkbar. Die erste war der Dogmatismus der Fundamentalisten. Die zweite bezog sich auf den zwanghaften Reformismus der Realos, die den durchaus als positiv einzuschätzenden Parlamentarismus fetischisierten. Die dritte bestand in der Fundi/Realo-Debatte selbst, die um die Frage kreiste, wie eine grundlegende Gesellschaftsveränderung durch parlamentarische Reformen zu erreichen sei. Sie konzentrierte sich auf die metatheoretische Ebene der Diskussion, vor allem auf die Bedeutung der Begriffe »radikale Gesellschaftsveränderung« und »Krise«.

In vielerlei Hinsicht blieb der Versuch der Grünen, den marxistischen Sozialismus zu korrigieren oder zu überwinden, oberflächlich und unangemessen. Während sie die überholten Kategorien und utopischen Ziele des Klassenkampfes und der gewaltsamen Revolution aufgaben, hielten sie an manchen marxistischen Dogmen, Prinzipien und Kategorien fest, was ihre Bemühungen blockierte, eine tragfähige Politik ökologischer Reformen auszuarbeiten. Die beiden größten Herausforderungen für jede politisch effektive grüne Ideologie bestanden daher in der Entwicklung eines nicht auf Totalität ausgehenden Konzepts gesellschaftlicher Veränderung und in der Beschreibung der ökonomisch-sozialen Funktionsstörungen und Fehlentwicklungen, die nicht auf der Idee einer apokalyptischen Krise basierte. Im folgenden Abschnitt beschreiben wir die Arbeit mehrerer Intellektueller im Umfeld der Grünen, die diese Defizite thematisiert und versucht haben, die überkommenen linken Vorstellungen zu »rekonstruieren«, indem sie Elemente integrierten, die beispielsweise aus der Systemtheorie und dem Liberalismus herrührten.

Zuvor aber möchten wir auf eine andere Tendenz bei den Grünen eingehen, die den grünen Dogmatismus nicht zu überwinden, sondern »wissenschaftlich«-ökologisch zu begründen versuchte. Anstatt sich den Marxschen Humanismus wiederanzueignen, wollte die »radikal-ökologische« Strömung, die mehr oder weniger identisch mit den Fundamentalisten war, diesen Humanismus durch einen Naturalismus ersetzen. Wenngleich betont werden muß, daß die Radikalökologen nie die dominierende, geschweige denn die einzige Richtung darstellten, mußte auch der verständnisvolle Beobachter beunruhigt zur Kenntnis nehmen, daß die deutsche Linke mit Ideen liebäugelte, die in der deutschen Geschichte eine verhängnisvolle Rolle gespielt hatten. Im folgenden Abschnitt untersuchen wir das Verhältnis des grünen Denkens zu diesen nichtsozialistischen, antiaufklärerischen und zuweilen protofaschistischen Bewegungen und Gedanken.

## Der dogmatische Naturalismus: Ökologie, Utopie, Apokalypse und neue Spiritualität

Wir haben gesehen, daß der fundamentalistische Dogmatismus, der letztlich in gewissen marxistischen Kategorien wurzelte, das Projekt eines ökologischen Reformismus blockierte. Wenden wir uns jetzt der zweiten Quelle grüner Ideologie, nämlich der Ökologie zu. Im folgenden Abschnitt wollen wir die andere Seite der fundamentalistischen Synthese untersuchen, einen in der Ökologie wurzelnden *Naturalismus*, der nichts mit dem humanistischen Vermächtnis des marxistischen Sozialismus zu tun hat. Das Endergebnis, ein *dogmatischer Naturalismus*, verhinderte letztlich die Ausarbeitung eines erfolgreichen und realisierbaren reformistischen Ökosozialismus.

Die Architekten des dogmatischen Naturalismus bezogen ihre Inspirationen aus einer Gedankenwelt, die außerhalb der Tradition der Aufklärung und häufig auch der abendländischen Zivilisation lag. Sie schöpften vor allem aus vier Quellen: einer generalisierten Ökologie, einem romantischen Utopismus, der sogenannten New-Age-Spiritualität und östlichen Religionen sowie apokalyptischen Visionen. Trotz ihrer scheinbaren Eigenständigkeit waren diese Pseudotheorien in der radikalen oder sozialen Ökologie durch ein Netz von Wahlverwandtschaften miteinander verknüpft. Und obwohl sie offensichtlich zahlreiche Gemeinsamkeiten aufwiesen, blieben die meisten Elemente grünen Denkens über ein breites Spektrum von Büchern, Broschüren und Publikationen verstreut, die zusammen so etwas wie einen grünen »Kanon« bildeten. Nur in den Arbeiten von Rudolf Bahro hatten diese Ideen die Kohärenz dessen, was man als echte Theorie oder Ideologie des dogmatischen Naturalismus bezeichnen könnte. Auf den ersten Blick legen Bahros Randposition in der grünen Partei bis Mitte der 80er Jahre und sein schließliches Ausscheiden im Jahre 1988 den Schluß nahe, daß wir die Bedeutung dieser Weltanschauung für die Partei überschätzen, wenn wir seine Schriften als idealtypisch für den dogmatischen Naturalismus heranziehen. Wir glauben das nicht. Zwar hatte Bahro nur wenige politische Verbündete in der Partei, aber dafür jede Menge spiritueller und intellektueller Sympathisanten, insbesondere bei den Fundamentalisten. Somit erscheint es nicht nur sinnvoll, die verschiedenen Elemente der radikalen Ökologie unter die Rubrik dogmatischer Naturalismus zu fassen, sondern Bahro als dessen konsequentesten Vertreter zu behandeln.[28]

Auch wenn es außer Bahros Theorie keine kohärente Synthese des dogmatischen Naturalismus gab, läßt sich diese Vorgehensweise unter einem historischen Gesichtspunkt rechtfertigen: Der dogmatische Naturalismus gehört zu einem Denkgebäude, das in Deutschland fast die gleiche Tradition und das gleiche intellektuelle Ansehen hat wie der Marxismus. Diese Tradition entstand in dem lange zersplitterten (und jetzt vielleicht wiedererstehenden) geistigen und geographischen Gebilde namens Mitteleuropa[29], in dem Denker beheimatet waren, die außerhalb des heutigen Deutschland kaum gelesen werden, wie beispielsweise Novalis, Friedrich Schlegel, Ernst Bloch, Walter Benjamin und Theodor W. Adorno. Wie im Fall des dogmatischen Naturalismus waren die zwei Blütezeiten dieser Tradition, die deutsche Frühromantik (ca. 1790-1810)[30] einerseits sowie der revolutionäre jüdische Messianismus[31] und die konservative Kulturkritik (ca. 1890-1940)[32] andererseits, auch Gegenreaktionen auf den »Fortschritt«, insbesondere auf den rationalistischen Einfluß der Aufklärung, der Französischen Revolution und der schnellen Industrialisierung Deutschlands im späten 19. und frühen 20. Jahrhundert.[33] Allein die verhängnisvolle Geschichte dieser Ideen sollte Zweifel an ihrer Brauchbarkeit für die Rekonstruktion der deutschen Linken aufkommen lassen. Wie wir sehen werden, haben sie bereits Einfluß auf den politischen Diskurs in der Bundesrepublik gewonnen, der dem zufälligen Beobachter nicht immer auffällt.

Was diese antiaufklärerischen Strömungen der Vergangenheit, namentlich die des frühen 20. Jahrhunderts, mit den Grünen verbindet, ist die von Fritjof Capra formulierte Überzeugung, daß »wir uns im Zustand einer tiefgreifenden, weltweiten Krise befinden ..., deren Facetten jeden Aspekt unseres Lebens betreffen ..., eine Krise von intellektuellen, moralischen und spirituellen Dimensionen; eine Krise, die es in diesem Umfang und dieser Schwere in der überlieferten menschlichen Geschichte noch nicht gegeben hat.«[34] Diese Krise wird als eine epochale, globale Krise der westlichen Zivilisation wahrgenommen, deren totaler Charakter »Teillösungen«[35] ausschließt. Sie erfordert keine Veränderung, sondern eine »Transformation«[36] von der Reichweite und Dimension einer universellen religiösen Bekehrung. Die Überzeugung von bevorstehenden tiefgreifenden Umwälzungen beruht nur zu einem geringen, wenn auch variablen Grad auf einer historischen Analyse. Sie stützt sich stärker auf jene, gewöhnlich auf Arnold Toynbee oder Oswald Spengler[37] zurückgehende historische Allegorie von einem unvermeidlichen, zyklischen Entstehen, Wachstum, Zusammenbruch und Zerfall[38] der Zivilisationen. Alle, die diese Ansichten vertreten, sind sich darin einig, daß die westliche Zivilisation ihre Blütezeit hinter sich hat, gleichgültig ob sie glauben, daß der Keim für die westliche Zivilisation durch den Übergang vom neolithischen Dorf zur Handelsgesellschaft, den Triumph der jüdisch-christlichen Tradition, die wissenschaftliche Revolution von Newton und Descartes oder die Aufklärung von Kant und Voltaire gelegt wurde.

Im folgenden Abschnitt behandeln wir die vier Elemente der grünen Diskussion Ökologie, Utopie, Apokalypse und Spiritualität, wobei wir besonderes Augenmerk auf die verschiedenen Grade ihrer Verbundenheit richten. Zum Schluß stellen wir Rudolf Bahros Arbeit über die neue Spiritualität dar, die für die Weltanschauung vieler Grüner und ihrer Sympathisanten steht.

### Der Gebrauch und Mißbrauch der Ökologie: »Natur als Politik«

Ökologie ist das prägnanteste, zugleich aber auch irritierendste Wort im grünen Vokabular. Die willkürliche und geradezu widersprüchliche Art und Weise, in der es benutzt wird, ist höchst aufschlußreich. Streng genommen ist die Ökologie natürlich der Teilbereich der Biologie, der sich mit dem Wechselverhältnis zwischen verschiedenen Organismen in der Natur befaßt.[39] Aber viele Grüne und Umweltaktivisten, die zum harten Kern gehören, haben ihm eine weitreichende Bedeutung gegeben. In Deutschland läßt sich dieses »soziale« Verständnis von Ökologie bis zu Carl Amery zurückverfolgen, dessen Buch *Natur als Politik* den Diskurs der deutschen Ökologiebewegung wohl mehr beeinflußt hat als jede andere Arbeit. Darin erhob Amery die Ökologie in den Rang der neuen Leitwissenschaft.[40]

Dieser Anspruch gründete ursprünglich in den Entdeckungen der »neuen Physik«, die viele Wissenschaftler veranlaßten, ein Verständnis des Universums zu entwickeln, das der ökologischen Naturauffassung ähnelt. »In der modernen Physik wurde das Bild eines Universums als einer Maschine durch die Auffassung überwunden, daß es sich um ein unteilbares, dynamisches Ganzes handelt, dessen Teile miteinander verbunden sind und nur als Strukturelemente eines kosmischen Prozesses verstanden werden können.«[41] Manche zogen aus dieser neuen wissenschaftlichen Erkenntnis den Schluß, daß die Ökologie das neue Paradigma zur Erfassung der Dynamik der materiellen – und sozialen – Welt sei. Fritjof Capra, der Außenseiter unter den Physikern, meint, daß die große Bedeutung von Interdependenz, Holismus und dynamischem Wandel in der Ökologie diese – wie schon die Physik und Philosophie vor ihr – zu dem Modell und Ideal machen wird, an dem sich andere Wissensgebiete orientieren werden.

Capras Voraussage wurde teilweise durch Versuche bestätigt, eine allgemeine Systemtheorie zu entwickeln.[42] Die Systemtheoretiker behaupten, daß physische, biologische und soziale Phänomene nach den gleichen allgemeinen Prinzipien untersucht werden können, insbesondere nach denjenigen, die mit dem Funktionieren komplexer Systeme zusammenhängen. »Die Realität, in der sich alles Leben abspielt ... ist ein vernetztes System.«[43]

Innerhalb des erkenntnistheoretischen Rahmens der Systemtheorie werden biologische Systeme und deren Analyse – das heißt die Ökologie – häufig als nachgerade beispielhaft betrachtet[44], was erklärt, warum Vokabular und Argumentation der Grünen derart von einer ökologischen Sprache durchdrungen sind. So glaubten die Grünen und die radikalen Ökologen, die von einer universell gültigen Wissenschaft auf der Basis eines ökologischen Paradigmas ausgingen, ihre Forderungen zu Recht von der Physik und Soziologie abzuleiten.

Die Grünen, und hierin folgen sie wiederum Carl Amery, versuchen häufig, diese Sonderstellung der Ökologie noch weiter auszubauen, indem sie die Ökologie von einem heuristischen Instrument zu einer Metaphysik der Sitten hochstilisieren. Amery stellt zunächst die Behauptung auf, daß alles Leben, auch in den höchstentwickelten Industriegesellschaften, letztlich auf dem Funktionieren des Ökosystems beruhe. Von dieser Prämisse ausgehend, zieht er den kühnen Schluß: »Mythen, Systeme, Staaten, Institutionen stehen nicht außerhalb der natürlichen Gesetzmäßigkeiten und Kreisläufe, sie sind keine Einheiten eigener Definition. Sie sind vielmehr ökologische Gattungen zweiter, dritter, vierter Stufe.«[45] Nachdem er auf diese Weise die Gesellschaft den im »Ökosystem« verkörperten »Naturgesetzen« unterworfen hat, leitet er von den Funktionsprinzipien der Ökologie verschiedene politische Imperative ab. Dementsprechend nennt er seine Theorie von Natur und Politik »ökologischen Materialismus«, da er sie als Erbin der Marxschen politischen Ökonomie betrachtet. »Für [den ökologischen Materialismus] ist die Wechselwirkung zwischen Natur und Geschichte von zentraler Bedeutung«. Sie betrifft die »Naturgeschichte als Sozialgeschichte«.[46]

In Amerys ökologischem Materialismus ist die parasitäre Ausbeutung der Natur der treibende Widerspruch der Menschheitsgeschichte. Durch diese Entwicklung werden die Menschen von ihrer Natur als »Raubtierart dritter oder vierter Ordnung« entfremdet.[47] Der Mensch wird durch die ihm zugeschriebene funktionale Rolle in den »natürlichen Kreisläufen« des Ökosystems definiert. Aufeinanderfolgende herrschende Eliten oder »Zentralgewalten« störten diese

Harmonie, indem sie immer destruktivere Systeme von »künstlichen Kreisläufen« anstelle der natürlichen errichteten, um ihre eigene Herrschaft zu sichern. Die moderne Industriegesellschaft ist das mächtigste dieser Systeme und daher am destruktivsten. Zur Aufrechterhaltung ihrer Macht gingen die industriellen Eliten Aktivitäten nach, die sich verselbständigten und natürliche Kreisläufe störten und zerstörten. Auf diese Weise, so Amery in seiner quasi-religiösen Sprache, werde die »Zentralgewalt selbst zum Verbündeten der Wüste.«[48]

Da die der Natur durch menschliche Produktion aufgezwungenen künstlichen Kreisläufe die ökologische Krise verursacht haben, wäre die Rückkehr zur voragrarischen Gesellschaft von Jägern und Sammlern geboten. Amery drückt es so aus: »Die lebensfreundlichste Produktionsform wäre – keine Produktion.«[49] Was nicht bedeutet, daß die Menschheit auch »zu einer para-primitiven« Geistesverfassung zurückkehren müßte.[50] Die Menschen müßten vielmehr weiterhin denken und wissen, aber das Gefühl müsse die Vernunft als Richtlinie des Handelns ersetzen. Wir Menschen können zwar nicht zum Zustand natürlicher Gleichgewichte und Kreisläufe zurückkehren, aber ihn bewußt *wiederherstellen*, indem wir die Prinzipien der Natur zu Prinzipien des politischen Handelns machen. Amery meint beispielsweise, daß das ökologische Prinzip einer stabilen Bevölkerung als Kriterium für Bevölkerungspolitik verwendet werden sollte.[51] Mit einem Schlenker, der nicht der einzige, aber der offenkundigste ist, der an Hitler gemahnt, schlägt er vor, die Evolution erneut in Gang zu setzen: Die »Mutation vom Homo insipiens zum Sapiens et Perfectus«, so Amery »wäre mehr als überfällig«.[52] Indem Amery die menschliche Welt unter die natürliche subsumiert, verwandelt er heuristische Instrumente wie Gleichgewicht und Kreislauf in Naturgegebenheiten und leitet daraus normative Vorschriften ab. Sein ökologischer Materialismus läßt eine tiefe Antipathie gegen die Prinzipien der Aufklärung erkennen. Nicht nur der Humanismus und der »Anthropozentrismus«[53], sondern auch die Ethik muß »natürlichen Normen« weichen: »Versöhnung mit der Erde: Das ist die Notwendigkeit, aus der konsequenter Materialismus erwächst und handelt. Nicht Ende der Entfremdung, nicht Fülle der Güter für den Menschen kann sein Ziel sein.«[54]

Nicht Freiheit oder Gerechtigkeit oder Gleichheit, sondern »Leben« ist der Wert, an dem die Politik ausgerichtet sein müsse, und da das »Industriesystem letztlich die Option des Menschen gegen das Leben und für die Wüste ist«, sei nur eine Handlungsweise mit dem Prinzip des Lebens vereinbar: »Die Logik des Überlebens der Menschheit erfordert deshalb die raschestmögliche Zerstörung des Industriesystems, und zwar fast um jeden Preis.«[55] Amerys Vitalismus läßt keinen Raum für Kompromisse.

Nur wenige Grüne würden solche kryptofaschistischen Schlußfolgerungen akzeptieren, aber Amerys Gedanken haben überzeugte Anhänger bei den radikalen Ökologen im grünen Milieu. Vor allem zwei seiner Grundideen gehören zum Standardrepertoire der fundamentalistischen Grünen. Die erste, die von der großen Mehrheit der Ökologiebewegung vertreten wird, ist die, daß es sich bei der Ökologie um eine normative Wissenschaft handele, die nicht nur bestimmt, was und warum es so ist, sondern auch sagt, was sein sollte, und zwar in der Politik wie in der Natur.[56] Wie die ehemalige grüne Parlamentsabgeordnete Manon Maren-Griesebach es unverblümt ausdrückte, schaffe die Ökologie eine Grundlage für das Handeln und die Politik. Da die Ökologie eine wissenschaftliche Basis habe, die den Ansprüchen der westlichen, rationalen Wissenschaft genau entspreche, könne niemand ohne sie auskommen.[57] Es ist sonderbar und entbehrt nicht einer gewissen Ironie, daß die Skepsis der Grünen gegenüber der Unfehlbarkeit der Wissenschaft in diesem einen Punkt außer Kraft gesetzt ist.[58] Das zweite Prinzip, das starke vitalistische Untertöne hat, ist die Verwandlung des »Lebens« in ein moralisches Axiom, das wir später näher untersuchen.

Der prägende Einfluß dieser Grundsätze auf das grüne Denken läßt sich direkt an mehreren Besonderheiten der politischen Praxis der Grünen ablesen: Erstens werden umweltpolitische Fragen als »Überlebensfragen« dargestellt, bei denen kein Kompromiß möglich ist; zweitens werden ökologische »Prinzipien« bzw. Bilder häufig außerhalb ihres eigentlichen Anwendungsgebietes dazu benutzt, politische Standpunkte herzuleiten oder zu rechtfertigen. So erscheinen Begriffe wie »Gleichgewicht«, »natürlicher Kreislauf«, »Stabilität durch Vielfalt« oder »Einheit in der Vielfalt« in fast unbegrenzten politischen Zusammenhängen. Auf diese Weise wollen die fundamentalistischen Grünen ernsthafte politische Diskussionen umgehen (oder unterdrücken) und das liberale Politikmodell herausfordern, bei dem der Prozeß der politischen Willensbildung auf Kompromissen zwischen widerstreitenden Interessen und Werten basiert.

Aber während die Grünen und die deutsche Umweltschutzbewegung häufig versuchen, ihre Ziele und politische Praxis durch Verweis auf die Ökologie wissenschaftlich zu legitimieren, hat ihr Bild von Ökologie wenig mit den Prinzipien und Praktiken richtiger Ökologen zu tun.[59] Trepl drückt es so aus: »Ökologie ist heute vor allem Weltanschauung, politisches Bekenntnis ... der harte Kern der sich nach ihr nennenden Bewegung versteht sich als Jahrtausendereignis ... Tatsache bleibt, daß für eine große und wachsende Zahl von Menschen ›Ökologie‹ all die Hoffnungen in sich bündelt, für die einst Worte wie Paradies, messianisches Zeitalter, Kommunismus und andere kurz vor der Erlösung angesiedelte ... standen.«[60]

Die Ökologie ist zugleich Zivilisationskritik und neuer Gesellschaftsentwurf. Für die »wahren Gläubigen« ist die Ökologie nicht ein Prinzip, ein Programm oder eine Wissenschaft, sondern »die Alternative«, eine Basis und Matrix für eine spirituelle, utopische und vielleicht apokalyptische Gesellschaftsveränderung.

## »Ökotopia«

Eng verbunden mit der Vision einer radikalen ökologischen Veränderung ist die Idee einer Utopie. Durch Marx in Verruf geraten, wurde der Begriff durch den deutschen Philosophen Ernst Bloch rehabilitiert und – vor allem aufgrund seines Einflusses – zu einem zentralen und positiv besetzten Bestandteil des Diskurses der deutschen Linken, insbesondere der Grünen. In der Reaktivierung der utopischen Idee spiegeln sich bis zu einem gewissen Grad die Bemühungen der Grünen wider, eine pluralistische Diskussion über soziale Ideale wiederzubeleben, positive Bilder zu gewinnen, die über die angestaubten Ideale des Sozialismus hinausgehen, und fortschrittliche Politik mit ökologischen Elementen anzureichern. Die Grünen setzen häufig utopische Bilder ein, die die Funktion haben, einen langen, schwierigen Kampf für gesellschaftliche Veränderung zu motivieren, anzuleiten und aufrechtzuerhalten, der zwangsläufig mit Rückschlägen, Kompromissen und Enttäuschungen verbunden ist. Um die von den Grünen angestrebte Utopie zu beschreiben, haben sie sich den phantasievollen Neologismus »Ökotopia« von Ernst Callenbach zu eigen gemacht.

Das Ökotopia der Grünen hat restaurativen Charakter. Es will die Rückkehr zu einer verlorengegangenen, ursprünglichen Harmonie, Ganzheit und Verbundenheit mit der Natur, dem eigenen Selbst und anderen Menschen sowie die radikale Überwindung jeglicher Fremdbestimmtheit der Menschen und der Entfremdung zwischen der menschlichen Gattung und der Natur. Es betrachtet die Geschichte der Zivilisation als einen ständigen Prozeß der Entfremdung von der Natur, der sich zu einem regelrechten Antagonismus entwickelt hat.[61] Um ihr Ökotopia zu begründen, greifen die grünen Vordenker auf eine Zeit und eine gesellschaftliche Entwicklung zurück, die durch einen »ursprünglichen«, »natürlichen« Zustand gekennzeichnet waren. Als Vorbilder dienen dabei häufig »organische« Gesellschaften wie die der Indianer Nordamerikas oder afrikanische Stammeskulturen.[62] Dem grünen Denken zufolge lebten derartige Gesellschaften in einem ökologischen Gleichgewicht bzw. in Harmonie mit der Natur. Sie gaben der Umwelt genauso viel zurück, wie sie ihr nahmen, so daß die menschliche Reproduktion keine fortschreitende Ausbeutung und Zerstörung der natürlichen Ressourcen erforderte.

Von noch zentralerer Bedeutung ist die Auffassung, daß diese Gesellschaften eine unversehrte Ganzheit besaßen, die der menschlichen Erfahrung jene Unmittelbarkeit und Echtheit verliehen, die der modernen Gesellschaft abhanden gekommen sind.[63] Die Menschen machten andere Erfahrungen, weil ihre vermeintlich organische Gesellschaft nicht die zahllosen Brüche und Trennungen kannte, die für das moderne Leben charakteristisch sind (wie z.B. die Trennung zwischen Subjekt und Objekt, Herrschenden und Beherrschten, Individuum und Natur, Arbeit und Spiel) und den grundlegenden Zusammenhang von Körper und Seele[64] auseinandergerissen haben. Eine ökologische Gesellschaft trachtet soweit wie möglich danach, eine verdinglichte, zur Ware degradierte Natur wiederzubeleben und wiederzubeseelen. Und indem die ökologische Gesellschaft die Trennung von Mensch und Natur aufhebt, sorgt sie außerdem dafür, das Individuum wieder in ein Netz solidarischer und fürsorglicher Beziehungen einzubinden.[65] Murray Bookchin, einer der wenigen amerikanischen Denker, die von den deutschen Grünen positiv rezipiert werden, plädiert dafür, »offen zu[zu]geben, daß organische Gesellschaften spontan Werte entwickelten, die wir kaum verbessern können«, nämlich die Werte »Gegenseitigkeit«, »Miteinander« und »Nutznießung«.[66]

Diese Bewunderung für die Werte vormoderner, vorindustrieller Kulturen hat nicht dazu geführt, daß die Grünen eine »Rückkehr zum Steinzeitalter« vorschlagen, wie einige deutsche Konservative behaupten. Wissenschaft, Technik und industrielle Produktion brauchen nicht gänzlich aufgegeben zu werden.[67] Aber es ist notwendig, die Auswirkungen der Technik in den wirtschaftlichen und politischen Entscheidungsprozeß einzuarbeiten.

Ökotopia muß keinen Rückschritt in der historischen Entwicklung bedeuten. Im Gegenteil. Wird die menschliche Entwicklung in den Rahmen der »biologischen Lebensquellen« und der »Naturgeschichte der Gattung« eingebettet, so argumentieren manche grüne Theoretiker, kann der verlorene Faden der menschlichen und der Naturentwicklung wiederaufgenommen werden. Dieter Duhm diagnostiziert: »Die Entfremdung des heutigen Menschen ist im tiefsten Sinne eine biologische.«[68] In Ökotopia könnten verkümmerte menschliche Fähigkeiten wie »Verlangen, Sehnsucht, Wille, Gefühle, Seele« wiederbelebt und gepflegt werden.[69] Die Menschen könnten die »neandertalerhaften« Überreste in ihrem Verhalten wie Angst, Furcht und Konkurrenzkampf ablegen, die durch die moderne Gesellschaft nicht nur aufrechterhalten, sondern gefördert werden. Der schließliche »Mutationssprung« in der »Evolution der Menschheit«[70] wäre die Fähigkeit des aufrechten Gangs, womit sowohl aufrechte Haltung als auch würdevolles Verhalten gemeint sind.[71] Die Transformation in Richtung Ökotopia wäre mehr als eine Reformierung der Gesellschaft oder eine Neuorientierung der Zivilisation. Sie käme einem Wiedereintreten in den evolutionären Prozeß gleich.

Das ökotopische Projekt, so wird argumentiert, gibt den Fortschritt nicht preis, sondern definiert ihn neu. Die »Seele« ist der höchste Ausdruck der der Natur innewohnenden, sich selbst organisierenden Prinzipien. Wir sind gewissermaßen die »Klugheit« der Natur, die Verkörperung der Evolution der Natur hin zu Geist, Seele und Selbstreflexivität.[72] Die Menschen können folglich das Telos der Natur erkennen. Das Problem besteht darin, daß die moderne Gesellschaft die Vernunft zu einem Komplex von heteronomen technologischen und bürokratischen Kräften deformiert hat. Ökotopia ist die Rückführung der Gesellschaft in eine erweiterte ökologische Totalität, deren Entwicklungskräfte, Vielfalt und Einheit in der menschlichen Subjektivität Bewußtheit erlangen, wobei diese Subjektivität nicht nur von physischen Notwendigkeiten, sondern auch von der instrumentalistischen, funktionalistischen Form der Vernunft befreit wird, die sie niederhält. Ökotopia ist ein »biologischer Humanismus« (Duhm) oder eine »Ökologie der Selbstverwirklichung«, die nicht gegen die natürliche Umwelt, sondern durch die bewußte und kritische Wiederaneignung des »Lebens« verwirklicht wird. Die soziale Ökologie kann den Horizont einer Welt (wieder) öffnen, in der sich, »geleitet von Geist, Sympathie und Liebe, ethische Werte und mit ihnen soziale Beziehungen, Techniken und ein sorgsamer Umgang mit dem eigenen Selbst herausbilden können«.[73]

Ökotopia ersetzt die »veralteten« Vorstellungen von Fortschritt und instrumenteller Rationalität durch die Ideale einer biokulturellen Evolution und ökologischen Restauration. Dadurch unterscheidet sich Ökotopia stark von der Utopie der Sozialisten. Als eine Utopie der Restauration und Erneuerung ist sie nicht an der Idee menschlicher Freiheit, sondern an der Natur selbst zu messen. Auch projiziert Ökotopia ihre Ideale nicht auf eine zukünftige Gesellschaft, sondern leitet sie von einer anthropologisch definierten naturgeschichtlichen Vergangenheit her. Die Horizonte dieser Utopie sind nicht mehr zeitlicher, sondern räumlicher und geographischer Art. Da Ökotopia nur in einem nationalen Rahmen Gestalt annehmen kann, ist der Ökotopist zwangsläufig konservativ. Denn im Gegensatz zum Marxisten, für den Konflikt, Gewalt und Zerstörung das Tor zur Utopie sind, muß sein überragendes Interesse die Erhaltung einer bestehenden, natürlichen Totalität sein.

Mit einem Wort, Ökotopia ist eine Art radikaler Konservatismus, der die Idee des Fortschritts durch die Sehnsucht nach Restauration ersetzt. Er entthront die Vernunft und die Phantasie als Schiedsrichter über die Zukunft und setzt Funktion und Natur an ihre Stelle. Ökotopia strebt keine Revolution, sondern eine Devolution oder zumindest ein »Gleichgewicht« an. Daher kann man sich bei der Schaffung von Ökotopia nicht auf die Gesetze der gesellschaftlichen Evolution stützen. Die Errichtung der ökotopischen Ordnung erfordert die Abschaffung von gesellschaftlichen Gesetzen zugunsten von Naturgesetzen.

Warum sollten die Menschen bereit sein, die Herrschaft der Natur zu akzeptieren? Die Antwort lautet: Weil es notwendig ist. Wenn die Menschheit gegen die Gesetze der Natur verstößt, wird sie eine Katastrophe erleben. Die Gattung ist gezwungen, die Gesetze der Natur zu akzeptieren, andernfalls ist die Apokalypse unvermeidlich.

## Apocalypse now?

Im Diskurs der radikalen Ökologen ist der dialektische Gegensatz von Ökotopia die Apokalypse. Das Bild eines ökonuklearen Armaggedon scheint durch Schreckensszenarien und alptraumhafte Visionen vom »nuklearen Winter«, die *Global 2000* und verschiedene wissenschaftliche Zeitschriften beschreiben, Eingang in den politischen Diskurs der Bundesrepublik gefunden zu haben. Von dort aus gelangten sie schnell in die Massenmedien, wo sie in den letzten 20 Jahren – zweifellos wegen der schwerwiegenden ökologischen Probleme Deutschlands und seiner prekären Stellung in der Ost-West-Konfrontation – den politischen Diskurs und das öffentliche Bewußtsein besonders stark beeinflußt haben.

Wenn manche die Gefahr einer Apokalypse wörtlich meinten, nahm sie für viele andere den Charakter einer quasi-chiliastischen Überzeugung an. Sie glaubten das kosmische »Yin und Yang«, das Gleichgewicht zwischen den »Kräften der Produktion« und denen der »Destruktion« gestört. Die am meisten diskutierte und einflußreichste Variante dieser Argumentation war das »Exterminismus«-Konzept des britischen marxistischen Historikers E.P. Thompson.[74] Thompson vertrat die Auffassung, daß die Kategorie des Imperialismus die modernen Entwicklungen nicht mehr adäquat beschreiben könne.[75] Er schlug vor, statt dessen den Begriff »Exterminismus« zu verwenden, der »die Merkmale der Gesellschaft bezeichnet ... die sie in eine Richtung treiben, an deren Ende die Massenvernichtung steht ... Der Exterminismus ist eine Konfiguration ... deren institutionelle Basis das Waffensystem und das gesamte dieses System tragende ökonomische, wissenschaftliche, politische und ideologische System ist – das soziale System, welches das Waffensystem anstrebt, »wählt«, hervorbringt, überwacht, rechtfertigt und aufrechterhält.«[76]

Obwohl Thompson versuchte, seine Analyse geopolitisch zu fundieren, indem er sie in die Dynamik der Blockkonfrontation und die Machtstrukturen der sich gegenüberstehenden Nationen einordnete, war der Exterminismus letztlich eine metahistorische Kategorie, assoziiert mit einer »vielleicht irreversiblen Richtung« der Geschichte oder einem »letzten Stadium der Zivilisation«.

Diesen Standpunkt vertrat zuvor bereits der Philosoph Günther Anders, der einen starken Einfluß auf die Friedens- und Ökologiebewegung der Bundesrepublik ausübte. Für Anders gehörte die Atombombe als Symbol und Kulminationspunkt der destruktiven Kräfte der westlichen Zivilisation auf eine »metaphysische« Ebene. Wenn Auschwitz für ein Zeitalter stand, in dem »alle Menschen tötbar« waren, dann steht die Bombe für ein Zeitalter, in dem »die Menschheit als ganze tötbar ist.«[77] Die Bombe sei, so Anders, das Kernstück, die »Pyramide« eines Zeitalters, »in dem wir die Produktion unseres eigenen Untergangs pausenlos betreiben.«[78] Besonders bezeichnend für eine bestimmte Denkrichtung im Nachkriegsdeutschland, auf der Linken wie auf der Rechten, ist der unbekümmerte Hinweis auf Auschwitz. Für viele Deutsche aus diesem »apokalyptischen« Milieu hat Auschwitz seine historische Bedeutung als der Ort verloren, an dem die Deutschen einen nach den Prinzipien der industriellen Produktion organisierten Völkermord an den Juden begangen haben, und ist statt dessen zu einem verallgemeinerbaren Begriff für Massenvernichtung schlechthin geworden. Das Besondere von Auschwitz wird praktischerweise universalisiert. So wird Auschwitz zu einem Synonym für die Schrecken der Moderne. Seine Besonderheit als verabscheuenswürdiger Ort, an dem sich ein konkretes Kapitel der deutschen Geschichte abspielte, verliert sich dadurch. Aber den deutschen Anhängern der apokalyptischen Weltsicht waren die Juden – als Vertreter der modernen Rationalität – immer eher suspekt, wenn sie nicht gar das Böse schlechthin verkörperten.

Günther Anders betrachtete die Bombe nur als eine, wenngleich als destruktivste Komponente der »Megamaschine«, die unsere Welt benutzt.[79] Die Megamaschine ist der Endpunkt der gesellschaftlichen Heteronomie, denn weder sie noch ihre unzähligen Teile können noch als tauglich zu irgendeinem Zweck betrachtet werden.[80] Die Maschinen sind zu perfekten Vermittlern geworden, die alles auf der Welt, einschließlich der Menschen, in einen »Rohstoff« verwandelt haben.[81] Die Bombe ist der perfekte Ausdruck dieser Entwicklung, da eine Maschine nichts vermitteln kann – schon gar nicht Sicherheit oder Schutz. Die Bombe ist quasi Selbstzweck. Sie ist das Ende.[82] In ihrer Drohung, selbst in ihrem Versprechen, die Menschheit auszulöschen, ist die Technik »zum Subjekt der Geschichte geworden, mit der wir nur noch ›mitgeschichtlich‹ sind.«[83] Die Bombe bedeutet nicht nur das Ende der Geschichte als Chronologie der Menschheit, sondern auch die »Antiquiertheit des Menschen«.

Lewis Mumford, ein anderer Denker mit entscheidendem, wenn auch indirektem Einfluß auf die grüne Ideologie[84], hebt dieses Bild von der Gesellschaft als einer Maschine auf eine metahistorische Ebene. In *The Myth of the Machine* schlägt Mumford einen Bogen über die Jahrtausende, um das (Wieder-)Erstehen eines spezifischen »Machtkomplexes«, einer »Megamaschine« zu erklären, die im Ägypten der Pharaone entstand und im Amerika von heute wiedergeboren wurde. »Die Megamaschine ... ist nicht nur eine Verwaltungsorganisation: sie ist eine Maschine im orthodoxen technischen Sinne, eine ›Kombination von resistenten Körpern‹, die so organisiert sind, daß sie genormte Bewegungen und repetitive Arbeiten ausführen können.«[85] Während »Profit«, »Produktivität«, »Prestige«, »politische Macht« und »Eigentum« die Schlagworte des »Macht-Pentagon« sind, ist der »Zweck« der modernen Megamaschine, wenn er überhaupt so genannt werden kann, schlicht und einfach Macht. Sie ist ein totaler Apparat, der jede verfügbare Ressource umfaßt und verwendet. Der »Körper« oder die Teile der Megamaschine sind »mechanischer, elektronischer, chemischer« – und menschlicher Art.[86] Da die Megamaschine alle Dinge, ob lebendig oder materiell, in ihren Dienst stellt, ist sie auch ein Apparat der totalen Beherrschung. Sie »kann durch einen großen Park effizienter Maschinen Gehorsam erzwingen und Kontrolle ausüben.«[87] Die Menschen sind nicht ihre Diener, sondern ihre Instrumente und Sklaven, und soweit sie nicht »brauchbar« sind, werden sie ersetzt, eliminiert oder angepaßt. Obwohl vom Menschen geschaffen, dient die Megamaschine nicht mehr ihren menschlichen Schöpfern. Sie setzt sich völlig »über die Bedürfnisse und Zwecke des menschlichen Lebens hinweg, um den Machtkomplex zu stärken und seine Herrschaft auszudehnen.«[88] Die Megamaschine ist ein »eindimensionales System«[89], in dem ein übermäßig verengter Begriff von Fortschritt, nämlich die »Gleichsetzung von technischem und moralischem Fortschritt«,[90] Platz gegriffen hat. Die Idee der Verbesserung wurde so auf eine einzige quantitative Machtachse reduziert, die natürlichen Grenzen von Veränderung verschoben sich. Somit liegt der Megamaschine die Überzeugung zugrunde, »daß es keine wünschbaren Grenzen für die Steigerung von Wissen, von materiellen Gütern, von Umweltschutz gibt und daß die quantitative Produktivität ein Selbstzweck ist und jedes Mittel für eine weitere Expansion genutzt werden sollte.«[91]

Aber die grenzenlose Expansion der Macht läßt die moralischen und spirituellen Dimensionen außer acht; sie verträgt sich nicht einmal mit der biokulturellen Grundlage der menschlichen Gattung. Die Megamaschine ist nicht dafür programmiert, zwischen lebenserhaltenden und lebenszerstörenden Formen von Macht zu differenzieren. Die Selbstzerstörung gehört in ihren universellen Katalog von Fähigkeiten, und zwar nicht als zufälliger, sondern als wesentlicher Ausdruck von Macht. »Wenn sich die Automation erst universell durchgesetzt hat, bedeutet sie den totalen Verzicht auf Leben und schließlich die totale Vernichtung.«[92] Die Maschine, so Mumfords Schlußfolgerung, verkörpert nicht nur ein zentrales Instrument unserer Gesellschaft, sondern auch den zentralen Mythos unserer Kultur. Und die auf diesem Mythos basierende Religion ist ein Todeskult, dem der Ägypter nicht unähnlich. Aber, so der Schlüsselgedanke, wegen des totalen Charakters der Megamaschine, ihrer unbegrenzten Reichweite und Macht, handelt es sich um einen apokalyptischen Kult, dessen höchster Ritus nicht das individuelle Opfer, sondern der kollektive Selbstmord ist. Mumford malt das Thema poetisch aus: »Über dem gesamten Macht-Pentagon ... schwebt Aragnorak oder die Götterdämmerung ...: eine Welt, die von Flammen verzehrt wird, wenn alle menschlichen und göttlichen Dinge von den listigen Zwergen und den brutalen Riesen bezwungen werden.«[93] Fundamentalistische Grüne stimmen mit dieser Vision voll überein, fügen dieser modernen, säkularisierten Version der Offenbarung lediglich die Idee des globalen Ökosystems hinzu. Durch ihren materiellen Austausch mit der Ökonomie wird die Natur zu einer weiteren Komponente der Megamaschine.

Da die apokalyptische Bedrohung eine totale ist, verlangt sie auch eine totale Antwort. Eine »apokalyptische Politik« kann keine Kompromisse kennen, denn sie trachtet nicht danach, unterschiedliche Interessen und Werte auszugleichen, sondern das höchste und universelle Interesse der Menschheit, das Überleben, zu verteidigen. Für eine apokalyptische Politik gibt es nur die Alternative: totale Veränderung oder totale Zerstörung. Politisches Handeln kann demnach nur zwei Formen annehmen: weitermachen wie bisher oder Umkehr, Veränderung, Kurswechsel. Es gibt nur zwei Arten von politischen Akteuren: diejenigen, die »weitermachen«, und diejenigen, die »aussteigen«.

Die apokalyptische Bedrohung macht nicht nur das politische Handeln absolut, sie verleiht ihm auch die allergrößte Dringlichkeit. Für die fundamentalistischen Grünen steht der Zeiger auf »fünf vor Zwölf«, die Stunde der Selbstzerstörung steht also unmittelbar bevor. Die Aufgabe ist so groß, wie die Zeit knapp ist. Jede Art von Tagespolitik scheint hoffnungslos unangemessen, wenn auch absolut notwendig. Es liegt auf der Hand, daß eine Bewegung, deren Politik auf die Apokalypse ausgerichtet ist, großen Schwankungen unterliegt: Sie muß ständig die Gratwanderung zwischen vollständiger Mobilisierung und äußerster Hoffnungslosigkeit vollbringen.

Diese Dialektik von Hoffnung und Untergangsstimmung war von Anfang an in der grünen Bewegung erkennbar. Paradoxerweise trumpften die grünen Fundamentalisten nach ökologischen Katastrophen wie dem Desaster von Tschernobyl am meisten auf. Nur solche apokalyptischen Ereignisse, so argumentierten sie, könnten bei der Bevölkerung ein allgemeines Umdenken in Gang setzen. Viele Grüne glaubten (fälschlicherweise), daß die von Sozialwissenschaftlern in den 80er Jahren verkündete »stille Werterevolution« oder die Entwicklung eines »postmaterialistischen Bewußtseins« diese erhoffte Revolutionierung des Massenbewußtseins belegten.

Zahlreiche Grüne nehmen in der modernen Gesellschaft eine »ethische Lücke« wahr, da die technische Entwicklung der menschlichen und moralischen weit vorausgeeilt ist. Günther Anders meint, daß »wir als Fühlende noch immer im rudimentären Heimarbeiter-Stadium stecken, während wir als Tötende ... bereits das stolze Stadium industrieller Massenproduktion erreicht« hätten.[94] Die Situation sei bereits so sehr aus den Fugen, daß »von der Technik die moralischen Imperative von heute« ausgingen.[95]

Dieses Hinterherhinken der moralischen Entwicklung manifestiert sich auf verschiedenen Ebenen. Am elementarsten bleibt der Mangel an Institutionen oder auch nur an Kriterien, mit deren Hilfe sich die angemessene Quantität und Qualität der für das »gute Leben« erforderlichen Technik und Veränderung bestimmen lassen, denn Technik in unbegrenzter Menge kann nicht von Nutzen sein. Die Entwicklung einer solchen Sensibilität verhindert unsere »prometheische Scham« (Anders) vor der Perfektion unserer eigenen Produkte. Die Destruktivkraft unserer Produkte erweist sich als so groß, daß ihre physischen Potenzen unsere moralische Sensibilität bei weitem übertreffen und uns »apokalypse-blind« machen.[96] »Vor dem Gedanken der Apokalypse aber streikt die Seele.«[97] Die apokalyptischen Potentiale der Menschheit betreffen nicht nur die gesamte Erde, sondern auch die ganze zukünftige Geschichte. Daher muß der Kompaß der moralischen Verantwortung auch für die kommenden Generationen gelten, entsprechend dem populären grünen Aphorismus: »Wir haben die Erde von unseren Kindern nur geliehen«. Anders zieht den Schluß, »die heute entscheidende moralische Aufgabe« bestehe »in der Ausbildung der moralischen Phantasie.«[98]

Manche Gesellschaftswissenschaftler wie beispielsweise Jürgen Habermas vertreten die Auffassung, daß die ethische Lücke durch die Wiederentdeckung der westlichen humanistischen Werte geschlossen werden könne, die von der jüdisch-christlichen Tradition und der Aufklärung verkörpert werden.[99] Andere, wie Ernst Bloch, nehmen einen radikaleren Standpunkt ein. Sie betrachten die humanistischen Werte als Teil einer mechanischen oder cartesianischen Weltsicht, damit als Teil der für die Moderne charakteristischen Repression und Ausbeutung und somit keineswegs als befreiende und aufklärerische Kräfte. Dieser Interpretation zufolge ist eine vollständige moralische und kulturelle Erneuerung der westlichen Zivilisation erforderlich, die sich möglichst an nichtwestlichen spirituellen Werten orientieren sollte. Sicher wäre es übertrieben zu behaupten, daß die Mehrheit der westdeutschen Grünen diesen letztgenannten Standpunkt teilt, doch viele glauben an die Notwendigkeit einer »neuen Spiritualität«, sei sie exotischer Natur oder auf heimischem Boden gewachsen.

Das apokalyptische Denken ist keineswegs auf das grüne Milieu beschränkt. Es hat vielmehr Eingang in das Bewußtsein breiter Bevölkerungsschichten gefunden, wie zwei Beispiele illustrieren. Das erste betrifft die Mobilisierung gegen die Aufstellung der Mittelstreckenraketen zwischen 1981 und 1983 (siehe Teil I). In dieser bunt gemischten Massenbewegung (wahrscheinlich die größte in der Geschichte der Bundesrepublik) waren Stimmen, die die Stationierung der Raketen mit dem unvermeidlichen Ende Deutschlands, Europas und der Zivilisation gleichsetzten, durchaus keine Ausnahme. Die Stationierung bedeutete aus ihrer Sicht Zerstörung.[100]

Eine noch größere, wenn auch weniger gerechtfertigte Angst überkam die Bundesrepublik während des Golfkrieges Anfang 1991. Der Protest gegen den Krieg war quantitativ und qualitativ stärker als in jedem anderen Land der entwickelten kapitalistischen Welt. Apokalyptische Bilder vom nuklearen Winter und ökologischen Katastrophen aufgrund der Brände auf den saudiarabischen und kuwaitischen Ölfeldern hatten Hochkonjunktur. Diese Angst war interessant, weil sie Deutschland – und nicht etwa die unmittelbar betroffene Golfregion – als hilfloses Opfer einer verantwortungslosen Politik und extremistischen Logik des Modernisierungsprozesses hinstellte.[101]

Erstaunlich war auch, daß die Westmächte[102] – allen voran natürlich die Vereinigten Staaten – als treibende Kraft hinter der militärischen Konfrontation ausgemacht wurden. In auffallendem Gegensatz zur »linearen Rationalität« und »Technikversessenheit« der »kriegsbegeisterten« Westmächte begrüßten viele Mitglieder der deutschen Friedensbewegung und anderer Kreise den emotionalen Pazifismus der Deutschen und bekundeten ihre kollektive Angst.[103] Die führende Feministin Alice Schwarzer verkündete sogar, sie sei stolz darauf, Deutsche zu sein, da sie den Deutschen aufgrund ihres kategorischen Pazifismus eine moralische Überlegenheit gegenüber den Engländern oder Amerikanern zuschrieb.[104] Manche gingen sogar so weit, dieses weitverbreitete pazifistische Gefühl als eine willkommene Feminisierung und Emotionalisierung Deutschlands zu betrachten, das sich wohltuend von dem machohaften Bellizismus der anderen Westmächte abhebe. Dieses Milieu hatte die Lehren des Holocaust begriffen: Das oberste Ziel war ein *totaler, uneingeschränkter, nicht verhandelbarer, überall einzufordernder* Frieden. Der mußte, ungeachtet der Kosten – Unterdrückung, Verlust der Freiheit, Verlust von Menschenleben, Verlust des Landes – aufrechterhalten werden. Hans-Christian Stroebele, eine der führenden Persönlichkeiten der grünen Partei, sagte in einem Interview mit der *Jerusalem Post*, daß die »irakischen Raketenangriffe die logische, fast zwingende Konsequenz der israelischen Politik« seien und Israel wegen seiner früheren Behandlung der Palästinenser und der arabischen Staaten, einschließlich des Irak, selbst schuld daran sei. Für Stroebele war der Frieden sogar das Leben von einer Million Juden wert.[105] Die Tatsache, daß dieser Mann daraufhin sein Amt in der Partei aufgeben mußte, ist weniger wichtig als die zahlreichen Briefe, die die *TAZ* von Leuten aus dem alternativen Milieu erhielt, die Stroebeles Position unterstützten.

Stroebeles Ansichten waren für die meisten Mitglieder der deutschen Linken ein bißchen zu extrem im Ton (aber wesentlich weniger im Inhalt). Sein wirkliches Vergehen bestand darin, daß er solche Ansichten in der Öffentlichkeit verkündete, für die der Antisemitismus noch immer mit einem gewissen Stigma behaftet ist. Bedauerlicherweise waren Stroebeles Auffassungen das Ergebnis einer immens erfolgreichen Nach-APO-Sozialisation, die den Haß auf Israel und die Parteinahme für die Palästinenser zu der wohl am meisten akzeptierten – und geforderten – sozialen Norm dieses Milieus machte. Eine Schlüsselfigur dieses Milieus, der grüne Fundamentalist Jürgen Reents, befreite sein Deutschland vom Auschwitz-Fluch, indem er die Palästinenser zu »Opfern« erklärte. In diesem Milieu wurden »Israel« und »Zionismus« zu ebenso schrecklichen Begriffen wie Nazismus und Faschismus. (In der Welt der deutschen Linken hätte es kaum eine schlimmere Beleidigung geben können, als jemanden einen »Zionisten« zu nennen). Es würde den Rahmen dieses Buches sprengen zu zeigen, wie Israel (und mitunter auch die Juden) in den Augen der deutschen Linken Züge annahm, die sie mit den Nazis assoziierte. Deshalb soll hier der Hinweis genügen, daß für einen beträchtlichen Teil der deutschen Nach-APO-Linken der schnellste und bequemste Weg zu einer Aussöhnung mit den in die Verbrechen des Dritten Reiches verstrickten Eltern darin bestand, nicht nur einen instinktiven Haß auf Israel zu entwickeln, sondern es mit Nazideutschland gleichzusetzen. Wenn die Juden in Israel die Rolle der Nazis übernahmen, konnten die Deutschen (der Vergangenheit und Gegenwart) nicht mehr beschuldigt werden, ein singuläres Verbrechen begangen zu haben. Jeder konnte sehen: Die Juden waren genauso böse wie die Deutschen.

Die völlige Relativierung der Geschichte, die Israel mit dem nationalsozialistischen Deutschland gleichsetzt, ist bei der deutschen Linken oder den Grünen natürlich nicht die einzige Auffassung zu diesem komplexen Thema. Es gibt eine Vielzahl von Versionen, die im Ton, wenn auch nicht unbedingt im Inhalt, gemäßigter sind. Besonders verabscheuenswürdig erscheint uns jene Kritik an Israel, die versucht, sich dadurch zu legitimieren, daß sie ihre gehässigen Angriffe auf diesen Staat damit einleitet, daß sie den Juden das Recht auf einen eigenen Staat und damit gewissermaßen ein Recht auf Leben zugesteht. Wenn knapp 50 Jahre nach Auschwitz jener produktivste und geistig originellste deutsche Bevölkerungsteil nur widerwillig und oberflächlich bereit ist, die Juden überleben zu lassen, liegt es auf der Hand, daß die deutsch-jüdische Versöhnung eine bloße Schimäre ist. Stroebele verschwand als führendes Mitglied der Grünen – allerdings nur bis zu seinem Berliner Wahlerfolg im Oktober 1994 –, weil er sich ungeschminkt geäußert hatte. Seine Auffassung ist aber leider nicht verschwunden. Sie bleibt, vor allem in fundamentalistischen Kreisen, lebendig, in denen – in starkem Gegensatz zur Welt der Realos – der Haß auf Israel weiterhin groß geschrieben wird. Links sein und Israel hassen – das wurde im Diskurs der deutschen Linken seit 1968 synonym. Nur wenige Topoi in diesem Milieu stellten ein so klares Glaubensbekenntnis dar wie die Ablehnung des Zionismus und die Feindseligkeit gegenüber Israel.

1991 war der Frieden nicht nur zum totalen Wert und zur absoluten moralischen Kategorie im Kampf gegen die bevorstehende Apokalypse geworden, sondern er war – anders als ein Jahrzehnt zuvor – auch deutsch geworden. Die Friedensbewegung der frühen 90er Jahre benutzte entschieden »deutsche« Kategorien, um ihr Anliegen zu vertreten. Beispielsweise wurden die Westmächte ständig als Alliierte bezeichnet, besonders, wenn es um ihre Bombenangriffe ging. Ebenfalls bemerkenswert war in diesem Zusammenhang der ständige Vergleich zwischen den irakischen Ortschaften und deutschen Städten im Zweiten Weltkrieg, die unter den »Bomben der Alliierten« zu leiden gehabt hatten. Sie wollte dadurch offensichtlich ihre eigenen, deutschen Vorzüge betonen und sie den Fehlern, Vergehen und Verbrechen des modernistischen, imperialistischen und rationalistischen Westens gegenüberstellen. Und im Gegensatz zur Friedensbewegung der frühen 80er Jahre wurden diese Gefühle von vielen Deutschen außerhalb der Grünen und der Friedensbewegung geteilt und artikuliert. Die Tatsache, daß der Golfkrieg den Deutschen eine Gelegenheit bot, ihr friedliebendes und anständiges Wesen zu zeigen, ließ ein Bündnis entstehen, das beim Bundespräsidenten begann und weit in alle politischen Lager – schwarz, rot, blau und grün – hineinreichte. Für manche schien die totale Bürde, die Auschwitz darstellte, endlich durch eine neue, diesmal weniger tödliche, aber gleichermaßen problematische Totalität überwunden worden zu sein: das militant pazifistische Deutschland.

Das war kein schöner Anblick. Besonders häßlich wurde er dadurch, daß sich im Laufe der Zeit herausstellte, welch selektiven und sehr spezifischen Charakter dieses Phänomen trotz seines holistischen und totalen Anspruchs hatte. Denn kaum sechs Monate nach dem Golfkrieg, als – praktisch vor der Haustür Deutschlands – die Flammen eines brutalen Krieges das ehemalige Jugoslawien verwüsteten, waren die militanten Pazifisten auf wundersame Weise von den Straßen der deutschen Städte verschwunden und in ihre gemütlichen Wohnzimmer zurückgekehrt. Vorbei war es mit den vielen Schülern, die mit Kerzen herummarschierten und beteten, daß Armaggedon sie verschonen möge. An den Brutalitäten des Jugoslawien-Krieges waren weder Amerikaner noch Israelis beteiligt, was die Sache für deutsche Pazifisten uninteressant machte – zumindest bis 1994, und eigentlich bis zum Völkermord in Srebrenica im Juli 1995. Eines scheint klar: Der militante Pazifismus ist zwar als Teil einer apokalyptischen Weltsicht im grünen und linken Milieu weiterhin vorhanden, bleibt aber solange latent, bis er durch zwei Kräfte gezwungen wird, sich zu manifestieren – die Vereinigten Staaten und Israel. Wenn sich diese zwei Länder nicht engagieren, scheint der militante Pazifismus der deutschen Linken, der aus ihren apokalyptischen Visionen resultiert, verborgen und auf die Privatsphäre beschränkt zu bleiben.

### Die neue Spiritualität – Bahros *Logik der Rettung*: Eine grüne Synthese?

Während die vier Themen Ökologie, Utopie, Apokalypse und Spiritualität die gesamte grün ausgerichtete Literatur durchziehen, ist Rudolf Bahro vielleicht der einzige Theoretiker, der einen systematischen Versuch unternahm, sie zusammenzufügen. Wie schon erwähnt, hatte sich Bahros anfänglich patriarchales Verhältnis zu den Grünen in eine distanzierte Beziehung gegenseitigen Mißtrauens verwandelt, was sogar für die einst mit ihm sympathisierenden Fundamentalisten galt. Es wurde häufig behauptet – und das ist auch unsere Auffassung –, daß Bahro hauptsächlich, wenn auch nicht allein, deswegen für die entstehende Partei unhaltbar wurde, weil er die fundamentalistische Position zu rigoros formulierte und sie auf zu unpolitische Weise vertrat. Sein Hauptwerk, *Die Logik der Rettung*, wurde weder offiziell von der grünen Partei unterstützt, noch offen in der Partei diskutiert, doch gestattet es bei näherem Hinsehen viele Einblicke in Bezüge und Entwicklungstendenzen, die der fundamentalistischen Ideologie zugrunde liegen. Wir stoßen auf eine tiefsitzende Feindseligkeit gegenüber den wichtigsten Werten der Aufklärung – Demokratie, Gleichheit, Humanismus, Vernunft und Fortschritt –, die das politische Handeln in den westlichen industriellen Demokratien bestimmen.

Trotz ständiger Querelen mit seinen früheren Parteifreunden hat Bahro für seine Ansichten weiterhin die Bezeichnung »Fundamentalismus« beansprucht. Nachdem er diesen Begriff aus dem Bereich parlamentarischer Politik herausgelöst hatte, konnte er ein Fundamentalismus-Konzept entwickeln, das eher ein radikaler Katalog spiritueller, kultureller und politischer Vorstellungen als eine radikale Reformstrategie ist.[106]

Bahro dehnt seine Kritik über das sozioökonomische System hinaus auf die gesamte westliche Zivilisation und Kultur aus. Zur Beschreibung der westlichen Zivilisation übernimmt er Mumfords Metapher von der Megamaschine: Wissenschaft, Technik, Kapital und Staat bilde eine einzige zentrale Macht.[107] Zwar weist er dem Kapital eine zentrale Rolle in der »Megamaschine« zu, behauptet aber: »Das Kapitalverhältnis ist nicht die letzte Ursache, sondern nur das jüngste Mittel der Expansion«.[108] Bahro sieht die »Totalität« der westlichen Zivilisation nicht in erster Linie funktional: »Die Megamaschine funktioniert nicht nur, sie *ist* todorientiert.«[109]

Seiner Ansicht nach war dieser »exterministische« Drang in jeder der sechs aufeinanderfolgenden soziohistorischen »Sedimente« vorhanden, er bestimmt sie als »Genotyp (Conditio humana)«, »Patriarchat«, »europäische Kosmologie«, »Kapitaldynamik«, »Industriesystem (Megamaschine)« und »Exterminismus«.[110] Jede dieser

Schichten vertiefte und verstärkte die destruktiven, lebensfeindlichen Tendenzen der westlichen Zivilisation, wobei jedoch keine allein den Ausschlag gab.

Bahro will die »Logik der Selbstauslöschung« bis zu den tiefsten Quellen der westlichen Kultur zurückverfolgen. Es überrascht nicht, wenn sein Ergebnis lautet, daß sie in der »conditio humana« selbst angelegt gewesen sei.[111] Das dem »menschlichen Genotyp« innewohnende Entwicklungsproblem, so Bahro, sei ein biologisches Problem unseres Großhirns, das jedem menschlichen Wesen seine Identität und Phantasie gibt.[112] Die gesamte westliche Zivilisation und Kultur sind im wesentlichen eine Antwort auf diese Situation: »Geschichte ist Psychodynamik. Die Logik der Selbstausrottung ist ein Gebrechen der menschlichen Seele ... Es ist alles *Kultur*, *zweite* Natur, woran wir scheitern. Es ist das Unbewältigte unserer menschlichen, unserer psychischen Existenz.«[113] Die Struktur der westlichen Zivilisation sei nur eine mögliche Antwort auf die ewigen Dilemmata, die sich aus unserem Wesen als einem mit einem Großhirn ausgestatteten Tier ergäben.

Die Logik der Selbstausrottung rühre vom Primat der »menschlich-allzu menschlichen Maximen des Selbstbehauptungsprinzips« her.[114] Während die östliche Zivilisation den »Weg der Selbsterkenntnis, den Weg nach innen« wählte[115], habe der Westen den entgegengesetzten Weg eingeschlagen: die Trennung des Selbst von der Natur, die rationale Analyse und die Kontrolle über die äußere Welt und damit letztlich die Selbstgenügsamkeit des individuellen menschlichen Ego. Dies habe zu einer Situation geführt, in der der Mensch größere Angst vor der »subjektiven Sinn- und Bedeutungslosigkeit unserer individuellen Existenz«[116] als vor dem physischen Tod habe. Das kulturelle Leben und die zweite Natur hätten sich so vollständig von ihrer Grundlage im materiellen Leben und ihren Wurzeln in der biologischen Natur entfernt, daß sie nicht mehr nur destruktiv, sondern geradezu apokalyptisch geworden seien.

So total das Problem sich stelle, so total müsse die Lösung sein. Die »Logik der Rettung« beginne mit unserer Bereitschaft, alles loszulassen[117], also unsere bisherige Lebensweise aufzugeben, einschließlich aller individuellen Bequemlichkeiten und aller »Ersatzbefriedigungen«, mit denen die Megamaschine diejenigen belohne, die sie in Gang halten. Der nächste Schritt sei eine völlige Veränderung des Bewußtseins, des Ego und der Persönlichkeit, die durch die Megamaschine programmiert wurden. Die Megamaschine, die unser Bewußtsein zerstreut hat, erzeugt auch einen Bruch zwischen bewußten und unbewußten Strukturen, an dem der Prozeß der Reintegration und Wiedergenesung ansetzen kann, eine »Wiedervereinigung unseres lebendigen Geistes mit seinen natürlichen Wurzeln, mit den Quellen der Kultur ...«[118] Jede Mitwirkung an der äußeren Welt, sogar an einer Oppositionspolitik, die auf die Beseitigung der Megamaschine abziele, sei zum Scheitern verurteilt, denn »die Fronten verlaufen nicht so sehr zwischen als vielmehr in den Menschen.«[119] Yoga und nicht irgendeine Organisation sei der Quell der Errettungspolitik.[120] Nur durch die Rückkehr zum »Göttlichen in uns selbst« könnten wir die notwendige Energie gewinnen, um gesellschaftliche Veränderungen zu bewirken.

Da die apokalyptische Bedrohung unmittelbar bevorstehe, seien Maßnahmen zur Schließung der Kluft, sei eine »Rettungsregierung« erforderlich, die sicherstellen sollte, »daß das Leben weitergeht«.[121] Diese Regierung müsse mit absoluter moralischer und politischer Autorität ausgestattet sein. Die Maxime von der Diktatur des Proletariats aufgreifend, vertritt Bahro die Ansicht, daß »es keine Transformationsperiode ohne den Staat« geben könne.[122]

Welche Form hätte dieser Übergangsstaat? Repräsentative, parlamentarische Institutionen geben kurzfristigen Anliegen und Sonderinteressen einen zu großen Raum und »sind ungenügend für die jetzige Hauptaufgabe des Staates.«[123] Die »Rettungsregierung« müßte ein »Fürst der ökologischen Transformation« sein, sowohl im machiavellistischen Sinn eines Gesetzgebers oder eines Begründers neuer Institutionen als auch im leninistisch-gramscianischen Sinn einer avantgardistischen revolutionären Partei, die im Namen eines universellen Interesses grundlegende kulturelle Veränderungen durchsetzt. Die Basis dieser furchterregenden Mischform wäre eine »unsichtbare Kirche«, eine diffuse, weltweite spirituelle Gemeinschaft und Vereinigung, die »Wiederherstellung der alten Idee des Gottesstaates«.[124] Die Funktionäre dieser Mixtur aus Tyrannei, Ein-Parteien-Herrschaft und Theokratie wären eine aufgeklärte Minderheit[125], eine häretische Gruppe von Technokraten, die der Megamaschine die Gefolgschaft aufkündigt und sich der Rettungsbewegung anschließt.[126]

Nur wenige Grüne, auch unter den militantesten Fundamentalisten, hätten offen ihre Übereinstimmung mit Bahros Schlußfolgerungen zugegeben. Aber viele radikale Ökologen teilten seine grundlegenden Prämissen. Was Bahro von ihnen unterschied, das waren nicht so sehr seine Grundannahmen als seine fehlende Bereitschaft, die Schlußfolgerungen aus Gründen der politischen Opportunität abzuändern oder zu verschleiern.

Wie wir zu zeigen versucht haben, waren Bahros Schriften die logische Systematisierung der vier Leitmotive des grünen Fundamentalismus Ökologie, Utopie, Apokalypse und Spiritualität –, wobei der Hauptakzent auf der Spiritualität lag. Wir meinen, daß diese Konzepte, zumindest wie sie von den Grünen verstanden wurden, nie brauchbare Orientierungspunkte abgaben. Aufgrund ihres totalisierenden, kompromißlosen Charakters verweigerten sie sich jeder Form politischer Alltagspraxis, während sie zugleich den Nährboden für einen unnachgiebigen moralischen Fanatismus bildeten und ihre Anhänger dadurch in einer tragischen, instabilen Dialektik von Niederlage und Enttäuschung gefangen hielten. Sie gaben außerdem keine brauchbare Grundlage für die Rekonstruktion linker Politik in der Bundesrepublik ab. Bahro war in dieser Hinsicht vielleicht der ehrlichste, wenn er mutig behauptete, daß in den Grenzen des Fundamentalismus »kein linkes Projekt mehr möglich ist«. Denn sozialistische Politik hat den Prinzipien und Idealen der Aufklärung viel zu verdanken, fundamentalistische Politik aber lehnt diese Prinzipien und Ideale kategorisch ab. Leser, denen die deutsche Geistesgeschichte vertraut ist, werden diesen fundamentalistischen Irrtum als »typisch deutschen« erkennen. Es ist in der Tat kein Zufall, daß die Fundamentalisten mit der Frühromantik mehr gemeinsam haben als die Feindseligkeit gegenüber der Aufklärung. Beide Strömungen vertreten ein Politikkonzept, das theoretisch so faszinierend wie praktisch unbrauchbar, ja gefährlich ist. Man hatte gehofft, daß das tragische Scheitern dieser Ideen (1848 und 1933, um die zwei offenkundigsten Fälle zu nennen) die deutsche Linke für alle Zeiten gegen eine Rückkehr zu antiwestlichen Ressentiments gefeit hätte. Die Ereignisse der 80er und frühen 90er Jahre zeigen jedoch, daß solche Hoffnungen verfrüht waren.

Um den früheren SPD-Vorsitzenden Hans-Jochen Vogel zu paraphrasieren: Wer die falschen Antworten gibt, stellt oft die richtigen

Fragen. Jede linke Politik mußte ihre produktionsorientierte Ethik im Licht ökologischer Probleme neu bewerten. Ebenso mußte die kurzsichtige Fixierung der Politiker und Wähler auf wirtschaftliche Kennziffern einem breiteren Verständnis von politischer und sozialer Verantwortung gegenüber der natürlichen Umwelt und zukünftigen Generationen weichen. Und außerdem galt es, der Tatsache ins Auge zu sehen, daß die Konsumkultur keine geeignete Basis einer guten Gesellschaft ist.

Wir wenden uns jetzt anderen grünen Strömungen zu, die bei der Beantwortung dieser Fragen die Tradition der Aufklärung zwar hinterfragten, aber nicht ablehnten.

## Der reformistische Humanismus: Anatomie einer Koalition

In den beiden vorausgegangenen Abschnitten haben wir den grünen Fundamentalismus kritisch untersucht und sind dabei zu dem Schluß gekommen, daß der grüne Fundamentalismus für die »blockierte Entwicklung« der grünen Partei verantwortlich war, zudem stand der dogmatische Naturalismus der Fundamentalisten im völligen Widerstreit zu den historischen Werten und Forderungen der Linken. Demnach konnten die Grünen also nur durch die Absage an den Fundamentalismus zu einer ökologischen Reformpartei werden. Sie brauchten dafür zehn turbulente und schwierige Jahre. 1991 hatten sie es endlich geschafft.

In diesem Abschnitt wollen wir die Vertreter der drei anderen Strömungen in der Partei und ihre Bemühungen vorstellen, ökologische Politik in sozialistische Ideologie zu integrieren. In ihren Arbeiten, so meinen wir, läßt sich die Anatomie einer potentiellen reformistischen humanistischen Politik erkennen, auf der sich die Identität der Partei aufbauen ließe. Sie könnte darüber hinaus auch die Grundlage für eine tragfähige, ökologischen Reformen verpflichtete politische Koalition abgeben.

## Realismus jenseits von Realpolitik

Die grünen Realisten gerieten in eine teufelskreisähnliche Debatte mit dem Fundamentalismus, weil sie stillschweigend akzeptierten, daß Reformen nur durch das fundamentalistische Ziel einer totalen Systemveränderung legitimiert werden konnten. Dieser Diskussionsrahmen reduzierte den Realismus auf Realpolitik. Auf parlamentarischem Wege erreichte Reformen erschienen als notwendiges Übel, legitimiert durch einen mit Machtpolitik verbundenen Zynismus. Dadurch konnten sich die Fundamentalisten wiederum zu Verteidigern der Werte und der wahren Identität der Parteibasis hochstilisieren.

Die damaligen Bielefelder Soziologen – Helmut Wiesenthal, Norbert Kostede und Claus Offe – versuchten, das positive Verständnis von Realismus wiederherzustellen, indem sie ihn nicht auf Zynismus gründeten, sondern auf eine sozialwissenschaftliche Analyse der sich verändernden Dynamik sozialer Konflikte und sozialen Wandels. Wiesenthal und Kostede waren Realisten, in der grünen Partei aktiv und hatten eine wichtige Stellung im Bundesvorstand der Grünen.[127] Alle drei könnten zwar als Neomarxisten eingestuft werden, aber ihre Neubewertung des Realismus hatte einen starken Einfluß auf die Systemtheorie.

Genau zum richtigen Zeitpunkt und mit intellektueller Schärfe analysierte Offe als einer der ersten Sozialwissenschaftler, in welcher Weise ökologisch-pazifistische Themen die traditionelle linke Strategie herausforderten. Die Ziele der Ökopax-Bewegung – die Erhaltung der Natur und die Beendigung des Wettrüstens – waren negativ formuliert, da sie auf die Bewahrung wertvoller Dinge, aber nicht auf den Fortschritt ausgerichtet waren.[128] Zur Beschreibung dieser neuen Politik wandelte Offe Walter Benjamins Metapher von der Revolution ab, die nicht als »Lokomotive der Geschichte«, sondern als eine Art »Notbremse« begriffen wurde, nach der die gesamte Menschheit greife. Da sich ihre Politik nicht mehr (allein) von der Logik des Fortschritts leiten ließ, brauchten die Grünen eine neue Form politischer Rationalität. Offe machte drei Probleme aus, die die Politik der Bestandserhaltung für die Rationalität einer parlamentarischen Partei aufwarf. Erstens tendierte eine Politik, die dieser Art von Rationalität verpflichtet war, dahin, Politik für Laien, Protestpolitik, Politik »in der ersten Person« zu werden.[129] Zweitens erschwerte sie politische Kompromisse oder Mittelwege, da die anstehenden Fragen mit »ja oder nein« und nicht mit »mehr oder weniger« bzw. »früher oder später« beantwortet wurden.[130] Diese zweifache Dynamik brachte Schwierigkeiten für eine kleine Partei mit sich, die nach dem Repräsentationsprinzip organisiert war und ihre Ziele nur durch politische Kompromisse erreichen konnte. Offe bot indessen keine Lösung für diese Dilemmata an, sondern zog lediglich den Schluß, daß kaum irgendwelche theoretischen Modelle oder geeignete politische Organisationsformen entwickelt worden waren.

Dort ansetzend, wo Offes Analyse aufgehört hatte, versuchte Wiesenthal, die grüne Strategie im Hinblick auf die neuen ökologisch-pazifistischen Fragestellungen zu überdenken. Um zu einem strategischen Konzept zu gelangen, untersuchte er, wie sich die Struktur der grün akzentuierten sozialen und politischen Konflikte von denen des alten Links-Rechts-Kampfes um die Verteilung materieller Güter unterschied. Wiesenthals Analyse machte drei entscheidende Gegensätze aus. Erstens konnten die Konfliktthemen schon aufgrund ihrer Vielzahl nicht auf eine einfache Formel reduziert werden. Zweitens lag im objektiven Charakter dieser Themen kein Mechanismus, der auf die Kontinuität dieser Konflikte hinwies. Drittens gab es wegen der Heterogenität der Beteiligten und ihres oft begrenzten Engagements (für einen einzigen Punkt) auch keinen Mechanismus, der die Interessen und Ziele automatisch zu einem kohärenten ideologischen oder organisatorischen Ganzen zusammenfügte.[131] Diese Konfliktkonfiguration, die durch Vielfalt, Unbestimmtheit und Partizipation charakterisiert war, unterschied sich krass von der marxistischen Vorstellung, die dem in den ökonomischen Verhältnissen wurzelnden Klassenkonflikt eine zentrale Bedeutung beimaß. Aus diesem Grund, so die Schlußfolgerung Wiesenthals, müssen sich die Rolle und die Organisation der grünen Partei von denen einer traditionellen linken Arbeiterpartei unterscheiden.

Die Fragmentierung der neuen sozialen Konflikte und der grünen Bewegungen wies einer parlamentarischen Partei eine bestimmte Rolle zu. Die Schaffung von Kontinuität, das Sammeln und Bewahren von Erfahrungen und der Schutz von Forderungen, die sich aus Interessenkonflikten ergeben, machen die Existenz einer Partei notwendig, die diese Konflikte nicht nur bewältigen, sondern auch optimal zwischen diesen Konflikten navigieren kann.[132]

Kurz gesagt, die grüne Partei kann sich die Macht zunutze machen, die ihr aus den ständigen Konflikten in der politischen Arena zufällt, da sie mehr Lösungskompetenz vorweisen kann als ihre politischen Rivalen. Dieser »Nischen«-Ansatz wiederum stärkt die organisatorische und ideologische Einheit der Grünen, die die Partei, vor allem aber die Bewegung, über einen längeren Zeitraum nur schwer aufrechterhalten kann. Außerdem kann die grüne Partei aufgrund ihrer übergreifenden Perspektive die einzelnen Bewegungen unterstützen, indem sie Schwächen im System ausmacht, die geeignete Ausgangspunkte für eine zielbewußte Einflußnahme bieten.[133]

Wiesenthals neues strategisches Konzept beruhte auf der schlichten Erkenntnis, daß die Macht in einer komplexen, hochdifferenzierten Gesellschaft die Tendenz hat, sich (wenn auch in ungleichmäßiger Weise) auf die weitgehend autonomen Subsysteme von Staat, Gesellschaft und Wirtschaft zu verteilen. Die Kombination von parlamentarischer und außerparlamentarischer Aktivität hatte den Sinn, die Opposition entsprechend breit zu fächern. Wo es kein entscheidendes Machtzentrum wie den Staat oder die Wirtschaft gab, gab es auch keine Hoffnung auf eine totale Veränderung. Daher würde eine totalitäre oder fundamentalistische Strategie nach ihren eigenen Maßstäben zwangsläufig scheitern – schlimmer noch, sie würde ihr reales Scheitern als Erfolg betrachten. Eine sozial homogene Weltanschauungspartei, die auf nur einen sozialen Konflikt ausgerichtet war, konnte kein adäquates Modell für eine radikal-linke Politik und eine pluralistische Organisation sein. Vor allem machte sie die Grenzen von parlamentarischer Politik nicht sichtbar, wenn es darum ging, soziale Veränderungen zu erreichen.

Wiesenthals Neuformulierung der anstehenden Fragen hätte einige fatale Züge der Strategiedebatte vermeiden können. Indem er der Partei eine andere, begrenzte Rolle zuweist, bietet er eine neue Definition politischen Erfolges an: Er wird nicht mehr nach seinem Beitrag zur Systemveränderung beurteilt (die ihn per definitionem zu etwas Unzureichendem macht), sondern danach, in welchem Umfang er auf allen Ebenen mehr Optionen für politisches Handeln und für Opposition schafft.[134] Diese veränderte Sichtweise erlaubt es auch, Reformgesetze eher als Sieg denn als »schmutzigen Kompromiß«

oder »Ausverkauf« zu sehen. Indem Wiesenthals Konzept falsche Hoffnungen korrigierte, beseitigte es auch die »falschen Enttäuschungen«, die das politische Handeln und die Zusammenarbeit der Grünen so oft und so unnötig blockiert haben. Wiesenthals Perspektive beendete auch die fruchtlose Diskussion über »Partei versus Bewegung«, weil sie eine funktionale Arbeitsteilung vorschlug. Partei und Bewegung wurden nicht mehr als zwei Aspekte einer einzigen, totalen Strategie, sondern als Organisations- und Oppositionsformen gesehen, die ganz unterschiedlichen Bereichen des Staates und der Zivilgesellschaft entsprachen.

Der unausgesprochene Glaube, daß man Kontrolle über *die* Schalthebel der Macht erringen könne, indem man eine Mehrheit entweder durch Wahlen oder durch eine Bewegung gewinnt, hat im grünen Lager immer noch mehr Anhänger, als man vermutet. Wie wir gesehen haben, lag die Überzeugung, daß die eine oder andere Mehrheit ausreichen würde, um ein radikales Reformprogramm zu verwirklichen, in den 80er Jahren der Strategie sowohl der Realisten als auch der Fundamentalisten zugrunde.[135] Das wiederholte Scheitern rot-grüner Koalitionen hat deutlich gezeigt, daß beide gleichermaßen falsch lagen.

Wiesenthal plädierte also für eine grüne Politik mit einer flexiblen, offenen Strategie, die auf »Emanzipation und die Erhaltung des Erreichten« ausgerichtet war.[136] Die Umsetzung von Wiesenthals Konzept würde einerseits mit den Überresten von Dogmatismus, Attentismus, Totalismus und Staatsfixiertheit aufräumen, die die Grünen von der marxistischen Tradition des historischen Materialismus und des revolutionären Staatssozialismus übernommen haben. Andererseits wiese sie im positiven Sinne über die zentralen emanzipatorischen Ziele des Sozialismus hinaus und bezöge eine ökologische Komponente ein. Wie die neokantianische Sozialismus-Variante im frühen 20. Jahrhundert, würde sie vielfältige Aktivitäten für den universellen Imperativ der Emanzipation mobilisieren, anstatt im Hinblick auf die historische Unvermeidlichkeit der Revolution einen zentralen Apparat zu organisieren.

## Die Ökolibertären

Eine zweite, ebenfalls scharfe Kritik am marxistischen Dogmatismus kam von den sogenannten »Ökolibertären«, die Elemente des Libertinismus und Liberalismus miteinander verbanden. Das Herzstück ihres Programms war ein Angriff auf die zentralistische Staatsbürokratie, da sie die Autonomie der repräsentativen Institutionen untergrub. Im Gegensatz zu den meisten Grünen verteidigten die Ökolibertären unerschrocken die demokratischen Institutionen. Frei vom Ballast einer »proletarischen« oder »revolutionären« Kultur, hatten die Ökolibertären nie Bedenken in bezug auf »bürgerliche« Politik oder politische Mitte. Während sie also zusammen mit den Realisten für Reformen stritten, traten sie beharrlich dafür ein, die Grünen gemäßigten Themen und Mittelschicht-Wählern zu öffnen. Die Ökolibertären wollten die Grünen keineswegs zur neuen Partei der politischen Mitte machen, vielmehr sollte die grüne Partei das politische Zentrum einer neuen Politik werden, die auf »den weitergehenden Interessen der Linken« basierte.

Diese Formel wurde von dem Redakteur und Publizisten Thomas Schmid geprägt, der erst in Westberlin, dann in Frankfurt, später im vereinten Berlin wirkte und wahrscheinlich der bekannteste, sicherlich aber der intelligenteste Wortführer der Ökolibertären war.[137] Schmid, der sowohl einen anarchistischen als auch einen bürgerlichen Einschlag hat, wollte aus zwei Gründen nichts vom Marxismus wissen: »Das linke, letztlich immer im Marxismus wurzelnde Weltbild scheint mir ... überholt und für eine zukunftsorientierte Politik unbrauchbar.«[138]

Vier Jahre vor dem Fall der Berliner Mauer setzte Schmid den Sozialismus der totalitären Ostblockstaaten mit »struktureller Unfreiheit, Zentralismus und einer vermurksten Ökonomie« gleich und bilanzierte: »Der sozialistische Entwurf hat sich für eine bessere Gesellschaft als unbrauchbar erwiesen.«[139] Er vertrat den Standpunkt, daß die theoretischen und politischen Instrumente der Linken veraltet und unbrauchbar seien, und griff deren »Konservatismus« an, hielt jedoch an einem entscheidenden Aspekt des linken Erbes fest, nämlich am Emanzipationskonzept, das sich mit den Idealen der Aufklärung und den späteren Ausformungen fortschrittlicher politischer Praxis völlig zu decken schien.[140]

Die neuen Ziele der Linken mußten in der »umfassenden Krise« der Industriegesellschaft gesucht werden. Im ökolibertären Manifest hieß es: »Der Industrialismus ist der bislang letzte und zerstörerischste Erbe einer Geschichte, in der der Mensch sich zum Herrn der Welt machte.«[141] Die Ökoliberalen und Ökolibertären sahen die Wurzeln dieses Herrschaftswillens, dieses »Selbstbewußtseins der Macher«[142] weniger im Kapitalismus oder in der westlichen Kultur als vielmehr im »Zentralismus großer Institutionen«.[143] Die sozialen und ökologischen Mißstände waren der bürokratischen, »jakobinischen« Politik des modernen Wohlfahrtsstaates ebenso anzulasten wie den multinationalen Großkonzernen.

Für Schmid und die Ökoliberalen bestand der einzige Weg zu Emanzipation und einer gesünderen Umwelt in der Bekämpfung von Hierarchie und Zentralismus, wo immer sie anzutreffen waren, und in der Stärkung der demokratischen, parlamentarischen Institutionen, einschließlich der bestehenden.[144] Trotz aller Unzulänglichkeiten und Grenzen der Parlamente betrachteten die Ökoliberalen sie als legitime, demokratische Instanzen, die statt Verachtung Weiterentwicklung verdienten.[145] Natürlich waren die Ökoliberalen überzeugt, daß die parlamentarische Demokratie ständig durch Basisaktivitäten ergänzt werden mußte, um demokratisch zu bleiben bzw. demokratischer zu werden. Eine grundlegende Gesellschaftsveränderung, sollte sie nicht im Totalitarismus enden, konnte nie von oben nach unten durchgesetzt werden, weil zahllose Individuen die Mechanismen, die die bestehenden gesellschaftlichen Verhältnisse reproduzieren, mittragen. »Nicht nur die oben, auch die unten tragen die Verantwortung dafür, daß es so ist, wie es ist. Es gibt keinen archimedischen Punkt.«[146] Hier bezieht sich Schmid auf einen Kommentar, der Archimedes zugeschrieben wird, welcher angeblich behauptet hatte, daß er mit einem ausreichend langen und richtig angesetzten Hebel die Welt würde bewegen können.

Wie Wiesenthal war Schmid der Auffassung, daß die sozialen Konflikte zu fragmentiert und breit gestreut waren, um an einer Front ausgekämpft zu werden, sei es an der parlamentarischen oder an der außerparlamentarischen. »*Das* Kapital gibt es so wenig wie *die* Arbeiterklasse, *die* Befreiung und *die* Alternative.«[147] Für Schmid waren das nur nutzlose und verdinglichte Abstraktionen, die keinen Aufschluß über soziale Realitäten gaben, sondern den Blick auf sie verstellten. Die Idee alternativer Politik mußte auf einer Entmystifizierung des Subjekts und seiner Realität beruhen. Politik wurde nicht im Hinblick auf ein abstraktes Ganzes gemacht. Folglich konnte es niemals nur eine Bewegung geben (wie die Fundamentalisten behaupteten). Die Idee *der* Bewegung, so Schmid, sei die Erfindung linker Intellektueller, die die Macht und den politischen Raum der radikalen Linken monopolisieren wollten. Schmid verhehlte seine Verachtung für diese selbsternannte intellektuelle Avantgarde nie und zitierte Hans Magnus Enzensberger: »Sofern die Gattung fähig ist, zu überleben, wird sie ihre Fortdauer vermutlich nicht irgendwelchen Außenseitern verdanken, sondern ganz gewöhnlichen Leuten.«[148] Die Feindseligkeit und Selbstgefälligkeit der linken Elite gegenüber den »kleinen Leuten« war nach Schmids Auffassung nicht nur selbstgerecht, sondern auch kontraproduktiv, denn der Durchschnittsbürger hatte oft mit den gleichen Dilemmata zu kämpfen wie die Elite, wenn auch auf eine ruhige und »unpolitische« Weise. Die Grünen, so Schmid, müßten überholte politische Tabus aufgeben und sich diesem neuen Potential öffnen.

Während diese Argumente offenbar direkt auf die Fundamentalisten gemünzt waren, sparte Schmid auch nicht mit Kritik an den Realisten. Vor allem erteilte er ihrem »Jakobinertum« eine Absage – nicht nur ihrer Fixierung auf Koalitionen, sondern auch ihrer Vorstellung von Politik als tiefgreifende Reformen von oben. Für Schmid schmeckte das umfassende Reformpaket der Grünen, wie beispielsweise ihr Umbauprogramm, zu sehr nach Lenins Totalitarismus, der die Wahrheit mit der Avantgardepartei und ihrer Praxis gleichsetzte.[149] Statt dessen plädierte Schmid für eine offenere, pluralistische Gesellschaft, die Experimente auf gemeinschaftlicher, aber auch *individueller* Ebene aktiv förderte.[150]

Zusammenfassend kann man sagen, daß der von Schmid vertretene Ökoliberalismus und Ökolibertinismus die Grünen aufforderte, die Partei auf mehreren Ebenen zu öffnen: zuerst gegenüber den Wählern, wobei Schmid auf echte Offenheit gegenüber dem Mittelschicht-Potential hoffte und eine Abkehr der Linken von der maßlosen »Verliebtheit in das Ghetto« revolutionärer Politik und kultureller Untergrundexistenz forderte; zweitens gegenüber Sachfragen und Ideologien, wobei Schmid für eine aktive Suche nach neuen Themen auch in den Bereichen plädierte, die die Linke traditionell stark vernachlässigt hatte (wie beispielsweise die Familienpolitik). Kurzum, Schmid bot Konzepte an, die es den Grünen ermöglichen sollten, ihre Wählerbasis durch neue Themen zu verbreitern. Seine Ideen zielten auch insofern auf politische Erweiterung ab, als sie Fragen aufgriffen, die die etablierten Parteien bislang nicht thematisiert hatten. Schmid schwebte keine Fünf-Prozent-Partei auf der Basis eines moralischen Purismus vor, sondern eine Zehn-Prozent-Partei auf der Basis politischer Innovationen.

### Der Ökosozialismus zwischen Revision und Rückzug

Im Gegensatz zum Realismus und Ökoliberalismus war der Ökosozialismus nicht nur eine grüne Fraktion. Er stellte vielmehr eine lose verbundene Denkschule dar, die auch im sozialdemokratischen Lager bekannte Vertreter hatte, wie beispielsweise Ossip K. Flechtheim, Johano Strasser und (mit gewissem Vorbehalt) den früheren Parteigeschäftsführer und Ex-Minister Erhard Eppler. Bei den Grünen blieb der Ökosozialismus sehr stark mit den Fundamentalisten und den ehemaligen führenden K-Gruppen-Mitgliedern Thomas Ebermann und Rainer Trampert verbunden.[151] Beide Gruppen – die Sozialdemokraten und die Grünen – verband das Engagement für einen »ökologisch angereicherten Sozialismus«, der die wesentlichen menschlichen Zielsetzungen des Sozialismus mit den ökologischen Erfordernissen verbindet.[152] Sie trennte ihre Einstellung zur rot-grünen Zusammenarbeit.

Den Kern des Ökosozialismus bildete die Auffassung, daß die politische Ökonomie von Marx das Entstehen der ökologischen Krise in den 70er Jahren erklären könne. Diese Krise, so Ebermann und Trampert, resultiere aus den Erfordernissen der kapitalistischen Konkurrenz: »Ohne eine Überwindung dieser Konkurrenz ... ist diesem Prozeß der Zerstörung der Naturgrundlagen des menschlichen Lebens nicht mehr Einhalt zu gebieten.«[153] Da das ökologische Problem strukturell in der Dynamik der kapitalistischen Wirtschaft wurzele, so ihre Schlußfolgerung, bedürfe es einer linken Lösung.[154]

Die konnte indes keine *traditionell* linke sein. Nach Auffassung der Ökosozialisten waren der Staatssozialismus und der sozialdemokratische Reformismus nicht nur unfähig, die ökologischen Probleme anzugehen, sondern waren ihre Hauptursache. Im Westen konnte der »institutionalisierte Zwang zum Wachstum« nur über den korporatistischen Pakt zwischen Gewerkschaften, Sozialdemokraten und Kapital, der auf »industrieller Massenfertigung, Vielfalt der Produkte, ständig wachsender Produktivität«[155] basierte, effektiv und mit verheerenden Konsequenzen für die Umwelt aufrechterhalten werden.[156] Also kamen die Ökosozialisten zu dem Schluß, daß der erste Schritt zur Milderung der ökologischen Krise das Ausscheren der Arbeiterklasse aus dieser verhängnisvollen »Wachstumskoalition« sein müsse.

Während die Ökosozialisten die Gewerkschaften und die Arbeiterbewegung wegen ihrer phlegmatischen, ja feindseligen Haltung gegenüber der Ökologiebewegung und der ökologischen Thematik anprangerten, sahen sie die Arbeiterklasse in erster Linie als Opfer einer »falschen Utopie«, nämlich der vom Kapital propagierten ständig steigenden Massenproduktion und Massenkonsumtion.[157] Der ökosozialistische Revisionismus wollte daher aufzeigen, daß die Wurzeln dieser falschen »produktionistischen« Utopie im Marxismus selbst lagen.[158]

Die Hauptzielscheibe des ökosozialistischen Revisionismus war der naive Glaube des Marxismus an den objektiven, neutralen und emanzipatorischen Charakter von Wissenschaft, Technik und Produktion.[159] Ebermann und Trampert meinten, daß die Ausbeutung der Natur schon in den methodologischen und erkenntnistheoretischen Rahmenbedingungen der westlichen Wissenschaft angelegt sei: »Die so entstandenen Naturwissenschaften ... bieten keine theoretische Erklärung der Vielfalt der Erscheinungen in der Natur und ihres komplexen Ineinandergreifens, sondern sie nehmen vielmehr eine Reduzierung vor, eine Vereinfachung der Natur auf die meßbaren, quantifizierbaren Größen.«[160] Die wenigen Informationen, die die wissenschaftliche Analyse liefert, reduzieren die natürliche Umwelt auf ein Mittel, einen Gegenstand der Ausbeutung. Einem Aphorismus Blochs zufolge war die einzelwissenschaftliche Vernunft »immer eine durch Schaden klug gewordene Phantasie«.[161] Außerdem war nach Ansicht der Ökosozialisten die Wissenschaftsgemeinde selbst in die »Technostruktur« des Produktionsapparats eingebunden.[162] Weit davon entfernt, neutral zu sein, haben die Wissenschaftler die Tendenz, die Produktion von allem zu fördern, was sie entdecken[163] – einschließlich des Bedürfnisses des Konsumenten nach diesen Dingen.[164]

Die Ökosozialisten stellten auch die messianische Technikvorstellung des westlichen Marxismus in Frage, der glaubte, daß sie unbegrenzte Reichtümer liefere und die Menschen vom »Reich der Notwendigkeit« befreie. Die einseitige Fixierung der Gesellschaft auf technische Innovation als Mittel zur Steigerung des Outputs und des Konsums machte den Sozialismus für den Arbeitsprozeß, das *Wie* der Produktion und die menschlichen Bedürfnisse blind.[165] Die schrittweise »Rationalisierung« des Produktionsprozesses diente dazu, die Arbeit immer routinemäßiger und monotoner, immer weniger qualifiziert und sinnvoll zu machen. Die Erfahrungen mit dem real existierenden Sozialismus haben gezeigt, daß diese Entfremdung bei der Arbeit nicht von den gesellschaftlichen Produktionsverhältnissen, sondern vom technischen Produktionsprozeß selbst herrührt.[166]

Die wachsende Entfremdung im Arbeitsprozeß wurde durch zunehmenden Freizeitkonsum kompensiert. Die Befriedigung aus kompensatorischem Konsum geriet zum Ersatz für sinnvolle Arbeit: »Nicht aufgrund ihrer persönlichen Träume und Wünsche, sondern vor allem aufgrund eines entbehrungsreichen Platzes in einer Arbeitsteilung, die keinen Raum zur Entfaltung solcher persönlichen Träume und Wünsche mehr läßt, prägen sich neue Bedürfnisse aus.«[167]

So hat die Technisierung des Arbeitsprozesses einen eingebauten sozialen Sicherheitsmechanismus: Jedes Mehr an Entfremdung des Arbeiters wird durch ein entsprechendes Mehr an Produktivität und Konsum ausgeglichen. Durch diese Dialektik von Entfremdung und Konsum schafft die Technik ein Bedürfnis nach dem, was sie produziert.

Dieses Konsumethos legitimiert wiederum die Politik, die überhaupt erst zur Intensivierung des Arbeitsprozesses führte: eine auf ständig steigende Produktion ausgerichtete Politik. Damit schließt sich ein Teufelskreis, in dem wachsende Entfremdung, wachsende Produktion und wachsender Konsum zu einer Umklammerung werden, die die menschlichen Bedürfnisse und Wünsche erstickt. Die Arbeiterklasse wurde durch die von ihr selbst betriebene Fetischisierung von Wissenschaft und Technik in die Fänge des Produktionismus gelockt. Als der Sozialismus in diesem Teufelskreis gefangen war, verlor er seine »ursprüngliche Intention« und seinen Inhalt aus den Augen, nämlich die Emanzipation der Lohnarbeit nicht nur *vom*, sondern auch *im* Produktionsprozeß.

Der ökosozialistische Revisionismus strebte die Wiederaneignung dieser ursprünglichen Intention und dieses Ziels an, indem er dem Sozialismus eine neue ökologische Dimension hinzufügte. Das ökosozialistische Programm umfaßte drei Hauptpunkte: 1. die Notwendigkeit, ein neues, nicht auf Beherrschung basierendes Verhältnis zur Natur herzustellen; 2. die Notwendigkeit, die Technik umweltverträglich anzuwenden und in den Betrieben diesbezügliche staatliche Kontrollen durchzuführen; 3. die Notwendigkeit, anstelle des Wachstums neue Maßstäbe und Kriterien für die Produktion und die Messung des wirtschaftlichen Erfolgs zu erarbeiten.

Diese Ziele konnten niemals in einem »proletarischen Staat« oder durch eine sozialdemokratische Technokratie erreicht werden. Statt dessen befürworteten die Ökosozialisten eine dezentrale, demokratische Lösung der gegenwärtigen Krise. Sie wollten, soweit es machbar war, die politische und wirtschaftliche Macht wieder auf die lokale Ebene zurückholen. Nur wenn die Städte und Gemeinden für die soziale und wirtschaftliche Planung zuständig waren, konnte das Übel einer zentralen Steuerung vermieden werden. Wenn sie wieder autonom handeln könnten, wäre nicht nur Selbstverwaltung möglich, sondern es entstünde auch Raum für »spontan erfahrene Solidarität« und »Selbststeuerung durch eine gemeinschaftsbezogene Moral.«[168] Die Ökosozialisten erkannten, daß die Entfremdung nicht nur in der Arbeitsteilung und der privaten Aneigung von Kapital gründete, sondern auch im Zwang der Industrie zu immer größeren Produktions- und Reproduktionseinheiten und den ständig wachsenden Anforderungen an die geographische und soziale Mobilität der Menschen.

So änderten die Ökosozialisten, die sich bis Anfang der 80er Jahre als die Erben von Lenin und Mao betrachtet hatten, im Laufe dieses Jahrzehnts ihre Auffassungen dahingehend, daß die Dezentralisierung der Macht der wichtigste Schritt zum Sozialismus sei. Politisch strebten sie ein Bündnis zwischen der organisierten Arbeiterschaft und den neuen sozialen Bewegungen auf der Basis der gemeinsamen

Ziele einer Ökologisierung und Humanisierung der Produktion an. Da die Industriearbeiterschaft zahlenmäßig abnahm und die aufgeklärte Mittelschicht größer wurde, wäre dieses Bündnis, so das Argument der Ökosozialisten, die einzige tragfähige Koalition, die bedeutsame Reformen durchsetzen könne. Solange es weder eine eindeutige rote oder grüne Mehrheit gab, bot nur ein rot-grünes Bündnis die Möglichkeit, eine solche Politik konkret umzusetzen.

Während sich die Ökosozialisten der SPD mit der Notwendigkeit eines solchen rot-grünen Bündnisses abgefunden hatten, verfolgten die grünen Ökosozialisten, zumindest unter der Führung von Ebermann und Trampert, eine Strategie der Fundamentalopposition. Auf diese Weise hofften sie, die Arbeiterklasse langfristig zu einem akzeptablen Koalitionspartner zu machen. Ihr Ziel war eine moralische und politische Bekehrung der Arbeiterklasse von rot zu grün. Aber letztlich führten die Aktionen von Ebermann und Trampert nicht zur Verwirklichung ökologischer Reformen, sondern zur Aufrechterhaltung des fundamentalistischen Dogmas.

Was die grünen Ökosozialisten mit den Fundamentalisten verband, war nicht der Revisionismus, sondern der Dogmatismus. Letzten Endes zeigte sich, daß das Lager um Ebermann und Trampert stärker daran interessiert war, die Ökologie in das marxistische Dogma zu integrieren, als den Sozialismus an das Ziel ökologischer Reformen anzupassen.

Mit dieser detaillierten Darstellung der drei wichtigen Tendenzen grünen und linken programmatischen Denkens wollten wir zeigen, daß jede dieser Tendenzen einen für die politische Verwirklichung des reformistischen Humanismus wichtigen Impuls enthielt. Von dem Realisten Helmut Wiesenthal kam ein strategisches Konzept, das die »totalisierende« Reformidee überwand. Thomas Schmid behauptete zu Recht, daß die realen politischen Möglichkeiten für die Grünen bei der aufgeklärten Mittelschicht lagen, da die Angehörigen dieser Schicht potentiell durch die Thematisierung neuer Probleme ansprechbar waren. Die Ökosozialisten Trampert und Ebermann wiederum zeigten, worauf sich ein Bündnis zwischen der Mittelschicht und der organisierten Arbeiterschaft stützen konnte. Nur auf die Kombination dieser drei Elemente gründete sich die Hoffnung der Grünen, die Aufgaben einer politischen Partei zu erfüllen: Verwirklichung ihres Programms, Vergrößerung ihrer Anhängerschaft und Beteiligung an der Macht. Wie die Praxis der nächsten zehn Jahre bewies, hatten die Grünen als Partei mancherlei Schwierigkeiten, dieser anspruchsvollen Synthese gerecht zu werden.

## Zusammenfassung

Die Grünen haben immer versucht, sich aus den einengenden Zwängen der Parteiexistenz zu befreien. Sie haben sich von Anfang an als »epochales« Phänomen begriffen, als Keimzelle einer neuen Politik bzw. als Prototyp einer Partei neuen Typs. Jetzt können wir vielleicht abschätzen, worin dieses Neue besteht. Während klar ist, daß mit dem Aufstieg der Grünen eine neue Periode in der Entwicklung der europäischen Linken beginnt, läßt unsere Analyse wenig Raum für die Behauptung, daß das Aufkommen der Öko-Partei den Anfang einer neuen Zivilisationsstufe markiert. Es ist ein typischer (und vielleicht unvermeidlicher) Irrtum von utopischen Bewegungen, die eigene Bedeutung zu überschätzen.

Dessen ungeachtet lastet unsere Analyse die Hauptverantwortung für die Fehlschläge der Grünen den Fundamentalisten an. Durch eine Mischung aus politischem Obstruktionismus und einer die Realität verzerrenden Rhetorik blockierten sie die Schaffung eines linken Reformbündnisses, die Modernisierung linker Politik und Strategie und die Rekonstruktion der sozialistischen Ideologie, während sie zugleich geradezu sklavisch die alten Fehler der deutschen Linken wiederholten: Selbstmarginalisierung, Utopismus und Dogmatismus. Darin bestand in der Tat die große Ironie grüner Politik während der 80er Jahre: In keinem Fall erwies sich die alte Politik der Linken als größeres Hindernis für die Herausbildung einer neuen Politik als in den Worten und Taten der Fundamentalisten, die beanspruchten, als einzige die Vergangenheit überwunden zu haben.

Gleichwohl ist es wichtig, den Fundamentalisten Gerechtigkeit widerfahren zu lassen. Sie repräsentierten zweifellos eine der buntesten und kreativsten Tendenzen der Linken im Nachkriegsdeutschland. Ihre Metaphern und Parolen belebten nicht nur den politischen Diskurs, sondern waren auch sehr wichtig für die Mobilisierung von Menschen. Solange die Kosten des politischen Engagements die unmittelbaren persönlichen Vorteile aufwiegen – und dies ist in radikalen sozialen Bewegungen stets der Fall – sind Visionäre notwendig.

Die 80er und frühen 90er Jahre machten deutlich, daß die Grünen mit den Fundamentalisten nicht überleben konnten. Für die Mitte der 90er Jahre stellt sich die Frage, ob sie ohne sie wieder aufleben können.

# 6. Politische Programmatik: Die Welt, wie sie gewünscht wird

Drei gesellschaftliche Strömungen führten zum Entstehen der Grünen: reformorientierte SPD-Wähler, Überreste der verschiedenen Nach-APO-Gruppen aus den späten 60er Jahren und die »neuen« Bewegungen der 70er Jahre. Die grüne Partei begriff sich als »Bündnis von grünen, bunten und alternativen Listen und Parteien ... das all denen verbunden ist, die in der neuen demokratischen Bewegung zusammenarbeiten: die Organisationen zum Schutz des Lebens, der Natur und der Umwelt, die Bürgerinitiativen, die Menschenrechts-, Frauen- und Dritte-Welt-Bewegungen.«[1] Da sich die Grünen ursprünglich primär als parlamentarischen (bzw. repräsentativen) Arm »der Bewegung« verstanden, war ihre erste politische Grundsatzerklärung, das Saarbrücker Programm von 1980, über weite Strecken ein Potpourri der Anliegen der verschiedenen Bewegungen – und daher der historischen Anliegen der Linken, insbesondere in ihrer marxistischen Variante.

Trotz des offenkundigen Anknüpfens an die traditionelle Linke bezog die Partei einen erheblichen Teil ihrer Legitimität aus ihrem Anspruch, eine völlig »neue Politik« zu erfinden, die über die alten Themen hinausging. Mit den aus der Ökopax- bzw. der »Lebens-/Überlebens«-Bewegung stammenden Ideen vom Leben und von der Ökologie wollten die Grünen eine Vielzahl neuer Fragen – Umweltschutz, Frieden, Feminismus – in den politischen Diskurs der Linken einführen und sich von allen Vertretern der »alten Politik«, insbesondere von der SPD, abheben. So verstanden sich die Grünen also von Anfang an nicht nur als ökologische Ein-Punkt-Partei, sondern als *ökologisch-reformistische* Partei, die ein breites Spektrum von sozialen, politischen und kulturellen Anliegen abdeckte.

Bezeichnenderweise machten die ökologischen Fragen nur einen kleinen Teil des Saarbrücker Programms aus.[2] Statt dessen formulierte es eine neue Gesamtpolitik, die auf »vier Säulen« ruhte: Ökologie,

Basisdemokratie, Sozialstaatlichkeit, Gewaltfreiheit. Der Umweltschutz war weder damals noch zu irgendeinem anderen Zeitpunkt das einzige oder auch nur intellektuell dominierende Anliegen der Grünen. Er diente vielmehr als konzeptuelle Unterfütterung grüner Politik und vor allem als ideologische Legitimation für eine Wiederbelebung radikaler Politik. Unserer Ansicht nach ist der gemeinsame Nenner grüner Politik die Verteidigung des Reproduktionsbereichs. Diese schloß eine »ökologische« Politik ein, deren Ziel die Bewahrung dessen war, was die Grünen ehrfurchtsvoll die *natürlichen Lebensgrundlagen* nannten. Aber sie beinhaltete auch eine Politik, die auf die Erhaltung einer umfassenden *soziokulturellen Reproduktion* abzielte. Unter Rubriken wie »Autonomie« und »Selbstverwirklichung« zielten viele programmatische Grundsätze der Grünen darauf ab, die Lebenswelt, den Bereich der persönlichen Beziehungen, die Persönlichkeit des Einzelnen und seine Ausdrucksmöglichkeiten vor den Mächten des Staates und den Zwängen des Marktes zu schützen. Was also das grüne vom traditionellen sozialdemokratischen Programm unterschied – und weiterhin unterscheidet –, waren nicht so sehr die umweltpolitischen Anliegen der Ökologiebewegung als vielmehr eine libertär-anarchistische Verteidigung der individuellen Autonomie gegen das Kapital, die Großbürokratien, die unpersönlichen Institutionen und den Staat.

Die Grünen haben immer betont, daß die Probleme hochentwikkelter Industriegesellschaften nicht allein von den Irrationalitäten des Marktes herrühren, sondern ebenso von den technokratischen Versuchen, sie zu bewältigen. Während sich die Grünen in ihrem Mißtrauen gegenüber Wirtschaftswachstum und Wohlstand einig waren, gaben sie auf die umfassendere Frage, ob sozialer »Fortschritt« überhaupt möglich sei, keine eindeutigen Antworten. Da die modernen Industriegesellschaften unfähig zu sein scheinen, die schädlichen Nebenwirkungen dessen zu bewältigen (oder zu begrenzen), was ihr Wesen ausmacht, ist nach Ansicht mancher Grüner die Rückkehr zu den »natürlichen Gleichgewichten« und »Kreisläufen« die einzige Lösung. Vielleicht läßt sich aber auch das Fortschrittsideal in seiner ursprünglichen Form wiederbeleben, so, wie es von Denkern der Aufklärung formuliert wurde: Fortschritt als Zunahme kollektiver Selbstbestimmung und individueller Freiheit. Die ökologische Identität der grünen Partei hat sie häufig in die Richtung der ersten, also der romantischen Antwort gedrängt, aber ihr linkes Erbe hat die Fortschrittsvision der Aufklärung wachgehalten. Dieser tiefgehende und bis heute ungelöste Konflikt zwischen den Idealen der Romantik und der Aufklärung manifestiert sich konkret in den politischen Grundsatzerklärungen der Grünen.

Im folgenden wollen wir nicht nur versuchen, eine Zusammenfassung grüner Politik zu geben (wie sie sich vorwiegend, wenn auch nicht ausschließlich aus den programmatischen Erklärungen der Partei ergibt), sondern auch damit verbundene Spannungen aufzuzeigen. Wir beginnen mit einem Überblick über die Umweltschutz-, Wirtschafts- und Energiepolitik. Es folgt der Versuch, die verborgenen Konflikte und historischen Ablagerungen unterhalb der Ebene offizieller Politik und programmatischer Erklärungen freizulegen.

Während die Geschichte der Grünen als Partei nur etwas mehr als 16 Jahre umfaßt, haben ihre politischen Vorschläge und Programme eine längere Geschichte. In ihnen finden sich die Spuren der gesamten historischen Entwicklung der deutschen Linken: Kampf dem Atomtod, Ostermärsche, Neue Linke, K-Gruppen, Spontis, Jusos und natürlich die neuen sozialen Bewegungen. Bei näherer Betrachtung werden einige der Dilemmata sichtbar, die an das Goldene Zeitalter der deutschen Sozialdemokratie, an die Ära von Rosa Luxemburg und Karl Kautsky erinnern.

Unsere Darstellung ist in drei Teile gegliedert, in denen wir sowohl die historischen Ursprünge als auch die interne Entwicklung grüner Politik untersuchen. Im ersten Teil werden die politischen Vorschläge für Umweltschutz, Wirtschaft und Gesellschaft erörtert; im zweiten geht es um die grüne Politik im Bereich Frieden; der letzte ist eine repräsentative Auswahl grüner Politikvorschläge aus der Wahlplattform für die Bundestagswahl 1990, gewissermaßen eine Fallstudie.

## Umwelt-, Wirtschafts- und Sozialpolitik

Die drei Bereiche Wirtschaft, Umwelt und Soziales können bei einer Darstellung der grünen Politik nicht getrennt behandelt werden, da die Grünen sie im Zusammenhang sehen. Die Lösung der gegenwärtigen Wirtschafts-, Umwelt- und sozialen Probleme erfordert ihrer

Ansicht nach einen umfassenden Umbau der Industriegesellschaft, der kurzfristig die ökologische Katastrophe verhindern und langfristig eine Systemveränderung herbeiführen soll.

Die von den Grünen vorgeschlagene Politik ist nicht nur auf den Schutz der Umwelt ausgerichtet. Sie wollen die größeren sozial-ökonomischen Mißstände beseitigen, die mit der Krise der 70er Jahre entstanden und, so glauben sie, durch die politischen Antworten darauf noch verschärft wurden. Zu Anfang der 80er Jahre, als die Regierung von Helmut Schmidt abgelöst wurde, hatte das verlangsamte Wirtschaftswachstum zu enorm hoher Arbeitslosigkeit geführt. Zwar belebte sich das Wachstum unter Kanzler Helmut Kohl Mitte der 80er Jahre wieder, änderte an der hohen Arbeitslosigkeit aber nicht viel.[3] Gleichzeitig bedeuteten die von den Konservativen vorgenommenen Haushaltskürzungen Einschnitte in das soziale Netz der Bundesrepublik (das nach amerikanischen Maßstäben immer noch dicht geknüpft ist) und ließen eine Schicht von Unterbeschäftigten oder Arbeitslosen, also ein unterprivilegiertes Drittel entstehen. »Immer größere Gruppen werden an den Rand der Gesellschaft und aus dem Blickpunkt der Politik verdrängt. Langzeitarbeitslose, alte Menschen ... Sozialhilfeempfänger, Ausländer. Das Wort von der Zwei-Drittel-Gesellschaft charakterisiert die Realität: zwei Drittel der Gesellschaft profitieren von der Entwicklung bzw. arrangieren sich mit ihr, ein Drittel hat darunter zu leiden.«[4] Eine Allianz aus Kapital, gewerkschaftlich organisierten und gut bezahlten Arbeitnehmern und der Regierung – ein Konstrukt, das der bewundernden Welt als »Modell Deutschland« bekannt ist, von den Grünen aber als besonders hinterhältig und schädlich kritisiert wird – profitierte nach grüner Überzeugung direkt von den marginalisierten, weniger produktiven Gruppen.[5] Wenngleich die Grünen die Sprache des Klassenkampfes ablehnten, hielten sie doch an der marxistischen Annahme fest, daß die Industriegesellschaft ihrem Wesen nach ungerecht und krisengeschüttelt sei und den Reichen und Mächtigen auf Kosten der Armen und Schwachen nütze.

Aber die Grünen unterschieden sich auch von der traditionellen Linken. Für sie war die Unterschicht nicht nur Opfer. Die Zwei-Drittel-Gesellschaft beruhte auf der Ausbeutung der Natur. Nach Meinung der Grünen preßte das »Zwei-Drittel-Wachstums-Kartell« seinen Reichtum nicht nur den Habenichtsen, sondern auch der natürlichen Umgebung ab. Ökologische und soziale Ausbeutungsformen, so behaupteten sie, waren durch die »Verschwendungsmentalität« der Konsumgesellschaft und die dem modernen Kapitalismus innewohnende »Herrschaft über die Natur« miteinander verbunden.[6] Die Dysfunktionalität des Kapitalismus ergab sich wiederum nicht nur aus einer zyklischen und/oder strukturellen Krise, sondern auch aus einer fundamentalen Entwicklungsstörung der kapitalistischen Industriegesellschaft.[7] Die Industriellen und die Politiker haben es versäumt, die ökologischen Kosten der Produktion in ihre Kalkulationen miteinzubeziehen.[8] Inzwischen sind diese Kosten – in Form der Luft- und Wasserverschmutzung und der Lebensmittelvergiftung – so hoch, daß sie häufig die Vorteile der Produktionssteigerung überwiegen. Außerdem wurden diese Kosten auf viele abgewälzt, während sich einige wenige die Gewinne aneigneten.

Weil die Ausbeutung der Natur solche gewaltigen Dimensionen erreicht und weil sie auch eine soziale Komponente hat, sind Reparaturmaßnahmen allein keine befriedigende Lösung.[9] Ein bekannter grüner Ausspruch lautet »Ökologie ist mehr als Umweltschutz«: Das bedeutet, daß »die Politik auf eine ökologische Grundlage gestellt wird.«[10] Um die sozio-ökologische Krise an ihren Wurzeln anzugehen, ist es notwendig, sowohl die äußeren Triebkräfte der materiellen Akkumulation als auch die kulturellen Werte zu verändern, die sie legitimieren. Eine ökologische Umgestaltung der Wirtschaft bedeutet, daß politische und rechtliche Mittel eingesetzt werden, um sicherzustellen, daß »die unvermeidbaren Eingriffe der menschlichen Produktion in die Natur in einer Art und Weise erfolgen müssen, die die Gesetzmäßigkeiten des Naturhaushalts unserer Erde berücksichtigt und die Natur, unsere Lebensgrundlage, schützt.«[11] Unter Hinweis auf Umweltkatastrophen wie das nukleare Desaster von Tschernobyl oder die Verseuchung des Rheins durch Großkonzerne und staatliche Organisationen[12] behaupten die Grünen, daß die ökologische Krise nicht nur die Umwelt, sondern auch das Leben selbst bedroht.

Auf dieser Ebene wird die Ökologie zwangsläufig eher zur »Gattungsfrage« als zur Klassenfrage. Einerseits sind die mit den Umweltkatastrophen verbundenen Gefahren besonders demokratisch[13], denn sie machen nicht vor Personen oder Klassen, Reichtum oder Status halt. Andererseits haben ihre Ursachen wenig mit den Eigentumsformen oder den Schuldigen persönlich zu tun. Sie resultieren aus der Logik der Großtechnologie und des Wirtschaftswachstums. Folglich läßt sich die Krise des modernen Kapitalismus nicht mehr nur mit Kategorien der ökonomischen Widersprüche begreifen. Sie ist in zunehmendem Maße durch die natürlichen Grenzen unserer Umwelt bedingt.

### »Die natürlichen Lebensgrundlagen: Luft, Boden und Wasser«

Das erste ökologische Programm der Grünen beginnt mit den »natürlichen Lebensgrundlagen« Luft, Boden und Wasser. Diese Grundelemente müssen entgiftet, sorgfältig gepflegt und bewahrt werden, wenn das Leben auf dem Planeten andauern soll. Der Umweltschutz, also die Verringerung des Schadstoffausstoßes, ist der notwendige Ansatzpunkt.

Die Grünen plädieren für eine Kombination aus technischen und politischen Maßnahmen. Die finanziellen und materiellen Anreize sowie die technischen und institutionellen Bedingungen, die die Produktion beeinflussen, müssen systematisch dahingehend verändert werden, daß Verschmutzung und Verschwendung abnehmen. Die Grünen schlagen beispielsweise die Einführung einer Schadstoffabgabe vor, die von der Industrie, den Autofahrern und den Bauern erhoben wird und deren Höhe sich nach dem Umfang der verursachten Verschmutzung richtet. Diese Gelder sollen einem ökologischen Forschungsfonds zufließen, um »umweltschonende Produktionstechniken« zu entwickeln. Gemäß dem Verursacherprinzip würde nicht die Regierung, sondern müßten die einzelnen Betriebe die Kosten für die Beseitigung der Umweltverschmutzung tragen, die sie in Vergangenheit und Gegenwart verursacht haben.[14]

Anstatt nur Vorgaben für Abfall und Endprodukte zu machen, würde der Einsatz bestimmter gefährlicher Substanzen im Herstellungsprozeß kontrolliert oder sogar verboten. Nach Auffassung der Grünen sollte die Vermeidung von gefährlichen Stoffen Vorrang vor dem technischen Umweltschutz haben. Sie fordern zudem die Einführung von »nachprüfbaren Ökobilanzen« in der Industrie, durch die sich die »Schadstoffwirkung ihrer Produktionsverfahren und Produkte« feststellen läßt. Neue Produkte würden hinsichtlich ihrer

Umweltverträglichkeit und potentiellen Gesundheitsgefährdung strengen Tests unterzogen. Die Grünen unterstützen auch eine ökologische »Strukturpolitik«, die darauf abzielt, kleine und mittlere Unternehmen zu fördern, die aufgrund ihrer Größe besser mit der Umwelt harmonieren als Großunternehmen. Sie treten außerdem für die Ausweitung eines »Ökologiesektors« ein, der beispielsweise »erneuerbare Energieträger« und öffentliche Verkehrsmittel umfaßt, die die derzeit vorherrschenden privaten ersetzen sollen.

Auf der Nachfrageseite hoffen die Grünen, das Umbauprogramm durch eine »neue Verbraucherpolitik« zu verwirklichen. »Ökologische Verbraucherpolitik sorgt sich um eine möglichst umfassende Information des Verbrauchers über Produktionsweise, Beschaffenheit und Auswirkungen des Produkts ...«[15] Der Erfolg des Programms setzt allerdings einen »Wertewandel« voraus.[16] Der konsumbetonte Lebensstil, der dazu führt, daß die persönliche Zufriedenheit an Waren und sozialer Fortschritt am Bruttosozialprodukt gemessen wird, müsse durch eine neue Denkweise ersetzt werden, die auf einen »ökologisch verträglichen Konsum- und Lebensstil«[17] sowie auf »qualitatives Wachstum« ausgerichtet sei. Unter qualitativem Wachstum – ein Schlagwort, das auch von der SPD und den Gewerkschaften verwendet wird – verstehen die Grünen eine Abkehr von rein quantitativen Kriterien für wirtschaftlichen Fortschritt und eine Hinwendung zu solchen Maßstäben, die sich auf »echte menschliche Bedürfnisse« beziehen.[18] Die wirtschaftliche Entwicklung würde sich darauf konzentrieren, die gesamte Lebensqualität zu verbessern und nicht nur den quantitativen Output zu vergrößern.[19]

Um eine klare Vorstellung zu gewinnen, wie ein qualitatives Wachstum in der Praxis aussähe, wollen wir uns kurz das Reformprogramm der Grünen für die deutsche chemische Industrie[20] anschauen, einer der größten Industriezweige in der Bundesrepublik und eine der am wenigsten regulierten Industrien in hochentwickelten kapitalistischen Gesellschaften.[21] In ihrem Dreipunkteprogramm fordern die Grünen den Umbau der bestehenden chemischen Produktion in Richtung ihrer Verträglichkeit mit der Natur und der menschlichen Gesundheit, den Abbau von besonders gefährlichen Produktlinien und den Aufbau einer »sanften Chemie«.[22] Als Sofortmaßnahmen sieht das grüne Entgiftungsprogramm ein Verbot der Herstellung und des Exports von besonders giftigen Stoffen vor.[23]

In der nächsten Phase sollten Regulierungsinstanzen und Kontrollen stark ausgeweitet werden.[24] Die rechtlichen Möglichkeiten der Bürger und Unfallopfer gegenüber der chemischen Industrie würden vergrößert.[25] Es wären Abgaben für den Einsatz bestimmter Chemikalien zu zahlen, und diese Gelder flössen in umfangreiche Säuberungsmaßnahmen, koordiniert von einem sachkundigen »Entgiftungsausschuß«, bestehend aus Wissenschaftlern, Industriellen, Gewerkschaftern, Umweltschützern und Verbrauchern.[26] Und schließlich gäbe es finanzielle Anreize für die Entwicklung einer »sanften Chemie«.[27]

### Alternative Energiepolitik

Von Anfang an basierte die grüne Energiepolitik auf einer entschiedenen Ablehnung der Atomenergie. Historisch gesehen, spiegelte sich darin der Einfluß der Anti-Atomkraft-Bewegung wider. Deshalb[28] erarbeiteten die Grünen einen umfangreichen Vorschlagskatalog für alternative Energieträger.

Die Grünen unterschieden – und unterscheiden – sich von anderen parlamentarischen Parteien nicht nur durch ihren Widerstand gegen die Atomenergie, der im Prinzip von einer beachtlichen Fraktion in der SPD geteilt wird, sondern auch durch ihre Forderung nach einem »sofortigen Ausstieg« aus der Atomenergie.[29] Aber das wirklich Besondere an ihrer Position ist die dahinterstehende Argumentation, die die traditionellen Kategorien »konservativer« und »fortschrittlicher« Politik in Frage stellt.[30] Noch mehr als ihre ökologische Argumentation bezieht sich die Kritik der Grünen an der Atomenergie weniger auf vorhandene Funktionsstörungen als auf zukünftige Risiken.[31] Natürlich birgt die Atomenergie auch aktuelle Risiken; das Austreten von geringen Mengen Radioaktivität aus den Kernkraftwerken und die Entsorgung des Atommülls stellen unmittelbare Gesundheitsrisiken dar.[32] Aber seit Tschernobyl haben die Grünen das Schwergewicht auf ein weniger wahrscheinliches, aber apokalyptischeres Szenario gelegt, den sogenannten »Super-Gau«[33] oder die totale Kernschmelze. Die Atomenergie sei eine »Hypothek für zukünftige Generationen«[34]: Sie bringe begrenzte Vorteile für die Gegenwart und unkalkulierbare Risiken für die Zukunft.

Es sollte darauf hingewiesen werden, daß die Frage der Atomenergie eine große Herausforderung für die konzeptuelle und politische Logik bedeutet, die die Diskussionen und Konflikte um den Wohlfahrtsstaat bestimmt.[35] Während Verteilungsfragen normalerweise über Verhandlungen gelöst werden – durch ein Geben und Nehmen oder ein Mehr oder Weniger –, haben alle atompolitischen Fragen in den Augen der Grünen eine absolute und existentielle Bedeutung und entziehen sich damit Verhandlungen und Kompromissen.[36] Natürlich lassen sich die Risiken der Atomenergie für die jeweilige Bevölkerung rein statistisch verringern, aber die »Kosten« lassen sich nicht unter den Menschen aufteilen. Zudem können die Gesamtkosten nicht korrekt berechnet werden, da sie in eine ferne und ungewisse Zukunft hineinreichen. Wenn man eine Kosten-Nutzen-Berechnung anstellt – wie es häufig in der Sozialpolitik der Fall ist –, um Entscheidungen hinsichtlich der Atomenergie zu treffen, stößt man auf ethische wie auf technische Probleme. Betrachtet man die Atomenergie aber als existentielle Angelegenheit, dann werden politische Kompromisse unmöglich.

Während der sofortige Ausstieg aus der Atomenergie höchste Priorität behält, sehen die energiepolitischen Konzepte der Grünen eine grundlegende Veränderung der Institutionen und Einstellungen hinsichtlich Energieerzeugung und deren Einsatz vor[37]: »maximale Nutzung des Energieeinsparpotentials ... ein vorrangiger Ausbau der sanften Energietechniken und eine möglichst umweltschonende Nutzung der heimischen Energieträger.«[38]

Der erste Schritt dazu sind Anstrengungen, die bestehenden Atomkraftwerke sauberer und effizienter zu machen.[39] Aber langfristig würde die Energieerhaltung eine andere Einstellung der Öffentlichkeit erfordern. Energie, so meinen die Grünen, darf nicht länger als eine käufliche, zu verschwendende »Ware« mit Objektcharakter betrachtet werden, die in unbegrenzten Mengen vorhanden ist, sondern als Dienstleistung gesehen werden, die »warme Räume, Kraft und Licht« liefert.[40] Würde die Bevölkerung informiert und umerzogen, werde die Energieerhaltung gefördert.[41] Darüber hinaus müßte die Struktur der Energieerzeugung radikal dezentralisiert werden. Die Grünen befürworten eine »Energiepolitik von unten nach oben« durch eine »Rekommunalisierung der Energiewirtschaft«.[42] Und schließlich würde die Regierung die Entwicklung alternativer oder sanfter Energietechnologien auf der Grundlage von Sonne, Wind und Biomasse finanziell unterstützen.[43]

Den Grünen war klar, daß diese umfassende Veränderung der Technologien, Institutionen und Einstellungen bei Energieerzeugung und -verbrauch niemals allein durch parlamentarische Reformen erreicht werden könnte. Eine »enorme und beispiellose politische Mobilisierung auf allen Ebenen der Gesellschaft«[44] wäre notwendig, um die »unheilvolle Allianz von Energiekonzernen, Industrie und Trägern der staatlichen Macht, den ›Megawattclan‹«, aufzubrechen, die den Status quo aufrechterhält: »Nicht die optimale Nutzung von Energie, die Sicherung und Steigerung der Lebensqualität mit geringerem Energieeinsatz, sondern die Förderung von mehr Energieverbrauch, Umsatzexpansion und maximale Kapitalverwertung sind nach wie vor die bestimmenden Unternehmensziele im Energiesystem der Bundesrepublik.«[45]

Die Grünen glauben dagegen, daß das Problem das »Paradigma der industriellen Zivilisation« fundamental in Frage stellt: eine Denkweise, die von einer ständigen Zunahme der Zentralisierung, der Kapitalintensität und der Technologisierung der Produktion ausgeht, die also den Fortschritt mit steigender Produktion und Konsumtion gleichsetzt.[46]

## Grüne Sozialpolitik

Der deutsche Begriff Sozialpolitik hat ein viel größeres Bedeutungsfeld als sein englisches Pendant »social policy«. Seit ihrer Einführung unter Bismarck hatte die deutsche Sozialpolitik eine duale Struktur, die heute in der Bundesrepublik folgendes umfaßt: 1. die soziale Sicherung, ein umfassendes System der Altersversorgung, Krankenversicherung, Unfallversicherung und Arbeitsförderung, einschließlich der beruflichen und höheren Bildung, sowie Arbeitslosenhilfe und Kindergeld, 2. ein institutionalisiertes System des sozialen Interessenausgleichs, zu dem Tarifautonomie, Mitbestimmung und ein Betriebsverfassungsgesetz gehören, das die Beziehungen zwischen Arbeitgebern und Arbeitnehmern im Betrieb regelt.[47] In den letzten hundert Jahren ist der deutsche Wohlfahrtsstaat ständig gewachsen, hat sich aber den Bemühungen sowohl der konservativen als auch der sozialdemokratischen Regierungen um durchgreifende Reformen widersetzt. Er hat eine dezentrale Verwaltungsstruktur und unterliegt einer umfangreichen Rechtsprechung. Finanziert wird er durch ein komplexes System von öffentlichen Zuschüssen und privaten Beitragszahlungen. Da der »Interessenausgleich« im wesentlichen aus hundert Jahre währenden Klassenkonflikten resultiert, hat auch er Kompromißcharakter und weist zahlreiche Widersprüchlichkeiten auf.

Seit Bismarck ist die deutsche Linke in der Frage der Sozialpolitik gespalten. Manche sahen in ihr ein besonders hinterhältiges Instrument sozialer Kontrolle, während andere sie als einen großen Schritt hin zu sozialem Fortschritt und Verteilungsgerechtigkeit lobten. In der Bundesrepublik hat sich die Diskussion auf das Verhältnis von Rechtsstaat und Sozialstaat konzentriert, wozu beispielsweise die Frage gehört, ob das Grundgesetz nur eine materielle Umverteilung vorsieht und den Bereich der »bürgerlichen Freiheiten« (Eigentum) vor staatlichen Eingriffen schützt, oder ob es zu aktiver Sozialpolitik auffordert, was bedeuten würde, daß im Bemühen um soziale Gerechtigkeit die Unantastbarkeit des Privateigentums aufgehoben wird.

Wenn sich die Grünen selbst das Etikett sozial geben oder eine »soziale Wirtschaft« verfechten, reihen sie sich damit implizit in die sozialistische Tradition ein. Sie halten die marxistische Kritik an der Ausbeutung und Entfremdung der abhängig Beschäftigten unter »kapitalistischen Produktionsverhältnissen«[48] hoch, lehnen aber die von Marx vorgeschlagenen Heilmittel ab.

»Wir Grünen betonen: eine wesentliche Voraussetzung für individuelle Freiheit ist das private Eigentum an Gegenständen, die der eigenen Lebensgestaltung bzw. der persönlichen Existenzsicherung dienen ... Die bekannten Formen der Verstaatlichung lehnen wir ab, da sie keine basisdemokratische Kontrolle ermöglichen ... Wir Grünen halten den Marktmechanismus für ein wichtiges Mittel zur Steuerung der Wirtschaft. Aber die Gestaltung von ökologischen und sozialen Rahmenbedingungen für den Wirtschaftsprozeß mit Hilfe von staatlichen Vorgaben und Eingriffen muß die Defizite des Marktmechanismus ausgleichen.«[49]

Für die Grünen muß die Wirtschaft »basisdemokratisch« organisiert sein, denn wie die stalinistische Variante des »real existierenden Sozialismus« in Osteuropa und der nationalsozialistische Totalitarismus in Deutschland gezeigt haben, steht ein allmächtiger, zentralistischer Staat der Selbstbestimmung und Selbstverwirklichung ebenso entgegen wie ein ungezügelter Markt. Im Gegensatz zu den traditionellen Sozialisten sehen die Grünen im Sozialstaat und in der Sozialpolitik in ihrer gegenwärtigen Form keine Übergangsstufe zu einer vergesellschafteten, geplanten Wirtschaft, sondern fehlerhafte Systeme, die nach den Prinzipien sozialer Verantwortung, kollektiver Gerechtigkeit und Basisdemokratie reformiert und verändert werden müssen.

Wenn wir uns jetzt dem grünen Programm zur Umstrukturierung des deutschen sozialen Sicherungssystems zuwenden, zeigt sich, daß die Grünen auf diesem Gebiet das stärkste Gespür für neue strukturelle Probleme haben und daß ihre Vorschläge hier überaus innovativ sind.

Im Gegensatz zu den ökologischen Fragen wurde die »Krise des Sozialstaats« nicht zuerst von den Grünen thematisiert. Schon zu Beginn der 80er Jahre begann eine emotional aufgeladene, sehr komplexe Diskussion über dieses Thema, an der Linke und Rechte, Akademiker und Politiker beteiligt waren.[50] Bereits in den letzten Jahren der Regierung Schmidt wurden einige äußerst großzügige Sozialstaatspakete erheblich beschnitten. Die Regierung Kohl nahm weitere Kürzungen der Sozialausgaben unter dem Schlachtruf »Leistung muß sich wieder lohnen!«[51] vor. Gleichzeitig machten Kritiker auf der Linken die Sozialdemokratie für eine ernsthafte »Legitimationskrise«[52] und »Finanzkrise«[53] des deutschen Staates mitverantwortlich. Aufgrund dieser Entwicklungen begann in der SPD und im DGB eine breite Diskussion über die »Grenzen des Sozialstaats«.[54] Es war hauptsächlich diese Debatte, die die Grundlage für den eigenen Beitrag der Grünen zu diesem Thema bildete.

Die Grünen sahen den Grund für die Kostenexplosion der späten 70er Jahre in der Verlangsamung des Wirtschaftswachstums und der Entwicklung einer strukturellen Arbeitslosigkeit. Sie lehnten die Argumente der Konservativen ab, die ein angebliches inflationäres Anspruchsdenken und eine angebliche mangelnde Leistungsbereitschaft der Arbeitnehmer für die Wirtschaftskrise in Deutschland verantwortlich machten, und wiesen das konservative Rezept zurück, das eine »Reprivatisierung« der sozialen Probleme und die Wiederherstellung des freien Spiels der Marktkräfte vorsah. Gleichzeitig waren sie jedoch auch gegen eine Rückkehr zur traditionellen Methode der

Sozialdemokraten, noch mehr Bürokratie und Geld für soziale Probleme aufzuwenden. Der Sozialstaat, so argumentierten sie, kuriere nur an Symptomen herum und beseitige deren Ursachen nicht; außerdem werde das Wachstum selbst zu einer Quelle sozialer Probleme. Durch die immer intensiveren Formen des kapitalistischen Wachstums werde die soziokulturelle Reproduktion teurer und entfremdeter. Zum Beispiel würden früher im kommunalen und privaten Rahmen wahrgenommene Aufgaben durch warenförmige Güter und Dienstleistungen ersetzt.[55] Die Eingriffe des Staates und der sozialen Wohlfahrtsverbände, die darauf abzielten, Schäden in der privaten Sphäre zu beseitigen, störten aufgrund ihrer bürokratischen Vorschriften die Prozesse der »symbolischen Reproduktion« und führten zu einer »Kolonisierung der Lebenswelt«.[56] Demnach sind »... nicht möglichst hohe Ausgaben eines Sozialbudgets ein hinreichendes Kriterium für soziale Sicherheit oder Lebensqualität. ... Bürokratisierung und Verrechtlichung sind nur Reflexe auf das Fehlen direkter sozialer Gestaltungsmöglichkeiten der Arbeits- und Wohnbedingungen. Je mehr kompensatorische Maßnahmen ergriffen werden müssen, desto komplizierter wird das Sozialsystem.«[57]

Die Grünen kritisierten also nicht nur die Zahl der sozialen Programme oder die Höhe der Sozialausgaben; sie stellten schon die Idee in Frage, solche Programme mit »sozialer Sicherheit« gleichzusetzen. Eine richtig verstandene Sozialpolitik müsse vor allem vorbeugenden Charakter haben, weit über das traditionelle Verständnis von sozialer Sicherheit hinausgehen und die soziokulturelle Seite berücksichtigen.[58] Grüne Sozialpolitik würde die Sphäre der soziokulturellen Reproduktion vor dem Eindringen des kapitalistischen Marktes schützen, ohne sie der neue Ungleichgewichte erzeugenden bürokratischen Regulierung zu unterwerfen.[59]

Die Grünen schlagen mehrere Schritte zur Erreichung dieses schwierigen Gleichgewichts vor. Zuerst sollte das bestehende System, das Leistungen für bestimmte Lebenssituationen wie Behinderung, Arbeitslosigkeit oder Ruhestand erbringt, durch eine allgemeine bedarfsorientierte Grundsicherung ersetzt werden.[60] »Durch das soziale Sicherungssystem soll jedem/jeder Einwohner/in, dessen/deren Existenzminimum aus welchen Gründen auch immer nicht gesichert ist, ein Einkommen in einer Höhe, die den Mindestbedarf deckt, und in einer Form, die den Menschen nicht entwürdigt, gewährleistet werden.«[61] Wäre dieses Grundeinkommen ein unanfechtbarer Rechtsanspruch, würde sowohl die Verwaltung vereinfacht als auch die damit normalerweise verbundene Stigmatisierung und Demütigung verringert. Das gesamte Sicherungssystem ließe sich vereinheitlichen, und Bedürftigkeit wäre das einzige Kriterium für den Leistungsbezug. Bestehende Ungleichheiten, insbesondere gegenüber Frauen, würden beseitigt.[62] Zahlreiche Verwaltungsstellen wären überflüssig[63], und entwürdigende Nachforschungen zur Feststellung der Bedürftigkeit entfielen.[64]

Um zu verhindern, daß sich die neuen Superbehörden zu Instrumenten sozialer Kontrolle entwickeln, seien sie dezentral und demokratisch zu organisieren. Es gäbe eine öffentliche Aufsicht, und private, gewinnorientierte Unternehmen wären von der Bereitstellung sozialer Dienstleistungen ausgeschlossen.[65] Gleichzeitig würde die Regierung dezentrale Selbsthilfegruppen fördern und finanzieren. Experimente mit kleinen sozialen Netzwerken, die einen Teil der Erziehungsaufgaben und der Betreuung von alten und kranken Menschen übernähmen, sollten die Kommunen durch die Bereitstellung von Räumen und Wohnungen unterstützen.[66]

Solche Strukturen wären im Gegensatz zu denen des traditionellen Sozialstaats geeignet, dem »soziokulturellen Aspekt« der sozialen Sicherheit gerecht zu werden.

Grüne Sozialpolitik hält zwar an der sozialistischen Idee der Verteilungsgerechtigkeit fest[67], sieht darin aber in erster Linie ein Mittel zur Erreichung der »Selbstbestimmung, (der) freien Entfaltung jedes Menschen«.[68] Für die Grünen (wie für die orthodoxen Sozialisten) bedeutet Selbstbestimmung vor allem »Arbeit als freie, selbstbestimmte Tätigkeit«, aber auch (wie für die traditionellen Liberalen vom Schlage eines John Stuart Mill) die freie Entwicklung der individuellen Persönlichkeit durch »freie Zeit« und »selbstbestimmte [kulturelle] Tätigkeit«.[69]

Ein Hauptgegenstand grüner Reformpläne war das Krankenversicherungssystem. Die Grünen schlugen vor, daß die Beiträge einen bestimmten Prozentsatz des monatlichen Bruttoeinkommens ausmachen sollten, um sicherzustellen, daß auch die Wohlhabenden einen »gerechten« Anteil zahlten.[70] Der private Versicherungsschutz für Beamte, Freiberufler und Selbständige würde abgeschafft, die Mitgliedschaft in der gesetzlichen Krankenversicherung wäre obligatorisch.[71] Ebenso würden verschiedene Rationalisierungs- und Kostendämpfungsmaßnahmen wie die Begrenzung von Leistungen für »teure« Patienten aufgehoben. Statt dessen sollte versucht werden, die Kosten durch die Beseitigung von Anreizen zu unnötigen Krankenhauseinweisungen und Behandlungen zu reduzieren.[72]

Die grünen Reformen gingen über eine gerechte und kosteneffiziente Bereitstellung von Dienstleistungen hinaus: »Unsere Gesundheit ist auch bedroht durch das Gesundheitssystem selbst.«[73] Nach Auffassung der Grünen fördern die gewinnorientierten Marketingstrategien der Pharmaindustrie die Zunahme und den Verbrauch von unnötigen Arzneimitteln. Deshalb schlagen sie vor, die in Deutschland ziemlich lax gewordenen Standards für Testverfahren zu verschärfen und die Preise, die über dem europäischen Durchschnitt liegen, zu senken. Wie die »Chemikalisierung« der Industrie, sei die »Pharmazeutisierung« der Medizin zu einem Teil des Problems geworden, anstatt dieses Problem zu lösen.

Ein weiterer Schwerpunkt grüner Gesundheitspolitik betraf die Rechte der Patienten. Damit diese besser in der Lage wären, sich gegen unnötige Behandlungen und übermäßige Medikation zu wehren, forderten die Grünen den Schutz der »Grund- und Menschenrechte«: »Behandlungen und Hilfeleistungen dürfen nicht die Grundrechte einschränken. Die Betroffenen haben jederzeit Zugang zu allen Aufzeichnungen, Akten und Befunden.«[74] Die Beschwerden der Patienten würden von »unabhängigen und staatlich finanzierten Beschwerdestellen behandelt«.[75] Eine größere Mitbestimmung der Patienten wäre nach Überzeugung der Grünen möglicherweise selbst eine Form präventiver Medizin.[76]

Aber eine echte Prävention müßte auch die sozialen und umweltbedingten Krankheitsursachen berücksichtigen, da sich Umweltverschmutzung, schlechte Arbeitsbedingungen und Armut auf die Gesundheit der Bevölkerung auswirkten.[77] Außerdem werde das Gesundheitswesen von einem »Machtkartell« kontrolliert – die Ärztelobby, die Hersteller von medizinischen Geräten, die Pharmaindustrie und die großen Wohlfahrtsverbände –, das an der Monopolisierung der Behandlung von Krankheiten interessiert sei.[78] Die Grünen gehen sogar so weit zu behaupten, dieser »medizinisch-industrielle Komplex« mit seinem »aggressiven Expansionsdrang«[79] habe ein Interesse an der Reproduktion von Krankheit.

Gesundheit sei ganzheitlicher zu definieren. Krankenhäuser könnten weitgehend durch integrierte Gesundheitszentren und ambulante Kliniken ersetzt werden, die verschiedene Gesundheitsberufe unter einem Dach zusammenfassen – Pflegepersonal, Ärzte, Osteopathen, Therapeuten, Psychologen, Ernährungswissenschaftler. Diese integrierten Gesundheitszentren würden von örtlichen Gesundheitsinitiativen und autonomen Patientengruppen oder -genossenschaften kontrolliert.[80]

Zusammengefaßt basieren die Vorstellungen der Grünen zum sozialen Sicherungssystem auf einem Grundeinkommen, das jeder Mensch erhielte, dessen Gehalt aus irgendeinem Grund eine bestimmte Höhe nicht überschreitet. Dieses Mindesteinkommen bekäme jeder Bürger, unabhängig davon, ob er in einem Arbeitsverhältnis stünde oder nicht. Die Grünen halten sich viel darauf zugute, eine Politik zu verfolgen, die das Einkommen von der Erwerbsarbeit abkoppelt. Dadurch hätten alle Mitglieder der Gesellschaft ein Minimum an materieller Sicherheit – aber noch keine befriedigende Arbeit, noch keine sinnvolle kulturelle Tätigkeit und kein erfülltes Privatleben. Darauf zielt die grüne Politik im Bereich der Arbeitsmarktbeziehungen, die den zweiten Bereich der Sozialpolitik ausmacht; hier geht es um die Institutionalisierung von kollektiven Interessen, auf die wir im folgenden eingehen.

Um die Position der Grünen auf diesem Feld zu verstehen, muß das System näher beleuchtet werden, das die Beziehungen zwischen Arbeitgebern und Arbeitnehmern regelt. In der Bundesrepublik gibt es keine direkte, zentrale Planung, die für »korporatistische« Länder wie Schweden und Österreich typisch ist und in abgewandelter Form in Frankreich praktiziert wird. Auch betreibt der deutsche Staat trotz halbherziger und fehlgeschlagener Versuche keine konzertierte Einkommenspolitik.[81] Das halb korporatistische System der Bundesrepublik[82] beruht einerseits auf einem dualen System der Interessenvertretung, was bedeutet, daß das ausschließliche Recht auf Verhandlungen bei den beiden »Sozialpartnern«, den Gewerkschaften und den Arbeitgeberverbänden, liegt (Tarifautonomie). Andererseits zieht das Betriebsverfassungsgesetz eine klare Trennungslinie zwischen dem Verhältnis der Tarifpartner im Betrieb und außerhalb der Werkstore. Das Gesetz schloß sowohl in seiner ursprünglichen Fassung von 1952 als auch in seiner revidierten Form von 1972 die Gewerkschaften aus den Betrieben aus, indem es allein die – allerdings ziemlich mächtigen – Betriebsräte zu Arbeitnehmervertretern in allen Angelegenheiten machte – mit Ausnahme der Lohnverhandlungen.[83]

In der Praxis bedeutete dies, daß Arbeitskonflikte in der Nachkriegszeit immer stärker rechtlichen Regelungen unterworfen wurden. Diesem Prozeß der Verrechtlichung standen die Gewerkschaften neutral gegenüber. Aber er ist, wie Rainer Erd zutreffend schlußfolgert, »das sicher unbeabsichtigte Produkt einer bewußt von den Gewerkschaften geförderten Entwicklung«[84], die Konsequenz einer »kooperativen Gewerkschaftspolitik«[85], die die Gewerkschaften aktiv betrieben, um zusammen mit der Wirtschaft zu einem »Ordnungsfaktor« zu werden. Das hohe Maß an Zusammenarbeit von Wirtschaft und Gewerkschaften führte zu geringer Streikaktivität, hohen Lohnzuwächsen, die freilich hinter den Produktivitätssteigerungen zurückblieben, und der Tendenz, strapaziöse Arbeitsbedingungen gegen zusätzliche Entlohnung hinzunehmen. Im Vergleich zu manchen ärmeren und/oder streikgeplagteren Nachbarn[86] konnte die Bundesrepublik ihr sozialpartnerschaftliches System stolz als Modell, als erfolgreiche Form des »sozialdemokratischen Kompromisses«[87] vorführen. Natürlich blieben auch dem ›Modell Deutschland‹ angespannte und turbulente Zeiten nicht erspart. In den 70er und 80er Jahren wurde dieses System wiederholt durch Wirtschaftskrisen auf die Probe gestellt. Seit der Vereinigung des Landes 1990 und den damit einhergehenden Struktur- und Unterstützungsproblemen erwuchsen dem Modell bis dahin kaum gekannte Schwierigkeiten, die es aus den Angeln zu heben drohten.

Mit der Bildung der sozialliberalen Koalition kam die alte Frage einer Gewerkschaftsreform wieder auf die Tagesordnung, die u. a. eine Ausweitung der Mitbestimmung und die Revision des repressiven Betriebsverfassungsgesetzes von 1952 vorsah. Gleichzeitig schlug die vom Ölpreisschock noch nicht genesene Wirtschaft aggressivere Töne an; und die vieldiskutierte Verlangsamung des Weltwirtschaftswachstums verringerte den Spielraum für Transferzahlungen und Lohnerhöhungen, die die »materielle Basis des Konsenses« bildeten. Und schließlich wurde das »Produktionsparadigma«, auf dem das Verhältnis zwischen Kapital und Arbeit aufbaute, nämlich die *Massenproduktion*[88], durch elektronisch gesteuerte »flexible Technologien« und die Ausdehnung des Dienstleistungssektors revolutioniert. In den 70er Jahren kamen viele Entwicklungen zusammen, die die Voraussetzungen, Grundlagen, Institutionen und Praktiken des westdeutschen Systems der Sozialpartnerschaft erschütterten[89] und das Verhältnis zwischen Arbeit, Kapital und Staat brüchiger machten. Aber interessanterweise war keine dieser Krisen schwerwiegend genug, das bewährte Funktionieren dieses Zusammenwirkens außer Kraft zu setzen.[90]

Die grüne Bewegung entstand mitten in dieser Krise, und viele linke Grüne waren politische Ziehkinder der Gewerkschaften. Daher ist es nicht verwunderlich, daß die grüne Politik im Bereich Arbeitgeber-Arbeitnehmer-Beziehungen weitgehend die Position der Gewerkschaften, insbesondere der kämpferischen IG Metall und IG Medien (früher IG Druck und Papier) übernahm.[91] Sie basierte im wesentlichen auf vier Forderungen: 1. Einführung der 35-Stunden-Woche zur Bekämpfung der Arbeitslosigkeit; 2. ein Programm zur Humanisierung der Arbeit; 3. ein Hilfsprogramm für die krisengeschüttelten Industrien, insbesondere die Stahlindustrie; 4. eine weitere Überarbeitung des Betriebsverfassungsgesetzes. Alle diese Fragen standen auch für die Gewerkschaften im Mittelpunkt.

Trotz der offenen Unterstützung der Gewerkschaftsziele waren die Beziehungen zwischen der Ökopartei und der organisierten Arbeitnehmerschaft alles andere als freundlich. Heftige Diskussionen und häufige Mißverständnisse zwischen Grünen und Gewerkschaftern hingen in der einen oder anderen Weise mit der Kontroverse Ökonomie versus Ökologie zusammen, mit der Frage also, ob das eine nur auf Kosten des anderen gehe, wie die Gewerkschaftsführung immer wieder behauptete[92], oder ob beide produktiv miteinander versöhnt werden könnten, wie die Grünen meinen.[93] Ist das Verhältnis zwischen Ökonomie und Ökologie ein Nullsummenspiel, wie die Gewerkschaften bis in die 80er Jahre hinein erklärten, oder kommt unter dem Strich etwas Positives heraus, wie die Grünen immer geglaubt haben?

Abgesehen von inhaltlichen Zwistigkeiten resultierte das vielschichtige und schwierige Verhältnis zwischen den Gewerkschaften und den Grünen aus dem Aufeinanderprallen zweier grundverschiedener Milieus. Das eine war fest in der Welt der Industriearbeiter verankert und repräsentierte die »materiellen« Werte der alten Linken. Das andere war in der akademisch gebildeten Intelligenz verwurzelt und verkörperte die »postmateriellen« Werte der neuen Linken. Ein führender deutscher Gewerkschafter, der IG-Metall-Funktionär Hans Janssen, der für die Tarifabteilung zuständig war, konnte erst 1987 an einem Parteitag der Grünen teilnehmen und dort sprechen. Und vielleicht ebenso bezeichnend ist die Tatsache, daß dieser Gewerkschaftsfunktionär kurz nach seinem Auftreten auf dem grünen Parteitag aus dem Vorstand der IG Metall ausschied – oder ausscheiden mußte. Auch bei Wahlen bekamen die Grünen keine nennenswerte Unterstützung von den Industriearbeitern. Abgesehen von den Bauern fanden die Grünen bei keinem Teil der deutschen Bevölkerung so wenig Anklang wie bei der traditionellen Arbeiterklasse. Arbeiter und politisierte Hippies scheinen eben nicht zusammenzupassen. Trotz dieser offensichtlichen Konflikte zwischen Grünen und Gewerkschaften gibt es keinen Zweifel daran, daß die Grünen in der Arbeiterklasse – wenn auch nicht in den Gewerkschaften – eine humanisierende und demokratisierende Kraft sehen, deren politischer Kampf objektiven Fortschritt gebracht hat und deren Lage die volle Unterstützung aller radikalen Reformer verdient. Insofern haben die Grünen die Arbeiterschaft immer als einen etwas fremden, aber um so wertvolleren und letztlich zuverlässigen Bündnispartner betrachtet, und tun dies bis heute.

Wenden wir uns jetzt der Frage der Arbeitslosigkeit zu. Obwohl die Bundesrepublik zu Recht in dem Ruf stand, der industrielle Motor Europas zu sein, blieb die Arbeitslosenquote in diesem Land seit den 80er Jahren bestenfalls beunruhigend.[94] Die dauerhaft hohe Arbeitslosenquote resultierte nicht nur aus der Weltwirtschaftskrise[95], sondern wurde durch die Reaktion der Regierungen Schmidt und Kohl noch weiter nach oben getrieben.[96] Die Wirtschaft verfolgte ihrerseits einen Kurs, der die Tendenz hatte, junge Menschen, Alte, Frauen, Ausländer und Behinderte ins Abseits zu drängen.[97]

Das Phänomen hoher Arbeitslosigkeit und das Unvermögen der Politik, sie effektiv zu bekämpfen, brachte die radikale und alternative Linke zu der Überzeugung: »Eine Politik der Arbeitszeitverkürzung ... ist die einzige halbwegs aussichtsreiche Strategie, die zur Bekämpfung der Massenarbeitslosigkeit noch in Frage kommt, nachdem sich die herkömmlichen Mittel der Konjunkturpolitik entweder in ihrer wirtschaftlichen Effektivität erschöpft und/oder als politisch nicht durchsetzbar erwiesen haben.«[98] Diese Alternative sei auch ökologisch wünschenswerter, da die für die Erreichung der Vollbeschäftigung notwendigen Wachstumsraten schädliche Auswirkungen auf die Umwelt haben könnten.[99] Die Grünen befürworten (zusammen mit der IG Metall[100] und der sozialistischen Intelligenz[101]) die sofortige Einführung der 35-Stunden-Woche.[102] »Für die Grünen steht der verteilungspolitische Sinn von Arbeitszeitverkürzungen im Vordergrund.«[103] »Die Verminderung der Wochenarbeitszeit ist diejenige arbeitszeitpolitische Variante, von der die größten Arbeitsplatzeffekte ausgehen können.«[104] Aber diese erwarteten Beschäftigungseffekte könnten nur greifen, wenn die Arbeitszeitverkürzung schnell verwirklicht würde.[105]

Die 35-Stunden-Woche könnte nur durch eine Vereinbarung zwischen den »Tarifpartnern«, also den Gewerkschaften und den Arbeitgeberverbänden, eingeführt werden. Aber die Grünen schlagen eine Reihe von »flankierenden Maßnahmen« vor, die eine solche Vereinbarung unterstützen würden[106] – die Senkung der gesetzlichen Wochenarbeitszeit auf 40 Stunden (sie beträgt immer noch 44 Stunden), Mehrarbeit[107] und die Überstunden sollen nicht bezahlt, sondern durch Freizeit abgegolten werden; außerdem fordern sie strenge Bestimmungen bei »Gleitzeit«-Regelungen.[108]

Mit ihrer Forderung nach einer »Umverteilung der Arbeit« nicht nur innerhalb der Betriebe, sondern auch zwischen Betrieb und Haushalt, Männern und Frauen, unterscheiden sich die Grünen stark von den Gewerkschaften. Unter den Bedingungen des »patriarchalischen Beschäftigungssystems«, so argumentieren sie, gebe es zwei Kategorien »gesellschaftlich notwendiger Arbeit«: Produktionsarbeit, die bezahlt und hauptsächlich von Männern geleistet wird, und Reproduktionsarbeit, die nicht bezahlt und hauptsächlich von Frauen geleistet wird.[109] Die Grünen schlagen in ihrem Anti-Diskriminierungs-Gesetzentwurf von 1985 für dieses Problem eine Radikalkur vor.[110] Das Ziel war nicht weniger als die Abschaffung des Patriarchats[111], ein ehrgeiziges Vorhaben in jeder Gesellschaft, besonders aber in einer wie der deutschen, wo die Rechte der Frauen sowohl auf gesetzlicher als auch auf verfassungsmäßiger Ebene zu den rückständigsten in Westeuropa gehören.[112] Der Entwurf sah größere Veränderungen der bestehenden Gesetze in bezug auf Abtreibung, Vergewaltigung und soziale Sicherheit vor. Er enthielt auch drei arbeitspolitische Maßnahmen.

Die erste Komponente war eine Generalklausel zum Verbot der »Diskriminierung einer Frau«[113]. »Eine Diskriminierung im Sinne dieses Gesetzes liegt vor, wenn eine Frau aufgrund ihres Geschlechts, ihrer Gebärfähigkeit, ihrer Lebensform oder ihres Alters benachteiligt oder weniger gefördert wird als ein Mann.«[114] Das zweite und umstrittenere Element[115] des Gesetzentwurfs war das sogenannte Quotierungsgesetz, ein radikales Aktionsprogramm zur Frauenförderung. »Um die in § 2 genannten Ziele zu erreichen, werden Frauen bei der Vergabe von Ausbildungs- und Erwerbsarbeitsplätzen sowie bei der Besetzung von Funktionen und Ämtern in den Bereichen, in denen sie unterrepräsentiert sind, so lange bevorzugt, bis mindestens Parität von Frauen und Männern erreicht ist.«[116] Obwohl die Männer kurzfristig sehr benachteiligt worden wären[117], waren die meisten Frauen bei den Grünen der Ansicht, daß solche drastischen Maßnahmen notwendig seien, um die historische Diskriminierung von Frauen[118] zu beseitigen, dafür müßten die Rechte der Männer vorerst zurückgestellt werden.[119]

Der Entwurf sah auch die Schaffung eines umfangreichen – von Frauen geleiteten – Verwaltungsapparats zur Durchsetzung und Verwirklichung dieses Gesetzes vor.[120] Seine Ziele gingen über die »Anpassung von Frauen an männliche Normen und Werte« hinaus.[121] Es versuchte auch, die Werte der Männer zu verändern. Die Umgestaltung des Arbeitslebens würde es den Männern möglich machen, im Haushalt die gleiche Verantwortung zu übernehmen.[122] Männer dürften beispielsweise Erziehungsurlaub nehmen. Die Intention des Gesetzes bestand also nicht nur darin, das Erwerbsleben mehr als bisher für Frauen zu öffnen, sondern die Männer in den Reproduktionsbereich mit einzubeziehen.

Die Grünen haben stets eine Umverteilung der gesellschaftlichen Arbeit zwischen dem Produktions- und dem Reproduktionsbereich gefordert, um »verfügbare gesellschaftliche Zeitmengen in sozial verträglicher Weise für Arbeiten freizusetzen, die sich außerhalb überkommener Erwerbsarbeitsverhältnisse vollziehen, die übergreifenden gesellschafts- und sozialpolitischen Zielen dienen.«[123] Nach ihren Vorstellungen, die im alternativen Milieu längst gelebt und praktiziert wurden, müßten die riesigen gesellschaftlichen und psychologischen Ressourcen, die in der Produktionssphäre konzentriert waren, auf betreuerische und regenerative Aufgaben sowie auf die

Freizeit übertragen werden, da sie für die individuelle Selbstverwirklichung durch Bildung und kulturelle Aktivitäten notwendig seien.[124]

Während die Grünen die zentrale Bedeutung von Arbeit und Produktion in der modernen Gesellschaft gerne zurückgeschraubt hätten, hielten sie an dem marxistischen Ideal einer »emanzipatorischen Arbeit« fest. Daher unterstützten sie die Forderung der Gewerkschaften nach »Humanisierung der Arbeit«.[125] Im Gefolge der Radikalisierung eines großen Teils der westdeutschen Linken nach 1968 wurden auch die traditionellen tarifpolitischen Positionen der Gewerkschaften in Frage gestellt. Hatten bis Anfang der 70er Jahre die konventionellen, quantitativen Verteilungsfragen die gewerkschaftliche Verhandlungsstrategie bestimmt, fanden im Zuge der Radikalisierungswelle nach 1968 neue, »kritische« Dimensionen in die Gewerkschaftslogik Einlaß, beispielsweise Fragen einer höheren »Lebensqualität«.[126] Diese Forderungen wurden natürlich durch die Einführung neuer Technologien und anderer intensiver Rationalisierungsmaßnahmen verstärkt, die – vor allem in der Stahl- und Automobilindustrie – zu einer erheblichen Umstrukturierung der Arbeitsprozesse führten und häufig vom Arbeitsplatzabbau und der Dequalifizierung von Facharbeitern begleitet waren. Wie das »Aktionsprogramm« des DGB aussagte, ging es bei der Humanisierung der Arbeit um nichts Geringeres, als die menschlichen Fähigkeiten weiterhin im Arbeitsleben zur Entfaltung kommen zu lassen.[127]

Die Grünen, die sich diesen Forderungen anschlossen, schlugen eine Reihe von Maßnahmen vor, die die Monotonie und den Streß der traditionellen Industriearbeit verringern sollten.[128] Da jedoch klar war, daß ein solches Programm nicht ohne einen wesentlich größeren Einfluß der Gewerkschaften auf die Organisation der Produktion realisiert werden konnte, verband sich die Frage der Humanisierung der Arbeit sowohl für die Gewerkschaften als auch für die Grünen mit Forderungen nach einer Ausweitung der Mitbestimmung in der Produktion und der Wirtschaft sowie einer stärkeren Demokratisierung von Staat und Gesellschaft.

Von der rechtlichen wie von der strukturellen Seite her waren weitere Veränderungen Sache der »Sozialpartner«.[129] Aber aufgrund der bestehenden Rechtslage hatten die Gewerkschaften, abgesehen von gewissen Konsultations- und Ablehnungsrechten, nur geringe Möglichkeiten, die Organisation der Produktion entscheidend zu beeinflussen. Daher forderten die Grünen, die Gewerkschaften dem Kapital völlig gleichzustellen, wenn es um die Einführung neuer Technologien, Verfahren und Produkte[130] gehe, weil »die Beteiligung der Beschäftigten und ihrer Vertretungsorgane bei der Einführung neuer Technologien, Verfahren und Produkte bzw. vergleichbarer Änderungen im Dienstleistungsbereich schon im Planungsstadium die Voraussetzung dafür ist, daß soziale und ökologische Kriterien ausreichend berücksichtigt werden.«[131] Dementsprechend schlugen sie eine Reihe von Änderungen des Mitbestimmungsgesetzes von 1976 und des Betriebsverfassungsgesetzes von 1972 vor. Wenn sie durchkämen, würde die im Mitbestimmungsgesetz von 1951 vorgesehene »paritätische Mitbestimmung« verwirklicht[132], ein ständiger Traum der deutschen Gewerkschaften, von dessen Verwirklichung sie aber weit entfernt blieben.

Das Demokratisierungsprogramm der Grünen würde auch verfassungsmäßig garantierte Rechte auf den Arbeitsplatz ausdehnen, wie beispielsweise die Meinungs- und Gewissensfreiheit und das Recht auf körperliche Unversehrtheit.[133] Zudem erhielten die Betriebsräte ein Mandat der Betriebsversammlung[134]; darüber hinaus würden die mitbestimmungsrelevanten Bereiche ausgeweitet.[135]

Die Grünen wollten keine Politik fortsetzen, die den Prozeß der Verrechtlichung und der Entpolitisierung von Konflikten – der die Streikwaffe stumpf machte und die »Systemfrage« auf den Sankt Nimmerleinstag verschob – akzeptierte und dafür die gesetzliche Festschreibung kollektiver Rechte erreichte.[136] Für die Grünen konnten Gesetze per definitionem niemals die entgegengesetzten Interessen von Arbeit und Kapital versöhnen, sondern sie lediglich organisieren.[137] Die Verrechtlichung trug nur dazu bei, die Arbeiterklasse in die bestehenden Herrschaftsverhältnisse zu integrieren.[138] Die Grünen, die in dieser Frage einen orthodox-marxistischen Standpunkt einnahmen, waren entschlossen, die Politik des Klassenkampfes dadurch wiederzubeleben, daß sie die gesetzlichen Beschränkungen der Gewerkschaftsaktivitäten aufhoben.[139] Angesichts der »strukturellen Dominanz« des Kapitals bei Arbeitskonflikten glaubten sie, daß nur eine Verbesserung der Stellung der Gewerkschaften gegenüber der Betriebsleitung zu einem Minimum an Fairneß führen könne.

## Friedenspolitik: Gegen jegliche militärische Auseinandersetzung, gegen Ausbeutung und Unterdrückung

Ginge es um die Analyse einer konventionellen Partei, trüge dieser Abschnitt die Überschrift »Außenpolitik« und Zwischenüberschriften wie »Sicherheit«, »Entwicklung« und »Strategie«. Aber die Grünen haben in diesem Bereich so radikale Ansichten, daß sie solche Begriffe in Anführungsstriche setzen, um ihre bisweilen zum Zynismus gesteigerte Skepsis gegenüber der konventionellen Auffassung von internationalen Angelegenheiten zu dokumentieren. »Radikal« bedeutet allerdings nicht, daß ihre Ansichten völlig neu wären. Denn als Denkmodelle und als Aktionsprogramme sind Antimilitarismus, Antiimperialismus und Internationalismus, die drei paradigmatischen Elemente grüner »Außenpolitik«, mindestens so alt wie die Dritte Internationale. Die Grünen haben indessen nur die analytische Grundlage dieses »altlinken« Erbes übernommen und nicht seinen positiven ideologischen Inhalt wie Pazifismus, Kommunismus und Klassensolidarität.

Während der gedankliche Rahmen der Grünen aus der orthodox marxistischen Tradition stammt, wurde ihre Auffassung von den internationalen Beziehungen durch die großen geopolitischen Teilungen der Nachkriegszeit geprägt: der alte Konflikt zwischen Ost und West bzw. zwischen den Supermächten, die Unterentwicklung und Unterdrückung in der Dritten Welt, die Nord-Süd-Spaltung und die Teilung des eigenen Landes. Nach Meinung der Grünen waren diese drei Konflikte keine isolierten Probleme, sondern Ausdruck von internationalen, sozialen und kulturellen Verhältnissen, die Krieg, Unterdrückung und Gewalt perpetuierten. Ihrer Auffassung liegt – in starkem Gegensatz zum politischen »Realismus« – die Überzeugung zugrunde, daß sich Gewalt und Konflikte aus den sozialen menschlichen Beziehungen verbannen lassen. So behaupteten sie, daß die »Abschreckung« im Ost-West-Konflikt, die »Stabilisierung« von repressiven Regierungen, die »Niederschlagung« von Erhebungen in der Dritten Welt und die Aufrechterhaltung von »Recht und Ordnung« im eigenen Land nicht Frieden, Entwicklung und Ordnung bewahrten, sondern eine unsichere, instabile und unfreie Welt zementierten.

Die Grünen lehnen vehement ab, daß Frauen in der Bundeswehr irgendeine Tätigkeit ausüben. Im Unterschied zur Position des amerikanischen Feminismus, für den die Gleichheit von Mann und Frau auch darin besteht, daß Frauen voll in alle Bereiche der Streitkräfte einbezogen werden, sehen die Grünen ihren Feminismus darin, daß sie *alle* Streitkräfte abschaffen wollen. Für sie geht es also nicht darum, die Frauen zu bewaffnen, sondern die Männer zu entwaffnen. Natürlich gab es auch minoritäre Gegenstimmen zu dieser Position, die dann später in den 90er Jahren lauter wurden. Beispielsweise forderte Rita Griesshaber, die frauenpolitische Sprecherin der Fraktion Bündnis 90/Die Grünen im Frühjahr 1996, damit vor allem der Meinung jüngerer grüner Frauen Ausdruck gebend, daß »das letzte Berufsverbot der Republik« fallen und den Frauen die Möglichkeit eröffnet werden solle, in der Bundeswehr Dienst zu tun. Anhängerinnen dieser Position, die in der Partei nach wie vor eine Minderheit darstellen, vertraten ihren Standpunkt ausdrücklich mit der Betonung des Gleichheitsgrundsatzes.[140]

Echter Frieden bedeutet ihrer Ansicht nach nicht nur die Abwesenheit eines offenen gewaltsamen Konflikts, sondern die kulturelle Überwindung der Aggression. Der erste Schritt zum Frieden sei universelle Abrüstung, gefolgt von der universellen Anerkennung des Rechts auf nationale Selbstbestimmung und die Schaffung von gewaltfreien Mechanismen, die den Ausgleich konfligierender Interessen ermöglichen. Letztlich könne Frieden nur durch die Beseitigung der Grundursachen militärischer Konflikte garantiert werden, die die Grünen in materieller Ungleichheit und politischer Repression sehen. Mit anderen Worten, ein dauerhafter Frieden sei nur in einer gerechten und demokratischen Welt möglich. Wir skizzieren jetzt die Pläne und Strategien der Grünen zur Erreichung eines globalen Friedens und legen auch dar, wie sie begründen, daß ihre radikale Vision sowohl brauchbar als auch realisierbar ist.

Die Strategie der Grünen für eine Neutralisierung des Ost-West-Konflikts gehörte zu ihren detailliertesten und ausgereiftesten politischen Vorschlägen. Auch wenn sie durch den Zusammenbruch des osteuropäischen Kommunismus seit 1989 weitgehend (wenn auch nicht völlig) Makulatur geworden sind, stellen die grünen Konzepte in diesem Bereich immer noch die umfassendsten Aussagen ihrer Friedenspolitik dar.

Die grüne Einstellung zum Frieden verdankt sich zum großen Teil der Friedensbewegung, mit der die Grünen institutionell und personell eng verbunden waren. Während des Kampfes gegen die Mittelstreckenraketen versuchten Friedensbewegung und Grüne, die Verteidigungsexperten der USA und der NATO mit ihren eigenen Argumenten zu schlagen. Daher ging die Position der Grünen zur Frage der internationalen Sicherheit, wie man sie letztlich auch beurteilen mag, von Anfang an über einen schlichten Pazifismus hinaus.

Die Entwicklung der grünen Politik spiegelte das Auf und Ab der Ost-West-Beziehungen im Verlauf der 80er Jahre wider. Der von ihnen lange und vorrangig geforderte »sofortige und bedingungslose Abzug der Pershing II und Cruise Missiles« (der noch im Programm von 1987 stand[141]) wurde seitdem realisiert. Aber die Grünen treten weiterhin für einseitige Abrüstungsschritte anstelle einer Zug-um-Zug-Aufrechnung, für die Schaffung einer europäischen »atomwaffenfreien Zone« und den Austritt Deutschlands aus der NATO ein.

Die NATO-Aversion der Grünen war nicht nur durch die Raketenfrage bedingt, sondern auch durch eine, wie sie meinten, veränderte Rhetorik und Strategie des Bündnisses, für die die Raketen nur ein Ausdruck waren. Nach Einschätzung der Grünen deuteten diese Veränderungen auf eine alarmierende Zunahme der Militanz der Vereinigten Staaten hin. Die amerikanischen Militärplaner und politischen Hardliner schlossen die Möglichkeit eines Atomkrieges anscheinend nicht mehr aus, sondern nannten ihn Anfang der 80er Jahre (in der ersten Amtszeit Präsident Reagans) »begrenzbar«, »führbar« und »gewinnbar«. Die Grünen gewannen den Eindruck, daß Amerika nicht nur die Fähigkeit zum ersten Schlag gegen die Sowjetunion und zu einem Atomkrieg auf dem europäischen Kontinent entwickelte, sondern auch plante, wirklich einen solchen zu führen – auf deutschem Boden!

Die bellizistischere Rhetorik der Amerikaner rührte von der sogenannten »Krise der Abschreckung«[142] her, die sich zuerst in der Änderung der amerikanischen Verteidigungspolitik während der Regierung Carter zeigte.[143] Die westdeutschen Friedensaktivisten und die Grünen waren besonders beunruhigt über die »Präsidentendirektive 59«, die offiziell das Prinzip der »counterforce« billigte (der Zerstörung der feindlichen Raketen in ihren Silos[144]), sowie über die »Carter-Doktrin«, die die Verteidigung der »vitalen« Interessen der USA

– wie am Persischen Golf oder in Mittelamerika – mit militärischen Mitteln forderte. Beide Militärstrategien waren durch das Prinzip der »horizontalen Eskalation« verbunden; die bedeutete, wie der damalige Verteidigungsminister Harold Brown erklärte, daß eine solche Verteidigung dort stattfinden würde, wo die USA dies beschlössen, also nicht unbedingt dort, wo der eigentliche Konflikt bestünde, sondern dort, wo die USA militärisch stark seien. Für die Glaubwürdigkeit dieser neuen Strategie war es – zumindest nach Meinung der Grünen – unvermeidlich, daß sich die US-Regierung das Recht auf den atomaren Erstschlag und die Begrenzung des Konflikts, beispielsweise auf Europa, vorbehielt.[145]

Der Machtantritt von Ronald Reagan markierte den Beginn einer Regierung, der seit dem Zweiten Weltkrieg die meisten Hardliner angehörten, und vergrößerte die Angst der Grünen. Als die europäische Presse von den Erklärungen amerikanischer Politiker bezüglich der Führbarkeit eines begrenzten Atomkrieges auf dem »europäischen Schauplatz« erfuhr[146], schienen sich ihre schlimmsten Vermutungen zu bestätigen.

Obwohl mit den Mittelstreckenraketen ursprünglich beabsichtigt gewesen war, Westeuropa (und vor allem Westdeutschland) wieder an den Atomschild Amerikas anzukoppeln[147], wurde deren Aufstellung von den Grünen als Teil der amerikanischen Strategie interpretiert, vollständige Hegemonie in Westeuropa und insbesondere Deutschland zu erreichen. Das Argument, diese Mittelstreckenraketen seien eine Antwort auf die sowjetischen SS 20, diente in ihren Augen nur zur Verschleierung amerikanischer Machtgelüste. Für die Grünen gab es nie einen Zweifel daran, daß die Vereinigten Staaten die treibende Kraft des Wettrüstens und der eigentliche potentielle Aggressor waren.[148] Jahrelanger Antiamerikanismus und eine wirklich aggressive amerikanische Außen- und Verteidigungspolitik stellten eine prekäre Mischung dar, die die Vereinigten Staaten – und fast alles Amerikanische – zum meistgehaßten Feind der deutschen Grünen machte.

Die Grünen versuchten, diese Position durch den Hinweis auf die technischen Möglichkeiten der Mittelstreckenraketen, insbesondere der Pershings, zu untermauern. Mit ihrer kurzen Flugzeit (keine Vorwarnzeit) und ihrer enormen Treffsicherheit waren sie ideal für die Zerstörung der feindlichen Silos. Und weil sie auf dem Boden stationiert waren, mußten sie auf den Weg gebracht werden, bevor ein feindlicher Angriff auf sie erfolgen konnte (»benutzen oder verlieren«). Die Pershings und Cruise Missiles, behaupteten sie, seien »Counterforce«- oder Erstschlagwaffen.[149] Da sich die Sowjets über die damit verbundene drohende »nukleare Erpressung« im klaren waren, glaubten die Grünen, daß die Mittelstreckenraketen das zwischen den Supermächten bestehende Kräftegleichgewicht destabilisieren würden.[150]

Noch mehr störte die Grünen die Tatsache, daß die Bemühungen der USA um die neue Glaubwürdigkeit der Nuklearstrategie die psychologische Schwelle für die Auslösung eines Atomkrieges senken und den Krieg moralisch akzeptabel machen würden.[151] Um die Glaubwürdigkeit der nuklearen Abschreckung wiederherzustellen, so ihr Einwand, würden Millionen von Menschenleben aufs Spiel gesetzt. Das Leben aber sei schließlich wichtiger als die angebliche Freiheit, die die offizielle westliche Ideologie ständig predige.

Hand in Hand mit dieser eindeutigen Stellungnahme für das Leben ging jedoch eine ganz nüchterne Abwägung deutscher Interessen. Die NATO-Strategie bedeutete nach Auffassung der Grünen ein einzigartiges und gewaltiges Risiko für das deutsche Volk. Die Erklärung dafür war teilweise geopolitisch: Da der eiserne Vorhang genau an der deutsch-deutschen Grenze verlief, würden die Deutschen zwangsläufig zu »Geiseln«, ja zu »Opfern« jedes in Europa ausgetragenen Konflikts der Supermächte.[152] Außerdem könnte die amerikanische Strategie der horizontalen Eskalation und des begrenzten Krieges bedeuten, daß die deutsche Bevölkerung von den USA geopfert oder im Stich gelassen würde, um die amerikanische Hegemonie in anderen Teilen der Welt, zum Beispiel am Persischen Golf, aufrechtzuerhalten. Folglich kamen die Grünen zu dem Schluß, daß es in der Bundesrepublik unter den von der amerikanischen Strategie geforderten und von der NATO geschaffenen Bedingungen keine Sicherheit geben könne, wie Petra Kelly formulierte: »Was sind denn die real-politischen Bedingungen von Kriegsverhütung ... in einer Bundesrepublik, die in der Rolle einer vorgelagerten Kolonie nun zur Atomrampe geworden ist?«[153] Für die Grünen hatte die Bundesrepublik einen quasi-kolonialen Status (die Linken sprachen von der »Bananenrepublik Deutschland«), da ihre Regierung letztlich nicht für das Leben und die Sicherheit ihres Volkes einstand. Es sei daher bitter nötig, das bestehende Tabu der Neutralität zu brechen[154], damit die Bundesrepublik ihre nationale Souveränität zurückgewinne. In den Augen der Grünen war der Kampf der Bundesrepublik um Neutralität und Befreiung von amerikanischer Unterjochung gleichbedeutend mit dem nationalen Befreiungskampf einer Kolonie.

Es ist interessant, daß eine subjektiv so nichtnationalistische, ja antinationalistische Gruppe wie die Grünen und ihr Milieu im Bereich der deutsch-amerikanischen Beziehungen einen nationalistischen Kurs verfolgten. In starkem Gegensatz zum entschiedenen Widerstand gegen den Vietnamkrieg von seiten der APO und des SDS, deren Mitglieder – trotz ihrer politischen Kritik an den Vereinigten Staaten – viele Dinge aus Amerika bewunderten und nachahmten, verachteten die Grünen und die Friedensbewegung der frühen 80er Jahre (Mittelstreckenraketen) und der frühen 90er Jahre (Golfkrieg) alles Amerikanische. Anders als ihre Vorgänger von 1968, die die Bundesrepublik als Komplizen des bösen US-Imperialismus sahen, betrachteten die Bewegungen der 80er und 90er Jahre Deutschland als Opfer des amerikanischen Imperialismus; auch sprechen viele Grüne weniger gut Englisch, haben seltener die Vereinigten Staaten besucht und sind mehr geneigt, die Kultur der USA für »dekadent« und die Amerikaner für »konsumbesessen« zu halten als die 68er. Der größte Teil der grünen Linken, der sich Sorgen um die Umweltzerstörung durch eine fetischhafte Konsumkultur und eine ungezügelte Technikgläubigkeit macht, kritisiert damit zugleich den Modernismus und Industrialismus, wie er vor allem von den Vereinigten Staaten verkörpert wird. (Die Ablehnung der Industrialisierung insgesamt, nicht nur der kapitalistischen, von seiten vieler grüner Linker steht in auffallendem Gegensatz zu jener positiven Einstellung gegenüber der sozialistischen Industrialisierung, die bei vielen Linken in den 60er Jahren zu beobachten war.) In ihrem Antimodernismus haben viele Grüne überdies antiamerikanische Ressentiments entwickelt, die traditionell mit der deutschen Rechten verbunden sind. Kein Wunder also, daß Leute wie Alfred Mechtersheimer nahtlos von der weit rechts stehenden CSU zu den Grünen überwechseln und ihren Haß auf Amerika und ihre Vorstellung von Deutschland als einer von den USA ausgebeuteten Kolonie beibehalten konnten.

Gleichzeitig begann das deutsche politische Establishment einen ernsthaften Konflikt zwischen den amerikanischen und europäischen

Interessen in der NATO zu erkennen.[155] Deutsche Experten stellten die Stationierung der Mittelstreckenraketen in Frage, wenn auch aus einem anderen Blickwinkel als die Grünen. Für konservative und gemäßigte deutsche Politiker hing die nationale Sicherheit der Bundesrepublik immer noch von dem Willen der USA ab, Westdeutschland zu verteidigen, und damit von Amerikas technischer Fähigkeit und politischer Bereitschaft zum nuklearen Erstschlag.[156] Mit der Notwendigkeit konfrontiert, ihre Verteidigungsstrategien in Europa flexibler zu gestalten[157], wuchs in den USA die Überzeugung, daß es notwendig sei, die konventionelle Rüstung so auszubauen, daß ein sowjetischer Angriff ohne den Einsatz von Atomwaffen zurückgeschlagen werden könne.[158] Diese Auffassung sollte sich bald auch in Europa durchsetzen.[159] Ein Teil dieses strategischen Kurswechsels stützte sich auf die Entwicklung des neuen Militärkonzepts Air Land Battle (ALB).[160]

Strategisch gesehen, bedeutete ALB die kriegstechnische Umsetzung der Rhetorik der »Konventionalisierung«. Damit waren die militärische Ausrüstung und die Logistik einer hochmobilen Streitmacht gemeint, die an jedem Punkt der Erde schnell begrenzte Konflikte austragen und gewinnen konnte – sei es in Europa, am Persischen Golf oder in Südostasien.[161] ALB bedeutete ein offenes Bekenntnis zum »Offensivgeist«, da »die Offensive die entscheidende Kriegsform ist« und »man angreifen muß, um zu gewinnen.«[162]

Vor allem nach den ersten Stationierungen von Mittelstreckenraketen im Jahre 1983 unternahmen Grüne, Friedensbewegung und alternative Linke in der Bundesrepublik vereinte Anstrengungen, um den Schwerpunkt ihrer Opposition auf ALB zu verlagern.[163] Wie im Fall der Mittelstreckenraketen attackierten die Grünen ALB als ein destabilisierendes Konzept, das die Europäer unverhältnismäßig großen Gefahren aussetze.[164] Sie bezweifelten auch die diesem Konzept zugrunde liegende Annahme, daß ein militärischer Konflikt rational geplant, begrenzt und gesteuert werden könne. Marie-Luise Beck-Oberdorf sagte dazu: »Mir scheinen auch amerikanische Militärplaner einer Illusion nachzuhängen, wenn sie tatsächlich davon ausgehen, daß ein Krieg sich so rational verhalten würde, daß er sich auf europäischem Boden als begrenzter Konflikt abspielen würde.«[165] Sei ein Konflikt erst einmal ausgebrochen, ließe er sich nicht rational steuern, sondern wüchse sich zu einem atomaren Großbrand aus.

Und »wenn die aggressive militarisierte US-Politik an sich schon die Kriegsgefahr erhöht, so lädt sie die mit einer solchen Politik verbundenen Risiken in einem unverhältnismäßig hohen Maß auf die Europäer ab.«[166]

Letztlich haben die Grünen das Bündnis der Bundesrepublik mit den Vereinigten Staaten mehr als eine Bedrohung denn als eine Garantie deutscher und europäischer Sicherheit betrachtet. In ihren Augen bedeutete das Bündnis mit den Vereinigten Staaten auch eine Bedrohung für die Sicherheit der übrigen Welt. ALB stand für eine weitgehende »Militarisierung der Außenpolitik«. Die Grünen interpretierten den amerikanischen Willen, einer »sowjetischen Aggression« entgegenzutreten und eigene Interessen überall auf der Erde zu verteidigen, als eine »Verlagerung des Ost-West-Konfliktes« auf die Dritte Welt.[167] Sie bestritten rundweg, daß die USA die »Verteidiger von Freiheit und Demokratie« seien.

Es ist kaum zu übersehen, daß die Analysen der Grünen den USA und dem kapitalistischen Westen die Hauptschuld am Wettrüsten gaben.[168] Sie führten die angeblich größere Aggressivität des Westens und insbesondere der USA größtenteils auf knallharte Wirtschaftsinteressen zurück, die sich ihrer Ansicht nach untrennbar mit einem brutalen Imperialismus verquickt hatten. Amerikas Bemühungen um die Stärkung seiner militärischen Macht sollten nach Auffassung der Grünen die abnehmende Wettbewerbsfähigkeit seiner Wirtschaft und den Niedergang seiner globalen Hegemonie kompensieren.[169] So trage Amerikas Rolle als Weltpolizist dazu bei, seine politische und wirtschaftliche Hegemonie im atlantischen Bündnis und in den westlichen Industriestaaten wiederherzustellen.[170] Nichts bestätigte diese Auffassung der Grünen mehr als der Krieg gegen den Irak unter Führung der Vereinigten Staaten 1990/91. Für die meisten Grünen und ihre Bündnispartner war die Sache klar: Die Vereinigten Staaten führten Krieg gegen ein mißbrauchtes und mißverstandenes Land der Dritten Welt, um weiterhin die Kontrolle über das Öl zu behalten. Dadurch konnte Amerika seine Herrschaft über alle Welten aufrechterhalten: über die Erste, Zweite und Dritte. Dieser Analyse lagen die konventionellen und »altlinken« Annahmen der leninistischen Theorie des kapitalistischen Imperialismus zugrunde[171], verbunden mit einer starken Dosis kulturellen Antiamerikanismus, der für die deutsche Rechte und Linke nichts Ungewöhnliches ist.[172]

Bei allen Fehlern und Schwächen des gesellschaftlichen und politischen Systems der Sowjetunion waren die Grünen doch der Ansicht, daß ihm der »systembedingte« oder »strukturelle« Expansionsdrang des amerikanischen Systems fehle.[173] Der Prager Frühling, die Niederschlagung von Solidarnosc in Polen und der Afghanistan-Krieg machten es den Grünen schwer, die Sowjetunion von jeglicher Verantwortung für das Wettrüsten freizusprechen. Tatsächlich gab es eine kleine Gruppe in der Partei und in der Friedensbewegung, die der Sowjetunion ebenso viel Schuld an der Beschleunigung des Wettrüstens und an einer aggressiven Außenpolitik zuwiesen wie den USA. Aber im großen und ganzen zeichneten die Grünen die sowjetische Führung als passive und widerwillige Teilnehmer an dem von Amerika angeheizten Rüstungswettlauf[174] und betrachteten das sowjetische Volk im Gegensatz zu den ihrem Wesen nach bellizistischen und imperialistischen Amerikanern als friedliebend. Die schwachen Versuche der Grünen, die Sowjetunion als den anderen Schuldigen ins Spiel zu bringen, der den Weltfrieden gefährde und das Wohl des deutschen Volkes bedrohe, sollte nur ihre Überzeugung bemänteln, daß die eigentlichen Bösewichte die Vereinigten Staaten waren.

Wie sehr die Grünen 1985 allem Amerikanischen mißtrauten, zeigt sich an der Reaktion der grünen »Friedensexperten« auf Ronald Reagans Star-Wars-Programm (SDI).[175] Ihre Kritik an SDI deckte sich teilweise mit der von Regierungs-, Militär- und Wissenschaftsvertretern, die meinten, daß Star Wars zu teuer[176], technisch nicht machbar und zu leicht von den Sowjets zu unterlaufen sei.[177] Darüber hinaus sahen die Grünen SDI nicht als ein Verteidigungssystem, sondern als Teil einer Offensivstrategie zur Erlangung der Erstschlagfähigkeit, also als weiteres Beispiel dafür, daß die kriegslüsternen Amerikaner ihre technologische Überlegenheit benutzten, um die Welt und die friedliebenden Sowjets einzuschüchtern.

Aber es wäre falsch, die grüne Friedenspolitik nur als Ausdruck eines ausgeprägten, manchmal sogar bösartigen Antiamerikanismus zu sehen. Die Grünen wendeten sich auch gegen den französischen Plan eines europäischen Raketensystems (EUREKA) und sprachen sich gegen die verschiedenen Vorschläge für eine »Europäisierung der Verteidigung« aus, die viele, auch führende Sozialdemokraten befürworteten. Die Grünen lehnten alle militärischen Verteidigungs-

und Bündnisstrategien ab. Statt dessen traten sie für eine zivile, gesellschaftliche oder alternative nationale Verteidigungspolitik ein, die auf einem »Widerstand mit gewaltfreien, nichtmilitärischen Mitteln gegen einen militärischen Aggressor von innen (Putsch, Staatsstreich) oder von außen (Intervention, Invasion)« basiert.[178] Wie die Grünen offen zugeben, ist ihr Friedensideal nicht durch Regierungen zu verwirklichen, sondern erfordert eine »neue Friedenskultur von unten«, getragen von einer »basisdemokratischen Massenbewegung«, denn wie alle ihre Programme, zielte auch dieses auf eine grundlegende gesellschaftliche und persönliche Veränderung ab, die Gesetzgebung und Politik nur anstoßen, aber nie schaffen können.

## Die politische Programmatik: Ein repräsentativer Mikrokosmos

Nirgends wird die von einer Partei angestrebte Politik deutlicher dargestellt als in ihren Wahlplattformen. Mehr noch als die offiziellen Parteiprogramme beleuchten solche Plattformen ihre politischen Wünsche in Bereichen, die die Partei für wichtig hält. Wahlplattformen sind wie politische Hitparaden. Sie werfen ein Licht auf die Orientierung, die die Partei den Wählern, ihren Sympathisanten und Mitgliedern verkaufen möchte, und bieten ausgezeichnete Momentaufnahmen von Inhalt und Form der Politik, die die Partei betreiben möchte, wenn sie den Wählerauftrag dazu erhält. Somit sind Wahlplattformen Dokumente, die Einblicke in die »Input«-Seite einer Parteiprogrammatik erlauben.

Um die politische Programmatik der Grünen nachzuvollziehen, fanden wir es angebracht, die Wahlplattform der grünen Partei für die Bundestagswahl vom 2. Dezember 1990, der ersten freien Wahl im vereinigten Deutschland seit 1932, detailliert darzustellen. Danach kann der Leser vielleicht besser verstehen, warum die Grünen die Fünf-Prozent-Hürde nicht überwanden, was wiederum dazu führte, daß die Partei faktisch aus dem ersten gesamtdeutschen Bundestag verschwand, nachdem sie fast acht Jahre lang die deutschen Nach-APO-Linken parlamentarisch vertreten hatte. Die Grünen, die eine große Palette von faszinierenden Fragen angesprochen und dazu häufig innovative politische Vorschläge gemacht hatten, hatten so gut wie nichts zu den umwerfenden Ereignissen zu sagen, die den zweiten deutschen Staat neben der Bundesrepublik hinwegfegten, zum Zusammenbruch der Sowjetunion als politischer Einheit führten und ein völlig neues Paradigma für die internationalen Beziehungen, die deutsche Politik und natürlich auch die Linke schufen. Mit anderen Worten, das politische Erdbeben, das die Welt veränderte, ging fast vollständig an ihnen vorbei. Aber trotz aller Unterlassungssünden und Fehleinschätzungen trat in dieser Wahlplattform der Charakter der Grünen als prototypische Repräsentanten der deutschen fortschrittlichen Linken zu Beginn einer neuen politischen Ära hervor.

Mit dem Titel »Bundestagswahl 1990: das Programm« enthält dieses 43 Seiten starke Dokument eine Präambel und sechs Abschnitte. Die Präambel trägt die optimistische Überschrift: »Grün ist notwendig – Grün ist erreichbar«. Sie umfaßt vier Seiten und gibt einen knappen Überblick über Vorstellungen und Prioritäten der Grünen. Bezeichnenderweise beginnt das Dokument mit den skandalösen Umweltbedingungen. Es sieht in der ökologischen Krise mehr als die Verschmutzung der Strände und die Verunreinigung der Luft. Die ökologische Krise sei der deutlichste Ausdruck des komplett gescheiterten Modernisierungsprozesses, wie ihn die bürgerliche Kultur vollzogen habe. Daher ziele ökologische Politik letztlich auf fundamentales Umdenken und eine Veränderung von Werten, Strukturen und Verhaltensweisen. Ökologische Politik, die diesen Namen verdiene, ginge weit über die von anderen vorgeschlagenen schrittweisen Maßnahmen hinaus und bedeute einen völligen Umbau der Industriegesellschaft, die Demokratisierung und Befriedung aller menschlichen Beziehungen und Lebenswelten, die Feminisierung der Gesellschaft und die Herstellung multikultureller Toleranz.[179]

Die Präambel verwirft ausdrücklich alles Stückwerk bei der Lösung dieser Krise, also genau die Politik, die – diesem Dokument zufolge – die anderen Parteien betreiben, indem sie für ihre Rhetorik »grüne Ideen« stehlen und, schlimmer noch, diese auf dem Wege eines »technokratischen Managements« verwirklichen.

Die Präambel betont alle wohlbekannten grünen Werte: Feindseligkeit gegenüber dem Westen, Solidarität mit der Dritten Welt, Antimilitarismus, radikaler Feminismus, Antietatismus, Antikapitalismus, Antiindustrialismus. Während diese Themen in den konkreteren Abschnitten des Dokuments wiederkehren, taucht eines in den folgenden Abschnitten nicht mehr auf: die deutsche Wiedervereinigung. Nach einem Passus, in dem die Grünen stolz und selbstzufrieden verkünden, immer den »real existierenden Sozialismus« kritisiert und für die osteuropäischen Dissidenten Partei ergriffen zu haben, attackieren sie die Bonner Regierung und bezeichnen sie als »Zuhälter«, weil sie das frühere Ostdeutschland (und Osteuropa) dazu zwingen, für Geld ihre Existenz und Identität preiszugeben. Der Passus endet mit dem verächtlichen Hinweis, daß die Anschlußpolitik der westdeutschen Regierung und Bevölkerung durch nationalistische Gefühle und chauvinistische Appelle gerechtfertigt und legitimiert werde.[180] So viel zur Wiedervereinigung! Die grüne Wahlplattform von 1990 enthält nur drei kurze Abschnitte zu den wichtigsten Ereignissen der Nachkriegsgeschichte – immerhin haben sie den politischen Raum verändert, in dem die Grünen und ihre Verbündeten fortan operieren werden. Kein Passus sagt irgend etwas zur deutschen Wiedervereinigung, geschweige denn machte irgendwelche politischen Vorschläge. Wie in den folgenden Teilen dieses Buches deutlich wird, waren die Revolutionen von 1989/90 für die Grünen und ihre Vorstellungswelt nicht relevant; einzig ein peinliches Schweigen war zu vernehmen, totale Verwirrung und hilfloses Eindreschen auf die Schandtaten der Kohl-Regierung. Kein Wunder also, daß die Rechte praktisch ein Monopol auf die Formulierung und Durchführung der Politik hatte, die diese neue »deutsche Ordnung« prägte.

Abschnitt 1 des Dokuments ist der Ökologie gewidmet. Unter der Überschrift »Der Treibhauseffekt: das Loch in der Ozonschicht« und »Der ökologische und soziale Umbau der Industrieländer« liefert er auf zehn Seiten eine Konkretisierung der ökologischen Themen, die in der Präambel erwähnt werden, und enthält politische Vorschläge in Hülle und Fülle. Hier die interessantesten: Eine international abgestimmte Politik müsse dafür sorgen, daß sich die globale Durchschnittstemperatur bis zum Jahr 2010 um nicht mehr als 2 Grad erhöht. Dies sei die absolute Grenze für die Zunahme der globalen Erwärmung, die das Ökosystem noch verkraften könne, ohne weiter geschädigt zu werden. Nach Ansicht der Grünen müßte diese Politik u.a. eine 50prozentige Reduzierung des Kohlendioxydausstoßes, den sofortigen Stopp der Erzeugung von Atomenergie, die Einstellung der Verbrennung fossiler Brennstoffe bis zum Jahr 2010 und das sofortige und vollständige Verbot der Herstellung und des Verbrauchs von allen chemischen Produkten durchsetzen, die umweltschädliche Substanzen enthalten.[181]

Die grüne Plattform macht konkrete politische Vorschläge in den Bereichen Straßen- und Luftverkehr, chemische Produktion, Gentechnik, Landwirtschaft, ökologische Abfallbeseitigung und Recycling sowie Naturerhaltung. Die Forderungen sind interessant. Was eine ökologisch bessere Gestaltung des Verkehrswesens betrifft, so fordern die Grünen, daß: 1. bis 1995 alle Privatautos eine Treibstoffeffizienz von 4 Litern pro 100 Kilometer haben, 2. der Dreiwegekatalysator vorgeschrieben ist, 3. auf deutschen Autobahnen, wo bis jetzt keine Geschwindigkeitsbegrenzung existiert, ein Tempolimit von 100 km/h gelten soll, 4. das Autofahren eingeschränkt und dem Radfahren und Gehen Vorrang gegeben wird, 5. die Mineralölsteuer erhöht wird, 6. in der Bundesrepublik das schweizerische Modell »Eisenbahn und Bus 2000«, das langfristig darauf abzielt, den Güterverkehr von der Straße wegzubringen, eingeführt wird, 7. Reisen in Überschallflugzeugen verboten werden, 8. alle militärischen Flüge untersagt werden, 9. alle Flüge auf Strecken unter 800 km verboten werden und 10. Flüge generell stärker besteuert werden.[182]

Die Forderung nach dem, was die Grünen als »sanfte Chemie« bezeichnen, steht im Mittelpunkt ihrer Umweltpolitik.[183] Entscheidend ist hier der Wunsch der Partei, sofort alle Produkte zu verbieten, die in irgendeiner Weise die Ozonschicht schädigen. So waren die Grünen die ersten, die die deutsche Bevölkerung dahingehend beeinflußt haben, zunehmend auf den Gebrauch von Bestecken, Tellern, Tischen, Stühlen, Spielzeug, Verpackungen, Einkaufstüten und anderen Artikeln aus Plastik zu verzichten. Da Deutschland 1992 die strengsten Umweltschutzgesetze Europas – wenn nicht sogar der Welt – beschloß, in die viele Vorstellungen der Grünen über sanfte Chemie einflossen, kann man wohl sagen, daß die Politik der Grünen in diesem Bereich nicht auf die »Input«-Seite des politischen Systems beschränkt blieb, sondern sehr wohl den »Output« mitbestimmte.

Die Grünen fordern ein fünfjähriges Moratorium für alle Bereiche der Gentechnik, einschließlich der Genforschung.[184] Was die landwirtschaftliche Produktion betrifft, so kritisieren sie alle Apekte des Agrobusiness und fordern kleine und ökologisch vernünftig wirtschaftende Betriebe. Vor allem auf diesem Gebiet idealisieren die

Grünen das vorindustrielle Leben, was – zumindest nach unserer Interpretation, welche die diesbezüglichen Passagen in den Kontext des schrecklichen Vermächtnisses der neueren deutschen Geschichte stellt – ans Reaktionäre grenzt. In der Wahlplattform heißt es, daß die traditionelle Agrarwirtschaft, wie sie von den Bauern in der vorindustriellen Ära betrieben wurde, eine ökologische und produktive Harmonie zwischen Land und Landwirt hergestellt habe, die vom modernen Kapitalismus zerstört worden sei.[185] Der Text lobt die traditionellen Methoden und die bäuerlich-landwirtschaftliche Produktion in einem Maße, das klar macht, daß ihre Wiedereinführung zum politischen Forderungskatalog der Grünen gehört.

Hinsichtlich der Abfallbeseitigung sind die Grünen gegen Müllverbrennung oder Mülldeponien. Statt dessen plädieren sie für eine Politik der Müllvermeidung und des massiven Recyclings.[186]

Und schließlich sprechen sich die Grünen gegen den bestehenden Naturschutz aus, den sie als zu restriktiv betrachteten, weil er sich fast ausschließlich auf Naturparks, Naturschutzgebiete und andere geschützte Gebiete konzentriere, während das übrige Land der räuberischen Gier des Industriekapitalismus ausgeliefert sei. Grüne Politik verfolge in dieser Hinsicht einen ganzheitlicheren Ansatz, der Teil des wesentlich größeren Zusammenhangs einer umweltverträglichen Technik, einer umweltfreundlichen Landschaftsgestaltung und einer umweltbewußten Planung sei.

Teil 2 des Dokuments befaßt sich mit dem Frieden. Unter der Überschrift »Abrüstung Jetzt! Für ein Europa ohne Militärblöcke« umreißt es auf vier Seiten die Position der Grünen auf dem Gebiet der Abrüstung und der damit verbundenen Sicherheitsfragen. Hier formulieren sie ihre Forderungen in bezug auf einseitige Abrüstung, das sofortige Ausscheiden Deutschlands aus der NATO und die Ablehnung jedes Militärbündnisses, das die nordatlantische Allianz ersetzen könnte, wie beispielsweise die Westeuropäische Union, ein aus neun europäischen Nationen bestehendes Bündnis.[187] Die grüne Programmatik beinhaltete Forderungen nach Abschaffung aller nuklearen, biologischen und chemischen Waffen auf deutschem Boden, nach Auflösung der Bundeswehr, Umstellung der militärischen Produktion auf zivile und umweltverträgliche Güter und Dienstleistungen, sofortiger Einstellung aller Tiefflüge über dem Territorium der Bundesrepublik, nach Anullierung des Wartime Host National Support-Abkommens mit den USA, das den Vereinigten Staaten die Stationierung von sechs Divisionen auf deutschem Boden in Friedenszeiten gestattet und in einer Krisen- oder Kriegssituation die Inanspruchnahme von Depots, Kriegsgerät und technische Hilfe vorsieht. In den Augen der Grünen macht dieses Abkommen die Bundesrepublik zu einem Komplizen amerikanischer Militäraktionen, von denen unweigerlich Länder der Dritten Welt betroffen seien. Die grüne Programmatik fordert auch die sofortige Einstellung aller deutschen Rüstungsexporte; bei der äußerst lukrativen Ausfuhr von Rüstungsgütern hatte die Bundesrepublik im Jahre 1990 weltweit den fünften Platz erreicht.

Der Abschnitt schließt mit dem Bekenntnis zu einer Internationalisierung der Sicherheit. Die Grünen unterstützen das vielgerühmte, wenn auch nebulöse »gemeinsame europäische Haus« und sehen in der Konferenz für Sicherheit und Zusammenarbeit in Europa das geeignetste Gremium, dieses neue internationale Sicherheitssystem durchzusetzen und zu erhalten. Die Unabhängigkeit von jedwedem militärischen Block bedeute keineswegs, daß die Grünen eine selbstsüchtige, auf Autarkie abzielende Politik zu betreiben beabsichtigten. Da sie sich der Gefahren des Nationalismus bewußt sind, fordern sie, Deutschland – wie alle anderen europäischen Länder – in ein kollektives europäisches Sicherheitssystem einzubinden, das den Ausbruch von Feindseligkeiten unter seinen Mitgliedern sowie Aggressionen gegenüber Ländern außerhalb des eigenen Geltungsbereichs verhindern soll.[188]

In Teil 3 der Plattform geht es um Sozialpolitik. Unter der Überschrift »Soziale Rechte: die Gestaltung der Arbeit« befaßt sie sich auf sieben Seiten mit fünf Themen. Das erste betrifft die von den Grünen geplante Ausweitung der sozialen Absicherung auf die Gesamtbevölkerung – als Recht, nicht als Privileg. Ihre Kernforderung ist die Gewährung sozialer Sicherheit unabhängig von einer Erwerbsarbeit: die Zahlung von 1200 DM monatlich an jeden Bürger, unabhängig davon, ob er jemals im Leben gearbeitet hat oder nicht.[189] Einkommen sei ein Grundrecht, das jede Gesellschaft ihren Bürgern schulde, unabhängig davon, ob diese die Fähigkeit oder den Wunsch hätten zu arbeiten. Die Grünen halten diese »Abkopplung« des sozialen Schutzes von der Welt der Arbeit und der Produktion in einer Zeit für besonders dringlich, in der die brutalen Erfordernisse der kapitalistischen Akkumulation Deutschland spalteten: in ein reiches, hochqualifiziertes »Zwei-Drittel« in der Mitte und an der Spitze der Sozialstruktur und ein armes »Ein-Drittel« am unteren Ende, das zunehmend aus Arbeitslosen, Ausländern und unverhältnismäßig vielen Frauen besteht.[190] Fügt man dem die unerwarteten sozialen Kosten des Vereinigungsprozesses hinzu, ist Sozialpolitik als Korrektiv und Herausforderung des bestehenden kapitalistischen Systems noch dringender geboten.

Das zweite Thema konzentriert sich auf die Arbeit. Dieser Abschnitt behandelt eine Reihe von Politikfeldern, auf denen Übereinstimmungen zwischen Grünen und Gewerkschaften bestehen, gleichzeitig enthält er politische Vorschläge, die für die Gewerkschaften zu sehr den Stempel der Neuen Linken tragen. Die Grünen fordern eine drastische Verkürzung der Wochenarbeitszeit, wobei vor allem von der 35-Stunden-Woche die Rede, die 30-Stunden-Woche aber bereits avisiert ist.[191] Sie verlangen diese Verringerung der Arbeitszeit nicht nur aus den üblichen Gründen, die seit über einem Jahrhundert von der Gewerkschaftsbewegung vorgebracht werden, sondern auch, um die patriarchalische Arbeitsteilung aufzulockern, bei der Frauen in die »Privatsphäre« der Reproduktion verwiesen sind, während Männer die »öffentliche Sphäre« der Produktion besetzen. Eine deutliche Senkung der Arbeitszeit aber kann den »Normalarbeitstag« verändern und dadurch die dringend notwendige Rollenumkehrung fördern.[192] Zu diesem Zweck sei es notwendig, Teilzeitarbeit arbeitsrechtlich mit Vollzeitarbeit gleichzustellen. Die Tatsache, daß die Arbeitgeber und die Gesetzgeber die Vollzeitarbeit bevorzugen, hat aus Sicht der Grünen wie der Gewerkschaften die ungleiche Behandlung von Männern und Frauen auf dem Arbeitsmarkt verschärft. Immer noch in Übereinstimmung mit den Gewerkschaften lehnen die Grünen alle Flexibilisierungs- und Deregulierungsmodelle entschieden ab, die es erlauben würden, an Wochenenden, an Feiertagen und nachts zu arbeiten. Anders als manche Sozialdemokraten – insbesondere Oskar Lafontaine –, die bereit scheinen, gewisse Deregulierungsmaßnahmen einzuführen, um die Arbeitszeit flexibler zu gestalten, schlagen sich die Grünen auf die Seite der Gewerkschaften, und verteidigten die Unantastbarkeit bestimmter arbeitsfreier Zeiten als Freiraum zur kollektiven, von den Zwängen des kapitalistischen Produktionsprozesses freien Regenerierung.[193]

Arbeitspolitische Forderungen der Grünen, die über den gegenwärtigen programmatischen Rahmen der Gewerkschaften hinausgehen, betreffen vor allem Förderprogramme. Der Begriff Quotierung – sie verwenden das Wort ›Quote‹ hier in einer Weise, die von der fortschrittlichen Bewegung in den USA (die mit »affirmative action« etwas viel Flexibleres vertritt) abgelehnt wird –, verweist deutlich auf das angestrebte Ziel der grünen Programmatik. Gemäß der parteieigenen Praxis, daß Frauen die Hälfte aller Parteiämter innehaben, fordern die Grünen, Arbeits- und Ausbildungsplätze zu mindestens 50 Prozent an Frauen zu vergeben.[194] Diese strenge Quotierung soll sowohl für den staatlichen Sektor als auch für die Privatindustrie gelten.

Das dritte Thema in Teil 3 der Plattform bezieht sich auf das, was die Grünen eine »solidarische Gesundheitspolitik« nennen.

Ausgehend von der Annahme, daß Gesundheit etwas mit sozialer Schichtzugehörigkeit zu tun habe und »Armut krank mache«, legen die Grünen das Schwergewicht ihrer Gesundheitspolitik mehr auf die Prophylaxe als auf die Behandlung von Krankheiten. »Grüne Gesundheitspolitik bedeutet, Politik von der sozialen und ökologischen Frage aus zu gestalten. Daraus folgt, daß sich grüne Gesundheitspolitik in Arbeits-, Sozial-, Wohn-, Verkehrs-, Energie-, Abfall- und Landwirtschaftspolitik einmischt.«[195]

Besonders weitgehend ist die Kritik der Grünen, wenn sie meinen, daß Krankheit – also das Unvermögen, die Gesundheit zu schützen – durch das medizinische Establishment und die Pharmaindustrie gefördert wird, die zu den wohlhabendsten Bereichen der deutschen Gesellschaft gehören. Charakteristisch für die libertär-anarchistische Argumentationsweise der Grünen ist der folgende Abschnitt des Dokuments, der den durch die Uniformisierungsprozesse des hochentwickelten Industriekapitalismus geforderten »Zwang zum Gesundsein« kritisiert und statt dessen auf dem Recht insistiert, krank zu sein. Diese Auffassung ist ein wenig befremdlich, da sie bei dem begrüßenswerten Versuch, kranken Menschen zu helfen und sie gerecht zu behandeln, die Krankheit in einem solchen Maße für normal erklärt, daß sie es dem einzelnen überläßt, ob er gesund oder krank sein will. Zu den hervorstechendsten gesundheitspolitischen Forderungen der Grünen gehören die Demokratisierung des Gesundheitswesens, die Ausweitung und Stärkung der Rechte wie der Privatsphäre der Patienten und die Erhaltung und verstärkte Anwendung von Naturheilverfahren, einer »sanften Medizin« im Gegensatz zu den hochtechnisierten und hochchemisierten Behandlungsmethoden des medizinischen Establishments.

Das vierte Thema in Teil 3 betrifft die Wohnungspolitik, wo es nötig sei, mehr Wohnraum für Bezieher niedriger Einkommen zu schaffen. Die Grünen fordern außerdem strikte Obergrenzen für Mieten, Gesetze gegen den spekulativen Erwerb von Grund und Boden, die Abschaffung von Steuererleichterungen für den Kauf von Altbauwohnungen und -häusern sowie das Verbot, in Ballungsgebieten Einfamilienhäuser und große Wohnblöcke zu errichten.[196] Statt dessen sollte auf Freiflächen oder in ungenutzten Industriegebieten gebaut werden.

Diese Forderungen stehen im Zusammenhang mit dem fünften und letzten Thema in diesem Teil der Wahlplattform, nämlich einer demokratischen und ökologisch orientierten Stadtplanung. In diesem kurzen Abschnitt unterstreichen die Grünen ihre Überzeugung, daß die Bürger an jeder Phase der Planung und Entwicklung beteiligt sein sollten, wenn es um strukturelle und räumliche Veränderungen ihres Wohngebiets gehe.[197]

Teil 4 des Dokuments trägt die Überschrift »Emanzipation und Selbstbestimmung für Frauen«. Dieser Teil dokumentiert auf sieben Seiten das starke feministische Engagement der Grünen. Abgesehen vom uneingeschränkten Einsatz für den Umweltschutz gibt es im grünen Programmkatalog kein Thema, das mit annähernd gleicher Leidenschaft behandelt wird wie das feministische Projekt. Feministische Politik ist für die Grünen Voraussetzung für eine Emanzipation der Menschheit und dient nicht allein der Befreiung einer bestimmten Gruppe. Damit haben die Grünen einem Credo ihrer Politik, das potentiell auf ein geschlechtsspezifisches und askriptives Milieu beschränkt geblieben wäre, universelle Bedeutung gegeben. Eine Abbildung im Text zeigt ein Graffito auf einer männlichen Statue: »Die Zukunft ist weiblich oder gar nicht.«

Das langfristige politische Ziel der Grünen ist die Abschaffung des Patriarchats. Zu diesem Zweck haben sie drei politische und strategische Stränge entwickelt, die Frauen zu autonomen und unabhängigen Wesen machen und sie nicht als »Teile« von Strukturen begreifen sollen, ob es sich dabei um die Familie, die Arbeitsteilung oder andere Domänen patriarchalischer Machtausübung handelt.

Der erste Strang betrifft das Recht auf materielle Unabhängigkeit. Hier zählen die Grünen eine Reihe von Punkten auf, die in ihren Grundzügen schon im sozialpolitischen Teil dargestellt sind. Einen besonders großen Stellenwert haben die Forderungen nach einem fünfzigprozentigen Frauenanteil bei allen Arbeitsplätzen, nach Einführung des Sechs-Stunden-Arbeitstages und damit der 30-Stunden-Woche, nach einem dreijährigen bezahlten Erziehungsurlaub mit voller Arbeitsplatzgarantie für *beide* Elternteile mit Kindern bis zum Alter von zwölf Jahren, nach Abschaffung von Job-Sharing-Regelungen und Heimarbeit, durch die Frauen massiv diskriminiert würden, und nach Gleichstellung von Vollzeitarbeit und Teilzeitarbeit. Im Zusammenhang mit der materiellen Unabhängigkeit von Frauen fordern die Grünen auch die Anerkennung der Prostitution als legitime Form der Beschäftigung. Sie ist zwar in der Bundesrepublik nicht strafbar, aber Einkommen aus sexuellen Dienstleistungen werden als »unmoralisch« angesehen, wodurch diese Arbeit aus dem regulären Rahmen der Besteuerung, der Sozialleistungen und – was am wichtigsten ist – des sehr effektiven Arbeitsrechts herausfällt. Die Bemühungen der Grünen, die Prostituierten zu schützen und sie zu voll integrierten Teilnehmerinnen am Arbeitsmarkt zu machen, schließt auch die Forderung ein, die vorgeschriebenen Gesundheitsuntersuchungen und die speziell ausgewiesenen »Rotlicht-Bezirke« verschwinden zu lassen.[198]

Der zweite Strang betrifft das Recht auf einen autonomen Lebensstil. Die Ehe als privilegierte Form des Zusammenlebens solle abgeschafft werden. Da die Privilegien immer dem Ehemann zugute kommen, betrachten die Grünen die Ehe, zumindest wie sie sich in der Bundesrepublik gestaltet, als Bastion männlicher Dominanz. Weiterhin zielt grüne Politik darauf ab, lesbischen Lebensweisen und Formen des Zusammenlebens zu voller Anerkennung zu verhelfen. Die Diskriminierung von Lesben in praktisch allen Lebensbereichen – Wohnungsmarkt, Arbeitsmarkt und Sorgerecht für Kinder – ist der Kernpunkt dieses programmatischen Abschnitts.[199]

Der dritte Strang betrifft das Recht auf Unversehrtheit und Autonomie des weiblichen Körpers. Die Grünen unterstützen uneingeschränkt die Rechte der Frauen im Reproduktionsbereich, was bedeutet, daß sie gegen alle staatlichen Eingriffe sind, die die Entscheidung der Frau für eine Schwangerschaftsunterbrechung vereiteln oder gar kriminalisieren. Überraschenderweise gehen die Grünen recht ausführlich darauf ein, daß es legitim, ja, sogar notwendig sei, das ungeborene Leben in irgendeiner Weise zu schützen. Aber, so sagen sie, das sei nicht Sache des Staates, sondern obliege allein den Frauen und verantwortungsbewußt handelnden Männern, die zu vollwertigen Partnern einer aufgeklärten Verhütungs- und Familienplanungspolitik werden müßten.

Die Grünen wenden sich gegen jede Art von Leihmutterschaft und hochtechnisierten Manipulationen der Fruchtbarkeit. Sie lehnen auch Sterilisierungen und Abtreibungen als Maßnahmen zur Geburtenkontrolle in der Dritten Welt ab. Vor allem protestieren sie vehement gegen jede Art von sexueller Gewalt gegen Frauen und Mädchen. Die Grünen haben in Deutschland Pionierarbeit geleistet, indem sie für die Schaffung von Frauenhäusern gesorgt haben. Daß solche Themen wie Gewalt in der Familie, Pornographie und Sextourismus heute in der Bundesrepublik öffentlich diskutiert werden, ist weitgehend eine Folge des feministischen Engagements der Grünen. Hinsichtlich der Sexualität wollen sie erreichen, daß Frauen lustvolle, emanzipierte Sexualität genießen können, ohne den sexuellen Herrschaftsansprüchen der Männer ausgeliefert zu sein.[200]

Teil 5 der Plattform enthält programmatische Aussagen zu den größeren Bereichen Demokratie und Justiz. Unter dem Titel »Ökologischer Umbau und radikale Demokratie« geben diese vier Seiten Aufschluß über die Vorstellungen der Grünen zum Verhältnis von Staat und Gesellschaft, die auf basisdemokratische und plebiszitäre Strukturen abzielen. So ist die Demokratie eine »Methode des ständig neuen Erstreitens von Freiheit auf dem Wege der Einmischung, des Protestes, des zivilen Ungehorsams und der gesellschaftlichen Kontrolle gegenüber den Machtapparaten.«[201] Dieses deutsche Äquivalent des afro-amerikanischen Politikmodells »Kampf gegen die Macht« charakterisiert das Verhältnis der Grünen zur politischen Ordnung, zumindest auf der Input-Seite ihrer programmatischen Formulierungen. Unter Hinweis auf die weitgehend friedlichen Revolutionen von unten, die 1989/90 zum Sturz der stalinistischen Ordnung in Mitteleuropa führten, glauben die Grünen, daß solche Bewegungen im Anschluß an ihre westlichen Vorläufer der späten 60er, der 70er und 80er Jahre dazu beitragen könnten, auch die westeuropäischen Gesellschaften zu demokratisieren.

Der erste Abschnitt von Teil 5, überschrieben mit »Grundrechte«, bekräftigt die Autonomie der Zivilgesellschaft und die Rechte des Einzelnen gegenüber staatlichen Übergriffen. Eine liberale Demokratie benötige »keinen Staatsschutz, sondern den offenen Streit der BürgerInnen über den richtigen politischen Weg. Geheimdienste und Verfassungs-»Schutz« müssen ohne Wenn und Aber aufgelöst werden.«[202]

Die wichtigsten politischen Vorschläge konzentrieren sich auf Fragen wie die Entkriminalisierung aller Formen von Drogenkonsum und nichtgewalttätiger Vergehen, die Verkürzung von Gefängnisstrafen und die völlige Abschaffung lebenslanger Zuchthausstrafen. Darüber hinaus fordern die Grünen eine Ausweitung der Rechte und Möglichkeiten von Angeklagten und Verteidigern in Strafprozessen und die Beschneidung polizeilicher Vollmachten. Sie verlangen vor allem die sofortige Einführung eines erheblich strengeren Datenschutzes, auch und gerade im Hinblick auf die Verfügbarkeit der Daten für die Arbeitgeber und den Staat. Die Grünen bekämpfen engagiert den »gläsernen Bürger«. Sie wollen statt dessen einen »gläsernen Staat«.[203]

Dieser »gläserne Staat« und eine damit einhergehende Demokratisierung aller Machtzentren der Wirtschaft bilden den Schwerpunkt des nächsten Abschnitts über die »Demokratisierung von Staat und Gesellschaft«. Die Grünen wollen, daß alle Bürger Zugang zu Akten und Informationen bekommen, die der Staat über sie gesammelt hat. Sie fordern die Abschaffung der Fünf-Prozent-Hürde, da sie sich als großes und undemokratisches Hindernis für die Bildung kleiner Parteien erwiesen habe, durch das der Wille des Volkes blockiert und die parlamentarische Repräsentanz der wirklichen politischen Kräfte verzerrt werde.[204] Die Grünen sprechen sich für die Aufhebung der Notstandsgesetze aus, deren Verabschiedung Mitte der 60er Jahre zum Entstehen der westdeutschen Neuen Linken, also der direkten Vorläufer der Grünen, beigetragen hatte.

Hinsichtlich Demokratisierung der Wirtschaft unterbreiten die Grünen Vorschläge, die denen der Gewerkschaften ähneln. Sie verlangen die Ausweitung aller bestehenden Formen der Mitbestimmung, sei es im Betrieb, in den Vorstandsetagen oder auf gesamtwirtschaftlicher Ebene. Die Gewerkschaften müßten in allen Fragen bezüglich der Einführung neuer Produktionstechniken ein Mitsprache- und Mitentscheidungsrecht bekommen. Außerdem solle das Betriebsverfassungsgesetz so umgestaltet werden, daß es offener für ökologische Belange ist und Strafen für diejenigen Arbeitgeber vorsieht, die dies mißachten. Eine der interessantesten, kühnsten – und natürlich zutiefst unrealistischen – Vorstellungen der Grünen in diesem Bereich ist ihre Forderung, Deutschlands industrielle Großbetriebe zu dezentralisieren. Indem sie fordert, daß die Beteiligung der deutschen Banken an den führenden Unternehmen des Landes auf Null zurückgeschraubt werde, ist die grüne Programmatik nichts weniger als ein frontaler Angriff auf den wichtigsten – und erfolgreichsten – Pfeiler des deutschen Kapitalismus.[205]

Der letzte Abschnitt dieses Teils beschäftigt sich mit »Multikultureller Demokratie«. Hier fordern die Grünen eine Politik der offenen Türen und Grenzen, so daß jeder dorthin reisen und dort leben und arbeiten kann, wo er es wünscht. Angesichts der schweren Last der deutschen Geschichte, die die Grünen – entsprechend ihren linken Neigungen – immer noch als »Faschismus« und nicht als einen spezifischen »Nationalsozialismus« bezeichnen, wollen sie jedem Menschen in der Bundesrepublik politisches Asyl gewähren, der vor widrigen Umständen flieht, sei es politische Verfolgung, geschlechtsbedingte Diskriminierung, Folter oder irgendeine andere Art der Menschenrechtsverletzung, zu der die Grünen auch wirtschaftliche Not und materielle Armut zählen.[206]

Dieses Thema wirft vielleicht mehr als jedes andere ein Licht auf gewisse enttäuschende, vielleicht auch objektiv rückschrittliche Aspekte des ungebrochenen grünen – in diesem Fall fundamentalistischen – Idealismus. Mit ihrer bewundernswerten Vision von universellen Menschenrechten setzen sich die Grünen über die Tatsache hinweg, daß Staatsbürgerschaft im allgemeinen durch bestehende Nationalstaaten begründet und verliehen wird. Die Dritte Welt, insbesondere Palästina, bildet eine wichtige Ausnahme in dieser ansonsten antietatistischen Auffassung der Grünen. Die Grünen ignorieren (und halten es für illegitim), daß sich Identitäten auf die staatsbürgerliche Zugehörigkeit zu bestimmten europäischen Nationalstaaten gründen. Vor allem haben sie für jede Art von offizieller Identifikation mit dem deutschen Staat nur Verachtung übrig. Kurzum, ihre Aversion gegen den Nationalstaat hat dazu geführt, daß sich ihr Programm auf eine vage Vorstellung einer globalen (bzw. europäischen) Staatsbürgerschaft stützt, bei der politische Identitäten nicht durch

Grenzen und Pässe definiert werden, sondern durch den jedem Individuum völlig frei überlassenen Ausdruck seiner subjektiven politischen Identität und seines persönlichen Wunsches. Getreu ihrem Antietatismus und Antinationalismus lehnen es die Grünen grundsätzlich ab, die politische Souveränität und Realität von Nationalstaaten bezüglich der politischen Identität sozialer Gruppen und Individuen anzuerkennen. Sie bestehen darauf, daß die großzügige Asylpraxis der Bundesrepublik, die Artikel 16 des Grundgesetzes garantiert, unter keinen Umständen geändert werden dürfe. Jeder, der nach Deutschland komme, könne also politisches Asyl beantragen. Diese Asylregelung stammt aus der unmittelbaren Nachkriegszeit, als die Mütter und Väter des Grundgesetzes den blindwütigen rassistischen und ausgrenzenden Praktiken des Dritten Reiches bewußt etwas entgegensetzen wollten, indem sie der neuen Bundesrepublik in bezug auf Asylsuchende die bei weitem großzügigsten verfassungsmäßigen Bestimmungen in Europa gaben. Aber diese Großzügigkeit gegenüber Asylsuchenden war nicht von einer entsprechend großherzigen Bereitschaft begleitet, die grundlegendsten politischen Rechte einer liberalen Demokratie, nämlich die Gewährung der Staatsbürgerschaft, ebenfalls auszuweiten. Die Kriterien für die Staatsbürgerschaft blieben untrennbar mit der rassisch geprägten Vorstellung einer Blutsverwandtschaft (*ius sanguinis*) oder mit der kulturellen Zugehörigkeit zur Gemeinschaft des deutschen Volkes verknüpft (die z. B. dadurch gegeben war, daß man in Rumänien eine deutsche Schule besucht hatte oder über gute Deutschkenntnisse verfügte).

Die Tatsache, daß die Grünen stets die unverzügliche Beendigung dieser ausschließenden Form der Gewährung der Staatsbürgerschaft gefordert haben, verdient uneingeschränktes Lob. Aber ihre kompromißlose – und unrealistische – Herangehensweise an dieses Problem führte dazu, daß sie gegen jeden Versuch waren und sind, in der Bundesrepublik ein auf Einreisequoten beruhendes Einwanderungsgesetz einzuführen, wie es z. B. die Vereinigten Staaten haben. Für die Grünen muß die Bundesrepublik jedem offenstehen, der kommen und sich hier niederlassen will. Unabhängig von ihrer moralischen Redlichkeit und »politischen Korrektheit« ist diese Position in einem postkommunistischen Europa, in dem die Grenzen offener und die Einkommensunterschiede größer sind als jemals zuvor, unverantwortlich. Allein 1992 kamen 438 191 Asylsuchende in die Bundesrepublik. Verschlimmert wird diese Situation noch dadurch, daß die bestehenden deutschen Gesetze es faktisch nur einigen wenigen Asylsuchenden ermöglichen, die volle deutsche Staatsbürgerschaft zu erhalten, wodurch eine ohnehin schwer erträgliche Lage der Ungeklärtheit und Unsicherheit zusätzlich verschlimmert und verlängert wird. Es ist ein großes Verdienst der Sozialdemokratischen Partei, daß sie versucht hat, ein Einwanderungsgesetz auf der Grundlage offizieller Einreisequoten auf den Weg zu bringen. Weniger zur Ehre gereicht es ihr, daß sie bereit war, mit der konservativen Regierung von Helmut Kohl die liberale Asylpraxis zu kippen. Getreu ihrer Alles-oder-nichts-Einstellung lehnten die Grünen zu Unrecht die SPD-Versuche zur Einführung eines Einwanderungsgesetzes in Deutschland ab, während sie zu Recht das sozialdemokratische Einverständnis mit der Einschränkung der liberalen Asylpraxis kritisierten. Für die Grünen sind Einwanderung und multikulturelle Gesellschaft letztlich keine politischen Fragen: Für sie geht es nicht darum, daß Staatsbürgerschaften auf den konkreten Realitäten der bestehenden politischen Souveränitäten basieren, die von Nationalstaaten verkörpert werden, ihre voluntaristischen Bemühungen speisen sich aus Affekten und einem erträumten Universalismus. Der Multikulturalismus könne eher von Frauen und Männern guten Willens als von Staaten verwirklicht werden, meinen die Grünen und betrachten folglich die Aufklärung der deutschen Bevölkerung über ihren Rassismus und ihre Fremdenfeindlichkeit als Kernstück ihrer multikulturellen Politik.

Ein weiteres Beispiel für die libertären Neigungen der Grünen ist ihre Ablehnung aller staatlichen Maßnahmen, die rechtsradikale Gruppen wie die Republikaner und die Deutsche Volksunion für illegal oder gar verfassungswidrig erklären. Nach ihrer Auffassung müßten rechtsextreme Gruppen im Rahmen der Zivilgesellschaft bekämpft werden und nicht durch ein staatlich verordnetes Verbot. Nur wenn sie zur Gewalt griffen, um ihre politischen Ziele zu erreichen, solle der Staat mit Strafmaßnahmen gegen die radikale Rechte vorgehen.

Der sechste und letzte Teil der grünen Wahlplattform befaßt sich mit Fragen globaler Politik und internationaler Beziehungen. Mit ihrem Plädoyer »Für eine ökologische und solidarische Weltwirtschaft« bekunden die Grünen ihre Solidarität mit der Dritten Welt. Zu den wichtigsten Forderungen gehören: ein genereller Schuldenerlaß für die Dritte Welt, die Verpflichtung der Ersten Welt, mindestens ein Prozent ihres Bruttosozialprodukts in einen »internationalen Klimafonds« einzuzahlen, der den Dritte-Welt-Ländern aus ihren finanziellen Schwierigkeiten helfen solle, in die sie aufgrund der Zerstörung ihrer Umwelt geraten seien, das Verbot, in den Industrieländern jene Privatunternehmen mit staatlichen Geldern zu unterstützen, die umweltschädliche Produkte in die Dritte Welt exportieren, das Ende des landwirtschaftlichen Protektionismus der Europäischen Gemeinschaft, um den armen Ländern des Südens dringend benötigte Exporte von Agrarprodukten zu ermöglichen, und schließlich die Beendigung der rücksichtslosen und unkontrollierten Ausbeutung der meisten Dritte-Welt-Länder durch multinationale Konzerne.

Indem die Grünen einen direkten Zusammenhang zwischen Ausbeutung, Umweltzerstörung und patriarchaler Herrschaft herstellen, betrachten sie ihr internationales Engagement als Teil ihres Kampfes für die kulturelle, politische und ökonomische Emanzipation aller Frauen. Die Grünen sind entschieden gegen jede Form von künstlicher Geburtenkontrolle – also gegen jede Kontrolle über den Körper der Frau –, wie sie von Institutionen wie der Weltbank und dem Internationalen Währungsfonds vorgeschlagen wird. Frauen sollten überall so viele Kinder haben, wie sie möchten. Sterilisierungen kommen für die Grünen nicht in Frage, statt dessen fordern sie gute Erziehung und Ausbildung sowie sinnvolle Familienplanung.

Die Grünen sehen in den Vereinten Nationen die vermittelnde Instanz einer Weltgesellschaft und rufen zu ihrer weiteren Stärkung auf. Die UNO-Konferenz über Handel und Entwicklung solle zum Garanten der Interessen des Südens gemacht werden, das GATT solle in die Struktur der Vereinten Nationen integriert und die Weltbank zugunsten von Entwicklungsfonds für Afrika, Lateinamerika und Asien aufgelöst werden.

Die Plattform schließt mit der Feststellung, daß die schließliche Befreiung des Südens Teil des gleichen globalen Befreiungskampfes sei, den die Frauen gegen die Männer führten. Wie es sich für prototypische Vertreter der Neuen Linken und der neuen sozialen Bewegungen gehört, haben die Grünen auf diese Weise das von Lenin postulierte Bündnis zwischen der Arbeiterklasse der Ersten Welt und den ausgebeuteten Ländern der Dritten Welt in ein vermeintliches Bündnis zwischen den Frauen beider Welten verwandelt.

Teil III

# Politische Praxis

Nachdem wir in Teil I die Entstehungsgeschichte der Grünen und in Teil II ihre Ideologie und Programmatik geschildert haben, kommen wir in Teil III zu der Politik, die sie tatsächlich betrieben haben. Kapitel 7 liefert eine detaillierte chronologische Darstellung der Grünen als Partei im Westdeutschland der 80er Jahre. Dabei spannt sich der Bogen von den ersten Anfängen der Grünen als unbedeutende Randerscheinung, die die neuen sozialen Bewegungen und ihr Milieu repräsentierte, bis zu ihrer schmerzlichen Niederlage bei den ersten gesamtdeutschen Wahlen seit dem Ende des Dritten Reiches. Aber dies ist, wie ausführlich beschrieben wird, keineswegs die Geschichte einer Niederlage, sondern genau das Gegenteil. In den 80er Jahren vollzog die Neue Linke den Übergang von einer politischen Bewegung zu einer Partei, die im parlamentarischen Raum agiert. Obwohl das Jahrzehnt damit endete, daß die Grünen vorübergehend aus dem deutschen Bundestag ausschieden, gelang es ihnen während dieser Zeit, sich auf Landes- und kommunaler Ebene politisch fest zu verankern. Kurz gesagt, die Grünen waren zu Anfang der 90er Jahre Teil des politischen Establishments geworden.

Dieser Prozeß der Institutionalisierung verlangte ihnen einen hohen Tribut ab. Stets im Bewußtsein, ursprünglich eine politische Bewegung gewesen zu sein, fühlten sie sich in ihrer neuen Rolle als politische Partei nie ganz wohl. Das folgende Kapitel schenkt dem erbitterten und letztlich verlustreichen Kampf zwischen dem »realistischen« und dem »fundamentalistischen« Flügel besondere Aufmerksamkeit – nicht in erster Linie, weil diese Auseinandersetzung einige politische Konflikte beleuchtet, die zum Wesen der Grünen und der Linken generell gehören, sondern weil sich diese Konflikte letztlich um nichts weniger als die vollständige Veränderung progressiver Politik drehen. Dabei ist das Verhältnis der Grünen zur Sozialdemokratie und zur Arbeiterbewegung ebenso relevant wie die Auseinandersetzungen im Bereich des Feminismus und der Ökologie, um nur die wichtigsten zu nennen. Indem die Grünen einen wesentlichen Beitrag zur Umstrukturierung der westdeutschen Linken leisteten, haben sie auch eine entscheidende Rolle bei der Veränderung – wir würden sagen: Stärkung – der Demokratie in der Bundesrepublik gespielt. Folglich zeugen die internen Kämpfe der Grünen nicht nur von menschlicher Eitelkeit und Streitlust. Sie stehen unseres Erachtens für ein echtes Ringen bei der Suche nach einer neuen progressiven Realität innerhalb und außerhalb der Grünen. Diese Suche ist um so dringlicher, als die überraschenden Ereignisse von 1989/90 den Kontext, den Inhalt und die Form von Fortschrittlichkeit in einer postleninistischen Welt verändert haben.

Deshalb widmen wir der faszinierenden Geschichte der ostdeutschen Grünen ein ganzes Kapitel. Chronologisch angelegt, berichtet Kapitel 8 von dem (immer noch) unglaublichen Aufstieg der ostdeutschen Grünen und ihrer Bündnispartner – von unbedeutenden Dissidenten einer stalinistischen Diktatur zu unangefochtenen Vorkämpfern der einzigen erfolgreichen Revolution in Deutschland. Die Ursprünge dieser Dissidenten werden bis zur halbautonomen lutherischen Kirche unter dem kommunistischen Regime nachgezeichnet, dann die führende Rolle dieses Milieus in der »sanften« Revolution geschildert, die eines der repressivsten Regime des modernen Europas stürzte und zum Untergang Ostdeutschlands als selbständigem Staat führte. Tragisch daran ist die Tatsache, daß die fortschrittlichen Menschen, die an der Spitze der ostdeutschen Revolution standen, der rücksichtslosen Übernahme der früheren DDR durch Westdeutschland nicht gewachsen waren. Wieder gerieten die ostdeutschen Grünen und ihre Verbündeten in die Rolle von Dissidenten, was sogar für ihr Verhältnis zu den westdeutschen Grünen gilt. Zwar gibt es zwischen ost- und westdeutschen Grünen viele Gemeinsamkeiten, aber tiefgehende Differenzen bestehen auch nach der formalen Vereinigung der beiden grünen Parteien im Frühjahr 1993 fort.

# 7. Politische Praxis: Die Welt, wie sie erfahren wird

In den Kapiteln 1 bis 4 haben wir die grüne Bewegung im Kontext der westdeutschen Nachkriegsgeschichte betrachtet und festgestellt, daß ihre Ursprünge einerseits in der einzigartigen Konstellation der gemeinsamen Suche der Protestbewegungen nach einer parlamentarischen Stimme und andererseits in der Enttäuschung der Sozialdemokraten über die Regierung Schmidt lagen. Die verschiedenen Stränge der Friedens-, Anti-Atom- und Frauenbewegung, die Bürgerinitiativen, Elemente der außerparlamentarischen Linken und die K-Gruppen bildeten ein lose verbundenes Milieu, aus dessen politisiertem Teil schließlich die Grünen hervorgingen. Der Aufstieg der Grünen verdankt sich nicht allein dieser dem dekommodifizierten Bereich zuzuordnenden Nach-68er-Linken, sondern auch den Unterlassungssünden von Repräsentanten der etablierten Linken, vor allem der Sozialdemokratie.

Der Aufstieg der Grünen verlief kometenhaft, er überraschte die Sympathisanten und alarmierte die Kritiker. Grüne Wahllisten auf Gemeinde- und Kreisebene gab es zum ersten Mal 1977, als während des »heißen Herbstes« der Staat besonders hart gegen terroristische Aktivitäten vorging. Die erste regionale grüne Partei, die Umweltschutzpartei, wurde im selben Jahr von Karl Beddermann im niedersächsischen Schwarmstadt gegründet. 1978 nahmen grüne Parteien an mehreren Wahlen teil, in denen sie beachtliche Erfolge errangen, aber die Fünf-Prozent-Hürde nicht überwinden konnten. Der Durchbruch gelang schon ein Jahr später, als die Grünen im Stadtstaat Bremen 5,1 Prozent der Stimmen erzielten. In weniger als zwei Jahren schmiedete diese bunt gemischte Gruppe von Umweltschützern, 68ern, radikalen Linken und enttäuschten Sozialdemokraten ein politisches Bündnis, das die Landschaft der deutschen Politik und der Linken grundlegend verändern sollte. Durch diese Siege ermutigt, kandidierten die Grünen als »Sonstige Politische Vereinigung –

Die Grünen« zum Europäischen Parlament und erreichten trotz eines hastig organisierten Wahlkampfes, der von der breiten Öffentlichkeit kaum zur Kenntnis genommen wurde, 3,1 Prozent der Stimmen. Kurz danach, im Jahre 1980, gründete ein Spektrum von grünen politischen Gruppen in Karlsruhe die Partei Die Grünen, die in jenem Jahr zu den Bundestagswahlen antreten sollte. Obwohl die Grünen beim ersten Mal an der Fünf-Prozent-Grenze scheiterten, kamen sie 1983 auf 5,3 Prozent und erhielten 27 Sitze im Bundestag. In fünf von elf Landtagen und vielen kommunalen Körperschaften vertreten, schien die Partei in der Mitte des Jahrzehnts unaufhaltbar zu sein.

In dieser Zeit wurden rot-grüne Regierungskoalitionen rein rechnerisch in zwei wichtigen Länderparlamenten möglich, nämlich in Hamburg und Hessen. Die SPD-Spitzenpolitiker Klaus von Dohnanyi und Holger Börner nahmen Verhandlungen mit einer Partei auf, die sie bis dahin ignoriert oder verachtet hatten. Bei Börner wirkte der Umschwung besonders dramatisch, da seine vernichtende Kritik an den Grünen und ihrem Umfeld bei den heftigen Auseinandersetzungen um den Bau der neuen Startbahn West am Frankfurter Flughafen geradezu legendär war. Die Öffnung zum Juniorpartner erfolgte mit ausdrücklicher Genehmigung der SPD-Spitze, denn der Parteipatriarch Willy Brandt hatte kühn »eine Mehrheit links von der Union« ausgemacht. Obwohl die Verhandlungen in Hamburg scheiterten und in Hessen auf der Stelle traten, schienen sich die Grünen einen dauerhaften Platz am linken Rand des westdeutschen Parteiensystems erobert zu haben.

Aber ebenso plötzlich, wie sie aufgestiegen waren, stürzten sie 1985 in eine tiefe Krise. Nach sechsmonatigen intensiven Bemühungen scheiterten die rot-grünen Verhandlungen in Hessen. Außerdem blieben im Saarland und in Nordrhein-Westfalen die Wahlerfolge aus, obwohl die Grünen jeweils unterschiedliche Wahlkämpfe geführt hatten. Der agile, eigenwillige und linke Oskar Lafontaine, damals wohl der »grünste« SPD-Spitzenpolitiker, hatte den Wählern nicht nur eine Koalition mit den Grünen versprochen, falls die SPD zur stärksten Partei würde, sondern auch gefordert, daß sich die Grünen aktiv an dieser Koalition beteiligen und sie Ministerämter übernehmen sollten, statt eine SPD-Minderheitsregierung passiv zu »dulden«. Angesichts des politischen Klimas war das damals ein mutiger Schritt. Im größten Bundesland Nordrhein-Westfalen regierte

Johannes Rau, ein populärer und väterlich wirkender Mann der SPD-Mitte, der sich kategorisch weigerte, mit den Grünen zusammenzuarbeiten, und deshalb offen für eine politische Mehrheit der SPD kämpfte. Bemerkenswerterweise führten die diametral entgegengesetzten Strategien der Sozialdemokraten im Saarland und in Nordrhein-Westfalen zu den gleichen Ergebnissen: Die Grünen erzielten keine fünf Prozent der Stimmen, und die SPD erreichte in beiden Ländern die absolute Mehrheit. Die eindrucksvollen sozialdemokratischen Siege gingen allerdings auf gravierende Fehler der Grünen zurück.

Die Grünen erkannten diese Niederlagen schnell als »hausgemachtes Debakel«. Da der Kitt der vorausgehenden mühelosen Erfolge nicht mehr hielt, vertiefte sich die Kluft zwischen den Realos, die für Bündnisse mit der SPD eintraten, und den Fundis, die auf eine Oppositionsstrategie setzten, bedrohlich. Auf einem Sonderparteitag im Sommer 1985 in Hagen, der die Niederlagen in Nordrhein-Westfalen und im Saarland einschätzen sollte, entluden sich die Spannungen in offener Polemik. Trotz wiederholter Versöhnungsversuche in den kommenden sechs Jahren blieben die Grünen in einem Schwebezustand der Gespaltenheit, in einer Orientierungskrise.[1] Bis Anfang der 90er Jahre blieb die Partei von Säuberungen, Austritten und Spaltungen geprägt.

Die Wahlen von 1986/87, als die Grünen in Hamburg 10,3 und in Hessen 9,3 Prozent erhielten und im Bundestag auf 8,3 Prozent aufstocken konnten, schienen eine erneute Stabilisierung ihres Wählerstamms anzudeuten. Während diese Erfolge vorübergehend zu einem freundlicheren Umgang der sich befehdenden Fraktionen führte, änderten sie nichts an dem grundlegenden Mangel an Einheit und Geschlossenheit, was sich im nächsten Frühjahr zeigte. In Hessen wurde die rot-grüne Koalition, das modellhafte Experiment realistischer Politik, aufgelöst, wobei es zu erbitterten Auseinandersetzungen zwischen den Koalitionspartnern kam. Die Konservativen münzten das »rot-grüne Experiment« in einen Wahlsieg für sich selbst um und bildeten in Hessen nach dem Bonner Vorbild eine CDU/FDP-Regierung. In Hamburg führte die fundamentalistische Blockadepolitik der Grünen dazu, daß Bürgermeister Klaus von Dohnanyi eine Koalition mit der FDP suchte und enttäuschte potentielle grüne Wähler dazu brachte, ihm dafür die notwendige Mehrheit zu verschaffen.

Zusammengenommen signalisierten diese Ereignisse einen wichtigen Umschwung. Die offensichtliche Unfähigkeit der Grünen, in der Opposition oder als Regierungspartei irgendwelche konkreten Ergebnisse zu erreichen, hatte die Geduld ihrer Wähler und ihres einzigen möglichen Bündnispartners, der SPD, erkennbar erschöpft. Die Orientierungskrise, in der ihr Kurs vor dem Hintergrund eines stabilen Wählerstamms und einer Fortsetzung des Dialogs mit den Sozialdemokraten diskutiert worden war, machte einer Periode der Stagnation Platz, in der – zumindest vorläufig – weder die Oppositionsoption wie in Hamburg, noch die Koalitionsoption wie in Hessen realisierbar schienen.

Ausgehend von diesem kurzen Überblick über die politische Geschichte der Grünen, unterscheiden wir fünf wesentliche Entwicklungsphasen:

1. Die Entstehungsphase: Sie liegt ungefähr zwischen dem »heißen Herbst« von 1977 und der Bildung der Sonstigen Politischen Vereinigung – Die Grünen (SPV) für die Europawahlen von 1980. In dieser Zeit versucht ein politisch heterogenes Spektrum von Rechten und Linken, das grüne Potential in verschiedenen Wählerinitiativen auf kommunaler und Länderebene zu organisieren.
2. Die Phase des Kampfes zwischen Links und Rechts um das politische Schicksal der Ökologie: Sie fällt in die ersten sechs Monate des Jahres 1980, als die Bundespartei gegründet und ihr erstes Programm verfaßt wird.
3. Die Phase der Zunahme von Wählerstimmen: Sie beginnt kurz nach der Niederlage der Grünen bei der Bundestagswahl von 1980 und dauert bis zur Niederlage im Saarland im März 1985.
4. Die Phase der Orientierungskrise: Sie datiert von der Bildung der fundamentalistischen und realistischen Fraktion 1982. Sie verstärkt sich bei den ersten rot-grünen Koalitionsverhandlungen in Hessen 1984 und nimmt nach den Verlusten im Saarland und in Nordrhein-Westfalen noch einmal an Schärfe zu.
5. Die Phase der politischen Stagnation und Marginalisierung: Sie folgt auf die Niederlagen der Grünen in Hamburg und Hessen im Frühjahr 1987 und kulminiert im Ausscheiden der Grünen aus dem Bundestag nach dem Wahldebakel vom 2. Dezember 1990. Während sich der Anteil grüner Wählerstimmen über fünf Prozent stabilisiert, scheint es nicht möglich, diesen Anteil ohne die

glaubwürdige Festlegung auf eine pragmatische Reformpolitik zu erhöhen. Gleichzeitig zeigt der einzige in Frage kommende Partner für solche Reformen – die Sozialdemokraten – den Grünen die kalte Schulter. Die Teile der SPD-Linken, die für eine Öffnung zur Ökopartei eintreten, tun sich mit der Parteirechten zusammen, um die absolute Mehrheit zu erreichen oder wieder eine sozialliberale Koalition mit der FDP zu bilden. Auch wenn viele Sozialdemokraten die Inhalte der Grünen bewundern, frustriert und entmutigt sie deren Unberechenbarkeit und »unverantwortliche« Taktik.

In diesem Kapitel untersuchen wir diese fünf Phasen und richten dabei unser Augenmerk besonders auf die beiden letzten.[2] Wir möchten auf die Krisen- und Stagnationsphasen näher eingehen, weil sie maßgeblichen Einfluß auf die Entwicklung der Grünen zu einer linken parlamentarischen Partei ausübten, die zwar eine andere Identität als die SPD hat, aber für eine konstruktive Zusammenarbeit mit ihr offen ist. Wir wollen diesen Komplex nicht nur im Hinblick auf die inneren Entwicklungen und Auseinandersetzungen in der grünen Partei zu erklären versuchen, sondern auch mit Blick auf die SPD und die Erfahrungen der Linken in den späten 70er und 80er Jahren. In den Jahren 1985 bis 1987 verbanden sich viele Faktoren auf unselige Weise: die informellen Regeln und Prinzipien, die die internen Verhältnisse bei den Grünen bestimmten, der aufreibende, unproduktive Konflikt zwischen Fundis und Realos, ein mitunter wahnhaftes Mißtrauen gegenüber der SPD, die oft eine phlegmatische und anachronistische Politik betrieb, und die tiefe Ambivalenz gegenüber Parlamentarismus und Reformen. Kräftezehrende Auseinandersetzungen führten dazu, daß die Grünen – und durch politische Osmose auch die SPD – in ihrer Fähigkeit immens geschwächt wurden, angemessene Antworten auf die bedeutenden Veränderungen zu geben, die die Ereignisse von 1989/90 bedeuteten. Nirgends in Westeuropa zeigte sich die Linke so schlecht auf diese gewaltigen Veränderungen vorbereitet wie in der Bundesrepublik. Dort wurde der Zusammenbruch des real existierenden Sozialismus von der Linken mit vielsagendem Schweigen, mit Scham, Betroffenheit und Ratlosigkeit aufgenommen, war doch eine problematische, aber vermeintlich moralisch bessere Welt verschwunden. Im Schlußteil skizzieren wir die Konsequenzen dieser Entwicklungen für die Linke insgesamt.

## Gründung und Kooptation: Von Rot zu Grün und wieder zu Rot

In den Jahren zwischen 1977 und 1980 wurden zahlreiche lokale und regionale grüne Wählerinitiativen gegründet. Lose und sehr dezentral organisiert, umfaßten die verschiedenen Gruppen ein erstaunlich breites politisches Spektrum. Während sich die extremen und gemäßigten linken Gruppen, die die Partei schließlich kontrollieren und von den 80er Jahren bis heute ihre Identität bestimmen sollten, relativ schnell bildeten, ging der erste Impuls zur Gründung einer grünen Partei im wesentlichen von Konservativen aus, insbesondere von ökologisch ausgerichteten Christdemokraten wie Herbert Gruhl, von »Wertkonservativen« wie dem Bauern und Aktivisten Baldur Springmann und von gemäßigten anthroposophischen Organisationen wie August Hausleiters Aktion Unabhängiger Deutscher (AUD), die Aktion 3. Weg (A3W) und der Achberg Kreis. Zwar versuchten einige der NPD nahestehende nationalistische und neofaschistische Gruppen, die Grünen zu infiltrieren und einen parlamentarischen Brückenkopf zu errichten, aber es gelang, ihre Pläne frühzeitig zu vereiteln. Mitglieder der bundesrepublikanischen Neonazi-Szene wurden sofort entlarvt und aus den ersten grünen Organisationen ausgeschlossen. Die oberflächlichen Affinitäten zwischen den Vorläufern der Grünen und denen des Nationalsozialismus – Romantik, Naturliebe, Ablehnung des liberalen Kapitalismus, antiwestliche Haltung – reichten nicht aus, um den Ausschluß und die Marginalisierung neonazistischer Tendenzen zu verhindern – ein ermutigendes Zeichen für die demokratischen und antiautoritären Einstellungen, die seit dem 2. Weltkrieg in der westdeutschen politischen Kultur Fuß gefaßt hatten.

Mehrere Schlüsselfiguren aus den ersten Jahren der Ökopartei wie Petra Kelly und Alexander Schubert waren enttäuschte ehemalige SPD-Aktivisten. Manche fanden den Weg zu den Grünen über die neuen sozialen Bewegungen, andere durch die sich schnell auflösenden »orthodoxen« marxistischen Kaderparteien, die zersplitterten Gruppen der »undogmatischen« Linken um das Sozialistische Büro mit Sitz in Offenbach oder die Frankfurter Spontis. Aber sie waren eine Minderheit. Die Hauptinitiative kam in dieser Zeit von den Rechten.

Das zeigte sich in der Gründungsphase der Grünen Liste Umweltschutz (GLU) in Niedersachsen. Die Umweltschutzpartei (USP)[3], die Anfang 1977 von Karl Beddermann gegründet wurde, war *die* regionale Ökopartei, die in vielfältiger Weise die Gründung aller anderen beeinflußte. Die Kämpfe um die drei Reaktorstandorte Grohnde, Wyhl und Gorleben erreichten 1977 ihren Höhepunkt. Diese Konflikte politisierten viele ansonsten konservative Bauern und Mittelständler, besonders über die Bürgerinitiativen.[4] Aber während die Bürgerinitiativen den Boden bereiteten, ging die Partei nicht aus einer breiten Diskussion der Bürgerinitiativen hervor, sondern aus der Initiative Einzelner wie Beddermann. Die Gründer und ersten Mitglieder der USP waren keineswegs junge Radikale. Im Gegenteil, sie hatten starke Aversionen gegen die Chaoten, die Langhaarigen, mit denen sie wenig oder gar nichts gemeinsam hatten und deren Teilnahme sie als schädlich für ihre Sache betrachteten. Die USP trat für eine systemimmanente Lösung der ökologischen Probleme ein.

Die Motive ihrer Mitglieder für die Gründung einer Partei ergaben sich im wesentlichen aus strategischen Überlegungen. Die meisten waren weniger an einer »neuartigen Politik« interessiert, sondern enttäuscht von der Vernachlässigung ihrer Interessen durch die SPD und der schlechten Behandlung der Bürgerinitiativen durch die Staatsbürokratie. Mit der Schaffung einer langfristig arbeitenden Partei auf möglichst breiter Basis hatten sie wenig im Sinn, ihnen ging es um die effektivste Protestform.[5] Die Bürgerinitiativen sollten nicht ersetzt werden[6], sondern die Aufmerksamkeit der Politiker auf sich lenken, ohne das politische System grundsätzlich in Frage zu stellen. Das erklärte Ziel der USP war es, den etablierten Parteien einen Denkzettel zu verpassen.[7]

Zu den Kommunalwahlen im Herbst 1977 traten noch zwei andere Gruppen an, die Grüne Liste Umweltschutz, eine reine Ökologiegruppe, die eine »totale sozioökonomische Alternative« zu den etablierten Parteien anbieten wollte[8], und eine linke Bürgerinitiative, die »Wählergemeinschaft Atomkraft, Nein Danke« (WGA). Zwar konnten beide Gruppen einen kleinen Prozentsatz der Stimmen und einige Ämter gewinnen, aber keine erreichte die kritische Fünf-Prozent-Marke. Durch ihren Erfolg und ihren wahlpolitischen Pragmatismus ermutigt, vereinigten sich die USP und die GLU im Dezember 1977 und nahmen den Namen der letzteren an. Natürlich war die Linke erbost darüber, daß sie von der GLU ausgeschlossen war. Die WGA forderte die GLU auf, sich zu öffnen und so zum Repräsentanten aller Kräfte der außerparlamentarischen Bewegung zu werden. Sie verwies auf das Prinzip der Bunten Liste, wie es sich im Herbst 1978 in Hamburg unter dem Einfluß des Kommunistischen Bundes (KB) entwickelt hatte.[9] Unterdessen setzte der KB in Niedersachsen, unbeeindruckt von der Zurückweisung seiner Mitglieder durch die GLU im März 1978[10], seine leninistische Taktik der Infiltration und Beeinflussung der GLU fort. Damit gelang es ihm zweifellos, in der GLU einen fundamentalistischen Keim zu legen, die Tür für die Linke öffnete sich jedoch durch eine viel subtilere Dynamik.

Diskussionen über die Teilnahme der radikalen Linken und Versuche, die in der GLU vorhandenen Strömungen programmatisch zu vereinigen, förderten das Entstehen einer starken zentristischen Fraktion[11], in der die gemäßigten Organisationen wie der Achberg Kreis und traditionelle Umweltgruppen beträchtlichen Einfluß gewannen.[12] Daraufhin versuchte die Rechte, ihre Vorherrschaft in der GLU wiederherzustellen, wobei die von Herbert Gruhl gegründete Grüne Aktion Zukunft (GAZ) eine entscheidende Rolle spielte. Die GAZ war ein Kristallisationspunkt für diejenigen, die nicht auf eine Erweiterung der demokratischen Partizipationsformen hinarbeiteten, sondern mehr zu einem autoritären Führungsstil neigten.[13] Dies stand indessen in direktem Widerspruch zu den Prinzipien der zentristischen Gruppen und machte ein Bündnis mit der Linken trotz beträchtlicher Meinungsverschiedenheiten über die Wirtschafts- und Sozialpolitik attraktiver. In Niedersachsen wie andernorts verlor die Rechte den Kampf um die Vorherrschaft wegen der Einstellung der Zentristen zur Frage einer partizipatorischen Demokratie.

Warum präsentierte sich die GLU weiterhin als ökologische Partei, wenn doch die radikaldemokratischen Prinzipien eine so große Rolle spielten? Wenn auch die Ökologie für die Aktivisten offensichtlich große Priorität besaß, erreichte sie ihre zentrale Bedeutung jedoch weitgehend aus Gründen, die mit der strategischen Situation und der historischen Entwicklung der Partei zusammenhingen. Die Partei umfaßte politisch heterogene Gruppen, die in vielen Fragen andere Ansichten vertraten. Um die Fünf-Prozent-Hürde zu überwinden, war es wichtig, daß die verschiedenen Strömungen zur Zusammenarbeit fanden. Gleichzeitig hatte die Parteiführung den Eindruck, daß die Auffächerung und Erweiterung politischer Zielvorstellungen notwendig sei, wenn die GLU von einer »Protest«- zu einer »Programmpartei« werden sollte. Die Ökologie entsprach sowohl den strategischen als auch den programmatischen Erfordernissen. Je weiter der Begriff Ökologie gefaßt und je stärker das Primat von Umweltkonflikten gegenüber traditionellen Politikfeldern betont wurde, desto größer war die Integrationsfähigkeit der jungen Partei.[14] Das Primat – und die Ambivalenz – der Ökologie diente Rechten wie Linken als einigende Formel und bildete den kleinsten gemeinsamen Nenner zweier ansonsten feindlicher Lager.

In Stadtstaaten wie Berlin und Hamburg, die eine größere und lebendigere linke politische Kultur besaßen, hatte die Ökologie dagegen keine zentrale Bedeutung. Dort fand die Linke eine offene Situation vor und konnte schneller die Oberhand gewinnen. So entstand in Berlin keine »grüne« Partei, sondern eine »Alternative Liste«[15] und in Hamburg eine »Bunte Liste«. Bei beiden war die Ökologie nur eine Komponente in einem umfangreichen Katalog damals noch hauptsächlich traditioneller sozialistischer Anliegen.

Als es 1978 und 1979 in der ganzen Bundesrepublik zu immer mehr Parteigründungen kam, verschärfte sich der Kampf zwischen Links und Rechts um das Schicksal der grünen Bewegung. In Nordrhein-Westfalen, wo es noch keine ökologischen Parteien gab, gründete Friedrich Wegener, ein Schüler von Gruhl, eine GLU-NRW im Kleinformat und hoffte, sich damit an die Spitze der linken bunten Listen setzen zu können, die sich in Universitätsstädten wie Köln, Bielefeld, Bochum, Bonn und Essen bereits entwickelt hatten. Der Prozeß der Parteigründung wurde jetzt mehr durch konkurrierende, bundesweit organisierte politische Gruppierungen vorangetrieben als durch basisdemokratische Bürgerinitiativen.

Das Ringen um die Inhalte grüner Politik nahm 1979 zu, als diskutiert wurde, bei den bevorstehenden Wahlen zum Europäischen Parlament zu kandidieren.[16] Die Linke war anfangs skeptisch, was den Weg für Mitte-Rechts-Kräfte freimachte.[17] Am 17. März 1979 gründeten die Grüne Aktion Zukunft (GAZ), die Grüne Liste Umweltschutz (GLU), die Aktion Unabhängiger Deutscher (AUD) und die Grüne Liste Schleswig-Holstein die Sonstige Politische Vereinigung – Die Grünen (SPV), die zur Pilotorganisation der grünen

Bundespartei werden sollte. Ein zehnköpfiger Organisations- und Programmausschuß hatte das Bündnis ausgehandelt, begleitet von Protesten linker Gruppen wie der Bremer Grünen Liste, der Hamburger Bunten Liste und der Berliner Alternativen Liste.[18] Bei den Europawahlen am 17. Juni 1979 erzielte die SPV 3,2 Prozent der Stimmen.

Durch dieses Ergebnis ermutigt, berief die SPV zum 4. November 1979 einen Kongreß ein, um Programm und Strategie einer möglichen grünen Bundespartei zu diskutieren. Zwar nahmen an diesem Kongreß viele Linke teil, aber die Konservativen wandten erfolgreich die – hauptsächlich gegen die Kommunisten gerichtete – Taktik an, denjenigen das Stimmrecht zu verweigern, die bereits anderen Parteien oder parteiähnlichen Organisationen angehörten. Dadurch wurden die Linken vom Entscheidungsprozeß faktisch ausgeschlossen. Den ersten strategischen Sieg im Kampf um die Bundespartei trugen somit die Rechten davon.

Auf dem Programmkongreß vom 21. bis 23. März 1980 in Saarbrücken wurde die Rechte zum Rückzug gezwungen. Während bei ökologischen Themen schnell ein Konsens zustande kam, arteten die Diskussionen über die Sozial- und Wirtschaftspolitik bald in eine Konfrontation zwischen Links und Rechts aus. Besonders explosiv waren die Themen Homosexualität und Einwanderung. (Hingegen entwickelte sich recht bald eine gewisse Übereinstimmung zwischen Rechts und Links in bezug auf friedens- und außenpolitische Fragen.) Die Linke brachte Standardvorschläge aus dem Forderungskatalog der Gewerkschaften ein wie die 35-Stunden-Woche und ein qualitatives Wirtschaftswachstum und machte sich die feministische Forderung nach Abschaffung des sehr restriktiven Paragraphen 218 zu eigen.

In Saarbrücken obsiegte die Linke. Die Attacke ging von den Kommunisten aus. Der klassischen leninistischen Taktik folgend, »infiltrierten« sie den Programmausschuß. Durch das Bündnis von alternativen und bunten Listen aus Berlin, Hessen, Bremen, Hamburg und NRW mit zentristischen Gruppen wie der GLU und der AUD gelangten sie in das Gremium. Dann drückte die Mitte-Links-Mehrheit einen Programmentwurf durch, der für die Rechte eindeutig unakzeptabel war. Ausschußmitglied Marie-Luise Beck-Oberdorf erklärte, daß man sich nicht mehr die Mühe mache, einen Konsens herzustellen, sondern die Forderungen der Gemäßigten ignoriere und die Vorschläge der Linken zum Programm erkläre.[19] Beck-Oberdorf kam zu dem wenig überraschenden Schluß, daß diese Manöver weitgehend das Werk früherer K-Gruppen-Mitglieder waren, die über eine lange Schulung in konspirativer Politik verfügten.

Die Rechte fühlte sich überfahren und forderte einen neuen Programmentwurf. Die Linke bot daraufhin auf dem Kongreß in Dortmund am 21./22. Juni 1980 einen Olivenzweig in Form einer gemäßigten Wahlplattform an. Den Konservativen wurde jedoch ein unerträglicher Schlag versetzt, als sich die Versammlung bei den Wahlen zum Bundesvorstand zweimal weigerte, Gruhl in eines der drei Vorstandsämter zu wählen. Mitglieder der GAZ, der Grünen Liste Schleswig-Holstein und der AUD verließen den Kongreß. Die Rechte hatte verloren, das Mitte-Links-Bündnis hatte die grüne Bewegung unter seine Kontrolle gebracht. Ausgehend von diesem unerwartet leichten Erfolg, ging die Linke daran, ihre Position auszubauen und zu festigen.

Der Sieg des Mitte-Links-Bündnisses in den Landes- und Bundesparteien und der dann folgende Ausschluß der Rechten war das wichtigste Ereignis in der Gründungsphase. Zwar strebten einige konservative Umweltschutzorganisationen, insbesondere Gruhls GAZ, weiterhin nach der Macht, aber sie blieben erfolglos, und ihr Einfluß ging erstaunlich schnell zurück. In dieser Phase setzten sich auch andere Prinzipien und Praktiken durch, die häufig aus historischen Besonderheiten resultierten, und beeinflußten die folgenden krisen- und konfliktreichen Jahre in erheblichem Maße. Wie gesehen, rührte der zentrale Stellenwert der Ökologie in der grünen Bewegung teilweise von der Notwendigkeit her, Einheit und Identität in einer politisch heterogenen Organisation herzustellen, die sich gegen die etablierten Parteien behaupten mußte. Er war nicht direkt durch seine objektive und materielle Bedeutung bedingt. Das Eintreten für Demokratie, Offenheit und Minderheitenschutz, das die Linken so geschickt eingesetzt hatten, um die Kontrolle über wichtige grüne Organisationen wie die GLU und die SPV zu gewinnen, benutzten später ähnlich »agile Minderheiten« in der Partei – oft ehemalige, zu Fundamentalisten mutierte Kommunisten –, um die Kritik der Mehrheit abzuschmettern oder die unverhohlene Sabotage demokratischer Prozesse zu rechtfertigen. Die Grünen erhoben auch dann noch den Anspruch, Interessen zu vertreten, die quer durch das politische Spektrum gingen und »weder rechts noch links, sondern vorn« lägen, als dies schon längst nicht mehr der Parteiwirklichkeit entsprach. Sie machten es wie viele politische Organisationen: Die Prinzipien und Praktiken der Gründungsphase erhielten die Aura universeller Gültigkeit und Legitimationskraft, nachdem die besonderen historischen Umstände, aus denen sie einst hervorgegangen waren, längst nicht mehr bestanden.

## Die Expansionsphase: »Grün und kein Ende?«

In der Nachkriegszeit sorgten mehrere Faktoren dafür, daß die politische Landschaft in der Bundesrepublik wie eine uneinnehmbare Bastion von CDU/CSU, SPD und FDP erschien. Von der Rechtslage, vor allem von der Fünf-Prozent-Klausel profitierend, hatten diese drei Parteien seit Mitte der 50er Jahre erfolgreich das gesamte politische Leben in der Bundesrepublik »oligopolisiert«. Verglichen mit einigen europäischen Nachbarn wie Frankreich oder Italien, bei denen es stürmischer zuging, stand die Bundesrepublik im Ruf einer stabilen Demokratie, in der Regierungswechsel selten vorkamen, die Unterschiede zwischen Links und Rechts in der Praxis – wenn auch nicht in der Rhetorik – gering ausfielen und gravierende Umbrüche unterblieben, da die Freien Demokraten durch ihre Beteiligung an jeder Koalitionsregierung für Kontinuität sorgten. Stabilität und Stetigkeit waren in der Tat so groß, daß die drei Regierungswechsel in 40 Jahren Bundesrepublik – 1966, 1969 und 1982 – nicht auf wesentliche Veränderungen der Wählergunst, sondern auf veränderte Koalitionen zurückgingen. Es ist wichtig, dies im Auge zu behalten, um zu begreifen, wie bemerkenswert und alarmierend der Wahlerfolg der Grünen seinerzeit wirkte.

Kurz nach den ersten zaghaften Schritten der Grünen, als die Fünf-Prozent-Hürde noch unüberwindbar schien, begann die Partei, dieses Hindernis nicht nur aus dem Weg zu räumen, sondern es mit einem guten Polster von Wählerstimmen zu überwinden. Der erste grüne Durchbruch gelang im Stadtstaat Bremen, wo die Partei 1979 5,1 Prozent der Stimmen erreichte. Weitere ermutigende Ergebnisse erzielte die Alternative Liste (AL) mit 7,2 Prozent in Westberlin im Mai 1982 und die Grün-Alternative Liste (GAL) mit 7,7 Prozent in Hamburg im Juni 1980. In jenem Herbst kamen die hessischen Grünen auf 8 Prozent. Und im März 1983 gelang den Grünen der Einzug in den Bundestag, indem sie 5,6 Prozent und 27 Sitze errangen. Natürlich gab es auch Rückschläge, interessanterweise aber nur in relativ konservativen Ländern mit gemäßigten grünen Parteien wie Bayern (Oktober 1982, 4,6 Prozent), Rheinland-Pfalz (März 1983, 4,5 Prozent) und Schleswig-Holstein (März 1983, 3,6 Prozent). Das Mitte-Links-Modell schien zur Wählermobilisierung besser geeignet zu sein als sein Mitte-Rechts-Gegenstück.

Wie viele Beobachter innerhalb und außerhalb der Partei damals feststellten, gab es in der grünen Expansion einen gewissen Automatismus. Der Erfolg schien merkwürdigerweise wenig mit dem zu tun zu haben, was grüne Kandidaten und führende Politiker sagten oder taten. Die vier Hauptgründe für die Wahlsiege der Grünen waren in der Tat durch äußere Faktoren bedingt, wobei allerdings hinzugefügt werden muß, daß die Grünen die sich ihnen bietenden Gelegenheiten sehr geschickt nutzten.

Erstens: Die westdeutsche Friedensbewegung erreichte gerade zwischen 1983 und 1984 ihren Höhepunkt, als der Bundestag den NATO-Doppelbeschluß ratifizierte. Die Grünen waren die einzige Partei, die eindeutig gegen die Mittelstreckenraketen votierte und die Friedensbewegung in den vorausgegangenen Jahren unterstützt hatte, sie wurden also wahlpolitisch die Hauptnutznießer einer Entwicklung, die sie selbst mitgeschaffen hatten. Außerdem wurden die Grünen durch die vielen friedenspolitisch engagierten Persönlichkeiten, die bei ihnen Spitzenpositionen bekleideten, stark mit der Friedensbewegung identifiziert.

Zweitens: Das Image der etablierten Parteien war aufgrund des Flick-Skandals schwer angeschlagen, in den führende Politiker von CDU/CSU, FDP und SPD verwickelt waren. Sie hatten Spenden für ihre Parteien kassiert und Flick dafür besondere Steuererleichterungen gewährt.[20] Die Affäre war um so beschämender, als sie historische Erinnerungen weckte, denn die Familie Flick war – zum eigenen und beträchtlichen Nutzen – tief in das Naziregime verstrickt gewesen. Ohne die Forderung der neuen grünen Bundestagsfraktion nach Einsetzung eines Untersuchungsausschusses wäre die ganze Sache unter den Teppich gekehrt worden. Nur dem ständigen Nachhaken und Bohren des grünen Mitglieds des Untersuchungsausschusses, Otto Schily, ist es zu verdanken, daß der Skandal im Blickpunkt der Öffentlichkeit blieb. Das erhebliche Maß an Korruption in der »käuflichen Republik«, das er bloßlegte, ließ die moralische Überlegenheit der Grünen um so heller erstrahlen. Indem Schily auf den ungebrochenen politischen Einfluß der Flicks seit Hitler hinwies, warfen er und sein Kollege und ideologischer Mitstreiter Joschka Fischer die noch unangenehmere Frage nach subtilen und versteckten Kontinuitäten zwischen dem Naziregime und der Bundesrepublik auf.

Vor allem aber profitierten die Grünen von den Schwierigkeiten der Sozialdemokratie zu Anfang der 80er Jahre. Der schrittweise Rechtsruck der SPD unter Helmut Schmidt hatte besonders jene potentiellen Wähler abgeschreckt, die mit dem linken Parteiflügel sympathisierten. Der Regierungsverlust der SPD bedeutete nicht nur das Ende einer Regierung, sondern auch das Scheitern einer Politik, für die die SPD nicht sofort einen Ersatz anbieten konnte. Wer also eine klare Alternative zur Kohl-Regierung suchte, wandte sich den Grünen zu.

Ende der 70er Jahre wuchs das ökologische Bewußtsein der Bevölkerung in der Bundesrepublik. Die großen Parteien ignorierten diese Sorgen oder taten sie sogar rundweg ab. Daher waren die Grünen für umweltbewußte Wähler die einzige reale Alternative.

Alle diese Faktoren, die sich in einem sichtbaren Zuwachs an Wählerstimmen für die Grünen niederschlugen, zwangen ihre Anhänger und Gegner gleichermaßen, die neue Politik ernster zu nehmen. Nachdem sie ihre Fähigkeit unter Beweis gestellt hatten, die Fünf-Prozent-Hürde zu überwinden, war das Votum für die Grünen keine verlorene Stimme für eine Protestpartei mehr. Der Übergang von einem Drei- zu einem Vierparteiensystem zwang die anderen Parteien, insbesondere die SPD, die Grünen als eine neue parlamentarische Kraft wahrzunehmen. Der Einzug der Grünen in den Bundestag veränderte die politische Topographie und die parteipolitische Arithmetik der Bundesrepublik grundlegend.

Natürlich ging das Verhältnis zwischen Roten und Grünen von Anfang an weit über bloße taktische und arithmetische Überlegungen hinaus. Wenn die Grünen auch als »verlorene Kinder der SPD« galten, waren sie doch aufmüpfig genug, um in der »Mutterpartei«

Meinungsverschiedenheiten darüber auszulösen, wie mit ihnen umzugehen sei. Vor dem Scheitern der sozialliberalen Koalition 1982 versicherten sozialdemokratische Strategen und Denker wie Peter Glotz immer wieder zuversichtlich, die Grünen seien ein vorübergehendes Phänomen, das nicht ernst genommen werden müsse; außerdem suche die SPD keinen Koalitionspartner.

Das Ende der passiven Mißachtung der Grünen durch die SPD kam im Februar 1982, kurz vor dem Bruch der SPD-FDP-Koalition. Die Grundwertekommission der SPD unter Vorsitz von Erhard Eppler, Hermann Rappe und Richard Löwenthal veröffentlichte ein Papier, das zum Gespräch mit Grünen und Alternativen aufforderte.[21] Daraufhin entbrannte eine heftige Diskussion. Kanzler Helmut Schmidt warnte die Sozialdemokraten vor einem Flirt mit den Grünen und lehnte die Möglichkeit einer Regierungskoalition mit ihnen rundweg ab.[22] Ein besonders gewichtiges Argument gegen ein Zusammengehen von Rot und Grün enthielt das vieldiskutierte Papier von Richard Löwenthal, das in einer Reihe von sozialdemokratischen und gewerkschaftlichen Zeitungen abgedruckt wurde.[23] Löwenthal formulierte die Alternative, vor der die Sozialdemokratie in den 80er Jahren stand: Sie mußte sich entweder für ihr traditionelles Milieu der Industriearbeiter oder für die Welt der neuen sozialen Bewegungen entscheiden. Löwenthal machte deutlich, daß es seiner Ansicht nach faktisch unmöglich sei, beide zufriedenzustellen, und daß die Entscheidung für die letztere Option die SPD unwiderruflich negativ verändern und die Grünen in jeder Hinsicht aufwerten würde.

Andere sozialdemokratische Intellektuelle wie Erhard Eppler stimmten nicht mit der Linie von Löwenthal und Schmidt überein. Eppler war überzeugt, die Zukunft der Sozialdemokratie liege genau darin, grüne Themen aufzugreifen und um Wähler der Grünen zu kämpfen. Für diese Sozialdemokraten waren die Grünen ein willkommenes, weil verjüngendes Element, und zwar nicht nur für die Sozialdemokratie, sondern für die deutsche Politik generell. Im Bündnis mit den dynamischen Neulingen, so meinten sie, bestünde die einzige realistische Chance für die SPD, die konservative Koalition in Bonn abzulösen. Zusammen mit den Grünen wäre es ihres Erachtens möglich, eine Mehrheit links von der CDU/CSU, vielleicht sogar links von der CDU/CSU-FDP-Koalitionsregierung zu gewinnen.[24]

Entsprechend dieser Logik war es nur eine Frage der Zeit, daß eine rot-grüne Koalition rein rechnerisch möglich, dann realisiert und so die politische Landschaft in der Bundesrepublik verändern würde. Schon vor der Bildung einer solchen Koalition sagte der Oppositionsführer der SPD in Niedersachsen mit Blick auf die Landtagswahlen im März 1982, er ziehe eine rot-grüne »Kooperation« ernsthaft in Erwägung, falls diese rechnerisch möglich wäre.[25] Aber die ersten Gelegenheiten ergaben sich nicht in Niedersachsen, sondern in Hamburg und Hessen. Diese beiden Bundesländer sollten zwei entgegengesetzte Modelle grüner Politik entwickeln.

## Von der Expansion zur Krise: Das Hamburger und das Hessische Modell

### Hamburg

Die Wahlen vom Juni 1982 in der Freien und Hansestadt Hamburg machten den Weg für das erste rot-grüne Experiment frei. Nach der Wahl zur Hamburger Bürgerschaft war außer einer »großen Koalition« von CDU und SPD ein rot-grünes Bündnis die einzige mathematisch mögliche Mehrheit.[26] Wie es andere grüne Organisationen auch bald tun sollten, schlug die Hamburger GAL der SPD im Juni eine Kooperation (keine Koalition) unter der Bedingung vor, daß sie einige »unbedingte Forderungen« der GAL erfülle. Der Preis für die Kooperation der GAL nahm sich nicht gerade bescheiden aus: ein Sofortprogramm gegen Arbeitslosigkeit, die Aufhebung aller Sparmaßnahmen und der sofortige Ausstieg aus der Atomenergie.[27] Auf ihrem Parteitag eine Woche später beschloß die SPD, eine Einigung mit der GAL anzustreben. Während die SPD-Linke Unterschiede zu den Grünen nur in der Einschätzung des kurzfristig Machbaren sah, stand die SPD-Rechte den Forderungen der Grünen wesentlich skeptischer gegenüber.[28]

Das Eis war gebrochen, als die GAL zusammen mit der SPD einen Mißtrauensantrag der CDU gegen die SPD-geführte Landesregierung ablehnte. Jörg König forderte die GAL zu formellen Verhandlungen auf. Die Losung der SPD lautete, daß die GAL im Laufe der Zeit »reifer« werde. In Anspielung darauf hängte der originelle

Thomas Ebermann, ein führender Politiker der GAL und ehemaliges KB-Mitglied, ein Schild an die Tür des Parteibüros, auf dem stand »Ruhe! Wir werden politisch reif, damit die SPD uns mag – GAL«.[29] Angesichts der hochgemuten Stimmung sprachen viele von einer »historischen Stunde«.[30] Die *Frankfurter Rundschau* kommentierte: »Hamburg ist so etwas wie ein Musterfall. ... Kommt es zu einer stabilen Absprache mit der GAL, erhalten die linken Sozialdemokraten Oberwasser. Zerschlagen sich die Annäherungsversuche, trumpft die Linie Franke-Renger-Börner auf.«[31] Tatsächlich begann Anfang Juli nach einigen Sondierungsgesprächen die Arbeitsgruppe für Arbeitnehmerfragen, ein reformistischer Kreis in Hamburg, auf Neuwahlen zu drängen.[32] Gleichzeitig mußte der Hamburger SPD-Bürgermeister Klaus von Dohnanyi seine Gespräche mit der GAL gegen das heftige Sperrfeuer von Politikern wie Helmut Schmidt und dem hessischen Ministerpräsidenten Holger Börner verteidigen.[33] Die Grünen verhandelten nicht mit einer SPD, sondern mit zwei sich befehdenden Fraktionen.

Das Verhandlungsklima verbesserte sich leicht, als die GAL half, in der dritten Augustwoche eine vorübergehende Kreditermächtigung zu verabschieden, die es Dohnanyis Regierung ermöglichte, die laufenden Ausgaben zu decken.[34] Aber dann verschlechterte sich die Situation abrupt, als Thomas Ebermann an einer Hausbesetzung in Hamburg teilnahm. Die SPD eröffnete die nächste Gesprächsrunde mit der Erklärung, sie werde auch weiterhin besetzte Häuser räumen lassen. Obwohl die SPD diese Position in den folgenden Verhandlungen modifizierte, trat man bei wichtigen programmatischen Fragen auf der Stelle.

Im Sinne einer »unberechenbaren« und »phantasievollen« Politik unterbreitete die GAL auf der ersten Plenarsitzung der Bürgerschaft den Vorschlag, Hamburg zu einer atomwaffenfreien Zone zu erklären. Dies verschärfte die ohnehin schon starken Spannungen in der SPD. Rechte und Linke kritisierten und verteidigten die Idee mit gleicher Vehemenz. Am Ende wurde eine verwässerte Erklärung angenommen, die die Formulierung des Münchner Beschlusses der 50er Jahre wiederholte – eine atomwaffenfreie Zone sei zwar ein Ziel, aber ein langfristiges.[35] Die SPD-Rechten rückten noch enger zusammen. Unterdessen stellte Ebermann die »Friedensfähigkeit und Friedensbereitschaft« der CDU und der SPD-Rechten in Frage.[36] Damit war er zu weit gegangen. Selbst Bodo Schumann, ein gemäßigter SPD-Linker, begann zu fragen, ob der Vorschlag der GAL nicht in Wirklichkeit auf das taktische Ziel hinausliefe, die Sozialdemokraten zu spalten.[37] Ebermann nahm dieses Signal nicht zur Kenntnis und versuchte, einen noch tieferen Keil in die SPD zu treiben, indem er forderte, die Regierung solle alle verfügbaren Kräfte gegen die Stationierung der Mittelstreckenraketen mobilisieren.[38]

In eine Sackgasse gerieten die Gespräche bei zwei Themen – der Atomenergie und der Hafenerweiterung. Trotz der sich verschlechternden Situation betonte Dohnanyi in einem Interview die Gemeinsamkeiten zwischen GAL und SPD in puncto Ökologie und Arbeitsmarktpolitik und erkärte, daß Neuwahlen das Problem nur umgehen würden.[39] Anfang Oktober legte Dohnanyi eine 33 Seiten lange Einschätzung der Verhandlungen vor, die von der Partei gebilligt wurde.[40] Am nächsten Tag äußerten die Grünen ihre Enttäuschung. Sie warfen der SPD vor, bewußt das Scheitern der Verhandlungen herbeiführen zu wollen und weder »kompromißbereit« noch »lernfähig« zu sein.[41] Am Ende der Woche verabschiedete ein Sonderparteitag der SPD einen von Dohnanyi und dem Vorstand vorgelegten Antrag auf Neuwahlen.[42] Die Gespräche waren gescheitert, die kürzeste Legislaturperiode in der Geschichte Hamburgs – 196 Tage, um genau zu sein – war zu Ende. Die GAL stimmte zwar mit der SPD für Neuwahlen, so daß der Antrag gegen die CDU durchkam[43], erklärte aber, daß sie ihr Angebot einer möglichen Koalition erneuere, falls die Wahlergebnisse eine ähnliche Konstellation ergäben.

Eine Woche nach der Entscheidung der SPD, Neuwahlen auszuschreiben, veröffentlichte die GAL ein Papier, in dem festgestellt wurde, wie zwiespältig sie diesem Schritt gegenüberstand. Im Rekurs auf Brandts – und Epplers – Aussage sagten sie, daß eine »neue Mehrheit eine neue Politik erfordert«, und lasteten das Unvermögen, diese Mehrheit zustande zu bringen, der Starrheit der Sozialdemokratie an: »Unsere Tür bleibt für eine kompromißbereite SPD offen.«[44] Die GAL führte ihren Wahlkampf unter der provokativen Parole »Macht mehr Druck, wählt die GAL«.[45] Gleichzeitig war ihr Ton im Vergleich zu der früheren Präsentation »unbedingter Forderungen« gemäßigt.[46]

Doch die Bemühungen der GAL waren vergebens. Überraschenderweise errang die SPD die absolute Mehrheit, allerdings anders als erwartet. Die SPD holte ihre neuen Stimmen ausschließlich aus dem bürgerlichen Lager von CDU und FDP, während die GAL 7 Prozent bekam und damit ihr früheres Ergebnis denkbar knapp verfehlte.[47] Die Bundesgrünen waren von dem Wahlergebnis ihrer Hamburger Parteifreunde kaum beeindruckt, da sie eine bedeutende Zunahme der Wählerstimmen für die GAL erwartet hatten.[48]

Der Rückschlag war zwar nur durch eine sehr kleine Wählerbewegung bedingt, traf die Grünen aber völlig unerwartet. Die von Ebermann und seinen Anhängern ausgeklügelte Strategie zielte in der Tat darauf ab, die schon bestehenden Risse in der SPD zu vertiefen. Indem die Grünen der SPD eine öffentliche Diskussion über Themen aufzwangen, die in der etablierten Partei der traditionellen Linken umstritten waren, hofften sie, eher links eingestellte Elemente aus der »Betonfraktion« der Rechten herauszubrechen und den im wesentlichen »reaktionären« Standpunkt der SPD in bezug auf grüne Fragestellungen zu »entlarven«. Dieser neue ökosozialistische und rot-grüne Block sollte dann allmählich alle Linkskräfte hinter sich bringen und die Konservativen attackieren.

Diese Strategie erschien der GAL realistisch, da sie und viele andere Grüne die Anziehungskraft von Partei und Bewegung in der Expansionsphase als etwas »Automatisches« betrachteten. Sie interpretierten diese positiven Entwicklungen nicht einfach als Folge einer günstigen, wenn auch vorübergehenden Konstellation, sondern als Ergebnis einer sich vertiefenden gesellschaftlichen Krise in der Bundesrepublik und im entwickelten Kapitalismus. Sie glaubten also, daß sie nur zwei Dinge zu tun hätten, um ihre Basis zu erweitern: das Bewußtsein für die Krise zu schärfen und klar zu machen, daß allein die Grünen eine fortschrittliche Lösung anboten. Dialog, Verhandlungen oder Zusammenarbeit mit der SPD waren nur insoweit nützlich, als sie diesem Ziel dienten. Infolgedessen war das Interesse der Hamburger Grünen an einem Kompromiß mit der SPD und an einem Konkurrieren in der politischen Arena besonders gering. Mochte diese Strategie unter den Bedingungen einer vermeintlich »automatischen« Expansion angebracht erscheinen, blieb der Erfolg in den kommenden Jahren aus. Mit ihrer Taktik des Spaltens und Eroberns unterschätzte die GAL die Schnelligkeit, mit der die SPD sich selbst und die Kräfte, die die Sozialdemokraten zusammenhielten, auf einen neuen Kurs brachte.

Sicher gab es in der SPD-Führung starke Meinungsverschiedenheiten wegen der Grünen. Die Parteiführung hatte die Ereignisse in Hamburg aufmerksam beobachtet. Zu öffentlichen Unstimmigkeiten war es in der Partei zu Beginn der Hamburger Verhandlungen in den ersten Juli-Wochen gekommen. Der nordrhein-westfälische Ministerpräsident Johannes Rau sprach seine Überzeugung aus, daß es zwischen SPD und Grünen keine formelle oder informelle Zusammenarbeit geben dürfe, da das der SPD als Partei der politischen Mitte irreparablen Schaden zufügen würde. Er mahnte, die SPD solle sich nicht grüner gebärden, als sie wirklich sein könne.[49] Schmidt schlug gemäßigtere Töne an und meinte, daß sich die Grünen in einem »Reifeprozeß«[50] befänden. Gleichzeitig trat die SPD-Linke für ein sehr begrenztes Bündnis mit den Grünen ein. Brandt wiederholte, eine gewisse rot-grüne Zusammenarbeit könne – und solle – nicht für alle Zeiten ausgeschlossen werden. Lafontaine forderte, die Diskussion inhaltlich und nicht taktisch zu führen, schließlich hätten die Wähler den Grünen einen politischen Auftrag erteilt.[51] Brandt konnte schließlich den Meinungsstreit in der SPD schlichten und einen vorübergehenden Waffenstillstand erreichen, als er eine »Grundsatzerklärung« zu den Grünen und ihrem Verhältnis zur Sozialdemokratie vorlegte: Obwohl die Grünen noch nicht reif genug wären, um ein echter Partner der SPD zu sein, lägen Versuche der Zusammenarbeit mit ihnen sicherlich im langfristigen Interesse der Sozialdemokratie. Geduld hieß das operative Losungswort.

## Hessen

Das war die Stimmung bei der SPD und den Grünen, als sich der Schauplatz des »rot-grünen Experiments« von Hamburg nach Hessen verlagerte. Mit Großstädten wie Frankfurt und der Universitätsstadt Marburg ist Hessen traditionell eines der »rotesten« deutschen Länder. Der damalige hessische Ministerpräsident Holger Börner gehörte allerdings zum gemäßigten Flügel der SPD, der im Laufe seiner Karriere eine tiefsitzende Aversion gegen »Chaoten«, »Vandalen« und »Alternative« – also gegen die Grünen – entwickelt hatte. Nach heftigen Zusammenstößen zwischen Demonstranten und der Polizei an der Frankfurter Startbahn West im Mai 1982 sagte er: »Ich bedaure, daß es mir mein hohes Staatsamt verbietet, den Kerlen selbst eins in die Fresse zu hauen. Früher auf dem Bau hat man solche Dinge mit Dachlatten erledigt.«[52] Eine Zusammenarbeit mit den Grünen kam für Börner unter keinen Umständen in Frage.

Die hessischen Grünen gehörten zu den gemäßigtsten grünen Parteien auf Länderebene. Ein Kreis von Fundamentalisten um die »radikalen Ökologen« Jutta Ditfurth und Manfred Zieran hatten die grüne Fraktion im Frankfurter Stadtrat für kurze Zeit beherrscht, waren aber 1982 von pragmatischen Strömungen des Sozialistischen Büros und der »Sponti-Szene« verdrängt worden. Eine Gruppe um Joschka Fischer und den ehemaligen französischen Studentenführer und Herausgeber des *Pflasterstrand*, Daniel Cohn-Bendit, sowie den Ex-SPD-Politiker Karl Kerschgens modelten die hessischen Grünen zu einer Realo-Bastion um.

Trotzdem hatte die rot-grüne Zusammenarbeit in Hessen zu Beginn der 80er Jahre keinen hohen Stand erreicht. In ihrer Erklärung zu den Wahlen von 1982 schlossen die hessischen Grünen eine Kooperation mit der SPD nicht gänzlich aus, betonten aber: »Wir können nicht gemeinsame Sache machen mit einer Partei, deren Regierung bislang einen Bürgerkrieg nicht gescheut hat und die gegen den Willen der Bevölkerung mit brutaler Polizeigewalt ein Projekt wie die Startbahn West durchsetzt und die Bürgerinitiativen kriminalisiert.«[53] Der Hinweis auf die Startbahn West bezog sich auf die heftigen Zusammenstöße zwischen Staatsgewalt und Demonstranten aus dem grünen Milieu. Die Grünen und ihre Sympathisanten wandten sich aus Gründen, die zentral für ihre Identität und ihren Auftrag waren, gegen eine Erweiterung des Frankfurter Flughafens. Die Grünen sahen in der Startbahn einem modernen, industriellen, staatlichen Übergriff auf ein Stück unberührte Natur. Nur wenige Objekte symbolisierten für sie den modernen Industriekapitalismus stärker als Flughäfen: unpersönliche, vergängliche Industriestrukturen aus Beton, die der Wirtschaftselite und ihren politischen Erfüllungsgehilfen beim Geldverdienen halfen und dadurch wertvolle Traditionen wie Gemeinschaft, Besinnlichkeit, Muße und Natur zerstörten. Ein weiterer Grund für den Widerstand der Grünen gegen den Flughafenausbau war die Tatsache, daß er Frankfurts Rolle als militärische Drehscheibe für die NATO-Streitkräfte und damit der amerikanischen Armee und Luftwaffe stärken sollte. Die Flughafenerweiterung symbolisierte in den Augen der Grünen also auch die zunehmende Militarisierung Deutschlands und – noch gravierender – sie machte die fortdauernde Unterwerfung Deutschlands unter amerikanische Interessen deutlich. Die Startbahn West schädigte also nicht nur die Natur, sondern lieferte auch einen weiteren Beleg für die fehlende Souveränität Deutschlands. Auch hier sollte man die zentrale Bedeutung von Fragen deutscher politischer Eigenständigkeit bei der Mobilisierung der Grünen und ihrer Sympathisanten nicht unterschätzen.

In einer offiziellen Resolution ihres Bundeskongresses am Ende des Jahres erklärten sich die Grünen bei bestimmten Sachfragen zur Zusammenarbeit mit der SPD bereit, schlossen aber zugleich aus, in Fragen des Lebens und Überlebens Kompromisse mit Sozialdemokraten zu schließen. Weder eine Koalition noch die »Duldung« einer SPD-geführten Regierung käme für sie in Frage.[54]

Trotz dieses ungünstigen Klimas ergaben die Wahlen vom 26. September 1982 rein rechnerisch eine Mehrheit für eine rot-grüne Koalition.[55] Börner war nun zwischen seinem Wahlversprechen und seiner Entschlossenheit, die Grünen zu ignorieren, und der Notwendigkeit gefangen, eine parlamentarische Mehrheit zur Weiterregierung zusammenzubekommen. Anstatt sofort in Verhandlungen mit den Grünen einzutreten, beschloß Börner, zuerst einen Haushalt vorzuschlagen, der von der SPD allein aufgestellt, aber politisch so wenig zu beanstanden wäre, daß die Grünen gar nicht anders könnten als zuzustimmen.[56]

Unterdessen geriet Börners Position unter heftigen Beschuß der SPD-Linken, die traditionell eine starke Stellung in Hessen, besonders im südlichen Landesteil, besaß. Die SPD-Linke griff Börners sture Ablehnung einer politischen Partnerschaft mit den Grünen an.[57] Der Druck nahm zu. Sofort nach der Wahl offerierten die Grünen formell »Gespräche« über programmatische Gemeinsamkeiten und machten deutlich, daß sie dazu beitragen könnten, Börner erneut zum Posten des Ministerpräsidenten zu verhelfen, indem sie sich im Landtag der Stimme enthielten.[58] Drei Wochen nach den Wahlen vollzog Börner einen persönlichen und politischen Schwenk. Er legte seine »Berührungsangst« gegenüber den Grünen ab und sah in ihnen »eine Menge nachdenklicher junger Leute und nicht nur Unruhestifter«.[59] Börner deutete sogar an, seine Haltung zur Atomenergie und seine Genehmigung für einen dritten Atomreaktor in Biblis noch einmal zu überdenken.[60] Sein wichtigster Beweggrund bestand allerdings darin, im Sinne der Partei zu handeln und die Verbindung zu ihren »verlorenen Kindern« zu halten.

Im Gegensatz zur Hamburger GAL gingen die hessischen Grünen ohne unbedingte Forderungen in die Vorgespräche mit der SPD. Börner blieb als parlamentarischer Führer im Amt.[61] Wegen des Zeitpunktes der Wahl[62] und aufgrund des Drucks der parteieigenen Linken lehnte Börner es ab, vor dem Herbst 1983 Neuwahlen anzusetzen. Während er an seinen antigrünen Überzeugungen festhielt, fühlte er sich zugleich gezwungen, sein versprochenes Programm gegen die Arbeitslosigkeit umzusetzen. Die grüne Unterstützung dafür, die Börner nach sechswöchigen Verhandlungen und einigen Konzessionen bekam, bedeutete den ersten Wendepunkt in Hessens rot-grünem Experiment.[63] Zum ersten Mal wurde in der Bundesrepublik ein wichtiges Gesetzeswerk mit Hilfe grüner Stimmen verabschiedet. Die Grünen hatten in der Regierungspolitik mitzureden.

Aber auf dem Weg zum Verhandlungstisch lagen immer noch einige Stolpersteine. Im März 1983 weigerten sich die Grünen, ermutigt durch ihren Erfolg bei der Bundestagswahl, dem Haushaltsvorschlag der SPD zuzustimmen, und Börner, ermutigt durch den SPD-Sieg über die GAL in Hamburg, schrieb Neuwahlen aus. Wie Dohnanyi kämpfte er für die absolute Mehrheit seiner Partei: »Ich will keine Koalition, ich will eine Mehrheit, ich will klare Verhältnisse.«[64] In der Hoffnung, die Wähler zurückzugewinnen, die die SPD an die Grünen verloren hatte, nahm sie ein »ökologisch orientiertes Wirtschafts- und Arbeitsmarktprogramm« an, das zahlreiche Anleihen bei der Ökopartei machte. Die Übernahme grüner Positionen, von den Grünen und ihren Freunden Themenklau genannt, wurde bei den etablierten Parteien immer mehr gängige Praxis.

Die Rhetorik war nicht nur Wahlkampfstrategie. Seit dem Scheitern des Haushaltsentwurfs stand Börner unter dem starken Druck – diesmal der SPD-Rechten –, allen grünen Annäherungsversuchen zu widerstehen. Einige Mitglieder seiner Fraktion gingen so weit, Börners Führungsstärke in Frage zu stellen.[65] Gleichzeitig kamen sich die SPD-Linke und die realistischen Grünen noch ein Stück näher. Die Jusos stellten sich offen gegen ihre Parteiführung und trafen sich mit den Grünen, um über Strategien und Fragen einer »neuen Politik« zu sprechen.[66] Der starke linke Bezirk Südhessen sprach plötzlich nicht mehr von einer wünschenswerten absoluten Mehrheit der SPD, sondern diskutierte öffentlich über eine Koalition mit den Grünen.[67] Die Partei lehnte es schließlich ab, jede Kooperation mit den Grünen ganz auszuschließen, obwohl Börners verbale Äußerungen scharf blieben.[68]

Die Ereignisse der vergangenen Monate und Börners Hamburger Taktik führten zu leichten Veränderungen bei den Wahlen zum hessischen Landtag[69]; die SPD verfehlte jedoch die absolute Mehrheit. Folglich kristallisierte sich Rot-Grün als einzige praktikable Lösung heraus. Die beiden Parteien würden also ihre Differenzen beilegen müssen.

Eine Initiative der Grünen brach das Eis. In einer überraschenden Wendung beschloß ein Parteitag mit großer Mehrheit, der SPD eine »kontinuierliche Zusammenarbeit« anzubieten.[70] Kurz danach nahm ein SPD-Landesparteitag dieses Angebot fast einstimmig an. In einer ebenso glänzenden wie langen Rede sprach sich Börner für den Antrag aus und wies auf die Bedeutung einer rot-grünen Koalition hin. Er hob hervor, daß diese keine Kapitulation, sondern eine historische Initiative sei. Hessen bilde damit ein Gegengewicht zu Bonn, was natürlich bedeutete, daß eine rot-grüne Koalition in Hessen ein wirklich fortschrittliches Korrektiv zum konservativ-liberalen Block der Bundesrepublik wäre. Die dringendste politische Tagesaufgabe, so Börner weiter, sei die Versöhnung von Ökonomie und Ökologie, und Hessen sei »schon immer ein Land gewesen, in dem Probleme und Entwicklungen früh sichtbar wurden, die dann in der Bundesrepublik insgesamt ausbrachen.«[71] Börner trat für ein neues Bündnis ein – aber nicht für eine neue Politik. Ein zehnköpfiger Ausschuß von Sozialdemokraten und Grünen nahm Verhandlungen auf. Auf beiden Seiten gab es gute Absichten und gegenseitige Solidarität, aber auch gravierende grundsätzliche Differenzen. Börner bekundete seine Entschlossenheit, sich von der bisherigen technokratischen und wachstumsorientierten SPD-Politik zu verabschieden,[72] aber die zentralen Verhandlungspunkte der SPD blieben im üblichen Rahmen sozialdemokratischer Reformpolitik.[73]

Die Grünen hatten natürlich größere Ambitionen und wollten »nicht für Peanuts zu Mehrheitsbeschaffern« werden.[74] Ganz oben auf ihrer »Wunschliste« standen die sofortige Aussetzung der Benutzung der Startbahn West und die bedingungslose Abschaltung des Atomkraftwerks Biblis, beide waren unter sozialdemokratischen Regierungen gebaut worden. Dies bedeutete offensichtlich ein Dilemma für die potentiellen Partner. Wenn sie bei allen politischen Fragen nachgaben, die sich auf das »Leben und Überleben« bezogen wie die Startbahn und die Atomenergie, wäre dies für die Sozialdemokraten gleichbedeutend mit dem Eingeständnis, früher in Hessen eine falsche Politik betrieben zu haben. Andererseits waren es genau diese Fragen, bei denen auch die pragmatischsten Realos einen Trennungsstrich ziehen mußten, wenn sie nicht jeden Rückhalt in der grünen Partei verlieren wollten. Trotz dieser Ausgangssituation endete die erste Verhandlungsrunde mit einer grundlegenden Übereinkunft: Die Grünen würden die SPD-Regierung zumindest bei den Abstimmungen über den Haushalt 1983 und 1984 tolerieren.

Die grüne Landtagsfraktion äußerte sich zufrieden über diese Übereinkunft, die Parteisatzung verlangte aber, daß auf einem Landesparteitag die Zustimmung der Basis dazu eingeholt werden mußte. Im Januar 1983 gab der Parteitag grünes Licht für den Haushalt 1983, nahm zur Enttäuschung der SPD aber Anstoß an dem »Doppelhaushalt«. Die SPD bekannte sich zwar zu den basisdemokratischen Prinzipien, meinte aber, daß es nicht anginge, einen Landeshaushalt einer Versammlung vorzulegen, die nur einen kleinen Teil der Parteimitglieder umfasse. Das Grollen der SPD über die »Diktatur der Basis« bei den Grünen sollte in Zukunft noch erheblich zunehmen.

Aber vorerst herrschte in der SPD Hochstimmung. Die Bundespartei erklärte, daß sie »Börner rückhaltslos« unterstütze.[75] Hans-Jochen Vogel, SPD-Fraktionsführer im Bundestag, ernannte Börner sogar zum »Mann des Jahres«.[76]

Die Flitterwochen zwischen Sozialdemokraten und Grünen währten jedoch nur kurz. Als Börner im März des Jahres seinen Haushaltsentwurf 1984 vorlegte, gewannen die Grünen den Eindruck, ihre Anliegen seien übergangen worden. Folglich machten sie ihre Zustimmung zum Haushalt von einer Reihe von Forderungen abhängig.[77] Es folgte ein weiteres Hin und Her von Konzessionen und Forderungen.[78] Börner antwortete mit einem versöhnlich gehaltenen Brief, in dem er seinen festen Willen betonte, die gemeinsame Arbeit fortzusetzen.[79] Der unterdessen entstandene hohe Grad an gegenseitigem Vertrauen und sogar persönlichen Beziehungen gründete sich offenbar nicht auf einen substantiellen Konsens. Für die Grünen wie für die SPD hatte diese Kooperation weitgehend den Charakter eines Experiments. Aber das bereits in das Bündnis investierte politische Kapital und der symbolische Wert seines Erfolges machten die Fortsetzung der Zusammenarbeit zu einer wichtigen Angelegenheit. Daher gaben die Grünen trotz der ungelösten Konfliktpunkte nach und verabschiedeten den vorgeschlagenen Haushalt.

Auf ihrem Parteitag im Juni 1983 billigte auch die SPD das Bündnis mit überwältigender Mehrheit (wenn auch nicht ohne zunehmende Anzeichen von Dissens).[80] Im Juli wählten SPD und Grüne Börner wieder zum Ministerpräsidenten und bestätigten sein Kabinett nach mehr als 19 Monaten Minderheitsregierung. Börner erklärte, daß das rot-grüne Bündnis die Architektur einer neuen Politik und eine Antwort auf die Anhäufung der sozialen, wirtschaftlichen und ökologischen Probleme sei, die die Bonner Politik zu verantworten habe.[81] Für viele Sozialdemokraten waren pragmatische und instrumentelle Überlegungen für diese Partnerschaft ausschlaggebend: Eine Strategie der Ausgrenzung gegenüber den Grünen wäre »unverantwortlich« gewesen.[82]

Im Frühherbst 1983 wurde das Bündnis durch einen Streit über die Atomprojekte NUKEM und ALKEM erschüttert.[83] Im Oktober machte ein weiterer Parteitag der Grünen die Fortsetzung des Bündnisses von der Zurücknahme der Genehmigung für eine neue Fabrik für Atombrennstäbe, NUKEM II, und der Streichung eines Auftrags an ALKEM zur Lieferung von atomwaffenfähigem Plutonium an nicht näher bezeichnete Abnehmer in der Dritten Welt abhängig. »Kein Einstieg in die Plutoniumwirtschaft« warnte das Ultimatum.[84] Bestimmte grüne Prinzipien, so argumentierten die Fundamentalisten, hätten Vorrang vor einem Kompromiß. Das rot-grüne Experiment schien kurz vor dem Ende.[85]

Das Bündnis war nicht nur durch Streitereien zwischen den Parteien, sondern auch durch Querelen innerhalb jeder der beteiligten Parteien sowie durch die nachlassende Unterstützung ihres jeweiligen Bundesvorstandes bedroht. Das Bündnis verengte sich zu einer Allianz zwischen SPD-Linken und grünen Realisten. Für beide hätte ein Ende der Kooperation einen dramatischen Verlust von Macht und Ansehen bedeutet.[86]

Zur Rettung des rot-grünen Experiments drängten Realos und SPD-Linke auf eine formelle Koalition.[87] Sie wurde besiegelt, als Börner – in einer persönlichen und einseitigen Initiative[88] – den Grünen im Mai 1984 eine Koalition und das Amt des Umwelt- und Energieministers anbot. Als Gegenleistung forderte er die Verabschiedung des Haushalts 1985 sowie eines Doppelhaushalts für 1986/87. Börner erklärte, die Integration junger und umweltbewußter Wähler fördere die Legitimität des demokratischen Staates, da sie die von den Grünen repräsentierten Wählerschichten in das politische System einbinde und ihnen Perspektiven für eine konstruktive Reformpolitik eröffne.[89] Die Grünen lehnten den Doppelhaushalt im Parlament ab, und die Fundis forderten zwei Minister und zwei weitere hochrangige Posten. Im Laufe der Verhandlungen bestanden sie außerdem darauf, daß die Atomenergie in den Zuständigkeitsbereich des grünen Umweltministers fallen und ein eigenständiges Frauenministerium geschaffen werden sollte.

Der SPD-Vorstand widerstand diesem Druck. Der schließlich erreichte Kompromiß sah gesonderte Beratungen über die zwei Haushalte vor, die jedoch beide binnen eines Jahres verabschiedet werden sollten. Die drei Regierungsposten, die die Grünen schließlich erhielten, wurden von Joschka Fischer, Karl Kerschgens und Marita Haibach besetzt.

Die langwierigen und turbulenten Verhandlungen zehrten die anfängliche Euphorie auf. Die hessische SPD begann, das Bündnis mehr als unvermeidbares Miteinander denn als historisches Ereignis wahrzunehmen und darzustellen. Der Bundesvorstand der SPD ging noch weiter und behauptete, die Koalition in Hessen sei ein reines »Zweckbündnis«, das für die Bundespartei keinerlei Modellcharakter habe.[90]

Auch die Bundesgrünen sahen in Hessen »kein Modell für die Bundesebene«.[91] Viele grundlegende innergrüne Differenzen waren noch nicht genügend eingeebnet worden, um eine gemeinsame Politik oder einen neuen Konsens zu schmieden. Ein SPD-Mitglied der Verhandlungskommission berichtete, bei allen relevanten Verhandlungsthemen sei nicht einmal die Vision eines Kompromisses am Horizont sichtbar gewesen.[92]

Als folglich 1985 die erste richtige rot-grüne Koalition in Hessen stand, war bereits deutlich erkennbar, in welchen Bereichen sie früher oder später wackeln würde. Es gab eine neue Koalition, die nicht auf einer neuen Politik basierte. Die Taktik, strittige Fragen wie NUKEM/ALKEM dadurch zu neutralisieren oder in ihrer Brisanz zu begrenzen, daß sie aufgeschoben und erst später wieder zur Diskussion gestellt wurden, konnte grüne Fundis und SPD-Rechte nur für eine begrenzte Zeit ruhigstellen. Die Motive beider Parteien für die Bildung einer Koalition sprachen ohnehin eher gegen die Entwicklung eines substantiellen Konsenses. Während einige SPD-Linke zu versuchen schienen, ihre technokratische, wachstumsorientierte Politik aufzugeben und eine Art von Ökosozialismus zu entwickeln, waren Börner und andere nach wie vor bestrebt, die Grünen zu »integrieren«, um in deren Wählerpotential einzubrechen und es auf die Seite der Sozialdemokratie zu ziehen. All das erleichterte es den Fundis in der grünen Partei und den Kanalarbeitern in der SPD, das Zweckbündnis durch Obstruktionspolitik zu sabotieren. Aber während die SPD über genügend Disziplin und organisatorischen Zusammenhalt verfügte, um die innere Opposition in Schach zu halten, war ein Joschka Fischer wegen der grünen Prinzipien des Minderheitenschutzes und der umfangreichen Vetorechte der Basis wesentlich verwundbarer.

## Die Phase der Krise und des Bedeutungsverlustes – die Debakel im Saarland und in Nordrhein-Westfalen

Trotz der Wechselfälle in Hessen bedeutete die Entwicklung im Herbst 1984 für die Grünen einen schwindelerregenden Höhepunkt. Die *Frankfurter Rundschau*, die führende linksliberale Zeitung der Bundesrepublik, fragte: »Grün und kein Ende?«[93] Die SPD erlitt bei den Landtagswahlen in Baden-Württemberg und bei den Kommunalwahlen in Nordrhein-Westfalen 1984 schwere Verluste zugunsten der Neulinge. Zu diesem Zeitpunkt begeisterte sich die SPD-Linke noch immer für die Idee einer rot-grünen Zusammenarbeit.[94] Nur wenige Monate später hatten sich die Positionen der beiden Parteien umgekehrt. In der SPD kam man überein, daß die Sozialdemokratie bei der Bundestagswahl von 1987 nicht nur versuchen solle, es allein zu schaffen, sondern daß sie das auch durchaus schaffen könne. Bis zum September war dieser Konsens zur offiziellen Parteipolitik geworden: Es würde keine Koalition mit den Grünen geben; im Wahlkampf ginge es darum, in der Mitte so viele Wählerstimmen wie möglich zu holen, da man letztlich die absolute Mehrheit erreichen wolle. Diese Einstellung gegenüber den Grünen glich jener, die Johannes Rau in Nordrhein-Westfalen mit Erfolg angewandt hatte. Es war ihm gelungen, die absolute Mehrheit für die SPD zu erreichen und die Grünen aus dem Düsseldorfer Landtag herauszuhalten. Die mageren 4,6 Prozent, die die Grünen in diesem wichtigen Bundesland erzielten, waren enttäuschend und bedeuteten einen Wendepunkt hinsichtlich der gesamten Befindlichkeit der Partei und der Einstellung der Wähler zu ihr.

Der Verlust traf um so härter, als er völlig unerwartet kam. Zu Beginn des Wahlkampfes gaben sich die Grünen noch offensiv, die SPD schien auf dem Rückzug. Viele prominente Sozialdemokraten – darunter Oskar Lafontaine – hofierten die Grünen nicht nur als vorübergehende Juniorpartner in einer rot-grünen Koalition, sondern als langfristige Teilhaber an der Staatsmacht. Der Stimmenzuwachs für die Grünen schien unaufhaltsam zu sein.

Der grüne Wahlkampf in Nordrhein-Westfalen begann zu einem vielversprechenden Zeitpunkt. Bei den Europawahlen im Juni 1984 schickte NRW die grünen Kandidaten mit überzeugenden 8,2 Prozent nach Brüssel. Dieses respektable Ergebnis wurde von den 9,1 Prozent übertroffen, die die Partei einige Monate später bei den Kommunalwahlen an Rhein und Ruhr erzielte. Eine Umfrage der *Hessischen Allgemeinen* vom Juni 1984 ermittelte in Hessen auf Landesebene eine 7- bis 8prozentige Unterstützung für die Grünen.[95] In einer anderen Umfrage gaben erstaunliche 26 Prozent der Wähler den NRW-Grünen »gute Noten«.[96] Die grünen Kandidaten gaben sich zuversichtlich, ja siegesgewiß.[97] In einem internen Positionspapier rühmte sich der Parteivorstand, daß in Nordrhein-Westfalen noch nie ein Wahlkampfkonzept so früh gestanden hätte wie dieses.[98]

Die sorgfältigen Vorbereitungen, die bereits im Dezember 1983 begannen, zeigten, welche Bedeutung einem grünen Sieg in NRW beigemessen wurde. NRW ist das bei weitem bevölkerungsreichste Land, das ein Drittel des Gebietes und der Bevölkerung der alten Bundesrepublik umfaßt. Sein Herzstück, das Ruhrgebiet, weist die größte Konzentration von Industriebetrieben in Westdeutschland auf. Folglich ist bei den Wählern der Anteil der Industriearbeiter hoch. Ein Sieg in diesem Land hätte den Grünen eine neue bedeutsame Aura der Legitimität und Anerkennung in zwei Bereichen gegeben, die für ihre Zielsetzung und Identität von zentraler Bedeutung waren. Bekämen sie eine nennenswerte Zahl von Stimmen aus der Industriearbeiterschaft, könnten sie den Anspruch erheben, sich zu einer echten Linkspartei entwickelt zu haben, die eine tragfähige Alternative zur kompromißlerischen SPD darstellte. Denn die Wählerstimmen aus dem Arbeitermilieu fehlten den Grünen noch, um sich als echte politische Vertreter der Linken präsentieren zu können. Interessanterweise blieb die Arbeiterklasse in dieser Hinsicht sogar für die Nach-APO-Linke und ihre politischen und intellektuellen Nachfolger eine Gruppe, der man besondere Bedeutung zumaß. Außerdem hätte ein respektables Abschneiden in NRW der Öffentlichkeit gezeigt, daß die Grünen auch für den »Durchschnittsdeutschen« und nicht nur für Berliner »Alternative«, Frankfurter »Intellektuelle« und Universitätsstudenten in Tübingen, Freiburg und Marburg attraktiv waren. Es sollte jedoch nicht sein. Die Grünen schafften die Fünf-Prozent-Hürde nicht, der nordrhein-westfälische Landtag blieb grünenfreie Zone.

Was war der Grund für dieses Wahldebakel? Erstens vermochte im Gegensatz zu Hessen und Hamburg weder die realistische noch die fundamentalistische Strömung in der Partei die Oberhand zu gewinnen. Eine realistische Fraktion, die dem Vorstand in Düsseldorf nahestand, stimmte mit dem Parteigeschäftsführer Martin Pannen überein, der für Koalitionen plädierte, aber das hessische Modell verwarf.[99] Ein starker ökosozialistischer Flügel unter Führung des Bundestagsabgeordneten Eckhart Strattmann lehnte jede Art von formeller Zusammenarbeit mit den Sozialdemokraten ab. Beide Fraktionen versuchten, ihre Differenzen auf einer Reihe von Parteitagen mitten im Wahlkampf beizulegen. Das Ergebnis war ein langer und detaillierter Forderungskatalog, zu dem auch die sofortige Abschaltung aller Atomkraftwerke in NRW gehörte.[100] Das umfangreiche Programm war der Öffentlichkeit erst wenige Tage vor der Wahl zugänglich.[101] Die *Frankfurter Rundschau* spöttelte, daß wohl niemand die 500 bis 600 Seiten gezählt und erst recht nicht gelesen habe.[102]

In das grüne Programm hatte auch ein verunglückter Abschnitt, initiiert von einer kleinen Gruppe Homosexueller, Eingang gefunden, der Sex mit Kindern als schön, produktiv, ermutigend, mit einem Wort als positiv beschrieb.[103] Dieser Abschnitt sorgte bald darauf in sensationslüsternen Boulevardzeitungen für Schlagzeilen[104], und die SPD-Rechte stürzte sich schadenfroh auf den »Kinder-Sex-Skandal«.[105]

Die Niederlage in NRW hatte das Image der Grünen schwer beschädigt. Durch das ständige Gezerre zwischen den beiden Fraktionen wirkten die Grünen zerstritten und inkompetent. Außerdem erschien der vorab veröffentlichte enorme Forderungskatalog unrealistisch und anmaßend. Dies um so mehr, als die Grünen der SPD anboten, als Gegenleistung für die Annahme dieser Koalitionsbedingungen die Wahl von Rau zum Ministerpräsidenten zu unterstützen.

Innerhalb der grünen Partei gab es unterschiedliche Erklärungen für die Niederlage. Die Realisten schoben sie auf die Obstruktionspolitik der Fundamentalisten. Jakob Sonnenschein von der *TAZ* erhob den bitteren Vorwurf: »Hier müssen dann diejenigen Farbe bekennen, die im Grunde genommen keine Tolerierung der SPD wollen, dies aber nicht offen sagen, sondern die Tolerierungslatte so hoch anlegen wollen, daß eine Zusammenarbeit mit der SPD von vornherein verunmöglicht wird. Die politische Offenbarung steht in NRW jedenfalls noch aus. Es hat sich eine unheilige Allianz von realistischen Politikern, fundamentalistischen Intentionen, linken Fundamentalisten und Bahro-Anhängern gebildet ... Jeder, der in NRW ... quasi als Vorbedingung (für die Zusammenarbeit mit der Regierung) den ›sofortigen Ausstieg‹ aus der Atomenergie fordert, aber gleichzeitig vorgibt, an einer solchen Zusammenarbeit interessiert zu sein, verletzt die Spielregeln.«[106]

Die Fundamentalisten schoben die Wahlniederlage auf die schlechte Wahlkampfführung des Realo-Vorstands. Christa Nickels und Antje Vollmer von der grünen Bundestagsfraktion behaupteten, 90 Prozent des Wahldebakels seien hausgemacht.[107] Aber weder die fundamentalistische Obstruktionspolitik noch die Fehler der Realos hatten den Grünen bisher geschadet.

Die Niederlage der Grünen in NRW schien tatsächlich Teil eines größeren Entwicklungsprozesses zu sein. Denn die bescheidenen 4,6 Prozent folgten ja direkt auf einen noch größeren Verlust im Saarland einen Monat zuvor, wo die Grünen nur enttäuschende 2,5 Prozent erreicht hatten. Bezeichnenderweise ist das Saarland, ebenso wie

Nordrhein-Westfalen, ein von der Industrie geprägtes Bundesland, das zweite Zentrum der deutschen Stahlproduktion. Es befand sich ökonomisch in einer noch schwierigeren Lage als Nordrhein-Westfalen. Trotz hochgespannter grüner Erwartungen sah es letztlich so aus, als seien die Grünen nicht imstande, die Unterstützung der Arbeiter für ihre »neue« Protest- und Autonomiepolitik zu gewinnen. Die mangelnde Attraktivität für diese Wählerschichten sollte die Grünen bis in die Gegenwart hinein begleiten.

### Die Richtungswahl: Niedersachsen

Es war Heiner Geissler, der damalige kämpferische und provokative Generalsekretär der CDU, der die Landtagswahl in Niedersachsen am 15. Juni 1986 zu einer Richtungswahl erklärte, also als einen Urnengang, der die Entwicklung des künftigen politischen Lebens der Bundesrepublik entscheidend beeinflussen werde. Da die sozioökonomische Struktur Niedersachsens im kleinen Maßstab die der Bundesrepublik ist, konnte diese letzte wichtige Landtagswahl vor der Bundestagswahl den bundespolitischen Wahlkampf, der genau sieben Monate später anstand, beeinflussen und vorzeichnen. Aufgrund des Zusammentreffens dieser beiden Ereignisse wurden die Wahlen in Niedersachsen zu den seit Jahren am genauesten verfolgten Landtagswahlen in Westdeutschland.[108] Zumindest für die Grünen war die Bedeutung dieser Wahl vergleichbar mit der Bundestagswahl.

Von ihrem Ausgang hing viel ab. Kanzler Helmut Kohl steckte nach Ansicht vieler Beobachter in einer Vertrauenskrise, und eine Niederlage der Konservativen in Niedersachsen hätte seine Regierung in Bonn gefährden können. Außerdem schienen die Chancen gut zu stehen, daß Gerhard Schröder, der dynamische und progressive junge Kandidat in Niedersachsen, die eindrucksvollen Erfolge seiner Kollegen Oskar Lafontaine und Johannes Rau wiederholte. Und ein Sieg Schröders konnte dem Bundestagswahlkampf der SPD möglicherweise neuen Schwung geben.

Auch für die Grünen schien die Wahl viele Möglichkeiten zu bergen, zumal Schröder, getreu seinem progressiven Hintergrund als einer der profiliertesten ehemaligen Juso-Führer, seine Offenheit für eine rot-grüne Koalition erklärt hatte. Obwohl er im Frühjahr 1987 einen Rückzieher machte (vor allem, um der Strategie von Johannes Rau nicht in die Quere zu kommen), waren die meisten Grünen überzeugt, daß Schröder zur Verfügung stehen werde, wenn die Zahlen für eine rot-grüne Koalition sprächen. Die Grünen wähnten sich eines positiven Ausgangs so sicher, daß sie der SPD schon vor der Wahl bedingungslos die Bildung einer Koalition anboten. Es gab noch andere Faktoren, die diese Koalition wahrscheinlich machten. Im Laufe des niedersächsischen Wahlkampfes wurde in Hessen die erste »richtige« rot-grüne Koalition gebildet und Joschka Fischer als erster grüner Minister vereidigt, wenn auch in Turnschuhen. Darüber hinaus erklärten sich die verfeindeten Fraktionen in Bonn zu einem vorübergehenden Waffenstillstand bereit. Die grüne Bundespartei, die sorgfältig das Wort Koalition vermied, erklärte formell ihre Bereitschaft zur »Zusammenarbeit«, wollte über deren Form aber erst sprechen, wenn sich die zahlenmäßigen Voraussetzungen dafür ergäben.

Insgesamt schienen die Bedingungen für eine Wiederholung der »Umstände in Hessen« günstig zu sein. Viele Grüne, Sozialdemokraten und auch sonstige politisch progressive deutsche Bürger hatten scheinbar den Eindruck gewonnen, daß Rot-Grün innerhalb eines Jahres von einem Traum zu einer praktikablen politischen Alternative zu der Bonner Mitte-Rechts-Koalition werden könnte. Selbst die konservative *Frankfurter Allgemeine Zeitung* fragte: »Hessen, vielleicht Niedersachsen, später Hamburg oder Bonn?«[109]

Der Joker in dieser labilen politischen Konstellation war der sowjetische Reaktorunfall in Tschernobyl. Da diese Katastrophe die düstere Vision von einer ökologischen Apokalypse bestätigte, stärkte sie die Stellung der Fundamentalisten in der Partei erheblich, während der Gradualismus der hessischen »Fischer-Bande« zunehmend angezweifelt wurde.[110]

Die Verschiebung des innerparteilichen Kräfteverhältnisses bei den Grünen wurde auf dem außerordentlichen Parteitag vom 16. bis 19. Mai in Hannover deutlich. Statt Veränderungen des neuen Entwurfs des Bundestagswahlprogramms 1987 zu diskutieren, wie ursprünglich beabsichtigt, ging der Parteitag schnell zu einer Debatte über grüne »Grundlagen«, »Essentials« und »Prinzipien« über. Die fundamentalistische Hardlinerin Jutta Ditfurth stimmte den Ton an: »Tschernobyl ist überall«[111]... »Nach dem 28. April 1986, dem Tag der Atomkatastrophe von Tschernobyl, ist unser Leben nicht mehr, wie es war. Wir werden neu definieren müssen, was ein normales Leben ist. Es ist ein Moment in der Geschichte, von dem wir sagen, daß wir uns nichts mehr wünschen, als daß wir in diesem Fall nicht recht gehabt hätten.«[112] Die Fundamentalisten sprachen von der »Atommafia«, von »Terroristen« und »Mördern« (womit sie von der SPD bis hin zu den Plutoniumfabrikanten jeden meinten), die wissentlich und um des Profits willen eine radioaktive Wüste vorbereiteten. Rainer Trampert sagte dramatisch: »Alle 374 Atomanlagen auf der Erde sind Kriegserklärungen gegen uns.«[113] Dieser »Verbalradikalismus« hatte ein konkretes Ziel – Fischers neue rot-grüne Koalition in Hessen. Da die Diskussion über die Koalitionsfrage verschoben worden war, konnte Fischer nicht direkt angegriffen, dafür aber stark unter Druck gesetzt werden, »konkrete Schritte« in Richtung eines atomfreien Hessens zu unternehmen: »Ausstieg jetzt, ohne Verhandlungen«, forderte Petra Kelly.[114] Lukas Beckmann warnte: »Wenn sich die SPD in Hessen nicht bewegt und wenn es nicht gelingt, Biblis und Hanau[115] sehr bald zu stillgelegten Denkmälern zu machen, dann kann es für uns nur eins geben: Raus aus der Koalition!«[116]

Dabei waren weder Fischer noch die hessische Landesregierung ermächtigt, einen »sofortigen Ausstieg« aus der Atomenergie zu vollziehen. Die rechtlichen Vollmachten in bezug auf die Atomkraftwerke lagen ausschließlich bei der Bundesregierung.[117] Von den Fundamentalisten attackiert, antwortete Fischer, daß »nicht nur Bekenntnis, sondern auch Durchsetzung« gefordert sei.[118]

Michail Gorbatschows Abrüstungsvorschläge ließen für die Grünen ein drittes Thema wieder aktuell werden: ihre seit langem erhobene Forderung nach dem Austritt der Bundesrepublik aus der NATO. Dieser Programmpunkt wurde zum ersten Mal von zwei Richtungen in der Partei in Frage gestellt: erstens von einer kleinen, aber wichtigen Minderheit, die dafür eintrat, einen Abrüstungsvertrag zwischen Ost und West an die Spitze der grünen Prioritäten zu setzen[119]; und zweitens von den Realos, die jeden Satz streichen wollten, der den Westen und die Vereinigten Staaten als »Kriegstreiber« zu den Hauptverantwortlichen des Wettrüstens erklärte.[120] Es gelang ihnen, die Parteiplattform leicht, aber nicht wesentlich zu verändern.[121] Die anderen Parteien schlachteten diese interne Meinungsverschiedenheit aus.[122] Johannes Rau erklärte, der grüne Parteitagsbeschluß wäre offensichtlich ein Sieg der sogenannten Fundamentalisten. Er fühle sich in der Ansicht bestärkt, daß eine Zusammenarbeit mit so unvernünftigen Leuten auf Bundesebene unmöglich sei.[123]

Natürlich waren die Grünen nicht die einzige linke Kraft, die durch die Katastrophe von Tschernobyl aufgeschreckt worden war. Der Protest gegen den Bau der Atomanlagen in Wackersdorf (Bayern) und Brokdorf (Schleswig-Holstein) steigerte sich dramatisch – und nahm gewaltsame Formen an. In »bürgerkriegsähnlichen« Szenen kam es zu brutalen Zusammenstößen zwischen vermummten, lederbekleideten anarchistischen Autonomen, die mit Schleudern, Molotow-Cocktails und Leuchtpistolen bewaffnet waren, und der Polizei, die Wasserwerfer, Hubschrauber und Reizgas einsetzten (das offiziell nicht gegen Zivilisten eingesetzt werden darf). Mehrfach vorgebrachte Forderungen nach außerparlamentarischen Protestaktionen auf dem Parteitag in Hannover rückten die Grünen in unselige Nähe zu den gewalttätigen Demonstranten. Und einem Gerücht zufolge, das nach der Wahl ausgeräumt werden konnte[124], soll die Nachricht, daß über hundert Polizisten in Wackersdorf verletzt worden waren, bei den grünen Delegierten Bravorufe und wilden Applaus hervorgerufen haben.

Dieses Gerücht, zweifellos genährt durch die ambivalente Reaktion der Grünen auf gewalttätigen Protest und ihr anhaltendes Widerstreben, das Gewaltmonopol des Staates in einer liberalen Demokratie anzuerkennen, war Teil einer aggressiven konservativen Kampagne gegen die grüne Partei und ihr Umfeld. Der *Spiegel* wagte zu behaupten, daß die Polizeistrategie in Brokdorf gemäß den Befehlen von oben bewußt gewaltsame Zusammenstöße provoziert hätte, um die Protestierenden – und die Grünen – in Mißkredit zu bringen. Was an diesen Spekulationen auch immer zutreffend gewesen sein mag, zweifellos hatten die Taktiker der CDU ihre Strategie der Ignorierung der Grünen aufgegeben in der Hoffnung, daß sie wieder verschwänden. CDU-Politiker führten einen beispiellosen Propagandafeldzug[125] gegen die Grünen, denunzierten sie als Kindermörder (wegen ihres Standpunktes in der Abtreibungsfrage) und Terroristen und erklärten, daß ein »rot-grünes Chaos das Land ruinieren« würde.[126] Diese aggressive Medienkampagne verfehlte ihr Ziel nicht: Bei der Wahl in Niedersachsen errangen die Bonner Koalitionspartner eine hauchdünne Mehrheit.

Die CDU/FDP-Koalition hatte im Hannoverschen Landtag eine Ein-Stimmen-Mehrheit. Die SPD schnitt insofern besonders gut ab, als sie seit der letzten Wahl 5 Prozent – fast ausschließlich auf Kosten der CDU – zulegen konnte. In den Abendnachrichten zog der SPD-Kandidat Schröder die betrübliche Schlußfolgerung: »Wir haben hinzugewonnen, aber wir haben nicht gesiegt.«[127] Für die Bundestagswahl war ein wichtiges Signal ausgesandt worden. Der SPD-Geschäftsführer Peter Glotz schätzte das Ergebnis als »Aufwind für die Bundestagswahl« und als Bestätigung für die Richtigkeit des SPD-Kurses ein.[128]

Wenn der Gewinner schwer auszumachen war, so galt das nicht für den Verlierer: Die Grünen hatten weniger Stimmen erhalten als bei der vorausgegangenen Niedersachsen-Wahl, außerdem waren ihre Abmachungen mit der SPD von ihren potentiellen Unterstützern und Anhängern nicht akzeptiert worden, geschweige denn von der breiten Bevölkerung. Die Träume der Grünen (oder waren es zu hohe Erwartungen?) waren geplatzt[129], denn die offizielle Wahlanalyse zeigte, daß sich die Wähler in Niedersachsen entgegen den Erwartungen vieler Beobachter in höherem Maße an vertraute Muster gehalten hatten.[130] Die entscheidenden Wählerbewegungen fanden in den letzten Wochen des Wahlkampfes statt – und nicht nach dem Unfall in Tschernobyl.[131]

Gerade diese Normalität der Wahl und das Ausbleiben des erwarteten »Tschernobyl-Effekts« beschäftigte die Führung der Grünen in den Wochen danach und stürzte die Ökopartei in die bis dahin tiefste Krise ihrer kurzen Geschichte. Die Reaktion des Bonner Abgeordneten Ludger Volmer wiederholte sich in den folgenden Wochen in verschiedenen Varianten und mit dem gleichen fassungslosen Erstaunen bei seinen Parteikollegen: »Die Menschen fanden das Schreckgespenst einer rot-grünen Koalition beängstigender als die radioaktiven Wolken von Tschernobyl.«[132]

Warum sich die Entrüstung und Bestürzung der Öffentlichkeit über die Katastrophe in der Ukraine nicht in Wählerstimmen für die Grünen niedergeschlagen hatten, darüber gingen die Meinungen entsprechend den altvertrauten Trennungslinien zwischen den Fraktionen auseinander. Der von den Fundis beherrschte Bundesvorstand machte den Koalitionskurs der Realisten in Niedersachsen dafür verantwortlich. Der Ökosozialist und Parteisprecher Rainer Trampert wies nachdrücklich darauf hin, daß die Grünen nicht immer der SPD hinterherlaufen sollten.[133] Die Fundamentalisten klammerten sich an das fatalistische Argument, daß 7 Prozent das Optimum seien, das von einer linken Partei in der Bundesrepublik erreicht werden könne.[134] Mit anderen Worten, die Kosten für die Bewahrung der reinen Lehre bestanden in einer begrenzten Zahl von Wählern. Realisten wie Joschka Fischer griffen diesen Punkt auf und zogen daraus eine andere strategische Lehre: Die Grünen müßten mehr auf die Leute zugehen[135], um glaubwürdiger und bei Wahlen erfolgreicher zu werden. Die Wahl in Niedersachsen war nicht nur ein »Referendum über Tschernobyl«, bei dem ein Votum für die Grünen einem Votum gegen Tschernobyl gleichkam. Lukas Beckmann, der ehemalige Geschäftsführer der Grünen, stellte dazu fest, daß jemand, der Angst vor Kernkraftwerken hat, gleichzeitig die NATO als Schutzmacht betrachten, Angst vor der Befreiung der Frauen haben und ausländerfeindlich sein kann.[136]

Stimmabgaben waren komplexe Vorgänge, in die Grundsatzentscheidungen über mehr als ein Thema einflossen. Fischer kam zu dem Schluß, daß der »Verbalradikalismus« der Fundis, der exemplarisch in der Debatte über die NATO auf dem Parteitag in Hannover deutlich wurde, Wähler abgestoßen hätte, die eigentlich die Ansichten der Grünen teilten.[137] Die rigide Weltsicht der Fundamentalisten und die Reduzierung komplexer Probleme auf allzu einfache Kategorien verhinderten, daß die Grünen von potentiellen Anhängern gewählt wurden.

Außerdem war mehr erforderlich, als in den Diskussionen und Wahlprogrammen der Grünen gemäßigtere Töne anzuschlagen. Damit sie nicht nur eine Protestpartei blieben, sondern zu einer glaubwürdigen Reformpartei würden, müßten die Wähler, die mit der grünen Politik insgesamt übereinstimmten, von der Fähigkeit der Partei überzeugt werden, ihre Ideen in die Tat umzusetzen. Nach Meinung vieler Realos hatte das Auftreten der Grünen als »Stahlkugelfraktion«[138] in Brokdorf und sein Einfluß auf die Wahl eindeutig bewiesen, daß eine Annäherung an die »normalen Wähler« eine klare und offizielle Absage an jede Gewalt von seiten der grünen Partei erforderte. Die Alternative wäre eine gefährliche Stagnation als Partei für Hochschulabsolventen[139] oder die Beschränkung auf das ghettoähnliche Milieu der »Szene«. Folglich kamen sowohl Joschka Fischer[140] als auch Gerhard Schröder[141] zu dem Schluß, daß das Problem in

Niedersachsen nicht der Realo-Kurs, sondern das mangelnde Wählervertrauen war, da die Grünen nicht entschlossen und berechenbar um dieses Vertrauen gekämpft hätten. Fischers Analyse verwies also auf die Glaubwürdigkeitslücke.

Der Konflikt zwischen Fundis und Realos in Niedersachsen verlief gemäß dem einfachen, aber vertrauten Muster: Nach Siegen trat er in den Hintergrund, durch Niederlagen brach er wieder offen aus. Der Stimmenverlust in Niedersachsen bedeutete einen wichtigen Einschnitt nicht nur in der Entwicklung dieses innerparteilichen Konflikts, sondern auch in der historischen Entwicklung der deutschen Ökopartei und der Linken im allgemeinen. Die Strategien beider Fraktionen vor der Wahl beruhten auf einer bestimmten Vorstellung von der grünen Partei. Die Fundamentalisten sahen die Grünen als historische Bewegung, die immer größere Teile der Bevölkerung an sich ziehen könnte, wenn sich diese die gefährliche Richtung der sozioökonomischen und ökologischen Entwicklungen bewußt machten, die ein krisengeschüttelter Kapitalismus unweigerlich zeitigen würde. Die Fundis sahen die Rolle der Grünen darin, eine Avantgarde zu sein, die zur Bewußtseinserweiterung der Bürger beitrage und als ihr organisatorisches Zentrum fungiere. Es war für die Fundis ganz wichtig, daß die Partei an der reinen Lehre festhielt und jeder politischen Integration widerstand, damit die Grünen schließlich zu einer echten Massenbewegung, ja zu einer Mehrheitsbewegung würden, die das bestehende Gesellschaftssystem von innen heraus stürzte. Nach der Niedersachsen-Wahl zogen sich die Fundis, verblüfft darüber, daß Tschernobyl keine »bewußtseinserweiternden Wirkungen« gehabt hatte, auf ein selbstgerechtes Sieben-Prozent-Sektierertum zurück: War die Mehrheit der Wähler zu sehr verdummt worden, um nach Tschernobyl klar zu sehen, dann wäre das kaum die Schuld der wenigen Erleuchteten.

Dagegen versuchten die Realisten, die Entwicklung der Grünen von einer radikalen Bewegung zu einer linken Reformpartei voranzutreiben. Sie glaubten, daß die Ziele der Grünen nicht allein durch außerparlamentarischen Druck erreicht werden konnten. Sie hielten es für notwendig, daß sich die grüne Partei an der Regierung beteiligt und schrittweise Reformen durchsetzt. Die einzige Hoffnung auf die Verwirklichung dieser Strategie bestand im Zusammengehen mit der SPD. Die Realos glaubten vor allem, daß es für die Grünen unumgänglich sei, der SPD klare Koalitionsangebote zu machen, insbesondere in Ländern mit fortschrittlichen SPD-Politikern wie Lafontaine im Saarland, von Dohnanyi in Hamburg und Schröder in Niedersachsen. Je mehr rot-grüne Koalitionen gebildet würden, so die Hoffnung der Realisten, um so mehr würde die Position der SPD-Linken und der grünen Realos in ihren jeweiligen Parteien gestärkt. Angst und Mißtrauen der Bevölkerung gegenüber den Grünen würden auf diese Weise abgebaut.

Wie sich in Niedersachsen zeigte, war es ein schwerer Fehler von seiten der Realisten, anzunehmen, daß ein Koalitionsangebot an sich ausreichte, um die Glaubwürdigkeit und Wählbarkeit der Grünen herzustellen. Dies konnte nur dann geschehen, wenn die Partei ihr Verhältnis zur Bewegung und insbesondere zu ihrer gewalttätigen, anarchistischen »Stahlkugelfraktion« neu bestimmte. Das Verhältnis von Realisten und Fundamentalisten bedurfte bei einigen zentralen Themen der Veränderung. Die Realisten waren dermaßen auf die »Machtfrage«, verengt auf »rot-grün«, fixiert, daß sie darüber hinaus keine konkreten politischen Positionen entwickelt hatten. Deshalb trugen praktisch alle programmatischen Aussagen der Grünen und die meisten öffentlichen Diskussionen in einem unverhältnismäßig großen Maße die Handschrift der Fundamentalisten und Ökosozialisten.[142] In ihrem Bemühen um Anerkennung hatten die Realisten den Zusammenhang zwischen ideologischen Überzeugungen und der Fähigkeit zur politischen Positionsbestimmung vernachlässigt.

In den späten 80er Jahren verliefen die Konfliktlinien zwischen Fundis und Realos nicht mehr zwischen Bewegung und Partei, sondern zwischen zwei Vorstellungen von Partei. Die der Fundis könnte als radikale, linke, sozialistische, ökologische Partei beschrieben werden, der es in erster Linie darauf ankam, die reine Lehre und die Kontakte zum linken, städtischen Milieu der Protestbewegungen aufrechtzuerhalten, als ihren Stimmenanteil bei den Wahlen zu vergrößern. Dieser Vorstellung zufolge sollte die grüne Partei im »Parteiraum« der Bundesrepublik die Lücke füllen, die in anderen europäischen Ländern von den kommunistischen Parteien ausgefüllt wurde. Anstelle des Kommunismus der Dritten Internationale, der für die meisten traditionellen kommunistischen Parteien charakteristisch war, sollte die strategische und ideologische Grundlage der Grünen ein revidierter, ökologisierter Marxismus sein.

Die Realos hingegen stellten sich eine pragmatische, fortschrittliche Reformpartei vor, die die gemäßigten, unselbständig beschäftigten Angehörigen der Mittelschicht ansprach, die einen ökologischen und sozialen Umbau der Industriegesellschaft befürworteten. Die Partei, so die Hoffnung der Realisten, würde einen politischen Raum besetzen, der durch die Unfähigkeit der traditionellen Sozialdemokratie entstanden war, Forderungen nach mehr Demokratie mit den organisatorischen Erfordernissen der Verwaltung einer komplexen modernen Industriegesellschaft zu verbinden.

Diese konkurrierenden, radikal unterschiedlichen Vorstellungen führten zu einem schmerzhaften Reifungsprozeß der jungen Partei. Verschwunden waren der Bekehrungseifer und die Überzeugung von einer historischen Mission, von denen die neuen sozialen Bewegungen beseelt gewesen waren. Verschwunden waren auch gewisse Illusionen über die Möglichkeiten von Parteipolitik in einer parlamentarischen Demokratie. Indem die beiden rivalisierenden Fraktionen die inneren strukturellen Spannungen zwischen Bewegung und Partei auf höherer Ebene reproduzierten – anstatt sie zu beseitigen –, gelang es, die schlimmstmögliche Wendung beider Richtungen zu vermeiden: für die Fundis die Aufnahme in den Kreis der etablierten Parteien und für die Realos eine Rückkehr in das »Ghetto« der sektiererischen Kaderpolitik und des außerparlamentarischen Protestes.

## Die Bundestagswahl von 1987: Stabilisierung

Die Niedersachsen-Wahl hatte einen komplexen und womöglich positiven Einfluß auf den Bundestagswahlkampf der Grünen im Herbst 1986. Obwohl die meisten Sozialdemokraten wußten, daß eine absolute Mehrheit nicht zu erreichen war, stellte sich die Partei pflichtschuldig hinter ihren Kanzlerkandidaten, den Ministerpräsidenten von Nordrhein-Westfalen, Johannes Rau. Er hatte in NRW eine absolute Mehrheit für die SPD erzielt, indem er gegenüber den Grünen eine Strategie der entschiedenen Abgrenzung verfolgte. Daß Rau jedwede rot-grüne Koalition ablehnte, entschied zwar nicht die Koalitionsdiskussion der Grünen, führte aber zu einem innerparteilichen Waffenstillstand, so daß die Partei in den entscheidenden Monaten des Wahlkampfes eine Fassade der Geschlossenheit präsentieren konnte. Als der »Brokdorf-Effekt« den »Tschernobyl-Effekt« verdrängte, schienen die Realos wieder Aufwind zu bekommen. Der sachliche und gemäßigte Wahlkampf kann jedoch nicht allein den Realos zugeschrieben werden. Echte Angst um das Überleben der Partei führte bei der Parteiführung zu einem ungewöhnlichen Maß an Kooperation und Einigkeit.

Das erste Zeichen für einen neuen Professionalismus bei den Grünen war das stillschweigende Ende der Rotation. Die starke (und oft unangebrachte) Angst vor »Eliten« und »Karrierepolitikern« war allmählich der Erkenntnis gewichen, daß politische Erfahrung und öffentliche Anerkennung durchaus ihren Wert haben. Selbst die neuen Gesichter bei den Grünen waren häufig bekannte und versierte politische Akteure wie die Vorsitzende der Grauen Panther, Trude Unruh, und der Friedensforscher Alfred Mechtersheimer. Außerdem erhielten rund ein Dutzend prominente Grüne, die sogenannten »Promis«, wieder »vielversprechende« Listenplätze, darunter Medienbekanntheiten wie Otto Schily, Antje Vollmer, Christa Nickels und Waltraud Schoppe. Sogar Petra Kelly, die einzige Grüne, die die Rotation in der vorausgegangenen Legislaturperiode abgelehnt hatte, wurde auf die Liste der Grünen in Bayern gesetzt.[143]

Der »Geist von Niedersachsen« war auf dem Bundesparteitag in Nürnberg vom 26. bis 28. September allgegenwärtig. Das Gros der Delegierten wollte einen Parteitag wie den in Hannover unbedingt vermeiden.[144] Fragen, an denen sich Kontroversen innerhalb der Partei oder ihrer Wählerschaft entzünden konnten, wie etwa die Abtreibungsregelung[145], wurden entweder von der Tagesordnung gestrichen oder nicht behandelt.[146] Die Entscheidung, ob ein Protestschreiben gegen die Wiederaufbereitungsanlage in Wackersdorf unterzeichnet werden sollte, delegierte man ohne viel Aufhebens an die Landespartei[147], wohlwissend, daß sie ihre Unterstützung für eine solche Initiative ablehnen konnte.[148] Alle waren also bestrebt, negative Publicity zu vermeiden. Vorbei war die Zeit der wüsten gegenseitigen Beschimpfungen und der hemmungslosen Polemik, die frühere Parteitage gekennzeichnet hatten. Es herrschte eine friedfertige Atmosphäre: Kompromisse statt radikale Forderungen, Übereinkünfte statt Fraktionskämpfe, Versöhnung statt Spaltung.[149] Die Grünen, so schien es, hatten endlich gelernt, sich wie eine »normale« Partei zu verhalten.[150]

Zum Thema Koalition lagen 22 Positionspapiere vor.[151] Die Erklärung, die schließlich angenommen wurde, stammte von Antje Vollmer, einer ehemaligen Pastorin und eigenwilligen Politikerin. Obwohl Vollmer um Kompromisse innerhalb der Partei bemüht war, setzte ihr Brief einige neue Akzente. Er stellte die Grünen als »Verteidiger des Lebens« und »erste pazifistische und emanzipatorische Partei« in der deutschen Nachkriegsgeschichte dar.[152] Statt die SPD anzugreifen oder langatmige Analysen zu liefern, betonte er die negativen Konsequenzen, nämlich den »Rückfall in eine geschlossene Gesellschaft«[153], zu dem es unweigerlich käme, wenn die Grünen ihre Sitze im Bundestag nicht behielten. Dieser Brief Vollmers ließ nicht nur eine strategische Kehrtwende erkennen, sondern auch ein verändertes Selbstbewußtsein der Partei als Bollwerk und fester institutioneller Bestandteil der deutschen Politik.

Was die Koalitionsfrage selbst betrifft, so nahm der Brief den Wählern gegenüber einen offenen und flexiblen Standpunkt ein. Im Gegensatz zu früheren grünen Resolutionen enthielt er keine Minimalforderungen oder Vorbedingungen für Koalitionsverhandlungen. Gleichzeitig machte er auch kein ausdrückliches Koalitionsangebot, sondern überließ die Entscheidung über die Form der Zusammenarbeit im Fall einer rot-grünen Mehrheit einem Parteitag, der nach der Wahl stattfinden sollte.[154] Dieser Kompromiß bot zwei Vorteile. Erstens ließ er den Weg für Verhandlungen offen, während er den Fraktionsfrieden aufrechterhielt. Zweitens hinderte seine abwartende Einstellung Rau daran, die am Altar wartende, heiratswütige Braut zu verlassen, wie er es 1985 getan hatte. Auf diese Weise konnten sich die Grünen als flexibel, kompromißbereit und aufrichtig darstellen, die SPD dagegen als rigide, engstirnig und manipulativ.

Der neue Professionalismus der Partei zeigte sich auch an der Wahlkampfführung. Zum ersten Mal thematisierten die Grünen Fragen mit Blick auf die Wähler und nicht nur aus Treue zur »Bewegung« oder »Szene«. Im Gegensatz zur früheren Praxis wurden keine symbolischen Resolutionen zu fundamentalen Zielen der Partei (wie Abrüstung, Atomkraft oder Ökologie) verabschiedet. Statt dessen betonten die Grünen ihre liberale Einstellung gegenüber politisch verfolgten Asylsuchenden und ihr Eintreten für das Ausländerwahlrecht als Antwort auf die besorgniserregend fremdenfeindlichen und rassistischen Vorschläge des konservativen Lagers, an dessen

Spitze der damalige bayerische Ministerpräsident Franz Josef Strauß stand.[155] Den zweiten Schwerpunkt bildeten die Rechte der Frauen. Dieses grüne Thema war damals am erfolglosesten von den etablierten Parteien vereinnahmt worden und versprach die meisten Aussichten, Wechselwähler von der CDU/CSU, der SPD und der FDP anzusprechen.

Die Grünen legten nicht nur ihren Entwurf eines Antidiskriminierungs-Gesetzes, sondern auch ein »Frauenstatut« vor, das weiblichen Parteimitgliedern Sonderrechte und Privilegien einräumte. Bei der Nominierung der Bundestagskandidaten waren die Landesparteien gehalten, das »Reißverschlußverfahren« zu beachten, also abwechselnd weibliche und männliche Kandidaten aufzustellen und den Frauen auf den Listenplätzen immer die ungeraden Zahlen zu geben, was ihnen stets den ersten Platz sicherte.[156] Die weiblichen Delegierten erhielten ein »Vetorecht«. Jede Entscheidung, die direkt die Frauen betraf, konnte von einer Frauenversammlung in Frage gestellt und einem Veto unterworfen werden, so daß der Beschluß auf dem nächsten Parteitag wieder auf die Tagesordnung gesetzt und neu diskutiert werden mußte. Mit der Konzentration auf diese beiden Themen sprachen die Grünen zwei Fragen an, die für einen großen Kreis fortschrittlich eingestellter Deutscher über die Grenzen des grünen und linken Milieus hinaus wichtig waren. Indem sie an ihren radikalen programmatischen Erklärungen festhielten und eine Diskussion über kontroverse Themen vermieden, blieb ihnen die Unterstützung der Bewegung erhalten, und sie vermieden schlechte Publicity, die gemäßigte SPD-Wähler verschrecken konnte.

Dieser vielversprechende Wahlkampf erhielt durch die Landtagswahlen in Bayern und Hamburg Mitte Oktober 1986 weiteren Auftrieb. In Franz Josef Strauß' konservativem und katholischem Bayern kamen die entschieden realistischen bayerischen Grünen auf das »grandiose Ergebnis« von 7,5 Prozent und überwanden damit zum ersten Mal die Fünf-Prozent-Hürde unerwartet komfortabel.[157] Außerdem schnellte die fundamentalistische GAL in der traditionellen SPD-Hochburg Hamburg mit ihrer reinen Frauenliste von 6,8 auf 10,4 Prozent hoch.

Einige Wochen später, Anfang November 1986, fachte eine weitere Umwelttragödie den grünen Wahlkampf an. Wenige Monate nach den massiven Einleitungen von Chemikalien in den Rhein durch die

Firma Hoechst leitete die Schweizer Firma Sandoz ähnliche Schadstoffe bei Basel in den Fluß. Diese von Menschen begangene Umweltzerstörung tötete im Rhein fast alles Leben. In vielen Hafenstädten wurden tonnenweise tote Fische aus dem Wasser geborgen.

Unterdessen war die SPD damit beschäftigt, den politischen Schaden zu begrenzen, der durch den von der Presse weidlich ausgeschlachteten Skandal um die DGB-eigene Wohnungsbaugesellschaft Neue Heimat entstanden war. Gewerkschaftsmitglieder, die meisten von ihnen bekannte SPD-Mitglieder, hatten sich nicht nur auf Kosten der Gesellschaft persönlich bereichert, sondern durch Mißmanagement einen der kostbarsten Besitze der Arbeiterbewegung mehr oder weniger in den Ruin getrieben.[158] Als die »heiße Phase« des Bundestagswahlkampfes begann, bekundeten alle SPD-Führer, bis auf Johannes Rau selbst, daß 45 Prozent ein »gutes Ergebnis« für die Sozialdemokraten wären. Daß Rau vergeblich nach einer absoluten Mehrheit strebte, war parteiintern ein Gegenstand von Witzen und im Wahlkampf ein offenes Geheimnis, wodurch Raus Position teilweise von der eigenen Partei stark unterminiert wurde.

Die Grünen interpretierten Raus Vorgehensweise als Teil einer langfristigen SPD-Strategie mit dem Ziel, die Grünen 1987 auszuschalten, um den Weg für eine absolute Mehrheit im Jahre 1990 freizumachen.[159] (Wie sich herausstellte, funktionierte diese Strategie nur teilweise: Die Grünen zogen 1990 zwar tatsächlich nicht in den Bundestag ein, doch die SPD verfehlte die Mehrheit und kam ihren 30 Prozent aus der Zeit vor Godesberg gefährlich nahe). Der gemäßigte und traditionalistische Rau konnte eher die politische Mitte erobern als die linken SPD-Mitglieder zurückgewinnen, die zu den Grünen abgewandert waren. Grüne wie Antje Vollmer gingen mit Rau hart ins Gericht: Die SPD war ihrer Ansicht nach weder bereit noch fähig zu einem Bündnis mit den Grünen.[160] Die Grünen hatten es geschafft, linke Wähler anzuziehen, die zwischen rot und grün schwankten: Sollte die SPD eine Mehrheit bekommen, schienen die Grünen der verläßlichere und entschlossenere Koalitionspartner zu sein; sollte aber die Kohl-Regierung siegen, schien die Ökopartei die konsequenteste und kompetenteste Linksopposition in den wichtigen Bereichen Frieden, Ökologie und Frauenrechte zu sein.

Doch die neue Professionalität der Grünen hatte die alte Desorganisation noch nicht beseitigt. Der fundamentalistisch dominierte

Bundesvorstand hatte den 20köpfigen, von Realos beherrschten Wahlausschuß ersatzlos aufgelöst[161], was zu einem »dezentralisierten«, ja anarchischen Wahlkampf führte, den hauptsächlich einzelne »Promis« und Aktivisten bestritten.[162] Dennoch konnten bundesweit bekannte Grüne in Großstädten ständig in überfüllten Versammlungen auftreten[163], und weniger bekannte Kandidaten hatten sogar in der Provinz volle Säle.[164] Der einzige zentral gesteuerte Wahlkampfschlager war die Tour des Theaterschiffs »Wintermärchen«. Diese Revue, die in acht Städten gezeigt wurde, umfaßte ein dreistündiges alternatives Unterhaltungsprogramm – eine Band aus Nicaragua, der Schweizer Graffiti-Künstler Harald Naegeli und die Frauentheatergruppe »Blutrote Kamille« –, unterbrochen von Wahlreden bekannter grüner Politiker. Die Grünen setzten geschickt auf die Anziehungskraft und den bohemienhaften Schick der alternativen Kultur.

In der Endphase des Wahlkampfes, zwei Wochen vor der Wahl am 25. Januar 1987, bilanzierten die Grünen ihr Bundestagsexperiment in einem Bericht. Die von ihnen vergebenen Noten waren widersprüchlich. In ihrem Drang nach Aufklärung der Öffentlichkeit hatte die grüne Linke die anderen Parteien sowohl in relativen als auch absoluten Zahlen weit überholt: 367 Vorlagen, 53 Gesetzentwürfe, 87 kleine und große Anfragen und eine erdrückende Fülle von Presseerklärungen in den vier Jahren ihrer parlamentarischen Tätigkeit.[165] Die Bilanz der von ihnen mitgetragenen Gesetze war entschieden magerer: Die Grünen konnten nur eine einzige erfolgreiche Maßnahme vorweisen – das Verbot des Imports von Seeschildkröten in die Bundesrepublik. Dennoch resümierte die Parteiführung, daß die Grünen im Bundestag die Dynamik der deutschen Politik grundlegend verändert hätten, wie Ludger Vollmer sagte: »Die Fraktion hat es geschafft, die grüne Position als langlebige kritisch-oppositionelle Grundströmung zu etablieren und eine vakante Stelle in der Parteienlandschaft mit einer kritischen Instanz auszufüllen.«[166] Negativ bewertete der Bericht die wachsende Distanz zur »Bewegung« und den zunehmenden »Professionalismus« der Grünen.

Das Wahlergebnis gab den Meinungsforschern und nicht den Pessimisten recht: 8,3 Prozent und 44 Sitze für die Grünen bedeuteten eine erhebliche Zunahme gegenüber der letzten Bundestagswahl im März 1983, als die Partei 5,6 Prozent und 27 Sitze im Parlament erreicht hatte. Die grüne Bundestagsfraktion umfaßte 25 Frauen.[167] Der Bundesvorstand bezeichnete den Wahlausgang als bahnbrechendes Ergebnis und sprach von einer »historischen Wahl«.[168] Aber rechte wie linke Grüne, denen der Erfolg Unbehagen bereitete, die der Macht weiterhin mißtrauisch gegenüberstanden und der Siegeseuphorie mißtrauten, begannen im Augenblick ihres größten politischen Erfolges erneut mit ihrem üblichen Hickhack und wetterten gegen den »neuen Nationalismus der CDU« (Ditfurth), die »beschissene Strategie der SPD« (Vollmer) und den »konservativen Block« (Trampert).[169] Der Waffenstillstand zwischen den verschiedenen Fraktionen der Grünen endete, bevor er richtig begonnen hatte.

Die scheinbare Stabilisierung der Grünen erwies sich in Wirklichkeit als Sackgasse. Im nächsten Frühjahr stand fest, daß der Erfolg und sogar das Überleben der Partei nicht nur Zeit brauchte. Erforderlich war eine grundlegende Umorientierung.

## Lähmung: Das Ende des rot-grünen Blocks in Hessen und Hamburg

In den vier Jahren zwischen den Bundestagswahlen von 1983 und 1987 hatte sich in der politischen Landschaft der Bundesrepublik eine neue Trennungslinie herausgebildet. Es entwickelten sich zwei in Ideologie, sozialer Zusammensetzung und politischer »Farbe« unterschiedliche Blöcke: ein rot-grüner (SPD/Grüne), der die politische Linke repräsentierte, und ein schwarz-gelber (CDU/CSU und FDP), der für die Mitte und die Rechte stand. Diese Entwicklung hatte zwar keine der betroffenen Parteien, besonders nicht das rot-grüne Lager, beabsichtigt oder gewünscht, sie schien aber aus mehreren Gründen unumgänglich. Erstens: Trotz etlicher Rückschläge hatten die Grünen in dieser Zeit ihren Stimmenanteil kontinuierlich erhöht und dann stabilisiert und damit alle Voraussagen und Hoffnungen, daß sie bald von der Bildfläche verschwinden würden, über den Haufen geworfen. Zweitens: Die Grünen repräsentierten, zumindest in den Augen der Wähler, eine Strategie und Politik, die weder »vorn« noch »mitteorientiert« waren, wie die Grünen einst behauptet hatten, sondern sich schlicht links, ja entschieden links von der SPD entfalteten. Während die beiden Linksparteien in diesem neuen rot-grünen

Block auf ihre Stammwähler zählen konnten, kämpften sie zunehmend um unabhängige linke Wähler, die zum großen Teil aus jungen und aufstiegsorientierten Angehörigen der »neuen« Mittelschicht und aus Frauen bestanden. Diese Wechselwähler machen zwischen 1 und 6 Prozent der Wähler in der Bundesrepublik aus. Drittens: Dies bedeutete, daß die SPD realistischerweise nicht auf eine absolute Mehrheit hoffen konnte, außer in NRW und dem Saarland, wo die postindustriellen Gruppen besonders schwach und die Industriearbeiter immer noch eine ausschlaggebende soziale Kraft waren. Da die Erinnerung an das Ausscheren der FDP aus der Koalition im Jahre 1982 noch sehr frisch und jede Koalition mit den Christdemokraten für die Mehrheit der Sozialdemokraten völlig inakzeptabel war, avancierten die Grünen in Ermangelung einer Alternative zum einzig möglichen Koalitionspartner der SPD auf Landes- wie auf Bundesebene. Dies hatte deutlich erkennbare Auswirkungen auf die Konkurrenz und den Dialog zwischen den Parteien: Während die beiden Blöcke um absolute Stimmenanteile konkurrierten, rivalisierten die Parteien innerhalb dieser beiden Blöcke um relative Anteile. Deshalb spielte sich ein großer Teil des interessanten politischen Dialogs in der Bundesrepublik *innerhalb* des herrschenden und des oppositionellen Blocks und nicht *zwischen* ihnen ab. Diese Konkurrenz innerhalb eines Blocks war bei der SPD und den Grünen besonders stark.

Zwischen 1983 und 1987 gestaltete sich das Verhältnis zwischen Rot und Grün aus einem strukturellen und einem politischen Grund sehr spannungsreich. Einmal bedingt durch den »Übergang vom Typus der ›Protest- und Bewegungspolitik‹ zur ›Parteipolitik‹«[170], eine Veränderung, die in der grünen Partei eine tiefe Identitätskrise und moralische Bedenken hervorrief. Der zweite Grund hing mit der Entschlossenheit der SPD-Rechten und des fundamentalistischen Flügels der Grünen zusammen, Bemühungen um eine rot-grüne Zusammenarbeit bei jeder sich bietenden Gelegenheit zu sabotieren. Bis zu den Bundestagswahlen von 1987 blieben diese Dilemmata ungelöst. Aber als sich die anfängliche Euphorie legte und der »automatische Erfolg« der ersten Jahre ausblieb, stellte sich eine gewisse Lähmung ein. Die westdeutsche Linke bestand aus zwei Parteien, die allein oder zusammen weder regieren noch koexistieren konnten.

Im Frühjahr 1987 setzten die Ereignisse in Hessen und Hamburg einen heftigen Kampf um die Identität der grünen Partei und die gesamte Ausrichtung der Linken in Gang. Das erste Signal für die bevorstehende Krise kam von den Wahlen zu den Parteiämtern in der Bundestagsfraktion. Da dieser Konflikt ein bezeichnendes Licht auf die Paradoxa der innerparteilichen Demokratie der Grünen warf, soll er kurz skizziert werden.

Bei allen parteiinternen Wahlen hatte eine Reihe von ungeschriebenen Gesetzen gegolten, nämlich die grünen Prinzipien des Minderheitenschutzes und der Frauenquote, so daß selbst dort, wo Realos oder Männer eine Mehrheit hatten, beide Flügel und Geschlechter im Verhältnis zu ihrer Gesamtzahl repräsentiert sein mußten. In diesem Fall hieß das, daß von den drei Sprechern zwei Frauen und einer ein Fundamentalist sein mußte. Nur ein Dutzend der 44 grünen Bundestagsabgeordneten konnten eindeutig dem fundamentalistischen Flügel der Partei zugerechnet werden, was kaum ausreichte, um Thomas Ebermann, den Hamburger Grünen und Ex-KB-Führer, dem »Traumkandidaten« der Fundis, zu einem weiteren Sieg zu verhelfen. Zudem mußte Ebermann, dessen Positionen – insbesondere in bezug auf die Anwendung von Gewalt – selbst nach grünen Maßstäben radikal waren, gegen Otto Schily antreten, dessen öffentliche Anerkennung und Popularität nur mit denen seines Realo-Kollegen Fischer vergleichbar waren.

Die Taktik des Sturzes von Mehrheiten durch Minderheiten gehört natürlich zu den Grundelementen leninistischer Praxis und war wesentlicher Teil von Ebermanns politischer Sozialisation in den in Kapitel 3 beschriebenen kommunistischen Kaderparteien. Ebermanns schließlicher Sieg über Schily war in der Tat das Ergebnis einer gewieften Taktik. Ebermanns Machenschaften lösten in der Bundestagsfraktion eine Welle von Anschuldigungen aus, die von schmutzigen Tricks (Kelly)[171] bis zum Schaden für die ganze Partei (Schily) reichten.[172] Diese Kritik des sonst so besonnenen Schily nahm eine sehr unglückliche persönliche Wendung. Schily warf Ebermann vor, eine exzentrische und bis zu einem gewissen Grad abenteuerliche Position zu vertreten und attackierte den »übermäßigen Pluralismus«[173] in der Partei derart vehement, daß zumindest seine Feinde den Eindruck hatten, Schily räume sich als »Kronprinz« Vorrechte ein, die es ihm erlaubten, sich über eine demokratische Wahl hinwegzusetzen. Schilys verletztes Ego und seine vorübergehende politische Abseitsstellung in der grünen Partei, wenn nicht in der deutschen Politik, führten dazu, daß er sich allmählich von der Partei entfernte und im Herbst 1989 die Grünen verließ und in die SPD eintrat.

Neben Ebermanns Sieg gab es einen weiteren Rückschlag für die Realos. Am 8. Februar 1987, drei Tage nach der Niederlage Schilys, wurde Joschka Fischer von seinem Chef, dem Ministerpräsidenten Holger Börner, die rote Karte gezeigt. Der unmittelbare Anlaß für die Aufkündigung der rot-grünen Koalition in Hessen war ein erneuter Streit um die Plutoniumfabriken NUKEM und ALKEM in Hanau. Seit dem Auslaufen der Betriebsgenehmigung 1975 hatten diese Fabriken in einem fragwürdigen Zustand der Halblegalität gearbeitet und ihre Produktion sogar noch ausgeweitet. Nach dem Tschernobyl-Kongreß in Hannover vertraten Fischer und die hessischen Realos in bezug auf die Schließung von NUKEM/ALKEM eine härtere Position. Zu diesem Zeitpunkt war unklar, ob die hessische Landesregierung das verfassungsmäßige Recht besaß, die Plutoniumfabrik ohne die Zustimmung Bonns zu schließen.[174] Als folglich der hessische Wirtschaftsminister Ulrich Steger Bonn versprach, für Hanau eine begrenzte Betriebsgenehmigung zu erteilen, gingen die Grünen auf die Barrikaden. Fischer und Jochen Vielhauer, der Fraktionsvorsitzende der Grünen im Landtag, verlangten die Zurücknahme von Stegers schriftlicher Zusage. Auf dem Parteitag der Grünen zwei Tage später schaukelten Jutta Ditfurth und die Frankfurter Fundamentalisten die Angelegenheiten hoch, indem sie einen offiziellen Antrag formulierten, der die Fortsetzung der Koalition von der sofortigen Zurücknahme des Stegerschen Angebots abhängig machte.[175] Völlig entnervt feuerte Börner nicht nur Fischer[176], sondern trat auch als Ministerpräsident zurück und kündigte seinen Rückzug aus dem politischen Leben an.[177]

Während Börners Abgang anfangs ein großer Sieg für die Fundis zu sein schien, arbeitete er – eine Ironie des Schicksals – schließlich den Realos in die Hände. Der frühere Ministerpräsident hatte immer für die »alte SPD« gestanden. Seine Koalitionsregierung basierte vorwiegend auf dem persönlichen Verhältnis zu manchen Realos statt auf einem substantiellen Einverständnis mit der »neuen Politik«.[178] Daher begriffen die hessischen Realos das Ende der Börner-Regierung als Gelegenheit zu mehr Mitwirkung und Verantwortung für die Grünen.[179] Sie forderten von der SPD zwei Ministerposten und das Amt des stellvertretenden Ministerpräsidenten, das traditionell dem »Juniorpartner« zustand.[180] Sie wollten »eine Neuauflage des Gehabten unter günstigeren Bedingungen«, so daß eine Koalition kein Experiment, sondern der »Normalfall« wäre.[181] Die »Fischer-Bande« mobilisierte ihre Basis und erreichte, daß die fundamentalistischen Kandidaten ein Fünftel der Plätze auf der grünen Landtagsliste erhielten[182], wodurch sie das ungeschriebene Gesetz verletzten, daß jede der Fraktionen proportional vertreten sein mußte. Damit wurde die Wahl zu einem Barometer für die öffentliche Unterstützung des realistischen Kurses.

Noch andere Faktoren machten die Wahlen faktisch zu einem Plebiszit über das rot-grüne Modell versus CDU-geführte Bonner Koalition. Erstens ließ die SPD keinen Zweifel daran, daß sie eine Koalition mit den Grünen eingehen würde, falls sich bei den Wahlen eine rot-grüne Mehrheit ergeben sollte.[183] Dies war die erste derartige Erklärung der SPD vor einer Wahl. Zweitens ernannte die CDU den Bundesumweltminister Walter Wallmann zu ihrem Kandidaten für das Amt des hessischen Ministerpräsidenten. Die Tatsache, daß es eine CDU-geführte Regierung für wichtig (und politisch klug) erachtete, ein Umweltministerium einzurichten, das für die Umweltbelange und ökologischen Probleme der BRD zuständig war, zeugt von der immensen kulturellen und institutionellen Wirkung, die die Grünen in den 80er Jahren in der Bundesrepublik erreichten. Ihr Einfluß war eindeutig weitaus größer als die numerische Stärke ihrer Parlamentsfraktionen, Aktivisten, Wähler und Sympathisanten aus dem Milieu. In seiner Eigenschaft als Minister verkörperte Wallmann nicht nur die CDU-Variante des »Umweltschutzes«, mit der die CDU auf die populären grünen Themen reagierte, sondern hatte auch die Oberaufsicht über die Atomkraftwerke der BRD. Folglich stand er bei dem Gezerre zwischen Bonn und Wiesbaden um NUKEM/ALKEM, das ständig durch die Presse ging, an vorderster Front. Infolgedessen bedeutete die Wahl in Hessen nicht so sehr ein Wettrennen zwischen vier Parteien, sondern zwischen zwei Blöcken und bis zu einem gewissen Grad zwischen zwei entgegengesetzten Visionen von der Bundesrepublik.[184]

In dieser komplizierten, mehrdimensionalen Auseinandersetzung gewannen zwar die hessischen Realisten, aber die rot-grüne Koalition verlor. Die Grünen verbesserten ihr Ergebnis von 5,9 Prozent (1983) auf eindrucksvolle 9,4 Prozent, die SPD fiel dagegen um

6 Prozent auf 40,2 Prozent zurück. CDU und FDP erzielten zusammen 49,9 Prozent, und damit verfügten die Bonner Koalitionspartner über eine Mehrheit von zwei Sitzen im Wiesbadener Landtag. Von den potentiellen SPD-Wählern, die für die CDU/FDP gestimmt hatten, waren die meisten gegen ein Bündnis von SPD und Grünen.[185] Es wäre zwar unangebracht, aus einer so knappen Niederlage voreilige Schlüsse zu ziehen, aber die Wahl zeigte ganz klar, daß der Schwachpunkt einer rot-grünen Koalition nicht links, sondern in der politischen Mitte lag.

Es versteht sich von selbst, daß dies die SPD in eine schwierige Lage brachte. Wenn sie die Grünen ignorierte oder ausgrenzte, würde sie Wähler auf der Linken verlieren; wenn sie mit ihnen zusammenging, riskierte sie Einbußen in der Mitte. Die SPD schien in einer wenig beneidenswerten Zwangslage: Sie konnte weder mit den Grünen noch ohne sie an die Macht zurückkehren.

Der Hamburger SPD-Bürgermeister Klaus von Dohnanyi war ein Opfer dieses Dilemmas. Seine Stadt war praktisch unregierbar geworden, seit er im November 1986 seine absolute Mehrheit verloren hatte, als die GAL mit ihrer reinen Frauenliste ein starkes Ergebnis erzielte. Nach fast vier Monaten erfolgloser Gespräche zwischen CDU und SPD über die Bildung einer großen Koalition wurde die Hamburger Bürgerschaft aufgelöst, und für den kommenden Mai setzte man Neuwahlen an.[186] Einige Wochen später erneuerte Dohnanyi sein Koalitionsangebot an die GAL, die wie üblich reagierte und einen 12-Punkte-Katalog von Vorbedingungen für die »Duldung« einer SPD-Regierung durch die GAL vorlegte.[187] Dohnanyis Absichten waren, wie die GAL sehr wohl erkannte, vor allem taktischer Natur, da er die Bildung einer SPD/FDP-Koalition anstrebte.[188] Daher konzentrierte er sich in seinem Wahlkampf darauf, aufzuzeigen, daß die GAL eine Reformpolitik ablehne, daß sie reformunfähig und weder fähig noch bereit sei, Regierungsverantwortung zu übernehmen.[189] Dohnanyi wollte damit der fundamentalistischen GAL reformorientierte Wähler wieder abjagen.

Die Niederlage der hessischen Koalition im April 1987 gab der Hamburger Wahl plötzlich neue und größere Bedeutung. Sollte die GAL gut abschneiden, konnten die Fundamentalisten und das Hamburger Modell den Anspruch erheben, erfolgreicher zu sein als die Realisten und das hessische Modell. Andererseits schaffe ein Sieg

Dohnanyis und eine dann folgende SPD/FDP-Koalition einen starken Präzedenzfall, der nicht nur die Realisten, sondern all diejenigen in der Bundesrepublik stärken würde, die behaupteten, daß die Grünen einfach nicht koalitionsfähig seien. Obwohl der Stimmenverlust der GAL von 3,4 Prozent (ihr Anteil ging von 10,4 auf 7 Prozent zurück) das Ende der Fundis hätte einläuten können, war dies nicht der Fall. Vielmehr begann ein Tauziehen zwischen Fundis und Realos, das in den nächsten drei Jahren eine Pattsituation schuf. Keine der beiden Fraktionen war stark genug, um ihren Rivalen endgültig aus dem Feld zu schlagen, aber jede brachte genügend Energie auf, um der anderen große Hindernisse in den Weg zu legen. Dieser aufreibende Kampf trug erheblich zu der merkwürdigen Situation bei, daß die Grünen, die doch einen ganz neuen Diskurs in der deutschen und europäischen Politik initiiert hatten, die Ereignisse von 1989/90 hoffnungslos falsch einschätzten.

## Aufstieg oder Abstieg? Die Grünen in den späten 80er und frühen 90er Jahren

Gegen Ende des Frühjahres 1987 bekamen die Fundis, die seit der Bundestagswahl vom 25. Januar beträchtlich an Boden gewonnen hatten, vorübergehend die Oberhand. Da sie drei ihrer Schlüsselfiguren – Jutta Ditfurth, Regina Michalik und Christian Schmidt – in den Bundesvorstand hieven konnten, vermochten sie den politischen Inhalt und die Form der innerparteilichen Diskussionen und der öffentlichen Stellungnahmen entscheidend zu bestimmen. Aber auch die Realos waren keineswegs machtlos und verstärkten ihren Einfluß in den Parlamenten, insbesondere im Bundestag. Damit war der Boden bereitet für einen brutalen und unerbittlich zermürbenden Kampf zwischen den radikalen, außerparlamentarischen Fundis, die sich auf ihre starke Präsenz im Bundesvorstand stutzten, und den reformistischen, parlamentarischen Realos, die in der grünen Bundestagsfraktion verankert waren. Die zahlreichen Wahlen auf kommunaler und Landesebene boten ausreichend Gelegenheit, um diese Animositäten zu nähren.

Die Wahlen in Hamburg und Rheinland-Pfalz am 17. Mai 1987 boten Anlaß zu gegenseitigen Anschuldigungen und Vorwürfen. Die fundamentalistisch dominierte Hamburger GAL, die politische Heimat der radikalen Ökosozialisten Ebermann und Trampert, erlitt eine schwere Niederlage zugunsten der SPD. Während die Grünen bei der Wahl zur Hamburger Bürgerschaft 1986 100000 Stimmen (10,4 Prozent) erhalten und diese eindrucksvolle Zahl bei der Bundestagswahl 1987 noch einmal um 14000 erhöht hatten, erreichten sie am 17. Mai 1987 knapp 69000 Stimmen (7 Prozent).[190] Die Realos machten das schrille Gebaren und strategische Unvermögen der Fundis für das Wahldebakel verantwortlich. Fischer, Schily, Schoppe und andere im Lager der Realos warfen den Fundis politische Unreife und Abenteurertum vor. Ansichten wie die Christina Kukielkas von der GAL, die meinte, daß »Steine auch Argumente sein können«, seien bestenfalls als unreif, schlimmstenfalls als kontraproduktiv für die grüne Sache einzuschätzen.[191] Fischer und seine Mitstreiter interpretierten den Wahlausgang nicht als Leistung der Hamburger SPD unter Führung des beliebten Bürgermeisters Klaus von Dohnanyi, sondern als Ausdruck der Unzufriedenheit der Wähler mit einer grünen Partei, die von unverantwortlichen Fundis und ihren unreifen politischen Bündnispartnern dominiert werde.

Die Vorwürfe der Realos führten keineswegs zur Einsicht der Fundis in ihre Fehler. Sie schrieben das schlechte Abschneiden der Partei dem Versuch der SPD zu, Wählerstimmen zu »kaufen«, indem sie versprach, 40000 Wohnungen von der Neuen Heimat zu übernehmen. Überdies trage der anpaßlerische Kurs der Realos dazu bei, das Image der Grünen und das Wesen ihrer Klientel zu entradikalisieren, was zu der ›self-fulfilling prophecy‹ führe, daß die entradikalisierten Menschen für das Reale, also für die SPD votierten.[192] Die innerparteilichen Meinungsverschiedenheiten und Streitereien nahmen solche Ausmaße an, daß manche Kommentatoren die Grünen Ende Mai als gespalten beschrieben. Selbst der Wahlerfolg der Grünen in Rheinland-Pfalz, wo sie erstmals in den Landtag einzogen, konnte die tiefen Risse in der öffentlichen Darstellung der Partei nicht verdecken. Durch den Aufstieg der Fundis in Rheinland-Pfalz sah es im Frühsommer für die Realos recht düster aus. Wären sie nicht in der Bundestagsfraktion vertreten gewesen, hätten die Realos zu diesem Zeitpunkt vielleicht ihren Rivalen das Feld überlassen müssen. Statt dessen dauerte die Pattsituation an, da keine Seite stark genug war, um der anderen den entscheidenden Schlag zu versetzen.

Die fortgesetzten wahlpolitischen Anstrengungen der Grünen brachten keine Wende zum Besseren. Nach dem üblichen Sommerloch ging es im Herbst wieder mit Volldampf in die nächsten Wahlen. Am 13. September 1987 wurde in Bremen und Schleswig-Holstein gewählt. Abermals waren die Ergebnisse für die Grünen enttäuschend. Mit ihren 4 Prozent verfehlten sie wieder einmal die Fünf-Prozent-Hürde. Selbst die 10,5 Prozent in Bremen, wo die parlamentarische Präsenz der Grünen in der deutschen Politik begonnen hatte, waren letztlich eine Niederlage: Das Ergebnis reichte nicht aus, um den Bremer Sozialdemokraten ihre absolute Mehrheit streitig zu machen. Trotz ihres guten Abschneidens mußten die Grünen wieder in die Opposition. Verglichen mit der Bundestagswahl vom 25. Januar bedeutete dieses eigentlich respektable Ergebnis zahlenmäßig einen Rückschlag, da sie dort 14,5 Prozent erreicht hatten.[193]

Kaum war die Wahl vorbei, begann das Ritual der gegenseitigen Beschuldigungen. Die Realos warfen den Fundis vor, einen schlechten Wahlkampf geführt und die Partei mit ihren radikalen Methoden und Aussagen ins Abseits getrieben zu haben, während sie die Tatsache herunterspielten, daß die Basis der Partei in Schleswig-Holstein mit seiner ländlichen Struktur und nur wenigen Groß- und Universitätsstädten schwach war. Die Realos gaben zu, daß die SPD vom »Sympathiebonus« ihres gewandten und fortschrittlichen Kandidaten Björn Engholm profitiert hätte, der gerade als Held aus der ansonsten unerfreulichen Barschel-Affäre hervorgegangen war.[194] (Nach dem Wahldebakel der Partei bei der ersten gesamtdeutschen Wahl im Dezember 1990 wurde Engholm der Vorsitzende der SPD. Zur Überraschung und Bestürzung der deutschen Linken und der Sozialdemokratie legte Engholm im Mai 1993 alle Parteiämter nieder, als die lange zurückliegende Barschel-Affäre wieder aufgerollt wurde und sich zeigte, daß Engholm nicht nur deren Opfer gewesen war, wie man vorher angenommen hatte.) Aber als Hauptursache für die Probleme der Partei machten die Realos die Starrheit und Unreife der Fundis aus. Indem sie jegliche Koalitionsmöglichkeit mit der SPD abgelehnt hatten, hätten die Fundis sich wieder einmal vor der politischen Verantwortung gedrückt. Ein Streit im Bundesvorstand zwischen Realo-Minderheit und Fundi-Mehrheit führte dazu, daß die erstere der letzteren »stalinistische Praktiken« vorwarf.[195]

Wie üblich reagierten die Fundis in ihrer Gegenkritik nicht gerade zimperlich. Sie behaupteten, das Hauptproblem der Partei bestehe darin, daß sie unaufhaltsam in Richtung SPD drifte, so daß die Grünen von den Sozialdemokraten nicht mehr zu unterscheiden seien. Die Fixierung der Realos auf Teilhabe an der Regierungsmacht in einer Koalition mit den Sozialdemokraten habe eine solche Bedeutung erlangt, daß diese einst taktische Frage fast alles verdrängt habe, was zur Identität der Grünen gehöre. Die machtbesessenen und »regierungsgeilen« Realos hätten das Wesen der Partei als radikale, bewegungsförmige Alternative zu den korrupten und bankrotten politischen und ökonomischen Institutionen der Bundesrepublik untergraben. Erteilten die Wähler einer CDU-geführten Regierung eine Absage wie in Schleswig-Holstein, wählten sie lieber die SPD als deren schwache Imitation.[196]

Wieder führte die Diskussion zu nichts, aber die Erbitterung dauerte an. Schon ein kurzer Blick auf die politische Landschaft in Deutschland zeigt, daß die Grünen 1987 aufgehört hatten, als Partei zu agieren oder zu funktionieren. Die Artikel, die sich mit ihnen beschäftigten, enthielten Worte wie »Wut«, »Depression«, »Krieg«, »Spaltung«, »Verrat«, »Erpressung«, »Manipulation«, »Psychoterror«. Zweifellos muß die Schärfe dieser fortwährenden Auseinandersetzungen cum grano salis genommen werden, doch ist klar und im nachhinein gut zu erkennen, daß diese kräftezehrenden Kämpfe der Partei schadeten.[197] Drei Faktoren trugen in einem hohen Maße dazu bei, die formale Einheit der Partei zu retten: Zuerst die Tatsache, daß jeder Grüne – Fundi und Realo – wußte, daß eine Spaltung der Partei ihr Ende bedeuten würde. Folglich erkannten die führenden Köpfe beider Strömungen sehr wohl, daß ihr politisches Überleben von einem weiteren Miteinander abhing, auch wenn dieses durch schrille Mißtöne gekennzeichnet war. Ein zweiter Umstand, der die Partei zusammenhielt, war eine Rebellion der Parteibasis. Auf einer stürmischen Parteiversammlung in Bonn Ende November 1988 drückten die grünen Aktivisten ihren Unmut über das ständige Hickhack in der Führung unmißverständlich aus. Auf einem Poster stand »Wir haben genug«, auf einem anderen »Entweder ihr tretet zurück oder wir«, auf einem dritten hieß es »Eure Streitereien widern uns an«.[198] Außerdem trugen die Integrationsversuche und das persönliche Engagement von Antje Vollmer zur Rettung der Partei bei.

Klein, ruhig, zurückhaltend, aber ein politisches Schwergewicht, so beschrieb sie eine Zeitschrift.[199] Man erinnert sich, daß Antje Vollmer für die Bundestagswahl von 1987 eine Kompromißerklärung zur »Koalitionsfrage« verfaßt hatte. Im Januar 1988 war ihr klar geworden, daß etwas Konkretes getan werden mußte, um die Selbstzerstörung der Grünen zu verhindern. Zu diesem Zweck bildete sie zusammen mit 13 ihrer Bundestagskollegen den Aufbruch '88, mit dem Ziel der Schaffung einer Brücke (oder zumindest eines Mittelweges) zwischen Fundis und Realos. Der Aufbruch '88, der erklärtermaßen versuchen wollte, einen Dialog zustande zu bringen und ein integrierendes Element zu sein, hoffte, einige der von den Fundis vertretenen politischen Inhalte zu retten und ihnen die von den Realos gewollte politische Form zu geben. Kurzum, der Aufbruch '88 befaßte sich weniger als die Realos mit den verschiedenen SPD-Koalitionsvarianten und verurteilte gleichzeitig den von den Fundis regelmäßig zur Schau gestellten kategorischen Negativismus. Obwohl Vollmer diese Rolle gar nicht behagte, wurde sie zur »Mutter« der Grünen.[200] Während ihre Versuche scheiterten, die zwei sich bekämpfenden Fraktionen zu versöhnen, trug die Bildung einer dritten, wenn auch heterogenen Kraft in der Partei zu deren Stabilisierung bei. Der Aufbruch '88 wurde zu einer schwachen, aber echten Mitte in einer Partei, die ein mäßigendes inneres Gleichgewicht verloren hatte. Die Grünen hatten sich zu einem Gebilde mit drei Flügeln entwickelt, das zwar schwierig und sperrig war, aber als Partei überlebte.[201]

Die Wahl in Baden-Württemberg am 20. März 1988 brachte den Grünen 7,9 Prozent, was im Vergleich zu 1984 einen Verlust von 0,1 Prozent bedeutete. Auch wenn dies kein Traumergebnis war, zeigte es aber doch, daß die Grünen im wohlhabendsten Land der Bundesrepublik zu einer kleinen etablierten Partei heranwuchsen. Von dem prominenten und charismatischen Realo Rezzo Schlauch geführt, der dem stämmigen Marx ähnelte, aber entschieden unmarxistische Auffassungen vertrat, konnten die Realos nach der Wahl in Baden-Württemberg ihre Position in diesem Bundesland weiter festigen, was wiederum der Realo-Strömung im Bundesgebiet Auftrieb gab.[202]

Aber das Ungemach ließ nicht lange auf sich warten. Am 8. Mai 1988 scheiterten die Grünen in Schleswig-Holstein erneut an der Fünf-Prozent-Hürde. Ihre 3 Prozent lagen sogar noch unter dem Ergebnis vom Spetember 1987, als sie immerhin auf 4 Prozent gekommen waren.[203] Aber damit nicht genug. Willi Hoss, einer der prominentesten Realo-Bundestagsabgeordneten und führender Gewerkschaftsaktivist aus Stuttgart, spottete über die fundamentalistischen Neigungen der schleswig-holsteinischen Grünen und erklärte, daß er bei dieser Wahl ohne Zögern SPD gewählt hätte.[204] Die Fundis wollten diese Provokation nicht einfach hinnehmen und gingen zum Gegenangriff über: Sie forderten den Ausschluß von Hoss aus der Partei und lasteten das schlechte Abschneiden der Grünen dem konformistischen Kurs der Realos an. Der Vermittler zwischen beiden Fraktionen war der Aufbruch '88, dessen Sprecher Ralf Fücks die Niederlage in Schleswig-Holstein zutreffend als Niederlage für die ganze Partei einschätzte.[205]

Der Reifungsprozeß der Grünen brachte auch die ersten Anzeichen der Negativerscheinungen mit sich, die für alle politischen Parteien kennzeichnend sind. Im Juni 1988 berichtete *Der Spiegel* über die Entdeckung von finanziellen Unregelmäßigkeiten in der Parteizentrale. Plötzlich war der Spieß umgedreht. In ihrer Anfangszeit hatte die Partei dadurch öffentliches Ansehen gewonnen, daß sie die Unregelmäßigkeiten der anderen Parteien aufdeckte, insbesondere im berühmten Flick-Skandal.[206] Aber jetzt, so *Der Spiegel*, entdeckten und billigten grüne Aktivisten, die früher zum Frankfurter Stadtrat gehört hatten, das Verschwinden von zwei Dritteln der 20000 DM, die für eine Kampagne gegen den Chemieriesen Hoechst gedacht waren. Das Geld für diese Kampagne kam vom Bundesvorstand der Grünen, es stammte aus dem Wahlkampffonds für die Bundestagswahl. Dieser Fall erregte landesweit Aufmerksamkeit, weil Manfred Zieran, der Lebensgefährte von Jutta Ditfurth, in die Sache verwickelt war. Zieran, wie Ditfurth ein überzeugter Fundi, hatte das Geld als »Aufwandsentschädigung« an sich genommen. Die ganze Sache erwies sich als noch verzwickter, als herauskam, daß das Konto, von dem dieser Betrag abgehoben wurde, auf den Namen Ditfurth eingerichtet worden war.[207]

Entsprechend seiner Tradition des erbarmungslosen Aufdeckens von Korruptionsfällen ging *Der Spiegel* der Sache weiter nach. Er berichtete über Klagen grüner Parteimitglieder, daß Schecks ohne Quittungen ausgestellt würden, wodurch es praktisch unmöglich sei, diese finanziellen Transaktionen zu verfolgen. Außerdem bedienten sich Leute großzügig aus der Portokasse der Partei. Die Rivalität zwischen Fundis und Realos scheint auch darüber entschieden zu haben, wer Darlehen zurückzahlen mußte und wer überhaupt welche bekam. Ein Fundi, Ulrich Tost, und ein Realo, Michael Merkel, liehen sich 20 000 DM für den Druck eines Kalenders. Als das Projekt scheiterte, zahlte nur Merkel der Partei seinen Anteil zurück, während dem Fundi Tost vom fundi-kontrollierten Bundesvorstand die Rückzahlung erlassen wurde.[208] Aufgrund dieser und anderer Verfehlungen verlangte Otto Schily Tosts Parteiausschluß. Der Bundesvorstand stellte sich nicht nur vor Tost, sondern tadelte Schily öffentlich.

Das größte finanzielle Problem, über das *Der Spiegel* berichtete, betraf die Renovierung von »Haus Wittgenstein« bei Bonn, das zu einem Partei- und Begegnungszentrum der Grünen werden sollte. Diese Villa wurde für 1,4 Millionen DM gekauft und hatte bis Juni 1988 3 Millionen DM an Renovierungskosten verschlungen. Nach den Aussagen von Leuten, die an dem Projekt beteiligt waren, ging das Geld für die Renovierung nicht nur an die Arbeiter, sondern auch an Parteifunktionäre, die für angebliche Überstunden bezahlt wurden. »Haus Wittgenstein« sollte ein Vorzeigeprojekt der Grünen werden, das nach »ökologischen Prinzipien« gebaut wurde und Teil eines Selbsthilfeprojekts für ehemalige Drogenabhängige war.[209]

Anfangs dementierte der Bundesvorstand die Vorwürfe. Aber die Ernsthaftigkeit der Behauptungen und ihre Bestätigung durch parteiinterne Quellen nährten den Skandal weiterhin. Als der Druck der Basis zunahm, stimmte der Bundesvorstand widerwillig einer Untersuchung durch einen parteiinternen Sonderausschuß zu.[210]

Noch bevor dieser Ausschuß seine Arbeit abschließen konnte, gab eine Gruppe mit dem Namen »Glasnost bei den Grünen« unter Führung des früheren Geschäftsführers Lukas Beckmann einen umfangreichen Bericht heraus, der die undurchsichtigen finanziellen Praktiken in der Partei detailliert darstellte. Er kam zu dem Schluß, daß die diversen Dementis und wiederholten Vertuschungen, zu denen die Parteiführung beigetragen hatte, zu einer alarmierenden Verfilzung geführt hätten. Diese strukturelle Korruption und Verflechtung von Ämtern und Personen grenzten ans Unerlaubte und Unmoralische.

Durch diesen Bericht aufgeschreckt, gab die Partei widerstrebend ihre eigenen Erkenntnisse über den Skandal bekannt, die jedoch erst im Oktober 1988 veröffentlicht wurden. Selbst dann brauchte der Bundesvorstand noch vier Monate, um die volle Verantwortung für die verschiedenen, vom *Spiegel* aufgedeckten finanziellen Manipulationen zu übernehmen. Noch immer spielten führende grüne Politiker, vor allem Fundis, die Untersuchungsergebnisse herunter und erklärten, daß die ganze Sache unverhältnismäßig aufgebauscht worden sei. Zudem hätte das Renovierungsprojekt »Haus Wittgenstein« Drogenabhängigen und anderen marginalisierten Jugendlichen geholfen. Jutta Ditfurth entwickelte eine sozialtheoretische Rechtfertigung für die Verfehlungen der Grünen, indem sie sagte, daß alternatives Wirtschaften nicht der Profitlogik des Kapitalismus verpflichtet sei und daher die rationalen, hierarchischen Strukturen von Unternehmen ablehne.[211] Andere Fundis versuchten, aus dem Skandal politisches Kapital zu schlagen, indem sie den Realos vorwarfen, ihn für ihre politischen Zwecke auszunutzen. Trotz dieser energischen Gegenangriffe war dies der Anfang vom Ende der Fundis und kündigte ihren endgültigen Abstieg von den Gipfeln grüner Macht im Laufe der Jahre 1989 und 1990 an.

Eine frühe Episode eines langdauernden Dramas fand im Dezember 1988 auf dem Karlsruher Parteitag statt. Ursprünglich einberufen, um die Strategie der Partei für die Wahlen zum Europaparlament im Frühjahr 1989 zu diskutieren, entwickelte er sich zu einem öffentlichen Forum über die Finanzoperationen der Grünen. Nach einer selbst für grüne Verhältnisse hitzigen Diskussion verabschiedeten die Delegierten einen Mißtrauensantrag gegen den Bundesvorstand mit beachtlichen 214 zu 186 Stimmen, was zu dessen sofortigem Rücktritt führte.[212] Angesichts der Tatsache, daß die Aktivisten, das heißt eine Mehrheit der Parteitagsdelegierten, die Fundi-Position in der Partei sympathisch gefunden, wenn auch nicht immer unterstützt hatten, war das Abstimmungsergebnis sensationell. Nach der Abstimmung versuchten die Fundis, jede weitere Arbeit mit der Begründung zu verhindern, ein so wichtiger Anlaß erfordere den Abbruch des Parteitags. Aber die Delegierten fügten der Fundi-Führung eine weitere überraschende Niederlage zu, indem sie diesen Antrag ablehnten und dafür stimmten, mit der ursprünglichen Tagesordnung fortzufahren. Bevor der Parteitag zu Ende ging, beauftragten die Delegierten den Hauptausschuß der Partei, die Geschäfte bis zur Wahl eines neuen Bundesvorstandes am 5. März 1989 zu führen.[213]

Als im Dezember 1988 der provisorische Bundesvorstand gewählt wurde, waren die Realos jedoch wieder in der Minderheit. Es zeigte sich, daß die Fundis in der Parteiorganisation so gut verankert waren – was man in bezug auf Wählerschaft und parlamentarische Vertretung nicht sagen konnte –, daß sie selbst einen Skandal dieser Größenordnung zu überstehen vermochten. Allerdings waren die Fundis stark geschwächt worden. Wachsender Pessimismus, anhaltende Streitereien und einige wichtige Siege der Grünen auf kommunaler und Landesebene bedeuteten schließlich ihr Ende.

Nach ihrer Absetzung als Bundesvorstandsmitglied griff Ditfurth die Realos ungewöhnlich scharf an und beschuldigte sie, den allgemeinen Rechtsruck des Landes nicht nur zuzulassen, sondern aktiv zu unterstützen. Die Realo-Politik trug Ditfurths Auffassung zufolge nicht nur dazu bei, die Grünen zu ruinieren, sondern in der ganzen Bundesrepublik die Reaktion zu fördern.[214] An ihre Anhänger richtete sie den leidenschaftlichen Appell, in der Partei zu bleiben. Daß ein solcher Appell notwendig war, zeigte die sich rasch verschlechternde Stimmung in der Partei.[215] Auf einem Fundi-Treffen in Bonn Anfang Februar 1989 entstand ein tiefer Riß zwischen den radikalen Ökologen und Ökosozialisten einerseits und den undogmatischen Linken andererseits. Dieser Bruch im fundamentalistischen Lager nahm in Hamburg seinen Ausgang, wo die beiden Superstars der Fundis, Rainer Trampert und Thomas Ebermann, immer lauter darüber nachdachten, die Grünen zu verlassen und ihre eigene radikale Linkspartei zu gründen. Trampert lehnte es sogar ab, für die bevorstehende Wahl des Bundesvorstandes im März zu kandidieren, da die Grünen inzwischen zu einer Partei des Establishments geworden seien. Trotz ihres Abscheus vor der Anbiederung der Grünen blieben Trampert und Ebermann fast noch ein Jahr lang in der Partei, aber die Brüche innerhalb der Fraktion schwächten die Position der Fundamentalisten erheblich.

Ironischer-, aber bezeichnenderweise gaben die Wahlsiege der Grünen den Fundis den Gnadenstoß. Am 29. Januar 1989 erreichten die Grünen in Westberlin 11,8 Prozent, was einen Zuwachs von 1,2 Prozent gegenüber den 10,6 Prozent von 1985 bedeutete. Da die CDU einen niederschmetternden Verlust von 8,6 Prozent erlitten und die SPD 4,9 Prozent gewonnen hatte, bot sich in Westberlin erneut eine rot-grüne Regierung an.[216] Da die Wahlen zum Frankfurter Stadtrat ähnliche Ergebnisse zeitigten, gehörte eine weitere deutsche Großstadt zu den Anwärtern auf eine rot-grüne Koalition. Das rot-grüne Modell, das in Hamburg und Hessen kläglich gescheitert war, bekam von den Wählern in Westberlin und Frankfurt plötzlich noch einmal eine Chance. Diese überzeugenden Siege entschärften die Gefahr, im Saarland die Fünf-Prozent-Hürde zu verfehlen. Unter Führung des jugendlichen, energischen und »angegrünten« Oskar Lafontaine behielten die Sozialdemokraten im Landtag ihre absolute Mehrheit. Dieses negative Ergebnis für die Grünen bestätigte das übliche Muster: Wenn sie es mit einem links eingestellten und umweltbewußten SPD-Spitzenpolitiker zu tun hatten, schnitten sie schlecht ab.

Obwohl die Berliner Grünen, als Alternative Liste (AL) bekannt, in Geist und Inhalt den Fundis in mancher Hinsicht näher standen als den Realos, trug ihr Sieg, so wie der der »Super-Realos« in Frankfurt, zur Schwächung der Fundis bei. Es lag in der Natur der Sache, daß erfolgreiche Wahlen diejenigen in der Partei stärkten, die für Realismus plädierten. Und die Zustimmung der Wähler zeigte, daß die Grünen im Rahmen der deutschen Politik erfolgreich sein konnten.

Auf dem Duisburger Parteitag Anfang März 1989 schlug sich der schwindende Einfluß der Fundis in einem Machtverlust im Parteiapparat nieder. Der Parteitag wählte einen Bundesvorstand, in dem praktisch jede Schattierung der Grünen vertreten war. Die drei Vorstandssprecher Ruth Hammerbacher, Ralf Fücks und Verena Krieger repräsentierten jeweils die Realos, den Aufbruch und die Fundis, während der restliche Bundesvorstand die kleineren Strömungen vertrat. Es sollte hinzugefügt werden, daß Krieger – als Indiz für das bevorstehende Ende der Fundis – dem gemäßigten Flügel der Fundis angehörte.[217] Jutta Ditfurth, über diese Entwicklungen erbost, zog vor den Delegierten eine erbitterte Bilanz ihrer Amtszeit. Sie kündigte ihren Austritt aus der Partei an, falls diese auf Bundesebene eine Koalition mit der SPD einginge. Sie warf den Realos vor, das Potential der Partei für eine echte Gesellschaftsveränderung kaputtzumachen, indem sie jeder wirklichen Konfrontation mit dem Kapitalismus systematisch aus dem Weg gingen und sich statt dessen für die Rolle eines Reparaturdienstes entschieden. Trotz der Ausfälle Ditfurths billigten die Delegierten eine rot-grüne Koalition in Berlin.[218] Die Konflikte zwischen den Fraktionen, die die Grünen seit ihrer Gründung geprägt hatten, lösten sich auf, als die Partei von einer Welle des Pragmatismus und Pluralismus erfaßt wurde.

Die phänomenalen Ereignisse im Spätsommer und Herbst 1989

veränderten Deutschland, Europa und die Welt. Nach der Öffnung der Berliner Mauer am 9. November sollte die Politik in Deutschland und Europa nie wieder so sein wie vordem. Die durch das Abkommen von Jalta geschaffene politische Landschaft wandelte sich dramatisch. Zwar war keine Partei in der Bundesrepublik auch nur im entferntesten auf Veränderungen in dieser Größenordnung vorbereitet, aber die Grünen brauchten besonders lange, um sie und ihre Folgen zu akzeptieren. Viele Grundannahmen, die ihre politischen Parameter bestimmt hatten, brachen im Herbst 1989 zusammen. Genau in dem Augenblick, als sie sich anscheinend stabilisiert hatten, stürzten die Grünen in eine weitere tiefgehende Identitätskrise.

Die Veränderungen in Ost- und Mitteleuropa veranlaßten viele Grüne, »Konsequenzen zu ziehen«. Der Fraktionskämpfe der 80er Jahre überdrüssig, verließ Otto Schily, ein wichtiger Realo und wohl einer der originellsten Denker und innovativsten Strategen der Grünen, die Partei im Herbst 1989 und schloß sich der SPD an[219], wie vor ihm schon Thea Bock, eine der talentiertesten Politikerinnen der Grünen aus Hamburg. Auch bei den Fundis nahmen die Austritte die Dimensionen eines Exodus an. Thomas Ebermann und Rainer Trampert trennten sich von den Grünen, andere Fundi-Stars wie die früheren Mitglieder der parlamentarischen Führung in Bonn, Christian Schmidt und Regula Schmitt-Bott, verließen ebenfalls die Partei.[220]

Auf dem Parteitag in Hagen am 1./2. April 1990 mußten die Fundis – oder das, was von ihnen noch übrig war – eine weitere Schlappe einstecken. Einberufen, um über die programmatischen Fragen zu diskutieren und das Parteiprogramm zu überarbeiten, wurde er zu einem Tribunal gegen die Fundamentalisten. Mit offener Unterstützung des zentristischen Aufbruchs demontierten die Realos deren organisatorischen und ideologischen Einfluß in der Partei noch mehr.[221]

Daß die Partei bei den Landtagswahlen in Niedersachsen am 13. Mai 1990 überraschend gut abschnitt, half der Sache der Fundis kaum. Vor dem Hintergrund des SPD-Sieges über die CDU wurde Niedersachsen zu einem weiteren Experimentierfeld für eine rot-grüne Regierung. Von Gerhard Schröder angeführt, der wie Lafontaine damals zu den jugendlichen und umweltbewußten SPD-Politikern gehörte, wurde in Hannover eine Koalitionsregierung gebildet, in der die Grünen zum Juniorpartner der SPD avancierten.[222] Niedersachsen gehörte nun zu den Bundesländern – wie Berlin, das Saarland und Schleswig-Holstein – die ehedem CDU-Hochburgen und jetzt SPD- oder rot-grün regiert waren. Nun konnte sich die Linke, einschließlich der Grünen, gute Chancen für die erste gesamtdeutsche Bundestagswahl ausrechnen.

Diese Erwartung erwies sich als Illusion. Der 2. Dezember 1990 wurde zu einem schwarzen Tag für die Grünen. Genau zehn Jahre nach der stürmischen Versammlung in Karlsruhe, als die Partei als bundesweite Kraft gegründet wurde, warfen die Wähler des vereinigten Deutschlands nur eine Handvoll ostdeutsche Grüne ins kalte Wasser (siehe Tabelle). Die 4,8 Prozent der Partei in Westdeutschland bedeuteten ein Wahldebakel, das kein Meinungsforscher oder Politiker grüner oder sonstiger Provenienz vorausgesagt hatte.[223] Hier einige Anmerkungen zu dieser bitteren Niederlage[224]:

Ergebnisse der Bundestagswahl von 1990

| | Stimmen (%) | | | |
|---|---|---|---|---|
| | West | Ost | Insg. | Zahl der Sitze |
| Christdemokraten (CDU) | 44,3 | 41,8 | 43,8 | 319 |
| Sozialdemokraten (SPD) | 35,7 | 24,3 | 33,5 | 239 |
| Freie Demokraten (FDP) | 10,6 | 12,9 | 11,0 | 79 |
| Grüne | 4,8[a] | 6,0[b] | 5,1[c] | 8 |
| PDS | 0,3 | 11,1 | 2,4 | 17 |
| Republikaner | 2,3 | 2,6 | 2,1 | 0 |
| Andere Parteien | 2,0 | 2,6 | 2,1 | 0 |
| Insgesamt | 100 | 100 | 100 | 662 |

a Aufgrund der 5-Prozent-Klausel erhielten die West-Grünen keine Sitze.
b 6 Prozent bedeuteten 8 Sitze für die Ost-Grünen/Bündnis 90.
c Wären West-Grüne und die Ost-Grünen/Bündnis 90 zusammen angetreten, hätten sie im Bundestag etwa 40 Sitze bekommen.
Quelle: *Between Protest and Power: The Green Party in Germany* von E. Gene Frankland und Donald Schoonmaker, 1992, mit Genehmigung von Westview Press, Boulder, Colorado.
Die Tabelle stammt aus dem Bericht Nr. 61 (2. Dezember 1990), S. 7-9 der Mannheimer Forschungsgruppe Wahlen.

- Fast eine Viertelmillion ehemalige Grünenwähler blieben der Wahl fern.
- Die Stammwähler der Grünen machten nie mehr als 3 bis 4 Prozent der westdeutschen Wähler aus, so daß die entscheidenden Stimmenanteile, die die Partei in den 80er Jahren über die Fünf-Prozent-Hürde katapultiert hatten, immer von grünen Sympathisanten und Wechselwählern kamen, die zwar die Ausstrahlung und die Ideen der Partei gut fanden, denen es aber am Engagement der Stammwähler fehlte. Diese Gruppe von »Mitreisenden« schlossen die SPD als Option nie aus. Und tatsächlich erhielten die Sozialdemokraten, deren Wahlniederlage noch schwerer als die der Grünen ausfiel, 600 000 Stimmen von den Grünen.
- Die Grünen verloren nicht nur viele Wähler an die Sozialdemokraten, sondern eine kleine, aber entscheidende Zahl an die neue linke Konkurrenzpartei PDS, die Nachfolgerin der früheren ostdeutschen kommunistischen Partei SED. Vor allem in grünen Hochburgen wie Bremen, Hamburg und Berlin kam es zu einem zahlenmäßig kleinen (etwa 1 Prozent), aber qualitativ wichtigen Wählerwechsel von den Grünen zur PDS.
- Die Grünen bekamen weniger Stimmen von Jung- (18-24 Jahre) und Erstwählern (ein Drittel weniger als 1987); sie verloren auch Wähler in der Gruppe der 25-50jährigen, während es ihnen wieder nicht gelang, signifikante Unterstützung bei den über 50jährigen zu gewinnen.
- Zwar erhielten die Grünen merkwürdigerweise mehr Erst- als Zweitstimmen (was für eine kleine Partei in Deutschland ziemlich untypisch ist), aber dies war ein schwacher Trost, da nur die Zweitstimmen für die Stärke der parlamentarischen Vertretung ausschlaggebend sind. Es scheint, daß die Wähler in Städten wie Bremen, Hamburg und Berlin einzelne Grüne durch ihre Erststimme »belohnten«, dann aber ihre Zweitstimme der SPD oder einer anderen Partei wie der PDS gaben.

Diese Wahlniederlage läßt sich folgendermaßen zusammenfassen: Mehr als jede andere Wahl in der Geschichte der Bundesrepublik wurde sie praktisch von einem Thema beherrscht: der Einigung von Ost- und Westdeutschland. Verständlicherweise verdrängte dieses bedeutsame historische Ereignis andere Themen, die normalerweise bei einer deutschen Wahl auf der Tagesordnung gestanden hätten, wie Frieden, Ökologie, alternative Lebensweisen usw.

Zu diesem quantitativen Übergewicht der deutschen Einigung kam noch ihre qualitative Seite. Dieses Thema war den Grünen – und vielen Sozialdemokraten – entweder völlig fremd oder wurde von ihnen rundweg abgelehnt. Aus offenkundigen historischen Gründen hatten die meisten deutschen Linken – einschließlich der Sozialdemokraten und der Grünen – ungute, ja feindselige Gefühle gegenüber allem, was auch nur entfernt mit dem deutschen Nationalismus zusammenhing. Das bedeutet natürlich nicht, daß die Sozialdemokraten oder die Anhänger der Grünen nicht wiederholt Positionen vertreten hätten, die in ihrem objektiven Gehalt sowie in ihren subjektiven Verästelungen nicht zutiefst nationalistisch gewesen wären. Man denke nur an die 50er Jahre, als die SPD für Neutralität und die Wiedervereinigung des geteilten Landes eintrat und Adenauers Pro-NATO-Haltung und Westorientierung eine gehörige Portion deutschen Nationalismus entgegensetzte. Was die Grünen und ihr Umfeld betrifft, so braucht man sich nur den Subtext ihres Widerstandes gegen den NATO-Doppelbeschluß und ihres starken Antiamerikanismus anzuschauen, um eine Reihe von Themen zu entdecken, die immer zum deutschen Nationalismus gehört haben. Im Gegensatz zu CDU und FDP hatten die Grünen und die Sozialdemokraten gegenüber der deutschen Einigung sehr ambivalente Gefühle, da diese offen nationalistische Emotionen hervorrief, die bei der deutschen Linken seit 1945, und vor allem seit 1968, auf Unbehagen und Ablehnung gestoßen waren. Während viele, wenn auch nicht alle Sozialdemokraten und Grünen das Ende des stalinistischen und repressiven SED-Regimes begrüßten, wurde die Anschlußpolitik, die die ehemalige DDR zu einer Art erweitertem Westdeutschland machte, von wesentlich weniger Menschen in beiden Parteien gebilligt. Für die meisten Grünen vollzog sich dieser Anschluß viel zu schnell, zu undemokratisch und vor allem zu sehr unter dem Diktat des Marktes. Er barg die Gefahr eines mächtigen Deutschlands in sich, das das restliche Europa aufgrund seiner ökonomischen Macht und seiner neugewonnenen demographischen, geographischen und politischen Stärke beherrschen könnte.

In Wahrheit aber war die DDR für die meisten Grünen, die ja als ureigenes Produkt der Bundesrepublik anzusehen sind, im Laufe der

Jahre zu einem fremden Land geworden. Während die meisten – aber keineswegs alle – Grünen den Stalinismus verabscheuten, wurde die Legitimität der DDR vom grünen und sozialdemokratischen Milieu in der Bundesrepublik nie in Zweifel gezogen. Die DDR war nur ein weiteres deutschsprachiges Land wie Österreich. Obwohl ihr politisches System durch die Auswüchse einer stalinistischen Bürokratie deformiert worden war, sahen manche Grüne in der DDR bei all ihren Fehlern immer noch ein lohnenswertes sozialistisches Experiment. Als selbsternannter Nachfolger des »guten« Deutschland der alten SPD und KPD bedeutete die DDR für viele westdeutsche Linke das bessere Deutschland, das sich der faschistischen deutschen Vergangenheit stellte. In Anbetracht dieser Weltsicht wird verständlich, daß die meisten Grünen auf einen dritten Weg in einer poststalinistischen DDR hofften, während die große Mehrheit der Ostdeutschen das Aufgehen ihres Landes im westdeutschen Staat vollzog.

Die Abneigung der Grünen gegen die Einigung, zumal in dieser überstürzten Weise, manifestierte sich in ihrer programmatischen Aussage und strategischen Fehleinschätzung, daß die beiden grünen Parteien Ost und West erst *nach* der Bundestagswahl ein offizielles Bündnis bilden sollten. Welch große Bedeutung Autonomie und Souveränität als moralische Kategorien für die Grünen hatten, zeigte sich daran, daß der offizielle Zusammenschluß zwischen Ost- und West-Grünen erst Ende Januar 1993 stattfand. Da die Bundestagswahl von 1994 bevorstand, beschlossen die beiden formell getrennten Parteien, ihre Kräfte zu bündeln, um ein Desaster wie 1990 zu vermeiden, das beide für selbstverschuldet hielten. Durch das Widerstreben beider Seiten, sich zu einem früheren Zeitpunkt zusammenzuschließen, verfestigte sich ihre Ablehnung der Einigung per se und in der Form, in der sie von der CDU-geführten Regierung vollzogen wurde. Die Grünen waren auch insofern sehr auf Autonomie bedacht, als sie nicht in die Fußstapfen der anderen westdeutschen Parteien treten und ihre ostdeutschen Parteifreunde vereinnahmen wollten. Diese aufrichtige und moralisch lobenswerte Einstellung kostete die westdeutschen Grünen zwischen 1990 und 1994 ihre parlamentarische Präsenz, da eine vereinigte grüne Partei die Fünf-Prozent-Hürde im Dezember 1990 geschafft hätte, die westdeutschen Grünen allein sie aber verfehlten.

Zudem muß der Charakter der Partei in Betracht gezogen werden. Da die Grünen großen Wert auf demokratische Prinzipien legten – manche würden sagen, daß sie einen Fetisch aus ihnen machten –, fielen die meisten ihrer bekannten Vertreter wie beispielsweise Antje Vollmer der Rotation zum Opfer. Die Rotation bedeutete nämlich, daß die Grünen nicht fähig – oder bereit – waren, im Medienzeitalter bestimmte Persönlichkeiten »aufzubauen«. Da sie es mit der innerparteilichen Meinungsvielfalt hielten, gingen die ständigen Kämpfe zwischen Fundis und Realos weiter. Viele grüne Sympathisanten zeigten sich von diesen fruchtlosen Streitereien enttäuscht und wandten sich meistens, wenn auch nicht ausschließlich, der SPD zu.

Und schließlich litten die Grünen unter ihren eigenen Erfolgen der letzten zehn Jahre. Das »Ergrünen« der anderen Parteien hatte zum vorübergehenden parlamentarischen Ende der grünen Politik geführt. Praktisch alle grünen Themen, seien es die Rechte der Frau, Ökologie, Frieden oder Atomenergie, waren im Laufe der 80er Jahre von den westdeutschen Parteien aufgegriffen worden. Der überzeugendste Beweis für den Erfolg der Grünen bestand darin, daß sie ihre Einzigartigkeit verloren hatten.

# 8. Die ostdeutschen Grünen: Von der Untergrundopposition zur Vertretung im Bundestag

*Mit Susanne Altenburger*

Die Geschichte der ostdeutschen Grünen ist eine der permanenten Opposition. Von ihren Anfängen bis zu ihrer Vertretung im Parlament haben die ostdeutschen Grünen den Widerspruch zum eigentlichen Wesen ihrer Existenz gemacht. Anders als die westdeutschen Grünen, den politisch bedeutsamsten Erben der 68er-Opposition gegen den Kapitalismus, entwickelten sich die ostdeutschen Grünen aus dem demokratischen Widerstand gegen die stalinistische Diktatur, die in der DDR fast 40 Jahre lang geherrscht hatte. Die bleibenden Wirkungen der stalinistischen Repression zeigen sich daran, daß das Leben im ostdeutschen Dissidentenmilieu das politische Verhalten und die Einstellungen dieser Menschen auch noch in der liberalen Demokratie der Bundesrepublik prägt.

Dieses Kapitel beschreibt zunächst das Entstehen der Opposition in der Deutschen Demokratischen Republik. Zu den hervorstechendsten Merkmalen dieser Bewegung gehörten ihre Zersplitterung und ihre Bindung an die lutherische Kirche. Wenn überhaupt Dissens aufkam, dann auf lokaler Ebene und in völlig dezentralisierter und unkoordinierter Form. Die frühen ostdeutschen Oppositionellen waren typische Einzelkämpfer, die die bestehende Ordnung dadurch in Frage stellten, daß sie sich ihr auf verschiedenste Weise widersetzten. Entsprechend dem zwingenden Charakter ihrer Opposition setzen die Dissidenten, die dem Stalinismus der DDR entgegengetreten waren, ihre Dissenspolitik während der Revolution im Herbst 1989 und der ostdeutschen Übergangsregierung fort. 1989 waren sie die Befürworter des sogenannten »dritten Weges«, eines nichtleninistischen, demokratischen, echten (im Gegensatz zum »real existierenden«) Sozialismus, der ebenso entschieden antistalinistisch wie antikapitalistisch sein sollte. Wie in Westdeutschland lehnte dieses Milieu alle Entwicklungen strikt ab, die auch nur im entferntesten mit dem deutschen Nationalismus in Verbindung gebracht werden konnten. Unbedingt basisdemokratisch ausgerichtet, hielten diese Dissidenten die ursprüngliche Losung der Revolution »Wir sind das Volk« hoch. So kann es nicht verwundern, daß sie dagegen waren, daß sich die Übergangsregierung der DDR zugunsten der deutschen Einigung zur Selbstaufgabe bereit erklärte. Die ostdeutschen Grünen und ihr Umfeld der Bürgerrechtsbewegung opponierten gegen das Verschwinden der DDR. Besonders schockierte sie die anschlußähnliche Übernahme durch die Bundesrepublik, die jeden Lebensbereich in Ostdeutschland betraf. Der Einigungsprozeß verletzte ihr Verständnis von demokratischen Verfahrensweisen, deutschem Nationalismus und Großmachtpolitik, um die drei wichtigsten Pfeiler ihres Denkgebäudes zu nennen.

Die ostdeutschen Grünen, ihre verschiedenen Vorläufer und späteren Bündnispartner blieben scharfe Kritiker des wiedervereinigten Deutschland. Sie trugen ihre Dissenspolitik bis tief in das grüne Milieu der Berliner Republik hinein. Schließlich wurden sie nach der Wahl vom 2. Dezember 1990 genau deswegen zu den einzigen Repräsentanten der gesamtdeutschen Grünen im Bundestag, weil sie sich weigerten, von den westdeutschen Grünen in der Weise vereinnahmt zu werden wie Ostdeutschland von der Bundesrepublik. Diese Gruppe professioneller Dissidenten vertrat nun im Bundestag die Sache der Grünen, ohne doch ein Teil von ihnen zu sein. Die ostdeutschen Grünen setzten ihre Dissenspolitik unvermindert fort und blieben die Wortführer der Opposition gegen die Regierungspolitik bezüglich des früheren Ostdeutschlands. Gleichzeitig übernahmen sie die traditionelle Rolle der westdeutschen Grünen und übten scharfe Kritik am Establishment, wenn es um Umwelt, Wirtschaft, Außen-, Verteidigungs- und Sozialpolitik ging. Sie erhoben vor allem die bitter nötigen Stimmen, um für die Opfer der zunehmenden Ausländerfeindlichkeit in Deutschland einzutreten, die in der Bundesrepublik Asyl erhalten hatten. In einer Zeit, in der Ausländer zunehmend brutaler behandelt, ja, verletzt und getötet wurden, betrieb diese Handvoll ostdeutscher Dissidenten eine Politik der Toleranz und Integration, die an Umfang und Intensität unerreicht blieb. Der Oppositionsgeist der ostdeutschen Grünen ging so weit, daß sie sich – im Gegensatz zu ihren westdeutschen Kollegen und den anderen deutschen Parteien insgesamt – weigerten, im Bundestag als Block abzustimmen. Eingedenk der stalinistischen Repression in ihrem früheren Land entwickelten sie – selbst auf Kosten der politischen Zweckmäßigkeit – eine solche Achtung vor dem Individuum, daß sie beschlossen, den Einzelnen niemals dem Willen der Partei oder ihrer Parlaments-»Fraktion« zu unterwerfen. Daß diese Grünen die Marginalisierung und sogar die politische Bedeutungslosigkeit riskierten, weil sie kompromißlos für demokratische Grundrechte eintraten, verdient zumindest unseren Respekt, wenn wir dieses Verhalten auch politisch anders bewerten.

## Die Ursprünge der unabhängigen DDR-Opposition

Die Ereignisse vom Sommer 1989, als Scharen von Ostdeutschen das Land auf verschiedenen Wegen verließen, übten nicht nur Druck auf das Honecker-Regime aus, sondern waren auch eine Herausforderung für seine Opposition. Selbst nach Michail Gorbatschows Glasnost-Politik hatte die ostdeutsche Regierung ihre stalinistisch geprägte Innenpolitik beibehalten. Während die Nachbarländer im sowjetischen Block anfingen, ihre Gesellschaften politisch und ökonomisch zu reformieren, und zwar meistens in einem liberalen Sinne, führte Honeckers fehlende Bereitschaft, sein Regime an die veränderten Verhältnisse im Osten anzupassen, zu wachsender Unzufriedenheit im Lande.

Öffentliche Demonstrationen gegen die Regierung und eine gut organisierte politische Opposition waren in der Vergangenheit nicht möglich gewesen, weil ein dichtes Netz von Informanten, die allgegenwärtige Macht des Ministeriums für Staatssicherheit und schließlich das absolute Monopol des Staates über die Kommunikationsmittel alle oppositionellen Regungen unterdrückt hatte. Von der zunehmenden Zahl der Menschen, die über die sich verändernden Zustände in den benachbarten »sozialistischen Bruderländern« informiert waren (zumeist durch westdeutsche Medien), beschlossen diejenigen, die am ungeduldigsten und am wenigsten optimistisch in bezug auf Veränderungen in Ostdeutschland waren, die veränderte Lage in den Nachbarländern zu nutzen. Da Loyalität gegenüber dem

Regime kaum vorhanden war und offene Meinungsäußerungen unterbunden, häufig auch bestraft wurden, blieb die Flucht die einzige massenhafte Form demokratischen Verhaltens.[1] Das Vorhandensein Westdeutschlands und vor allem seiner Gesetze über die deutsche Staatsangehörigkeit, die jeden eingereisten Ostdeutschen zum Bürger der Bundesrepublik machten, beförderten die Entscheidung zum Verlassen des Landes.

Die Ostdeutschen durften nur in Länder reisen, die zum Comecon-Wirtschaftsraum gehörten, so daß sie in wachsender Zahl beschlossen, die Deutsche Demokratische Republik mit allem zu verlassen, was sie in ihren Koffern und Autos tragen konnten. Sie fuhren als Touristen in die Tschechoslowakei, nach Polen und Ungarn, um von dort aus über die deutschen Botschaften in die Bundesrepublik zu gelangen. Die Verantwortlichen in diesen Ländern schienen nicht sehr begierig zu sein, die Flüchtenden aufzuhalten, und erlaubten den »Besuchern« aus Ostdeutschland, nach Westdeutschland weiterzureisen; dort wurde ausführlich über ihren begeisterten Empfang berichtet, wobei diese Berichte auch für die DDR bestimmt waren.

Die Folge dessen war, daß die Regierung in Ostberlin mit einem faktischen Mißtrauensvotum konfrontiert wurde – die Bürger bekundeten ihre Ablehnung des Regimes mit den Füßen. Dies untergrub nicht nur die Autorität des Systems, sondern nahm Honeckers Regime den letzten Rest von Legitimität. Die DDR war selbst unter den »sozialistischen Bruderländern« isoliert, deren aktive Unterstützung der Flüchtenden machte die ganze Sache ja überhaupt erst möglich. Diese Flut von »Touristen ohne Rückfahrkarte« legte paradoxerweise die Ursache für den Fall der Berliner Mauer frei: die fehlende Loyalität gegenüber dem Regime, vor allem von seiten der Gebildeten und Facharbeiter, die zu einem massiven Aderlaß geführt hatte. Besonders für diese Gruppe verkörperte die Bundesrepublik ein Allheilmittel, den Inbegriff des guten Lebens, gekennzeichnet durch persönliche Freiheit und wirtschaftlichen Wohlstand. Der äußere und innere Druck auf das Honecker-Regime nahm im Frühherbst 1989 kritische Ausmaße an, als sich die DDR anschickte, ihr 40jähriges Bestehen mit großem Pomp zu feiern. Obwohl im Spätsommer täglich Tausende die DDR verließen und Hunderttausende bereit waren, ebenfalls zu gehen, gab es jedoch viele, die erstaunlicherweise blieben. Dazu gehörte vor allem eine bunt gemischte

Gruppe von Dissidenten, die im Laufe der Herbstrevolution Einfluß gewonnen hatten. Wir schauen uns jetzt kurz ihre Ursprünge an.

Obwohl sich das Honecker-Regime darauf versteifte, den politischen und wirtschaftlichen Status quo aufrechtzuerhalten, der anscheinend immer schwerer zu legitimieren war, gab es Gruppen, die sich organisierten und bereit waren, eine Diskussion über grundlegende Reformen in Gang zu setzen und vielleicht sogar die Macht zu übernehmen. Die umfangreichen Repressions- und Kontrollmechanismen waren erfolgreich eingesetzt worden, um alle Ansätze einer Organisation zu ersticken, die möglicherweise zu einer ernsthaften Oppositionsbewegung in der DDR hätte werden können. Es ist wichtig, dies hervorzuheben, weil die DDR immer stolz auf ihre Opposition verwiesen hat, wobei diese allerdings staatstreu war. Sie bestand aus den sogenannten Blockparteien, ein Begriff, der ihre Zugehörigkeit zu dem bezeichnete, was offiziell Demokratischer Block hieß. Dazu gehörten die CDU, die den gleichen Namen und die gleiche Abkürzung hatte wie ihr westdeutsches Pendant, die liberale LDPD (Liberaldemokratische Partei Deutschlands), die NDPD (Nationaldemokratische Partei Deutschlands) und die DBP (Demokratische Bauernpartei Deutschlands).[2] Diese Parteien stellten selbstverständlich das totale Machtmonopol der kommunistisch beherrschten SED (Sozialistische Einheitspartei Deutschlands) nie in Frage. Im Laufe der Ereignisse von 1989 schlossen sich die ostdeutschen Blockparteien schon bald ihren ungleich mächtigeren Schwesterparteien im Westen an und begaben sich dadurch jeglicher Möglichkeit, eine ostdeutsche Option ohne kommunistische Herrschaft anzuführen. Durch das schnelle Aufgehen der Blockparteien in den Strukturen Westdeutschlands wurde der ostdeutsche dritte Weg zwischen dem jetzt diskreditierten Marxismus-Leninismus und einem westlichen marktwirtschaftlichen Kapitalismus fast unmöglich. Während also die Grundlagen des Honecker-Systems unter dem Einfluß der sowjetischen Reformen Perestroika und Glasnost immer tiefere Risse bekamen, steckte jede echte unabhängige Organisation, die sowohl zum System Honeckers wie zu Helmut Kohls Bundesrepublik eine Alternative darstellte, entweder noch in den Anfängen oder mußte erst gegründet werden.

Trotz rigider staatlicher Kontrolle gab es im Untergrund gewisse oppositionelle Aktivitäten, die aus regelmäßigen Treffen und der

Herausgabe von Publikationen im Selbstverlag bestanden. Diese Gruppen waren zu klein und isoliert gewesen, um vom Regime aufgespürt zu werden – und um nennenswerten politischen Einfluß zu haben. Die Bedingungen, unter denen sich jedwede Form von Dissens halten konnte, ließen nur die sporadische Bildung winziger Grüppchen zu. Aufgrund der staatlichen Verfolgung war die Kommunikation zwischen diesen Gruppen auf lokaler und landesweiter Ebene praktisch unmöglich. Deshalb war der ostdeutsche Untergrund organisatorisch und ideologisch stark zersplittert. Dadurch entstand zwar ein interessantes Spektrum von Ideologien, Visionen und Strategien, hingegen erschwerte es die Bildung eines kohärenten politischen Bündnisses nach dem Sturz des Honecker-Regimes.

## Legitimität des Systems versus Dissens

Doch diese unbekannten Dissidenten, ihre organisatorischen Erfahrungen im Untergrund und die zunehmende Relevanz und Legitimität ihrer Anliegen trugen erheblich zur Rolle dieser inoffiziellen Opposition beim Sturz des Honecker-Regimes bei. Eine Reihe innerer und äußerer Faktoren ermöglichten es, daß trotz des Überwachungssystems der DDR weiterhin kleine Dissidentengruppen entstanden.

Die Allgegenwart der Stasi und die geradezu wahnhafte Überwachung im gesellschaftlichen und politischen Bereich spiegelten die Unsicherheit eines Regimes wider, dem es seit seiner Entstehung 1949 an Legitimität gefehlt hatte. Diese scharfe Kontrolle bewirkte, daß die DDR in bezug auf die Menschen- und Bürgerrechte einen traurigen Rekord erreichte. Zwar war es dem Staatsapparat, der SED und ihren Hilfsorganisationen im Juni 1953 gelungen, den Volksaufstand in Ostdeutschland, die erste wirkliche Erhebung der Arbeiterklasse gegen die herrschende kommunistische Elite in Osteuropa, erfolgreich niederzuschlagen, aber das DDR-Establishment traute seiner Macht nie so ganz und fürchtete stets, daß das schwerwiegende Legitimitätsdefizit die Existenz des Landes untergraben könnte. Die Paranoia des Regimes wurde durch die Tatsache verstärkt, daß über 80 Prozent der DDR-Bevölkerung das westdeutsche Fernsehen empfangen konnten, das auch tatsächlich mit lebhaftem Interesse gesehen wurde. So führte die Mehrheit der DDR-Bevölkerung eine Art Doppelleben: Tagsüber gaben die Menschen vor, so hart zu arbeiten, wie das Regime sie zu bezahlen vorgab; abends zogen sie sich in ihre Privatsphäre zurück, um sich von den westdeutschen Konsumgütern faszinieren zu lassen. Kurzum, das gesamte System beruhte auf Lüge, Heuchelei und Phantasien, die die triste Realität des Lebens in der DDR nicht nur verzerrten – und erträglich machten –, sondern auch unrealistische Erwartungen in bezug auf die Bundesrepublik weckten.

In dem erfolglosen Bestreben, eine Legitimität zu schaffen, die sich in den Augen der Bürger anscheinend immer wieder verflüchtigte[3], verfolgten die Machthaber in der DDR in sich widersprüchliche Strategien. Einerseits versuchten sie verzweifelt, Legitimität durch die Abgrenzung von Westdeutschland zu begründen. Sie taten dies mit der Behauptung, die DDR sei die einzige Verkörperung der »guten« Deutschen und des moralischen Deutschlands. Der wesentliche Inhalt dieser Selbstlegitimation bestand darin, daß die DDR in starkem Gegensatz zur Bundesrepublik, die erklärtermaßen der Nachfolger des schrecklichen Dritten Reiches war, sich zum Nachfolger seiner Opfer stilisierte. Demzufolge verkörpere Westdeutschland aufgrund seines kapitalistischen Systems die Naziherrschaft nur in einer schwächeren Version, Ostdeutschland hingegen hätte das Erbe der antifaschistischen deutschen Vergangenheit, der deutschen Arbeiterklasse und anderer fortschrittlicher Kräfte angetreten, wie sie insbesondere die KPD (Kommunistische Partei Deutschlands) der Weimarer Republik repräsentiert hatte. Der Staat versuchte, eine ostdeutsche Identität zu schaffen, die das genaue Gegenteil der westdeutschen sein sollte: sozialistisch, antifaschistisch, daher moralisch überlegen und über jeden Vorwurf der Nähe zum Naziregime erhaben. Diese Bemühungen gingen so weit, daß manche Schüler glaubten, ostdeutsche Soldaten hätten zusammen mit der Roten Armee gegen den Nationalsozialismus gekämpft und diesen besiegt. Der Völkermord der Nazis an den Juden wurde – wenn überhaupt – nur im Zusammenhang mit der Unterdrückung der Kommunisten durch die Nazis erwähnt. In der Tat befand es die DDR erst am Ende des SED-Regimes Anfang 1990 für nötig, die Frage der Wiedergutmachung für die jüdischen Opfer des Nationalsozialismus aufzuwerfen. Dieses Verschweigen und Verdrängen des Holocausts gehörte wahrscheinlich zur einzigen politischen Strategie der DDR-Machthaber, die bei der Bevölkerung Anklang fand. Die Ostdeutschen sonnten sich in dem staatlichen Mythos, daß es die Nazis und die Faschisten – wundersamerweise – nur westlich der Elbe gegeben hatte. Der Holocaust war in den Augen der ostdeutschen politischen Elite und ausnahmsweise auch in den Augen der Bevölkerung ein rein westdeutsches Problem. Die wenigen Juden, die in der DDR lebten, erhielten vom Regime gewisse finanzielle und andere materielle Zuwendungen, aber nicht als Juden, sondern als antifaschistische Opfer der Nazidiktatur. Besonders schändlich war die Einstellung des ostdeutschen Regimes gegenüber Israel. Gegen die Politik der israelischen Regierung zu sein, bleibt eine legitime politische Haltung. Aber diejenigen eifrig zu unterstützen, die wenige Jahrzehnte nach Auschwitz die Vernichtung des jüdischen Staates anstrebten, ist verwerflich. Wir meinen damit die massive materielle und Ausbildungshilfe der DDR für die syrische und irakische Regierung sowie für die westdeutschen und arabischen terroristischen Gruppen, deren wichtigstes erklärtes Ziel es war, Israel und seiner Bevölkerung Schaden zuzufügen.

Während die erste Strategie der DDR, sich Legitimität zu verschaffen, darin bestand, sich eine Identität zuzulegen, die der westdeutschen diametral entgegengesetzt war, zielte die zweite auf das Gegenteil ab. Diese Strategie versuchte, die Loyalität – wenn auch nicht die Zuneigung – der Bürger durch verschiedene versöhnliche Gesten gegenüber dem Westen zu »erkaufen«. Der Handel war einfach: Als Gegenleistung für die Verbesserung der Lebensbedingungen ihrer Bürger durch Westreisen (vorausgesetzt, sie waren Rentner oder Stasi-Spitzel) und durch den Import gewisser westlicher Statussymbole wie Blue Jeans oder Volkswagen erhielt die DDR politische Anerkennung und Wirtschaftshilfe. Indem die DDR ihr Schicksal an die Bundesrepublik und die internationale Gemeinschaft band, wurde sie fast gegen ihren Willen Teil eines offenen transnationalen Kommunikationsnetzes. Eine Zunahme des Grenzverkehrs in Berlin und an anderen Orten machte die deutsch-deutschen Beziehungen zu einer täglichen Realität im Leben von Millionen Ostdeutscher. Barrieren verschwanden. In gewissem Sinne war die Berliner Mauer schon lange vor ihrer Öffnung am 9. November 1989 durchlässig geworden. Auch die brutale und allgegenwärtige Geheimpolizei des Regimes hatte die vermehrten Kontakte zwischen Ost und West nicht verhindern können. In diesem Kontext nahm der Dissens in Ostdeutschland eine systematische und gesellschaftlich relevante

Form an. Obwohl sich Partei und Regime nach Kräften bemühten, das Gegenteil zu erreichen, hatten die Erfordernisse der europäischen Politik, die globalen Entwicklungen und die Fortschritte der Kommunikationstechnik die ostdeutsche Gesellschaft am Ende der 80er Jahre pluralistischer gemacht. In dieser Situation entwickelten sich die Vorläufer der späteren ostdeutschen Grünen.

## Lutherische Kirche versus Staat: Der Dissens und sein »Raum« in einer repressiven Gesellschaft

Schaut man sich den sozialen und beruflichen Hintergrund der ostdeutschen Dissidenten an, fällt auf, wie häufig eine kirchliche Bindung oder ein kirchliches Engagement vorhanden ist. Es gibt einen einleuchtenden strukturellen Grund für diese Dominanz der Kirche bei den Dissidenten, Bürgerrechtlern und Protestierern der früheren DDR. Die ostdeutsche lutherische Kirche war die einzige Organisation in der DDR, die sich einer gewissen Unabhängigkeit von Staat und Partei erfreute. Dadurch bot sie einem Aktivismus existentiellen und spirituellen Raum, dessen philosophische Grundlagen in den ethischen Vorstellungen der Kirche wurzelten und von daher automatisch im Widerspruch zu den Handlungen, wenn auch nicht unbedingt zur Doktrin des Staates standen.[4]

Diese Kirche, die die Mehrheit der Kirchgänger in dieser stark säkularisierten Gesellschaft repräsentierte, hatte mit Unterstützung ihrer westdeutschen Schwesterkirche ihre finanzielle Unabhängigkeit bewahren können. Sie machte sich auch das Streben des Regimes nach internationaler Anerkennung durch eine Verbesserung der Menschenrechtslage zunutze und stellte weitreichende Kontakte zu internationalen kirchlichen Organisationen her. Die Kirche hatte insofern eine demokratische Struktur, als sie ihren Mitgliedern ein gewisses Maß an Autonomie zugestand. Bei einem denkwürdigen Treffen im März 1978 kamen Kirche und Staat überein, sich in bestimmten Bereichen Autonomie zuzubilligen, während sie in anderen gemeinsames Handeln verabredeten. So blieb die innere Struktur der Kirche erhalten, und sie bekam gleichzeitig das Recht, eine Reihe von unabhängigen theologischen Einrichtungen, vor allem eigene

Verlage, zu betreiben. Diese Strukturen ermöglichten den Dissidenten einen minimalen Organisationsgrad und so etwas wie Autonomie auf Gemeindeebene.[5] Ironischerweise schuf dieses »konkordatsähnliche« Abkommen zwischen dem leninistisch-stalinistischen Staat und der traditionellen lutherischen Kirche den Dissidenten den nötigen Freiraum, in dem sie sich zu einer Kraft entwickeln konnten, die schließlich die DDR selbst zerstörte.

Zwei Schwerpunkte dieser unabhängigen Oppositionsgruppen basierten auf protestantischen Idealen, die für die ostdeutsche lutherische Kirche besondere Bedeutung hatten: die Bürgerrechte eines jeden Menschen als Voraussetzung für seine Fähigkeit, moralisch im theologischen Sinne zu handeln[6]; und der Widerstand gegen die Zerstörung der Umwelt, die als Sünde gegen Gottes Schöpfung angesehen wurde.

Das erste Prinzip war zweifellos eine philosophische Herausforderung für das Legitimitätsverständnis der DDR seit ihren Anfängen. Die Wahrscheinlichkeit bedeutender Veränderungen hing mehr von dem Wunsch der DDR nach einer angeseheneren internationalen Stellung und wirtschaftlicher Hilfe ab als von lokalen oder regionalen Protesten gegen die Willkürakte des Staates, der seinen Bürgern persönliche Grundrechte verweigerte. Das Pochen des Westens auf humanitäre Verbesserungen als Bedingung für die Vergrößerung des Kreditrahmens der DDR schien beispielsweise ein vielversprechenderer Weg zu diesen Verbesserungen zu sein, als wenn Einzelne ihre Zukunft und die Kirche ihre stets gefährdete Unabhängigkeit durch einen aussichtslosen und von den Medien ignorierten Protest aufs Spiel setzten.

Aber den Sorgen um die Umwelt konnte eine weniger fundamentale Bedeutung beigemessen werden. Die lutherische Kirche behandelte umweltpolitische Fragen seit den 70er Jahren als theologisches Problem. Sie führte Untersuchungen durch, die kirchenintern blieben, gab aber auch Positionspapiere und Zeitschriften heraus. Darin folgte die Kirche einer Tradition, die das Verhältnis der Christen zur Natur erforschte, eine Thematik, der man sich seit 1927 besonders im Kirchlichen Forschungszentrum zu Wittenberg widmete. Durch das Abkommen zwischen Staat und Kirche von 1978 geschützt, entwickelte sich dieses Umweltengagement von Anfang bis Mitte der 80er Jahre auf lokaler Ebene zu einer politischen Kraft. Eingebunden in die demokratische Struktur der Kirche konnten diese Aktivitäten von umweltbewußten Gläubigen durch die begrenzten, aber trotzdem relativ großen Ressourcen der Kirche wie Versammlungsräume und Kopiergeräte unterstützt werden. Dies war natürlich nur so lange möglich, wie der örtliche Pfarrer mit der Sache sympathisierte und stark genug war, den Behörden zu widerstehen; eine Situation, die von Region zu Region sehr unterschiedlich war.[7]

Angesichts der Tatsache, daß sich die Umweltprobleme vor Ort konkret stellten, genügten oft kleine Initiativen, um besonders eklatante Fälle von Umweltzerstörung aufzudecken. Das soll natürlich nicht heißen, daß der Staat derartige Proteste duldete. Private Gruppen und Versammlungen in Privatwohnungen zogen Schikanen der Behörden nach sich. Jeder öffentliche Protest gegen Umweltbelastungen wurde von den Behörden sofort unterdrückt, die behaupteten, daß sozialistische Politik per definitionem ökologisch unschädlich sei. Die lutherische Kirche bot vielen dieser privaten Protestgruppen Schutz, was wiederum zur Radikalisierung der Kirche und zur Verbreitung der Ansicht beitrug, daß Politik im »real existierenden Sozialismus« – vielleicht noch mehr als im westlichen Kapitalismus – beträchtliche Umweltschäden anrichtete.[8]

Der wachsende Austausch mit dem Westen und die zunehmenden Reisen dorthin verschafften diesen Gruppen mehr Informationen und finanzielle Mittel, ermöglichten und vertieften wertvolle persönliche Kontakte und erhöhten die Legitimität der unabhängigen Opposition. Erzählungen, Augenzeugenberichte, Fotos und Videos über repressive Maßnahmen des Regimes schwächten die ohnehin schon geringe Legitimität des Staates in den Augen der Bürger noch mehr. Wieder einmal erwies sich die Nähe Westdeutschlands als gefährlich für die Stabilität des DDR-Regimes, da die meisten Videos und das meiste Belastungsmaterial Ostdeutschland über das westdeutsche Fernsehen erreichten. Dies verringerte die anhaltende Unterdrückung der oppositionellen Kräfte, auch der Umweltschützer, durch den Staat nicht, trug aber zur stetigen Erosion der Effektivität des Honecker-Regimes und zur weiteren Verringerung seiner ohnehin geringen Legitimität bei. Es stärkte vor allem die Entschlossenheit der Opposition, die allerdings zersplittert blieb und unfähig war, sich landesweit zusammenzuschließen. Die ständige Angst vor den Stasi-Spitzeln und die erhöhte Wachsamkeit einer zunehmend in die

Defensive gedrängten orthodoxen Führung machten den Dissidenten ein wirksames kollektives Handeln fast unmöglich. Der Sommer 1989 war für sie besonders frustrierend, da sie spürten, daß sich große historische Veränderungen ankündigten, sie aber zu schwach waren, um das Honecker-Regime herauszufordern. Im August 1989 wurde eine Bewegung aktiv, die zum Verschwinden der DDR führen und in dem Sinne als einzigartig in die Annalen der deutschen Geschichte eingehen sollte, als von ihr die bislang einzige erfolgreiche deutsche »Revolution von unten« ausging.

## Gründungsfieber

Keine andere Quelle, die über diese aufregenden Ereignisse berichtete, tat dies so gründlich und kenntnisreich wie die Westberliner alternative *Tageszeitung (TAZ)*. Deshalb haben wir uns entschieden, die Geschichte der ostdeutschen Revolution, soweit sie mit der Entwicklung der ostdeutschen Grünen und den verschiedenen sie unterstützenden Gruppen zusammenhängt, anhand der *TAZ* darzustellen.

Die *TAZ* vom 15. August gab den Charakter der entstehenden Opposition der DDR auf der einen und das wachsende politische Vakuum auf der anderen Seite am besten wieder. Die Überschriften lauten:

»Als Reaktion auf die Ausreisewelle: Die DDR-Opposition geht an den Start«; »Bisher sind die vielfältigen Gruppen der DDR-Opposition noch keine ernstzunehmende Gegenmacht«; »Öffentlicher Aufruf in Ost-Berlin, eine ›identifizierbare Alternative‹ für die nächste Wahl zu schaffen«.

Die folgenden zwei Seiten lieferten eine umfassende Einschätzung der unabhängigen DDR-Opposition:

»Die Krise des Systems enthüllt auch die Unzulänglichkeit seiner Opposition: Die ›Szene‹ in der DDR hat nicht nur immer mehr Schwierigkeiten, unter dem Dach der Kirche zu agieren – sie fängt auch jetzt erst an, aus Zersplitterung, Sektierertum und gesellschaftlicher Isolation herauszukommen. Ein Versuch, bis zu den nächsten

Wahlen in zwei Jahren eine Alternative zur SED zu schaffen, wurde am Sonntag abend in einer Ostberliner Kirche gestartet.«

»Ein personeller oder theoretischer Zusammenhang, der etwa von den oppositionellen Tauwetteransätzen Mitte der 50er Jahre über die sozialistische Systemkritik von Havemann und Biermann bis hin zu den heute aktuellen Ansätzen der Menschenrechts- und Ökologiebewegung reichen könnte, existiert nicht. Was sich seit Beginn der 80er Jahre an oppositionellen Zusammenhängen etablierte, ist im wesentlichen Neubeginn. Aufgrund der staatlichen Kontrolle ist die Opposition bislang nicht in der Lage, sich eigenständige Institutionen zu schaffen. Die vielfältigsten Gruppen agieren unter dem Dach der Kirche.«

»Doch die Liaison zwischen Opposition und Kirche ist mittlerweile nach allen Seiten hin problematisch: der Staat setzt die Kirche zunehmend unter Druck, sich auf ihre vermeintlich unpolitisch-seelsorgerischen Aufgaben zu beschränken. Die Kirche ihrerseits – an einer möglichst reibungslosen Zusammenarbeit mit dem Staat interessiert – versucht, ihren oppositionellen Nachwuchs in tolerablen Bahnen zu halten.«

»Doch daß es bislang – weder in institutioneller noch programmatischer Hinsicht – eine gemeinsame Plattform gibt, hängt auch mit der bisherigen Praxis der bestehenden Initiativen zusammen. Jede Form der Institutionalisierung wird leicht als undemokratischer Hierarchisierungsversuch verdächtigt; Abgrenzung – als Charakteristikum ›des Systems‹ kritisiert – ist ein bestimmendes Moment auch der oppositionellen Politik; die Rigidität, mit der abweichende Haltungen, Einschätzungen oder Aktionen kritisiert werden, erinnert an linkssektiererische Fehden der frühen 70er Jahre in der Bundesrepublik.«[9]

Aber frühe »Symptome eines Gründungsfiebers«, wie die *TAZ* es nannte[10], waren schon eher erkennbar, wie die Artikelüberschriften andeuten. Nach einer sogenannten Flüsterkampagne versammelten sich am 13. August 400 Menschen in der Bekenntniskirche im Berliner Bezirk Treptow. Sie hörten dem Arzt Hans-Jürgen Fischbeck von der kirchlichen Gruppe »Absage an Prinzip und Praxis der Abgrenzung« zu, der die DDR-Opposition aufforderte, eine landesweite »kollektive Erneuerungsbewegung« als »erkennbare Alternative« zum Regime zu gründen. Später hoben Mitglieder verschiedener Oppositionsgruppen der DDR die Notwendigkeit einer Erneuerung hervor, indem sie Lenins berühmte Frage »Was tun?« stellten.[11]

Einige bekannte DDR-Dissidenten, die vom Regime außer Landes getrieben worden waren und jetzt in der Bundesrepublik lebten – darunter Roland Jahn –, unterstützten diese Bemühungen tatkräftig in der Hoffnung, den Flüchtlingsstrom in den Westen zu stoppen und so, zumindest indirekt, den Grundstein für eine Zwei-Staaten-Lösung zu legen.[12] Im August trafen sich auch führende Politiker der westdeutschen FDP mit ostdeutschen Oppositionellen. Deren gemeinsame Veröffentlichung hieß bezeichnenderweise »Über Grenzen hinweg vereint«.[13] Ende August wurde eine ostdeutsche SPD gegründet.[14] Keine dieser politischen Initiativen rechnete auch nur im entferntesten mit einer möglichen Wiedervereinigung der beiden Deutschlands.

Anfang September 1989 prägten vier große Strömungen die politische Landschaft der DDR. Auf der offiziellen Ebene von Staat und Partei entwickelte sich zunehmend ein Gefühl der Unsicherheit, weil das Regime unfähig war, die Dinge unter Kontrolle zu halten. Es wurde immer deutlicher, daß die fehlende Legitimität des Regimes entweder zu einer noch härteren (und möglicherweise gewaltsamen) Unterdrückung oder zu strukturellen Veränderungen der Machtverhältnisse in der DDR führen würde. Der internationale Druck, der vor allem von der Sowjetunion unter Gorbatschow ausging, brachte die kommunistische Führung weiter in Bedrängnis.

Innerhalb der Gesellschaft bildeten sich zwei entgegengesetzte Tendenzen heraus. Die erste, die oben als Entwicklung der Dissidentenbewegung beschrieben wurde, bildete den Kern einer neuen Opposition, die das bestehende Regime ablehnte, aber trotzdem glaubte, daß ein Weiterbestehen Ostdeutschlands in Form eines dritten Weges sinnvoll sei. Diese Gruppen wollten einen Sozialismus, der verschiedene Parteien zuließ, individuelle Freiheiten gewährte und das Recht auf Reisen einräumte, gleichzeitig aber auch ein egalitäres und umfangreiches wohlfahrtsstaatliches System aufrechterhielt. Diese Strömung trat für ein größeres Mitspracherecht in der DDR ein, die dieser dann mehr »Loyalität« einbrächte.

Weiterhin verließen Tausende von DDR-Bürgern die DDR und gingen in die Bundesrepublik; durch ihre Abstimmung mit den Füßen wählten sie eindeutig die »Ausstiegs«-Option. Diese Option entsprach dem zunehmenden Bewußtsein, daß es die Bundesrepublik gab und es eventuell zur Einigung der beiden Staaten kommen würde. Im September 1989 befürworteten weder die politischen Eliten, die Dissidenten oder die Fachleute der DDR und der BRD offen die Wiedervereinigung beider Länder oder glaubten an sie, aber es war klar, daß allein die Existenz Westdeutschlands, sein wirtschaftlicher Reichtum und seine fachliche Kompetenz dieses Land überaus attraktiv machten. Es war beherrschend und unwiderstehlich. So kam es nicht von ungefähr, daß viele der entstandenden ostdeutschen politischen Bewegungen bald von ihren westdeutschen »Helfern« gesteuert und kontrolliert wurden. Da betrat am 12. September eine weitere reformorientierte Gruppe die Bühne der immer lebendigeren Zivilgesellschaft der DDR; sie nannte sich Initiativgruppe Neues Forum und wurde zum bedeutendsten direkten Vorläufer der ostdeutschen Grünen.[15]

## Neues Forum – ein dritter Weg in einem zweiten deutschen Staat?

»Allen Bestrebungen, denen das Neue Forum Ausdruck und Stimme verleihen will, liegt der Wunsch nach Gerechtigkeit, Demokratie und Frieden sowie Schutz und Bewahrung der Natur zugrunde. Es ist dieser Impuls, den wir bei der kommenden Umgestaltung der Gesellschaft in allen Bereichen lebensvoll erfüllt wissen wollen. Wir rufen alle Bürger und Bürgerinnen der DDR, die an einer Umgestaltung unserer Gesellschaft mitwirken wollen, auf, Mitglieder des Neuen Forums zu werden. Die Zeit ist reif.«[16]

Diese letzten Abschnitte der Gründungserklärung der Initiative bedeuteten das erste offene Auftreten einer unabhängigen Opposition aus dem bis dahin zersplitterten und diffusen Untergrund der DDR. Obwohl das Manifest des Neuen Forums insgesamt so vage war, wie es revolutionäre Erklärungen nun einmal sind, stellte es eine klare Herausforderung der stalinistischen Herrschaft in der DDR dar. Der gemäßigte Ton der Erklärung war ein strategischer Schachzug der Gründer der Gruppe, damit das Projekt bei der DDR-Bevölkerung Anklang fand, die ja immer noch von einem totalitären System regiert wurde. Jens Reich, einer der prominentesten Gründer des Neuen Forums und ein angesehener ostdeutscher Wissenschaftler, sagte: »Es muß auch ruhige Stimmen in der jetzigen Situation geben.«[17] Trotz der gestörten Kommunikation zwischen Staat und Gesellschaft, der unzureichenden Interessenvertretung verschiedener Gruppen und Schichten in Staat und Wirtschaft und anderer durch die leninistische Herrschaft bedingter Unzulänglichkeiten und Mißstände riefen die Gründer des Neuen Forums zum Dialog mit dem Regime auf, statt dessen gewaltsamen Sturz zu fordern. Selbst in diesem frühen Stadium war offenkundig, daß die Gründer und Sympathisanten des Neuen Forums nicht daran interessiert waren, sich vom Sozialismus zu verabschieden, geschweige denn, den westlichen Kapitalismus zu übernehmen. Zwar hatte der Ausdruck »dritter Weg« noch keinen Eingang in das Vokabular dieses Milieus gefunden, aber ein Konzept war erkennbar: die guten, wirklich sozialistischen Merkmale der Deutschen Demokratischen Republik sollten beibehalten und in einem von der Bundesrepublik unabhängigen zweiten deutschen Staat weiterentwickelt werden. Diese neue DDR sollte die Bürgerrechte schützen und hochhalten, die Bildung eines Mehrparteiensystems erlauben und die Vielfalt der Meinungen und Lebensweisen fördern.

Mit seiner Strategie des bewußten Reformismus hoffte das Neue Forum, in einen Dialog mit den Vertretern des ostdeutschen Regimes einzutreten, weil es bemüht war, die Krisensituation gemeinsam zu bewältigen. Deshalb betonte das Neue Forum, daß es die Rechtslage in der DDR in bezug auf die Gründung und die Aktivitäten von Organisationen akzeptierte. Durch diese Art von Dialog und formaler Loyalität gegenüber dem Regime hoffte das Neue Forum, der Deutschen Demokratischen Republik in den Augen derjenigen zu einem Mehr an Legitimation zu verhelfen, die mit dem Gedanken spielten, sich der Massenflucht in die Bundesrepublik anzuschließen. Während das Neue Forum durch seine Forderungen eine große Herausforderung für das System darstellte, blieb es der DDR als unabhängigem Staat gegenüber im wesentlichen loyal.

Die Ausbreitung des Neuen Forums in einer Reihe von ostdeutschen Städten gab ihm die basisdemokratische Anziehungskraft, auf die die Gruppe Wert legte. An mehreren Orten, insbesondere in Leipzig, bot diese Gruppe der DDR-Opposition ein Forum, das erstmalig außerhalb der lutherischen Kirche lag. Wie der Koordinator Michael Arnold erklärte, strebten das Neue Forum und seine Aktivisten eine allmähliche Loslösung vom Schutz der Kirche und eine Opposition an, die sich »außerhalb der kirchlichen Mauern aufbaut und profiliert.«[18] Dadurch hoffte sie, alle unabhängigen Gruppen dazu zu bringen, »erst einmal gemeinsam zu handeln.«[19]

Trotz dieser Aufforderung zu geschlossenem Handeln und Toleranz lehnte das Neue Forum es ausdrücklich ab, zur Dachorganisation für die DDR-Opposition zu werden. Wie in den Anfängen der westdeutschen Grünen und ähnlich dem Widerspruchsgeist der westdeutschen sozialen Bewegungen der 70er Jahre war das Neue Forum gegen alle Entwicklungen, die aus ihm möglicherweise eine politische Partei machen könnten. Die Mitbegründerin Bärbel Bohley hob in einem ausführlichen *TAZ*-Interview die Aversion dieses Milieus gegen alle Formen von konventionellen politischen Organisationen hervor.[20] Das Neue Forum sollte vielmehr ein lose verbundenes Netzwerk von Diskussionsgruppen sein, das die informellen Kontakte zwischen den DDR-Bürgern erleichterte. Nur diese Art von informeller und freiwilliger Interaktion könne nennenswerte Solidarität zwischen den Bürgern herstellen.[21]

Ein großer Teil dieser Diskussion schien zum damaligen Zeitpunkt noch recht akademisch zu sein, da das Regime den Antrag des Neuen Forums auf offizielle Anerkennung als Gruppe abgelehnt hatte.[22] Die herrschende SED brandmarkte diese Entwicklungen als »konterrevolutionär« und »sozialismusfeindlich«. In dem offenkundigen Versuch, die potentielle Anziehungskraft des Neuen Forums für die Jugend im Land zunichte zu machen, setzte die Partei alles daran, ihre eigenen Jugendorganisationen zu kritischen Wortführern der sichtbar größer werdenden Dissidentenszene zu machen. Gleichzeitig gab sich die SED große Mühe, die Blockparteien – die ja schließlich die loyale Opposition des Regimes waren – auf die offizielle Parteilinie einzuschwören, um jede Fraternisierung zwischen legaler und illegaler Opposition zu verhindern.

Aber der Damm hatte Risse bekommen. Zwei neue unabhängige sozialistische Gruppen, der Demokratische Aufbruch und die Vereinigte Linke, entstanden im September 1989. Sie machten gemeinsame Sache mit dem Neuen Forum, und Ende September beschlossen die drei Gruppen, den Alleinvertretungsanspruch der SED zu brechen.[23]

Der Oppppositionsgeist griff schnell auf die Straße über. Am 3. Oktober 1989 marschierten über 15 000 Demonstranten in Leipzig zum Karl-Marx-Platz und riefen »Demokratie – jetzt oder nie«.[24] Dies bedeutete den Beginn einer immer lauteren und aktiveren Protestbewegung, die dem SED-Regime »von unten« den entscheidenden Schlag versetzte. Wie viele Machteliten schien auch die Elite der DDR im Versuch, das Regime und sich selbst zu retten, immer einen Schritt hinter der Entwicklung herzuhinken. Als sich die Proteste längst von der lutherischen Kirche gelöst hatten, war die SED endlich bereit, mit der Kirche als gleichberechtigtem Partner zu verhandeln. Als nach Honeckers schmählichem Abgang Egon Krenz (ein vielleicht noch schlimmerer Apparatschik) dessen Stelle an der Spitze der Partei und der Republik einnahm, wollte die Partei mit Oppositionsgruppen wie dem Neuen Forum und seinen lose organisierten Bündnispartnern aus der »Bewegung« verhandeln. Mittlerweile waren die Forderungen der ostdeutschen Bevölkerung jedoch weit über die reformistischen Vorstellungen dieses Milieus hinausgegangen und tendierten zum Anschluß an Westdeutschland.

Der Zusammenbruch des Regimes erfolgte schließlich durch gleichzeitigen Druck von oben, als nämlich Michail Gorbatschow Honecker und seine Leute wissen ließ, daß sie unter keinen Umständen mit der Hilfe sowjetischer Truppen rechnen könnten wie 1953. Durch die Schwäche und die mangelnde bzw. fehlende Legitimation des Regimes war sein Schicksal besiegelt. Was seinen Abgang von der historischen Bühne interessant machte, war sein Ende ohne Blutvergießen – vielleicht das einzige positive Vermächtnis der SED.

Die Öffnung der Berliner Mauer in der Nacht des 9. November 1989 veränderte die Weltgeschichte. Sie läutete das Ende einer Ära ein, die mit der Niederlage des Dritten Reiches begonnen und sich mit der Teilung Europas und Deutschlands fortgesetzt hatte. Harold James formulierte treffend: »Als die Mauer verschwand, konnte Deutschland wieder zum Vorschein kommen, und damit Europa. Deutsche, Polen, Tschechen und Ungarn konnten Europäer werden, waren nicht mehr bloß ›Osteuropäer‹«.[25] Der Fall der Mauer veränderte auch das Schicksal der ostdeutschen Opposition.

Es ist geradezu unheimlich, daß die ostdeutschen Dissidenten die Macht des Nationalismus genauso falsch einschätzten wie die westdeutsche Linke. Auch hier handelte es sich weniger um einen strategischen Fehler als um die Unfähigkeit, etwas zu begreifen, was in diesem Milieu einfach inakzeptabel und schlicht unbekannt war. Wie die westdeutsche Linke setzten die ostdeutschen Dissidenten unter Führung des Neuen Forums ihren reformistischen Kurs in der Annahme fort, daß es für die deutsche Frage eine Zwei-Staaten-Lösung geben könne. Ja, mehr noch, diese progressiven Milieus in Ost und West registrierten nicht einmal die Existenz einer deutschen Frage. Für sie war die Realität von zwei deutschen Staaten nicht nur annehmbar, sondern in jeder Hinsicht besser. Im November formulierten das Neue Forum und seine Verbündeten konkrete Vorstellungen von einem »dritten Weg« der DDR. An die deutsche Tradition des Rätesozialismus unmittelbar nach dem Ersten Weltkrieg anknüpfend, sollte dieser »dritte Weg« ein nichtleninistischer Sozialismus sein, der auf der Mitbestimmung des Volkes, der Vergesellschaftung des Privateigentums und einem hochentwickelten Sozialstaat basierte. Das Neue Forum lehnte den westlichen Kapitalismus ab und fand seine exzessiven Konsumgewohnheiten besonders verachtenswert. Dies führte zu der ziemlich geschmacklosen und elitären Kritik einiger ostdeutscher Intellektueller wie z. B. Stefan Heym an der ostdeutschen Bevölkerung, deren Begeisterung für westdeutsche Konsumgüter sie als geistlose und schäbige Konsumgeilheit bezeichneten.

Mit ihrem Glauben an einen »dritten Weg« hinkten die ostdeutschen Linken den Entwicklungen ebenso hinterher wie die kommunistische Elite vor ihnen. Lange, nachdem die früheren Blockparteien der DDR darauf verzichtet hatten, bei der Regierung einer unabhängigen DDR eine nennenswerte Rolle zu spielen, und lieber in den Schoß der reicheren und erfahreneren Westparteien geflüchtet waren, wollten das Neue Forum und seine lose assoziierten Bündnispartner der DDR-Bevölkerung weiterhin den Weg von Unabhängigkeit und Autonomie schmackhaft machen. Das Neue Forum warnte die ostdeutschen Bürger vor den unvermeidlichen negativen Folgen einer Wiedervereinigung mit Westdeutschland. Es forderte die Bevölkerung auf, nicht von der Konfrontation zur Konföderation überzugehen, und glaubte, daß die Einigung nicht nur schnellen Wohlstand, sondern für viele Bürger der DDR auch Arbeitslosigkeit bedeuten würde. Das Neue Forum fürchtete zudem, daß die Vereinigung die sozialen Errungenschaften der DDR gefährden könnte, daß die Mieten steigen würden und – was besonders bizarr anmutet – daß es zu einer Verringerung von Bürgerbeteiligung und Mitbestimmung kommen könnte (als wären diese in der DDR im Überfluß vorhanden gewesen!). Es zeigt sich wieder einmal, wie sehr auch diese oppositionellen ostdeutschen Intellektuellen vom Sozialismus und seinen Werten überzeugt waren, dabei hatten sie ihre Identität hauptsächlich in der erbitterten Opposition gegen das sogenannte »sozialistische« Regime der DDR ausgebildet.

Als dem Neuen Forum und seinen Sympathisanten klar wurde, daß die Zwei-Staaten-Option kaum mehr als eine Schimäre war, formulierten sie folgende Bedingungen für ein vereinigtes Deutschland: Es sollte völlig demilitarisiert sein und politisch neutral bleiben; es sollte keinem Militärbündnis angehören; es sollte die Oder-Neisse-Linie als ständige Grenze zu Polen anerkennen; es sollte jedem Bürger eine menschenwürdige Wohnung und einen sicheren Arbeitsplatz garantieren; es sollte aktive Bürgerbeteiligung in Form von Mitbestimmung, Volksentscheiden und anderen »direkten« Maßnahmen fördern, für die sich etablierte politische Parteien normalerweise nicht einsetzten; es sollte gerechte wirtschaftliche und freundschaftliche politische Beziehungen zu den Ländern der Dritten Welt unterhalten.[26] All diese Forderungen hätten ohne weiteres von jeder Versammlung der westdeutschen Grünen erhoben werden können.

Anfang Januar 1990 gab das Neue Forum eine programmatische Erklärung heraus, die noch einmal die basisdemokratische Orientierung unterstrich und deutlich machte, daß man einen demokratischen Sozialismus weiterhin für wünschenswert (und vielleicht auch möglich) hielt. Unter der Überschrift »Bürgerinitiativen« brachte das Neue Forum erneut die tiefsitzende Aversion seiner Mitglieder gegenüber den traditionellen Parteien zum Ausdruck, die, so wurde argumentiert, nur die individuelle Initiative lähmten und die demokratische Mitwirkung blockierten. Während das Neue Forum den Wert von Wahlen als Ausdruck der Demokratie nicht gänzlich in Abrede stellte, stand es den bevorstehenden Volkskammerwahlen – die ersten (und, wie sich herausstellte, letzten) freien Wahlen in der Geschichte der DDR – mit Mißtrauen, ja sogar Verachtung gegenüber. Der Abschnitt zur »Demokratie in der Wirtschaft« verwarf alle leninistischen Planungsmechanismen, während er gleichzeitig die Übel des Marktes anprangerte. Statt dessen befürwortete das Neue Forum kleine, demokratische und rechenschaftspflichtige Wirtschaftseinheiten, deren Hauptaufgabe soziale Solidarität und ökologisches Verantwortungsbewußtsein seien. Der Abschnitt »Nationale Frage« formulierte die Befürchtungen des Neuen Forums in bezug auf die Vereinigung beider deutscher Staaten. Auch hier plädierte die Gruppe erneut für die Beibehaltung von zwei getrennten staatlichen Gebilden, die in einem besonderen Verhältnis zueinander stehen sollten; basierend auf den sehr vielversprechenden – und für beide Seiten vorteilhaften – vertraglichen Regelungen der frühen 70er Jahre, die u.a. ein wichtiger Teil der Brandtschen Ostpolitik gewesen waren. Das Neue Forum bekräftigte, daß beide Deutschlands völlig entmilitarisiert sein und aus ihren jeweiligen Militärbündnissen ausscheiden sollten.

Die offizielle Gründung des Neuen Forums Ende Januar 1990 war in vieler Hinsicht ein trauriges Ereignis. Was ein entschlossener politischer Neuanfang, vielleicht sogar der Beginn einer neuen Politik auf der bis dahin unvorstellbaren Ebene Ostmitteleuropas hätte sein sollen, geriet zu einer Demonstration historischer Bedeutungslosigkeit. Damit standen die »Guten« – die Widerständler, die Dissidenten, die Oppositionellen, die Bürgerrechtler –, erneut im Begriff, ins Abseits gedrängt zu werden, diesmal nicht durch eine repressive stalinistische Diktatur, sondern durch die Dynamik des konsumorientierten Kapitalismus und die Anziehungskraft der nationalen Einheit. Es mutet tragisch an, daß die Blockparteien, die nahezu vierzig Jahre lang rückgratlose Unterstützer des SED-Regimes gewesen waren, plötzlich mit massiver westdeutscher Unterstützung zu den politischen Hauptakteuren in einer von Westdeutschland dominierten DDR wurden. Wieder einmal hatte der Opportunismus über den Idealismus gesiegt. Die früheren Dissidenten wurden erneut zu Dissidenten.

Wenngleich das Neue Forum eindeutig nicht die Schuld am unglücklichen Ausgang dieser Ereignisse trug, so führten seine Naivität und falsche Einschätzung der Wünsche und Befindlichkeit der ostdeutschen Bevölkerung doch zur Marginalisierung dieser mutigen Organisation in der politischen Landschaft des neuen Deutschland.

Diese Gruppe und ihr Umfeld kamen aus einer Welt, die der der westdeutschen sozialen Bewegungen ähnelte und den menschlichen Bedürfnissen, die die DDR hinwegfegten, intolerant und verständnislos gegenüberstand. Wenn sich diese selbstlosen Dissidenten einer Sache schuldig gemacht haben, dann wohl einer gewissen Arroganz, einer elitären Verachtung der Wünsche und Bedürfnisse der Durchschnittsbürger, die – wenn auch unausgesprochen – mit dem Etikett »falsches Bewußtsein« versehen wurden. Ironischerweise legten die basisdemokratisch eingestellten Mitglieder des Neuen Forums zumindest in diesem Punkt genau die herablassende Besserwisserei an den Tag, die sie an den stalinistischen Herrschern der DDR verachteten und die sie am bevormundenden Verhalten der Westdeutschen gegenüber den früheren Ostdeutschen kritisierten. Die Zeit war reif für eine tiefgreifende Umstrukturierung der ostdeutschen Gesellschaft. Aber sie sollte nicht so verlaufen, wie es das Neue Forum erhofft und vermutet hatte.

## Neuformierung unter dem Druck des Pragmatismus

Aber das Engagement des Neuen Forums war keineswegs umsonst. Obwohl sich die Gruppe hartnäckig weigerte, als politische Partei an der neuen Welt der ostdeutschen Politik teilzunehmen, gelang es ihr erstaunlich gut, ihre Nische in der ostdeutschen Öffentlichkeit zu finden. Mit der Initiative Demokratie Jetzt (IDJ) und der Initiative für Frieden und Menschenrechte (IFM) bildete das Neue Forum am 8. Februar 1990 ein Wahlbündnis, das zu den Volkskammerwahlen im März 1990 antreten wollte, wenn auch ausdrücklich *nicht* als Partei. So entwickelte sich das Bündnis 90, das später zu einem der wichtigsten organisatorischen Elemente des ostdeutschen Gegenstücks der westdeutschen grünen Partei werden sollte.

Wie die westdeutschen Grünen definierte sich auch das Bündnis 90 anfangs mehr durch das, was es nicht war, als durch das, was es tatsächlich war. Entschieden nicht-stalinistisch eingestellt konnte es – als einziger von allen politischen Akteuren in Ostdeutschland – eine einwandfreie Dissidentenvergangenheit im alten Regime vorweisen. Die Aktivisten vom Bündnis 90 waren Opfer der alten Ordnung und nicht seine Geheimagenten, die sich jetzt als überzeugte Christdemokraten (und mitunter auch Sozialdemokraten) aufführten. Die Unabhängigkeit des Bündnisses von jeder westdeutschen Partei, einschließlich der westdeutschen Grünen, bedeutete damals in der politischen Landschaft Ostdeutschlands wirklich einen Akt des Widerstehens. Wolfgang Ullmann, einer der Gründer der Initiative Demokratie Jetzt, sagte: »Wir haben keine Partner und sind stolz darauf.« Es wäre ein »sonderbares Demokratieverständnis, wenn wir uns von bundesdeutschen Politikern sagen lassen müßten, was wir wollen.«[27] Wenn auch nicht den vielgerühmten »dritten sozialistischen Weg«, so verkörperte das Bündnis 90 schon durch seine bloße Existenz einen »dritten Weg«: Es kämpfte gegen die alte und die neue Ordnung und suchte mühsam nach einer Alternative zu beiden.

Auch darin ähnelte das Bündnis 90 der westdeutschen Neuen Linken und den Grünen – vor allem in ihrer Entstehungsphase –, daß es sich durch große innerorganisatorische Heterogenität, durch Konflikte und Umbrüche auszeichnete. Obwohl das Neue Forum die größte der drei Gruppen war, übte es im Bündnis keine Dominanz aus. Die beiden anderen Partner konnten eine ebenso eindrucksvolle politische »Visitenkarte« vorweisen wie das Neue Forum, da auch sie die ostdeutsche Diktatur aktiv bekämpft hatten. Die Initiative für Frieden und Menschenrechte galt als eine der ältesten Menschenrechtsorganisationen der DDR. Die Mitglieder dieser 1985 von dem bekannten Philosophen Wolfgang Templin und anderen Mitstreitern gegründeten Organisation nahmen aktiv an der Revolution von 1989 teil und forderten als erste, daß die Opposition, um weitere Reformen zu erreichen, dem Staat gegenüber nicht mehr als Bittsteller auftreten sollte. Es sei die Aufgabe jeder erfolgreichen Opposition, Brücken in die Gesellschaft hinein zu bauen, indem sie Gruppen und Ereignisse organisierte, während ihren Appellen an den Staat zweitrangige Bedeutung zukämen.[28] In Anbetracht des extremen Etatismus fast aller Spielarten der deutschen Linken ist es bemerkenswert, daß diese Gruppe das Primat der Zivilgesellschaft als Ort progressiver Politik betonte. Die Initiative Demokratie Jetzt war fast zeitgleich mit dem Neuen Forum aus der Untergrundopposition der DDR hervorgegangen. Sie hatte an dem geheimen Treffen der unabhängigen Opposition im September 1989 teilgenommen.[29] Ihre prominentesten Vertreter waren Wolfgang Ullmann und Konrad Weiss;

der letztere gehörte zusammen mit Jens Reich vom Neuen Forum wohl zu den demokratischsten, bedachtsamsten, undogmatischsten, unabhängigsten und engagiertesten Mitgliedern der ostdeutschen Opposition.

Interessanterweise schlossen sich einige Organisationen, die im Herbst 1989 auch zur fortschrittlichen Opposition in Ostdeutschland gehört hatten, dem Bündnis 90 nicht an. Beispielsweise der Demokratische Aufbruch (DA), der sich binnen vier Monaten von einem radikalen Mitglied der ostdeutschen Linken zu einem engen Bündnispartner der Deutschen Sozialen Union (DSU), der ostdeutschen Schwesterorganisation der erzkonservativen bayerischen CSU, verwandelte. Zusammen mit der ostdeutschen CDU bildeten die DSU und Demokratischer Aufbruch die sogenannte Allianz für Deutschland, ein konservatives Wahlbündnis, das als Hauptgewinner aus der einen und einzigen freien Wahl in der DDR hervorging. Die ostdeutsche SPD, die im März 1990 praktisch zu einem Anhängsel der West-SPD geworden war, weigerte sich, irgendwelche Bündnisse einzugehen, da sie überzeugt war, zur stärksten Partei in Ostdeutschland zu werden. Der Unabhängige Frauenverband (UFV) und die Vereinigte Linke, früher lose Bündnispartner des Neuen Forums, beschlossen, dem Wahlbündnis Bündnis 90 nicht beizutreten, wie auch die Grüne Liga und die Grüne Partei. Neben diesen grundsätzlich antileninistischen Formationen der ostdeutschen Linken gab es noch die Partei des Demokratischen Sozialismus (PDS), sprich die alte SED mit neuem Namen und neuer Aufmachung.

An dieser Stelle sind einige Worte über die ostdeutschen Gruppen angebracht, die in ihrem Namen das Wort »grün« trugen. Am 6. November 1989 gegründet, waren die ersten Ost-Grünen aus den gemeinsamen Bemühungen der protestantischen Gruppe Kirche International, der europaweiten grünen Bewegung Netzwerke Arche und der Dritten Wurzel der kirchlichen Umweltbewegung Gesellschaft für Natur und Umweltschutz hervorgegangen. Wie das Neue Forum und andere Teile der ostdeutschen nichtleninistischen Linken war auch diese Frühform der Ost-Grünen stark in der ethischen und organisatorischen Welt der lutherischen Kirche verankert. Auch die Ost-Grünen verfolgten eine Politik des dritten Weges, da sie den stalinistischen Praktiken ihres eigenen Landes genauso kritisch gegenüberstanden, wie sie allem Westlichen mißtrauten. Letzteres zeigte sich deutlich am Titel des Gründungsdokumentes der Grünen »Gegen die Freiheit des Profits, Verschwendung und Wegwerfmentalität«. Die Anliegen und die Gesamtorientierung der ostdeutschen Grünen waren den schon erwähnten Gruppen der ostdeutschen fortschrittlichen Opposition sehr ähnlich. Was die Grünen beispielsweise vom Neuen Forum unterschied, war die stärkere Betonung ökologischer Fragen und eine ausgeprägtere Tendenz zum radikalen Feminismus. Es gab im Neuen Forum Aktivisten, die dafür sorgten, daß seine Politik der der westdeutschen Realos ähnelte; die erste Form der ostdeutschen grünen Partei hingegen schloß Bewegungen ein, die – zumindest seinerzeit – eine gewisse Verwandtschaft mit dem fundamentalistischen Flügel der westdeutschen Grünen erkennen ließen.

Ergebnisse der Volkskammerwahl in Ostdeutschland vom 18. März 1990

| Partei | Stimmenanteil in Prozenten | Sitze |
|---|---|---|
| Allianz für Deutschland | 48,15 | 193 |
| CDU | (40,15) | (164) |
| DA | (1,00) | (4) |
| DSU | (7,00) | (25) |
| SPD | 21,84 | 87 |
| PDS | 16,33 | 65 |
| Liberales Bündnis | 5,28 | 21 |
| Bündnis 90 | 2,90 | 12 |
| Grüne/UFV | 1,96 | 8 |
| Andere | 3,57 | 16 |

Quelle: *TAZ*, 20. März 1990, S. 1

Wie streitlustig und demokratisch grüne Politik ist, zeigt sich daran, daß rivalisierende Organisationen und Bewegungen das Etikett »grün« ausschließlich für sich selbst beanspruchen. Das war auch in Ostdeutschland der Fall, wo die Grüne Liga die neugegründete grüne Partei als verfrüht, dilettantisch und egoistisch abkanzelte und ihr vorwarf, keine Rücksicht auf die gesamte grüne Bewegung des Landes zu nehmen.[30] Allerdings machte das enge Bündnis der Grünen Liga mit der von der SED geförderten Gesellschaft für Natur und Umwelt (GNU) diese Kritik suspekt. Im Laufe der Zeit schlossen sich die meisten Anhänger der Liga der grünen Partei an, während seine orthodoxen Mitglieder später in die PDS eintraten.

Am 18. März 1990 fand die Wahl zur Volkskammer statt. Die Wahlbeteiligung war hoch, sie betrug 93,22 Prozent. Die Ergebnisse finden sich in nebenstehender Tabelle.

Die Verwestlichung Ostdeutschlands wurde Wirklichkeit. Mehr noch als die Verlockungen des materiellen Überflusses und der durch die Reise- und Meinungsfreiheit eröffneten Möglichkeiten war es wohl die Verheißung eines schnellen und von Sachverstand geleiteten Wandels gewesen, die die westdeutsche Umarmung so unwiderstehlich gemacht hatte. Die Ostdeutschen ahnten, daß sie vor der schwierigsten Periode ihres Lebens standen. Ihnen war es lieber, daß Westdeutschland diese Aufgabe schulterte, statt sich ihr allein zu stellen. Vor allem wußten sie, daß sie dringend Hilfe brauchten, die ihrer Ansicht nach nur die völlige Verschmelzung mit Westdeutschland bringen konnte. So entstand die traurige, wenn auch verständliche Situation, daß eine frühere Blockpartei und ihre Verbündeten, von denen viele loyale Diener des kommunistischen Regimes gewesen waren, erneut das Land regierten. Aber diesmal saßen die wirklichen Herren im Konrad-Adenauer-Haus in Bonn und nicht im Kreml. Die ostdeutschen Intellektuellen, Bürgerrechtler und Dissidenten aus der Bewegung konnten es mit den politischen Profis aus der Bundesrepublik einfach nicht aufnehmen.

## Von der ostdeutschen Volkskammer zum gesamtdeutschen Bundestag

Die Zeit zwischen der Volkskammerwahl vom März 1990 und dem Verschwinden der DDR als politischem Gebilde im Oktober desselben Jahres ließ alle Widersprüche deutlich hervortreten, die der ostdeutschen Opposition seit ihrer Entwicklung zu einer wichtigen politischen Kraft im Spätsommer 1989 angehaftet hatten. Einerseits beschleunigte sich der Prozeß der politischen Marginalisierung dieses Milieus. Mit dem plötzlichen – und völlig unerwarteten – Entstehen einer CDU-Hegemonie in Ostdeutschland waren auch die schwächsten Hoffnungen auf eine Zwei-Staaten-Lösung hinfällig geworden. Die Diktate der Bundesrepublik »kolonisierten« die DDR, deren eigene politische Kräfte täglich etwas von ihrer Unabhängigkeit und Autonomie verloren. Die Vision der Dissidenten von einem »dritten Weg« wirkte wie ein fernes Phantasiegebilde. Aber andererseits ist festzuhalten: So wie das politische Gewicht der westdeutschen Grünen in den 80er Jahren den öffentlichen Diskurs in der Bundesrepublik verändert hatte, so kam dem Neuen Forum, den ostdeutschen Grünen und ihren zersplitterten Bündnispartnern in der untergehenden DDR ein öffentliches Gewicht zu, das weit über die tatsächliche Zahl ihrer Wähler, Sympathisanten oder Mitglieder hinausging.

Erst die Aktivitäten dieses Milieus führten dazu, daß sich der Staat auflöste; dann bewirkten sie, daß gegen das gefürchtete Ministerium für Staatssicherheit ermittelt wurde. Aber im Gegensatz zu den Rufen nach Vergeltung und Rache, die aus manchen rechten Kreisen in der Bundesrepublik und der DDR kamen, wollten Leute wie Werner Fischer von der Initiative für Frieden und Menschenrechte und Wolfgang Ullmann, der nun Volkskammerabgeordneter für die Initiative Demokratie Jetzt war, vorsichtig vorgehen, um die Privatsphäre unschuldiger Menschen nicht unnötig zu verletzen. Das treibende Motiv für die Angriffe dieses Milieus auf die Stasi war nicht Rache und Vergeltung, sondern Gerechtigkeit für die Opfer und die Unantastbarkeit der Menschenrechte. Fischer und Ullmann, Jens Reich und Konrad Weiss begriffen sehr gut, daß die Schaffung eines dauerhaften demokratischen Bewußtseins bei der ostdeutschen Bevölkerung eine nachdenkliche und gründliche Auseinandersetzung mit der Stasivergangenheit des Landes nötig machte. Ein weiteres Zeichen für das Gewicht dieses Milieus im öffentlichen Diskurs der DDR bezeugte die Tatsache, daß der neue Verteidigungsminister der DDR in Abrüstungsminister umbenannt wurde.

Als der Untergang der DDR zur Gewißheit wurde, stellte sich für dieses Milieu die Frage der Anbindung an westliche politische Organisationen. Es war charakteristisch für den Respekt der westdeutschen Grünen vor Autonomie sowie für ihre Weigerung, die Wiedervereinigung der beiden Deutschlands zu akzeptieren, daß sie sich als letzte westdeutsche Partei auf der politischen Bühne Ostdeutschlands zeigte. Obwohl die West-Grünen den Ost-Grünen und ähnlich eingestellten Gruppen schon im Januar 1990 finanziell geholfen hatten, reiste erst im Mai 1990 eine offizielle Delegation von West-Grünen nach Ostberlin, um über mögliche gemeinsame Aktionen zwischen beiden Parteien im Hinblick auf die bevorstehenden gesamtdeutschen Wahlen am 2. Dezember 1990 zu sprechen. Die West-Grünen trafen sich nicht nur mit ihren ostdeutschen Namensvettern – den schon erwähnten ersten Ost-Grünen –, sondern führten auch Gespräche mit dem Neuen Forum, der Vereinigten Linken und dem Unabhängigen Frauenverband.[31] Ein Ergebnis dieser Treffen war, daß die westdeutschen Grünen und ihre verschiedenen ostdeutschen Gesprächspartner verabredeten, mit dem Zusammenschluß zu beginnen, der schließlich zu einer vereinigten gesamtdeutschen grünen Partei führen sollte. Die westdeutschen Grünen gingen diesen Zusammenschluß mit viel mehr Fingerspitzengefühl an als die anderen westdeutschen Parteien, doch die ungleichen Machtverhältnisse zwischen den beiden Gruppen konnten nicht geleugnet werden. Im Januar beklagten sich einige Mitglieder des ostdeutschen Bündnisses über die Westdeutschen wegen ihrer angeblich anmaßenden Art, die sie als »Öko-Imperialismus« bezeichneten.[32] Die ostdeutschen Grünen hatten nicht nur das Gefühl, weniger mächtig (und weniger wohlhabend) als ihre westdeutschen Kollegen zu sein; sie und ihre Mitstreiter aus den anderen Organisationen waren aus einer völlig anderen politischen Realität hervorgegangen, so daß die zukünftigen Partner die Welt mit recht unterschiedlichen Augen sahen. Deshalb ist es beispielsweise nicht verwunderlich, daß manche Spannungen sich vor allem daraus ergaben, daß die Westler die Ostler überaus konservativ und antikommunistisch fanden. Umgekehrt erschienen die Westler den Ostlern als naiv und unerfahren, als Leute, die nicht wüßten, was ein repressives System sei.

Trotz dieser offenkundigen Differenzen beschlossen die beiden Partner, Ost und West, ein Bündnis zu bilden, das nach der Bundestagswahl vom 2. Dezember 1990 zu einer dauerhaften Koalition und Anfang 1993 zur formalen Vereinigung beider führen sollte. Als Wahlstrategie kündigten sie an, beide die Bezeichung Die Grünen zu führen, aber getrennt anzutreten, jeder in seinem Teil Deutschlands. Auf dem Gebiet der ehemaligen DDR sollten die Ost-Grünen ein vorübergehendes Wahlbündnis mit Bündnis 90 eingehen. Infolge eines positiven Urteils des Bundesverfassungsgerichts in Karlsruhe, das dem östlichen Teil des vereinigten Landes erlaubte, dieses eine Mal unter anderen Bedingungen an der Wahl teilzunehmen als der Westen, zogen die ostdeutschen Grünen und ihre Bündnispartner vom Bündnis 90 mit acht Mitgliedern in den Bundestag ein. Es war eine Ironie des Schicksals, daß die Ost-Grünen und ihre Kollegen vom Bündnis 90 in das erste gesamtdeutsche Parlament seit dem Untergang des Dritten Reiches und der darauffolgenden Teilung Deutschlands kamen, während die West-Grünen gleichzeitig aus diesem parlamentarischen Gremium ausschieden. Da die Fünf-Prozent-Klausel nur für den westlichen Teil des Landes galt, verdankte sich die Teilnahme der ostdeutschen Grünen am neugewählten Bundestag zumindest teilweise dem gerechten Funktionieren einer liberalen Demokratie, da ein unabhängiges Gericht die Sonderbedingungen beschlossen hatte.

Acht Abgeordnete stritten im neuen Bundestag für die Sache der Grünen: Wolfgang Ullmann und Konrad Weiss (Initiative Demokratie Jetzt); Werner Schulz und Ingrid Koeppe (Neues Forum); Gerda Poppe (Initiative für Frieden und Menschenrechte); Vera Wollenberger und Klaus Feige (Ost-Grüne). In weniger als zwei stürmischen Jahren waren diese engagierten und mutigen Dissidenten des Honecker-Regimes zu Abgeordneten im freigewählten Parlament des mächtigsten europäischen Landes geworden. Aber bezeichnenderweise hörten sie nicht auf, Dissidenten zu sein. Vom ersten Tag ihrer Tätigkeit im Bundestag an setzten diese acht Abgeordneten ihr früheres Wirken fort: als Störenfriede, Kritiker und Mahner. Zuerst kämpften sie gegen die geltende Regelung bezüglich des Parteienstatus. Demnach erhält eine Partei nur dann den offiziellen Status einer Fraktion, wenn sie mindestens 34 Mitglieder hat. Dies ist deshalb wichtig, weil nur eine Partei mit offiziellem Fraktionsstatus gewisse finanzielle und personelle Privilegien hat, angemessene Räumlichkeiten und die gleichen Arbeitsbedingungen wie die großen Parteien erhält. Vor allem werden nur Mitglieder von Fraktionen in die sehr wichtigen Ausschüsse entsandt, die im wesentlichen den Alltag des Bundestags bestimmen. Die Proteste der Grünen gegen die Nichtanerkennung als Fraktion führte dazu, daß der Bundestag sie als erweiterte Gruppe einstufte. Da sich die Grünen immer noch diskriminiert fühlten, machten sie ihrer Unzufriedenheit mit dieser Regelung so lange Luft, bis sie schließlich den Status einer Fraktion bekamen, wegen ihrer geringen Größe allerdings mit einigen finanziellen Abstrichen. Es bezeugt die demokratische Einstellung der Grünen, daß sie diesen höheren Fraktionsstatus auch für ihre politischen Konkurrenten, die PDS, forderten, mit der sie kaum mehr als eine ehemalige Feindschaft verband.

Ihre Arbeit als Parlamentarier in einem neuen Land schien ihren oppositionellen Eifer keineswegs zu dämpfen, den jeder dieser »Achterbande« unter der ostdeutschen Diktatur an den Tag gelegt hatte. Sie entwickelten sich zu den heftigsten Kritikern der von der Regierung eingesetzten Treuhandgesellschaft, die den Auftrag hatte, die vormals staatliche und marode Wirtschaft Ostdeutschlands in eine Marktwirtschaft westlichen Stils umzuwandeln. Die vielen Kritiker der Treuhandgesellschaft, von denen die Grünen und die Mitglieder vom Bündnis 90 die lautstärksten waren, warfen ihr vor, sich rücksichtslos über die Menschen hinwegzusetzen, um eine schnelle Umstellung auf den Markt zu erreichen: Die von Profitdenken geleitete und sich selbst unter Zeitdruck setzende Treuhand habe im früheren Ostdeutschland eine massive Arbeitslosigkeit geschaffen, die in großem Umfang hätte vermieden werden können, wenn man langsamer und überlegter vorgegangen wäre. Die Grünen attackierten nicht nur die »Abwicklung« der ostdeutschen Wirtschaft durch die Treuhand und die Schaffung von Millionen Arbeitslosen, sondern kritisierten auch die diktatorischen Methoden und die anmaßende Art, mit der die Treuhand gegenüber dem früheren Ostdeutschland auftrat.

Die Grünen und ihre Verbündeten kritisierten außerdem die Umweltpolitik der Bundesregierung. Sie forderten vor allem für ihre Heimat, deren Umwelt durch die forcierte Industrialisierung des stalinistischen Regimes in verheerender Weise geschädigt worden war, strengere Umweltschutzbestimmungen und drängten ständig auf verstärkte Investitionen und Programme für die Sanierung dieser schwer geschädigten Umwelt.

Die Grünen forderten auch die Einstufung der Stasi als kriminelle Vereinigung und dementsprechend ihre strafrechtliche Verfolgung. Dies blieb ein hochsensibles Thema für die Deutschen im allgemeinen und für die deutsche Linke im besonderen. Die Grünen entwikkelten zu dieser Frage eine nachdenkliche Einstellung. Wieder einmal stellte sich für die Deutschen die Frage nach der Bewältigung ihrer Vergangenheit. Die Rechte nahm den Standpunkt ein, es diesmal richtig zu machen, also die schweren Versäumnisse bei der Auseinandersetzung mit den Nazis nach 1945 dadurch zu korrigierten, daß die Kommunisten nach 1989 bestraft wurden. Die Kommunisten sollten demnach nicht so ungeschoren davonkommen wie die Nazis und ihre Anhänger. Dieser Standpunkt ist aus zwei Gründen zynisch: Erstens wird der Eindruck vermittelt, als empfinde die Rechte jetzt Gewissensbisse wegen der nachsichtigen Behandlung der Nazis in der Bundesrepublik und ihrer gesellschaftlichen Integration. Zweitens will die deutsche Rechte durch ihre Rachegelüste gegenüber den ostdeutschen Kommunisten der Welt zeigen, daß der Kommunismus noch schlimmer sei als der Nationalsozialismus, damit versucht sie erneut, Deutschland von seiner Nazivergangenheit zu entlasten.

Daneben gibt es die von der PDS vertretene Ansicht, die von linksliberalen Kreisen geteilt wird. Viele aus dem linken Milieu, bei denen sich die Anerkennung des »real existierenden Sozialismus« nach 1968 und im Gefolge der Ostpolitik mit dem neuen, weitverbreiteten Phänomen einer DDR-Nostalgie verbindet, würden am liebsten den Mantel des Schweigens über die Verbrechen der SED und der Stasi gegen die ostdeutsche Bevölkerung breiten. Grüne und Bündnis 90 lehnen eine solche Vertuschung der Verbrechen des SED-Regimes ab, ebenso wie die Rachegelüste der Rechten, die den Kommunismus instrumentalisieren, um die barbarische Herrschaft des Nationalsozialismus vergessen zu machen. Mitglieder von Bündnis 90 wollen dieses schändliche Kapitel der deutschen Geschichte benutzen, um für die Menschen Gerechtigkeit einzuklagen, die vom ostdeutschen Regime kriminalisiert wurden, und nicht, um damit Politik zu machen, die im Fall der Linken Schweigen und im Fall der Rechten Rache bedeutet.

Als Linke waren Grüne und Bündnis 90 entschiedene Gegner des Golfkrieges, den die Amerikaner und ihre Verbündeten 1991 gegen Saddam Hussein führten. Aber im Gegensatz zum Großteil der westdeutschen Linken verurteilten die ostdeutschen Grünen und ihre Bündnispartner auch die Behandlung der Kurden und Shiiten durch Hussein und das brutale Vorgehen der irakischen Besatzer gegen die kuwaitische Bevölkerung während der irakischen Besetzung Kuwaits. Und im Gegensatz zu manchen Kreisen des grünen und linken Milieus in Westdeutschland, die Saddam Hussein zu einem schillernden Führer der Dritten Welt hochstilisierten, der die Amerikaner herausforderte, blieben derartige Empfindungen in Ostdeutschland auf die PDS und ihre Anhänger, nämlich kommunistische Hardliner, beschränkt, während man den Grünen und ihren politischen Verbündeten solche beschämenden Sympathien nicht nachsagen konnte.

Und schließlich pflegte sich die »Achterbande« über jegliche Parteidisziplin, einschließlich ihrer eigenen, hinwegzusetzen. Da die Grünen und ihre Kollegen keinen Fraktionsstatus besaßen, nutzten sie ihre geringe Zahl, um sich dem üblichen Fraktionszwang zu entziehen, der in den staatstragenden deutschen Parteien manche Initiative und viele originelle Ideen erstickt. Getreu ihrem Charakter als Kritiker und Dissidenten war es den Grünen und ihren Partnern nicht möglich, wie konventionelle Parlamentarier zu arbeiten. »Einmal ein Dissident, immer ein Dissident«, schien das Motto zu sein, unter dem ihr politisches Leben stand.

## Das Werden einer Partei: Zwischen Anti-Partei-Partei und Establishment

Im Laufe der Zeit erkannten die ostdeutschen Grünen und das Bündnis 90, daß auch sie ihrer neuen politischen Umgebung gewisse Zugeständnisse machen mußten. Die Rolle des ständigen Störenfrieds zu spielen, war sicherlich eine tolle Sache. Es hatte gelegentlich auch seine Vorteile. Außerdem bot das professionelle Dissidententum anscheinend eine gute Möglichkeit, einem stark ausgeprägten Moralgefühl Ausdruck zu verleihen. Aufgrund ihrer beispiellosen parlamentarischen Autonomie und ihrer Unabhängigkeit von den westdeutschen Grünen, die nicht im Bundestag vertreten waren, hatten die ostdeutschen Grünen und ihre Kollegen politische Freiheiten, die sie sich unter dem Honecker-Regime nicht hätten träumen lassen. Aber reichte das? Im Laufe der Zeit setzte sich ein weiterer Zug durch, der sie – neben ihrem Dissidententum – schon immer ausgezeichnet hatte – ihr Pragmatismus.

Er zeigte sich besonders deutlich an dem schwieriger werdenden Verhältnis zwischen Ost- und West-Grünen. Anfang April 1991 waren deren Spannungen so stark, daß Vera Wollenberger, eine der prominentesten Bundestagsabgeordneten der Grünen, das Bündnis zwischen beiden Parteien als übereilt bezeichnete.[33] Konrad Weiss gab seiner Verachtung und seinem Unverständnis über das ständige interne Hickhack der West-Grünen Ausdruck, indem er von einem »politischen Kindergarten« sprach. Besonders harsch war seine Feststellung: »Wir von den Bürgerbewegungen haben im Herbst '89 – natürlich mit entscheidender Hilfe der DDR-Bevölkerung – etwas erreicht, was die Grünen beginnend bei der 68er Studentenrevolte so nie geschafft haben: nämlich eine Gesellschaft möglichst grundlegend zu verändern.«[34] Die Meinung von Konrad Weiss hatte zwar wenig mit einer fairen Einschätzung der beiden grünen Parteien zu tun, spiegelte aber die seit langem bestehende Frustration über die kräftezehrenden Flügelkämpfe bei den West-Grünen wider. Die Ost-Grünen und ihre Kollegen fanden auch den ideologischen Radikalismus der West-Grünen überflüssig und kontraproduktiv. Konrad Weiss teilte die Enttäuschung mancher seiner ostdeutschen Parteikollegen in bezug auf die West-Grünen: »Wenn es notwendig wird, eine neue wertkonservative Alternative zum Parteienspektrum zu gründen, wäre ich sicher dabei.«[35]

Im Frühjahr 1991 wurde die Möglichkeit diskutiert, das Bündnis 90 auf ganz Deutschland auszudehnen, wodurch für die westdeutschen Grünen eine Konkurrenzpartei auf Bundesebene entstanden wäre.

Besonderen Anstoß nahmen die ostdeutschen Grünen und ihre Bündnispartner am Parteitag der westdeutschen Grünen in Neumünster im April 1991. Auf dieser Versammlung kam es zu den üblichen Streitereien, die in der zweiten Hälfte der 80er Jahre zu einem Markenzeichen der westdeutschen Grünen geworden waren. Die West-Grünen, die sich gegenseitig in gehässiger Weise beschuldigten und verunglimpften, konnten sich auf keine langfristige Politik hinsichtlich ihres Verhältnisses zu den Ost-Grünen verständigen. Obwohl der Fundi-Flügel durch den Parteiaustritt von Jutta Ditfurth einen ernsthaften Rückschlag erlitten hatte, erwiesen sich die Realos als unfähig, daraus dauerhaftes politisches Kapital zu schlagen. Statt dessen war die neue Parteiführung eine schwache, zwar nicht fundamentalistische, aber linksradikale Koalition unter der Führung von Hans-Christian Stroebele, der später aufgrund seiner antisemitischen Äußerungen während des Golf-Krieges aus dem Vorstand der Grünen ausscheiden mußte. Die Kluft zwischen Ost- und West-Grünen, die schon bei den ersten Treffen der beiden Gruppen im Spätherbst 1989 vorhanden war, hatte sich bis zum Frühjahr 1991 noch weiter vertieft. Differenzen gab es nicht nur auf Bundesebene. Die Grünen in Thüringen zeigten sich über die westdominierte grüne Partei so erbost, daß sie Anfang Mai ernsthaft in Erwägung zogen, sich ganz von den Grünen zurückzuziehen.[36]

Daß die Frustration der Ostler mehr als nur Gerede war, zeigte sich am 21. September 1991 – das Neue Forum etablierte sich als politische Partei. Auch als Partei wollte das Neue Forum die »offenen Strukturen« beibehalten, die es als Bewegung gekennzeichnet hatten. Außerdem wollte es natürlich »nichthierarchisch« bleiben.[37] Es wollte im wesentlichen eine linke Alternative zu dem ungebrochenen Leninismus der PDS, dem Radikalismus und der Uneinigkeit der Grünen und dem langweiligen Konformismus der SPD bieten. Vor allem wollte es nicht der zunehmenden Ostalgie verfallen, was bei der deutschen Linken durchaus eine reale Gefahr war, da diese – aufgrund eigener Fehler und der wenig gelungenen Vereinigung beider Staaten – die DDR zunehmend glorifizierte. Werner Schulz sagte in seiner Rede zur Eröffnung des Gründungsparteitags: »Ich will die DDR nicht wiederhaben. Es ist gut, daß dieser Staat untergegangen ist. Ich bin stolz darauf, daß wir entscheidend dazu beigetragen haben.«[38]

Es war ein unmißverständlicher Seitenhieb gegen die westdeutsche Linke, die immer noch dem schwer zu definierenden dritten Weg nachtrauerte, als Schulz feststellte: »Eine Alternative, die keine war, ist zerbrochen.«[39] Das Bündnis 90, wie die Partei offiziell genannt werden sollte, wollte engen Kontakt zu den Bürgerinitiativen halten, denen es sich verdankte, und in ganz Deutschland uneingeschränkt für Demokratie und Humanismus eintreten. Schulz warnte die neuen Parteimitglieder davor, sich irgend jemandem gegenüber arrogant zu verhalten, am wenigsten gegenüber den Grünen, in denen er noch immer den natürlichsten – und wahrscheinlichsten – Verbündeten für eine Politik der Veränderung sah. Das Verhältnis zwischen dem grünen Milieu im Osten, das jetzt vom Bündnis 90 als unabhängiger Partei repräsentiert wurde, und den West-Grünen sollte ein »schrittweises Aufeinanderzugehen, kein Anschluß und keine Unterwerfung sein.«[40]

Diese Differenzen zwischen den grünen Milieus im Osten und im Westen bestanden bis zum Parteitag in Hannover im Januar 1993, als beide Parteien offiziell zu einer verschmolzen. Selbst auf diesem Parteitag der offiziellen Vereinigung, auf dem die früheren Mißverständnisse zurückgestellt werden sollten, weil man gemeinsam nach Wegen suchen wollte, um – vielleicht sogar als Deutschlands drittstärkste Partei – wieder in den Bundestag zu kommen, blieben die unterschiedlichen, ja teilweise gegensätzlichen Wurzeln dieser beiden Milieus sichtbar. Mitglieder des Bündnis 90 und ihre ostdeutschen Bündnispartner betonten in Hannover, daß sie eigentlich keine Linken seien und es ihnen Unbehagen bereite, von einer Partei mit entschieden linken Strategien und Ansichten absorbiert zu werden. Viele Westler wiederum betrachteten diese offizielle (und man könnte hinzufügen: überfällige) Verschmelzung mit den ostdeutschen Kollegen als überzeugenden Beweis für den offenkundigen Rechtsruck und gleichzeitig die etablierende Zähmung der grünen Partei.

Die durch die deutsche Einigung hervorgerufenen Enttäuschungen führten zu starken Ressentiments der ehemaligen Ostdeutschen gegenüber den dominanten Westdeutschen. Diese Enttäuschungen trugen zu einer gewissen nachträglichen Legitimation der PDS bei, die viele Ostdeutsche mittlerweile als echte ostdeutsche Partei betrachten, die sich der Vereinnahmung durch den Westen mit Stolz und Würde, wenn auch mit wenig Erfolg, entgegenstemmt. Es ist eine Ironie des Schicksals, daß die PDS als direkte Nachfolgepartei der stalinistischen SED nicht so sehr deswegen von einem allerdings eher geringen Prozentsatz der ostdeutschen Bevölkerung (in den fünf neuen Ländern sind es durchschnittlich etwa 15, aber in vielen Teilen Ostberlins über 30 Prozent) unterstützt wird, weil sie eine knallharte kommunistische Ideologie vertritt, sondern weil sie in einer Welt, in der alles Wesentliche westdeutsch zu sein scheint, eindeutig als ostdeutsches Gewächs kenntlich ist.

Die PDS entwickelte sich im Laufe der frühen 90er Jahre zweifelsohne zur wichtigsten Stimme einer authentischen ostdeutschen Identität. Dieser Lokalpatriotismus zeigte sich auch an der Politik der nichtkommunistischen ostdeutschen Linken. Mitte Juli 1992 entstand eine Gruppe, die sich Komitee für Gerechtigkeit nannte und gegen das protestierte, was die Ostdeutschen als schlechte Behandlung durch die Westdeutschen und die Bundesregierung empfanden. Das Komitee, das sich in seiner Anfangsphase als Interessengruppe und nicht als politische Partei verstand, umfaßte Schriftsteller, Professoren, Künstler sowie Frauen und Männer der lutherischen Geistlichkeit – aber, wie vorauszusehen war, keine Industriearbeiter. Unter der Führung des Vorsitzenden der PDS, Gregor Gysi, und des bekannten ostdeutschen Schriftstellers Stefan Heym, gab das Komitee einen Appell heraus, in dem es die Massenarbeitslosigkeit, den starken Anstieg der Mieten und anderer Kosten, den Abbau sozialer Leistungen und die Möglichkeit des Verlustes von Wohnungen und Häusern beklagte, in denen die Menschen lange gewohnt hatten. Der Appell machte vor allem deutlich, daß das Komitee alle diese Mißstände, unter denen die Ostdeutschen zu leiden hatten, als direkte Folgen des Vereinigungsprozesses sowie der daraus resultierenden Dominanz Westdeutschlands betrachtete. Obwohl die soziale Zusammensetzung seiner Mitglieder und der Inhalt seiner Beschwerden eine gewisse Ähnlichkeit mit den ostdeutschen Grünen, dem Neuen Forum und dem Bündnis 90 erkennen ließen, war das Komitee durch die Nähe einiger seiner prominentesten Mitglieder zu dem früheren kommunistischen Regime in Ostdeutschland für die ostdeutsche radikale Linke völlig inakzeptabel. Konrad Weiss, ein Veteran der ostdeutschen Revolution und grüner Bundestagsabgeordneter, charakterisierte das Komitee als »Nostalgieclub«, in dem frühere Kommunisten, die sich jetzt das Mäntelchen von demokratischen Sozialisten umgehängt hätten, zusammen mit früheren Stasileuten versuchten, ein neues Politbüro zu installieren.[41]

Womöglich hatte sich die frühere unabhängige ostdeutsche Opposition weit genug entwickelt, um ein autonomer politischer Akteur im vereinigten Deutschland zu werden. Sie brachte ihren konstruktiven Dissens jetzt unter den Bedingungen ihrer Einbindung in das institutionelle Gefüge der deutschen Politik und Gesellschaft zum Ausdruck. Ob dieses ostdeutsche oppositionelle Milieu weiterhin die Rolle des ständigen Dissidenten spielen konnte, hing weitgehend von seinem komplizierten Verhältnis zu den von den Westdeutschen dominierten Grünen ab, mit denen es sich 1993 vereinigte. War es mit den Grünen durch seinen Widerspruchsgeist verbunden, unterschied es sich doch strukturell aufgrund der unterschiedlichen historischen Erfahrungen von ihnen. Was aus dem gespannten Verhältnis zwischen den Ost-Grünen und den West-Grünen schließlich auch werden mag, so veränderten die Ost-Grünen zweifellos die politische Rolle der West-Grünen in der Bundesrepublik. Dadurch haben das Neue Forum, das Bündnis 90 und alle ihre ostdeutschen Bündnispartner nicht nur die Politik der deutschen Linken, sondern die deutsche Demokratie insgesamt bereichert.

# Schluß

Schlüsse haben drei Funktionen: zu bilanzieren, zu generalisieren und zu prognostizieren. Wir werden uns auf die ersten beiden konzentrieren, aber auch der Prognose nicht ausweichen. Während sich wesentliche Teile des empirischen Materials dieses Buches auf die Grünen als Partei und Bewegung (sowohl im früheren Ost- wie in Westdeutschland) beziehen, möchten wir die Grünen in unserem Schlußkapitel als die prototypischsten Vertreter der gegenwärtigen deutschen Linken insgesamt einschätzen. Die Grünen verkörperten mehr als alles andere die grundlegende Umorientierung fortschrittlicher Politik in den 80er Jahren, einer Politik, die traditionell mit der Linken assoziiert war. Daher betrachten wir diesen Schlußabschnitt als deutenden Kommentar nicht allein zu den Grünen, sondern zu ihrem größeren Umfeld, also zur deutschen und europäischen Linken. Die Grünen sind die bedeutendsten Vorläufer einer völligen organisatorischen und konzeptionellen Umgestaltung der alten europäischen Linken, die in der Industriearbeiterschaft verankert war und ungefähr mit der Herausbildung ihrer sozialen und politischen Institutionen am Ende des 19. Jahrhunderts entstand. Zusammen mit dem Untergang des Leninismus in der früheren sowjetisch beherrschten Welt und der damit einhergehenden Veränderung der europäischen Politik hat die Existenz der Grünen etwas in Bewegung gesetzt, was einer revolutionären Neuformierung fortschrittlicher Politik in den hochentwickelten Industrienationen gleichkommt. Wie vor einem Jahrhundert erfahren Bedeutung, Inhalt und Form fortschrittlicher – d.h. linker – Politik eine grundlegende Umgestaltung. Die Grünen haben zu diesem wichtigen und längst überfälligen Prozeß überaus viel beigetragen. So gesehen, repräsentieren die Grünen das Ende einer Ära und läuten den Beginn einer neuen ein.

## Die Grünen als Veränderer der deutschen und europäischen Linken

Die Grünen haben die deutsche Linke völlig verändert. Wie unsere Untersuchung zeigt, waren sie sehr weitgehend ihr Produkt und ihr Ausdruck. Aber als solche transformierten die Grünen als eine Partei der Bundesrepublik der 80er Jahre die Existenz und Bedeutung fortschrittlicher Politik in Westdeutschland. Die Grünen entwickelten sich – auf jeden Fall bis 1980 – zu einer Partei und Bewegung der Linken. Ihr Erfolg läßt sich daran messen, daß die Vorstellung von »Linkssein«, »linker Politik« oder auch »der Linken« sich unwiderruflich gewandelt hat, seit die Grünen eine Rolle im öffentlichen Leben der Bundesrepublik spielen. Dabei muß betont werden, daß es sich um eine Partei handelt. Zwar wurden die beiden wichtigsten institutionellen Repräsentanten der traditionellen Linken, die Sozialdemokratie und der leninistische Kommunismus, von vielen Seiten herausgefordert und in Frage gestellt, wobei der Neuen Linken der späten 60er Jahre besondere Bedeutung zukam. Aber alle diese Kräfte erwiesen sich hinsichtlich Dauer und Einfluß als kurzlebig. Es bedurfte der Grünen als Partei, um die Vorstellung von der Linken zu verändern, wie sie sich in den meisten europäischen Gesellschaften in den 1880er Jahren und in fast allen um die Jahrhundertwende durchgesetzt hatte. Bis zum theoretischen Beitrag der Neuen Linken in den 60er Jahren und dem praktisch-politischen Beitrag der Grünen in den 80er Jahren bedeutete »links« im wesentlichen eine Politik der sozialen und ökonomischen Gleichheit, wie sie vom wichtigsten Subjekt der Linken, der Klasse der Industriearbeiter und ihren politischen Repräsentanten in den sozialdemokratischen und kommunistischen Parteien konzipiert worden war. Es gab auf der Linken eine Art »Ausgrenzung«, die bewirkte, daß die Arbeiterklasse nicht nur als wichtigster Akteur, sondern auch als einziger legitimer Bezugspunkt für jede progressive Politik galt. Alles geschah in irgendeinem Verhältnis zur Arbeiterklasse, womit hauptsächlich männliche Industriefacharbeiter gemeint waren, die sich gewerkschaftlich organisierten und deren politische Identität ihren Ausdruck in einer Massenpartei fand. »Linkssein« war in der Tat fast ein Jahrhundert lang das Monopol der organisierten Arbeiterklasse und ihrer Politik. Die Diskussion über die »Ausnahmesituation in Amerika«, also der Zweifel an der Existenz einer wirklichen Linken in den USA, gründete sich darauf, daß die Linke fast ausschließlich mit einer organisierten und starken Arbeiterklasse gleichgesetzt wurde.[1]

Etwa hundert Jahre später (1880/1980) gelang es den Grünen als politischer Vertretung der neuen sozialen Bewegungen, eine ganz neue Achse zu schaffen, entlang derer in Zukunft Linkssein definiert werden wird. Während die Neue Linke der 60er Jahre bereits die theoretische Grundlage für einen Paradigmenwechsel in der Linken lieferte, wurde diese rechtwinklige Achse erst durch die Realpolitik der Grünen (sogar durch die Politik der Fundamentalisten) in konkrete politische Realität übersetzt.

Die traditionelle Achse der Linken sah in der Arbeiterklasse den gesellschaftlichen Träger des Paradigmas. Ideologisch konzentrierte sie sich auf eine Steigerung der Produktion und die Herstellung von mehr Gleichheit im Rahmen wirtschaftlichen Wachstums. Da das alte Paradigma die Hauptübel des Kapitalismus auf das System des Privateigentums und der Profitmaximierung zurückführte, sollte mit der Abschaffung von beiden ein neues (und besseres) System menschlicher Beziehungen namens Sozialismus entstehen. Diese Achse gab den politischen Rahmen für die sozialdemokratische wie für die kommunistische Linke ab. Das Paradigma der »materialistischen« Linken repräsentierte, was Seymour Martin Lipset und Stein Rokkan als Spaltungslinie »Besitzer-Arbeiter« bezeichnet haben.[2]

Im Gegensatz dazu verfolgten die Neue Linke und ihre Erben ein Projekt, das im »postmaterialistischen« Paradigma der »Identitätspolitik«[3] verankert war. Immer noch in Opposition zum Kapitalismus, bildete die Ablehnung des Wachstums um des Wachstums willen und der damit verbundenen bürokratischen Erfordernisse die Hauptachse dieser politischen Orientierung. Von Studenten, abhängig Beschäftigten im reproduktiven, häufig staatlichen Sektor und – auf eine bislang ungekannte Weise – von Frauen getragen, erfuhr diese neue kollektive Identität eine klar umrissene politische Artikulation, die in praktisch allen fortgeschrittenen Industriegesellschaften und insbesondere in der Bundesrepublik zur Herausbildung eines neuen Spaltungsmusters führte.

Die Grünen leisteten einen großen Beitrag zur Auflockerung der Spaltungslinien, die sich laut Lipset und Rokkan seit dem Ende des 1. Weltkrieges und der bolschewistischen Revolution verfestigt hatten[4], und damit zu einer grundlegenden Veränderung des Parteiensystems in Europa und vor allem in Deutschland, dem dominierenden Land Europas. Die Dekade der Grünen hat bewirkt, daß der Zusammenhang von »Linkssein« und Arbeiterklasse gelockert, wenn auch nicht völlig aufgelöst wurde. Immer nur empirisch und nicht stringent logisch begründet und weitgehend auf Europa beschränkt, kann diese hundert Jahre alte Verbindung nicht mehr als selbstverständlich betrachtet werden. Denn in den meisten entwickelten Industrieländern gibt es reichlich Belege dafür, daß Teile der traditionellen Arbeiterklasse bei den Wahlen rechtsradikalen Parteien zuneigen. In Frankreich hat sich im Laufe der 80er Jahre ein beträchtlicher Prozentsatz von Arbeitern, die früher die Kommunistische Partei (PCF) wählten, der rassistischen Front National von Jean-Marie Le Pen zugewandt.[5] Ähnliche Verschiebungen konnten in Österreich beobachtet werden, wo – besonders im »roten« Wien – Arbeiter, die bis zu den frühen 90er Jahren verläßliche Anhänger der Sozialistischen Partei Österreichs (SPÖ) waren, die rechtsradikale Freiheitspartei (FPÖ) des populistischen Demagogen Jörg Haider gewählt haben.[6] In den Vereinigten Staaten gab es bei den sogenannten »Reagan-Democrats« eine ähnliche Entwicklung.

Auch in Deutschland war in den 80er Jahren bei Teilen der traditionellen Arbeiterklasse ein deutlicher Rechtsruck festzustellen.[7] Es kam nicht von ungefähr, daß bei den Wahlen im März 1983, die die Grünen in den Bundestag brachten, über eine Million Arbeiter besonders aus der sozialdemokratischen Hochburg des Rhein-Ruhr-Gebietes die von Kanzler Helmut Kohl geführte CDU unterstützten.[8] Obwohl die meisten von ihnen im Januar 1987 zur Sozialdemokratie zurückkehrten, als Johannes Rau Spitzenkandidat dieser Partei war, hatten sie die SPD im Dezember 1990 wieder zugunsten der Konservativen fallengelassen.[9] Vielleicht noch besorgniserregender waren die Ergebnisse einiger Landtagswahlen im Jahre 1992, bei denen die weit rechts stehenden Republikaner und die extremistische Deutsche Volksunion besonders in Baden-Württemberg und Schleswig-Holstein in ihrem erfolgreichen Bemühen um parlamentarische Vertretung erhebliche Unterstützung von Arbeitern erhielt.[10] Zudem gibt es Anzeichen dafür, daß in der früheren DDR SED-Aktivisten und ehemalige ostdeutsche Armeeoffiziere heute Anhänger der Republikaner sind.[11]

Zwar wäre es voreilig zu sagen, daß die Industriearbeiter in Europa auf Dauer zur politischen Rechten abwandern, aber sicherlich sind sie, genau wie andere soziale Gruppen, in ihrem Wahlverhalten unabhängiger und unberechenbarer geworden. Die in den letzten hundert Jahren selbstverständliche Gleichsetzung der Linken mit der organisierten Arbeiterschaft ist im Laufe der 80er Jahre unhaltbar geworden, wenngleich sie auch nicht völlig falsch ist. Vielleicht hat Lipsets vielgeschmähter Begriff »Autoritarismus der Arbeiterklasse« doch eine gewisse Gültigkeit.[12] Die Arbeiterklasse wird sich ihren Platz im Bündnis fortschrittlicher politischer Kräfte in Zukunft verdienen müssen; sie wird nicht aufgrund ihrer bloßen Existenz zu diesem Bündnis gehören, geschweige denn es führen.

Die Grünen haben, indem sie zu den neuen Fackelträgern fortschrittlicher Politik und der Linken wurden, den bislang bedeutendsten Repräsentanten der deutschen Linken, nämlich die Sozialdemokratische Partei, völlig verändert. Wir fassen uns kurz und verweisen auf drei Kernbereiche, in denen die Grünen die wichtigsten Nach-Godesberg-Grundsätze der SPD nachhaltig beeinflußt und die Partei im Laufe der 80er Jahre in eine gänzlich andere Richtung gelenkt haben:

1. Außen- und Verteidigungspolitik. 1983 distanzierte sich die SPD von dem von ihr selbst initiierten NATO-Doppelbeschluß und gab damit den pro-atlantischen Standpunkt auf, den sie 25 Jahre lang vertreten hatte. Dieser Positionswechsel war eine direkte Folge des Wachstums der Grünen und ihrer Subkultur, die sich in unmittelbarer – und bedrohlicher – Nähe zur SPD-Linken befanden.
2. Energiepolitik und die Logik des Wirtschaftswachstums und des technischen Fortschritts. Auf dem SPD-Parteitag in Nürnberg im August 1986 wurde beschlossen, den hundertjährigen Wachstums- und Technikfetisch zugunsten einer grünen und alternativen »sanften« Vorgehensweise aufzugeben. Bezeichnenderweise wurden alle Formen von Atomenergie als gefährlich kritisiert. Die Atomenergie, auf die die alte Linke einst gebaut hatte, um ein schnelles und sauberes Wachstum zu erreichen, hatte als energiepolitisches Konzept mittlerweile ausgedient. Im Laufe von weniger als zehn Jahren sind die Atomenergie und andere wachstumsorientierte Konzepte der alten Linken in den meisten sozialdemokratischen Kreisen völlig indiskutabel geworden.

3. Geschlechterpolitik. Von der progressiven Position der Grünen vorwärtsgetrieben, beschloß die SPD 1988 eine Quotenregelung, derzufolge seit 1994 40 Prozent aller Parteiämter von Frauen besetzt sein müssen.

Viel stärker als diese konkreten Ereignisse wog die Fähigkeit der Grünen, die SPD als die Partei zu verdrängen, die bestimmte, was in der Bundesrepublik linke Politik war. Die Grünen wurden in den 80er Jahren konzeptionell, wenn auch nicht strategisch, zu der Kraft, die beispielhaft für die deutsche Linke stand. Linkssein, das bis zu den 80er Jahren immer in irgendeiner Weise an einen Dialog mit der Sozialdemokratie geknüpft war, wird jetzt einem Spektrum zugeordnet, das durch grüne Hegemonie gekennzeichnet ist. Heute findet der Dialog mit den Grünen statt – wenn auch nicht unbedingt mit der Partei, so doch zumindest mit einer von den Grünen beeinflußten Sozialdemokratie. Bei all den Themen, die von den Grünen besetzt wurden, mußte sich die SPD mit der recht schmachvollen Rolle begnügen, sich als die effizientere und politisch erfahrenere Partei in bezug auf die praktische Umsetzung der von den Grünen initiierten Veränderungen zu präsentieren. Die Haupttätigkeit der Sozialdemokratie in den 80er Jahren läßt sich als Versuch interpretieren, grüne Politik auf eine vermittelte Art und Weise in die Praxis umzusetzen.

Dieser Verlust der tonangebenden Rolle hinsichtlich fortschrittlicher Politik in der Bundesrepublik traf die SPD besonders hart, weil die Sozialdemokratie in Deutschland – im Gegensatz zu vielen Ländern in Europa – in der Nachkriegszeit auf der Linken ein mehr oder weniger unangefochtenes Monopol besaß. In den 80er Jahren entwickelten sich die Grünen in dem Sinne zum Sozialisationsagenten der deutschen Linken, daß faktisch all ihre neue Ideen, politischen Innovationen, strategischen Formulierungen, Lebensformen – kurz gesagt, ihr gesamter Habitus – von den Grünen und ihrem Milieu ausgingen. Seit den 80er Jahren ist das leitende Prinzip linker Politik in Deutschland zweifellos grün geworden, während die Methoden der praktischen Verwirklichung, die Organisationsformen und Karrieremöglichkeiten überwiegend rot geblieben sind. Ein überzeugendes Zeichen für das Ergrünen der SPD war das faktische Verschwinden ihres einstmals mächtigen Kanalarbeiterflügels. Seit dem SPD-Sonderparteitag 1983 mußten die Kanalarbeiter und die Zentristen eine Niederlage nach der anderen einstecken, wodurch sie letztlich zur politischen Bedeutungslosigkeit verurteilt wurden. Frühere politische Akteure wie Helmut Schmidt, Hans Apel und Hermann Rappe wurden in der Partei immer mehr an den Rand gedrängt.

Es liegt auf der Hand, daß die Krise der Sozialdemokratie weit über die grüne Herausforderung hinausgeht. Sie hat viele Quellen und vielfältige Ursachen. Zu den wichtigsten gehören die grundlegenden Veränderungen im Bereich der Produktion und des Arbeitsmarktes, die auch in Deutschland (wenngleich in geringerem Maße als in den USA oder Großbritannien) dazu führten, daß sich das ehemals ziemlich geschlossene Milieu einer fordistisch geprägten Industriearbeiterschaft in ein wesentlich uneinheitlicheres postfordistisches Gemisch von Gruppen und Individuen verwandelte, das vom Dienstleistungssektor dominiert wird. Der Zusammenbruch des keynesianischen Steuerungsmodells, die Zunahme der Wechselwähler, die größere geographische Mobilität, das Verschwinden einer eigenen Arbeiterkultur – all dies führte zur Auflösung des typischen Milieus, in dem die Sozialdemokratie blühen und gedeihen konnte. Peter Lösche und Franz Walter meinen zu Recht, daß der idealtypische »Sozialdemokrat« bzw. das festgefügte Bild der Sozialdemokratischen Partei seit langem verschwunden sind.[13] Wie die Nemesis der Sozialdemokratie, die Grünen, ist auch die Sozialdemokratie selbst »mehrfarbig« geworden und hat ihr gleichförmiges Rot abgestreift. Lösche und Walter sprechen von einer »lose verbundenen Anarchie«, wenn sie die SPD der 90er Jahre charakterisieren: Sie sei Heimat für den alten Industriearbeiter, aber auch für das Yuppie-Vorstandsmitglied, für den radikalen Friedensaktivisten und den Büroangestellten, den Pragmatiker und den Moralisten.[14] Wie im Fall der Grünen ist es faktisch unmöglich geworden, von einer SPD zu sprechen. Denn es gibt die traditionelle, in der Arbeiterschaft verankerte SPD, so wie es die SPD der Freiberufler und Manager, die ökologische und friedensorientierte SPD, die SPD an der Macht, die feministische SPD und die SPD der Frauen gibt, wobei die beiden letzteren natürlich nicht dasselbe sind. Kurzum, die Heterogenität der Sozialdemokratie spiegelt nicht nur den Einfluß der Grünen und ihres Milieus auf die SPD wider, sondern zeugt von der Auflösung der Linken, wie sie fast hundert Jahre lang den Raum fortschrittlicher Politik in Deutschland und Europa beherrschte. Die Transformation der SPD vom Modell einer straff geführten Oligarchie, wie sie Robert Michels beschrieb, zu dem einer lose verbundenen Anarchie verweist darauf, daß die deutsche – wie die europäische – Linke in eine neue Ära eingetreten ist.[15]

Noch eindrucksvollerer Beleg für den verändernden Einfluß der Grünen auf die deutsche Linke als ihre Wirkung auf die SPD war ihre Fähigkeit, die Sichtweise der deutschen Gewerkschaften zu verändern. Die Gewerkschaften standen der Neuen Linken in den 60er Jahren äußerst feindselig gegenüber – wesentlich mehr als die Sozialdemokratische Partei. Diese Aversion bestand auch in den 70er Jahren und in der ersten Hälfte der 80er Jahre gegenüber den Erben der Neuen Linken, also gegenüber den neuen sozialen Bewegungen und den Grünen. Die gegenseitige Antipathie dieser beiden Welten war besonders stark ausgeprägt, da die Welt der Gewerkschaften in soziologischer Hinsicht vorwiegend aus männlichen gelernten Industriearbeitern bestand, während zu der der neuen sozialen Bewegungen und der Grünen viele junge Akademiker gehörten, von denen ein großer Teil seinen Lebensunterhalt im Reproduktionssektor verdiente und weiblichen Geschlechts war. Auch ideologisch hätte der Unterschied zwischen diesen beiden Welten nicht größer sein können. Die Gewerkschaften traten für materielles Wachstum ein, glaubten, daß die industrielle Produktion der wichtigste Garant für Arbeitsplätze sei, lehnten den Kommunismus und alle Spielarten progressiver Politik ab, die links von der Sozialdemokratie angesiedelt waren, und sahen sich als eine der Hauptkräfte, die an der Schaffung einer wohlhabenden und demokratischen Bundesrepublik mitwirkten. Die deutschen Gewerkschaften waren stolz darauf, dem Establishment anzugehören. Man vergleiche damit die ideologische Ausrichtung der neuen sozialen Bewegungen: Sie waren wachstumsfeindlich, standen der modernen Produktion, insbesondere ihren schädlichen Auswirkungen auf die Umwelt, kritisch gegenüber, waren entschieden antiantikommunistisch (was etwas ganz anderes als prokommunistisch ist), hatten eine antiwestliche Einstellung und übten an der Bundesrepublik eine fundamentale Kritik.[16]

Die Gewerkschaften ließen sich nicht auf den Parteiversammlungen der Grünen sehen und verhehlten ihre ausgeprägte Verachtung für diese politische Gruppierung kaum. Sie hielten deren Protagonisten für verwöhnte Kinder reicher Leute, die ihre naiven und daher gefährlichen Phantasien als Politik ausgaben. Und dennoch entwickelten die »kämpferischen« Gewerkschaften – allen voran die IG-

Metall, die größte Einzelgewerkschaft Deutschlands (und der kapitalistischen Welt) – bis zur Mitte der 80er Jahre eine entschieden »ergrünte« Weltsicht.[17] Die Gewerkschaften unterstützten begeistert die Friedensbewegung, was sie bis Ende 1983 nur sehr verhalten getan hatten; sie entwickelten starkes Interesse und große Hilfsbereitschaft für verschiedene Befreiungsbewegungen der Dritten Welt, vor allem für die Sandinisten in Nicaragua; sie nahmen ihre früher uneingeschränkte prowestliche und proamerikanische Einstellung merklich zurück; und – vielleicht die eindrucksvollste Metamorphose – sie entwickelten sich zu aktiven Ökologen und Umweltschützern.[18]

Die traditionelle Angst der Gewerkschaften vor dem vermeintlichen Null-Summen-Verhältnis zwischen Ökonomie und Ökologie hatte sich Ende der 80er Jahre zu der Auffassung gewandelt, daß die Vereinbarkeit dieser beiden Größen nicht nur möglich war, sondern sogar im Interesse der Arbeitnehmer lag. Dieser veränderten Position der Gewerkschaften zufolge mußte ein symbiotisches Verhältnis zwischen Ökonomie und Ökologie einer der entscheidenden Stützpfeiler progressiver Politik in Deutschland und in Europa sein. Die Tatsache, daß von allen sozialen Gruppen (mit Ausnahme der Bauern), die nicht grün wählten, die Industriearbeiterschaft die größte bildete, steht nicht im Widerspruch zum Erfolg der Grünen. Ihre Ideologie eroberte die Herzen und Gehirne von Gewerkschaftsfunktionären und -bürokraten; dies galt vor allem für die jüngeren akademisch gebildeten Gewerkschafter und den größten Teil der Gewerkschaftseliten, insbesondere für jene, die zum kämpferischen Flügel der Gewerkschaften gehörten.[19] Aber nicht nur sie: Besonders eindrucksvoll belegt den grünen Einfluß die Umbenennung des wohl dem äußersten rechten Flügel der Sozialdemokratie zuzurechnenden DGB-Mitglieds, der früheren IG Bau-Steine-Erden. Sie wurde in IG Bau-Agrar-Umwelt umgetauft. Einer der Hauptredner im Sommer 1996 bei der Eröffnung der neuen Zentrale der IG Bau-Agrar-Umwelt, dieser vormaligen »Betongewerkschaft«, war Joschka Fischer, der Bundesvorsitzende der Grünen. Er sang ein Loblied auf das Haus – das Gebäude war nach ökologischen Gesichtspunkten errichtet worden – und den dadurch symboliserten Gesinnungswandel der Gewerkschaften. Noch fünf Jahre zuvor wäre derlei undenkbar gewesen.

## Die Grünen als Veränderer der deutschen Politik und Gesellschaft

Maurice Duvergers berühmte Formulierung von der »Ansteckung durch die Linke«[20] beziehen wir in unserer Analyse auf den weit über die Grenzen der Linken hinausgehenden Einfluß der Grünen auf die deutsche Politik und Gesellschaft. Wir sind der Meinung, daß die Grünen und ihr Umfeld die Demokratie in Deutschland im Bereich des Wettbewerbs der Eliten, der Mitwirkung der Bevölkerung und der öffentlichen Diskussion qualitativ verbessert haben. Sie schufen eine Atmosphäre und Strukturen, die der Demokratie insofern gut taten, als sie eine ständige Interaktion zwischen Establishment und Opposition förderten. Daher steht die Tatsache, daß die Grünen selbst im Laufe der 80er Jahre zu einem Teil des politischen Establishments geworden sind, nicht im Widerspruch zu der Auffassung, daß sie die Herausforderer eben dieses Establishments waren und teilweise noch immer sind. Im Gegenteil: Was die Grünen so interessant – und politisch bedeutsam – machte, war gerade der Umstand, daß den etablierten Kräften und Institutionen bei dieser Entwicklung eine bedeutende Rolle zukam. Denn wir wollen nicht vergessen, daß die Grünen deswegen auf- und hochkommen konnten, weil ihnen teilweise – aber in entscheidender Weise – die Verfahrensregeln und Akteure behilflich waren, die zum politischen System der Bundesrepublik gehören. Gerade das spannungsreiche, aber intensive Verhältnis der Grünen zum Establishment machte sie im Laufe eines Jahrzehnts zu einer ernstzunehmenden Kraft auf der Linken und über die Linke hinaus und verhinderte, daß sie zu einer ideologisch reinen, aber politisch bedeutungslosen Sekte verkümmerten. So gingen von den Grünen anregende und befruchtende Impulse für die Denkprozesse und programmatischen Reformen der anderen Parteien aus, was wir anhand einiger offenkundiger Beispiele aufzeigen möchten.

Die Grünen haben die Parteienkonstellation in der deutschen Politik verändert, indem sie an die Stelle des Zweieinhalb-Parteiensystems eine tragfähige Vier-Parteien-Konfiguration gesetzt haben, die dann von der PDS auf fünf Akteure erweitert wurde. Die Tatsache, daß die Topographie des deutschen Parteiensystems in den 80er Jahren eine entscheidende Erweiterung erfuhr, hat etwas mit der

»Avantgarde«-Rolle der Grünen zu tun, die für die Parteien der Bundesrepublik den politischen Spielraum aufgefächert und vergrößert haben. Obwohl die auf Länderebene Neuhinzugekommenen, die weit rechts stehende Republikanische Partei und die eigentlich nationalsozialistische Deutsche Volksunion (DVU), mit den Grünen wenig gemeinsam haben – ja, in vieler Hinsicht ihre Antipoden sind –, ist die Erweiterung des Parteienspektrums in Deutschland weitgehend den Grünen zu verdanken; sie haben die Demokratisierung der etablierten Politik einer hochentwickelten Industriegesellschaft gefördert, die für ihr hohes Maß an Berechenbarkeit und institutioneller Stabilität bekannt ist.

Zwischen den späten 50er Jahren und 1983 bestand die Topographie der bundesrepublikanischen Parteienlandschaft aus den zwei Riesen – CDU/CSU und SPD – einerseits und der kleinen, aber unverzichtbaren FDP andererseits. Das Regierungsspiel war einfach: Wenn keine Partei die absolute Mehrheit erreichte, was in der deutschen Nachkriegsgeschichte nur einmal, und zwar bei Adenauers denkwürdigem Sieg 1957 geschah, kam die Partei an die Macht, die die sehr schwankende Zuneigung der FDP erringen konnte. Obwohl diese Konstellation auf Bundesebene bis Anfang der 90er Jahre bestand, wurde die Logik der Koalitionspolitik auf kommunaler und Landesebene durch das Erscheinen der Grünen grundlegend verändert. Es entwickelte sich ein Vier-Parteien-System, das allein aufgrund seiner kombinatorischen Möglichkeiten für jede der beiden großen Parteien die Optionen hinsichtlich der Regierungsbildung vergrößerte. Verschiedene Farbzusammenstellungen fanden Eingang in das politische Vokabular. Während, empirisch gesehen, die selbstverständlichste Farbkombination ein klares »Rot-Grün« versus ein ebenso klares Mitte-Rechts-»Schwarz-Gelb« war, kamen verschiedentlich auch Spekulationen über die Bildung einer sogenannten »Ampelkoalition« aus Sozialdemokraten (Rot), Grünen (Grün) und Freien Demokraten auf (die in diesem Fall nur durch das Gelb ihres sonstigen Blau-Gelb repräsentiert wurden). Durch die Entwicklung der Grünen entstand in Deutschland eine klare Trennungslinie zwischen zwei unterschiedlichen politischen Blöcken, in dem jede große Partei einen kleinen, aber streitsüchtigen und schwierigen Bündnispartner hatte. Durch die Grünen wurde die Parteienlandschaft in der Bundesrepublik vielfältiger.

Natürlich waren die Erstarrung des alten Parteiensystems, die Schwerfälligkeit der beiden großen Parteien und die breite soziologische Auffächerung der deutschen Wählerschaft wesentliche Faktoren, die zur Öffnung der Parteienlandschaft beitrugen. Im Laufe der 80er Jahre entstanden außer den Grünen noch andere Parteien. Heute gibt es eine noch größere Parteienvielfalt, die den politischen Dialog in der neuen Berliner Republik bereichern und damit die Demokratie beleben.

Jede Partei, einschließlich CDU, CSU und FDP, hat der Ökologie viel Aufmerksamkeit gewidmet; in dieser Frage hat tatsächlich ein »Ergrünen« des deutschen Parteiensystems stattgefunden. Das deutsche Recycling-Gesetz, das strengste in Europa, ist eine Folge des Einflusses der Grünen auf den öffentlichen Diskurs und das ökologische Bewußtsein der Bevölkerung. Die deutsche Industrie beteiligte sich an dem sehr kostspieligen Recyclingsystem nicht, weil sie gesetzlich dazu gezwungen wurde, sondern weil sie in einem gesellschaftlichen Umfeld operiert, in dem ein gründlich verändertes öffentliches Bewußtsein ökologische Wachsamkeit fordert. Heutzutage in Deutschland antiökologisch zu sein, kommt fast der Blasphemie gleich und bedeutet höchstwahrscheinlich politischen Selbstmord.

Die Grünen haben auch den öffentlichen Diskurs über die Frauen verändert. Ohne gleich feministisch zu werden, haben alle Parteien ein Bewußtsein, wenn nicht gar eine gewisse Sensibilität für die krasse Ungleichheit entwickelt, unter der die Frauen bislang im öffentlichen und privaten Leben zu leiden hatten. Jede Partei ist durch die Grünen für die Frauenfrage zumindest sensibilisiert worden.

Diese »Ansteckung durch die Linke« (bzw. durch die Grünen) hat Auswirkungen auf das öffentliche Leben in Deutschland gehabt, die weit über die Parteien hinausgehen, wobei allerdings gesagt werden muß, daß die politischen Parteien faktisch auf jedem Gebiet des öffentlichen Lebens in Deutschland derart präsent sind, daß eine Beeinflussung der Parteien einem starken Einfluß in fast allen öffentlichen Bereichen gleichkommt. Die Grünen haben Deutschland demokratischer gemacht, sowohl was die Verfahrensregeln als auch die Inhalte betrifft. Entsprechend ihrer kritischen Grundhaltung und ihrer tiefen Skepsis gegenüber allem Kapitalistischen und Bürokratischen haben sie Regeln, Vorschriften und Konventionen in Frage gestellt und ein Mehr an Offenheit und Zugänglichkeit – an Demokratie – gefordert. Otto Schilys Wachsamkeit beim Flick-Skandal ist nur ein Beispiel für diese auf Transparenz pochende Politik.[21] Man sollte hinzufügen, daß die Grünen durch die – zumindest graduelle – Feminisierung der deutschen Parteien zur Demokratisierung der Strukturen des Landes insgesamt beigetragen haben.

Die Grünen haben der deutschen Öffentlichkeit ein stärkeres Bewußtsein für Risiken vermittelt. Der Begriff Risikogesellschaft ist gang und gäbe geworden.[22] Außerdem haben die Grünen die informellen Elemente der deutschen Gesellschaft gestärkt, was ebenfalls als wichtiger Beitrag zur Demokratisierung der deutschen Politik gesehen werden kann. Sie haben zudem das öffentliche Leben in einem liberalen Sinn beeinflußt. Bei solchen Fragen wie persönliche Freiheit und das Verhältnis des Einzelnen zu den Institutionen, vor allem natürlich zum Staat, haben die Grünen in den etwa siebzehn Jahren ihrer Existenz eine wichtige liberalisierende Rolle gespielt.

## Die Schwächen und Fehler der Grünen

Da die Grünen eine Gratwanderung zwischen der Scylla des Vereinnahmtwerdens und der Charybdis der Isolierung und Bedeutungslosigkeit vollführen mußten, begingen sie eine Reihe von Fehlern, die ihre politische Effizienz und Relevanz schwächten. Erstens konnten sie den Widerspruch zwischen Partei und Bewegung nie lösen. Die meisten grünen Aktivisten hatten überaus zwiespältige Gefühle, als es 1980 um die Parteigründung ging. Die Bewegungs-Komponente prägte das Wesen der Partei unabhängig von der fundamentalistischen Obstruktionspolitik.

Zweitens wurde die Alltagswelt der Grünen durch ein Maß an Intoleranz bestimmt, das das Projekt für die meisten seiner Protagonisten schwer erträglich machte. Am Anfang seiner ausgezeichneten Untersuchung über die Grünen berichtet Joachim Raschke bezeichnenderweise, daß die meisten der von ihm befragten grünen Aktivisten nur mit Verdruß, Enttäuschung, ja sogar Abscheu über ihre Erfahrungen in und mit der Partei sprachen.[23] Die ständigen zermürbenden Kämpfe und Auseinandersetzungen hatten die Partei erschöpft. Statt Mittel zum Zweck zu sein, waren die Kämpfe zum Selbstzweck geworden. Die Welt der meisten Aktivisten war durch ein striktes Festhalten an sich gegenseitig ausschließenden und rivalisierenden Überzeugungen und nicht durch das Verständnis und die Akzeptanz ambivalenter Einstellungen gekennzeichnet. Obwohl die grüne Partei von allen deutschen politischen Parteien in ihrer formalen Struktur und ihrem Habitus am weitesten von einem leninistischen Modell entfernt war, schuf ihre ungezügelte Streitkultur eine Art von pluralem Leninismus, der durch und durch intolerant war. Darüber hinaus entstand ein Leninismus im Denken, der wiederum zu einem Leninismus im Verhalten führte. Um bei Duvergers Kategorien zu bleiben: Die Grünen brachten das merkwürdigste Gemisch von Parteitypen zustande, das man sich vorstellen kann. Einerseits wiesen sie die typischen Merkmale einer klassischen »Honoratioren-Partei« auf, in der sich für begrenzte Zwecke ein dezentrales Bündnis von Gruppen bildete, das von einzelnen Persönlichkeiten dominiert wurde; andererseits gingen die Grünen dermaßen intolerant und eifernd miteinander um, daß sie an eine Partei leninistischen Typs erinnerten.[24] Für eine Bewegung, die formelle Strukturen aufbrechen wollte und für die der Dissens ein Identitätsmerkmal war, gaben die Grünen und ihr Umfeld in puncto Duldung von Ambivalenzen ein sehr schlechtes Bild ab. Sie hatten im wesentlichen ein manichäisches Weltbild, das die Welt in Gut und Böse einteilte und wenig oder gar keinen Raum dazwischen ließ. Für dieses Milieu wurde Politik letztlich durch moralische Kategorien und nicht durch Interessen bestimmt.

Drittens gelang es den Grünen nicht, eine Wirtschaftspolitik zu konzipieren, die diesen Namen verdiente. Auch hier zeigte sich erneut, daß sie vor allem die direkten geistigen (und soziologischen) Nachfolger der Neuen Linken der späten 60er Jahre waren. Wie die 68er engagierten sich die Grünen weder emotional noch intellektuell für Wirtschaftspolitik. Ihnen ging es vielmehr um allgemeinpolitische Probleme (Staat, Klasse, Macht, Bürokratie, Autonomie, Hegemonie, Herrschaft) und kulturelle Probleme (Selbstverwirklichung, Emanzipation, Entfremdung, Ausdrucksmöglichkeiten, Sexualität). Auf diesen Feldern lagen die innovativen intellektuellen Beiträge der Neuen Linken. In bezug auf die Wirtschaft blieben die Unterschiede zwischen der alten und der neuen Linken bemerkenswert gering. Während die letztere der zentralen Wirtschaftsplanung wesentlich mißtrauischer gegenüberstand als die erstere und für verschiedene dezentrale partizipatorische Modelle der Arbeiterselbstverwaltung wie betriebliche Selbstverwaltung, innerbetriebliche Mitbestimmung, Stärkung der Stellung der Betriebsräte und Investitionskontrolle eintrat, hielt sich die Neue Linke hinsichtlich konkreter Vorschläge bedeckt und formulierte nie tragfähige Alternativen, die entweder über Keynes (den sie ablehnten) oder Marx hinausgingen (den sie lobten, wobei sie insbesondere die Modelle des jungen Marx und die *Grundrisse* im Auge hatten). Weil sie Marx distanzierter gegenüberstanden als die Neue Linke, waren die Grünen noch weniger an wirtschaftspolitischen Fragen interessiert als ihre geistigen Vorgänger. Außer dem Argument, daß Wachstum schädlich sei und wenn es schon stattfinde, »qualitativ« sein müsse, daß alle wirtschaftlichen Aktivitäten letztlich ökologisch vernünftig sein müßten und daß die Umstellung von einer profitorientierten Marktwirtschaft auf eine ökologisch verantwortungsvolle, sozial orientierte Wirtschaft nur eine Sache des politischen Willens sei, hatten die Grünen kaum konkrete wirtschaftspolitische Vorschläge zu bieten. So kam es nicht von ungefähr, daß sie auf diesem Gebiet nur geringen Einfluß auf die SPD und die Gewerkschaften ausübten. Im Gegensatz zum Bereich der Geschlechterpolitik, der Außen- und Verteidigungspolitik und der umweltpolitischen Reformen legten die Gewerkschaften und die SPD im Laufe der 80er Jahre wenig Wert darauf, wirtschaftspolitisch zu »ergrünen«. Auf diesem Feld blieben die Grünen relativ bedeutungslos. Wenn überhaupt, waren sie es, die die Sozialdemokratie und die Gewerkschaften in diesem Bereich imitierten, während es bei praktisch allen für die Linke relevanten Themen umgekehrt war.

## Die Grünen als Repräsentanten der Bundesrepublik

Ein entscheidender Punkt bei unserer Gesamteinschätzung der Grünen ist ihre unauflösliche Verbundenheit mit der Bundesrepublik vor 1990. Einerseits waren die Grünen die schärfsten Gegner der BRD. Ihr Wesen und ihre gesamte Identität waren eine einzige Kritik an allem, was dieser Staat repräsentierte: Kapitalismus, freie Marktwirtschaft, industrielles Wachstum, Parlamentarismus, bürokratische Herrschaft, Bindung an die Vereinigten Staaten und die NATO, Ausübung heteronomer Macht, materieller Überfluß, profillose Volksparteien, Macht der Konzerne und korporatistisch-technokratisches Konfliktmanagement. An einem unvergeßlichen Morgen im März 1983 zogen nach ihrem grandiosen Wahlsieg am 6. März 28 grüne Abgeordnete in Blue Jeans und Pullovern (mit Ausnahme von Gaby Potthast, die einen dunklen Herrenanzug mit Weste und Krawatte trug) in den neu konstituierten Bundestag ein und trugen große Blumentöpfe, um diesen Ort alter Männer in dunklen Anzügen ästhetisch wie politisch zu beleben.

Andererseits waren die Grünen zweifellos eines der authentischsten und typischsten Produkte der Bundesrepublik und mehr als alle anderen einigermaßen bedeutsamen politischen Parteien das Ergebnis ihrer politischen Realität. Im Gegensatz zu jeder anderen Partei in Deutschland lagen die Ursprünge der Grünen nicht in einem früheren Entwicklungsstadium der deutschen Geschichte. Natürlich gab es in der Ideologie der Grünen einige Komponenten, die ihre Wurzeln in Teilen der deutschen Geschichte hatten und sowohl der Rechten als auch der Linken entstammten. Aber wie unsere ausführliche Darstellung in Teil I deutlich zeigt, gingen die Grünen aus der politischen, sozialen und kulturellen Konstellation der progressiven Kräfte der Bundesrepublik hervor. Während die Liberalen (FDP), die beiden christlichen Parteien (CDU und CSU), die Sozialdemokraten (SPD), die Kommunisten (KPD bis 1956 und DKP nach 1968; SED im Osten und ihr Nachfolger PDS seit 1990) und natürlich alle Ausformungen der radikalen Rechten (SRP, NPD, Republikaner, DVU) einen großen Teil ihrer Legitimität weiterhin daraus beziehen, daß ihre Wurzeln in einem Deutschland liegen, das vor der Bundesrepublik existierte, waren die Grünen gerade stolz darauf, eine »Partei neuen Typs« zu sein. Sie verstanden sich als ausschließliches Produkt der Bundesrepublik. Nach Generationszugehörigkeit, Weltsicht, Geist, Verhalten und Habitus (Soziologie der Mitgliederschaft, Organisationsstruktur, Programmatik) waren die Grünen durch und durch bundesrepublikanisch.

Folglich ist es mehr als ein bloßer Zufall, daß die Wahl vom 2. Dezember 1990, die das Ende der alten Bundesrepublik besiegelte und das erste große politische Ereignis im neuvereinigten Deutschland war, auch zum vierjährigen Ausscheiden der westdeutschen Grünen aus dem Bundestag führte. Obwohl sich dieses Ausscheiden als temporär erwies, symbolisierte die Tatsache, daß die West-Grünen nicht in den ersten gesamtdeutschen Bundestag kamen, vielleicht mehr als alles andere das endgültige Ende der alten Bundesrepublik und den Beginn eines neuen Deutschland. Schließlich führte eine für die westdeutschen Grünen charakteristische Einstellung zum vorläufigen Ende ihrer parlamentarischen Tätigkeit. Da sie antinationalistisch und vor allem gegen jeden deutschen Nationalismus waren (zwei typische Identitätsmerkmale der Bundesrepublik und insbesondere ihrer Intellektuellen und ihrer dekommodifizierten Intelligenz), lehnten die Grünen den wachsenden Nationalismus ab, der den deutschen Einigungsprozeß vom Frühjahr 1990 an begleitet hatte. Die westdeutschen Grünen – wie ihre ostdeutschen Parteifreunde – wollten eine Zwei-Staaten-Lösung. Sie glaubten an die Richtigkeit und Legitimität eines anderen deutschen Staates, dessen Stalinismus sie verachteten, dessen Existenz sie aber bejahten. Diese bundesrepublikanische Identität der Grünen machte sie blind für die Stärke nationaler Gefühle, die neben anderen Faktoren das freiwillige Aufgehen Ostdeutschlands im westdeutschen Staat beschleunigte.

Die Angst der Grünen vor Deutschland machte sie zu lautstarken Verteidigern der Bundesrepublik; man kann noch heute im neuen Deutschland viele Mitglieder des grünen Milieus treffen, die nur widerstrebend von der deutschen Nation und dafür lieber vom republikanischen Deutschland sprechen. In faktisch keinem anderen Bereich des politischen Lebens hat der von Jürgen Habermas geprägte Begriff des Verfassungspatriotismus derart grundsätzliche – emotionale und existentielle – Akzeptanz gefunden wie bei den Grünen und ihrem Umfeld.[25] Aufgrund ihres Liberalismus verachten und mißtrauen die Grünen dem Staat in all seinen Formen. Er hat sie auch gelehrt, die Autonomie des Einzelnen gegenüber jeder politischen Macht zu betonen. Der von der Neuen Linken übernommene libertäre Anarchismus der Grünen machte sie zu Feinden aller Großbürokratien und technokratischen Problemlösungsstrategien; und der von der alten Linken übernommene Sozialismus machte sie zu erbitterten Gegnern des Kapitalismus.

Trotz dieser kritisch-oppositionellen Positionen zeigten die Grünen mit ihrer uneingeschränkt republikanischen Einstellung große Loyalität gegenüber der Bundesrepublik. Eben diese Loyalität der Grünen und der deutschen Linken gegenüber dem bewußt kleingehaltenen Nationalismus der Bundesrepublik machte sie blind für die neuen deutschlandbegeisterten Kräfte. Wir glauben daher nicht, daß die Wahlniederlage der Grünen – und der SPD – bei der ersten gesamtdeutschen Wahl vom 2. Dezember 1990 eine Folge strategischer Fehler von seiten dieser beiden wichtigsten Repräsentanten der deutschen Linken war.[26] Die fehlende Bereitschaft der westdeutschen Grünen, mit ihren ostdeutschen Kollegen vor der Wahl eine Partei zu bilden, was die weitere Präsenz der westdeutschen Grünen im Bundestag garantiert hätte, verdankte sich weniger einer strategischen Fehlentscheidung als der Angst der Grünen (sowohl im Osten als auch im Westen) vor dem deutschen Nationalismus. Und die politische Führung der SPD, die seit 1990 von der grün beeinflußten Lafontaine-Generation gestellt wird, lehnte die anschlußartige Übernahme Ostdeutschlands ebenfalls deswegen ab – diese Generation war nachhaltig durch die postnationalistische Identität der Bundesrepublik geprägt worden. Diese Kreise sahen die Deutsche Demokratische Republik lediglich als weiteren deutschsprachigen Staat an wie Österreich, dessen Existenz nicht nur legitim war, sondern als Garantie gegen einen neuen und starken deutschen Nationalismus begrüßt wurde. Der Verfassungspatriotismus stand allem mißtrauisch gegenüber, was auch nur entfernt dem Wiedererwachen des deutschen Nationalismus ähnelte. Doch die mutige Einstellung der westdeutschen Linken zu dieser Frage erwies sich als strategisch falsch und politisch naiv, und ihre beiden Repräsentanten (die Grünen und die SPD) mußten am Wahltag einen hohen Preis für diese Fehleinschätzung bezahlen, die aber angesichts ihrer Geschichte unvermeidlich war.

Außer dem Unbehagen und der Abneigung gegenüber dem deutschen Nationalismus gab es noch ein weiteres Kennzeichen der Bundesrepublik, das zur falschen Einschätzung der Situation durch die westdeutschen Grünen – und die Linke – und damit zu ihrer Wahlniederlage führte. Ein wichtiger Teil des politischen Ethos der Bundesrepublik war ihre Abneigung gegen den Einsatz von Macht. Daher bedeutete ihre Beschreibung als »wirtschaftlicher Riese und politischer Zwerg« mehr als bloßes Gerede. Während dies sicherlich sein Gutes hatte und Westdeutschland erlaubte, sich unter den Schutz der politischen und militärischen Macht der USA (und Frankreichs) zu stellen, rührte das Syndrom selbst von der belasteten Vergangenheit der Bundesrepublik her, die die Westdeutschen daran hinderte, die politische Macht einzusetzen, die seiner wirtschaftlichen Stärke entsprochen hätte. Mit anderen Worten, ein wesentlicher Teil der Identität der Bundesrepublik war ihr vorsichtiger Umgang mit der Macht und ihre Bereitschaft, alles, was mit der Ausübung politischer Macht zusammenhing, anderen (namentlich den USA und Frankreich) zu überlassen. Auch hier internalisierten die westdeutschen Grünen und ihr linkes Umfeld ein Merkmal, das typisch bundesrepublikanisch und von zentraler Bedeutung für die Identität der Linken war. Zumindest in der Frage, ob Deutschland in der internationalen Arena die Muskeln spielen lassen sollte, waren die Unterschiede zwischen der politischen Klasse der Bundesrepublik und ihrem oppositionellen grünen Milieu nur gradueller, nicht prinzipieller Natur.

Hinsichtlich der entscheidenden Themen Nationalismus und Macht steht außer Zweifel, daß 1989/90 ein epochaler Wendepunkt in der Geschichte der Bundesrepublik und der Geschichte der Grünen war. Weder die Republik noch die Grünen werden verschwinden, aber beide werden in den 90er Jahren und danach eine völlig andere politische Rolle spielen. Die neuen Grünen werden in einem Deutschland Politik machen, das Europa bereits in einer Art und Weise beherrscht, wie es sich die Bundesrepublik nicht hätte träumen lassen. Diese gewandelte Situation wird das Verhältnis der deutschen Grünen und der Linken zur Macht und zu Deutschlands Gewicht in Europa unweigerlich verändern. Es war eine Sache, die progressive Kraft in einer »Rumpf«-Bundesrepublik mit enger Bindung an die USA zu sein. Es ist eine völlig andere, diese Rolle in einem vereinigten Deutschland und in einem veränderten und sich weiter verändernden Europa zu spielen. Eine neue Selbstwahrnehmung und eine andere Strategie sind von der deutschen Linken gefordert. Die Grünen und die Linke werden ihre vor 1990 vertretene Auffassung von Nation und deutscher Macht überdenken und neu definieren müssen.

Beispielsweise wird die Ostpolitik in dieser neuen Weltordnung nicht mehr das willkommene Sich-Arrangieren mit einem kommunistischen Feind aus weitgehend instrumentellen Gründen und zum Zweck vorübergehender Entspannung sein. Sie wird vielmehr darin bestehen, daß die Macht Deutschlands in einem wirtschaftlich instabilen, ethnisch zerrissenen und politisch unsicheren Teil eines ansonsten wohlhabenden und stabilen Kontinents zum Tragen kommt. Mit der Epochenzäsur begann eine neue Ära deutscher Politik – die Politik Deutschlands und nicht die der Bundesrepublik. Während die Identität der BRD auf Konzepten wie soziale Marktwirtschaft, korporatistisches Konfliktmanagement, paraöffentliche Institutionen und Konstitutionalismus beruhte, wird die Identität Deutschlands stärker durch Fragen bestimmt, die mit Macht, Geschichte, Hegemonie und Nation zusammenhängen. Die Zukunft der deutschen Grünen und der Linken wird von ihrer Fähigkeit abhängen, diese gewaltige Veränderung zu bewerkstelligen.

Wie wird dieses neue Deutschland die Erfordernisse von Macht und Demokratie in einer gänzlich anderen europäischen und internationalen Ordnung ausbalancieren? Die vergangenen 40 Jahre Demokratie waren für die Bundesrepublik und ihre Bürger leicht, war doch Westdeutschland in ein von den Amerikanern geführtes Bündnis eingebunden. Sein Sicherheitsbedürfnis erlaubte ihm keine Extratouren. Die Machtfrage war so lange unwichtig, wie diese Macht von seinen westlichen Verbündeten, insbesondere von den USA und Frankreich, ausgeübt wurde. Aber die Tage der begrenzten Autorität, der beschnittenen Souveränität und der gebändigten Macht sind vorbei, und Deutschland wird selbst entscheiden müssen. Es wird einen modus vivendi zwischen den oft unvereinbaren Erfordernissen von Demokratie und Macht zu finden haben. Unabhängig von der Lösung dieses Dilemmas steht fest, daß die Art der Lösung angesichts Deutschlands Machtstellung in Europa und der Welt für viele Menschen außerhalb der deutschen Grenzen von großer Bedeutung sein wird. Daß die deutsche Linke an diesem Prozeß teilhat, zeugt zum einen vom demokratischen Charakter der größeren Bundesrepublik und zum anderen von der Vitalität der Linken als politischer Akteur. Welche Auswirkungen diese veränderten Bedingungen auf die Grünen, die SPD und ihr Umfeld zeitigen wird, ist ungewiß. Aber zweifellos wird die Linke in einem vereinten Deutschland eine ganz andere Gestalt annehmen als in der »Rumpf«-Bundesrepublik und in der DDR.

## Die Grünen und die deutsche Linke: Zukunftsaussichten

Als die europäische Öffentlichkeit im April 1986 mit der Katastrophe von Tschernobyl konfrontiert wurde, glaubten im grünen Milieu – und darüber hinaus – viele, daß damit ein entscheidender Wendepunkt eingetreten sei. Die Ökologie würde einen Stellenwert erhalten, der das Wesen der Politik, so wie man sie seit der industriellen Ära kannte, völlig verändern würde. Aber der eigentliche epochale Wandel in der modernen Politik erfolgte erst drei Jahre später, und wieder ging er vom Osten aus. Die Öffnung der Berliner Mauer und der Zusammenbruch des Kommunismus leninistischer Prägung, der DDR und der Sowjetunion bewiesen wieder einmal, daß echte historische Einschnitte und epochale Umbrüche immer noch durch Politik und nicht durch Ökonomie oder Ökologie hervorgerufen werden. Folglich fand die wirkliche Veränderung – oder das, was die Deutschen die »Wende« nennen – für Deutschland und die europäische Linke nicht 1986, sondern 1989 statt.

Wenn man auch jetzt noch nicht sagen kann, wie diese neue Ära die deutschen Grünen sowie die Linke in Deutschland und in Europa beeinflussen wird, kann man mit einiger Sicherheit vermuten, daß die meisten Paradigmen, die vor 1989 galten, zumindest ernsthaft zur Diskussion gestellt werden müssen, wenn sie sich nicht gar automatisch verändern. Im vereinten Deutschland wird die Linke eine andere Politik machen.

Auf der rein technischen Ebene werden die westdeutschen Grünen lernen müssen, mit den ostdeutschen Grünen zu koexistieren, die die Anliegen der Grünen bis 1994 vier Jahre lang vertreten haben, bis die westdeutschen Grünen wieder ins Bonner Parlament einzogen. Während die anfänglichen Differenzen zwischen beiden grünen Gruppierungen im Laufe der deutschen Vereinigung weiter abnahmen, werden ihre politischen Ansichten und ihr strategisches Verhalten durch ihre unterschiedlichen Ursprünge geprägt bleiben. Die ostdeutschen Vertreter der Bewegung, die der Neuen Linken viel weniger zu verdanken haben als die westdeutschen Grünen, bringen wenig Verständnis für die ideologischen Haarspaltereien, die Zerstrittenheit und Selbstgerechtigkeit ihrer westlichen Kollegen auf. Dafür sind die Westler irritiert über das Sendungsbewußtsein der

Ostler und deren Überempfindlichkeit gegenüber westlichen Ratschlägen – die die Ostler aus verständlichen Gründen häufig als herablassend, bevormundend und wenig qualifiziert empfinden. Außerdem haben die West-Linken wenig Verständnis für die anhaltende Feindschaft der Ostler gegenüber dem Kommunismus, wie er von der SED oder anderen praktiziert wurde. Keines dieser Hindernisse scheint unüberwindbar, aber sie zu erkennen und sensibel darauf zu reagieren, wird beiden grünen Gruppen helfen, die unvermeidlichen Schwierigkeiten zu überwinden, die jegliches politisches Zusammenraufen zwangsläufig für alle Beteiligten mit sich bringt. Umgekehrt könnten die Differenzen zwischen beiden, verstärkt durch die Zentrifugalkraft der in ihnen wirkenden Kräfte, so groß werden, daß sich ihre Wege letztlich doch trennen würden.

Wechseln wir von der technisch-strategischen zur inhaltlichen Ebene: Bei den Unterschieden, die zwischen den Grünen in der Bundesrepublik und denen in einem vereinten Deutschland bestehen, fällt das grundlegend veränderte Verhältnis zwischen Deutschland und den USA am stärksten ins Gewicht. Die Bundesrepublik vor 1990 verdankte ihre Existenz und Identität den Vereinigten Staaten. Mehr als in jedem anderen Land der kapitalistischen, von den USA beherrschten Nachkriegswelt – auch mehr als in amerikanisierten Ländern wie dem besiegten Japan und allen englischsprachigen Staaten – konkretisierte sich die amerikanische Hegemonie in dem staatlichen Gebilde, das als Westdeutschland bekannt war. Der besondere Charakter der westdeutsch-amerikanischen – im Gegensatz zu den britisch-amerikanischen, französisch-amerikanischen oder holländisch-amerikanischen – Beziehungen war durch die gebrochene nationale Identität Deutschlands bedingt: durch sein einzigartig belastetes historisches Erbe aufgrund seiner nationalsozialistischen Vergangenheit und infolgedessen durch Westdeutschlands Lage an der Frontlinie, da der neue Krieg mit der kommunistischen Supermacht jederzeit von einem kalten in einen heißen umschlagen konnte. Bis zum Herbst 1990 konnte es keinen Zweifel daran geben, daß die Vereinigten Staaten in Westdeutschland eine qualitativ andere Rolle spielten als in allen anderen europäischen Ländern.[27]

Wie wir an anderer Stelle ausgeführt haben, war der besondere Charakter dieser Beziehung auch im politischen Leben der westdeutschen Linken bedeutsam. Die deutsche Linke der 50er Jahre, repräsentiert von der SPD und den »kämpferischen« Gewerkschaften, war gegen die Integration der Bundesrepublik in ein von den USA dominiertes nordatlantisches Wirtschafts- und Militärbündnis. Sie wollte statt dessen ein neutrales und unabhängiges vereinigtes Deutschland. Nachdem die Sozialdemokraten und die Arbeiterbewegung diesen Kampf gegen Adenauer und die westdeutsche Rechte verloren hatten, wurden sie nach dem Kurswechsel von Bad Godesberg 1959 begeisterte Atlantiker.

Auch für das Entstehen der Neuen Linken war Amerika von zentraler Bedeutung. Die westdeutschen 68er fühlten sich in bezug auf Strategie, Taktik, Inhalt und Stil ihrer Politik mit der amerikanischen Studentenbewegung der 60er Jahre eng verbunden. Mit der Opposition gegen den Vietnamkrieg bekam ein zentrales Element der Identitätsbildung der westdeutschen Neuen Linken, nämlich die USA, für die deutschen progressiven Kräfte ein grundsätzlich negatives Image. Diese negative Assoziation verstärkte sich während der großen Demonstrationen gegen die Mittelstreckenraketen Anfang und Mitte der 80er Jahre und während des Golfkrieges 1991.[28]

Der Antiamerikanismus in seiner kulturellen und politischen Form war allen Neuen Linken und ihren Nachfolgern gemeinsam. In Westdeutschland hatte er jedoch eine einzigartige Qualität, weil Amerika gleichzeitig Mentor, Beschützer, Gründer und natürlich Besatzer der Bundesrepublik war. Dieser besondere Charakter des westdeutsch-amerikanischen Verhältnisses gilt für das Verhältnis zwischen Amerika und dem neuen Deutschland nicht mehr. Auch wenn die NATO und die amerikanische Präsenz in Deutschland in absehbarer Zukunft erhalten bleiben werden, handelt es sich nicht mehr um ein zwangsläufig ungleiches Verhältnis. In dieser neuen Beziehung bilden die Vereinigten Staaten nicht mehr den dominanten und Westdeutschland den untergeordneten Partner, sondern beide sind gleich wichtige und starke Protagonisten in einer entstehenden neuen europäischen und internationalen Ordnung. Amerika wird keine geringere Rolle im Leben der Deutschen spielen, sondern vielmehr eine grundlegend andere – auch für die deutsche Linke. Wir erwarten zwar nicht, daß der Antiamerikanismus in seiner wichtigsten Ausprägung, nämlich als Fundamentalkritik an den Übeln der Moderne, abklingen wird – so daß Amerika für die deutsche Linke weiterhin gleichbedeutend mit Umweltverschmutzung, Brutalität, Ausbeutung, Kapitalismus, Imperialismus, Megamaschine bleibt –, aber wir sind sicher, daß Amerikas besondere Beziehung zu Deutschland in den kommenden Jahren für die linke Identität eine geringere Bedeutung haben wird als für die bundesrepublikanische Linke nach dem Krieg.[29] Mit der völligen Unabhängigkeit Deutschlands von den Vereinigten Staaten und mit seiner wiederhergestellten vollen Souveränität würde die Abneigung der deutschen Linken gegen Amerika gleichsam »reiner«, eher eine Abneigung sui generis: Amerika wird gehaßt werden für das, was es ist und tut, weniger für sein Verhältnis zu Deutschland als Hegemonial- und Besatzungsmacht.

Mit der Veränderung der Beziehung Deutschlands zu den Vereinigten Staaten geht das Verschwinden des Kommunismus einher, und zwar insbesondere als eine vom sowjetisch beherrschten Osten ausgehende Bedrohung. So wie Amerikas Präsenz nach dem Krieg eine besondere Bedeutung für die Identitätsbildung Westdeutschlands zukam, prägten der Antikommunismus und der Antisowjetismus die Bundesrepublik der 50er und 60er Jahre. Wie bei ihrer Opposition gegen den amerikanischen Vietnamkrieg bestimmte wiederum der Widerspruchsgeist der Neuen Linken ihre Identität im politischen Leben Westdeutschlands. Entgegen der allgemein geltenden politischen Norm begann sie – zusammen mit der von Willy Brandt geführten SPD – eine Politik der Versöhnung mit dem Kommunismus und dem sowjetisch dominierten Osteuropa, die unter der Bezeichnung »Ostpolitik« Eingang in das internationale politische Vokabular gefunden hat. Im Gegensatz zum vorherrschenden – oft hysterischen – Antikommunismus, der den öffentlichen Diskurs in der Bundesrepublik zwanzig Jahre lang gekennzeichnet hatte, entwickelte die Neue Linke zusammen mit ihren verschiedenen politischen Nachfolgern sowie einem wachsenden Teil der Sozialdemokratie und der Arbeiterbewegung Positionen und Einstellungen gegenüber dem Kommunismus und dem »real existierenden Sozialismus«, die der schon erwähnte Begriff »Anti-Antikommunismus« am treffendsten beschreibt. Obwohl das linke Milieu der Bundesrepublik den »real existierenden Sozialismus« nie sonderlich schätzte, lernte es, seine negativen Auswüchse in einem solchen Maße zu dulden, daß diese letztlich entschuldigt wurden. Ein westdeutscher Linker zu sein, bedeutete in den 80er Jahren, nur im seltensten Fall den Kommunismus oder den sowjetisch beherrschten Osten zu kritisieren.[30]

Die Deutsche Demokratische Republik war vor jeglicher Kritik sicher, weil sie trotz ihrer Fehler und Mängel aufgrund ihres »Sozialismus« der wahre »antifaschistische« deutsche Staat und somit der kapitalistischen Bundesrepublik in den Augen der Linken moralisch überlegen war.[31] Wohl eine der abweichendsten (und bewundernswertesten) Positionen der Grünen gegenüber anderen Auffassungen des linken Milieus war ihre offene Kritik der kommunistischen Regime und ihre aktive Unterstützung vieler osteuropäischer und vor allem ostdeutscher Dissidentengruppen. Es war der mit einer gehörigen Dosis Anarchismus durchsetzte Liberalismus der Grünen, der viele von ihnen zu bewundernswert aktiven Gegnern des »real existierenden Sozialismus« machte.

Besonders hervorzuheben ist in diesem Zusammenhang das leidenschaftliche Engagement Petra Kellys für die Opfer brutaler Staaten, die ihren Machtmißbrauch durch den »Sozialismus« legitimierten. Zum Kummer vieler Parteifreunde wandte Kelly viel Energie auf, um Dissidenten in Ostdeutschland zu unterstützen und das SED-Regime unmißverständlich zu kritisieren. In den letzten Jahren ihres Lebens entwickelte sie sich zu einer der lautstärksten Befürworterinnen einer Liberalisierung in China. Sie wurde insbesondere zu einer leidenschaftlichen Fürsprecherin des tibetanischen Volkes, das um seine Unabhängigkeit von der bekanntlich brutalen chinesischen Herrschaft kämpft. Kelly wurde wegen ihrer Ansichten und ihres Engagements von vielen ihrer Parteikollegen und Angehörigen der linken Intelligenz an den Rand gedrängt.

Mit dem Verschwinden des Kommunismus und des sowjetischen Imperiums verschwanden auch der Antikommunismus und der Antisowjetismus. Daher wird das schwierige Problem von Kommunismus/Antikommunismus, das der Linken in allen westlichen Ländern – aber insbesondere in der Bundesrepublik – zu schaffen machte, im zukünftigen politischen Leben der deutschen Linken keine unmittelbar relevante Rolle mehr spielen. Was die Diskussion über die Hinterlassenschaft des Kommunismus für die deutsche – und europäische – Linke betrifft, so muß sie erst noch beginnen.

Nach dem Zusammenbruch der Sowjetunion wird die deutsche Linke auch ihr Verhältnis zum neuen Osteuropa neu definieren müssen. Wie schon gesagt, war ihr früheres Verhältnis durch die Koordinaten der Ostpolitik geprägt, also durch ein Akzeptieren des kommunistischen Status quo als Gegenleistung für eine Normalisierung der Beziehung zur Bundesrepublik. Das war die Crux der SPD-Formel vom »Wandel durch Annäherung«, dem Kernstück der von Willy Brandt und Egon Bahr entworfenen Strategie der Sozialdemokraten gegenüber Osteuropa. Die Ostpolitik wirkte in dem Sinne fortschrittlich, daß sie den revanchistischen Plänen der westdeutschen Rechten aktiv entgegentrat, die Deutschlands territorialen Einfluß über die politischen Grenzen der Bundesrepublik hinaus ausdehnen wollte. In ihrem Versuch, ein normales Verhältnis zum Osten herzustellen, verlangte die Ostpolitik auch diesen Regimes nicht unwesentliche Veränderungen ab. Die Grenzen wurden offener, der Reiseverkehr nahm zu, und der Kommunikationsfluß von Westen nach Osten konnte nicht mehr so leicht blockiert werden wie vorher. Die Normalisierung führte eindeutig zu einer allmählichen Destabilisierung von unten. In diesem Sinne trug die Ostpolitik wohl dazu bei, den »real existierenden Sozialismus« zu delegitimieren und schließlich zu demontieren.

Die Ostpolitik hatte aber insofern auch eine reaktionäre Seite, als sie in ihrem Bestreben, die territorialen Pläne der westdeutschen Rechten im östlichen Mitteleuropa zu vereiteln und den geographischen und politischen Status quo festzuklopfen, den verschiedenen Dissidenten- und Oppositionsbewegungen, die jahrzehntelang von den leninistischen Regimen unterdrückt wurden, nur geringe Aufmerksamkeit schenkte, falls sie sie überhaupt zur Kenntnis nahm. Ein Grund für das ausgeprägte Mißtrauen der westdeutschen Linken gegenüber vielen osteuropäischen Dissidenten war die Tatsache, daß diese häufig ethnische und religiöse Bindungen hatten. Unfähig (vielleicht auch nicht bereit), die eigenen historischen Erfahrungen zu überwinden, die gezeigt hatten, daß sowohl Religion als auch Nationalismus, wenn überhaupt, nur wenig Positives bringen, lehnte die westdeutsche Linke diese Bindungen der Osteuropäer ab. Folglich betrachteten viele westdeutsche Linke im Gegensatz zur Linken in Italien und Frankreich, die die polnische Solidarnosc-Bewegung lebhaft diskutierten, die Entwicklungen in Polen nur als reaktionär.[32] Auch in diesem Fall übte die westdeutsche Linke im Gegensatz zu anderen westeuropäischen Ländern nicht so sehr Kritik an den Oppositionsbewegungen in Osteuropa (was sie natürlich auch tat), sondern ignorierte sie.

Die vorausgehende Analyse ist deshalb wichtig, weil sie zeigt, daß die Einstellung der Linken im Westen und in Deutschland durch Vorurteile gegenüber Osteuropa geprägt war. Aber nachdem der Leninismus verschwunden ist und der Nationalismus in vielen Gebieten des früheren Sowjetimperiums seinen Platz eingenommen hat, erweist sich das Beharrungsvermögen gewisser kollektiver Identitäten, die die westliche Linke, insbesondere in der säkularen und anationalen Bundesrepublik, für primitiv, reaktionär und regressiv halten. Im europäischen Osten können sie durchaus Realität oder ein Teil der Realität sein. Dies böte einen guten Anlaß für die deutschen Grünen und die Linke insgesamt, ihre lange vertretenen Ansichten über den Nationalismus zu überdenken und einzuräumen, daß der Nationalismus in bestimmten Fällen und unter besonderen Bedingungen von progressiven Kräften unterstützt werden sollte, auch außerhalb der Befreiungskämpfe eines unterdrückten Volkes in der Dritten Welt. Wie der Einzelfall auch immer aussehen mag, der Nationalismus wird weiterhin die politische Realität Osteuropas und der Nachfolgestaaten der ehemaligen Sowjetunion bestimmen. Wenn die deutschen Grünen – und die Sozialdemokraten – dieses Feld nicht völlig der deutschen Rechten überlassen wollen, müssen sie ihre diesbezüglichen Ansichten revidieren und den Nationalismus als Ausdruck kollektiver Identität in ganz Europa begreifen. Es war ein Zeichen äußerster Verwirrung (oder mangelnden Interesses?), daß die deutsche Linke und ihre starke Friedensbewegung kurzfristig viele Menschen mobilisieren konnten, als die Vereinigten Staaten als traditioneller Bösewicht ausgemacht werden konnten, während sie bei den Schlächtereien im früheren Jugoslawien unsichtbar blieben. Um es konkret zu sagen: Wir halten es für das wohl deutlichste Zeichen von moralischer Selbstgefälligkeit und politischer Verantwortungslosigkeit, daß eine so starke Kraft wie die deutsche Friedensbewegung, die Grünen, die Sozialdemokraten und die Gewerkschaften – kurzum, die Linke in der Bundesrepublik – nicht massiv und kontinuierlich gegen den Völkermord demonstriert haben, der von den ehemals leninistischen und jetzt zu Nationalfaschisten gewendeten Serben einige hundert Kilometer von der deutschen Grenze entfernt begangen wurde. Eine weitere Bankrotterklärung bedeutete die Unfähigkeit dieses Milieus, seine Stimme gegen die eigene Regierung zu erheben, als diese die deutschen Partner in der Europäischen Gemeinschaft übereilt dazu drängte, Kroatien diplomatisch anzuerkennen, was wiederum dazu beitrug, den serbischen Wahnsinn zu entfesseln. Angesichts der massiven Veränderungen des politischen Lebens in Osteuropa muß die deutsche Linke ihre früheren Annahmen entweder überdenken oder der Bedeutungslosigkeit anheimfallen.

Der Zusammenbruch des sowjetischen Imperiums und des Leninismus wird auch die internen Debatten der Linken fundamental verändern. Das Aufkommen der Grünen war ein großer Schritt in eine richtige Richtung. Der Leninismus lastete wie ein Mühlstein auf jeder Diskussion, Strategie oder Innovation, die die Linke in Angriff nahm. Selbst in seiner Negation spielte der Leninismus bis 1990 eine wichtige Rolle in der deutschen Linken. Die Sozialdemokratie hatte insofern stets eine wohlfeile Ausrede, als sie von sich behaupten konnte, *nicht* leninistisch zu sein. Nicht einmal die Existenz der Grünen beendete die endlosen Diskussionen der Linken, die an die Debatten in den ersten zwei Jahrzehnten dieses Jahrhunderts anknüpften. Wer dachte bei den oft brutalen und letztlich fruchtlosen aufreibenden Kämpfen zwischen Realos und Fundis nicht an frühere Auseinandersetzungen zwischen Sozialdemokraten und Kommunisten? Wer empfand es nicht als Déjà-vu-Erlebnis, wenn eine Gruppe der anderen »Revisionismus« oder »Dogmatismus« vorwarf?

Das Verschwinden des Kommunismus leninistischer Prägung wird Auseinandersetzungen zwischen Gemäßigten und Maximalisten, Realisten und Träumern natürlich nicht beenden. Diese Dichotomien gehören zum politischen Leben und gehen über den Leninismus oder irgendeine andere politische Doktrin hinaus. Allerdings bedeutet es das Ende eines wichtigen Paradigmas fortschrittlicher Politik, das 70 Jahre lang – auch aus der Opposition heraus – nicht ignoriert werden konnte. Denn *jeder* Linke, ob grün oder sozialdemokratisch, mußte sich mit dem Leninismus auseinandersetzen, sei es auch nur indirekt. Das Verschwinden des Kommunismus wird auch eine grundlegende Veränderung der Sozialdemokratie notwendig machen, wenn sie ihre Marginalisierung verhindern will.

Während das Ende des Kommunismus also die Sozialdemokratie von ihrer jahrzehntelangen Nemesis und ihrem Rivalen auf der Linken befreite, wäre es falsch, diese Entwicklung als automatischen Segen für die Sozialdemokratie zu sehen, die sich jetzt in dem Glanz sonnen könnte, der einzige lebensfähige Repräsentant der Linken zu sein. Der Zusammenbruch des Kommunismus stellt vielmehr auch für die Sozialdemokratie eine große Herausforderung dar. Die Neudefinition und neue Selbsteinschätzung, die die Sozialdemokratie nach der grünen Herausforderung widerwillig und sehr spät einleite-te, muß ungleich gründlicher und tiefgehender sein, wenn die Sozialdemokratie eine politisch lebensfähige fortschrittliche Kraft im neuen Deutschland und in Europa bleiben will. Wahltaktische Kalküle können kurzfristig ausreichen, um die SPD noch einige Jahre an der Macht zu halten. Die Konservativen könnten sich als so korrupt und inkompetent erweisen, daß die Wähler sich mangels einer besseren Alternative den Sozialdemokraten zuwenden würden. Alle diese Entwicklungen sind durchaus denkbar, können aber in keiner Weise eine grundlegende Neudefinition fortschrittlicher Politik ersetzen. Die sozialdemokratische Linke – sehr weitgehend ein Produkt des 19. Jahrhunderts – wird ihr Verhältnis zum Staat, zur Kultur, zum Individuum, zu den kollektiven Gebilden Klasse und Nation, zu Europa und zur Weltwirtschaft überdenken müssen. Alle diese komplexen Strukturen ändern sich im Gefolge der Revolution von 1989/90 grundlegend, sie werden vielfältiger, pluralistischer und differenzierter.

Nach dem Zusammenbruch des Leninismus wäre die Sozialdemokratie gut beraten, ihren eigenen Dogmatismus über Bord zu werfen und die Flexibilität und Toleranz zu entwickeln, die ihr über ein Jahrhundert lang gefehlt haben.

Progressive Politik wird notwendigerweise plurale Politik bedeuten. Eine Gefahr der Pluralisierung ist die völlige Fragmentierung. Tatsächlich ist die Linke – weniger in Deutschland und Europa als in den Vereinigten Staaten – in den letzten zehn Jahren das Risiko eingegangen, zu einem gut Teil deswegen partikularisiert zu werden, weil sie einige Kernelemente ihrer einstmals universellen Prinzipien und Agenzien aufgegeben hat. Die Niederlage des Leninismus wird diese zentrifugalen Tendenzen, zu denen das Aufkommen der neuen sozialen Bewegungen und der Grünen erheblich beigetragen haben, immens verstärken. Dennoch gibt es ein universelles Prinzip, hinter das sich die Sozialdemokratie und die Linke stellen und über das sie sich neu definieren könnten – die *Demokratie*, ohne Zusätze wie »liberal«, »konstitutionell«, »parlamentarisch«, »Volks-« oder auch »sozial«.[33] In diesem Falle wäre Demokratie der ständige Einsatz für die Schwachen, Armen und Benachteiligten, wo sie auch sein mögen und unabhängig von einem System und einem »ismus«. Sie wäre eine echte Widerspruchs- und Oppositionshaltung gegenüber *jeder* verfestigten Macht. Eine dergestalt der Demokratie verpflichtete Linke würde den Rassismus in den USA ebenso kritisieren wie Kubas Anti-Homosexuellen-Politik, die Unterdrückung der Albaner durch die Serben im Kosovo ebenso wie die Diskriminierung der Serben durch die Kroaten. Dieser universelle Demokratieanspruch forderte unabhängig vom »System« mehr Mitbestimmung der Arbeitnehmer, mehr Rechte des Einzelnen, mehr Einflußmöglichkeiten der Bürger, mehr Verantwortung der Gemeinden und mehr Egalitarismus ein. Dieses Projekt verlangt den deutschen Linken, einschließlich der Sozialdemokraten, viel ab, da diese traditionell mehr Wert auf die »soziale« als die »demokratische« Akzentuierung gelegt haben. Auch hier könnte sich das Ergrünen der deutschen Sozialdemokratie langfristig als positiv für die notwendige Umorientierung fortschrittlicher Politik im neuen Deutschland erweisen.

Während Häufigkeit und Intensität der Auseinandersetzungen unter den fortschrittlichen Kräften zunehmen werden, können die Trennungslinien entlang anderen, wesentlich fragmentierteren und poröseren Achsen als in der Vergangenheit verlaufen. Die Tage der hochgesteckten Ziele, der großen Projekte, der bestechenden »ismen« sind gezählt. Das gilt für die Sozialdemokratie, wie es für den Leninismus galt. Die Pluralisierung der Linken wird nicht nur das Gewicht der Grünen bei dieser Diskussion vergrößern, sondern sie aufgrund des unvermeidlichen Auftauens der Sozialdemokratie auch offener und spannender machen.

Wohl nur wenige Themen werden die Sozialdemokratie und die Grünen so grundlegend herausfordern wie eine ethnisch ausgerichtete und eine europäische multikulturelle Politik. Ethnische und nationale Bindungen waren für die meisten Spielarten der europäischen Linken, ob sozialdemokratisch oder leninistisch geprägt, immer ein großes Problem. Der Marxismus, der aus vorwiegend monoethnischen Gesellschaften, namentlich in Deutschland und Großbritannien, hervorgegangen ist, hinterließ seinen Erben eine Fixierung auf die Klasse. Infolgedessen taten sie jede kollektive Identität, die über die Produktion hinausging, als nebensächlich ab. An Religion, Nation oder ethnische Gruppe gebundene Identitäten wurden entweder als Epiphänomene der Klasse betrachtet oder als rückständig und reaktionär gebrandmarkt, weil sie potentiell im Widerspruch zur Klasse standen. In diesem Zusammenhang wurde zum Begreifen der politischen Realität häufig der besonders inadäquate Begriff des »falschen Bewußtseins« verwendet. Mit Ausnahme des Austro-Marxismus, der für die politische Schaffung einer multiethnischen Gesellschaft eintrat, hatte die alte Linke wenig Brauchbares zum Thema ethnische Identität zu sagen.[34] Ja, schlimmer noch, sie betrachtete den Nationalismus als völlig irrelevant. Die Neue Linke stand in dieser Frage etwas besser da, denn sie erkannte die Wichtigkeit des Nationalismus, vorausgesetzt, er kam in den sogenannten Entwicklungsländern vor. Aber sofern es um Europa ging, lagen die Ignoranz, die Mißachtung und die Verachtung der Neuen Linken gegenüber dem Nationalismus als einer legitimen, potentiell sogar progressiven kollektiven Identität weitgehend auf der Linie der alten Linken.

Die Ereignisse von 1989/90 bedeuteten das Ende dieser Selbstzufriedenheit. Obwohl die frühere Bundesrepublik bereits seit den frühen 70er Jahren de facto zu einer multikulturellen Gesellschaft geworden war – weil sie mehr als zwei Millionen »Gastarbeiter« und ihre Angehörigen »importiert« hatte, die die niedrigsten Arbeiten in diesem Land verrichteten –, wurde der »Multikulturalismus« erst Ende der 80er Jahre zu einem öffentlich diskutierten Thema.[35] Wie in vielen anderen Fällen kommt den Grünen das Verdienst zu, dieses Problem zum Gegenstand öffentlicher Debatten gemacht zu haben. Außerdem blieben sie in starkem Gegensatz zu den Sozialdemokraten die einzige progressive Kraft, die ständig den kaum verhüllten Rassismus und die Fremdenfeindlichkeit anprangerten, die für zahlreiche konservative Parteiideologen kennzeichnend waren. Die Grünen forderten die vollständige Integration aller Ausländer in die bundesdeutsche Gesellschaft durch die bedingungs- und ausnahmslose Gewährung der vollen Staatsbürgerschaft. Natürlich macht das eine andere Auffassung von Staatsbürgerschaft notwendig, als sie in Deutschland seit 1913 gilt; das war die Zeit eines starken, an Chauvinismus grenzenden Nationalismus, der zu einer letztlich rassistischen und kulturell ausschließenden Definition dessen führte, wer ein Deutscher und damit ein Bürger des deutschen Gemeinwesens war. Die heutigen Gesetze der Bundesrepublik über die Staatsbürgerschaft sind ungleich restriktiver als vergleichbare Gesetze in anderen westlichen Demokratien.[36] Die deutsche Staatsbürgerschaft, die im *jus sanguinis* gründet, basiert auf Abstammungs- und Blutbanden sowie auf einer sehr partikularistischen und ausschließenden Interpretation von Kultur und nicht auf politischen und rechtlichen Kriterien. So konnten Millionen von »Gastarbeitern« und ihre Kinder – von denen viele in Deutschland geboren sind und nur Deutsch sprechen – nicht die deutsche Staatsbürgerschaft erhalten, die automatisch jeder Person aus Rußland oder Rumänien gewährt wird, die einen deutschen Vorfahren vorweisen kann. Dabei war besonders anstößig, daß Zuwanderer aus Polen, der Ukraine, Rußland und anderen Ländern der ehemaligen Sowjetunion die deutsche Staatsbürgerschaft bekamen, wenn sie bewiesen, daß sie – oder ihre Vorfahren – im Zweiten Weltkrieg mit den Nazis kollaboriert hatten.

Wie in vielen anderen Bereichen war die Einstellung der Grünen zum Multikulturalismus im heutigen Deutschland löblich, während dies nicht unbedingt für ihre Politik zutraf. Der Wunsch, jeden Menschen als gleichberechtigten Bürger in Deutschland aufzunehmen, wozu unter anderem auch die Gewährung der vollen Staatsbürgerschaft gehört, ist zwar nobel, aber naiv und politisch nicht durchsetzbar. Auch hier richteten die Grünen ihre politischen Strategien an ihren Gefühlen und starren Ideologien aus. Damit beschränkten sie sich unnötigerweise in ihren politischen Handlungsmöglichkeiten auf einem Gebiet, auf dem ihr Engagement für die Erweiterung demokratischer Rechte im neuen Deutschland von entscheidender Bedeutung bleibt.

Aber auch außerhalb Deutschlands feiert eine ethnisch ausgerichtete Politik Auferstehung. Mit der Öffnung der Grenzen sowohl im Osten als auch im Westen, der Schaffung großer Binnenmärkte und den Herausforderungen, die alle bestehenden politischen Institutionen, insbesondere den klassischen Nationalstaat, in Frage stellen, kommen ethnische Zugehörigkeiten auf dem ganzen Kontinent wieder stärker zur Geltung. Deshalb müssen die progressiven Kräfte eine ethnisch ausgerichtete Politik und alle Formen von nationaler Bindung sehr ernst nehmen. Sie auf verschiedene Formen von Epiphänomenen und falsches Bewußtsein zu reduzieren, hieße nicht nur, sie in elitärer Weise abzutun, sondern ihre politische Bedeutung herunterzuspielen. Diejenigen, die solche Fehler machten, würden politisch der Bedeutungslosigkeit anheimfallen.

Die Frage des Nationalismus als eines Phänomens von potentieller Sprengkraft muß nicht auf den östlichen Teil des europäischen Kontinents beschränkt bleiben. Obwohl ein Teil der Erfolgsgeschichte Westeuropas nach dem Krieg in der Zähmung ethnischer Konflikte lag, ist es denkbar, daß ethnische Spannungen auch hier zu einem militanten Rassismus und zu Gewalt führen können. Für die Grünen und die deutsche Linke war »Europa« – im Sinne eines supranationalen politischen Gebildes – immer etwas Wünschenswertes, weil es eine internationale Alternative zum ungeliebten deutschen Staat darstellte. Die Identifizierung der deutschen Linken mit Europa entwickelte sich im Laufe der Jahre zu einer Art Ersatz für den deutschen Nationalismus. Europäisch zu sein, bedeutete, antideutsch, international, universalistisch und – zumindest strukturell – antiatlantisch und somit antiamerikanisch zu sein. In dem Maße, wie »Europa« zunehmend mit einer abgehobenen Bürokratie und einer durch den Markt vorangetriebenen Vereinigung gleichgesetzt wird, weicht die frühere Europabegeisterung einer Euroskepsis, wenngleich noch keiner Euromüdigkeit. Besonders die Kritik der Grünen am Maastricht-Projekt grenzt an eine pauschale Ablehnung der europäischen Einigung.[37]

Wie von einem Milieu zu erwarten ist, für das lokale Autonomie, basisdemokratische Einflußmöglichkeiten und die Ablehnung abgehobener Bürokratien fundamentale Bestandteile seiner Identität sind, haben die Grünen und ihre Sympathisanten unnötige Eile beim europäischen Einigungsprozeß abgelehnt. Ihr Mißtrauen und ihre Feindschaft gegenüber dem deutschen Nationalismus hatten sie zu »guten Europäern« und echten Internationalisten gemacht; gleichwohl wurden sie durch Werte, an denen ebenfalls ihr Herz hing, zum Widerstand gegen die europäische Einigung in der Form gezwungen, wie sie die Bürokraten der Europäischen Gemeinschaft konzipierten, insbesondere in ihrer durch den Maastricht-Vertrag geforderten Beschleunigung. Hier einige der wichtigsten Einwände, die die Grünen gegen Maastricht vorgebracht haben. Was den Vertragsinhalt betrifft, so beklagen sie das Fehlen sozialer Maßnahmen, die den Schutz der Schwachen und Benachteiligten garantieren. Was außerdem die traditionellen sozialistischen (d. h. »roten«) Sensibilitäten der Grünen verletzt, ist das Fehlen einer starken sozialen Komponente im Vertrag und die eindeutig untergeordnete Rolle der Arbeitnehmer im angestrebten vereinigten Europa. Was den Grünen so gar nicht in ihr liberales, demokratisches und anarchistisches Konzept paßt, ist die Art und Weise, wie die Maastricht-Vereinbarung zustande kam. Der ganze Vertrag war nicht etwa das Produkt einer demokratischen politischen Willensbildung von unten nach oben, sondern eine Konstruktion, die – zumindest nach Auffassung der Grünen – von Staatsbürokraten, technokratischen Modernisierern und Großkapitalisten von oben nach unten durchgesetzt worden war; und diese überstürzte Regelung diene allein den Interessen des Big business. Und schließlich wurden ökologische (d.h. »grüne«) Sensibilitäten durch die vermeintlich unzureichende Berücksichtigung der ständig zunehmenden Umweltschäden in Europa und durch die Tatsache verletzt, daß es sich um ein gewaltiges staatlich gefördertes, wenn auch überstaatlich-dirigistisches Projekt handelte, das alles guthieß und hochhielt, was nach Ansicht der Grünen an der Moderne zu bemängeln war.

Zumindest in der alten Bundesrepublik waren derartige Positionen ein ausschließliches Privileg der radikalen Rechten und einigen ihrer konservativen Verbündeten. Selbst die SPD, die früher zu den stärksten Befürwortern der europäischen Einheit gehört hatte, äußerte gewisse Vorbehalte in bezug auf Inhalt und Tempo des Einigungsprozesses. Die Kritik und Skepsis der deutschen Linken gegenüber wesentlichen Teilen der europäischen Einigung sind völlig berechtigt. So kann es keinen Zweifel daran geben, daß viele für jede Linke zentralen Bereiche wie beispielsweise der soziale und wirtschaftliche Schutz der Schwachen bei den derzeitigen Regelungen zu kurz kommen. Es steht der deutschen Linken als der stärksten in Europa sehr gut an, diese Defizite zu kritisieren. Allerdings besteht die Gefahr, daß möglicherweise auch die deutsche Linke eine Anti-Europa-Einstellung entwickelt, die die europäische Einigung zwar nicht aufhielte, sie aber den Einflußmöglichkeiten der stärksten kritischen und oppositionellen Kraft entzöge.

Die Ansichten der Grünen und der deutschen Linken über den ost- und westeuropäischen Nationalismus – sowie über die anderen in diesem Abschnitt erörterten Themen – werden stark davon abhängen, welche Vorstellung sie von der Identität des neuen Deutschlands in einem neuen Europa und einer neuen Weltordnung entwickeln werden. Und dies erfordert selbstverständlich auch eine neue Vorstellung von ihrer eigenen Identität in einer grundlegend veränderten Welt. Während spekulative Aussagen oder gar entschiedene Urteile über diese Entwicklung zu diesem Zeitpunkt nahezu unverantwortlich wären, zeichnen sich einige erwähnenswerte Konturen ab. Getreu ihren Traditionen aus der Zeit vor, besonders aber nach 1945 steht die deutsche Linke jedweder Macht weiterhin äußerst skeptisch gegenüber. In starkem Gegensatz zur Situation in der alten Bundesrepublik wird sich die deutsche Linke mit der aktiven Machtausübung eines vereinten Deutschland auseinandersetzen müssen. Es ist ihr sehr hoch anzurechnen, daß sie entschlossen zu sein scheint, allen Versuchungen in dieser Richtung zu widerstehen, die schon heute ihre Wirkung auf Teile der politischen Klasse in Deutschland nicht verfehlt haben. Da die Linke in dieser Frage einen starken Rückhalt in der öffentlichen Meinung hat, ist es ihr anscheinend bisher gelungen, Deutschland zu einer großen Schweiz bzw. zu einem großen Österreich zu machen. Gleichwohl könnte sich diese lobenswerte Politik als naiv erweisen. Wie sehr es Deutschland auch weiterhin widerstreben mag, seine Streitkräfte irgendwo in Europa – bzw. auf der Welt – einzusetzen –, das Land ist aufgrund seiner Wirtschaftskraft, seiner Bevölkerungszahl, seiner geographischen Lage und seines kulturellen Erbes die unangefochtene Hegemonialmacht in Europa. Dies ist eine Tatsache, die die progressiven Kräfte in Deutschland werden anerkennen müssen. Und wenn ihre kritische und oppositionelle Rolle weiterhin politisch relevant bleiben soll, verpflichtet die Anerkennung dieser Tatsache sie zu einer verantwortungsbewußten Politik, die über ein naives Negieren hinausgehen muß. Es wird einfach nicht ausreichen, die Macht Deutschlands dadurch wegzuwünschen, daß man die Bundesrepublik zu einem neutralen und blockfreien Nicht-NATO-Mitglied erklärt. Dafür einzutreten, daß deutsche Truppen unter keinen Umständen und nicht einmal als Teil eines multinationalen Kontingents unter dem Kommando der Vereinten Nationen oder der Konferenz für Sicherheit und Zusammenarbeit in Europa eingesetzt werden, ist zwar gut gemeint, aber unzureichend. Die deutsche Linke wird ihren Oppositionskurs gegen alle Formen deutscher Hegemonie mit der gleichen Intensität und Leidenschaft fortsetzen müssen, mit der sie seit den 60er Jahren gegen die Vereinigten Staaten und alles Amerikanische gekämpft hat. Nur die Zeit wird lehren, ob sie dazu fähig ist oder letztlich doch dem Reiz erliegen wird, wieder Teil einer Hegemonialmacht zu sein, oder gar aufgrund ihrer Machtphobie im politischen Gefüge der Berliner Republik bis zur Bedeutungslosigkeit marginalisiert wird.

# Epilog

## Vorbemerkung

Seit dem Erscheinen der englischen Fassung unseres Buches vor vier Jahren ist die gesamte Welt komplexer und komplizierter geworden, als sie jemals seit dem Ende des 2. Weltkrieges war. In der berechtigten Euphorie über den Zusammenbruch des Leninismus (es widerstrebt uns immer noch, das abscheuliche Regime, das Osteuropa und die Sowjetunion beherrscht hat, »Kommunismus«, geschweige denn Sozialismus zu nennen), den Zerfall des Sowjetreiches und die Wiedervereinigung Deutschlands glaubten viele von uns, daß unsere Freude auf der normativen Ebene ihre Entsprechung zwangsläufig auch in einer positiven empirischen Realität finden würde. Wir wissen heute, daß das nicht der Fall ist. Wir teilen zwar nicht das Gefühl des Scheiterns und des Pessimismus, das viele intellektuelle Strömungen und die Ansichten der politischen Klasse in fast jedem entwickelten Industrieland prägt, aber auch wir sehen, wie kompliziert die sozialen und politischen Entwicklungen geworden sind. Diese vielschichtigen und unsicheren Entwicklungen betreffen Europa ebenso wie Deutschland. Was Deutschland angeht, so ist die Außenpolitik ebenso tangiert wie die Innenpolitik. Nur wenige der vor der Einigung geltenden Paradigmen haben noch Bestand. Die Achsen haben sich verschoben, die Sprache hat sich verändert, und für alle Betroffenen steht wesentlich mehr auf dem Spiel.

Dies trifft sehr weitgehend auch auf das Bündnis 90/Die Grünen zu (die wir im folgenden kurz und politisch nicht korrekt als »die Grünen« bezeichnen werden). In den vergangenen fünf Jahren hat sich diese Gruppierung (vielleicht auf Dauer) in der politischen Landschaft des neuen Deutschlands als drittstärkste Partei etabliert. Zum Zeitpunkt der Abfassung dieses Nachworts sind die Grünen in vier Landesregierungen (Hessen, Nordrhein-Westfalen, Schleswig-Holstein und Sachsen-Anhalt) vertreten, sind in acht Bundesländern in der Opposition, wenngleich (und bezeichnenderweise) nur im Westen, und stellen im westlichen Teil des neuen Deutschlands eine wichtige kommunalpolitische Kraft dar. Als Partei sind die Grünen das geworden, was sie als Bewegung immer sein wollten, nämlich eine dritte Kraft zwischen zwei großen etablierten Blöcken, eine echte Alternative zu den ununterscheidbar gewordenen Parteien des Establishments des konventionellen Kapitalismus und des gleichermaßen konventionellen altlinken Marxismus leninistischer oder sozialdemokratischer Prägung. Unter dem Aspekt der Wahlkonkurrenz ist die Geschichte der Grünen also eine ungebrochene Erfolgsgeschichte.

Aber die politische Präsenz der Grünen hat noch einen anderen Aspekt, den wir als ebenso eindrucksvolle Leistung einschätzen: die erfolgreiche und endgültige Transformation der Linken, so wie sie etwa ein Jahrhundert lang in Europa und der industrialisierten Welt existierte. Während diese Entwicklungen in einer Zeit stattfanden, als es die Grünen als Partei noch nicht gab, sie somit ihren Vorläufern und den vielfältigen neuen sozialen Bewegungen der späten 60er und der 70er Jahre zugeschrieben werden müssen, kam es erst zur endgültigen – und erfolgreichen – Herausforderung der Institutionen und Werte der alten Linken, als die Grünen zum festen Bestandteil des deutschen Parteiengefüges wurden. Wie unser Buch zeigt, begannen die Grünen als eine fundamentale Herausforderung einer hundert Jahre alten Tradition linker Politik und veränderten diese Linke in fast einem Jahrzehnt schließlich in einem solchen Maße, daß diese heute ein völlig anderes politisches Gebilde ist.

Die ständigen *crises de jour*, die die SPD seit zwölf Jahren erlebt, hatten wenig mit der angeblichen Unfähigkeit und Führungsschwäche von Björn Engholm und Rudolf Scharping zu tun. Die Sozialdemokraten haben eine geradezu unheimliche Vorliebe für zermürbende Konflikte entwickelt, die dem politischen Ansehen der Partei im Land sehr schadete, die sie aber auf wundersame Weise überlebt hat. Nachdem Oskar Lafontaine durch einen beispiellosen Rhetorikputsch den Parteivorsitz übernommen hat, steht die SPD zweifellos in puncto Charisma besser da als unter dem kopflastigen Engholm und dem schwerfälligen Scharping. Aber ihre Schwierigkeiten gehen viel tiefer. Das Dilemma der Sozialdemokratie, das der inzwischen verstorbene Richard Löwenthal 1981 aufgezeigt hat, besteht darin, daß sie zwischen der Welt des »roten« Materialismus und der des »grünen« Postmaterialismus hin- und hergerissen ist. Das hat diese einst stolze und selbstsichere Partei zu einem ständigen Balanceakt gezwungen, der – obwohl es periodische Wahlerfolge gab, die Partei in manchen Ländern die Regierung stellt, im Bundesrat und vielleicht auch im nächsten Bundestag stark vertreten ist – das Stehvermögen und die fundamentale Identität der Sozialdemokratie ständig unterminiert. Damit ist die Sozialdemokratie keineswegs überflüssig, bedeutungslos oder verzichtbar geworden, doch hat sie aufgehört, die Parameter der zentralen Diskussionen zu bestimmen, die für die aktuelle und zukünftige Politik der entwickelten Industrieländer ausschlaggebend sind. Deutschland bildet da keine Ausnahme. Ein Blick nach Schweden oder Österreich bestätigt den allmählichen Niedergang der Sozialdemokratie. So wird die SPD auch unter Lafontaine mit dem behaftet bleiben, was man als AVIS-Syndrom bezeichnen könnte: Die Sozialdemokraten werden sich noch mehr anstrengen, ohne jedoch jemals die Nummer eins zu werden. Bei den Wahlen 1998 werden sie die CDU/CSU nicht überflügeln; und was die anstehenden Diskussionen betrifft, so werden die Sozialdemokraten, denen der Wind der politischen Veränderung besonders scharf ins Gesicht bläst, auch hier den Grünen hinterherhinken und, soweit es die deutsche Linke betrifft, vielleicht auch der PDS. Immer der »gute Zweite« zu sein, hat möglicherweise auch etwas für sich. AVIS geht es blendend mit seiner »Wir sind die Zweiten«-Strategie, dabei stets dem Marktführer HERTZ hinterherhinkend.

Und doch gibt es die deutsche Linke, so sehr sich ihre Gegner auch bemühen, sie wegzudefinieren, so bunt gemischt sie in ihrer Ideologie und sozialen Zusammensetzung auch sein mag und wie oft ihre eigenen Mitglieder auch bestreiten mögen, daß es so etwas wie »die Linke« noch gibt.[1] Will man deutsche Linke definieren und genau charakterisieren, fällt einem die legendäre Beschreibung der Pornographie durch James Potter Stewart, einstiges prominentes Mitglied des amerikanischen Obersten Bundesgerichtshofes, ein: »Ich habe keine Ahnung, wie ich sie definieren soll, aber sagen wir es einmal so: Ich weiß, was es ist, wenn ich sie sehe.« Das gleiche gilt für die deutsche Linke. Wir haben keine Ahnung, wie wir sie definieren (und eingrenzen) sollen, aber wir wissen, was sie ist, wenn wir sie sehen. Was noch wichtiger ist: Auch die tatsächlichen Vertreter dieses amorphen Gebildes wissen, was sie ist (und was sie selbst sind), wenn sie sie sehen. Es ist müßig zu behaupten, die Linke existiere nicht, weil ihre Ideen und Ideologien immer heterogener und der soziale Hintergrund ihrer Mitglieder immer disparater werden.

Noch müßiger ist es zu sagen, daß die Linke zusammengebrochen sei, weil der »real existierende Sozialismus« (leider viel zu spät) zusammengebrochen ist. Dies ist sicherlich nicht der Fall, vor allem nicht in Deutschland, wo die Linke seit dem Fall der Berliner Mauer vielfältiger und differenzierter und dadurch lebendiger und pluralistischer geworden – und mitnichten am Ende ist.[2] Die Linke in Deutschland hat sich im Laufe der Jahre zwar tiefgreifend verändert, aber sie ist wohlauf. Eine Überschrift in der Zeitschrift *Die Woche* faßte diese Veränderung gut zusammen: »Grün schlägt Rot« stand über einem Artikel, der eine weitere Führungskrise in der SPD ausmachte und Joschka Fischers angebliche strategische Versuche beschrieb, die Grünen auf eine Koalition mit der CDU vorzubereiten.[3] Die Überschrift war nicht nur eine zutreffende Charakterisierung der Ereignisse vom September 1995, sie erfaßte auch die großen Veränderungen, die die deutsche (und europäische) Linke seit Ende der 70er, Anfang der 80er Jahre durchgemacht hat. Wir meinen damit nicht nur den recht engen Bereich der Wahlergebnisse. »Grün« hat »Rot« in diesem Zeitraum auch in bezug auf die inhaltliche Bestimmung des Diskurses, das Wesen und die Identität der Linken geschlagen. Das bedeutete aber keineswegs, daß die Linke als solche verschwunden ist. Sie hat noch immer ihre genau umrissenen Milieus, ihre Publikationen, ihre Zeitungen, ihre Zeitschriften, ihre Sprache, ihre Symbole, ihre Mythen. Mit anderen Worten, es gibt in Deutschland etwas, das geht und spricht und sich gebärdet wie die Linke – also ist es die Linke. Sie sagt uns, daß alle wichtigen Diskussionen in diesem bunt gemischten, aber fest umrissenen Milieu letztlich im Namen der Linken geführt, legitimiert und sanktioniert werden. Seien es Fragen der Arbeitsmarktpolitik, des Ladenschlusses oder die meisten anderen Themen der Sozial- und Wirtschaftspolitik, Positionen zu Europa und, vor allem, Themen, die die NATO, die deutsche Sicherheits- und Außenpolitik sowie den deutschen Nationalismus und die deutsche Identität betreffen; sie alle werden im Kontext eines schwer faßbaren, aber offensichtlich realen Gebildes diskutiert, das die Linke genannt wird. Und es gibt offensichtlich gemeinsame Nenner in diesem breiten Spektrum, die es sinnvoll machen, von »der Linken« zu sprechen: Solidarität mit den Schwachen, der ständige Ausbau der Demokratie, die Politik der Nichtausgrenzung, die Betonung der Gleichheit, der hohe Stellenwert des Umweltschutzes, um nur einige zentrale Anliegen dieses Milieus zu nennen. In diesem Sinne steht außer Zweifel, daß die Linke im heutigen Deutschland lebendig ist und ein Forum darstellt, das die politischen Aktionen und Gedanken von etwa 45 Prozent der Bevölkerung legitimiert und sanktioniert, wenn wir etwas bescheidener sind als Willy Brandt, der in seinem Wunschdenken eine numerische Mehrheit der Linken ausmachte.

Diese deutsche Linke hat trotz schwerwiegender Rückschläge in der jüngsten Vergangenheit viele Erfolge errungen. Eine der Erfolgsgeschichten schrieben die Grünen, wie wir in unserem Buch dargelegt haben. Wir haben an dieser Meinung auch in den frühen 90er Jahren festgehalten, als die westdeutschen Grünen vorübergehend nicht im Bundestag vertreten waren. Dies bedeutete nur einen momentanen Rückschlag in einem ansonsten kontinuierlichen Entwicklungs- und Konsolidierungsprozeß. Man muß kein geschulter Dialektiker sein, um zu erkennen, daß sich einige der drängendsten Probleme der Grünen gerade aus ihren eindrucksvollen Erfolgen ergeben. Daß sie zur drittstärksten Partei geworden sind, war nur um den Preis möglich, daß sie als Bewegung an Bedeutung verloren. Außerdem brachten die Schwierigkeiten der SPD – die im wesentlichen ein Ergebnis der Existenz der Grünen und ihrer Aktivitäten sind – die grüne Strategie in einer Weise durcheinander, die viel tiefer geht als die Koalitionsfrage, denn sie berührt entscheidende Dimensionen der grünen Identität.

Von zentraler Bedeutung für die grüne Identität ist auch die Existenz der Partei des demokratischen Sozialismus (PDS). Das Aufkommen dieser neuen Partei, eine weitere Folge der seit 1989/90 veränderten Welt, wirkt sich in einigen wichtigen Bereichen auf die Grünen aus. Erstens verändert sie die parteipolitische Landschaft in Deutschland. Da im Bundestag fünf Parteien vertreten sind, statt vier, wie es vor 1990 der Fall war, gibt es wesentlich mehr (implizite oder explizite) Bündnismöglichkeiten. Selbst wenn bestimmte Bündnisse faktisch nicht in Frage kommen (zumindest nicht zum jetzigen Zeitpunkt), verändert allein die rechnerische Möglichkeit das Verhalten einer jeden Partei. Während es verfrüht wäre, von einer »Italienisierung« der deutschen Politik zu sprechen, liegt die Analogie nahe, daß ein »polarisierter Pluralismus« zumindest theoretisch möglich ist, vor allem, wenn sich auch in Deutschland eine rechtspopulistische Haider-Partei entwickelt, was nach der Ära Kohl durchaus vorstellbar ist, da dann die Grundregeln der deutschen Politik, insbesondere des konservativen Lagers, neu bestimmt werden.

Zweitens hat das Vorhandensein der PDS eine Situation geschaffen, in der die Grünen nicht für sich reklamieren können, die einzige (oder echte) linke Option und Alternative des Landes zu sein. Die Grünen sind also plötzlich mit der Tatsache konfrontiert, daß sie nicht mehr beanspruchen können, die radikalste und einzige progressive Kraft in Deutschland zu sein.

Drittens schließt sich mit dem Vorhandensein der PDS der Kreis der Geschichte der deutschen Linken nach fast hundert Jahren. Ihre drei wichtigsten Repräsentanten – die Sozialdemokratie, der Kommunismus und eine komplexe Mischung von verschiedenen radikalen Alternativen, Zwischenformen, »dritten Wegen« und unabhängigen Sozialismen – sind wieder im Parlament vertreten (wenn auch nicht vereint).

Viertens zeigt sich nirgends stärker, daß die Grünen ihren Ursprung in der postmaterialistischen Politik der 60er Generation im Westen haben, als in der Tatsache, daß sie östlich der Elbe praktisch nicht präsent sind. Während der Erfolg der Grünen als Partei bedeutete, daß sie über ihre Milieughettos in Bockenheim, Freiburg, Tübingen und anderen postmaterialistischen und dekommodifizierten Zentren der Bonner Republik hinauswuchsen, bestätigt ihre fehlende Präsenz im Osten (die praktisch allein der PDS zugute kommt) eine weitere wichtige Feststellung, die wir in bezug auf die Grünen getroffen haben: Mehr als jedes andere Konstrukt der alten Bundesrepublik war dieses zutiefst oppositionelle Milieu, dessen Identität durch die Kritik an der Bundesrepublik geprägt wurde, deren ureigenstes politisches Produkt. Für die derzeitige Politik der deutschen Linken stellt die Elbe eine Trennungslinie dar, die in absehbarer Zukunft nicht verschwinden wird. Die neue Linke, wie sie die Grünen repräsentieren, wird demnach im Westen erfolgreich verankert bleiben, wohingegen die Nachfolgepartei der alten Linken, die PDS, im Osten weiterhin eine wichtige Nische besetzen wird. Wahlforscher und Politologen haben hinreichend belegt, daß es in der neuen Berliner Republik eine geteilte Wählerschaft und Parteienlandschaft gibt. Es steht fest, daß sich der parteipolitische Raum im Osten erheblich von dem im Westen unterscheidet, und dies geht über die politische Präsenz der PDS und das faktische Nichtvorhandensein der Grünen (und der FDP) im Osten hinaus. Wie bei vielen anderen Beispielen der deutschen Vereinigung liegt der Vergleich mit der Situation des Südens nach dem amerikanischen Bürgerkrieg nahe. Auch diese Region entwickelte ihren eigenen parteipolitischen Raum und ihre eigene Parteikultur, durch die sie sich hundert Jahre lang vom Rest des Landes unterschied und die sie jetzt – faszinierenderweise – mit umgekehrtem Vorzeichen wieder zur Geltung bringt: Der Süden ist dabei, stramm republikanisch zu werden, während er früher fast ausschließlich demokratisch war.

In diesem Epilog möchten wir einige der Probleme erörtern, mit denen die Grünen konfrontiert sind. Er gliedert sich in drei Teile. Der erste, der sich mit den Grünen als politischer Partei befaßt, wird die Probleme der Grünen analysieren, die mit ihrem Verhältnis zur SPD, zur PDS, zur FDP und zur CDU/CSU zusammenhängen. Hier wird sich die Erörterung auf die Grünen als politische Partei in der veränderten politischen Landschaft in Deutschland konzentrieren. Ein zweiter Teil, der sich mit der Bewegung befaßt, wird den bleibenden Einfluß der Grünen auf den Inhalt und den Diskurs der heutigen deutschen Politik untersuchen. Er wird außerdem den Weg der Grünen als innovativste Kraft der deutschen Linken in den vergangenen 15 Jahren einschätzen. Wir werden vor allem die ursprünglichen vier Attribute der Grünen »ökologisch, sozial, basisdemokratisch, gewaltfrei« betrachten und prüfen, wie ein jedes von ihnen die frühere Identität und das derzeitige politische Umfeld der Partei geprägt hat. Darüber hinaus werden wir uns mit einem fünften Attribut beschäftigen, das mittlerweile eine solche Bedeutung für die grüne Identität erlangt hat, daß es für das direkte Umfeld der Grünen sowie für die Linke insgesamt fast so sakrosankt ist wie das Attribut »ökologisch«. Wir meinen natürlich »feministisch«. Es erscheint inzwischen auf allen möglichen Plakaten, Flugblättern, in Broschüren, programmatischen Erklärungen und Dokumenten; und es hat im Alltagsleben des gesamten fortschrittlichen Milieus einen Stellenwert erhalten, der vor 15 Jahren einfach undenkbar war. Das Hauptverdienst an dieser wichtigen Entwicklung kommt den Grünen als Partei und als Bewegung zu.

Am Ende des Epilogs werden wir auf die grüne Programmatik eingehen, die insofern besonders bedeutsam ist, als die Grünen zur drittstärksten Kraft in der Bundesrepublik geworden sind, und so die reale Möglichkeit besteht, daß sie in nicht allzu ferner Zukunft Regierungsverantwortung auch auf Bundesebene übernehmen könnten. Demzufolge wächst die Bedeutung der programmatischen Positionen der Grünen mit der Wahrscheinlichkeit, daß die Grünen ins Zentrum der deutschen Politik vorstoßen. Unsere Untersuchung wird sich ausschließlich auf Probleme der Grünen konzentrieren, was nicht heißen soll, daß die Grünen nicht wichtige Erfolge und eindrucksvolle Siege errungen hätten. Ganz im Gegenteil! Wie unser Buch hinreichend belegt, achten und schätzen wir die politischen Leistungen und die bloße Existenz der Grünen und der deutschen Linken hoch ein, obwohl wir gegenüber beiden auch viele kritische Einwände haben. Alle drei Teile sind miteinander verbunden, und ihre Trennung hat lediglich heuristischen Wert. Sie sind Komponenten der sich verändernden Identität der Grünen als entscheidende Akteure der deutschen Linken und als zunehmend wichtige politische Mitspieler in der entstehenden Berliner Republik.

## Die Partei

Das Ende des kalten Krieges und die deutsche Wiedervereinigung haben die politische Entwicklung verändert, indem sie den Grünen neue Möglichkeiten eröffneten. Dieser Teil gibt einen Überblick über die derzeitige politische Landschaft, indem er das Verhältnis der Grünen zu den vier anderen politischen Kräften einschätzt, die heute im Bundestag vertreten sind.

*Die SPD*: Die schwere Identitätskrise der deutschen (und europäischen) SPD stellt die Grünen vor ein ernsthaftes strategisches Dilemma, das ihre politische Identität berührt. Einfach ausgedrückt: Die Grünen können in keinem Bereich ihrer Existenz von der Sozialdemokratie getrennt werden. Sie verdanken ihre Anfänge nicht nur den Fehlern und Schwächen, sondern auch der Großzügigkeit und Toleranz der Sozialdemokratie. Die Grünen haben ihre Identität in Opposition zu den Werten und politischen Erscheinungsformen der Sozialdemokratie definiert; aber viele Mitglieder der alternativen Bewegung betrachteten sich ab der Mitte der 80er Jahre als der verläßlichste und überzeugteste Juniorpartner der Sozialdemokratie (als »wahre«, unverfälschte Sozialdemokraten). Zu Beginn der 90er Jahre, als die kompromißeifrigen Realos schließlich über die eigensinnigen, aber ideologisch reinen Fundis gesiegt hatten, war »rot-grün« zum unangefochtenen, fast sakrosankten Credo der Grünen geworden. Ursprünglich sowohl von den Grünen als auch von der SPD als Zumutung empfunden, wurden »rot-grüne« Koalitionen in den späten 80er und in den 90er Jahren zu einer weithin akzeptierten Option im politischen Establishment der Bundesrepublik. Rot-grün oder die »SPD-Fixiertheit« der Grünen hat ihnen sowohl genützt als auch geschadet. Wie wir zu Beginn dieses Epilogs gesagt haben, unterstellen wir, daß diese Fixiertheit unter dem Aspekt der Parteipolitik auf drei Ebenen ein Erfolg für die Grünen war: Erstens brachte sie sie auf Länderebene an die Schalthebel der Regierungsmacht. Da die Ausübung dieser Macht letztlich die Raison d'être einer jeden Partei ist, muß die Tatsache, daß das Bündnis der Grünen mit der SPD zu einigen solchen Regierungsbeteiligungen führte, als Erfolg gewertet werden. Zweitens verhinderte das Bündnis mit der SPD die potentielle Marginalisierung der Grünen und machte sie zu einem wichtigen politischen Faktor. Es verlieh den Grünen außerdem ein Maß an Respektabilität, das einer kleinen radikalen Minderheit in der Partei und in anderen Teilen der deutschen Linken noch immer etwas suspekt, vielleicht sogar »politisch nicht korrekt« erscheint. Und schließlich schuf das Bündnis mit der SPD wichtige wechselseitige Rückkoppelungsmechanismen, durch die sich beide Parteien in allen politischen Fragen wechselseitig beeinflußten. Folglich ist es nicht falsch, von der Existenz eines »rot-grünen Lagers« zu sprechen, das konservative Politiker gerne als gefährlich für die Stabilität der Republik beschwören, wenn Wahlen näherrücken. Wir haben beschlossen, dieses Lager die (immer noch quicklebendige) »deutsche Linke« zu nennen.

Unter dem Aspekt der Bewegungspolitik betrachtet, werden die Vorteile der SPD-Fixiertheit der Grünen wesentlich fragwürdiger. Denn sie kann durchaus als Verrat der Grünen an ihrer einst vielversprechenden Zukunft als Avantgarde und Sammelbecken einer kontinuierlichen Bewegungspolitik (im Gegensatz zur trotzkistischen »permanenten Revolution«) gesehen werden – und wurde von den Fundis und anderen Radikallinken auch so gesehen. Man kann eben nicht beides haben. Viele politische Gruppierungen vor und nach den Grünen haben versucht, gleichzeitig »Bewegung« und »Partei« zu sein. Das Verhältnis zwischen den beiden muß zwar keine Nullsumme ergeben, wie es bei den Grünen mitnichten der Fall war, aber eine von beiden erweist sich als stärker und dominanter, während die andere mehr oder weniger verkümmert. Das enge Verhältnis der Grünen zur SPD festigte und beschleunigte lediglich den Sieg der »Partei« über die »Bewegung«, war aber nicht dessen eigentlicher Grund. Der schließliche Triumph der Gemäßigten über die Maximalisten verdankte sich weitgehend internen Faktoren und Entwicklungen, die kennzeichnend für die Grünen als eine Gemeinschaft von Aktivisten, Parteifunktionären, Parteimitgliedern und deren Wählern waren.

Ein weiterer Nachteil der SPD-Fixiertheit der Grünen bestand in der Tatsache, daß ihr Erfolg als Partei auf den Schultern der SPD ruhte. Aber diese Schultern sind im Laufe der Jahre beträchtlich schwächer geworden. Da der robuste und geschmeidige Körper der Sozialdemokratie ernsthafte Anzeichen des Verfalls zeigt, können sich die Grünen möglicherweise nicht mehr auf ihn stützen. Dies ist vielleicht auch gar nicht die wünschenswerteste Option der Grünen, was für die Linke wieder einmal die Frage aufwirft: Was tun?

Unserer Ansicht nach haben die Grünen wie auch alle ihre Befürworter vier Optionen:

1. Der SPD und der Sozialdemokratie bei ihren verzweifelten Versuchen helfen, als Volkspartei eine relevante Kraft in Deutschland und in Europa zu bleiben. Alles tun, um die Sozialdemokratie bei Wahlen, in der Programmatik und bei der Ausübung von Regierungsmacht zu unterstützen. Man könnte dies als *Loyalitätsoption* bezeichnen.

2. Die neue Arithmetik des deutschen Parteiensystems nutzen, um Koalitionen mit demjenigen einzugehen, der das meiste bietet und den Grünen die besten Möglichkeiten eröffnet, Regierungsmacht auszuüben. In puncto Formulierung der Programmatik und Zugang zur Macht versuchen, das Beste für sich herauszuholen, unabhängig davon, wer ihnen dazu verhilft. Die Verlierer fallenlassen

und sich auf die Seite der Gewinner schlagen. Dies könnte man die *Opportunitätsoption* nennen.

3. Die Parteipolitik vergessen und zu den Wurzeln zurückkehren. An den eigenen Ansichten, Ideologien und Überzeugungen festhalten. Dies ist die *Rückbesinnungs-* oder *Ausstiegsoption.*

4. Versuchen, den Inhalt der Politik neu zu bestimmen, so daß er die grünen Präferenzen widerspiegelt, und dann mit demjenigen koalieren, der ihnen am nächsten kommt. Dies ist die *Mitspracheoption*, eindeutig die schwierigste der vier, aber potentiell auch die lohnendste.

Wir sehen uns zu diesem Zeitpunkt nicht in der Lage vorherzusagen, welche der vier Optionen sich tatsächlich durchsetzen wird. Dies muß die Praxis erweisen.

Die Fähigkeit der Grünen, der Sozialdemokratie wieder neues Leben einzuhauchen, ist natürlich begrenzt. Man kann nicht allzu viel für eine Partei und eine Bewegung tun, die vor zwei großen Problemen steht: dem ständigen Verlust an Profil und politischer Bedeutung in den vergangenen zwei Jahrzehnten und einer selbstzerstörerischen Neigung zu unnötig scharfen und feindseligen Kämpfen um die Führung der Partei.

*Die PDS*: Vom Standpunkt der Grünen aus gibt es drei relevante Komponenten, mit denen man sich ernsthaft auseinandersetzen sollte: die ideologischen, historischen und soziologischen Sensibilitäten der Grünen versus die der PDS; das SED-Erbe und das Gewicht der PDS als Partei in Ostdeutschland.

Was die ersteren betrifft, so repräsentieren die Grünen weiterhin die historische Tradition der explizit unorthodoxen Erscheinungsformen des »dritten Weges« der deutschen Linken. Sicher gibt es viele Dogmatiker bei den heutigen Grünen, seien es ehemalige Maoisten oder Trotzkisten, ökologische Absolutisten oder Mitglieder diverser K-Gruppen, die von Anfang bis Mitte der 70er Jahre aktiv waren. Das ideologische und historische Erbe der Grünen umfaßt wesentlich mehr als das Bündnis von gezähmten Spontis und abtrünnigen Sozialdemokraten, das heute die mächtige, aber bei weitem nicht dominante Realo-Fraktion darstellt. Denken wir daran, daß allein die Existenz der grünen Partei (und Bewegung) ihren Ursprung vorwiegend in der sogenannten Neuen Linken hat. Ja, wir sagen, daß die deutschen Grünen weltweit das bei weitem bleibendste Vermächtnis und die institutionalisierte Ausdrucksform dieser Neuen Linken ist. Die Neue Linke hat den gesellschaftlichen und politischen Diskurs in der industrialisierten Welt tiefgreifend und unwiderruflich verändert, aber eine strukturell einflußreiche Position und ein Mitspracherecht in der nationalen Politik oder im linken Lager ist ihr nur in der Bundesrepublik gelungen.[4]

Wie wir aus Wahlanalysen wissen, ist die PDS bei jungen Leuten besonders erfolgreich, also bei der traditionellen Klientel der Grünen. Zwar kann die PDS keineswegs als eine Partei abgetan werden, die einfach die altlinke Politik und überholte Orthodoxie wieder aufwärmt, aber zweifellos steht sie ihrem Wesen und ihrer Tradition nach der Welt der »alten« Linken näher als der der »neuen«. Die Anziehungskraft und die Identität der PDS machen sich wesentlich eher an linken Themen wie Arbeitslosigkeit, wirtschaftliche Entwicklung und Arbeitsplatzunsicherheit fest als an den klassischen Themen der Neuen Linken wie Ökologie, Gleichberechtigung und andere Fragen der persönlichen Einflußmöglichkeiten und Selbstverwirklichung. Obwohl sich die PDS seit Anfang der 90er Jahre deutlich modernisiert und verändert hat, paßt sie in die Tradition der KPD und des deutschen Kommunismus. Das war bei den Grünen nie der Fall. Beide Parteien repräsentieren verschiedene Traditionen und Ausdrucksformen der deutschen Linken. Zu dieser historischen und ideologischen Unterschiedlichkeit – und der an Feindschaft grenzenden Rivalität – kommt die Tatsache hinzu, daß PDS und Grüne um dieselbe Wählerklientel werben: junge, gebildete Bürger, die in den dekommodifizierten Bereichen ausgebildet wurden und beschäftigt sind. Da die »konventionellen« (in der Industrie tätigen) Arbeitnehmer in Ostdeutschland seit der Vereinigung des Landes bei den meisten Wahlen die CDU unterstützen, rekrutieren sich die PDS-Wähler aus einer potentiell grünen Klientel, mit Ausnahme natürlich der beträchtlichen Zahl der »Ehemaligen«, das heißt der früheren SED-Apparatschiks und anderer Funktionäre, die weiterhin eine wichtige Rolle für die PDS spielen: als Wähler, Organisatoren, Parteimitglieder, Vertreter der Ideologie und Geschichte. Die PDS ist heute – anders als noch vor fünf Jahren – ganz entschieden keine stalinistische Partei. Aber ebenso entschieden ist der Stalinismus mit seinen vielen Facetten keineswegs ganz aus dem Wahlprogramm, der Organisation und Ideologie der PDS verschwunden. Ob man es gerne hört oder nicht, die PDS bleibt ein Teil des SED-Erbes.

Dies führt uns zu einer kurzen Erörterung dieses – zweiten – Aspekts des Verhältnisses der Grünen zur PDS. Es ist wohl das Hauptverdienst der Grünen, sicherlich durch ihren neulinken Ursprung und ihre neulinke Orientierung bedingt, daß sie dem stalinistischen Erbe der PDS stets überaus kritisch und skeptisch gegenüberstanden. Es spricht für die Grünen, daß sie sich der Dämonisierung der PDS durch Teile der westdeutschen Öffentlichkeit entgegengestellt und das Recht der PDS verteidigt haben, ein wichtiges Sprachrohr eines neuen – und strukturell benachteiligten – Segments der deutschen Bevölkerung zu sein. Als sich das westdeutsche politische Establishment in der Umarmung des SED-Regimes gefiel und als große Teile der SPD sowie die meisten wichtigen deutschen Gewerkschaften freundschaftlichen Umgang mit dem stalinistischen Establishment in Ostdeutschland und Osteuropa pflegten (daß Helmut Schmidt genau zu dem Zeitpunkt ein nettes Wochenende mit Erich Honecker auf dessen Datscha verbrachte, als General Wojziech Jaruzelskis Soldaten die »Solidarnosc«-Bewegung in Polen niederschlugen, ist nur ein krasser Beleg dafür, daß die Frage der Menschenrechte in Osteuropa kein Ruhmesblatt für die Ostpolitik und Teile der etablierten deutschen Linken war), hat die grüne Partei die Dissidenten in diesen stalinistischen Regimes bedingungslos unterstützt, wobei die ostdeutschen Dissidenten besonders schwach und der Unterstützung bedürftig waren. Keine westdeutsche Partei kann für sich in Anspruch nehmen, eine so konsequent antistalinistische Linie gegenüber dem DDR-Regime vertreten zu haben wie die Grünen: nicht die SPD, nicht die FDP und ganz gewiß nicht die CDU oder CSU. Als zutiefst antileninistische Partei haben die Grünen ihren Antistalinismus sehr ernst genommen, war er doch wesentlicher Bestandteil ihrer politischen Identität und Existenz. Es ist ihnen hoch anzurechnen, daß er es nach wie vor ist. Das stalinistische Erbe der PDS und ihre offenkundigen stalinistischen Überbleibsel machen es den Grünen sehr schwer, die PDS als brüderliche Kraft im progressiven Spektrum der deutschen Politik zu akzeptieren. Es ist gut, daß es im öffentlichen Diskurs in Deutschland weiterhin eine linke und fortschrittliche Opposition gegen den Stalinismus gibt und daß die Grünen zur wichtigsten Stimme dieser Opposition gehören.

Doch die starken Unterschiede und Gegensätze zwischen den Ost-Grünen vom Bündnis 90 und den West-Grünen verkomplizieren die Dinge. Die Ost-Grünen wollen weiterhin von keiner Form des Sozialismus oder Marxismus etwas wissen, die jedoch in der einen oder anderen Weise zur politischen Sozialisation vieler West-Grüner gehört haben und bei ihnen immer noch auf Sympathie stoßen. Aus naheliegenden Gründen waren es hauptsächlich Mitglieder der Ost-Grünen, die den Kampf gegen die PDS und den gesamten Komplex des stalinistischen Erbes in Ostdeutschland fortsetzten. Der Bündnis 90-Flügel der Partei steht einer potentiellen Zusammenarbeit zwischen Grünen und PDS wesentlich mißtrauischer gegenüber, obwohl sich auch hier in letzter Zeit Stimmen mehrten, die eine solche Zusammenarbeit fordern, in der Erkenntnis, daß die PDS einen großen Teil ihrer stalinistischen Vergangenheit über Bord geworfen hat, für jeden fünften Bürger der neuen Länder das wichtigste politische Sprachrohr bleibt und den Grünen eine Möglichkeit bietet, östlich der Elbe nicht ganz in der Bedeutungslosigkeit zu versinken.

Damit sind wir beim dritten und letzten Punkt, nämlich dem anhaltenden Erfolg der PDS bei den Bürgern der ehemaligen Deutschen Demokratischen Republik, der die Grünen tagtäglich an ihren bestürzend geringen politischen Einfluß in den fünf neuen Ländern erinnert. Während dies historisch durchaus verständlich ist, stellt es für die Grünen aus den folgenden Gründen ein besonderes Problem dar:

Erstens: Keine Partei, die für sich in Anspruch nimmt, im gesamten Land Wähler zu haben, und nach allgemeiner Anerkennung strebt, verkraftet es, wenn sie von einem Teil der Bevölkerung nicht akzeptiert wird und von einem geographischen Gebiet faktisch ausgeschlossen ist.

Zweitens: Einer Partei wie die Grünen, die einen Großteil ihrer Legitimation aus ihrer uneingeschränkten Unterstützung der Schwachen, der Benachteiligten, der Vergessenen, der Verlierer zieht, stünde es besonders gut an, die Interessen des Teils des neuen Deutschlands zu vertreten, der – zumindest bis heute – eindeutig der schwächere ist. Für eine Partei der Linken ist es unter dem Gesichtspunkt ihrer Selbstlegitimation und der Rechtfertigung ihres politischen Auftrags von Übel, an Brennpunkten der Benachteiligung und der sozialen Härten überhaupt nicht vertreten zu sein.

Drittens: Gerade der fehlende politische Einfluß der Grünen in Ostdeutschland zeigt deutlich, daß ihre Identität die einer postmaterialistischen »68er« Partei ist. In der DDR hat es ein »1968« nie gegeben, so daß der Postmaterialismus dort eine viel geringere Rolle spielt als im Westen. Daß die Grünen östlich der Elbe faktisch nicht präsent sind, bestätigt den zutiefst westlichen (und bundesrepublikanischen) Charakter dieser Partei und scheint für sie und ihre Anhänger eines der letzten Indizien dafür zu sein, daß die Grünen trotz aller Erfolge den Charakter einer Milieupartei noch nicht überwunden haben. Ihre geringen Wahlerfolge in den fünf neuen Ländern weisen auch darauf hin, daß das grüne Verständnis von progressiver Politik ausschließlich westlich geprägt ist und für die zumeist »materialistischer« eingestellten Ostler wenig Anziehungskraft besitzt.

*Die FDP*: Das Verhältnis zu dieser Partei gestaltet sich für die Grünen ziemlich unproblematisch. Erstens ist die FDP als funktionsfähige Partei keineswegs von der politischen Bühne Deutschlands verschwunden. Sie regiert weiterhin in Bonn mit, und es ist durchaus möglich, daß sie der Wahlhelfer der CDU bleibt und Kohl nach den Wahlen von 1998 zu einer weiteren Amtsperiode verhilft. Aber die FDP ist mittlerweile tatsächlich mehr zu einem Kanzlerwahlverein geworden, als eine politische Partei in dem in Europa üblichen Sinne zu sein. Vor allem gibt es den traditionellen Auftrag der Partei als Repräsentant einer wirklich liberalen Wählerschaft in einer politisch relevanten Weise kaum mehr. Wer in diesem Punkt Zweifel hegen sollte, sei an den Rücktritt von Sabine Leutheuser-Schnarrenberger als Justizministerin erinnert. Sie vertrat diese schwindende FDP-Tradition sehr eindrucksvoll, und es ist Leutheuser-Schnarrenbergers Verdienst, durch ihr Verhalten gezeigt zu haben, daß es diese Integrität selbst in der »hohen Politik« noch gibt. Bei der verzweifelten Suche nach einer neuen Nische im stärker bevölkerten parteipolitischen Raum, die der FDP gelingen muß, wenn sie als Partei überleben will, erhebt ihre alte deutschnationale Tradition wieder ihr Haupt, die seit den Tagen Erich Mendes und seiner Freunde geschlummert hat. Um Alexander von Stahl gruppiert und mit guten Kontakten zu verschiedenen Strömungen der neuen (und nicht so neuen) Rechten, hoffen einflußreiche Kreise der FDP, daß die nationale Frage der Partei die lang ersehnte Wählernische und das politische Profil verschaffen wird, um im nächsten Jahrtausend politisch überleben zu können. Zum Leidwesen vieler Mitglieder dieser neuen FDP ist kein deutscher Jörg Haider am Horizont erkennbar, der die dahinsiechende Partei retten könnte.

Der Liberalismus der FDP hat sich im Laufe der 90er Jahre verzweigt: Seine politischen Dimensionen sind von den Grünen übernommen worden. In Fragen des Schutzes des Einzelnen vor staatlichen Übergriffen, der bürgerlichen Freiheiten, der Menschen- und Bürgerrechte, der Einwanderung und der Staatsbürgerschaft, also in allen Bereichen des klassischen europäischen (im Gegensatz zum amerikanischen) Liberalismus haben sich die Grünen zum weitaus entschiedendsten Verfechter dieser Anliegen entwickelt. Die wirtschaftlichen Dimensionen des Liberalismus wurden, zumindest teilweise, von der Kohl-Regierung sowie von einigen Teilen der CDU übernommen, die sich den marktorientierten Neoliberalismus der FDP zu eigen machten. Als parlamentarischer Vertreter der führenden Wirtschaftsinteressen Deutschlands ist die FDP in diesem Bereich von der CDU fast nicht mehr zu unterscheiden. Kurzum, der politische Abstand zwischen den Grünen und der FDP ist so groß, daß es zwischen diesen beiden politischen Parteien keine besonderen Reibungsflächen gibt. Im Gegenteil: Die Grünen könnten im deutschen Parteigefüge zu einer »linken FDP« werden. Soziologisch gesehen, gab es vorübergehend gewisse Ähnlichkeiten in bezug auf den sozialen Hintergrund der Anhänger der FDP und der Grünen. Beide Parteien zogen eine gut ausgebildete, sehr urbane (und weltoffene) Klientel an, für die persönliche Freiheit und andere mit individuellen Entscheidungsmöglichkeiten zusammenhängende Themen einen hohen Stellenwert hatten. Allerdings gehörten die Anhänger der Grünen hauptsächlich dem dekommodifizierten staatlichen Sektor (als Lehrer, Professoren, Beamte) an, die der FDP jedoch den hochbezahlten Berufen im kommodifizierten Bereich (vorwiegend als Rechtsanwälte und Ärzte). Die Anhänger der ersteren blieben »Hippies«, die für die verstärkte Benutzung von öffentlichen Verkehrsmitteln und Fahrrädern eintraten, während die der letzteren »Yuppies« wurden, die Spaß an ihren »tollen Schlitten« haben.

Aber es ist mehr als dieser gemeinsame soziologische Hintergrund, der dazu führen könnte, daß die Grünen zu den direkten Nutznießern des Niedergangs der FDP werden. Die Grünen haben nicht nur den liberalen Auftrag der FDP übernommen, sondern bereits vom Aderlaß der FDP profitiert, indem sie zur drittstärksten Kraft im deutschen Parteiensystem avanciert und zu potentiell unverzichtbaren Königsmachern geworden sind. Damit sind wir bei den neuerdings häufig beschworenen »schwarz-grünen« Optionen und Möglichkeiten.

*Die CDU/CSU*: Seit dem endgültigen Sieg der Realos über die Fundis zu Anfang der 90er Jahre und zeitgleich mit den offenkundigen Schwierigkeiten der Sozialdemokratie haben verschiedene Kenner der politischen Szene die Idee vorgetragen, daß die politische Landschaft in Deutschland in nicht allzu ferner Zukunft mit »schwarzgrünen« Koalitionen durchsetzt sein könnte. Dem sei hinzugefügt, daß Joschka Fischer den Ruf eines glänzenden Strategen, eines hervorragenden Taktikers und eines Realpolitikers par excellence genießt, dessen Ambitionen auf ein Schlüsselministerium (vorzugsweise das Außenministerium) sich nicht in langfristigen Zeithorizonten bewegen, und daß eine Koalition zwischen CDU/CSU und den Grünen bei den Politprofis zu einem der meistdiskutierten Themen seit der Bundestagswahl von 1994 geworden ist. Die veränderte Parteienlandschaft in Deutschland hält also bislang undenkbare Bündniskombinationen bereit. Folglich muß man die potentielle CDU/CSU-Option der Grünen nicht ausschließlich am Ehrgeiz von Joschka Fischer und seinen Realo-Freunden festmachen. Auch in diesem Fall scheinen von der Struktur zwingendere Impulse auszugehen als vom persönlichen Handeln (was natürlich nicht heißen soll, daß dieses irrelevant ist).

Über eines muß man sich im klaren sein: Nach den Ereignissen der letzten Jahre kann einen in der Politik absolut nichts mehr überraschen. Wenn Yassir Arafat Lea Rabin einen privaten Besuch abstattet, um zum Tod ihres Gatten Yitzhak Rabin zu kondolieren; wenn Nelson Mandela und F.W. de Klerk zusammenarbeiten, um die Apartheid zu beenden und in Südafrika eine Demokratie zu errichten; wenn Theo Waigel sich beim Konzert der Rolling Stones im August 1995 in München besonders bei dem Song »Jumpin' Jack Flash« begeistert im Takt wiegt, dann scheint ein Bündnis zwischen den Grünen und der CDU gar nichts Ausgefallenes und nur eine Frage der Zeit zu sein.

Es hat ja immer bestimmte Gemeinsamkeiten zwischen den politischen Auffassungen der Grünen und der Christdemokraten gegeben, die ein formales (oder auch nur stillschweigendes) Bündnis zwischen diesen beiden vielleicht sonderbar, aber nicht unplausibel erscheinen lassen.

Beispielsweise gibt es eine grundlegende Affinität zwischen der Basisdemokratie und der Politik und Programmatik der »Subsidiarität« sowohl in Deutschland als auch auf europäischer Ebene. Aus unterschiedlichen Gründen ziehen die CDU/CSU und die Grünen eine dezentralisierte Sozialpolitik dem von der Sozialdemokratie favorisierten Etatismus vor. Auch in manchen Fragen des »Wertkonservatismus« (wie z.B. dem Erhalt bestimmter bodenständiger Elemente der deutschen Kultur) stehen die Grünen den Christdemokraten näher als den Sozialdemokraten. Auch in der Außenpolitik gab es in letzter Zeit Fragen – die wichtigsten waren die Unabhängigkeit Sloweniens und Kroatiens 1991 sowie die Ereignisse in Bosnien –, bei denen ein Teil der Grünen Optionen und Präferenzen erkennen ließ, die mit den Ansichten der CDU/CSU stärker übereinzustimmen schienen als mit denen vieler Sozialdemokraten. Das grüne Eintreten für die Unabhängigkeit Sloweniens und Kroatiens Ende 1991 war durch eine völlig andere normative Präferenzstruktur bedingt als bei der CDU. Während die außenpolitischen Ansichten der Grünen durch eine übermäßige Portion Neo-Wilsonianismus bestimmt und insbesondere auf die Selbstbestimmung unterdrückter Völker ausgerichtet waren, bedeutete der Zerfall Jugoslawiens für die Unionsparteien – insbesondere für die CSU – einen weiteren Schlag gegen den Kommunismus. Er bot eine willkommene Gelegenheit, deutsche Macht auf dem europäischen Schauplatz generell, besonders aber in einer Region zur Geltung zu bringen, an der die deutschen Konservativen schon immer interessiert waren. Welche Gründe und ausgeprägten Unterschiede in der Motivation es auch geben mag, so wie der Liberalismus eine starke Gemeinsamkeit zwischen Grünen und FDP schuf, haben bestimmte Aspekte der Sozialpolitik, der Außenpolitik und ein allgemeines Verständnis vom Verhältnis zwischen Staat und Gesellschaft zumindest eine konzeptionelle Affinität zwischen der CDU/CSU und den Grünen entstehen lassen. Sie ist zwar längst nicht so stark wie die mittlerweile traditionellen Beziehungen zwischen den Grünen und der SPD, könnte aber – unter den richtigen politischen Bedingungen – die Grundlage für einen »schwarz-grünen« Dialog abgeben, der womöglich zu dem stigmatisierten, aber keineswegs undenkbaren Konstrukt einer »schwarz-grünen« Koalition führt.

*Die PDS*: Das Verhältnis der Grünen zur PDS läßt sich im Kontext der Besonderheiten der ostdeutschen Parteienlandschaft analysieren. Sie ist das Produkt pathologischer Entwicklungen in einer totalitären Vergangenheit, der Übertreibungen und Verzerrungen der letzten Jahre der Ostpolitik, der (demographisch und geographisch) ungleichen Verteilung des Widerstands gegen das SED-Regime und der Besonderheiten der Angliederung der früheren DDR an die Bundesrepublik und läßt wenig Raum für die Grünen.

Hinsichtlich Wählerschaft, Ideologie und Parteistruktur weisen der Osten und der Westen erhebliche Unterschiede auf. Die westlichen Christdemokraten und die FDP verschmolzen (im Gegensatz zu den Grünen und zur West-SPD) mit den Ost-Parteien, die in der früheren DDR lange Juniorpartner des regierenden »antifaschistischen Blocks« gewesen waren. Die politischen Neigungen und Sensibilitäten der Mitglieder der alten Ost-Parteien unterscheiden sich beträchtlich von denen im Westen. Folglich haben der Ost- und der Westflügel dieser Parteien zuweilen stark abweichende politische Positionen vertreten. Darüber hinaus hat sich gezeigt, daß das Abhängigkeitsverhältnis unter den verschiedenen sozialen Formationen in der DDR mindestens ebenso ausschlaggebend für die Parteimitgliedschaft und das Wahlverhalten ist wie die Ideologie. Wenn eine ostdeutsche soziale Gruppe in eine politische Partei ging, schlossen sich viele ihrer traditionellen Gegner der politischen Nemesis dieser Partei ohne Rücksicht auf ideologische Vereinbarkeit an. Das Ergebnis war ein zweifaches. Erstens hat die Fortdauer der östlichen Politikmuster und Feindseligkeiten die innere Kluft zwischen den östlichen und westlichen Zweigen der Parteien von der CDU und FDP bis hin zu den Grünen und der SPD vertieft. Zweitens hat die besondere Struktur der politischen Landschaft in Ostdeutschland dazu geführt, daß sich die ideologischen und soziologischen Pendants der West-Grünen über eine Vielzahl von Parteien im östlichen politischen Spektrum verteilt haben und der alternativen Partei keine andere Wahl gelassen haben, als mit der Ost-Partei (d.h. Bündnis 90) zusammenzugehen, die sich in vielerlei Hinsicht von ihr unterschied.

Die östliche Sozialdemokratie ähnelt den West-Grünen weitaus mehr als irgendeine andere Partei in den neuen fünf Ländern. Im Gegensatz zur West-SPD ist die Ost-SPD eine Milieupartei. Sie ging aus einem engen Spektrum von Dissidenten mit Stützpunkten in der Lutherischen Kirche, der Bürgerrechtsbewegung, nicht zugelassenen Friedens- und Umweltgruppen hervor, die nicht zum Mainstream der DDR-Gesellschaft gehörten. Die Ost-CDU hat dagegen große Teile der Arbeiterklasse angezogen, die in Westdeutschland traditionell SPD wählten und dies – mit wichtigen Ausnahmen – immer noch tun. Vier Jahrzehnte Kommunismus haben viele Arbeitnehmer im Osten, besonders in Sachsen und Thüringen, die den Hauptteil der Gelder aufbrachten, die das SED-Regime dann mit vollen Händen für Berlin ausgab, dazu gebracht, jetzt, da sie frei wählen konnten, für keine Variante des Sozialismus zu stimmen. Die FDP hat in Ostdeutschland keine natürliche Wählerschaft; der Kommunismus zerschlug östlich der Elbe die Klasse der Privatunternehmer, und diejenigen, die sich für Bürgerrechtsfragen interessierten, wandten sich unterdessen anderen Gruppierungen zu. Obwohl bei den jungen Wählern in Westdeutschland die Wahrscheinlichkeit, grün zu wählen, nicht annähernd so groß ist wie bei ihren Eltern aus der 68er-Generation, wählt doch ein relativ hoher Prozentsatz die Grünen. Der PDS ist es dagegen gelungen, bei der Ost-Jugend viele Wähler zu gewinnen. Die Parteifunktionäre um den charismatischen Rechtsanwalt Gregor Gysi haben mit zahlreichen kreativen Kampagnen große Teile der Ost-Jugend davon überzeugen können, daß die PDS nicht nur die Partei ist, die ihre Interessen am besten vertritt, sondern daß sie auch die »coolste« Partei in der deutschen Politik ist. Dies hat den Grünen in Ostdeutschland den politischen Elan genommen, der die Partei im Westen einst beflügelte, insbesondere in den ersten Jahren, als die Grünen zweifellos die »coolste« Partei der Bonner Republik waren.

Schließlich vereinigten sich die West-Grünen mit dem Bündnis 90 und der viel kleineren grünen Ost-Bewegung. Auf den ersten Blick scheinen sie recht gut zusammenzupassen, aber bei näherem Hinsehen werden beträchtliche Unterschiede sichtbar. Ein großer Teil der Mitglieder vom Bündnis 90 hat politische Sensibilitäten, die denen der West-FDP weitaus ähnlicher sind als den Auffassungen der West-Grünen. Aufgrund ihrer Erfahrungen mit dem SED-Regime empfinden viele Mitglieder vom Bündnis 90 eine starke Abneigung gegen den Sozialismus. Aus diesem Grund standen sie der auf Regierungsbeteiligung ausgerichteten Politik immer wesentlich kritischer und der Ausweitung der Privatsphäre immer wesentlich positiver gegenüber als die meisten West-Grünen. Dies steht in starkem Gegensatz zu den West-Grünen, von denen die meisten eine gewisse Sympathie für die marxistisch angehauchten Visionen der Neuen Linken hegen. Viele Mitglieder vom Bündnis 90 meinen, daß die Schaffung von Arbeitsplätzen in Ostdeutschland zumindest im Augenblick Vorrang vor einer Ausweitung der Umweltschutzbestimmungen haben sollte. Auch dies steht in starkem Gegensatz zu den West-Grünen, die die Sanierung der ostdeutschen Wirtschaft als ideale Gelegenheit betrachteten, um Umweltbelange direkt in den Produktionsprozeß zu integrieren. Große Meinungsverschiedenheiten zwischen den Ost- und den West-Grünen gibt es auch in der Frage der Interpretation des Pazifismus, wobei die ersteren im Vergleich zu der Rigidität der letzteren in dieser Frage viel gemäßigtere Positionen einnehmen und mehr Augenmaß beweisen. Diese Differenzen (und persönliche Animositäten und Rivalitäten) erklären unter anderem, warum die Gespräche über die Vereinigung so schwierig waren und warum der Brandenburger Zweig vom Bündnis 90 die Verschmelzung mit den Grünen ablehnte und als unabhängige Splitterpartei weiterbesteht.

Diese zahlreichen Unterschiede zwischen der politischen Landschaft in Westdeutschland und in Ostdeutschland erklären weitgehend, warum die Grünen außerstande sind, nennenswerte Einbrüche in die ostdeutsche Wählerschaft zu erzielen. Sie erklären auch bis zu einem gewissen Grad den Einfluß der PDS bei den ostdeutschen und insbesondere bei den jungen Wählern.

Obwohl sich die PDS erheblich von den Grünen unterscheidet, besetzt sie ein Terrain, das dem der Grünen in Ostdeutschland so nahe kommt, daß die Aussichten auf Wahlerfolge für die grüne Partei in naher Zukunft keineswegs rosig sind. Die PDS spielt eine ähnliche Rolle wie die kommunistischen Parteien in Frankreich und Italien in den 70er Jahren, denen es gelang, genau den politischen Raum auszufüllen, den in der alten Bonner Republik die Grünen und ihre diversen Vorläufer ausfüllten. Überdies hat die PDS, die fast per definitionem eine regionale und folglich Nischenpartei ist, begonnen, eine Flexibilität und Anpassungsfähigkeit zu zeigen, die der großen SPD als Volkspartei nicht ansatzweise gelang, als die Grünen Ende der 70er und Anfang der 80er Jahre die politische Bühne betraten. Das bedeutet, daß die Grünen zum ersten Mal in ihrer 16jährigen Geschichte in praktisch jeder Frage von einer anderen Partei, in diesem Fall von der PDS, überholt werden kann. Da diese Dynamik nur im wesentlich kleineren Teil Deutschlands zum Tragen kommt, könnten die Grünen sie ignorieren. Aber zum Glück ist das mit ihrer Weltsicht und ihrem Selbstverständnis unvereinbar. Es ist aufschlußreich, daß die Grünen dem Bündnis 90, also dem entschieden kleineren und weniger bedeutenden Flügel der Partei, den ersten Platz in ihrem Doppelnamen eingeräumt haben. Das ist kein Zufall. Es zeugt davon, daß die Grünen ein schwächeres Gebiet respektieren und einbeziehen, das sie keinesfalls aufgeben wollen. Das ist ihnen hoch anzurechnen. Doch wird der anhaltende Einfluß der PDS in Ostdeutschland den Grünen in absehbarer Zukunft noch große Kopfschmerzen bereiten.

## Die Bewegung

In diesem Bereich haben die Grünen ein beachtliches Vermächtnis hinterlassen. Die politische Präsenz der Grünen – sowie die ihrer zahlreichen Vorläufer und Nachfolger – hat dazu beigetragen, Form und Inhalt der deutschen, ja, der europäischen Linken in einem vor 15 Jahren kaum vorstellbaren Maße zu verändern. Der Beitrag der Grünen zu dieser Veränderung des Wesens und der Identität der europäischen Linken bestand vor allem darin, daß der Ökologie absolute Priorität eingeräumt wurde. Vergessen wir nicht, daß für die beiden Hauptrepräsentanten der traditionellen europäischen Linken – Sozialdemokratie und Kommunismus – der technische Fortschritt fast einem Glaubensbekenntnis gleichkam: Lenin rühmte den Taylorismus, und konservative Sozialdemokraten priesen den Fordismus; Ernst Bloch hob die Vorzüge der Atomenergie hervor; und Lichterfelde spricht für sich selbst. Kurz gesagt, ökologische Belange standen nicht gerade an der Spitze der Agenda der europäischen Linken sozialdemokratischer oder kommunistischer Prägung.

Die Veränderung war fundamental. In einem Zeitraum von zehn Jahren – etwa zwischen 1973 und 1983 – veränderten die Grünen und ihre direkten Vorläufer die Grundsätze der deutschen und europäischen Linken, indem sie der Ökologie die unangefochtene Vorrangstellung am geistigen, ideologischen und programmatischen Firmament der Linken verschafften.[5] Man kann heute in Europa (oder auch in den Vereinigten Staaten) kein Linker sein und ökologische Fragen mißachten, und noch weniger kann man ein produktivistisches Credo vertreten, das bis zur Mitte der 70er Jahre für die alte Linke kennzeichnend war. Obwohl es in der deutschen und europäischen Linken viele Meinungsverschiedenheiten und wenige Gemeinsamkeiten gibt, gehört die Pro-Ökologie-Einstellung mit all ihren Facetten zu den wenigen gemeinsamen Glaubenssätzen.

Die Gründe für die innerlinke Harmonie in dieser Frage liegen teilweise in der Tatsache, daß zumindest das Lippenbekenntnis vom Primat der Ökologie zu einem Credo geworden ist, über das praktisch in der gesamten europäischen Politik ein Konsens besteht. Die Grünen haben es geschafft, den Mainstream und das Establishment der deutschen Politik derart zu verwandeln, daß sie ökologisches Bewußtsein und ökologische Wachsamkeit pflegen. Jeder erhebt heute in Deutschland den Anspruch, umweltbewußt, wenn nicht gar umweltfreundlich zu sein, und ein überraschend hoher Prozentsatz der Deutschen ist es auch. Das Land hat weltweit mit die strengsten Umweltschutzgesetze. Dem Umweltschutz ablehnend gegenüberzustehen, ist gleichbedeutend mit politischem Selbstmord (vielleicht mit der einzigen Ausnahme, daß es weiterhin kein Tempolimit auf der Autobahn geben wird – freie Fahrt für freie Bürger). Greenpeace ist zwar international bekannt und hat in vielen Ländern Büros, aber in Deutschland ist die Organisation am bekanntesten; und die Entsorgung der Ölplattform Brent Spar durch Royal Dutch-Shell 1995 in der Nordsee löste in der deutschen Öffentlichkeit mehr Empörung und Protest aus als die Massenmorde im jugoslawischen Bürgerkrieg, mit Ausnahme von Srebrenica im Sommer 1995, als der Krieg ein vorläufiges Ende fand und die brutalsten Verbrechen der »ethnischen Säuberungen« schon lange geschehen waren. Die angeblichen (und potentiellen) ökologischen Katastrophen des Golfkrieges riefen in Deutschland eine größere Besorgnis hervor als in jedem anderen Land der Welt (und beunruhigten die deutsche Friedensbewegung stärker als beispielsweise die potentielle Tötung von Juden durch irakische Raketenangriffe auf Israel). Der Erfolg der Grünen an der Ökologiefront ist beeindruckend: In einem Zeitraum von zwei Jahrzehnten haben sie den öffentlichen Diskurs sowie das Verhalten und die Einstellung der Deutschen zu allen ökologischen Belangen verändert – eine imponierende Leistung.

Ein gemischteres Bild ergibt sich, wenn man den Beitrag der Grünen zum »sozialen« Teil ihres vierfachen Credos betrachtet. Hier war ihr Einfluß auf die Output-Seite der deutschen Politik wesentlich weniger eindrucksvoll als im Bereich der Ökologie. Die von ihnen ausgehende »Ansteckung« – um den treffenden Ausdruck von Maurice Duverger zu gebrauchen – war im sozialen Bereich erheblich geringer. Damit soll nicht gesagt werden, daß die Grünen ihr Engagement für soziale Gerechtigkeit und Gleichheit aufgegeben haben. Es sei auf drei Dinge hingewiesen: Erstens, daß der Inhalt von »sozial« viel verschwommener ist als der von »ökologisch«; zweitens, daß dieses Politikfeld lange vor dem Aufkommen der Grünen besetzt war. So waren die Grünen in diesem Bereich Neuankömmlinge (um nicht zu sagen: Nachzügler) und keine Neuerer wie auf dem Gebiet der Ökologie; und drittens, daß die Grünen hier auf ungleich stärkeren Widerstand von seiten ihrer politischen Konkurrenten gestoßen sind als in Ökologiefragen, die geeignet waren, von den meisten anderen politischen Akteuren übernommen zu werden.

Es gab drei große Auseinandersetzungen, bei denen in letzter Zeit (d.h. nach 1990) Fragen der sozialen Gerechtigkeit im Mittelpunkt der Diskussion standen: der Status von Ausländern in Deutschland; die Deregulierung und Flexibilisierung zur Stärkung der deutschen Wettbewerbsfähigkeit (die Kontroverse um den Standort Deutschland) und natürlich soziale Gerechtigkeit und Gleichheit für die Bürger der früheren DDR.

In der ersten Auseinandersetzung nahmen die Grünen die bei weitem radikalste und solidarischste Position ein; sie wollten die volle Staatsbürgerschaft auf alle in Deutschland lebenden Ausländer ausdehnen, die den Wunsch hatten, Deutsche zu werden. Außerdem machten sich die Grünen für ein Einwanderungsgesetz nach amerikanischem Vorbild stark, das den Einwanderern die klare Perspektive böte, nach einer bestimmten Zeit die deutsche Staatsbürgerschaft zu erhalten. Und schließlich verteidigten die Grünen weiterhin uneingeschränkt Artikel 16 des Grundgesetzes, der jedem politisch Verfolgten praktisch unbegrenzten Zugang nach Deutschland gewährte. Die Grünen blieben entschlossene Verfechter dieses verfassungsmäßigen Rechtes auf Asyl, besonders im Licht der Vorschläge der drei etablierten Parteien, die dieses Recht deutlich beschneiden wollten, ohne ein Einwanderungsgesetz zu verabschieden. Nach dem schändlichen Umfallen der SPD in dieser Frage war die solidarische Einstellung der Grünen zu den zahlreichen Asylsuchenden und Flüchtlingen, die in Deutschland immer noch in Notunterkünften leben, wenig mehr als eine edle moralische Geste. Im Gegensatz zum Thema Ökologie scheint nur wenig Aussicht zu bestehen, daß die Grünen als entscheidender Katalysator für eine Liberalisierung der deutschen Politik gegenüber Asylsuchenden, Einwanderern und Ausländern fungieren werden. Offensichtlich ist es in Deutschland leichter, einen politischen Konsens über die Abfalltrennung zu finden als über eine Politik der Aufnahme und Integration von Ausländern, Einwanderern und Asylsuchenden. Das Eintreten der Grünen für soziale Gerechtigkeit und Gleichheit hat in diesem Bereich keine politisch bedeutsamen Bündnisse schaffen können, die über die rein symbolische Geste kerzentragender Menschenketten hinausgingen. Nachdem sich die Sozialdemokraten von diesem Thema verabschiedet haben, bleibt diese »soziale« Position der Grünen moralisch lobenswert, aber politisch irrelevant.

Hinsichtlich der Liberalisierung bestimmter Bereiche der deutschen Wirtschaft und der tarifvertraglichen Regelungen sowie einer größeren Flexibilität in solchen Fragen wie den Ladenschlußzeiten ist die Position der Grünen weiterhin verschwommen und widersprüchlich, was sich in den unterschiedlichen Auffassungen widerspiegelt, die von ihren diversen Wählerschichten vertreten werden. Während beispielsweise die wirtschaftspolitische Fraktionssprecherin der Grünen, Margareta Wolf, die Schlußfolgerungen und Empfehlungen einer Untersuchung des Münchner Ifo-Instituts begrüßte, die die sozialen und wirtschaftlichen Vorteile von Ladenöffnungszeiten bis 22 Uhr an Werktagen hervorhob, kritisierte die Arbeitsmarktexpertin Marie-Luise Beck diese Idee als einen Versuch, »alle Schamgrenzen zu beseitigen, um die Gesellschaft den Gesetzen des Konsums zu unterwerfen.«[6] Für manche Grüne meint »sozial« hier (wie in ähnlichen Fällen) die volle Unterstützung der Gewerkschaftsposition, die im wesentlichen auf eine uneingeschränkte Verteidigung des Status quo hinausläuft. Jede Liberalisierung und Flexibilisierung bedeutet vor allem einen Verlust von beträchtlichen Dekommodifizierungsgewinnen, die die Gewerkschaften den viel mächtigeren Kräften des Kapitals in jahrzehntelangen schweren Kämpfen abgerungen haben. Diese grünen Traditionalisten sehen die arbeitsfreien Samstage und Sonntage, keine durchgehende Schichtarbeit und die Beibehaltung der strengen Ladenschlußzeiten als sozialen Besitzstand an, der nicht angetastet werden darf. Andere Grüne dagegen verstehen die Einführung neuer flexibler Regelungen weniger als eine Förderung des Kapitalverwertungsprozesses – wie es diejenigen Verfechter von mehr Flexibilität tun, die man in bestimmten Kreisen der Arbeitgeberverbände, der CDU/CSU und der FDP antrifft – denn als eine Vergrößerung der individuellen Entscheidungs- und Verwirklichungsmöglichkeiten in einer zunehmend regulierten und bürokratisierten Welt. Während die Gewerkschaften des Einzelhandels verständlicherweise gegen zusätzliche Arbeitszeiten an den Abenden oder den Wochenenden sind, finden berufstätige Frauen solche neuen flexiblen Regelungen wahrscheinlich bequem oder sogar notwendig. »Sozial« bedeutet in diesem Fall für verschiedene Vertreter der Grünen je etwas anderes.

Im dritten sozialen Schlüsselbereich wurden die Grünen durch die wachsende Bedeutung der PDS »ausgehebelt«, die durchaus mit einer gewissen Berechtigung den Anspruch erhebt, das authentische Sprachrohr der Ostdeutschen zu sein, die unzufrieden und sozial benachteiligt sind. Auch hier haben die Grünen soziale Diskrepanzen erfaßt und sich für die Benachteiligten eingesetzt. Schließlich heißt die Partei jetzt »Bündnis 90/Die Grünen«; daß der ostdeutsche Teil der Partei vor dem westlichen genannt wird, obwohl die West-Grünen ein überwältigendes zahlenmäßiges Übergewicht haben, zeugt davon, wie sensibel die Partei für die Tatsache ist, daß die Ostdeutschen die Benachteiligten sind und daher besonderen Respekt verdienen. Außerdem ist bekannt, daß die Ostdeutschen in der Parteiführung eine wichtige Rolle spielen, obwohl die Partei – wie schon erwähnt – im Osten dürftige Wahlergebnisse hatte. Demnach ist das soziale Engagement der Partei aufgrund der Schwäche der Grünen und des Gewichts der PDS im Osten nicht voll zum Tragen gekommen.

Was die »Basisdemokratie« betrifft, so fiel sie den Erfordernissen einer effizienten modernen Partei in der immer stärker von Konkurrenz geprägten liberalen Demokratie zum Opfer. Der bekannteste Grünen-Experte, Joachim Raschke, meint, daß die »Basisdemokratie« im großen und ganzen aus der Welt der Grünen verschwunden sei.[7] Nachdem das Rotationsprinzip aufgegeben wurde, um Kontinuität in Führungspositionen zu gewährleisten und um den Menschen die Namen und Gesichter von führenden grünen Persönlichkeiten in einer fernsehbeherrschten Gesellschaft einzuprägen, ist ein Schlüsselelement des ursprünglichen Anti-Michel-Impulses und der Überzeugungen der Bewegung verschwunden. Bald darauf gaben die Grünen zwar nicht de jure, aber de facto das »imperative Mandat« auf, ein weiterer Mechanismus, der dafür sorgen sollte, daß die Parteiführung durch die Basis der Bewegung kontrolliert wurde. Zweifellos gibt es in der heutigen grünen Partei immer noch wichtige radikaldemokratische Elemente aus der Zeit der Bewegung. Zu den bedeutendsten gehört die Praxis, keine Ämterhäufung bei grünen Aktivisten zuzulassen, so daß es weiterhin eine strikte Trennungslinie zwischen den Inhabern von Wahlämtern und Parteifunktionären gibt. In keiner anderen Partei in Deutschland gibt es bei den Spitzenpolitikern und Eliten auch nur annähernd eine solche demokratische Beschneidung der Macht. Und da die Grünen wenige Mitglieder haben (45 000 in einem Land mit 80 Millionen Einwohnern), sind ihre Wähler, nicht ihre Mitglieder ihre wirkliche Basis. Dieses »Amateurtum« verleiht der Partei eine zusätzliche demokratische Dimension, da nicht die Parteimitglieder und Funktionäre das Sagen haben, wie es für alle anderen deutschen Parteien, mit Ausnahme vielleicht der FDP, kennzeichnend ist.

Jetzt wenden wir uns dem letzten wichtigen Element grüner Identität zu – dem Pazifismus bzw. der Gewaltfreiheit. Vorher ist jedoch eine kurze Bemerkung über den Feminismus, die Grünen und die Linke angebracht. Der Feminismus ist wie die Ökologie zu einem wesentlichen Bestandteil des linken Glaubensbekenntnisses in Deutschland und vielen entwickelten Industriegesellschaften geworden, wenngleich nicht überall – wie das faszinierende Beispiel Frankreich zeigt, wo »Feminismus« auch in linken Kreisen wenig mehr als ein Schimpfwort ist. Für die Grünen war jeder Aspekt dieses wichtigen progressiven Projekts von zentraler Bedeutung, das seinem Wesen nach ein linkes Projekt ist: zum einen wegen der ihm innewohnenden egalitären Werte und zum anderen, weil es einer bislang machtlosen Gruppe Kompetenz und Einfluß verleiht und für ihre emanzipatorische Einbeziehung in die menschliche Gesellschaft kämpft. Zweifelsohne gibt es bestimmte Erscheinungsformen des Feminismus, die alles andere als universalistisch, emanzipatorisch und links sind. Viele solche »Abweichungen« gab es auch in der auf die Arbeiterklasse ausgerichteten Politik. Aber die folgende Verallgemeinerung scheint zutreffend zu sein: Bestand die wichtigste Mission und das wohl erfolgreichste Projekt der »alten« Linken in der Humanisierung der Lebensbedingungen der Industriearbeiter, so will die »neue« Linke das gleiche für die Frauen als Gruppe und nicht nur für einzelne Bürgerinnen erreichen. In der Bundesrepublik haben die Grünen in allen Bereichen des feministischen Projekts Pionierarbeit geleistet: im Bereich der Ideologie, der programmatischen Erklärungen, der Sprache, des äußeren Erscheinungsbildes, der Stellenvergabe, der Frauenförderung, der Reservierung von Führungspositionen für Frauen, der Aktivierung von Frauen, der Durchsetzung konkreter politischer Maßnahmen; die Grünen können zu Recht für sich in Anspruch nehmen, daß sie an vorderster Front für die Emanzipation und Gleichheit der Frauen kämpfen, so wie sie an vorderster Front für alle ökologischen Belange kämpfen. Man mag über Einzelheiten und über die angewandten Mittel diskutieren, aber der Inhalt des Projekts, sein Ziel scheint unangefochten zu sein. Dies ist eine beachtliche Leistung.

Um so befremdlicher ist es, daß dieses durch und durch emanzipatorische Milieu ohne nennenswerten Widerstand und ohne lautstarken Protest hinnimmt, daß in den Schriften und in den öffentlichen Erklärungen einiger ihrer Protagonistinnen ein kaum verhüllter Antisemitismus zum Ausdruck kommt. Wir möchten nicht mißverstanden werden. Wir behaupten *in keiner Weise*, daß der deutsche Feminismus antisemitisch sei; auch nicht, daß die deutschen Feministinnen antisemitisch seien. Aber wir sind verblüfft und bestürzt über den antisemitischen Inhalt *einiger* Schriften von *einigen* ziemlich prominenten deutschen Feministinnen und auch über das faktische Fehlen jeglicher Kritik an diesen Schriften von seiten anderer prominenter Repräsentantinnen der deutschen Frauenbewegung.

Seit der Veröffentlichung der englischen Fassung unseres Buches haben wir uns mit den hervorragenden Arbeiten von einigen feministischen Wissenschaftlerinnen, insbesondere von Susannah Heschel und Dagmar Herzog, vertraut gemacht, deren Ausführungen über die Schriften einiger bedeutender deutscher Feministinnen und über manche Aspekte des feministischen Denkens in Deutschland Beunruhigendes zutage fördern.[8] Wir meinen hier insbesondere den Versuch, die Ursprünge und die Institutionalisierung des Patriarchats sowie die Schaffung und Aufrechterhaltung der patriarchalen Mentalität den Juden anzulasten; den Nationalsozialismus – als Inbegriff des Patriarchats – im wesentlichen als die logische Folge des Judaismus zu betrachten (als hätten sich die Juden Auschwitz gleichsam selber eingebrockt); und die Shoah dadurch zu relativieren, daß die Frauen (vor allem die deutschen Frauen) zu den eigentlichen Opfern des Nationalsozialismus erklärt werden.[9] Diese Themen finden sich in verschiedenen Varianten und mit unterschiedlicher Gewichtung in den Schriften von bekannten feministischen Denkerinnen wie Helke Sander, der Heldin der 20. SDS-Delegiertenkonferenz am 13. September 1968[10]; Gerda Weiler[11], Gisela Bock[12] und Christa Mulack[13]. Leserbriefe, Artikel, Leitartikel und andere Beiträge in *Emma*, *Publikforum* und *Schlangenbrut* haben in den 80er und 90er Jahren bestätigt, daß diese Ansichten von einem wesentlich größeren Teil der deutschen Feministinnen als nur von den genannten Autorinnen vertreten werden. Es gab zweifellos auch wichtige Stimmen im deutschen Feminismus und unter feministischen Wissenschaftlerinnen, die diesen Auffassungen entgegentraten, wobei vor allem Karin Windaus-Walser und Leonore Siegele-Wenschkewitz zu nennen sind.[14] In diesem Zusammenhang möchten wir auch die ausgezeichnete Arbeit einiger deutscher Feministinnen hervorheben, die von einer führenden amerikanischen Expertin auf dem Gebiet des deutschen Feminismus als »antirassistische Feministinnen«[15] bezeichnet wurden, nämlich Dagmar Schultz[16], Ika Huegel[17] und Sabine Broeck[18]. Man hätte gehofft, daß der Begriff »antirassistische Feministin« in einer progressiven gesellschaftlichen Bewegung wie dem Feminismus ein Oxymoron wäre, aber dies scheint in Deutschland leider nicht der Fall zu sein. Darüber hinaus haben wir den Eindruck, daß diese kritischen Gegenstimmen der »antirassistischen Feministinnen« und diejenigen, die gegen den Antisemitismus des deutschen Feminismus auftreten, gegenüber den allgemein akzeptierten Ansichten in der Gemeinde der feministischen Aktivistinnen und Autorinnen eine Minderheit darstellen. Doch die Autorinnen, die diese antisemitischen Ansichten vertreten haben, sind von der feministischen Gemeinde in Deutschland nicht getadelt, mit Sanktionen belegt, gemieden, zurechtgewiesen, kritisiert, korrigiert oder in irgendeiner Weise für nicht salonfähig erklärt worden. Trotz der verschiedenen Konferenzen, die Anfang der 90er Jahre in mehreren deutschen Städten zum Thema Rassismus, Antisemitismus und Ausländerfeindlichkeit in der deutschen Frauenbewegung stattgefunden haben, gibt es auf diesem Gebiet noch immer ein ohrenbetäubendes Schweigen. Obwohl es sich um eine nicht beweisbare Annahme handelt, stellen wir die Hypothese auf, daß die Schriften dieser feministischen Denkerinnen auf eine viel schärfere und lautere Kritik von seiten der feministischen Gemeinde gestoßen wären, wenn solche feindseligen Ansichten über irgendeine andere Gruppe als über die Juden geäußert worden wären.

Im Antisemitismus von Teilen der deutschen feministischen Bewegung zeigt sich die Ambivalenz der deutschen Linken gegenüber den Juden und dem Antisemitismus, die eines der Hauptthemen unseres Buches ist. Da wir den Feminismus als integralen Bestandteil, ja als Wesensmerkmal der heutigen Linken in Deutschland und anderen Ländern betrachten, halten wir es für ein Versäumnis, daß wir das Problem des Antisemitismus des deutschen Feminismus in der englischen Fassung unseres Buches ausgespart haben. Wir haben bereits dafür gesorgt, daß dieses Versäumnis in dessen nächster Auflage korrigiert wird. Antisemitische Vorstellungen kommen nicht nur in den Schriften deutscher Feministinnen vor. Sie finden sich auch in feministischen Schriften in den Vereinigten Staaten, Großbritannien und Frankreich, wenngleich wesentlich versteckter. Vor allem werden diese Schriften selten, wenn überhaupt, mit bestimmten Ereignissen aus der jeweiligen Geschichte dieser Länder verknüpft und bleiben dadurch weitgehend auf die Anspielung beschränkt, daß die Juden die Begründer des modernen Patriarchats seien (bzw. dieses erst institutionalisiert und modernisiert hätten).[19] Die Situation in Deutschland ist entschieden anders.[20] Und auch hier, wie in so vielen anderen Fällen, ist der Unterschied eindeutig durch den Holocaust bedingt. Indem die Deutschen von der Verantwortung für das Patriarchat freigesprochen werden und sie auf ein fremdes Element, d.h. auf die Juden, abgewälzt wird, sprechen diese feministischen Auffassungen letztlich die deutschen Männer von der Verantwortung für die Frauenfeindlichkeit frei und machen sie, genau wie die Frauen, zu Opfern der Juden, denen man schon immer leicht alles Mögliche anlastete. Die deutschen Männer sind somit letztlich nicht für den Holocaust verantwortlich, da auch sie Opfer der Juden sind. Das wär's also: Die deutschen Frauen retten das Gewissen aller Deutschen!

## Die Programmatik

So wie die konsequente ökologische Ausrichtung und die Unbedingtheit in Umweltfragen fast 20 Jahre lang die grüne Identität ausgemacht haben, so auch der Pazifismus und die Gewaltfreiheit. Pazifismus und Gewaltfreiheit der Grünen nahmen viele Formen an, die wichtigsten: ihre vehemente Ablehnung der NATO, ihr strikter Neutralismus und ihr Eintreten für die Blockfreiheit, ihre lautstarke Kritik an der Bundeswehr in ihrer derzeitigen Struktur, ihr Einsatz für zivile Verteidigung als das beste Mittel zum Schutz Deutschlands und Europas vor potentiellen Feinden, ihre strikte Ablehnung jeglicher Intervention der Großmächte in irgendeinem Land der Welt (wobei die Kritik der Grünen an den Vereinigten Staaten immer schärfer war und mehr an Haß und Verachtung grenzte als ihre vergleichbaren Einschätzungen der sowjetischen, später russischen Abenteuer), ihre eindeutige Gegnerschaft zur Stationierung von Atomwaffen auf deutschem Boden und ihre Ablehnung eines möglichen militärischen Einsatzes der Deutschen außerhalb deutschen Territoriums. Der letztgenannte Punkt war ein so selbstverständliches Tabu für die Grünen und das linke Milieu in Deutschland, daß es von Anfang bis Mitte der 90er Jahre nur sehr wenige Diskussionen über dieses Thema gab. Deutsche Militäreinsätze »out of area« waren nicht nur für die Grünen und die Linke, sondern für fast alle Teile der deutschen Gesellschaft und der politischen Klasse undenkbar, abgesehen vielleicht von den Rechtsaußen der CDU und Teilen der CSU.

Wir haben beschlossen, die Dimension »gewaltfrei« unter der Rubrik Programmatik zu erörtern, weil mit ihr drei Fragen verbunden sind, die über die Identität der Grünen als Partei oder Bewegung hinausgehen. Erstens verdeutlicht sie das sich allmählich verändernde Verhältnis der Grünen zum Staat, zweitens sagt sie etwas über die veränderte Rolle Deutschlands und deutscher Politik im neuen Europa aus, und drittens gewährt sie Einblicke in das sehr wichtige Zusammenspiel von Macht und Demokratie in einem veränderten Deutschland, das von einem veränderten Europa umgeben ist. Mit anderen Worten, die leidenschaftliche Debatte der Grünen über Gewaltfreiheit zeigt nicht nur, daß sie ihre Identität neu definieren, sondern daß sie als Partei in die anerkannte, »salonfähige« Welt des Establishments eintreten. Wenn der Beitrag der Grünen zur deutschen Politik sowie die Herausbildung ihrer Identität in den 80er Jahren im innenpolitischen Bereich lagen, so wird es in der zweiten Hälfte der 90er Jahre vielleicht einen ähnlichen Kampf um das politische Profil geben, diesmal aber im außenpolitischen Bereich. Das veränderte Spielfeld spiegelt zwei interessante Entwicklungen wider: daß sich Deutschlands Rolle und Stellung in Europa und daß sich die Identität und die Rolle der Grünen in der deutschen Politik gewandelt haben. Die faszinierende Debatte, die die Grünen über den Einsatz von deutschen Soldaten außerhalb der Grenzen der Bundesrepublik führen, ist für uns ein weiteres überzeugendes Indiz dafür, daß die Grünen eine grundlegende Auseinandersetzung stellvertretend für die deutsche Gesellschaft austragen. Nirgends sind die Kollisionen und Konflikte der Geschichte, die kollektive Erinnerung, Schuld, Verantwortung, Fragen der Machtpolitik, die Beziehungen zu anderen Ländern – also die wirklichen Schlüsselfragen der heutigen deutschen Identität und Politik – so intensiv und zugespitzt artikuliert worden wie in den Debatten der Grünen zwischen August und Dezember 1995. Denn hier ging es um eine fundamentale Neuorientierung und Neudefinition eines fast fünfzig Jahre alten Konsenses und Selbstverständnisses bundesrepublikanischer Politik und Identität. Und bezeichnenderweise gab es bei dieser enorm wichtigen und schwierigen Diskussion bei den Grünen keine Gewinner, so wie in dieser Frage in der gesamten deutschen Gesellschaft keine klaren Gewinner auszumachen waren. Zugegeben: Der Tag gehörte Joschka Fischer, und eine solide Mehrheit von grünen Wählern stimmte mit ihm darin überein, daß deutsche Soldaten an internationalen Einsätzen teilnehmen sollen, wenn es sich um besonders dringliche Fälle handelt wie beispielsweise den eindeutigen Völkermord in Bosnien. Aber eine Mehrheit der Delegierten sprach sich auf dem Grünen-Parteitag in Bremen gegen diese Politik aus. Auch weiterhin ist eine Mehrheit der Parteiaktivisten – die eine im linken deutschen Milieu vorherrschende Meinung zum Ausdruck bringen – gegen eine solche Politik und lehnt jeden Einsatz von deutschen Soldaten unter welchem Vorzeichen und unter welchen Umständen auch immer strikt ab. In dieser Auseinandersetzung standen sich zwei diametral entgegengesetzte Interpretationen gegenüber, welche Lehren aus der Zeit des Nationalsozialismus zu ziehen seien (wir finden es ärgerlich, daß im linken deutschen Milieu noch immer viel zu häufig der allgemeinere Begriff »Faschismus« verwendet wird): daß Brutalität letztlich nur der Gewalt weicht (der Nationalsozialismus wurde durch Waffen und nicht durch Beschwichtigung besiegt) und daß die Deutschen nach Auschwitz die besondere Verpflichtung haben, der Brutalität nötigenfalls mit Waffen entgegenzutreten; daß Krieg und der Einsatz von Gewalt nie akzeptable Mittel für eine legitime Politik sind, insbesondere nicht für die Deutschen, deren Militarismus genau die Kräfte freisetzte, die Auschwitz möglich machten. Die erste Diskussionsrunde ging unentschieden aus und endete mit einer schwierigen Pattsituation, die den Konflikt letztlich nicht gelöst hat. Wir sind sicher, daß die Berliner Republik noch viele Gelegenheiten zur Fortsetzung dieser identitätsbildenden und -bestimmenden Debatte bei den Grünen als Partei und Bewegung, im linken Milieu und im gesamten Land bieten wird.

Die ersten Anzeichen dieser Veränderung wurden während des Golfkrieges sichtbar. Obwohl die meisten Grünen vehemente Gegner des Krieges der Alliierten gegen den Irak waren (nachdem sie kaum ein Wort über die Invasion Iraks in Kuwait im August 1990 verloren hatten), gab es einzelne Persönlichkeiten – insbesondere Joschka Fischer, Waltraud Schoppe und Hubert Kleinert sowie andere Realos –, die für einen raschen Einsatz der bundeswehreigenen Patriot-Raketen zur Verteidigung Israels gegen die irakischen SCUD-Angriffe auf den jüdischen Staat plädierten. Diese Position erlangte in Hessen, dem traditionell realistischsten Land grüner Politik, gewissermaßen programmatischen Status.

Der zweite Schritt war die Befürwortung der Unabhängigkeit von Slowenien und Kroatien durch die Grünen Ende Juni/Anfang Juli 1991, unmittelbar nach dem kurzen Sezessionskrieg zwischen dem von den Serben dominierten Jugoslawien und der Jugoslawischen Volksarmee einerseits und Slowenien und Kroatien andererseits. Es war der »Neo-Wilsonianismus« der Grünen, der sie veranlaßte, die

Bestrebungen eines jeden Volkes nach Selbstbestimmung und politischer Unabhängigkeit zu unterstützen; hinzu kam, daß die Mitglieder vom Bündnis 90 das stalinistische Regime von Slobodan Milosevic verabscheuten und dazu beitrugen, daß Bündnis 90/Die Grünen den schließlichen Zerfall Jugoslawiens begrüßte.[21] Wohl gab es Stimmen bei den Grünen, die in dieser äußerst heiklen Frage zur Vorsicht mahnten und befürchteten, daß der Zusammenbruch Jugoslawiens nichts Gutes verspreche. Außerdem soll hier betont werden, daß die meisten Grünen, die die Unabhängigkeit Sloweniens und Kroatiens befürworteten, einen völlig anderen politischen Blickwinkel und eine völlig andere normative Orientierung hatten als die deutsche Rechte, namentlich die CSU und die einflußreiche *Frankfurter Allgemeine Zeitung* mit den Artikeln Johann Georg Reißmüllers auf der ersten Seite. Die Absicht muß in der Politik nicht immer den Ausgang beeinflussen, aber sie ist wichtig zur Einschätzung der Moral und der normativen Präferenzen.

Der dritte Schritt ergab sich aus der leidenschaftlichen innerdeutschen Diskussion über die Zulässigkeit und Wünschbarkeit des Einsatzes deutscher Soldaten »out of area«. Während die Grünen in dieser Frage ihrer prinzipiellen und kategorischen Ablehnung im großen und ganzen treu blieben, gab es erkennbare Risse in der früher völlig geschlossenen Haltung. Während die PDS beispielsweise eindeutig an ihrer Position festhielt – deutsche Soldaten oder deutsches Militärpersonal darf nirgendwo außerhalb Deutschlands eingesetzt werden, sei es unter der Führung der UNO, der NATO, der WEU oder einer sonstigen Organisation –, ließen die Grünen die Möglichkeit offen, daß deutsches Militärpersonal unter besonders zwingenden Umständen und in genau festgelegten Grenzen an Einsätzen außerhalb Deutschlands teilnehmen kann, vorausgesetzt, daß diese Einsätze im Auftrag der Vereinten Nationen (wohlgemerkt: *nicht* der NATO) stattfinden, daß das deutsche Militärpersonal voll in dieses UNO-Kommando integriert ist (d. h. daß sie »Blauhelme« sind) und daß sich ihre Aufgabe auf reine Hilfs- und Unterstützungsaktionen beschränkt und unter keinen Umständen Kampfeinsätze beinhaltet. In dieser Frage hat die PDS die Grünen »links« überholt.

Der vierte Schritt begann am 2. August 1995 mit dem mutigen Brief Joschka Fischers an seine Parteikollegen, worin er sie bat, das bis dahin sakrosankte Prinzip der »Gewaltfreiheit« im Lichte der

Massaker in Bosnien zu überdenken.[22] Mit Blick auf das Abschlachten von bosnischen Moslems durch bosnische Serben im Juli 1995 in Srebrenica forderte er die Grünen auf, über folgende Fragen und existentiellen Dilemmata nachzudenken:

- Wird die deutsche Linke nicht ihre Seele verlieren, wenn sie sich unter einem bequemen, teilweise vielleicht sogar legitimen Vorwand ihrer Pflicht entzieht, in einen massiven Völkermord einzugreifen?
- Wie soll man mit einem neuen Faschismus umgehen, der sich über alle Vernunft hinwegsetzt, Appelle zur Mäßigung in den Wind schlägt, ehrliche Verhandlungen verweigert und anscheinend nur die Sprache der Gewalt versteht?
- Sind menschliches Leben und menschliche Freiheit (zwei fundamentale grüne Prinzipien) mit Pazifismus und Gewaltfreiheit (ebenfalls zwei zentrale grüne Prinzipien) vereinbar?

Was also ist zu tun, fragte Fischer. Seine Antwort enthielt zwar keine Einzelheiten, war aber trotzdem eindeutig: Unter den Bedingungen des Völkermordes, so wie er in Bosnien ständig praktiziert wurde, war es die politische *und* moralische Pflicht der Grünen, den Militäreinsatz einer multinationalen Truppe zu unterstützen, zu der auch deutsche Soldaten gehören und möglicherweise in die Kämpfe verwickelt würden.

Der Würfel war gefallen. Eines der unantastbarsten Tabus der Grünen und der deutschen Linken war endlich gebrochen worden. Die deutschen Leser dieses Epilogs brauchen keine genaue Beschreibung und Einschätzung der dann folgenden Phasen dieser lebendigen und faszinierenden Diskussion. Es sei lediglich gesagt, daß diese leidenschaftliche, aber differenzierte Kontroverse gezeigt hat, daß die Grünen und ihr Milieu einen wichtigen Beitrag dazu geleistet haben, die deutsche Demokratie in der schwierigen Übergangsphase von der Bonner zur Berliner Republik stabil und stark zu machen. Natürlich gab es in diesem Konflikt Fragen, die wir weniger interessant fanden als andere. Und zwangsläufig wurden auch Meinungen geäußert, die wir bei unserer Analyse der Grünen und der deutschen Linken schon immer sehr problematisch gefunden haben.[23] Jedem Leser, der unser Buch sorgfältig gelesen hat, dürfte mittlerweile klar sein, auf wessen Seite wir in dieser bedeutsamen Diskussion stehen. Dennoch sind wir der festen Überzeugung, daß das heutige Deutschland aufgrund der politischen Bedeutung der Grünen und der Linken insgesamt ein besseres Land ist als ohne sie.

## Schluß

Die Diskussion über die zukünftigen Konturen der Grünen und der deutschen Linken nach dem kalten Krieg hat erst begonnen. Die Kontroverse über den Einsatz deutscher Militärmacht im Ausland ist deswegen besonders wichtig, weil sie nicht nur ein klares Zeichen dafür ist, daß die grüne Partei und ihr Umfeld in eine neue Phase der Neudefinition ihrer Identität eingetreten sind. Sie verweist außerdem darauf, daß die Bedeutung dieser Neudefinition weit über die unmittelbaren Grenzen der Partei und ihres Umfeldes hinausgeht. So gesehen ist die Bosnien-Diskussion ein Mikrokosmos im größeren Kontext der Neubestimmung deutscher Macht und Demokratie in Europa. Wenngleich zum Zeitpunkt der Niederschrift dieses Epilogs ungewiß ist, wie sie letztlich ausgehen wird, ist doch schon sicher, daß die Diskussion in der grünen Partei und der deutschen Linken einen erheblichen Einfluß auf den Platz Deutschlands in Europa und in der Welt haben wird.

# Anhang

# Tabellen und Diagramme

Tabelle 1 Stimmen für die Grünen: Bundestagswahlen 1980-1990

| | Prozentualer Stimmenanteil | Politisches Gewicht | Durchschnittlicher Stimmenanteil |
|---|---|---|---|
| 1980 | 1,5 | keine Sitze | 1,5 |
| 1983 | 5,6 | 27 Sitze | 5,6 |
| 1987 | 8,3 | 42 Sitze | 8,3 |
| 1990 | 4,8 (W) | keine Sitze (W) | – |
| | 6,0 (O) | 8 Sitze (O) | 5,1 |

Tabelle 1 und 2 entstammen dem Buch *Between Protest and Power: The Green Party in Germany* von E. Gene Frankland und Donald Schoomaker, 1992, mit Erlaubnis von Westview Press, Boulder, Colorado. Sie basieren auf den Wahlstatistiken von Claus A. Fischer (Hrsg.), *Wahlhandbuch für die Bundesrepublik Deutschland: Daten zu Bundestags-, Landtags- und Europawahlen in der Bundesrepublik Deutschland, in den Ländern und in den Kreisen 1946-1982*, 2 Bde., Paderborn 1990. Die Tabellen 3 und 4 sowie die Diagramme 1 und 2 wurden von den Autoren zusammengestellt.

Tabelle 2 Stimmen für die Grünen: Landtagswahlen 1978-1992

| | Land | Prozentualer Stimmenanteil | Politisches Gewicht | Durchschnittlicher Stimmenanteil |
|---|---|---|---|---|
| 1978 | Hamburg | 4,5 | (FDP scheitert) | |
| | Niedersachsen | 3,9 | (FDP scheitert) | |
| | Bayern | 1,8 | | (3,05) |
| | Hessen | 2,0 | | |
| 1979 | Berlin | 3,7 | | |
| | Schleswig-Holstein | 2,4 | SPD unter 50% | (3,73) |
| | Bremen | 5,1 | gewannen Sitze | |
| 1980 | Baden-Württemberg | 5,3 | gewannen Sitze | |
| | Saarland | 2,9 | | (3,73) |
| | Nordrhein-Westfalen | 3,0 | (FDP scheitert) | |
| 1981 | Berlin | 7,1 | gewannen Sitze | (7,20) |
| 1982 | Niedersachsen | 6,5 | gewannen Sitze | |
| | Hamburg (Juni) | 7,9 | gewannen Sitze | |
| | Hessen | 8,0 | gewannen Sitze | (6,76) |
| | Bayern | 4,6 | | |
| | Hamburg (Dez.) | 6,8 | gewannen Sitze | |
| 1983 | Rheinland-Pfalz | 4,5 | (FDP scheiterte) | |
| | Schleswig-Holstein | 3,6 | (FDP scheiterte) | |
| | Bremen | 7,8 | gewannen Sitze | (5,45) |
| | Hessen | 5,9 | gewannen Sitze (später Koalition) | |
| 1984 | Baden-Württemberg | 8,0 | gewannen Sitze | (8,0) |
| 1985 | Saarland | 2,5 | | |
| | Berlin | 10,6 | gewannen Sitze | (5,9) |
| | Nordrhein-Westfalen | 4,6 | | |
| 1986 | Niedersachsen | 7,1 | gewannen Sitze | |
| | Bayern | 7,5 | gewannen Sitze | (8,33) |
| | Hamburg | 10,4 | gewannen Sitze | |
| 1987 | Hessen | 9,4 | gewannen Sitze | |
| | Rheinland-Pfalz | 5,9 | gewannen Sitze | |
| | Hamburg | 7,0 | gewannen Sitze | (8,13) |
| | Bremen | 10,2 | gewannen Sitze | |
| 1988 | Baden-Württemberg | 7,9 | gewannen Sitze | |
| | Schleswig-Holstein | 2,9 | | (5,4) |

| | | | | |
|---|---|---|---|---|
| 1989 | Berlin | 11,8 | Koalition; gewannen Sitze | (11,8) |
| 1990 | Saarland | 2,6 | | |
| | Niedersachsen | 5,5 | Koalition; gewannen Sitze | |
| | Nordrhein-Westfalen | 5,0 | gewannen Sitze | |
| | Bayern | 6,4 | gewannen Sitze | |
| | Mecklenburg-Vorpommern | 9,3 | kein Sitz; kandidierten getrennt[a] | |
| | Brandenburg | 9,2 | Koalition; gewannen Sitze | (6,48) |
| | Sachsen-Anhalt | 5,3 | gewannen Sitze | |
| | Thüringen | 6,5 | gewannen Sitze | |
| | Sachsen | 5,6 | gewannen Sitze | |
| | Gesamtberlin | 9,4 | gewannen Sitze | |
| 1991 | Hessen | 8,8 | Koalition; gewannen Sitze | |
| | Rheinland-Pfalz | 6,4 | gewannen Sitze | |
| | Hamburg | 6,2 | gewannen Sitze | (8,2) |
| | Bremen | 11,4 | Koalition; gewannen Sitze | |
| 1992 | Baden-Württemberg | 9,5 | gewannen Sitze | (7,78) |
| | Schleswig-Holstein | 4,97 | | |

[a] Die drei ostdeutschen Gruppen Demokratischer Aufbruch/Vereinigte Linke, Initiative Demokratie Jetzt und die Ost-Grünen kandidierten nicht nur getrennt, sondern lehnten es auch ab, ihre Stimmenanteile zusammenzulegen, die zusammen 9,3 Prozent betragen hätten. Da sie ihre Kräfte nicht bündelten, erhielten die drei konstitutiven Elemente der Grünen im Landtag von Mecklenburg-Vorpommern keine Sitze.

Die durchschnittlichen Stimmenanteile sind in den Stadtstaaten Berlin, Bremen und Hamburg wesentlich höher als bei jeder anderen Gruppe. Die Grünen und ihre Kollegen im Osten übersprangen die Fünf-Prozent-Hürde und gewannen Sitze in allen Ländern außer dem Saarland und Schleswig-Holstein, wo die SPD stark ist.

Tabelle 3 Die Wahlergebnisse für die grüne Partei in den ostdeutschen Ländern am 14. Oktober 1990

| | |
|---|---|
| Mecklenburg | 4,2% |
| Brandenburg | 6,4%[a] |
| Sachsen-Anhalt | 5,3% |
| Sachsen | 5,6%[a] |
| Thüringen | 6,5% |

[a] Die Ergebnisse für Bündnis 90

Tabelle 4 Die Wahlergebnisse für die grüne Partei bei den Bundestags- und Europawahlen

| | 17. Juni 1979 | 21. Okt. 1980 | 6. März 1983 | 7. Juni 1984 | 25. Jan. 1987 | 8. Juni 1989 | 2. Dez. 1990 |
|---|---|---|---|---|---|---|---|
| Europa-Parlament | 3,2% | | | 8,2% | | 8,4% | |
| Bundestag | | 1,5% | 5,6% | | 8,3% | | 4,8% |

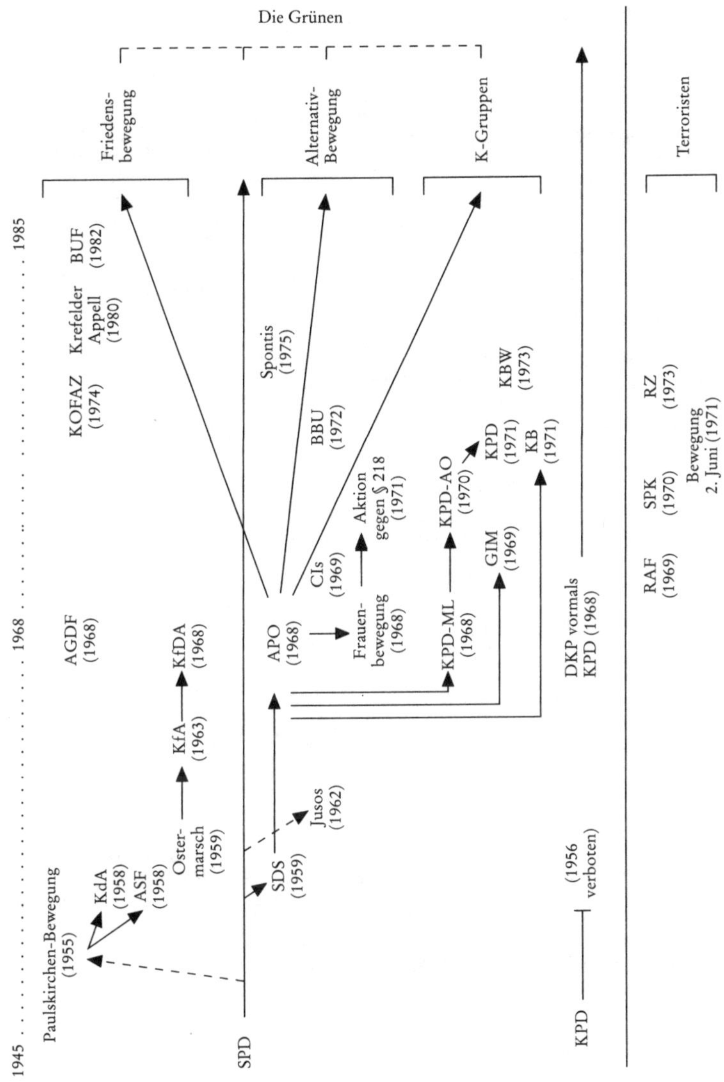


Diagramm 1 Die Entstehung der westdeutschen Grünen und das Gefüge der westdeutschen Linken

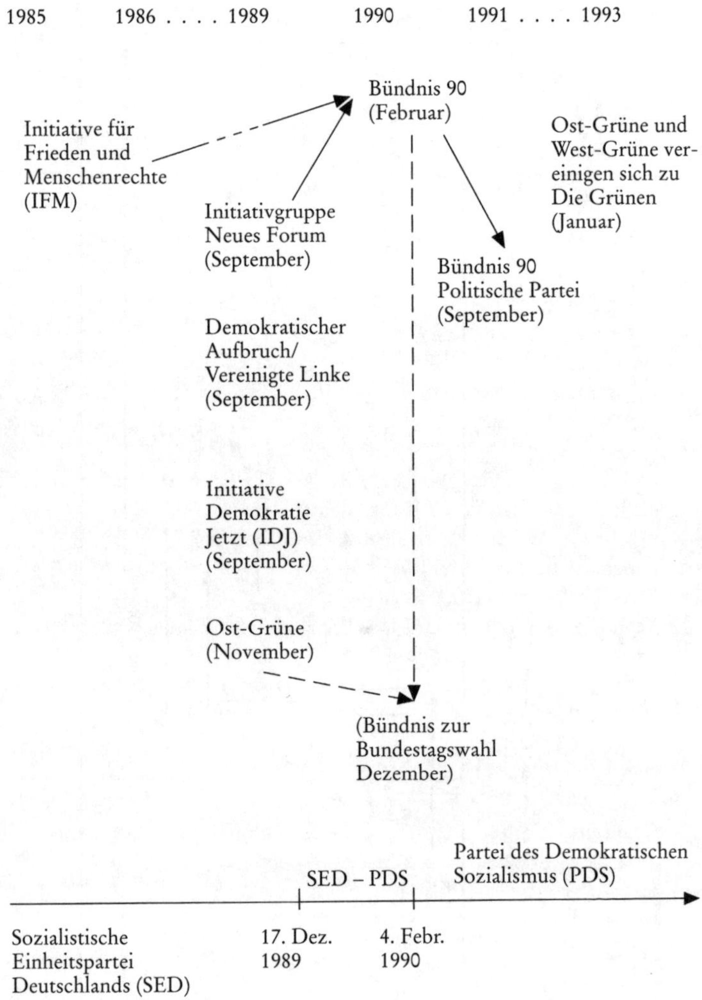


Diagramm 2 Die Entstehung der ostdeutschen Grünen

# Anmerkungen

## Einleitung

1 Diese in jüngster Zeit gebildeten Parteien sollten nicht mit der sogenannten »Grünen Internationale« aus der Zeit zwischen den beiden Weltkriegen verwechselt werden. Dieser lockere Zusammenschluß von Bauernparteien war vor allem auf Ost- und Mitteleuropa konzentriert und hatte ein zentrales Internationales Landwirtschaftsbüro in Prag. Als Organisation der internationalen Bauernsolidarität wollte die »Grüne Internationale« ihren Gegensatz zur »Roten Internationale« der Kommunisten einerseits und der »Weißen Internationale« der Grundeigentümer und Kapitalisten andererseits hervorheben. Siehe Joseph Rothschild, *East Central Europe between the Two World Wars*, 1974, S. 18.

2 Siehe Seymour Martin Lipset und Stein Rokkan (Hrsg.), *Party Systems and Voter Alignments: Cross-national Perspectives*, 1967, S. 1-64. Auch Anton Pelinka und Fritz Plasser (Hrsg.), Das österreichische Parteiensystem, 1988.

3 Für eine weitergehende Erörterung dieses »Generations«-Begriffs siehe Karl Mannheims *Ideologie und Utopie*, 1929, oder A. Belden Fields, *Student Politics in France: A Study of the Union nationale des étudiants de France*, 1970, und *Trotskyism and Maoism: Theory and Practice in France and the U.S.*, 1988.

4 Siehe beipielsweise Willy Brandts Aufforderung »Mehr Demokratie wagen« aus seiner Regierungserklärung vom 28. Oktober 1969, in: Willy Brandt, *Zum sozialen Rechtsstaat: Reden und Dokumente*, 1983, S. 10. Siehe auch Karl-Werner Brant, »Cyclical Aspects of New Social Movements: Waves of Cultural Criticism and Mobilization Cycles of New Middle Class Radicalism«, in: Russell J. Dalton und Manfred Kuechler (Hrsg.), *Challenging the Political Order: New Social and Political Movements in Western Democracies*, 1990, und Charles Reich, *The Greening of America: How the Youth Revolution is Trying to Make America Livable*, 1970.

5 Siehe John H. Goldthorpe u.a., *The Affluent Worker in the Class Structure*, 1969; André Gorz, *Strategy for Labor: A Radical Propos-*

*al*, 1967; Alain Touraine, *The Workers' Movement*, 1987; Serge Mallet, *The New Working Class*, 1975.

6 Daniel Bell, *The End of Ideology: On the Exhaustion of Political Ideas in the Fifties*, 1988.

7 Siehe Goldthorpe u.a., *Affluent Worker*, Seymour Martin Lipset (Hrsg.), *The Third Century: America as a Post-industrial Society*, 1979.

8 Siehe die Untersuchung über Angestellte im Deutschland der Weimarer Republik, in: Richard F. Hamilton, *Who Voted for Hitler?*, 1979.

9 Siehe Philip G. Altbach (Hrsg.), *The Student Revolution: A Global Analysis*, 1970. Siehe auch Seymour Martin Lipset und Philip G. Altbach (Hrsg.), *Students in Revolt*, 1969; Seymour Martin Lipset und Sheldon S. Wolin (Hrsg.), *The Berkeley Student Revolt: Facts and Interpretations*, 1965; Seymour Martin Lipset, *Passion and Politics: The Dimensions of Student Involvement: Rebellion in the University*, 1972; Seymour Martin Lipset (Hrsg.), *Student Politics*, 1967.

10 Clark Kerr, *The Uses of the University*, 1963. Eine gute Analyse der Ereignisse in Frankreich hat Pierre Bourdieu vorgelegt, *Les héritiers: les étudiants et la culture*. Über Deutschland hat Stephan Leibfried geschrieben, *Armutspolitik und die Entstehung des Sozialstaats*, 1985.

11 Steven Brint und Jerome Karabel, *The Diverted Dream: Community Colleges and the Promise of Educational Opportunity in America, 1900-1985*, 1989. Siehe auch Jerome Karabel und A.H. Halsey (Hrsg.), *Power and Ideology in Education*, 1977.

12 Claus Offe, *Disorganized Capitalism: Contemporary Transformations of Work and Politics*, John Keane (Hrsg.), 1985; Gösta Esping-Andersen, *Politics Against Markets: The Social Democratic Road to Power*, 1985; ders., *Social Class, Social Democracy and State Policy: Party Policy and Party Decomposition in Denmark and Sweden*, 1980.

13 Siehe Werner Hülsberg, *The German Greens: A Social and Political Profile*, 1988, S. 113-118.

14 Siehe Solomon Barkin (Hrsg.), *Worker Militancy and its Consequences 1965-75: New Directions in Western Industrial Relations*, 1975; Colin Crouch und Alessandro Pizzorno (Hrsg.), *The Resurgence of Class Conflict in Western Europe since 1968*, Bd. 1 und 2, 1978.

15 Siehe Peter Gourevitch u.a., *Unions and Economic Crisis: Britain, West Germany, and Sweden*, 1984; Andrei S. Markovits, *The Politics of the West German Trade Unions: Strategies of Class and Interest Representation in Growth and Crisis*, 1986.

16 Siehe Daniel Bell, *Die nachindustrielle Gesellschaft*, 1974; Zbigniew Brzezinski, *Between Two Ages: America's Role in the Technocratic*

*Era*, 1982; Alain Touraine, *The Post-industrial Society: Tomorrow's Social History, Classes, Conflicts and Culture in the Programmed Society*, 1971; ders., *The Workers' Movement.*

17 Siehe die Empfehlungen von Paul McCracken u. a., *Towards Full Employment and Price Stability: A Report to the OECD by a Group of Independent Experts*, 1977, S. 167-172, 210-213.

18 Zu diesem »Postfordismus« siehe Michael J. Piore und Charles F. Sabel, *The Second Industrial Divide: Possibilities for Prosperity*, 1984.

19 In Schweden scheint dieses Modell relativ intakt geblieben zu sein. Siehe Esping-Andersen, *Politics Against Markets.*

20 Zum Begriff des Postmaterialismus siehe Ronald Inglehart, *Culture Shift in Advanced Industrial Society*, 1989, und *The Silent Revolution: Changing Values and Political Styles among Western Publics*, 1977. Es ist kein Zufall, daß die wichtigsten Rock'n' Roll-Bands der späten 60er Jahre *die* Attraktion in der Jugendkultur geblieben sind. Dreißig Jahre nach ihren ersten Auftritten kommen Bands wie die Rolling Stones, The Who und Grateful Dead immer noch sofort bei Jugendlichen an. Es spricht für den bleibenden kulturellen Einfluß der 60er Jahre, daß viele heutige Anhänger dieser Gruppen kaum geboren waren, als diese Art von Musik zum ersten Mal als Symbol eines »postmaterialistischen« Lebensstils entstand.

21 Ausführliche Literatur über die sozialen Bewegungen in Europa bieten die folgenden Autoren: Für Frankreich: Michel Tozzi, *Syndicalisme et nouveaux mouvements sociaux, régionalisme, feminisme, écologie*, 1982; Arthur Hirsch, *French New Left*, 1982; Philip G. Cerny (Hrsg.), *Social Movements and Protest in France*, 1982. Für Italien: Paolo R. Donati, *Movimenti sociali contemporanei, bibliografia 1975-84*, 1984; Robert Lumpley, *States of Emergency: Cultures of Revolt in Italy from 1968 to 1978*, 1990; Mario Diani, *Isole nell'archipelago: il movimento ecologista in Italia*, 1988. Für die Vereinigten Staaten gibt es eine Fülle von Literatur, zu den besten Arbeiten gehören: Kenneth Clatterbaugh, *Contemporary Perspectives on Masculinity: Men, Women and Politics in Modern Society*, 1990; David de Leon, *Everything is Changing*, 1988; Alec Barbrook, *Power and Protest in American Life*, 1980; Judith C. Albert und Stewart E. Albert (Hrsg.), *The Sixties Papers*, 1984.

22 Siehe Dieter Rucht (Hrsg.), *Neue soziale Bewegungen in der Bundesrepublik Deutschland*, 1987; Georg Haasken und Michael Wigbers (Hrsg.), *Protest in der Klemme: soziale Bewegungen in der Bundesrepublik*, 1986; Karl-Dieter Opp u. a., *Soziale Probleme und Protestverhalten: Eine empirische Konfrontation des Modells ratio-*

*nalen Verhaltens mit soziologischen und demographischen Hypothesen am Beispiel von Atomkraftgegnern*, 1987; Karl-Werner Brand u.a., *Aufbruch in eine andere Gesellschaft: Neue soziale Bewegungen in der Bundesrepublik*, 1983; Robert Steigerwald, *Protestbewegung: Streitfragen und Gemeinsamkeiten*, 1982; Ernst Stracke, *Stadtzerstörung und Stadtteilkampf*; 1980, Claudia Mast, *Aufbruch ins Paradies?*, 1980.

23 Insbesondere Claus Offe.

24 Charles Perrow, *Normal Accidents: Living with High-Risk Technologies*, 1984.

25 Jost Halfmann, »Rights and Reciprocity: Social Movement Themes and Social Change in the Federal Republic of Germany«, in: *Praxis International* 8. 1, 1987.

26 Natürlich wäre es lächerlich, grüne Aktivisten nur als »selbstlose« Idealisten zu zeichnen, da es vielen auch um persönliche Macht und Ansehen geht. Der springende Punkt ist vielmehr der, daß die materiellen Anreize für grüne Politiker gering sind, da es in den grünen Parteien keine institutionalisierten Karrierewege gibt.

27 Siehe Joachim Hirsch, *Der Sicherheitsstaat: Das »Modell Deutschland«, seine Krise und die neuen sozialen Bewegungen*, 1980.

28 Erfolg wird hier im konventionellen Sinne als parlamentarische Repräsentanz (vor allem auf Bundesebene) und als Beteiligung an der Regierung verstanden.

29 Siehe Herbert Kischelt, *The Logic of Party Formation: Ecological Politics in Belgium and West Germany*, 1989.

30 Siehe Ferdinand Müller-Rommel, »New Political Movements and ›New Politics‹ Parties in Western Europe«, in: Dalton und Kuechler, *Challenging the Political Order*, und Ferdinand Müller-Rommel (Hrsg.), *New Politics in Western Europe: The Rise and Success of Green Parties and Alternative Lists*, 1989. Siehe außerdem einen Artikel von Philip Gorski in: *German Politics and Society*, Nr. 22, Frühjahr 1991.

31 Siehe Müller-Rommel, »New Political Movements«.

32 Offenbar gibt es für jeden derartigen Vergleich Ausnahmen. So brachte Japan beispielsweise in den 70er und 80er Jahren keine »neuen politischen« Parteien hervor, obwohl es dort praktisch keine Arbeitskämpfe gab. Und es gibt umgekehrt die Grenzfälle Finnland und Italien, wo sich »neue politische Parteien« entwickelten – die allerdings weniger Bedeutung hatten als in den europäischen Ländern, die zu unserer ersten Gruppe gehörten – und wo es gleichzeitig viele Arbeitskämpfe gab. Doch in beiden Ländern, insbesondere in Italien, gingen die Arbeitskämpfe in den 80er Jahren im Vergleich

zu den 70er Jahren stark zurück, und es waren die 80er Jahre, in denen die italienischen Grünen aufkamen, denen 1988 schließlich der Einzug ins italienische Parlament gelang.

33 Walter Korpi, *The Democratic Class Struggle*, 1983. Korpi zufolge bestand der wichtigste Beitrag der Sozialdemokratie zur progressiven Politik in ihrer Fähigkeit, den Klassenkampf vom Markt auf den Staat umzulenken. In Ländern mit starken sozialdemokratischen Traditionen gelang es der Arbeiterbewegung, in Staat und Gesellschaft Fuß zu fassen. Dadurch konnte sie von beiden mittels eingespielter politischer Kanäle profitieren, ohne auf die wesentlich kostspieligere und normalerweise viel weniger erfolgreiche Streikoption zurückzugreifen. Je mehr sich die Arbeiterbewegung im Staat verankern und ihn so zum wichtigsten Austragungsort des Klassenkampfes machen konnte, desto größer wurde ihre Chance, Siege gegen das Kapital zu erringen und dadurch zur Demokratisierung der Politik des Landes insgesamt beizutragen. Korpis Argumentation basiert auf der Vorstellung, daß sich der Staat in liberalen Demokratien als eine demokratischere Konfliktlösungsarena als der Markt erweist, da sich über den Staat für diejenigen mehr herausholen läßt, deren Interessenvertretung und Einfluß durch den Markt geschwächt werden, und dazu gehören eindeutig die Arbeitnehmer. In Ländern, in denen die Arbeiterbewegung schwach blieb, institutionalisierte sie sich nicht in Staat und Gesellschaft, wodurch der Markt der Hauptaustragungsort für den Kampf der Arbeit gegen das Kapital blieb. Da die Arbeiterschaft dem Kapital in diesem Kampf nicht gewachsen war, blieb sie in diesen Ländern von den Hauptfeldern der Politik ausgeschlossen und konnte nie zumindest Teile des Staates für ihre Zwecke mobilisieren. Folglich mußte sie auf verschiedene militante Maßnahmen zurückgreifen, vor allem auf Streiks. Dieser Logik zufolge sind Streiks Symptome für die Schwäche der Arbeiterbewegung in einem Land und nicht für ihre Stärke. Anhand eines Vergleichs der Sozialdemokratien in Skandinavien zeigt Gösta Esping-Andersen überzeugend auf, daß die schwedische Sozialdemokratie die Krise der späten 70er Jahre teilweise deshalb besser überstand als die dänische, weil sie es schaffte, im Staat viel stärker verankert zu bleiben als die dänische. Siehe Esping-Andersen, *Politics Against Markets*.

34 Zu diesem Konzept der paraöffentlichen Institutionen siehe Peter Katzenstein, *Policy and Politics in West Germany: The Growth of a Semi-sovereign State*, 1987.

35 Über den »organisierten Kapitalismus« siehe Rudolf Hilferding, *Das Finanzkapital*, 1910, Nachdruck 1968; Gerhard Lehmburch und

Philippe C. Schmitter (Hrsg.), *Patterns of Corporatist Policy-making*, 1982, und *Trends Towards Corporatist Intermediation*, 1979; Philippe C. Schmitter, *Corporatist and Public Policy in Authoritarian Portugal*, 1975; Anton Pelinka, *Gewerkschaften im Parteienstaat*, 1980.

36 Siehe Andrei S. Markovits, »German Social Democracy«, in: *Studies in Political Economy*, Nr. 19, Frühjahr 1986.

37 Siehe Paul Byrne, »Great Britain: The Green Party«, in: Müller-Rommel, *New Politics*. Die erste grüne Partei der Welt wurde in Neuseeland gegründet, erreichte aber nie große politische Bedeutung.

38 Die Dominanz von Protestanten hat sich erst in der letzten Zeit (nach 1990) durchgesetzt. In der »alten« Bundesrepublik waren Katholiken und Protestanten ungefähr gleich stark und geographisch getrennt, wobei, grob gesagt, der Norden protestantisch, der Süden katholisch war.

39 Alice Holmes Cooper, »The West German Peace Movement of the 1980s: Historical and Institutional Influences«, Magisterarbeit, 1988.

40 Es ist interessant, daß eine unverhältnismäßig große Zahl westdeutscher Terroristen der 70er Jahre, insbesondere Frauen, aus aktiven, gläubigen protestantischen Familien, ja, sogar aus dem Milieu protestantischer Geistlicher kam.

41 Die deutsche Vergangenheit als besonders wichtiger Faktor der Gegenwart ist ein ausgezeichnetes Beispiel dafür, wie real und stark latente Phänomene in die Politik hineinwirken und wie ungeheuer schwierig es ist, ihr Vorhandensein nachzuweisen und zu messen. Siehe Peter Bachrach und Morton S. Baratz, *Power and Poverty*, 1970.

42 Konrad Weiß, »Gebrochener nicht ›verordneter‹ Antifaschismus«, in: *Das Parlament*, 10. Mai 1996.

43 Siehe Russell J. Dalton, *Politics in West Germany*, 1989, S. 131-132.

44 Obwohl Nicos Poulantzas kein Deutscher war, genoß seine Faschismusinterpretation in der deutschen Studentenbewegung höchstes Ansehen. Siehe Nicos Poulantzas, *Fascisme et dictature*, 1974. Für eine deutsche Interpretation siehe Wolfgang F. Haug, *Die Faschisierung des bürgerlichen Subjekts: Die Ideologie der gesunden Normalität und die Ausrottungspolitik im deutschen Faschismus*, 1986, und *Der hilflose Antifaschismus: Zur Kritik der Vorlesungsreihe über Wissenschaft und NS an deutschen Universitäten*, 1977.

45 Leo A. Müller, *Republikaner, NPD, DVU, Liste D …*, 1989; Gerd Knabe (Hrsg.), *20 Jahre NPD: Porträt einer jungen Partei*, 1984; Siegfried Hergt, *Parteiprogramme: SPD, CDU, CSU, FDP, DKP,*

*NPD*, 1975; Agnes Bruggeman, *Anhänger und Gegner der Nationaldemokratischen Partei Deutschlands (NPD)*, 1968; Josef Hindels, *NPD: Ein Alarmzeichen*, 1967; Claus Leggewie, *Die Republikaner: Phantombild der neuen Rechten*, 1989; Hajo Funke, *Republikaner: Rassismus, Judenfeindschaft, nationaler Größenwahn*, 1989.

46 Ein Mangel war – und ist – die Bezugnahme nur auf den »Faschismus«, nie auf den »Nationalsozialismus« oder »Nazismus«.

47 Alfred Dregger, *Freiheit in unserer Zeit*, 1989, und *Der Preis der Freiheit: Sicherheitspolitik im geteilten Europa*, 1985; Jutta Ditfurth, *Träumen, Kämpfen, Verwirklichen*, 1988.

48 Zum besonderen »deutschen« Aspekt der deutschen Friedensbewegung, der sich in ihrem Antiamerikanismus, ihren antiwestlichen Ressentiments und ihrem Neutralismus ausdrückte, siehe Jeffrey Herf, *War by Other Means: Soviet Power, West German Resistance and the Battle of the Euromissiles*, 1991, und Robert Pfaltzgraf u. a., *The Greens of West Germany: Origins, Strategies, and Transatlantic Implications*, 1983.

49 Siehe Alice Schwarzer, »Bornierte Freund-Feind-Muster«, in: *Der Spiegel*, 29. April 1991.

50 Siehe Die Grünen, *Die Multikulturelle Gesellschaft: Für eine demokratische Umgestaltung in der Bundesrepublik. Positionen und Dokumentationen*, 1990.

51 Siehe Andrei S. Markovits, »On Anti-Americanism in West Germany«, in: *New German Critique*, Winter 1985, S. 3-27.

52 Peter Merkl u. a. (Hrsg.), *Development in West German Politics*, 1989.

## Kapitel 1: Rekonstruktion, Remilitarisierung, Reintegration: Das Aufkommen der außerparlamentarischen Linken

1 Herbert Lilge, *Deutschland von 1945-1963*, 1983, S. 17.

2 Hans Karl Rupp, *Politische Geschichte der Bundesrepublik Deutschland*, 2. Aufl., 1978, S. 54.

3 Lilge, *Deutschland*, S. 19.

4 Ibid., S. 29, 62, 131, 176.

5 Ibid., S. 167.

6 Siehe Hans Karl Rupp, *Außerparlamentarische Opposition in der Ära Adenauer*, 1970, S. 64, und *Politische Geschichte*, S. 64.

7 Andrei S. Markovits, *The Politics of the West German Trade Unions*.

8 Karl-Werner Brand u. a., *Aufbruch in eine andere Gesellschaft*, 1984, S. 4.

9 Hermann Kaste und Joachim Raschke, »Zur Politik der Volkspartei«, in: Wolf-Dieter Narr (Hrsg.), *Auf dem Weg zum Einparteienstaat*, 1977, S. 36; Lilge, *Deutschland*, S. 235.

10 CDU, SPD und KPD unterstützten dieses Ziel grundsätzlich, aber mit leicht unterschiedlichen Akzentuierungen; die Vorschläge reichten von staatlich unabhängigen »selbstverwalteten ökonomischen Einheiten« (CDU) über die »Wirtschaftsdemokratie«, bestehend aus dezentralisierter Wirtschaftsmacht unter staatlicher Oberaufsicht (SPD), bis hin zu den traditionellen marxistischen Vorstellungen der KPD. Außerdem wurden in fast jede Landesverfassung der Bundesrepublik Bestimmungen über Vergesellschaftung und Mitbestimmung in verschiedenen Formen aufgenommen. Aber selbst zu diesem frühen Zeitpunkt, als die Öffentlichkeit diesem Anliegen sehr aufgeschlossen und verständnisvoll gegenüberstand, war die Anerkennung von Mitbestimmung und Vergesellschaftung eine (vielleicht etwas widerwillige) Konzession an die Arbeiter – in vielen Fällen nur eine Legalisierung der Macht, die die spontan organisierten Arbeiterräte unmittelbar nach dem Krieg erkämpft hatten. Siehe Rupp, *Politische Geschichte*, S. 63f., und auch Arno Klönne und Hartmut Reese, *Die deutsche Gewerkschaftsbewegung*, 1984, S. 183.

11 Infolge mehrerer gravierender strategischer Fehleinschätzungen hatte die SPD-Opposition Einfluß im wichtigen amerikanisch-deutschen Wirtschaftsrat der Bizone verloren. Er hatte die Aufgabe, die wirtschaftliche Gesundung und Umstrukturierung in Westdeutschland in die Wege zu leiten. Eberhard Schmidt, *Die verhinderte Neuordnung 1945-1952*, 7. Aufl., 1977, S. 169-172.

12 Während diese Strategie den ursprünglichen Plänen zur »Entnazifizierung« auch der Wirtschaft zugegebenermaßen nicht gerecht wurde, blieb sie weit hinter den Hoffnungen der Linken zurück. Ibid.

13 Es wurde Teil der in Düsseldorf formulierten Leitprinzipien, die trotz aller Absichtserklärungen das »sozialistischere« Ahlener Programm ersetzten. Ibid., S. 174.

14 Im August 1948 brachten SPD und KPD mit knapper Mehrheit ein Gesetz durch den Landtag von Nordrhein-Westfalen, das die Umwandlung der Bergbauindustrie in einen staatseigenen, selbstverwalteten Konzern vorsah. Der Militärgouverneur antwortete prompt, daß das Gesetz unzweckmäßig sei und nicht anerkannt werden könne. Die Gewerkschaften erlitten eine zweite Niederlage, als in der Rohstoffindustrie viele Unternehmen konfisziert wurden. Am 5. Mai 1950 gab das Alliierte Oberkommando das Gesetz Nr. 27 heraus, das den früheren Aktionären »eine angemessene und geeignete Entschädigung« zusicherte und »die Mitglieder der Vorstände der

zu liquidierenden Konzerne selbst zu Liquidatoren erklärte«, wodurch diese leicht die Kontrolle über ihre Betriebe zurückgewinnen konnten. Siehe ibid., S. 153, 177.

15 Ibid., S. 178.

16 Siehe Dieter Schuster, *Die deutschen Gewerkschaften seit 1945*, 1973, S. 36.

17 Bei einer Urabstimmung unter den Mitgliedern der IG-Metall stimmten über 95 Prozent für einen Streik zum Schutz der Montanmitbestimmung. Siehe Schmidt, *Die verhinderte Neuordnung*, S. 184.

18 Die amerikanische Besatzungsregierung hob viele Bestimmungen bezüglich Vergesellschaftung und Mitbestimmung auf bzw. setzte sie nicht um. Ihre Begründung lautete, daß dermaßen weitreichende Entscheidungen von der deutschen Bevölkerung, d.h. vom Bundestag beschlossen werden müßten. Da jedoch Artikel 14 des Grundgesetzes das Recht auf Eigentum ausdrücklich garantierte und bei Enteignung eine Entschädigung vorsah und da die Sozialstaatsklausel in den Artikeln 20 und 28 nur vage und mehrdeutige Aussagen über Gleichheit und Demokratie in der Wirtschaft enthielt, lief diese Haltung auf die versteckte Blockade einer konsequenteren Vergesellschaftungs-/Mitbestimmungspolitik hinaus. Siehe Klönne und Reese, *Die deutsche Gewerkschaftsbewegung*, S. 193.

19 Die Debatte entzündete sich, als 1950 während der Bemühungen um eine Regelung für die Eisen- und Stahlindustrie ein Streik drohte. Adenauer war der Ansicht, daß ein solcher von der IG-Metall angedrohter Streik nur das Ziel haben konnte, die Entscheidung der frei gewählten Repräsentanten des Volkes in die von den Gewerkschaften gewünschte Richtung zu lenken, indem sie wirtschaftlichen Schaden androhten und verursachten, der jeden treffen würde. Adenauer war der Auffassung, daß der Bürger durch seine Stimmabgabe sein politisches Mitspracherecht ausübe. Mit Blick auf die Zeit der Weimarer Republik, als die parlamentarische Demokratie mit wirtschaftlichem Autoritarismus verbunden gewesen war, bestand Böckler darauf, daß das Streikrecht ein demokratisches und notwendiges Grundrecht sei, das den Einfluß der wirtschaftlichen Eliten zurückdrängen und in der Wirtschaft echte Demokratie herstellen könne. Das vielleicht beste Beispiel für diese Analyse und selbstkritische Einschätzung der Zeit von Weimar findet sich in den Schriften von Franz L. Neumann. Siehe beispielsweise »Die soziale Bedeutung der Grundrechte in der Weimarer Verfassung« (1930) und »Der Niedergang der deutschen Demokratie«, in: Alfons Söllner (Hrsg.), Franz L. Neumann, *Wirtschaft, Staat, Demokratie*, 1978. Siehe auch Schmidt, *Die verhinderte Neuordnung*, S. 188-191.

20 Schmidt, *Die verhinderte Neuordnung*, S. 195.
21 Siehe Klönne und Reese, *Die deutsche Gewerkschaftsbewegung*, S. 74f.
22 Die Anti-Hitler-Koalition (Großbritannien, die Vereinigten Staaten und die Sowjetunion) verkündeten im Potsdamer Abkommen vom 2. August 1945: »Der deutsche Militarismus und Nazismus werden ausgerottet, und die Alliierten treffen nach gegenseitiger Vereinbarung in der Gegenwart und in der Zukunft auch andere Maßnahmen, die notwendig sind, damit Deutschland niemals mehr seine Nachbarn oder die Erhaltung des Friedens in der ganzen Welt bedrohen kann.« Zitiert in: Ulrich Albrecht, *Die Wiederaufrüstung der Bundesrepublik*, 1980.
23 Stimmen, die für die Wiederaufrüstung eintraten, waren in Deutschland seit 1948 zu hören und erhielten im Dezember 1949 durch Adenauer selbst Gewicht, als dieser in Cleveland dem *Plain Dealer* sein berühmtes Interview gab. Er sagte, daß er die Bildung einer europäischen Armee unterstütze und bereit sei, ein deutsches Kontingent ihrem Oberbefehl zu unterstellen. Auszüge aus diesem Interview finden sich bei Albrecht, *Die Wiederaufrüstung*, S. 88.
24 Siehe zum Beispiel Konrad Adenauer, *Erinnerungen 1945-1953*, 1965, S. 382.
25 Als vorbereitende Maßnahme schuf Adenauer zuerst das Büro Schwerin zur Ausarbeitung der Pläne für eine Armee sowie das Büro Blank, das fast Kabinettsrang hatte und unter der Leitung von Theo Blank zum geeigneten Zeitpunkt die Verantwortlichkeiten eines Verteidigungsministeriums übernehmen sollte. Christoph Butterwege und Heinz-Gerd Hofschen, *Sozialdemokratie: Krieg und Frieden*, 1984, S. 233.
26 Die Europäische Verteidigungsgemeinschaft sollte Streitkräfte aus Deutschland, Italien, Frankreich und den Benelux-Ländern umfassen.
27 Davor hatte das Grundgesetz Bestimmungen enthalten, die die Wiederaufrüstung Deutschlands, einschließlich der Wiedereinführung der Wehrpflicht, untersagten.
28 Sie sahen vor, daß Deutschland und Italien in den Brüsseler Pakt von 1948 sowie in die NATO aufgenommen werden sollten. Der erstere sollte Westeuropäische Union heißen und unterschied sich von der Europäischen Verteidigungsgemeinschaft nur dadurch, daß zu ihm auch Großbritannien gehörte. Lilge, *Deutschland*, S. 137.
29 Siehe zum Beispiel Schumachers Argumente für die »Erhaltung der Volkssubstanz« in seiner Pressekonferenz vom 23. August 1950, in: Butterwege und Hofschen, *Sozialdemokratie*, S. 255.

30 Theo Pirker, *Die blinde Macht: Die Gewerkschaftsbewegung in Westdeutschland*, Bd. 2, 1979, S. 116.

31 Schumacher sagte 1950, in Deutschland müsse jede Politik so betrieben werden, als sei das Land noch ein ungeteiltes Ganzes, ibid., S. 126.

32 Ibid., S. 110f.

33 Vor allem hatte die SPD unter Schumacher bereits die marxistische Verurteilung der parlamentarischen Demokratie als eines untergeordneten Elements des kapitalistischen Systems aufgegeben. Schon 1945 hatte Schumacher in seinen »Politischen Richtlinien für die SPD« erklärt, daß Demokratie und Sozialismus geistig und politisch nicht voneinander getrennt werden könnten. Siehe Dokument Nr. 136 in Butterwege und Hofschen, *Sozialdemokratie*, S. 247.

34 Siehe die Analyse der ersten Jahre nach der Wahl von 1949, in: Pirker, *Die blinde Macht*, insbes. S. 115-118.

35 Bis zum Ausbruch des Koreakrieges 1950 blieb die SPD ein entschiedener Gegner der deutschen Remilitarisierung; statt dessen setzte sie für die Verteidigung der Bundesrepublik im Fall eines militärischen Angriffs auf die Besatzungstruppen der Alliierten und auf die Festigung des demokratischen Bewußtseins als Bollwerk gegen die »Subversion«. Bis zu diesem Zeitpunkt hoffte die SPD sogar, daß die Errichtung der Demokratie in der Bundesrepublik ausreichen würde, um die Wiedervereinigung herbeizuführen, indem sie die ostdeutsche Bevölkerung »anzog«, die sogenannte »Magnet-Theorie«. Siehe Dokument Nr. 141 in Butterwege und Hofschen, *Sozialdemokratie*, S. 252. Siehe auch das Positionspapier der SPD von 1948 in Georg Benz (Hrsg.), *Rüstung, Entrüstung, Abrüstung: SPD 1866-1982*, 1982, S. 47. Eine ausführliche Erörterung der Magnet-Theorie findet sich bei Joachim Hütter, *SPD und nationale Sicherheit*, 1975.

36 Zitiert aus Schumachers »Deutschlands Beitrag zu Frieden und Freiheit«, Dokument Nr. 144 in: Butterwege und Hofschen, *Sozialdemokratie*, S. 257.

37 Schumacher bestand auf der gleichberechtigten Stellung Deutschlands in dem Bündnis mit dem Westen: »Europa kann nicht der vorgeschobene Verteidigungsgürtel Amerikas, Deutschland nicht der der anderen europäischen Staaten sein. ... Eine militärische Verteidigung ist nur auf der Grundlage von Gemeinsamkeit möglich.« Siehe Schumachers Rede von 1950 im Bundestag, in: Benz u.a., *Rüstung*, S. 50f.

38 Siehe das Positionspapier der SPD gegen die Europäische Verteidigungsgemeinschaft, in: Butterwege und Hofschen, *Sozialdemokratie*, Dokument Nr. 150, S. 267.

39 Der Brief ist abgedruckt in: Benz u.a., *Rüstung*, S. 121f.

40 Es war eigentlich keine richtige Bewegung, da es an einer Organisation und klaren Zielsetzungen fehlte. Auf das Vorhandensein dieser Stimmung kann nur von Plakaten und Fahnen der Zeit geschlossen werden. Siehe die Faksimiles bei Siegfried Thomas, *Zwischen Wehrmacht und Bundeswehr: Der Kampf um die Remilitarisierung der BRD*, 1981, S. 135 und Bildteil.

41 Im Ruhrgebiet kämpften die Bergarbeiter zum Beispiel gegen die Einführung von Panzerschichten, die ihrer Ansicht nach hauptsächlich die gestiegene Nachfrage nach Rüstungsgütern aufgrund des Koreakrieges befriedigen sollten.

42 Dazu gehörten auch das Komitee der Kämpfer für den Frieden, das 1949 gegründet worden war, und der Hauptausschuß für Volksbefragung gegen Remilitarisierung, auf dessen Gründung im Frühjahr 1951 die KPD ebenfalls einen starken Einfluß ausübte. Thomas, *Zwischen Wehrmacht*, S. 139f.

43 Rupp, *Außerparlamentarische Opposition*, S. 60f.

44 Die SPD hielt eine Volksbefragung für eine unannehmbare Aushöhlung demokratischer Prinzipien und für eine unzulässige Umgehung des demokratischen Prozesses, die an Hitlers Taktik in der Weimarer Republik erinnerte. Der Bundestagsabgeordnete Herbert Wehner ging so weit, die Volksbefragungsbewegung als eine List der Kommunisten hinzustellen. Siehe Wehners Rede im Bundestag im April 1951 in: Butterwege und Hofschen, *Sozialdemokratie*, S. 262.

45 Rupp, *Außerparlamentarische Opposition*, S. 61.

46 Erstens im Hinblick auf die Verfassungsmäßigkeit verschiedener Aspekte des Pakets Europäische Verteidigungsgemeinschaft/Generalvertrag und zweitens im Hinblick auf die Kompetenz des Bundestags, über solche Fragen mit einfacher Mehrheit zu entscheiden.

47 Im Bundesrat waren die Oppositionsparteien in der Mehrheit.

48 Siehe den Abdruck des Originals in: Benz u.a, *Rüstung*, S. 123f.

49 Daß es ein großes *Potential* für eine Bewegung gegen die Remilitarisierung gab, konnte durch Meinungsumfragen dokumentiert werden. Selbst im Oktober 1950, vier Monate nach dem Ausbruch des Koreakrieges, antworteten über 50 Prozent der Befragten »nein«, als sie gefragt wurden, ob sie im Fall einer russischen Invasion die Soldatenuniform anziehen würden. Siehe Rupp, *Außerparlamentarische Opposition*, S. 46.

50 Pirker, *Die blinde Macht*, S. 204f.

51 Ibid., S. 33f.

52 Rupp, *Außerparlamentarische Opposition*, S. 36.

53 Ibid., S. 41.

54 Die Grundkonstellationen blieben nahezu unverändert – die SPD stellte die Opposition, Adenauer war an der Macht –, was auch für ihre Programme galt. Da die Atombombe eine erschreckend größere Zerstörungskraft hatte als konventionelle Waffen, kam ihr Einsatz als Instrument der Außenpolitik ebenfalls einer Wiederaufrüstung gleich. Für Adenauer gehörten Atomwaffen zum Status einer Großmacht und eines gleichberechtigten Partners im Bündnis und waren eine gegen den Osten gerichtete »notwendige Abschreckung«. Die SPD sah in Atomwaffen eine nicht hinnehmbare Restauration des deutschen Militarismus, ein Hindernis für die Wiedervereinigung und eine schlechte Alternative zu Verhandlungen mit dem Osten. Der außenpolitische Rahmen der politischen Hauptakteure blieb also ziemlich konstant und die Argumente, die beide Seiten für und gegen die atomare Bewaffnung vorbrachten, glichen denen in der Diskussion über die Wiederbewaffnung.

55 Siehe den Abdruck des Fragenkatalogs der SPD in: Benz u.a., *Rüstung*, S. 58f.

56 Taktische Atomwaffen werden gegen militärische Ziele auf dem Schlachtfeld eingesetzt.

57 Rupp, *Außerparlamentarische Opposition*, S. 77.

58 Siehe den Abdruck der Göttinger Erklärung in: Benz u.a., *Rüstung*, S. 126f.

59 Rupp, *Außerparlamentarische Opposition*, S. 80-83.

60 Ibid., S. 89.

61 In einer Sieben-Punkte-Erklärung vom 9. Mai 1957 und während einer Bundestagsdebatte am nächsten Tag beschränkte sich die SPD auf dramatische, aber wenig gehaltvolle Warnungen vor der Gefährlichkeit von Atombomben einerseits und auf Forderungen nach der Ausschöpfung aller Verhandlungsmöglichkeiten vor der Stationierung der Waffen andererseits.

62 Vor der Wahl wurde eine Liste mit zehn Thesen »Sicherheit für alle« verfaßt, die das Eintreten der SPD für Privateigentum, wirtschaftlichen Wohlstand, Stabilität und die freie Marktwirtschaft ausdrücklich und nachdrücklich hervorhob.

63 Rupp, *Außerparlamentarische Opposition*, S. 89.

64 Der Vorschlag wurde in einer Radiosendung von George F. Kennan, dem früheren amerikanischen Botschafter in Moskau, unterstützt. Führende SPDler, darunter Carlo Schmidt und Fritz Erler, reagierten positiv. Siehe Abdrucke dieser Presseerklärungen in: Benz u.a., *Rüstung*, S. 65.

65 Rupp, *Außerparlamentarische Opposition*, S. 122.

66 Siehe den Abdruck in: Benz u.a., *Rüstung*, S. 65f.

67 An dem organisatorischen Treffen am 23. Februar in Bad Godesberg nahmen neben den anderen Oppositionsparteien auch Vertreter der EKD, des DGB und ehemalige GVP-Mitglieder teil. Rupp, *Außerparlamentarische Opposition*, S. 130.

68 Die Auftaktversammlung fand am 23. März in Frankfurt statt, mitten in einer viertägigen außenpolitischen Bundestagsdebatte über das NATO-Kommuniqué. Am 24. April brachte die SPD im Bundestag einen Gesetzentwurf ein, der eine allgemeine Volksbefragung zur atomaren Bewaffnung forderte. Auf Länderebene wurden dort Gespräche mit der FDP geführt, wo die SPD und die FDP im Landtag eine numerische Mehrheit hatten. In den Hansestädten Bremen und Hamburg, wo die SPD die absolute Mehrheit besaß, wurden Gesetze über eine örtliche Volksbefragung verabschiedet. Ibid., S. 182, 200.

69 Wie im Jahre 1955 wurden die parlamentarischen Initiativen von der Adenauer-Regierung vereitelt. Der Bundesgerichtshof verkündete ein Urteil, das alle geplanten Volksbefragungen untersagte, und wies die Hamburger und Bremer Initiativen am 30. Juli offiziell zurück. Die verschiedenen Landtagsfraktionen der FDP schwenkten auf den Kurs der Bonner Koalition ein, und die Adenauer-Regierung konnte das NATO-Kommuniqué durch den Bundestag bringen. Ibid., S. 220.

70 Im März sprach der DGB-Vorsitzende Willi Richter von der Notwendigkeit des Kampfes und vom »totalen ›Nein‹« der Gewerkschaften zu Adenauers Wiederaufrüstungsplänen. Siehe die entsprechenden Abdrucke in Benz u. a., *Rüstung*, S. 132-134. Die erste Reaktion des DGB auf die Göttinger Erklärung war äußerst positiv – der DGB hatte die KdA-Kampagne mitorganisiert. Ibid., S. 83.

71 Erich Ollenhauer erklärte ebenso wie der junge linke Bundestagsabgeordnete Helmut Schmidt, daß er die Arbeitsniederlegungen unterstütze. Rupp, *Außerparlamentarische Opposition*, S. 167. Selbst der moderate SPD-Vorschlag einer demonstrativen fünfminütigen Arbeitsniederlegung wurde abgelehnt. Eine interessante Analyse dieser Episode findet sich bei Pirker, *Die blinde Macht*.

72 Spontane Arbeitsniederlegungen und einzelne Streiks nach der Bundestagsdebatte am 20. März 1958 zeigten, daß die Basis zu weitgehenden Maßnahmen bereit war.

73 Meinungsumfragen zufolge waren erstaunliche 52 Prozent der Bevölkerung für einen Streik, um die atomare Bewaffnung der Bundesrepublik zu verhindern. Rupp, *Außerparlamentarische Opposition*.

74 Ibid., S. 216.

75 Siehe beispielsweise der KdA-»Aufruf zum Kampf« vom 10. März 1958 in: Benz u. a., *Rüstung*, S. 130.

## Kapitel 2: »Wiedertäufer in der Überflußgesellschaft«: Die Neue Linke und die Studentenrevolte

1 Im Herbst 1962 wurden mehrere Redakteure und Journalisten des Wochenmagazins *Der Spiegel* wegen »Verrats« festgenommen, weil sie angeblich verteidigungspolitische Geheimnisse veröffentlicht hatten, die von größter Bedeutung für die nationale Sicherheit der Bundesrepublik waren. Im Laufe der Untersuchungen stellte sich nicht nur heraus, daß das Magazin nur veröffentlicht hatte, was die Ermittler in jeder guten Buchhandlung hätten finden können, sondern auch, daß die Festnahmen vom damaligen Verteidigungsminister Franz-Josef Strauß angeordnet worden waren, der damit eindeutig gegen seine in der Verfassung festgelegten Kompetenzen verstoßen hatte. Der nachfolgende Skandal, der Strauß zum Rücktritt zwang, war ein wichtiger Testfall für die Demokratie in Westdeutschland. Mehr zur Rolle der Spiegelaffäre bei der politischen Normalisierung der Bundesrepublik findet sich bei Aline Kuntz, »From Spiegel to Flick: The Maturation of the West German *Parteienstaat*«, in: Andrei S. Markovits und Mark Silverstein (Hrsg.), *The Politics of Scandal: Power and Process in Liberal Democracies*, 1988.

2 Hans Karl Rupp, *Außerparlamentarische Opposition in der Ära Adenauer*, S. 216, 235.

3 Den Ostermarsch hatte die britische Campaign for Nuclear Disarmament erfunden und durchgeführt, er wurde von deutschen Aktivisten importiert, die die Ostermärsche in England miterlebt hatten.

4 Karl A. Otto, *Vom Ostermarsch zur APO*, 1977, S. 73.

5 Ibid., S. 120.

6 Die einzigen Organisationen, die Delegierte zu den organisatorischen Treffen des Hauptausschusses der Bewegung schicken durften, waren diejenigen, die der Ausschuß selbst billigte. Die Anträge verschiedener Organisationen, die verdächtigt wurden, der KPD nahe zu stehen oder von ihr unterwandert zu sein, wurden abgelehnt. Ibid., S. 79f.

7 Ibid., S. 80, 92.

8 Ibid., S. 104.

9 Ibid., S. 93.

10 Zum neuen Erscheinungsbild von KfA gehörte auch die Verteilung von Luftballons, Kugelschreibern, Aufklebern und Kalendern mit dem KfA-Logo. Ibid., S. 92.

11 Im Zuge der Neuorientierung der SPD im Jahre 1959 bemühten sich die reformistischen Kräfte in der SPD um den Schatzmeister Alfred Nau und den Berliner Bürgermeister Willy Brandt verstärkt um die

Disziplinierung bzw. den Ausschluß des linken Flügels des SDS um die Hamburger Zeitschrift *Konkret*, Wolfgang Abendroths marxistische Orthodoxie in Marburg und die sich gerade entfaltende »Frankfurter Schule« um Max Horkheimer und Theodor W. Adorno.

12 Siehe Ernst Richert, *Die radikale Linke*, 1969.

13 Chronologisch etwas genauer: Am 5. Februar 1960 stellte der Vorstand der SPD dem SDS ein Ultimatum und sprach eine versteckte Drohung aus – der SDS sollte das Godesberger Programm formell anerkennen, und jede Organisation, die das täte, erhielte die gleiche Unterstützung von der SPD. Am 9. Mai gründete die SPD die alternative sozialdemokratische Jugendorganisation, den SHB, dessen Führungspositionen Angehörige des rechten Flügels des SDS einnahmen. Am 6. November 1961 untersagte die SPD angesichts der anhaltenden Widerspenstigkeit des SDS die gleichzeitige Mitgliedschaft in der SPD und im SDS. Siehe Tilman Fichter und Siegward Lönnendonker, *Kleine Geschichte des SDS*, 1977, S. 67, 70; eine ausgezeichnete Darstellung des Verhältnisses zwischen SDS und SPD, der Radikalisierung des SDS und seines schließlichen Ausschlusses aus der SPD findet sich bei Tilman Fichter, *SDS und SPD: Parteilichkeit jenseits der Partei*, 1988.

14 Richert, *Die radikale Linke*, S. 88. Die wohl detaillierteste Studie über den SDS in dieser Zeit findet man in: Willy Albrecht, *Der Sozialistische Deutsche Studentenbund (SDS): Vom parteikonformen Studentenverband zum Repräsentanten der Neuen Linken*, 1994.

15 Auf seiner 18. Delegiertenkonferenz. Fichter und Lönnendonker, *Kleine Geschichte des SDS*, S. 78.

16 Selbst die »traditionalistische« Strömung im SDS, die sich eher dem proletarischen Sozialismus verbunden fühlte, räumte ein, daß die Arbeiterklasse »subjektiv« entpolitisiert sei, und hielt lediglich daran fest, daß sie »objektiv« eine revolutionäre Klasse sei.

17 Otto Wilfert, *Lästige Linke*, 1978, S. 45.

18 Einen hervorragenden Vergleich des deutschen SDS mit der entsprechenden gleichnamigen Organisation in den Vereinigten Staaten hat George Katsiaficas vorgelegt, *The Imagination of the New Left: A Global Analysis of 1968*, 1987.

19 Die klassische deutsche Universität wurde oft nach Wilhelm von Humboldt (1767-1855) benannt. Der preußische Adlige und Diplomat hatte nicht nur viele diplomatische Posten und hohe Verwaltungsämter inne, sondern war vom 20. Februar 1809 bis zum 14. Juni 1810 im Rang eines Geheimrats auch für die preußische Kultur- und Bildungspolitik zuständig. In dieser Zeit war Humboldt maßgeblich an der Entwicklung der Ideen beteiligt, auf denen die Grün-

dung der Berliner Universität basierte und die das höhere Bildungswesen in Deutschland bis hin zu den Studentenunruhen der späten 60er Jahre dieses Jahrhunderts prägten. Eine gute Darstellung des deutschen Hochschulwesens, der Humboldtschen Reformen und der Demokratisierung der 60er Jahre gibt Rosalind M.O. Pritchard, *The End of Elitism? The Democratization of the West German University System*, 1990.

20 Das radikale Programm, das hinter diesen Aktionen stand, wird in der »Denkschrift zur Hochschulreform« deutlich, die der SDS 1964 vorlegte: »Entweder wirkt sie (die Hochschule) mit an der dynamischen Weiterentwicklung zur sozialen Demokratie und der Demokratisierung der Gesellschaft oder sie wird Instrument in einer Entwicklung zu autoritären Gesellschaftsformen.« Zitiert nach Gerhard Bauß, *Die Studentenbewegung der sechziger Jahre*, 2. Aufl., 1983, S. 228.

21 Im Februar 1964 wurden mehr als ein Dutzend Nazi-Kriegsverbrecher bei Prozessen in Frankfurt verurteilt, über die in den Medien ausführlich berichtet wurde.

22 Der 20. Jahrestag der bedingungslosen Kapitulation am 8. Mai 1945 rückte gefährlich nahe, und das Grundgesetz schrieb eine Verjährungsfrist von 20 Jahren für alle Verbrechen vor.

23 1966 übersprang die NPD in Hessen, Bayern, Rheinland-Pfalz, Schleswig-Holstein und Niedersachsen die Fünf-Prozent-Hürde mit Stimmenanteilen, die von 5,8 bis 7,9 Prozent reichten. Ernst Deuerlein, *Deutschland 1963-1970*, 1972, S. 199f.

24 Diese sollte auf der untersten Ebene beginnen, bei der Verdrängung der Geschichte des Dritten Reiches im Schulunterricht und beim Schweigen der Eltern über ihr Leben von 1933-45.

25 Für Adenauer war das »Wirtschaftswunder« der entscheidende Test für die Richtigkeit seiner Politik gewesen. Die Früchte dieses Wohlstands hatten die Basis gebildet, auf der er sie politisch und historisch durchzusetzen vermochte.

26 Die Rezession in Westdeutschland hatte weitgehend die gleichen Ursachen wie in anderen westlichen Industrieländern. Einerseits waren die Löhne schneller gestiegen als das Bruttosozialprodukt, was zur Inflation führte. Andererseits nahmen die Staatsausgaben stärker zu als die Steuereinnahmen, so daß die Erhard-Regierung in eine schwerwiegende steuerpolitische Krise geriet.

27 Die Rezession hatte die Strukturkrise der Bergbau- und Stahlindustrie im Ruhrgebiet außerordentlich verschärft und rief nach Jahren wieder die ersten größeren Streikaktionen hervor.

28 Erhard beschrieb die formierte Gesellschaft als eine Gesellschaft, die

auf dem Zusammenwirken aller Gruppen und Interessen beruhte. Diese Gesellschaft sollte nicht durch autoritäre Eingriffe, sondern aus eigener Kraft entstehen. Zu Erhards Rede auf dem 13. Parteitag der CDU siehe Dokument Nr. 2 in: Irmgard Wilharm (Hrsg.), *Deutsche Geschichte 1962-1983: Dokumente in zwei Bänden*, 1985, S. 32f.

29 Die Verabschiedung dieser Gesetze, so die Rechte, sei eine Voraussetzung für die volle Wiederherstellung der nationalen Souveränität, da laut Deutschlandvertrag von 1952 die Alliierten für ihre in Deutschland stationierten Truppen das Recht beanspruchten, sich selbst zu verteidigen, wenn die deutsche Regierung für den Fall eines Notstands keine Vorkehrungen für ihre Verteidigung getroffen hätte. Die Linke, einschließlich der Gewerkschaften, wies warnend darauf hin, daß die Weimarer Notverordnungen Hitler den Weg zur Macht geebnet hatten, und verurteilten die Notstandsgesetze als demokratiefeindlich.

30 Rudi Dutschke u. a., *Rebellion der Studenten*, 1968, S. 18.

31 Diese Identifikation von radikalen Studenten im Westen mit dem Vietcong beschreibt Ruth Rosen, eine Geschichtsprofessorin an der University of California, in dem Dokumentarfilm *Berkeley in the Sixties*. Während eines besonders brutalen Polizeieinsatzes gegen streikende Studenten, die auf der Sprout Plaza des Campus in Berkeley saßen, setzten die Behörden Hubschrauber ein, um die Studenten zu erschrecken und aus der Luft zu fotografieren. Rosen erzählt, wie sie und viele Demonstranten glaubten, daß sie tatsächlich der Vietcong seien und die Maschinengewehre unmittelbar aus den Hubschraubern auf sie feuerten, wie in Vietnam auf den Vietcong.

32 Entsprechend der internen politischen Umorientierung, die einige Jahre zuvor im KfA stattgefunden hatte, übten diese Stellungnahmen statt einer pazifistisch-moralischen eine sozial-theoretische Kritik am Zusammenhang von Militarismus und den Widersprüchen der westlichen Industriegesellschaften. Siehe Bauß, *Die Studentenbewegung*, S. 175, und Otto, *Vom Ostermarsch*, S. 145.

33 Fichter und Lönnendonker, *Kleine Geschichte des SDS*, S. 89.

34 Auf seiner 20. Delegiertenkonferenz 1965 bestritt der SDS die amerikanische Darstellung des Krieges als militärischen Beistand für Südvietnam zur Erhaltung von Freiheit und Demokratie. Er charakterisierte ihn zum ersten Mal als imperialistischen Krieg. Siehe Auszüge aus dem Protokoll in Bauß, *Die Studentenbewegung*, S. 176.

35 Der SDS gab sich nicht länger damit zufrieden, die Debatte zu »beeinflussen«, sondern verstand sich selbst als »eigenständige, dritte, politische Kraft« neben den und gegen die Sozialdemokraten und

Kommunisten. Das zeigte sich deutlich am 5. Februar 1966 bei einer Demonstration der Studenten der Freien Universität Berlin gegen den »schmutzigen Vietnamkrieg«. Ein Sitzstreik von 2500 Studenten blockierte 20 Minuten lang den Verkehr auf dem Kurfürstendamm. Siehe Fichter und Lönnendonker, *Kleine Geschichte des SDS*, S. 91 f.

36 Gerd Langguth, *Protestbewegung: Entstehung, Entwicklung, Renaissance*, 1977, S. 26.

37 Auslöser für diese Feindseligkeit war ein Vorfall nach einer Demonstration gegen den Vietnamkrieg im Februar 1966. Nach der Protestaktion zog eine Reihe von Teilnehmern zum nahegelegenen Amerikahaus, einer von ihnen warf sechs Eier gegen das Haus. Die konservative Öffentlichkeit war empört.

38 Hauptredner war Herbert Marcuse, ein führender Vertreter der Frankfurter Schule und Mentor der deutschen Studentenbewegung. Obwohl auch außeruniversitäre und außerparlamentarische Organisationen vertreten waren, wurde der Kongreß sowie der Protest gegen den Vietnamkrieg von Studenten und Professoren dominiert.

39 Bauß, *Die Studentenbewegung*, S. 178.

40 Zitiert aus Bauß, *Die Studentenbewegung*, S. 183.

41 Maren Krohn, *Die gesellschaftlichen Auseinandersetzungen um die Notstandsgesetze*, 1981, S. 109-112.

42 Ibid., S. 109.

43 Fichter und Lönnendonker, *Kleine Geschichte des SDS*, S. 85.

44 Krohn, *Die gesellschaftlichen Auseinandersetzungen*, S. 122.

45 Siehe Zitat aus der 18. Delegiertenkonferenz des SDS, 1963, in: Bauß, *Die Studentenbewegung*, S. 127.

46 Ibid., S. 126.

47 Fichter und Lönnendonker, *Kleine Geschichte des SDS*, S. 84.

48 Krohn, *Die gesellschaftlichen Auseinandersetzungen*, S. 126.

49 Ibid., S. 124.

50 Bauß, *Die Studentenbewegung*, S. 129.

51 Ibid.

52 Siehe eine Auflistung der Aktionskomitees in: Krohn, *Die gesellschaftlichen Auseinandersetzungen*, S. 344.

53 Werner Hofmann, zitiert nach Krohn, *Die gesellschaftlichen Auseinandersetzungen*, S. 181.

54 Krohn, *Die gesellschaftlichen Auseinandersetzungen*, S. 183.

55 Siehe ibid., S. 184, 190, und Bauß, *Die Studentenbewegung*, S. 137.

56 Krohn, *Die gesellschaftlichen Auseinandersetzungen*, S. 196.

57 Ibid., S. 198f.

58 Ibid., S. 190.

59 Otto, *Vom Ostermarsch*, S. 147, 157.

60 Krohn, *Die gesellschaftlichen Auseinandersetzungen*, S. 204. Detaillierte Augenzeugenberichte und Beschreibungen der vom iranischen Geheimdienst und der Westberliner Polizei geplanten Provokationen der Studenten enthält Kai Harmanns Bericht, »Die Polizeischlacht von Berlin«, in: *Die Zeit*, Nr. 23, 9. Juni 1967.
61 Ibid.
62 Bauß, *Die Studentenbewegung*, S. 53.
63 Fichter und Lönnendonker, *Kleine Geschichte des SDS*, S. 106.
64 Siehe Bauß, *Die Studentenbewegung*, S. 56.
65 Ibid., S. 55.
66 Knut Nevermann (Hrsg.), *Lokal 2000: Berlin als Testfall*, 1983, S. 5.
67 Siehe Bauß, *Die Studentenbewegung*, S. 57.
68 Siehe Autorenkollektiv (Hrsg.), *Bedingungen und Organisation des Widerstandes*, 1967, und *Die Linke antwortet Jürgen Habermas*, 1968.
69 Als erster erkannte Jürgen Habermas dieses Phänomen und beschrieb es provokativ als »linken Faschismus«. Siehe Jürgen Habermas u. a., *Protestbewegung und Hochschulreform*, 1969, insbes. S. 136-149.

## Kapitel 3: Revolutionäre Kaderpolitik und Terrorismus

1 Helmut Billstein u. a., *Organisierter Kommunismus in der Bundesrepublik Deutschland*, 1977, S. 15.
2 Ibid.
3 Von den 3360 Mitgliedern, die zu den 9 Landesverbänden der neuen Partei gehörten, waren 2360 Mitglieder der KPD gewesen. Ibid., S. 17.
4 Ulrich Probst, *Die kommunistischen Parteien der Bundesrepublik Deutschland*, 1980, S. 23.
5 Ibid., S. 24.
6 Eigenen Angaben von 1979 zufolge finanzierte sich die DKP aus folgenden Quellen: 5,6 Mio. DM waren Zuwendungen aus der Bundesrepublik, 3,15 Millionen kamen aus Mitgliedsbeiträgen und 50 Millionen flossen 1977 aus der DDR. Allerdings schätzten die westdeutschen Behörden diese Zahl als viel zu niedrig ein. Siehe ibid., S. 23f.
7 Eine umfassende Darstellung der Rolle der westdeutschen Kommunistischen Partei gegenüber den Gewerkschaften würde den Rahmen dieses Kapitels sprengen. Daher sei lediglich gesagt, daß die Deutsche Kommunistische Partei (DKP) in der zweiten Hälfte der 70er

Jahre und in der ersten Hälfte der 80er Jahre in manchen Gewerkschaften stark verankert war. Da sie die Vergeblichkeit ihrer wahlpolitischen Aktivitäten eingesehen hatte, die ständig nur klägliche Ergebnisse brachten, und da sie jede Form von gewaltsamer oder subversiver Strategie gegenüber der bestehenden parlamentarischen Ordnung ablehnte, war die politische Tätigkeit der DKP in einigen Gewerkschaften für die Partei die einzige Möglichkeit, ihrer Existenz eine gewisse Bedeutung zu verleihen. Außerdem entschied sich die Partei auch deswegen zu dieser Vorgehensweise, weil sie die Gewerkschaften als einzige Institutionen im westdeutschen Kapitalismus für fähig hielten, soziale Veränderungen zu initiieren und durchzusetzen. Da die DKP den DGB und seine Einzelgewerkschaften als einzige schlagkräftige Organisationen der westdeutschen Arbeiterklasse ansah, verfolgte sie von Anfang an eine äußerst DGB-freundliche Politik, die an Unterwürfigkeit grenzte; davon ausgenommen waren nur die traditionellen Beziehungen des DGB zur SPD. In dem Versuch, die organisierte Arbeiterklasse aus ihrer engen Bindung an die SPD herauszubrechen, entwickelten sich die DKP-Aktivisten in den Gewerkschaften zu vorbildlichen Organisationsmitgliedern. Ihr selbstloser Einsatz hatte oft großen Erfolg bei den Arbeitern, die das Engagement dieser Leute nicht deswegen schätzten, weil sie, sondern obwohl sie zur DKP gehörten. Am Ende der 70er Jahre hatte diese Situation in manchen der »kämpferischen« Gewerkschaften ein solches Ausmaß angenommen, daß sie den Zorn der SPD-dominierten Führung auf sich zog, die besonders stark im DGB und in den »sozialpartnerschaftlichen« Gewerkschaften vertreten war. Die innergewerkschaftlichen Spannungen spitzten sich 1979 dermaßen zu, daß führende Gewerkschaftsfunktionäre der DKP vorwarfen, die Gewerkschaften zu unterwandern, um sie im Sinne des leninistischen Dogmas als Transmissionsriemen zu nutzen. Das Schlagwort »Unterwanderung«, das von den Arbeitgebern und den konservativen Medien bei ihren Angriffen auf die Gewerkschaften so gerne benutzt wurde, fand jetzt in den Gewerkschaften begeisterte Anhänger. Die Sache wurde noch dadurch kompliziert, daß die Pro-DGB-Strategie der DKP dazu führte, daß die Kommunisten andere Linke in den Gewerkschaften denunzierten, die – im Gegensatz zu den DKP-Mitgliedern – gemäß den »Unvereinbarkeitsregelungen« des DGB *personae non gratae* waren. So gab es neben der Rivalität von SPD und DKP auch Spannungen zwischen der DKP und den »undogmatischen Linken«, die Ende der 70er Jahre zunahmen.
Das erste große Konfliktfeld betraf die Interpretation der Gewerkschaftsgeschichte, vor allem das hochsensible Thema der letzten Jah-

re der Weimarer Republik. Im Mittelpunkt der Diskussion stand eine vielgelesene und umfangreiche Geschichte der deutschen Arbeiterbewegung, die von einigen Historikern der Universität Marburg verfaßt worden war, deren historische Fakultät in dem Ruf stand, Ansichten zu vertreten, die denen der DKP ähnlich – wenn auch nicht mit ihnen identisch – waren. Das von Frank Deppe, Georg Fülberth und Jürgen Harrer herausgegebene Buch trug den Titel *Geschichte der deutschen Gewerkschaftsbewegung*. Es erschien in dem Kölner Verlag Pahl-Rugenstein, der sich auf die Veröffentlichung von sozialwissenschaftlichen und historischen Untersuchungen spezialisiert hatte, die der DKP nahestehende Ansichten vertraten. Aufgrund der Organisationszugehörigkeit der Autoren weckte dieses Buch sofort Mißtrauen bei vielen führenden Funktionären der sozialpartnerschaftlich eingestellten Gewerkschaften. Die herbe Kritik des Buches an den sozialdemokratischen Gewerkschaftsführern und ihrem engen Bündnis mit der SPD in der Weimarer Republik verärgerte viele hohe DGB-Funktionäre. Da sich das Buch über die spalterischen Strategien der Kommunistischen Partei (KPD) innerhalb der Gewerkschaftsbewegung in den letzten Jahren der Weimarer Republik ausschwieg, war es für viele Gewerkschafter ein offenkundiger Beweis dafür, daß die DKP und ihre intellektuellen Bündnispartner versuchten, eine einseitige Geschichtsinterpretation zu benutzen, um die auch in der Bonner Republik weiterbestehenden engen Beziehungen zwischen der SPD und der Gewerkschaftsbewegung negativ zu bewerten. Es gab eine breite Reaktion auf dieses Buch und seine weiterreichenden Implikationen, die das Interesse vieler Gewerkschafter und Linksintellektueller weckten. Zu den drei maßgeblichsten Kritiken an diesem Buch in der offiziellen Gewerkschaftspresse siehe Manfred Scharrer, »Eine die Geschichte verfälschende ›Gewerkschaftsgeschichte‹«, in: *Die Quelle*, 29.11.1978, S. 606-608; Gerhard Beier, »Leninisten führen die Feder«, in: *ÖTV-Magazin*, Nr. 3, März 1978, S. 33-37; und Hermann Weber, »Kommunistische Gewerkschaftspolitik in der Weimarer Republik«, in: *ÖTV-Magazin*, Nr. 4, April 1979, S. 39-42. Siehe auch »›Hier wird Geschichte gefälscht‹ – Kritik aus der ÖTV an Historikern aus Marburg«, in: *Frankfurter Allgemeine Zeitung*, 10. April 1979. Zur Zwischenposition der »undogmatischen Linken« in dieser wichtigen Diskussion siehe Edgar Weick, »Aus der Geschichte lernen«, in: *express*, 23. April 1979; Peter von Oertzen, »Wie läßt sich Geschichtsschreibung im DKP-Stil messen?«, in: *Frankfurter Rundschau*, 11. April 1979; und »Zwei Linien und ein roter Faden«, in: *Frankfurter Rundschau*, 6. Oktober 1979. Das Thema war so wichtig und umstritten, daß der DGB eine große Konferenz veranstaltete, auf der alle Seiten ihre Ansichten darlegen sollten. Zwar konnte die Konferenz, die am 13. und 14. Oktober in München stattfand, die Feindseligkeiten ein wenig abmildern, aber nicht aus der Welt schaffen, so daß sie weiterschwelten. Siehe »Mit den Experten konnten die Veteranen nichts anfangen«, in: *Frankfurter Rundschau*, 15. Oktober 1979; »Das Signal zum Widerstand blieb aus«, Teil 1, in: *Frankfurter Rundschau*, 13. Oktober 1979, und Teil 2 in: *Frankfurter Rundschau*, 18. Oktober 1979 sowie die Konferenzprotokolle, in: Heinz O. Vetter (Hrsg.), *Aus der Geschichte lernen – die Zukunft gestalten: Dreißig Jahre DGB*, 1980.

Das Buch von Deppe u. a. hätte wahrscheinlich weniger Staub aufgewirbelt, wenn es nicht in vielen Schulungskursen der Gewerkschaften benutzt worden wäre und dadurch große Verbreitung gefunden hätte. Form und Inhalt der Schulung der Gewerkschaftsjugend war ein zweites innergewerkschaftliches Konfliktfeld, bei dem die DKP eine Rolle spielte. Die Öffentlichkeit wurde auf die Kontroverse durch das sogenannte »Oberurseler Papier« aufmerksam, in dem führende Gewerkschafter aus dem Bildungszentrum des DGB in Oberursel in der Nähe von Frankfurt der DKP und ihren Anhängern vorwarfen, die Gewerkschaften politisch zu unterwandern, um sie unter die Kontrolle der DKP zu bringen. Dabei sah sich der damalige Leiter des Bildungszentrums in Oberursel, Hinrich Otjen, selbst als Mitglied der unabhängigen oder »undogmatischen« Linken und bekannte, daß er der SPD-dominierten Gewerkschaftsführung genauso kritisch gegenüberstand wie diejenigen, die er in seinem Papier angriff. Die dann folgenden Auseinandersetzungen im DGB waren sehr heftig und führten zu einer weiteren Verschärfung der ohnehin schon großen Differenzen zwischen den sozialpartnerschaftlich ausgerichteten und den kämpferischen Gewerkschaften innerhalb des DGB. Die von der IG Metall und der IG Druck und Papier angeführten kämpferischen Gewerkschaften schworen, ihre Jugendfunktionäre nie wieder in ein Bildungszentrum zu schicken, deren Leiter gegen die Roten hetzte. Die von der IG Bergbau und Energie und der IG Chemie-Papier-Keramik angeführten sozialpartnerschaftlichen Gewerkschaften machten sich die in dem Papier erhobenen Vorwürfe zu eigen. Sie sahen darin ihre lange gehegten Ängste in bezug auf die »Kaderpolitik« der DKP bestätigt. So entwickelte sich in der Gewerkschaftsbewegung eine Koalition gegen die DKP, bei der sich rechte Sozialdemokraten mit unabhängigen, oft sehr radikalen Linken gegen die Aktivitäten der Kommunisten wandten, die fast ausschließlich auf die kämpferischen Gewerkschaften beschränkt blieben. Selbstverständlich waren die zwei Parteien dieses spannungsreichen Bündnisses aus sehr verschiedenen Gründen gegen die Aktivitäten der DKP in den westdeutschen Gewerkschaften. Zum »Oberurseler Papier« siehe »Erst Posten erobern und dann gegen Kritik abschotten« auf der Dokumentationsseite der *Frankfurter Rundschau*, 5. und 7. Mai 1979. Zu den prononciertesten Stellungnahmen der sozialpartnerschaftlich orientierten Gewerkschaften in dieser Angelegenheit siehe »Kommunisten an ›Knotenpunkten‹ in der DGB-Jugend fest verankert? Die DGB-Bundesjugendschule warnt vor DKP-Einflüssen«, in: *Einheit*, 1. April 1979. Zur verärgerten Reaktion der IG Metall auf die Anschuldigungen, die indirekt an ihre und an die Adresse anderer kämpferischer Gewerkschaften gerichtet waren, siehe »IG Metall wirft DGB Bundesjugendschule Diffamierung vor«, in: *Frankfurter Rundschau*, 4. Januar, 1980; »IG Metall Jugend will Härte«, in: *Frankfurter Rundschau*, 12. Januar 1980; und »Preiss: ›In der Gewerkschaft zählt nicht das Trennende, sondern die Solidarität‹«, in: *Die Neue*, 16. Mai 1979. Eine gute Dokumentation der direkten Diskussion zwischen reformistischen und kämpferischen Gewerkschaften siehe »Schmuddlige Kampagne gegen Kommunisten«, in: *Frankfurter Allgemeine Zeitung*, 26. April 1979; »Bild von der Gewerkschaftsjugend hängt schief links«, in: *Frankfurter Rundschau*, 1. Juni 1979; »Vorwurf der Verniedlichung kommunistischer Ziele gegen Detlef Hensche«, in: *Frankfurter Rundschau*, 29. September 1979; »Schon einmal dienten Feindbilder dazu, Verfolgungen einzuleiten«, in: *Frankfurter Rundschau*, 22. Oktober 1979; und »Der Unterwanderweg ist lang«, in: *Der Spiegel*, 14. Januar 1980. Die umfassendste Darstellung der Rolle der DKP bei der Schulung der Gewerkschaftsjugend, der Interpretation der Gewerkschaftsgeschichte und der innergewerkschaftlichen Kämpfe zwischen Reformisten und Klassenkämpfern geben Ossip K. Flechtheim u. a., *Der Marsch der DKP durch die Institutionen: Sowjetmarxistische Einflussstrategien und Ideologien*, 1980. Wie sich am Titel dieses Buches ablesen läßt, stehen die Verfasser der DKP und ihren zahlreichen Sympathisanten in einigen Gewerkschaften sehr kritisch gegenüber und finden den Einfluß der Kommunisten in den Gewerkschaften beunruhigend und kontraproduktiv. Das Buch ist das Ergebnis eines gemeinsamen Bemühens der vorübergehenden Anti-DKP-Koalition, die aus rechten Sozialdemokraten und »undogmatischen« – nicht-kommunistischen – Linken bestand.

Der dritte Bereich der Gewerkschaftspolitik, in dem die Existenz der DKP während der Krise der späten 70er Jahre eine wichtige Rol-

le spielte, war die Wirtschaftspolitik. Die Diskussionen, in deren Mittelpunkt das sogenannte »Memorandum« stand, das von einer Reihe von radikalen Wirtschaftswissenschaftlern mit Sympathien für die DKP veröffentlicht wurde, betrafen abermals sowohl die Form als auch den Inhalt des Engagements der DKP in den Gewerkschaften. Auch in diesem Fall gab es ein Bündnis von rechten Sozialdemokraten und nichtkommunistischen Radikalen, die aus diametral entgegengesetzten Gründen gegen die Strategien des Memorandums waren.
Aus: Andrei S. Markovits, *The Politics of the West German Trade Unions*, S. 478, Anm. 208.

8 Siehe Probst, *Die kommunistischen Parteien*, S. 26.

9 Das herausragendste Ereignis war der Sturm auf das Bonner Rathaus am 10. April 1973 nach einer Demonstration gegen den Besuch des südvietnamesischen Präsidenten. Es gab 34 Verwundete. Siehe Billstein u. a., *Organisierter Kommunismus*, S. 80, Anm. 133.

10 Ibid., S. 80.

11 Ibid., S. 82.

12 Probst, *Die kommunistischen Parteien*, S. 49.

13 Frank Karl, *Die K-Gruppen*, 1976, S. 18.

14 Probst, *Die kommunistischen Parteien*, S. 60.

15 Ibid.

16 Ibid., S. 70.

17 Der Name stammt von einem Apachenstamm, was vielleicht ein Hinweis auf die Faszination ist, die die amerikanischen Indianer auf die deutsche Mittelschicht ausüben. Diese Faszination geht auf die Schriften Karl Mays zurück, dessen Romane über den Wilden Westen in Deutschland immer noch sehr beliebt sind. Es gibt zudem noch zwei weit weniger harmlose Erklärungen für die Begeisterung der Deutschen für die Indianer. Die eine ist die deutsche Vorliebe für das Romantische, die Verherrlichung des »edlen Wilden« als Inbegriff der Tugend. Die andere Erklärung betont, daß das Interesse der Deutschen an den Indianern ein Akt der Selbstentlastung vor dem Hintergrund des Völkermordes an den Juden ist. Die eingeborenen Amerikaner – oder Indianer, wie sie in Deutschland weiterhin hartnäckig genannt werden – wurden von den weißen Siedlern ausgerottet wie die Juden von den Deutschen. Dieser Vergleich beraubt den Holocaust seiner Einmaligkeit und macht ihn zu einem der vielen Massaker, die die Menschen aneinander im Laufe der Geschichte verübt haben. Für zahlreiche deutsche Linke und ihre ungebrochene Identifikation mit den Völkern der Dritten Welt ist die Ausrottung der eingeborenen Amerikaner durch die von den Angelsachsen be-

herrschte Erste Welt dem Holocaust ein zumindest ebenbürtiges, wenn nicht sogar größeres Verbrechen. Damit haben sich die Amerikaner – in den Augen vieler Deutscher, vor allem der Linken – zumindest ebenso des Völkermordes schuldig gemacht wie die Deutschen. Die Faszination, die die Indianer auf die Deutschen ausüben, ist Teil einer psychologischen Selbstentlastung von der schändlichen deutschen Vergangenheit. Siehe Andrei S. Markovits, »On Anti-Americanism in West Germany«, in: *New German Critique*, Nr. 34, Winter 1985, S. 11, Anm. 21.

18 Siehe *Der Spiegel*, 15. August 1977, S. 27.

19 Herbert Jäger u.a., *Lebenslaufanalysen*, Bd. 2 von *Analysen zum Terrorismus*, 1981, S. 82ff. Von denjenigen, die zu Terroristen wurden, hatten 37 Prozent in einer Kommune und 36 Prozent in einer Wohngemeinschaft gelebt; 43 Prozent waren irgendwann an einer Universität eingeschrieben. Das Leben in einer Wohngemeinschaft war eines der wichtigsten Auswahlkriterien für die Rekrutierung von Mitgliedern einer terroristischen Organisation.

20 Iring Fetscher, *Terrorismus und Reaktion*, 1977, S. 104.

21 Siehe Hans Josef Horchem, *Die verlorene Revolution: Terrorismus in Deutschland*, 1988, S. 48.

22 Siehe Carlos Marighella, *Minihandbuch des Stadtguerilleros*, Hamburg 1970.

23 Horchem, *Die verlorene Revolution*, S. 49.

24 Ibid., S. 51-56.

25 Ibid., S. 20.

26 Ibid., S. 43.

27 Iring Fetscher und Günter Rohrmoser, *Ideologien und Strategien*, Bd. 1 von *Analysen zum Terrorismus*, 1981, S. 43.

28 Meinhof, zitiert in: Michael Horn, *Sozialpsychologie des Terrorismus*, 1982, S. 39.

29 Mahler wurde schließlich wegen abweichender Ansichten aus der Gruppe ausgeschlossen.

30 Eine andere Kontroverse betraf die soziale Zusammensetzung der Avantgarde. Für Baader war es die Arbeiterklasse, während Meinhof ihre Hoffnungen auf die Studenten setzte. Die Gefängniserfahrung führte bei Baader und Meinhof zu der Theorie, daß Gefangene aufgrund ihrer krassen Unterdrückung durch den Staat zum neuen revolutionären Subjekt werden könnten.

31 Horchem, *Die verlorene Revolution*, S. 141.

32 Ibid., S. 164-165.

33 Ibid., S. 41.

34 Siehe ibid., S. 41f.

35 Ibid.
36 Siehe Gerard Braunthal, *Political Loyalty and Public Service in West Germany: The 1972 Decree against Radicals and its Consequences*, 1990, S. 154-155.
37 Ibid., S. 155-157.
38 Ibid., S. 156.
39 Gerard Braunthal, *The West German Social Democrats, 1969-1982: Profile of a Party in Power*, 1983, S. 214 f.
40 Dieser abschätzige Name wurde den Funktionären des rechten SPD-Flügels gegeben.
41 Siehe Andrei S. Markovits, »German Social Democracy«, in: *Studies in Political Economy*, Nr. 19, Frühjahr 1986, S. 96 und S. 111, Anm. 26.

### Kapitel 4: Revolution, Rückzug, Reform

1 Siehe Jürgen Miermeister und Jochen Staadt (Hrsg.), *Provokationen: die Studenten- und Jugendrevolte in ihren Flugblättern, 1965-1971*, 1980, S. 69-72.
2 Bernd Guggenberger definiert eine Bürgerinitiative folgendermaßen: »Bürgerinitiativen sind spontane, zeitlich in der Regel begrenzte, organisatorisch lockere Zusammenschlüsse von Bürgern, die sich außerhalb der traditionellen Institutionen und Beteiligungsformen der repräsentativen Parteiendemokratie zumeist aus konkretem Anlaß als unmittelbar Betroffene zu Wort melden und sich, sei es im Wege der Selbsthilfe, sei es im Wege der öffentlichen Meinungswerbung und der Ausübung politischen Drucks, um Abhilfe im Sinne ihres Anliegens bemühen.« Siehe *Bürgerinitiativen in der Parteiendemokratie*, 1980, S. 19.
3 Siehe Miermeister und Staadt, *Provokationen*, 1980, S. 140 f.
4 Siehe Miermeister und Staadt, *Provokationen*, S. 128.
5 Tilman Fichter und Siegward Lönnendonker, *Kleine Geschichte des SDS*, 1977, S. 136.
6 Siehe Miermeister und Staadt, *Provokationen*, S. 129.
7 Siehe Gerhard Bauß, *Die Studentenbewegung der sechziger Jahre*, 2. Aufl., 1983, S. 99.
8 Ibid., 101-103.
9 Fichter und Lönnendonker, *Kleine Geschichte des SDS*, S. 136.
10 Miermeister und Staadt, *Provokationen*, S. 198 f.
11 Karl-Werner Brand u. a., *Aufbruch in eine andere Gesellschaft*, 1983, S. 155.
12 Marie-Luise Weinberger, *Aufbruch zu neuen Ufern?*, 1984, S. 77.

13 Nie zeigte sich die offene Respektlosigkeit der *TAZ* deutlicher als während des Golfkrieges, als sie – zum großen Ärger vieler Leser – eine Reihe von Beiträgen veröffentlichte, die die Alliierten in ihrem Krieg gegen den Irak unterstützten. Vor allem druckte die Zeitung etliche Artikel und Leserbriefe, die Partei für Israel ergriffen. Nach den in der *TAZ* veröffentlichten Briefen zu urteilen, lehnten nur wenige Leser die Artikel entschieden ab, in denen die Auslöschung Israels fast billigend in Kauf genommen wurde. Der bösartige Antizionismus eines großen Teils der deutschen Linken, seit Ende der 60er Jahre ein fester Bestandteil ihrer Identität, wurde während des Golfkrieges wieder einmal bestätigt. Saddam Hussein galt diesen Linken auch deshalb als Held, weil er drohte, Israel zu vernichten. Es ist furchterregend, aber vielleicht nicht ganz unverständlich, daß ein solcher Haß auf Israel und – obwohl nie eingestanden – auf die Juden von vielen Söhnen und Töchtern derjenigen empfunden wird, die Auschwitz errichtet und betrieben haben. Wie heißt es doch: »Die Deutschen werden den Juden Auschwitz nie vergeben.«

14 Weinberger, *Aufbruch zu neuen Ufern?*, S. 77.

15 Die ausgezeichnete Berichterstattung der *TAZ* über die ostdeutsche Revolution und die Dissidentenszene in der DDR bestätigte ihr unabhängiges Denken. Wie Kapitel 8 zeigen wird, haben wir uns bei der Analyse der Entstehung der ostdeutschen Grünen und ihrer Bündnispartner stark an die *TAZ* gehalten.

16 Brand u. a., *Aufbruch in eine andere Gesellschaft*, S. 173.

17 Zitiert nach Weinberger, *Aufbruch zu neuen Ufern?*, S. 89.

18 Siehe Walter Hollstein und Boris Penth, *Alternativprojekte: Beispiele gegen die Resignation*, 1980, S. 191-197.

19 Siehe Gerd Langguth, *Protestbewegung: Entstehung, Entwicklung, Renaissance*, 1977, S. 255, und Hollstein und Penth, *Alternativprojekte*, S. 177.

20 Siehe Brand u. a., *Aufbruch in eine andere Gesellschaft.*

21 Hollstein und Penth, *Alternativprojekte*, S. 180.

22 Siehe Langguth, *Protestbewegung*, und Uwe Schlicht, *Vom Burschenschafter bis zum Sponti: Studentische Opposition gestern und heute*, 1980, S. 133.

23 Johannes Schütte, *Revolte und Verweigerung: Zur Politik und Sozialpsychologie der Spontibewegung*, 1980, S. 92.

24 Ibid., S. 38.

25 Ibid., S. 26-28.

26 Siehe ibid., S. 25, und Schlicht, *Vom Burschenschafter*, S. 128-130.

27 Schlicht, *Vom Burschenschafter*, S. 130-134.

28 Schütte, *Revolte und Verweigerung*, S. 28 f.

29 Ibid., S. 64.
30 Alice Schwarzer, *So fing es an! Die neue Frauenbewegung*, 1983, S. 13.
31 Siehe Gisela Brandt u. a., *Zur Frauenfrage im Kapitalismus*, 1973.
32 Herrad Schenk, *Die feministische Herausforderung: 150 Jahre Frauenbewegung in Deutschland*, 1981, S. 22.
33 Ibid., S. 85.
34 Siehe das Faksimile der Erklärung in: Schwarzer, *So fing es an!*, S. 124.
35 Schenk, *Die feministische Herausforderung*, S. 87.
36 Ute Frevert, *Frauengeschichte: Zwischen bürgerlicher Verbesserung und neuer Weiblichkeit*, 1987, S. 278.
37 Ibid.
38 Siehe insbes. Gisela Brandt u. a., *Zur Frauenfrage im Kapitalismus.*
39 Schenk, *Die feministische Herausforderung*, S. 86.
40 Zur Erörterung der Abtreibungsfrage und anderer Themen, die sich auf die Geschlechterpolitik in den beiden deutschen Staaten sowie im vereinigten Deutschland zu Beginn der 90er Jahre beziehen, siehe die Artikel in der Doppelnummer von *German Politics and Society*, mit dem Titel »Germany and Gender«, Nr. 24-25, Winter 1991/92. Siehe auch Jeremiah M. Riemer, »Reproduction and Reunification: The Politics of Abortion in United Germany«, in: Michael G. Huelshoff u. a., *The New Germany in the New Europe*, 1993.
41 Schwarzer, *So fing es an!*, S. 28.
42 Frevert, *Frauengeschichte*, S. 280.
43 Ibid., S. 281.
44 Gisela Brandt u. a., *Zur Frauenfrage im Kapitalismus*, S. 131.
45 Schwarzer, *So fing es an!*, S. 35.
46 Ibid., S. 37.
47 Ibid., S. 52.
48 Ibid., S. 54 f.
49 Ibid., S. 41.
50 Schenk, *Die feministische Herausforderung*, S. 88.
51 Die Konferenzen hatten Titel wie »Frauen und Wissenschaft« (1976), »Frauen als bezahlte und unbezahlte Arbeitskraft« (1977), »Frauen und Mütter« (1978), »Autonomie und Institutionen« (1979). Siehe ibid., S. 100, 102.
52 Ibid., S. 99.
53 Schwarzer, *So fing es an!*, S. 75.
54 Siehe den Abdruck in: H. Billstein und K. Naumann (Hrsg.), *Für eine bessere Republik: Alternative der demokratischen Bewegung*, 1981, S. 216-220.

55 Siehe den Aufruf der Gruppe in: Billstein und Naumann, *Für eine bessere Republik*, S. 220f.
56 Ibid., S. 225.
57 Abgedruckt in: Schwarzer, *So fing es an!*, S. 188-192.
58 Abgedruckt in: ibid., S. 193f.
59 Schenk, *Die feministische Herausforderung*, S. 216.
60 Zur Bedeutung dieser Gruppe für die Wahlen von 1969 und 1972 siehe Horst W. Schmollinger und Peter Müller, *Zwischenbilanz: 10 Jahre sozialliberale Politik, 1969-1979*, 1980, S. 39-42.
61 Ibid., S. 126.
62 Karlheinz Schonauer, *Die ungeliebten Kinder der Mutter SPD: Die Geschichte der Jusos von der braven Parteijugend zur innerparteilichen Opposition*, 1982, S. 128.
63 Der Brief des Juso-Bundesausschusses an den Vorstand der SPD vom Oktober 1969 zitiert nach Schonauer, *Die ungeliebten Kinder*, S. 138.
64 Schonauer, *Die ungeliebten Kinder*, S. 129f.
65 Ibid., S. 133f.
66 Dieter Stephan, *Jungsozialisten: Stabilisierung nach langer Krise? 1969-1979*, 1980, S. 26f.
67 Norbert Gansel (Hrsg.), *Überwindet den Kapitalismus oder Was wollen die Jungsozialisten?*, 1971, S. 22.
68 Stephan, *Jungsozialisten*, S. 28.
69 Schonauer, *Die ungeliebten Kinder*, S. 255.
70 Ibid., S. 279.
71 Stephan, *Jungsozialisten*, S. 31.
72 Siehe Wolfgang Roth, *Kommunalpolitik für wen? Arbeitsprogramm der Jungsozialisten*, 1971, S. 54-131.
73 Für die Beschreibung von drei beispielhaften Aktionen, die erfolgreich endeten, siehe Schonauer, *Die ungeliebten Kinder*, S. 285-290.
74 Schonauer, *Die ungeliebten Kinder*, S. 248.
75 Ibid.
76 Ibid., S. 257.
77 Wolfgang Roth, *Kommunalpolitik für wen?*, S. 25.
78 Schonauer, *Die ungeliebten Kinder*, S. 315.
79 Norbert Gansel, »Die Strategie in der Diskussion der Jungsozialisten«, in: Gansel (Hrsg.), *Überwindet den Kapitalismus*, S. 81.
80 Stephan, *Jungsozialisten*, S. 33.
81 Schonauer, *Die ungeliebten Kinder*, S. 317.
82 Stephan, *Jungsozialisten*, S. 64.
83 Schonauer, *Die ungeliebten Kinder*, S. 267.
84 Sie betrafen die Funktion des Staates, den Umfang der Autonomie

und den potentiellen sozialistischen Inhalt der Investitionskontrolle. Franz Osterroth und Dieter Schuster, *Chronik der deutschen Sozialdemokratie*, Bd. 3; *Nach dem zweiten Weltkrieg*, 2. überarb. Aufl., 1963, S. 610f.

85 Ibid., S. 612f.

86 Stephan, *Jungsozialisten*, S. 56.

87 Osterroth und Schuster, *Chronik*, S. 620.

88 Ibid., S. 627.

89 Stephan, *Jungsozialisten*, S. 58.

90 Schonauer, *Die ungeliebten Kinder*, S. 291.

91 Ibid.

92 Siehe zum Beispiel den Beitrag von Karl-Heinz Naßmacher in: Gansel, *Überwindet den Kapitalismus*.

93 Schonauer, *Die ungeliebten Kinder*, S. 295-298; die erste Untersuchung dieser bedauerlichen Episode in der Geschichte der Sozialdemokratie liefert Gerard Braunthal, *Political Loyalty and Public Service in West Germany*, 1990.

94 Brand u. a., *Aufbruch in eine andere Gesellschaft*, S. 85.

95 Wie Peter Mayer-Tasch sagt, gibt es ›die‹ Bürgerinitiative nicht. C. P. Mayer-Tasch, *Die Bürgerinitiativbewegung*, 5. überarb. Aufl., 1985, S. 20.

96 Guggenberger, *Bürgerinitiativen in der Parteiendemokratie*, S. 87.

97 Von allen untersuchten Variablen scheint der Bildungsgrad am stärksten mit der Mitarbeit in Bürgerinitiativen zu korrelieren: Nach einer Untersuchung des renommierten Meinungsforschungsinstituts INFAS, die Wolfgang Rüdig zitiert, sind/waren 9 Prozent der Menschen, die einen Universitätsabschluß oder Abitur hatten, in einer Bürgerinitiative aktiv. Wolfgang Rüdig, »Bürgerinitiativen im Umweltschutz: Eine Bestandsaufnahme der empirischen Befunde«, in: Volker Hauff (Hrsg.), *Bürgerinitiativen in der Gesellschaft*, 1980, S. 163f.

98 Ibid., S. 164-166.

99 Ibid., S. 164.

100 Aufgrund ihrer finanziellen Unabhängigkeit wie ihrer Ausbildung und im Gegensatz zu den Arbeitern haben diese Menschen die soziale Sicherheit, die Muße und das intellektuelle Rüstzeug, um Probleme zu erkennen, einzuschätzen und auf sich wirken zu lassen, die ihren Anteil an den lebensnotwendigen materiellen Gütern nicht bedrohen. Viele Analysen haben zu Recht darauf hingewiesen, daß bestimmte sozialstrukturelle Prozesse das »Protestreservoir« haben anschwellen lassen, wobei dieses Bevölkerungssegment in das bereits beschriebene Profil paßt: der rasante Anstieg des Lebensstandards nach dem Krieg, die Ausweitung des Dienstleistungssektors und, in

geringerem Maße, die Bildungs- und Ausbildungsmöglichkeiten. Aber dieser Tatbestand allein kann das Entstehen und die Inhalte von politischen Phänomenen wie den neuen sozialen Bewegungen, den Bürgerinitiativen und der grünen Partei nicht erklären. Deren Impulse und Inhalte kamen woanders her. Die bekannteste und zugleich problematischste Diagnose ist vielleicht Ronald Ingleharts berühmte These von den »postmateriellen Werten«, *The Silent Revolution: Changing Values and Political Styles among Western Publics*, 1977. Zur deutschen Erörterung der These vom »Wertewandel« siehe auch Helmut Klages, *Wertorientierungen im Wandel*, 1985. Wie dürftig der intellektuelle Wert dieser These auch sein mag, sie wird in fast allen deutschen Abhandlungen über die Bürgerinitiativen, die neuen sozialen Bewegungen und die Grünen erwähnt und von vielen Aktivisten und führenden Politikern – neokonservativen und linken gleichermaßen – als Schlagwort verwendet. Zu einem empirischen Angriff auf die These vom »Wertewandel« siehe Wilhelm Bürklin, *Grüne Politik*, 1984.

101 Mayer-Tasch, *Die Bürgerinitiativbewegung*, S. 14.

102 Ibid., S. 59, 60.

103 Ibid., S. 64.

104 Ibid., S. 50; umfassendere statistische Angaben finden sich auf S. 84.

105 Ibid., S. 18-25.

106 Brand u. a., *Aufbruch in eine andere Gesellschaft*, S. 89.

107 Karl-Werner Brand (Hrsg.), *Neue soziale Bewegungen in Westeuropa und den USA*, 1985, S. 44.

108 Ibid., S. 93, 46.

109 Die ersten Bürgerinitiativen in der Wyhler Gegend wurden 1971 gegen französische Pläne zum Bau eines Atomreaktors und einer Bleifabrik auf dem linken Rheinufer organisiert.

110 Dieter Rucht, *Von Wyhl nach Gorleben: Bürger gegen Atomprogramm und nukleare Entsorgung*, 1980, S. 81 f.

111 Nina Gladitz (Hrsg.), *Lieber heute aktiv als morgen radioaktiv*, 1976, S. 36.

112 Ibid., S. 48 f.

113 Rucht, *Von Wyhl nach Gorleben*, S. 83.

114 Eine Broschüre, die vom Vorstand des Energiekonzerns, dem Land und Bundesbehörden herausgegeben wurde und den Titel »Projektinformation« trug, versuchte, Vertrauen in der Öffentlichkeit zu wecken. Sie bagatellisierte die Gefahren des geplanten Reaktors und spielte die potentiellen wirtschaftlichen Vorteile hoch.

115 »International«, weil auch französische Mitglieder vom linken Rheinufer dazugehörten.

116 Der volle Text der Erklärung ist abgedruckt bei Billstein und Naumann, *Für eine bessere Republik*, S. 172-176.
117 Rucht, *Von Wyhl nach Gorleben*, S. 86.
118 Im Referendum vom Januar stimmte eine knappe Mehrheit der Bevölkerung von etwa 55 Prozent für den Verkauf des Baugeländes. Der Abstimmung war eine Kampagne mit »Zuckerbrot und Peitsche« vorausgegangen. Der Energiekonzern hatte den einzelnen Grundeigentümern sehr hohe Summen und der Gemeinde 2 Millionen DM, ein Schwimmbad, eine Kläranlage und viele Arbeitsplätze angeboten; die Landesregierung hatte unverhüllt damit gedroht, das Land entschädigungslos in seinen Besitz zu bringen. Siehe Gladitz, *Lieber heute aktiv*, S. 50.
119 Ibid.
120 Rucht, *Von Wyhl nach Gorleben*, S. 84-87.
121 Stefan Aust (Hrsg.), *Brokdorf: Symbol einer politischen Wende*, 1982, S. 21.
122 Die versprochenen Geschenke wie Schwimmbad, Kläranlage und Kindergarten waren weitgehend die gleichen wie in Baden-Württemberg.
123 Von 1551 Stimmen lauteten 784 »nein« und 202 »ja«, der Rest wurde nicht zurückgegeben. Aust, *Brokdorf*, S. 22.
124 Im August 1974 beantragte der Energiekonzern eine Bau- und Betriebserlaubnis, und in den folgenden vier Wochen, in denen Einsprüche gegen das Projekt möglich waren, sammelte der BUU über 31 000 Unterschriften. Wieder war der Grund für die Hartnäckigkeit und den Erfolg der Pro-Atom-Kräfte trotz des deutlichen Widerstands der Bevölkerung die Tatsache, daß diejenigen, die den Bau und den Betrieb der Anlage zu prüfen hatten, auch im Vorstand des Energiekonzerns saßen. Ibid., S. 25.
125 Man durchsuchte die Büros der Bürgerinitiativen und beschlagnahmte Flugblätter. Ihre Telefone und die ortsansässiger Bürger wurden abgehört. In einem Akt beispielloser Provokation wurden im Oktober 1976 unter starkem Polizeischutz Baumaschinen auf das Gelände gefahren – *obwohl* das Projekt als ganzes noch in der Genehmigungsphase war. Ibid., S. 25f., und Rucht, *Von Wyhl nach Gorleben*, S. 89.
126 Bürgerinitiative Umweltschutz Unterelbe (Brokdorf), *Der Bauplatz muß wieder zur Wiese werden!*, 1977, S. 102.
127 Ibid., S. 113.
128 Zwei Wochen später, am 13. November, artete eine zweite Demonstration in einen offenen Kampf aus. Beide Seiten warfen Steine, Schlagstöcke kamen reichlich zum Einsatz. Der Polizei gelang die

die Auflösung der Demonstration nur, indem sie Angehörige des Bundesgrenzschutzes einflog und aus Hubschraubern Tränengas auf die Menge sprühte. Aust, *Brokdorf*, S. 30f.

129 Rucht, *Von Wyhl nach Gorleben*, S. 90.

130 Ibid.

131 Siehe beispielsweise das Flugblatt der Bürgerinitiativen von 1978 gegen die geplante Wiederaufbereitungsanlage in Gorleben in: Billstein und Naumann, *Für eine bessere Republik*, S. 180-184.

132 Erhard Eppler, *Ende oder Wende? Von der Machbarkeit des Notwendigen*, 1975, und Herbert Gruhl, *Ein Planet wird geplündert*, 1975.

133 Rucht, *Von Wyhl nach Gorleben*, S. 98.

134 1976 war Willy Brandt der Vorsitzende einer Kommission, die einen Bericht über die Energiepolitik und die Anti-Atombewegung erstellte. Hans Matthöfer lud einige tausend Parteifunktionäre zu einer Konferenz zur Energiepolitik ein, die im April 1977 stattfand. Die CDU folgte dem Beispiel der SPD. Der Hamburger Parteitag der SPD im November 1977 stand ebenfalls im Zeichen der energiepolitischen Diskussion. Siehe Brand u. a., *Aufbruch in eine andere Gesellschaft*, S. 95, und Rucht, *Von Wyhl nach Gorleben*, S. 92.

135 Der 1972 gegründete BBU wurde mit dem Aufkommen der Anti-Atomkraft-Bewegung 1975 schnell zur wichtigsten Dachorganisation der Bürgerinitiativen in der Bundesrepublik. Obwohl es keine genauen Zahlen über seine Mitglieder gibt, gehen vorsichtige Schätzungen von etwa 300 angeschlossenen und von über 100 informell beeinflußten Bürgerinitiativen aus. Die einzige systematische Untersuchung der verschiedenen Umweltschutzorganisationen in der Bundesrepublik ist unseres Wissens Martin Leonhards *Umweltverbände: Zur Organisierung von Umweltinteressen in der BRD*, 1986, insbes. S. 131f., 156ff.

136 BBU, »Für eine ökologische Kreislaufwirtschaft«, in: Billstein und Naumann, *Für eine bessere Republik*, S. 164-167.

137 In dieser Zeit, 1977/78, bildeten sich die ersten grünen Wählerinitiativen in Niedersachsen, Schleswig-Holstein, Hamburg und Berlin. In diesen frühen Dokumenten geht es ebenfalls um das Konzept einer ökologischen »Kreislaufwirtschaft«. Viele von ihnen sind abgedruckt in: Anna Hallensleben, *Von der Grünen Liste zur Grünen Partei*, 1984.

138 Siehe Hans-Christoph Binswanger, »Qualitatives Wachstum: Strategie und Ausgestaltungsprobleme«, in: Harald Müller-Witt (Hrsg.), *Arbeitsplätze contra Umwelt: eine rot-grüne Kontroverse*, 1984.

139 Obwohl seitdem viel über das Verhältnis von Ökologie und Sozia-

lismus geschrieben worden ist, gehören folgende Werke zu den frühen Arbeiten. Aus dem kommunistischen Spektrum: das phantasievolle Buch von Hellmuth Schehl, *Vor uns die Sintflut? Ökologie, Marxismus und die herrschende Zukunftsgläubigkeit*, 1977; die weniger selbstkritischen und orthodoxeren Bücher von Alfred Leonhardt, *Umweltreproduktion im staatsmonopolistischen Kapitalismus: Zur Kritik bürgerlicher Konzeptionen einer marktwirtschaftlichen Lösung der Umweltprobleme*, 1977, und etwas später, Horst Paucke, *Umweltprobleme: Herausforderung der Menschheit*, 1980; eine Einschätzung der grünen Bewegung aus dem kommunistischen Spektrum liefert Harry Tallert, *Eine grüne Gegenrevolution*, 1980. Aus sozialdemokratischer Perspektive: das unverzichtbare Buch von Müller-Witt, *Arbeitsplätze contra Umwelt*; Volker Ronge, *Die Gesellschaft an den Grenzen der Natur: Aufsätze zur politischen Ökologie*, 1978; und die interessante Kritik an den etatistischen und technokratischen Neigungen der Sozialdemokratie von Gerda Zellentin und Günter Nonnenmacher (Hrsg.), *Abschied vom Leviathan: Ökologische Aufklärung über politische Alternativen*, 1979.

140 Siehe den bahnbrechenden Artikel von Gabrielle Kuby, »Ende der patriarchalen Herrschaft«, in: *Frauenoffensive*, Nr. 2, April 1975.

141 Siehe Carola Parniske-Kunz, »Ökologie – eine Angel des Feminismus?«, in: Norbert W. Kunz (Hrsg.), *Ökologie und Sozialismus: Perspektiven einer umweltgründlichen Politik*, 1986, S. 116. Die Ökofeminismus-Diskussion ist von radikalen Feministinnen, die die kulturellen Ursachen der Unterschiede zwischen Mann und Frau betonen, als gefährliche Rebiologisierung der Geschlechterdifferenz scharf verurteilt worden, die letztlich der männlichen Ideologie und der patriarchalen Unterdrückung in die Hände arbeiten müsse. Und tatsächlich haben viele Ökofeministinnen in der Ökologie eine »objektive« Basis für Magie und Hexerei als »alternative Modelle« zur männlichen Rationalität gesucht. Siehe zum Beispiel Sarah Jansen, »Magie und Technik – Auf der Suche nach feministischen Alternativen zur patriarchalen Naturnutzung«, in: *Beiträge zur feministischen Theorie*, Nr. 12, Dezember 1984, S. 76ff.

142 Siehe das vom Achberg-Kreis veröffentlichte Buch von Wilfried Heidt (Hrsg.), *Abschied vom Wachstumswahn: Ökologischer Humanismus als Alternative zur Plünderung des Planeten*, 1980, sowie die Arbeit der später grünen Politiker in Baden-Württemberg, Wolf-Dieter und Connie Hasenclever, *Grüne Zeiten*, 1982.

143 Einen Überblick über die christliche Ökologiediskussion bietet Klaus Meyer-Abich (Hrsg.), *Frieden mit der Natur*, 1979.

144 Brand u. a., *Aufbruch in eine andere Gesellschaft*, S. 213.

145 Lorenz Knorr, *Geschichte der Friedensbewegung in der Bundesrepublik*, 1983, S. 169.

146 Die Friedensforschung, die in der Bundesrepublik in den 50er Jahren entstand und staatlich gefördert wurde, stellte sich nicht vollständig oder unkritisch hinter die Friedensbewegung, sondern analysierte den Frieden mehr auf intellektueller als auf rein ethischer Ebene; sie trug dazu bei, die schwer verständlichen, mit Statistiken überfrachteten Debatten der Atomstrategen verständlicher zu machen und zu popularisieren. Siehe Egbert Jahn, »Friedensbewegung und Friedensforschung«, in: Reiner Steinweg (Hrsg.), *Die neue Friedensbewegung. Analysen aus der Friedensforschung*, 1982, S. 146-165.

147 Thomas Leif, *Die professionelle Bewegung: Friedensbewegung von innen*, 1985, S. 39.

148 Das organisatorische Rückgrat des KOFAZ bildeten zwei ausgewiesene Anhänger der sowjetischen sicherheitspolitischen Position; siehe Rüdiger Schlaga und Hans-Joachim Spanger, »Die Friedensbewegung und der Warschauer Pakt: Ein Spannungsverhältnis«, in: Steinweg, *Die neue Friedensbewegung*, S. 54-85, 64. Infolgedessen weigerte sich das KOFAZ, zur Verhängung des Kriegsrechtes in Polen Stellung zu nehmen, obwohl es von der übrigen Friedensbewegung stark unter Druck gesetzt wurde, ibid., S. 66.

149 Mit Ausnahme der kommunistischen Gruppen, die für Entspannung und Ost-West-Zusammenarbeit agitierten, blieb die westdeutsche Friedensbewegung von Anfang bis Mitte der 70er Jahre diffus »antimilitaristisch«; sie operierte mit vagen moralischen Anschuldigungen, thematisierte den militärisch-industriellen Komplex und kümmerte sich um Kriegsdienstverweigerer aus Gewissensgründen. Siehe Leif, *Die professionelle Bewegung*, S. 40, Knorr, *Geschichte der Friedensbewegung*, S. 145, 150, 154, 160, und Brand, *Neue soziale Bewegungen*, S. 215.

150 Das Motto lautete »Stoppt das Wettrüsten«, und es nahmen 40 000 Menschen teil, darunter Prominente aus dem politischen und literarischen Leben. Siehe Knorr, *Geschichte der Friedensbewegung*, S. 168, 170, 172, 177.

151 Die Sowjets, die wie gewöhnlich lautstark die »unauflösliche Verbindung von Sozialismus und Frieden« und die »Friedensliebe des sowjetischen Volkes« beschworen, hatten es geschafft, die Verhandlungsrunde zustande zu bringen. Aber 1979 gab es für die Europäer viele Gründe, an ihrem guten Willen zumindest ebenso zu zweifeln wie an dem der Amerikaner. Erst die Modernisierung der sowjetischen Mittelstreckenraketen durch die Aufstellung der SS-20 machte

es überhaupt erst möglich, von einer Nachrüstung zu sprechen. Und der offene Militarismus und die Aggression, die sich in der sowjetischen Invasion in Afghanistan und an der Verhängung des Kriegsrechts in Polen 1979 zeigten, ließen selbst bei den neutralistischen und pro-sowjetischen Strömungen in den traditionellen westdeutschen Friedensorganisationen Zweifel aufkommen. Zudem war 1979 auch das Jahr der iranischen Revolution, zunehmender Spannungen im Nahen Osten und erster Anzeichen einer amerikanischen Intervention am Persischen Golf. Dabei fiel diese Konstellation internationaler Ereignisse mit einer weltweiten Rezession zusammen. Das machte es selbst politisch apathischen Menschen schwer, sich der krisengeladenen Atmosphäre zu verschließen. Siehe dazu den Artikel von Berthold Meyer. Anhand einer Fülle statistischer Daten über Nachkriegsdeutschland kommt Meyer zu dem Schluß, daß Angst vor einem Krieg leichter in Situationen aufkommt, die als wirtschaftlich problematisch erlebt werden, als in solchen, in denen die wirtschaftliche Entwicklung positiv beurteilt wird. Berthold Meyer, »Neutralistische Träumereien? Öffentliche Meinung, Frieden und Friedensbewegung«, in: Steinweg, *Die neue Friedensbewegung*, S. 113-114, insbes. S. 124.

152 Eine umfassende Umfrage über den Frieden, die von dem angesehenen EMNID-Institut durchgeführt und vom *Spiegel* in Auftrag gegeben wurde, zeigte, daß das Wettrüsten das Vertrauen von SPD- und Grünen-Wählern in die Vereinigten Staaten stark geschwächt hatte. Siehe »Jeder Dritte hofft auf die Null-Lösung«, in: *Der Spiegel*, Nr. 48, 1981, S. 56.

153 Ende 1979 veröffentlichte Mechtersheimer, ein ehemaliger Oberst der Luftwaffe und Mitglied der ultrarechten CSU unter Franz-Josef Strauß ein Papier, das warnend darauf hinwies, daß die Europäisierung eines Krieges zwischen Ost und West und die Stationierung von Erstschlagwaffen auf deutschem Boden die Sowjetunion herausfordern könnten, einen präventiven atomaren Angriff auf Deutschland durchzuführen. Einige Monate später veröffentlichte der Bundeswehr-General Gert Bastian eine Erklärung, in der er ähnlich argumentierte. Daraufhin zum Rücktritt gezwungen, wurde er zu einem offenen Friedensaktivisten und lebte mit Petra Kelly zusammen, einem führenden Mitglied der Friedensbewegung. Sowohl Bastian als auch Mechtersheimer waren Bundestagsabgeordnete der Grünen; Bastian nach den Wahlen von 1983, Mechtersheimer nach den Wahlen von 1987.

Mechtersheimers bösartiger Haß auf alles Amerikanische – nichts Ungewöhnliches bei vielen deutschen Rechten und Linken, besonders bei den sogenannten »Wertkonservativen«, die ein Hohelied auf das angeblich unverdorbene und unverfälschte Deutschland singen, wie es vor der Beeinflussung durch Amerika war, und alles Moderne als schlecht brandmarken, das einem widerstrebenden Deutschland von den Vereinigten Staaten aufgezwungen wurde – veranlaßte ihn, für die Bildung einer internationalen antiamerikanischen Bewegung zu plädieren, die vermutlich von ihm und seinen Anhängern geführt werden sollte. Nachdem Mechtersheimer während des Golfkrieges begeistert für Saddam Hussein Partei ergriffen hatte, schwand sein Einfluß bei den Grünen Anfang der 90er Jahre. Mechtersheimers politische Karriere und Ansichten belegen die Übereinstimmung der radikalen Rechten und Linken in bezug auf einen deutschen antimodernen Konservativismus, Antiliberalismus und antiwestliche Einstellungen.

Wesentlich tragischer und unendlich trauriger war das Schicksal von Gert Bastian. Enttäuscht von den ständigen Streitigkeiten und kräftezehrenden Auseinandersetzungen bei den Grünen, verließ Bastian die Partei 1984, gehörte aber bis zum Ende der Legislaturperiode im Januar 1987 als unabhängiger Abgeordneter dem Bundestag an. Er blieb ein Mahner, gleichsam ein moralischer Ein-Mann-Rettungsdienst, der der deutschen Öffentlichkeit – und seinen früheren grünen Freunden – vorwarf, nicht genug für die Beseitigung des Unrechts in der Welt zu tun. Zusammen mit seiner Lebensgefährtin Petra Kelly, einer der wichtigsten Mitbegründerinnen der grünen Bewegung und der grünen Partei, trat Bastian unermüdlich für soziale Gerechtigkeit gegenüber den Vergessenen und Benachteiligten ein, beispielsweise für die Tibetaner, die noch immer unter ihrem chinesischen Joch leiden. Ihre Sache wurde vor allem deshalb von den linken Grünen nicht aufgegriffen, weil ihre Unterjocher Kommunisten, ja chinesische Maoisten waren, die viele Grüne im Prozeß ihrer politischen Sozialisation in den späten 60ern als Vorbild angesehen hatten. Bezeichnenderweise zeigte sich Bastian nach der Wiedervereinigung sehr besorgt über den Rechtsruck der deutschen Politik. Besonders schockierte ihn die offene Gewalt der Rechten gegen Ausländer in ganz Deutschland und das Unvermögen – und vielleicht die mangelnde Bereitschaft – der konservativen Regierung, mit der ganzen Härte des Gesetzes gegen diese abscheulichen Verbrechen vorzugehen. Bastians letzter veröffentlichter Kommentar, der in der Zeitschrift der grünen Partei *Bündnis 2000* erschien, klang unheilverkündend und hoffnungslos: »Der Lack ist ab vom Gesicht der Bundesrepublik. Weggewischt ist die Schminke der demokratischen Wohlanständigkeit; abgelegt die Maske aus Gewaltverzicht,

An

Europäische Verlagsanstalt

Rotbuch Verlag

Parkallee 2

20144 Hamburg

Tel. 040 / 45 01 94 - 30
Fax 040 / 45 01 94 - 55

Toleranz und Solidarität mit Schwächeren! Und wieder ist sie unverhüllt da, die Fratze des häßlichen Deutschland, das nur sich für wichtig und lebenswert hält, alles ›Artfremde‹ aber mit Haß verfolgt und erbarmungslos ausmerzt, wenn es das Bild vom ›reinen‹ Vaterland stört.« (zitiert aus der *New York Times* vom 21. Oktober 1992). Aus ungeklärten Gründen erschoß Bastian Petra Kelly Anfang Oktober 1992, bevor er sich selbst umbrachte. Da die Leichen erst drei Wochen nach der Tat entdeckt wurden und nichts Schriftliches vorliegt, ist nicht sicher, wann der Mord und der Selbstmord genau stattfanden. Es ist demnach unklar, ob Bastian den Mord an Kelly von sich aus beging oder ob sie ihr Einverständnis zu diesem Mord-Selbstmord gegeben hatte. Wie dem auch sei, zweifellos hat die deutsche Linke zwei ihrer aufrichtigsten und engagiertesten Persönlichkeiten auf tragische Weise verloren.

154 Bastians Aussage, zitiert aus Georg Haasken und Michael Wigbers, *Protest in der Klemme: Soziale Bewegungen in der Bundesrepublik*, 1986, S. 84f.

155 Manche kritisierten die Aufgabe des Abschreckungskonzepts zugunsten der »flexiblen Reaktion« und der Mittelstreckenraketen kaum. Wie Mechtersheimer wiesen sie auf die Erstschlagfähigkeit der Pershings hin, die einen präventiven Erstschlag der Sowjets herausfordern könnte. (Die Pershing II konnten das sowjetische Territorium in etwa fünf Minuten erreichen und waren sehr treffsicher, wodurch die sowjetischen Raketen noch in ihren Silos zerstört werden konnten.) Andere lehnten die atomare Abschreckung und die Kriegführungsstrategien rundweg ab und arbeiteten mehrere »alternative Verteidigungskonzepte« aus, darunter auch Pläne für schrittweise, einseitige Abrüstungsmaßnahmen und eine nicht-atomare »soziale Verteidigung« auf der Basis von passivem Widerstand und Bürgermilizen (»autonomen Tech-Kommandos«) nach dem schweizerischen Modell; diese soziale Verteidigung wäre so breit gestreut, daß sie gegen einen zentralen Blitzangriff immun wäre. Die Vorschläge der Friedensforscher waren nicht als Utopien gedacht, sondern zielten ernsthaft darauf ab, eine Mehrheit von Politikern und Wählern zu gewinnen. Über eine schrittweise und einseitige Abrüstung siehe Peter Schlotter, »Strategien der Konfliktentspannung: Vorschläge für die achtziger Jahre«, in: Hessische Stiftung Friedens- und Konfliktforschung (Hrsg.), *Europa zwischen Konfrontation und Kooperation: Entspannungspolitik für die 80er Jahre*, 1982, und Reiner Steinweg (Hrsg.), *Das kontrollierte Chaos: die Krise der Abrüstung*, 1980. Die berühmteste Version einer »alternativen Verteidigung« ist die von Horst Afheldt und Jochen Löser. Eine kurze

Erläuterung liefert Horst Afheldt, »Friedenspolitik – naiv oder realistisch?«, in: Hans A. Pestalozzi u. a. (Hrsg.), *Frieden in Deutschland: die Friedensbewegung, wie sie wurde, was sie ist, was sie werden kann*, 1982, S. 59-62. Eine gute, kritische Zusammenfassung gibt Thomas Trempnau, »Afheldts Konzept einer defensiven, reaktiven Verteidigung«, in: *Antimilitarismus Information*, Nr. 3, 1981, S. 17-22. Zum »realistischen« Charakter der Friedensforschung äußert sich Jahn, »Friedensbewegung und Friedensforschung«, S. 151.

156 Brand u. a., *Aufbruch in eine andere Gesellschaft*, S. 213.

157 Ibid., S. 216.

158 Dieser Satz ist dem berühmten »Prinzip Hoffnung« von Ernst Bloch nachgebildet. Zur »Ökopax«-Synthese siehe insbesondere Petra Kelly, »Wie sich die Ökologiebewegung zur Friedensbewegung entwickelte«, in: Petra Kelly und Jo Leinen (Hrsg.), *Prinzip Leben – Ökopax, die neue Kraft*, 1982.

159 Schon am 27./28. Oktober 1979 unternahm ein Kongreß von DFG/VK und BBU in Kassel, der im Zeichen des Doppelbeschlusses stand, einen ersten Versuch, Gemeinsamkeiten zu erkunden; siehe die Erklärung »Zusammenarbeit und Handlungseinheit fördern!«, in: Billstein und Naumann, *Für eine bessere Republik*, S. 184. Es folgte eine gemeinsame Veranstaltung unter dem Motto »Stoppt die Vermehrung von Atomwaffen in Europa! Hebt den NATO-Raketenbeschluß auf«, die am 25. Oktober 1980 in Lingen stattfand. Siehe Knorr, *Geschichte der Friedensbewegung*, S. 183. Kurz danach brachte der BBU eine Landkarte mit den Standorten der Raketenbasen und Atomkraftwerke in der Bundesrepublik heraus und gab Untersuchungen über die potentiellen ökologischen Konsequenzen eines Atomkrieges in Westdeutschland in Auftrag. Zu diesem Thema siehe Harald Müller, »Ökologiebewegung und Friedensbewegung: Zur Gefährdung des Lebensraums«, in: Steinweg, *Die neue Friedensbewegung*, S. 177.

160 Siehe K. D. Ernst u. a., *Umweltkrieg und Abrüstung*, 1976.

161 Zu diesem Thema siehe Elmar Römpczyk, *Internationale Umweltpolitik und Nord-Süd-Beziehungen*, 1979.

162 Diese Art von Analyse verdeutlicht beispielhaft die Erklärung des BBU und der DFG/VK »Gegen Rüstung und Atom«, in: Billstein und Naumann, *Für eine bessere Republik*, S. 65-68.

163 Siehe Müller, »Ökologiebewegung und Friedensbewegung«, S. 185.

164 Siehe Hans-Jürgen Benedict, »Auf dem Weg zur Friedenskirche? Entstehung und Erscheinungsformen der neuen Friedensbewegung in der evangelischen Kirche«, in: Steinweg, *Die neue Friedensbewegung*, S. 232.

165 Haasken und Wigbers, *Protest in der Klemme*, S. 119.
166 Siehe Benedict, »Auf dem Weg zur Friedenskirche?«, S. 230.
167 Leif, *Die professionelle Bewegung*, S. 31.
168 Die Position des Bielefelder Appells war bis zur Auflösung der sozialliberalen Koalition im Jahre 1982 die einzige, die nicht den Zorn Schmidts hervorrief und den Ausschluß aus der Partei bedeuten konnte. Dessen Vertreter waren der Überzeugung, daß von den drei Maßnahmen Stationierung, Ratifizierung des SALT II-Vertrages und »ernsthafte« Verhandlungen mit den Sowjets zwei nicht verwirklicht worden waren. Sie forderten daher die Zurücknahme der NATO-Entscheidung. Siehe den Abdruck des Appells in Hans Apel u.a., *Sicherheitspolitik contra Frieden? Ein Forum zur Friedensbewegung*, 1981, S. 146f.
169 »Friedenssicherung ist nicht an das Gleichgewicht der Rüstungen gebunden ... Landgestützte Mittelstreckenraketen auf deutschem Boden sind militärisch, politisch und moralisch nicht zu verantworten ... Das im NATO-Doppelbeschluß enthaltene Verhandlungsangebot muß die Erstschlagswaffen und das Entwaffnungssystem destabilisieren ...«. Zitiert aus der »Erklärung der Klausurtagung der Gustav-Heinemann-Initiative in Bonn am 12. Juni 1981 zur Sicherheitspolitik«, in: Apel u.a., *Sicherheitspolitik*, S. 152-154.
170 Sie forderten nicht nur den Verzicht auf den NATO-Doppelbeschluß und die Fortsetzung der Ost-West-Verhandlungen, sondern auch die einseitige Reduzierung der NATO-Streitkräfte. Die Jusos griffen darüber hinaus die von der Friedensbewegung hergestellte Verbindung zwischen dem Wettrüsten, der Arbeitslosigkeit im eigenen Land und der Armut in der Dritten Welt auf. Siehe den Abdruck der »Resolution des Jungsozialisten-Bundeskongresses in Lahnstein vom 26.-28. Juni 1981« in: Apel u.a., *Sicherheitspolitik*, S. 152f.
171 Leif, *Die professionelle Bewegung*, S. 34f.
172 Der Krefelder Appell kritisierte die unzureichenden Ost-West-Verhandlungen und die Weigerung der Reagan-Regierung, den SALT II-Vertrag zu unterschreiben bzw. einzuhalten, und forderte, der Kanzler solle »sein Wort halten« und die Raketen nicht stationieren: »Der SALT-Vertrag ist tot. Die Gegner jeder ›Nachrüstung‹ erwarten deshalb von der Bundesregierung Mut und Konsequenz bei der Einlösung des Kanzlerwortes: nämlich die Zurücknahme der mit dem ›Nachrüstungs‹beschluß erteilten Genehmigung zur künftigen Stationierung amerikanischer nuklearer Mittelstreckenwaffen auf dem Boden der Bundesrepublik Deutschland.« Vollständig abgedruckt ist der »Krefelder Appell« in: Georg Benz (Hrsg.), *Rüstung, Entrüstung, Abrüstung*, 1982, S. 140f.

173 Siehe Brand u. a., *Aufbruch in eine andere Gesellschaft*, S. 216.

174 Der Kirchentag fand 1981 in Hamburg unter dem Motto »Fürchtet euch nicht« statt. Am letzten Tag demonstrierten etwa 40 000 Teilnehmer unter der Losung »Fürchtet euch, der Atomtod bedroht uns alle«. Ibid.

175 Daran nahmen u. a. Jo Leinen, Lukas Beckmann, Roland Vogt, Volkmar Deile, Gregor Witt, Achim Maske, Manfred Kühel, Ulrich Frey und Eva Quistorp teil. Beckmann, Vogt und Quistorp wurden später prominente Grüne. Siehe Leif, *Die professionelle Bewegung*, S. 59.

176 Die Vorwürfe der Bundesregierung waren nicht ganz falsch, aber stark übertrieben. Während das KOFAZ in den späten 70er Jahren großen Einfluß auf die Bewegung hatte, ging er später deutlich zurück. Trotzdem hatte das Verteidigungsministerium ein Diagramm veröffentlicht, das »bewies«, daß es eine direkte Befehlskette vom Zentralkomitee der KPdSU zu den Organisatoren des Krefelder Appells gab. Es mußte diese Veröffentlichung schließlich zurückziehen. Siehe den Abdruck in: Apel u. a., *Sicherheitspolitik*, S. 185.

177 Leif, *Die professionelle Bewegung*, S. 60.

178 Siehe den Abdruck des Flugblatts »Aufruf zur Bonner Demonstration« in: Benz u. a., *Rüstung*, S. 144 f. Zur Russell Foundation siehe Knorr, *Geschichte der Friedensbewegung*, S. 192.

179 Knorr, *Geschichte der Friedensbewegung*, S. 197.

180 Laut der vom *Spiegel* in Auftrag gegebenen EMNID-Umfrage. Dagegen drückten nur 29 Prozent eine negative Einstellung gegenüber der Friedensbewegung aus, bei den Jungen war der Prozentsatz noch niedriger. Bei den 35jährigen und bei den Jüngeren mit einem hohen Bildungsgrad galten 40,9 Prozent als »potentielle Aktivisten« der Friedensbewegung. Siehe *Der Spiegel*, Nr. 48, 1981, S. 63, 68.

181 Die Mitglieder waren Lukas Beckmann, Wolfgang Biermann, Rudolf Hartung, Jo Leinen, Klaus Mannhardt, Achim Maske, Gunnar Mathiesen, Gerd Pflaumer, Eva Quistorp, Werner Rätz, Andreas Buro, Bernd Vallentin, Klaus Waiditschka, Helga Weber, Harald Jansen, Michael Gerber, Godecke von Bremen, Rudolf Steinecke, J. Bernd Runge und Jochen Dietrich. Siehe Leif, *Die professionelle Bewegung*, S. 62 f.

182 Ibid., S. 68.

183 Über die Pressearbeit des Koordinationskomitees siehe ibid., S. 77-83, 135-144, 146-153.

184 Knorr, *Geschichte der Friedensbewegung*, S. 202, und Haasken und Wigbers, *Protest in der Klemme*, S. 96.

185 Siehe Knorr, *Geschichte der Friedensbewegung*, S. 203, und Haasken und Wigbers, *Protest in der Klemme*, S. 91 f.

186 Zu den Positionen der verschiedenen Parteien zum Doppelbeschluß und zur Abrüstung siehe die Titelgeschichte »Raketenwahlkampf«, in: *Der Spiegel*, Nr. 5, 1983.

187 *Der Spiegel* schrieb, daß die Mehrheit der bundesdeutschen Bürger den Grünen grün sind, wenn es um die Kernfragen westdeutscher Politik geht. Nach einer von der Regierung Kohl in Auftrag gegebenen Umfrage des SINUS-Instituts (die vermutlich wegen ihrer Ergebnisse unveröffentlicht blieb), die dem *Spiegel* zugespielt wurde, waren 54 Prozent der CDU/CSU-Wähler und 70 Prozent der Sympathisanten der FDP für die Aufschiebung der Stationierung, falls die Genfer Verhandlungen scheitern würden. Derselben Umfrage zufolge votierten 85 Prozent aller Wähler für die Fortsetzung der Entspannungspolitik, und mehr Menschen als in den Jahren zuvor drückten ihr Vertrauen zur Sowjetunion aus. Während dies klar darauf hinwies, daß es nach den Wahlen *kein* Moratorium für die Mittelstreckenraketen geben würde, wurde auch deutlich, wie groß und allgemein verbreitet der Widerstand gegen sie in der Bevölkerung war. Die Ergebnisse der Umfrage wurden zusammengefaßt in »Nichts geändert«, in: *Der Spiegel*, Nr. 1, 1983, S. 30f. und in »Kein Kardinal«, in: *Der Spiegel*, Nr. 2, 1983, S. 27f.

188 Trotz der polizeilichen Vorkehrungen gelang es einer kleinen Gruppe militanter Aktivisten, die Limousine von Bush mit Steinen zu bewerfen. Über 100 Demonstranten wurden bei den Zusammenstößen mit der Polizei verletzt. Siehe »Wie in Chicago«, in: *Der Spiegel*, Nr. 27, 1983.

189 Im August fand eine Bundeskonferenz autonomer Friedensinitiativen statt, an der auch Grüne, der BBU, die Hamburger GAL, die AL-Westberlin, und die DFG/VK teilnahmen. Siehe Haasken und Wigbers, *Protest in der Klemme*, S. 95, 10; Leif, *Die professionelle Bewegung*, S. 200-202; »Woche des Zorns«, in: *Der Spiegel*, Nr. 46, 1983. Zu den Details der für den Herbst entwickelten Pläne siehe »Der Herbst wird organisiert«, in: *Antimilitarismus Information*, Nr. 8, 1983.

190 Etwa 8000 bis 10000 Demonstranten nahmen an einer Blockade der Straßen und Kreuzungen in der Nähe des Bundestags teil. Bei den Konflikten gab es ingesamt 500 Festnahmen und 100 Verletzte. Siehe Haasken und Wigbers, *Protest in der Klemme*, S. 100.

191 Er richtete sich gegen ein Transportfahrzeug für Pershing II-Raketen in der Kleinstadt Schwäbisch-Gmünd. Siehe »Zerstörungswerk am Zerstörungswerkzeug«, in: *Der Spiegel*, Nr. 50, 1983.

192 Siehe den Verlauf der Ereignisse auf der fünften »Aktionskonferenz« des Koordinationskomitees Anfang 1984, beschrieben in: Leif, *Die professionelle Bewegung*, S. 209-223.

193 Über die »Aktion Herbst '84« siehe »Ruhig und Still«, in: *Der Spiegel*, Nr. 40, 1984, S. 41-44, und »Herbst '84«, in: *Antimilitarismus Information*, Nr. 8, 1984.

## Kapitel 5: Ideologie: Die Welt, wie sie entworfen wird

1 Obwohl die einzige Fraktion in der Partei, die sich offen zur marxistischen Ideologie bekannte, die der Ökosozialisten war, interpretieren wir das Projekt der Grünen insgesamt als eine vollständige Rekonstruktion des Marxschen Sozialismus.

2 Siehe Andrei S. Markovits und David S. Meyer, »Green Growth on the West German Left: Cultivating Political Space«, Referat auf dem 13. Weltkongreß der International Political Science Association, Paris, 15.-21. Juli 1985.

3 Wir beschreiben hier die »Aufbruch«-Gruppe nicht, da wir der Ansicht sind, daß sie wenig zur ideologischen Vielfalt und zu den Auseinandersetzungen in der Partei beigetragen hat. Im Gegensatz zu den in diesem Kapitel geschilderten vier Gruppen war der Aufbruch '88 nur ein parlamentarisches Manöver und ein Schritt hin zu dem Kompromiß, mit dem Antje Vollmer die verschiedenen Tendenzen in einer Partei mit dem Namen »Die Grünen« zusammenhalten wollte.

4 Bei einer Diskussion zwischen Eckhard Strattmann und Helmut Wiesenthal, die der TAZ-Redakteur Jakob Sonnenschein im Mai 1985 in Bochum moderierte und an der Philip Gorski teilnahm.

5 Helmut Wiesenthal, »Grün-Rational: Vorschläge für eine zeitgemäße Strategie«, abgedruckt in: Gabriel Falkenberg und Heiner Kersting (Hrsg.), *Eingriffe im Diesseits*, 1985, S. 3.

6 Siehe insbesondere Thomas Ebermann und Rainer Trampert, *Die Zukunft der Grünen*, 1985, S. 242-254.

7 Siehe Jutta Ditfurth, »Radikal und phantasievoll gesellschaftliche Gegenmacht organisieren! Skizzen einer radikalökologischen Position«, in: Thomas Kluge (Hrsg.), *Grüne Politik*, 1984, S. 63.

8 Siehe Antje Vollmers Rede: »Perspektiven grüner Politik«, in: *Grüner Basis-Dienst*, Nr. 1, 1985, S. 61.

9 Siehe »Veto-Partei: Gegen den hündischen SPD-Bezug«, in: Rudolf Bahro, *Pfeiler am anderen Ufer*, 1984, S. 8-10.

10 Siehe das Interview mit Thomas Ebermann in: Sabine Stamer (Hrsg.), *Von der Machbarkeit des Unmöglichen*, 1985, S. 102.

11 Siehe Ditfurth, »Radikal und phantasievoll«, S. 67.

12 Ibid., S. 57.

13 Siehe Petra Kelly, »Wir müssen die Etablierten entblößen, wo wir können«, in: Jörg Mettke (Hrsg.), *Die Grünen*, 1982, S. 31.
14 Siehe Ditfurth, »Radikal und phantasievoll«, S. 64.
15 Siehe das Interview mit Ebermann in: Stamer, *Von der Machbarkeit*, S. 94f.
16 Siehe das Interview mit Joschka Fischer, »Zieran hat mit grüner Kultur so viel zu tun wie die Curry-Wurscht mit dem Müsli«, *Pflasterstrand*, Nr. 169, 22. Oktober 1983, S. 15.
17 Ibid., S. 16.
18 Siehe das Interview mit Norbert Mann, in: Brigitte Jäger und Claudia Pintl (Hrsg.), *Zwischen Rotation und Routine: die Grünen im Bundestag*, 1985, S. 144.
19 Siehe Otto Schily, »Vor unvergleichlichen Möglichkeiten«, in: Wolfram Bockeroich (Hrsg.), *SPD und Grüne: Das neue Bündnis?*, 1985, S. 148.
20 Siehe das Interview in: Stamer, *Von der Machbarkeit*, S. 114.
21 Siehe »Jutta ist jetzt die Kaiserin«, in: *Der Spiegel*, 11. Mai 1987.
22 Siehe Joscha Schmierer, »Weichenstellungen«, in: *Kommune*, Nr. 12, 1983, S. 8.
23 Siehe Gabriel Falkenberg und Erhard Müller, »Thesen für eine systemüberwindende Realpolitik«, in: *Kommune*, Nr. 7, 1984, S. 36.
24 Siehe Hendrik Auhagen, »Skizze eines sozio-ökologischen Kompromisses«, in: *Kommune*, Nr. 10, 1984, S. 33.
25 Siehe Kelly, »Wir müssen die Etablierten entblößen«, S. 32.
26 Siehe Rudolf Bahro, »Hinein oder hinaus«, in: Mettke, *Die Grünen*, S. 45. Helmut Wiesenthal faßt die fundamentalistische Position gut zusammen: »Wenn das Mitmischen ›im System‹ ebenso wie eine auf Tolerierung hinauslaufende Passivität dem Ziel der Systemüberwindung zuwider läuft, bleibt als einzige Alternative konsequente Opposition, die ihre Mitwirkung dazu benutzt, den eigenen Standpunkt darzustellen und die Grenzen der Legitimität und der Gestaltungskraft des Parlaments aufzuzeigen«, in: Falkenberg und Kersting, *Eingriffe im Diesseits*, S. 6.
27 Bahro, »Hinein oder hinaus«.
28 Joachim Raschke, der wohl angesehenste Grünen-Experte der Bundesrepublik, betrachtet Rudolf Bahro und seine Ideen ebenfalls als besonders repräsentativ für eine wichtige Strömung im grünen Denken. Siehe Joachim Raschke, *Krise der Grünen: Bilanz und Neubeginn*, 1991.
29 Mitteleuropa umfaßte hauptsächlich Deutschland und die österreichisch-ungarische Doppelmonarchie der Habsburger, das sind heute das vereinigte Deutschland, Österreich, Ungarn, Tschechien, Slowe-

nien, Polen sowie die ungarischsprachigen und deutschsprachigen Gebiete von Rumänien, Kroatien, Slowenien und Bosnien-Herzegowina.

30 Die besseren Studien über die Geschichte und Politik der deutschen Frühromantik stammen merkwürdigerweise von französischen Autoren. Siehe die ausgezeichnete Untersuchung von Henri Brunschwig, *Société et romantisme en Prusse au XVIIIe siècle*, 1973, und die Einleitung in J. Droz (Hrsg.), *Le romantisme politique en Allemagne*, 1963. Für eine Auswahl kritischer Texte siehe Paul Kluckhohn (Hrsg.), *Weltanschauung in der Frühromantik*, 1966.

31 Siehe die bahnbrechende, sehr gut geschriebene wissenschaftliche Arbeit von Michael Löwy zu diesem Thema, speziell *Rédemption et utopie*, 1988. Nützlich ist auch seine Untersuchung über Lukács, *Pour une sociologie des intellectuels révolutionnaires*, 1976, S. 9-106. Ein weiterer empfehlenswerter Beitrag ist Anson Rabinbachs »Benjamin, Bloch and Modern German Jewish Messianism«, in: *New German Critique*, Nr. 34, Winter 1985, S. 78-125.

32 Siehe Fritz Stern, *The Politics of Cultural Despair*, 1961.

33 Siehe Robert Wohl, *The Generation of 1914*, 1978, und Jeffrey Herf, *Reactionary Modernism: Technology, Culture and Politics in Weimar and the Third Reich*, 1984.

34 Fritjof Capra, *The Turning Point: Science, Society and the Rising Culture*, 1983, S. 21. [dt.: Wendezeit, Bern 1983]

35 Siehe Murray Bookchin, *The Ecology of Freedom: the Emergence and Dissolution of Hierarchy*, 1982, S. 3.

36 Der Ausdruck stammt von Marilyn Ferguson. Siehe Marilyn Ferguson, *The Aquarian Conspiracy: Personal and Societal Transformation in the 80s*, 1980.

37 Siehe Capra, *Turning Point*, S. 27; Ferguson, *Aquarian Conspiracy*, S. 51; Rudolf Bahro, *Die Logik der Rettung*, 1987, S. 11.

38 Siehe Capra, *Turning Point*, S. 26.

39 Eine kurze Geschichte bietet E. Mayr, *The Growth of Biological Thought*, 1982.

40 Siehe Carl Amery, *Natur als Politik: Die ökologische Chance des Menschen*, 1976.

41 Capra, *Turning Point*, S. 92.

42 Zwei neuere Versuche, die in der Bundesrepublik eine gewisse Aufmerksamkeit erregt haben, sind Frederic Vester, *Neuland des Denkens: Vom technokratischen zum kybernetischen Zeitalter*, 1980, und Joel de Rosnay, *Le macroscopie: Vers une vision globale*, 1975. Der bekannteste Vertreter der Systemtheorie in Deutschland ist natürlich Niklas Luhmann.

43 Siehe Vester, *Neuland des Denkens*, S. 19-21.

44 Siehe de Rosnay, *Le macroscopie*, S. 24-36. Siehe auch das aufschlußreiche Diagramm in Vesters Buch *Neuland des Denkens*, S. 19, das die Biologie im Zentrum aller Zweige der Natur- und Sozialwissenschaften zeigt.

45 Amery, *Natur als Politik*, S. 13.

46 Ibid., S. 65.

47 Ibid., S. 183.

48 Ibid., S. 92.

49 Ibid., S. 167.

50 Ibid., S. 37.

51 Ibid., S. 129-132.

52 Ibid., S. 46.

53 Ibid., S. 36f.

54 Ibid., S. 166.

55 Ibid., S. 184.

56 Aus Jochen Reiches kritischem Artikel über Amery und dessen Verhältnis zur westdeutschen Ökologiebewegung, »Ökologie und Zivilisation: Der Mythos von den natürlichen Kreisläufen«, in: Thomas Schmid (Hrsg.), *Die Linke neu denken*, 1984, S. 42.

57 Siehe Manon Maren-Griesebach, *Philosophie der Grünen*, 1982, S. 32.

58 Siehe Ludwig Trepl, »Ökologie – eine grüne Leitwissenschaft? Über Grenzen und Perspektiven einer modischen Disziplin«, in: *Kursbuch*, Nr. 74, Dezember 1983, S. 7.

59 Ibid., S. 12.

60 Ibid., S. 6.

61 Bookchin, *Ecology of Freedom*, S. 315.

62 Der Modellcharakter der amerikanischen Indianer hat für die deutsche linke Mittelschicht eine zentrale Rolle gespielt. Eine seiner offenkundigsten Funktionen ist eine implizite Relativierung der Nazi-Greuel und ein weiterer Beweis für das böse Amerika. Wenn die Amerikaner den Indianern das angetan haben, was die Deutschen den Juden angetan haben, dann kann es keine Singularität des Holocaust geben. Außerdem werden die vielgehaßten Amerikaner durch diese Analogie den Nazis gleichgeordnet. Die Romantisierung der Indianer durch viele Deutsche rührt von den äußerst beliebten Büchern von Karl May her. Kaum ein – vor allem männliches – Kind aus der deutschen Mittelschicht ist in den letzten 75 Jahren ohne die Lektüre der »Klassiker« von Karl May über den Wilden Westen mit seinen »guten« und »schlechten« Indianern aufgewachsen und hat sich damit ein bleibendes Amerikabild geschaffen. Mehr über Mays

enorme Popularität findet sich bei Gerhard Armanski, »Yankees, Indsmen und Sachsen«, in: *Dollars und Träume*, Nr. 10, Oktober 1984, S. 83-105.

63 Bookchin dazu: »Ganzheit beinhaltet die vielfältigen Strukturen, das Ineinandergreifen und die Vermittlung, die dem Ganzen eine reiche Formvielfalt verleihen und dadurch dem, was ein rein analytischer Geist häufig auf ›unzählige‹ und ›zufällige‹ Eigenschaften reduziert.« Bookchin, *Ecology of Freedom*, S. 23.

64 Maren-Griesebach, *Philosophie der Grünen*, S. 33.

65 Siehe Bookchin, *Ecology of Freedom*, Kap. 2, »The Outlook of Organic Society«, S. 42-61.

66 Ibid., S. 319.

67 Da sich diese ökologischen Theoretiker nur vom Standpunkt des kulturellen »Überbaus« und des Bewußtseins aus mit diesen Fragen befassen, bleibt unklar, wieviel sie von der Basis der modernen industriellen Zivilisation in ihrem Ökotopia beibehalten würden. Das konkrete Experimentieren mit einer »Lebensreform« und »sanften Technologien« führte die alternative Bewegung selbst durch. Der vielleicht einzige Versuch, eine Alternative zu entwerfen und eine ökologische Utopie detailliert auszumalen, ist immer noch Ernest Callenbachs phantasievoller Roman über die Abspaltung der Westküste von den Vereinigten Staaten und ihr Ökotopia. Siehe *Ökotopia. Notizen und Reportagen von William Weston aus dem Jahre 1990*, 1978. Zu einem Versuch, das alternative Lebensexperiment im Licht der theoretischen Ansprüche der Bewegung einzuschätzen, siehe Bernd Leinweber und Karl-Ludwig Schibel, »Die Alternativbewegung: Ein Beitrag zu ihrer gesellschaftlichen Bedeutung und politischen Tragweite, ihren Möglichkeiten und Grenzen«, in: Wolfgang Kraushaar (Hrsg.), *Autonomie oder Getto? Kontroverse über die Alternativbewegung*, 1978, S. 95-128. Eine allgemein gehaltene Darstellung der verschiedenen Zweige der Alternativbewegung findet sich bei Robert Jungk und Norbert R. Müller, *Alternatives Leben*, 1980.

68 Dieter Duhm, *Aufbruch zur neuen Kultur: Von der Verweigerung zur Neugestaltung: Umrisse einer ökologischen und menschlichen Alternative*, 1984, S. 43.

69 Ibid., S. 50.

70 Ibid., S. 29.

71 Siehe Horst von Gizycki, *Aufbruch aus dem Neandertal: Entwurf einer neuen Kommune*, 1974. Die Idee des aufrechten Gangs stammt natürlich von Ernst Bloch.

72 Ibid., S. 38.

73 Bookchin, *Ecology of Freedom*, S. 323.
74 Abgedruckt in »Notes on Exterminism, the Last Stage of Civilization«, in: E.P. Thompson, *Beyond the Cold War*, 1982, S. 41-80. Erschien zuerst in deutscher Übersetzung als »Exterminismus als letztes Stadium der Zivilisation«, in: *Befreiung: Zeitschrift für Politik und Wirtschaft*, Nr. 19/20, 1980, und später unter dem gleichen Titel in: *Arbeitskreis atomwaffenfreies Europa*, Berlin: Alternativen Europäischer Friedenspolitik, 1981.
75 Siehe Thompson, *Beyond the Cold War*, S. 44f.
76 Ibid., S. 64f.
77 Günther Anders, »Über die Seele im Zeitalter der zweiten industriellen Revolution«, in: Anders, *Die Antiquiertheit des Menschen*, 7. Aufl., Bd. 1, 1987, S. 243.
78 Günther Anders, »Über die Zerstörung des Lebens im Zeitalter der dritten industriellen Revolution«, in: Anders, *Die Antiquiertheit*, Bd. 2, S. 20.
79 Ibid., S. 2.
80 Ibid.
81 Anders, *Die Antiquiertheit*, Bd. 2, S. 33. Mit der provokativen These von der totalen Beherrschung und Vermittelheit weist Anders' Analyse starke Anklänge an Horkheimers und Adornos Analyse der verwalteten Welt auf.
82 Zu Anders' Analyse der Bombe siehe *Die Antiquiertheit*, Bd. 1, S. 233-324.
83 Anders, *Die Antiquiertheit*, Bd. 2, S. 9.
84 Mumfords Arbeit hatte einen besonders großen Einfluß auf Rudolf Bahro, wie weiter unten deutlich wird.
85 Lewis Mumford, »The Pentagon of Power«, in: *The Myth of the Machine*, Bd. 2, 1970, S. 236f. [dt.: Mythos der Maschine, Frankfurt/M. 1977].
86 Ibid., S. 251.
87 Ibid., S. 267.
88 Ibid., S. 258.
89 Ibid., S. 183.
90 Ibid., S. 201.
91 Ibid., S. 127.
92 Ibid., S. 228.
93 Ibid., S. 303.
94 Anders, *Die Antiquiertheit*, Bd. 1, S. 271.
95 Anders, *Die Antiquiertheit*, Bd. 2, S. 17.
96 Siehe Anders, *Die Antiquiertheit*, Bd. 1, S. 233-239.
97 Ibid., S. 268.

98 Ibid., S. 273.

99 Ein rekonstruierter Humanismus und die moralischen Intentionen der Aufklärung sind am stärksten und systematischsten von Jürgen Habermas eingefordert worden. Siehe den Schlußteil in Jürgen Habermas, *Theorie des kommunikativen Handelns*, Bd. 2, 1981.

100 Jeffrey Herf, *War by Other Means: Soviet Power, West German Resistance, and the Battle of the Euromissiles*, 1991, und Alice Cooper, »The West German Peace Movement of the 1980s: Historical and Institutional Influences«, Dissertation 1988.

101 Siehe Klaus Bittermann (Hrsg.), *Liebesgrüße aus Bagdad: Die »edlen Seelen« der Friedensbewegung und der Krieg am Golf*, 1991.

102 Siehe die Artikel von Marion Gräfin Dönhoff: »Wirklich ein gerechter Krieg?«, in: *Die Zeit*, 15. Februar 1991, und »Ein dubioser Sieg: Lieber Drückeberger als Mittäter«, in: *Die Zeit*, 15. März 1991.

103 Siehe »Ein amerikanischer Jude und eine deutsche Friedensrede: Ein Briefwechsel unter den linken Freunden Andrei S. Markovits und Jürgen Hoffmann, aus dem eine Grundsatzdebatte wurde«, in: *Frankfurter Rundschau*, 16. Februar 1991; Rainer Erd, »Deutsche Linke an die Front?«, in: *Frankfurter Rundschau*, 20. Februar 1991; Andrei S. Markovits, »Eine ernüchternde Erfahrung«, in: *Die Zeit*, 22. Februar 1991; Andrei S. Markovits, »Die Linke gibt es nicht – und es gibt sie doch«, in: *Frankfurter Rundschau*, 7. März 1991.

104 Siehe Alice Schwarzer, »Bornierte Freund-Feind-Muster«, in: *Der Spiegel*, 29. April 1991.

105 Siehe Henryk M. Broder, »Unser Kampf«, in: *Der Spiegel*, 29. April 1991. Stroebeles Ansichten sind nicht überraschend, wenn man bedenkt, was für ein rabiater Antisemitismus – unter der Maske des Antizionismus – in den 70er und 80er Jahren in der westdeutschen Linken gang und gäbe war. Über dieses traurige Thema siehe das glänzende Buch von Martin Kloke *Israel und die deutsche Linke: Zur Geschichte eines schwierigen Verhältnisses*, 1990.

106 »Fundamentalismus kann sich nie an den *Objekten*, die in den Parlamenten verhandelt werden, als konstruktiv oder destruktiv erweisen, weil er auf die *Haltungen* zielt«, Bahro, *Die Logik der Rettung*, S. 10.

107 Ibid., S. 307.

108 Ibid., S. 15.

109 Ibid., S. 111.

110 Das Diagramm befindet sich auf S. 107, ibid.

111 Ibid., S. 185.

112 Ibid., S. 181.

113 Ibid., S. 103.

114 Ibid., S. 186.
115 Ibid., S. 188.
116 Ibid., S. 193.
117 Ibid., S. 208.
118 Ibid., S. 237.
119 Ibid., S. 304.
120 Ibid., S. 284.
121 Ibid., S. 431.
122 Ibid.
123 Ibid., S. 316.
124 Ibid., S. 452.
125 Ibid., S. 329.
126 Ibid., S. 436.
127 Wie im Fall Bahro ist für unsere Erörterung der von den Bielefelder Soziologen formulierten Ideen nicht die politische Bedeutung dieser Leute in der grünen Partei ausschlaggebend. Uns scheinen die Schriften von Offe, Wiesenthal und Kostede die besten Beispiele für einen besonders wichtigen Strang der grünen Ideologie und Weltanschauung zu sein, den wir als die realistische Version eines reformistischen Humanismus charakterisiert haben.
128 Siehe Claus Offe, »Griff nach der Notbremse. Bewirken oder Bewahren – der Aufstieg der Grünen bringt zwei Politikbegriffe ins Spiel, die einander widersprechen«, in: *Die Zeit*, 20. August 1982. Auch nachzulesen bei Wolfgang Kraushaar (Hrsg.), *Was sollen die Grünen im Parlament?*, 1983, S. 85-92.
129 Offe, »Griff nach der Notbremse«, in: Kraushaar, *Was sollen die Grünen?*, S. 87.
130 Ibid., S. 89f.
131 Wiesenthal, »Grün-Rational«, S. 14f.
132 Ibid., S. 26.
133 Ibid., S. 30.
134 Ibid., S. 22.
135 Ibid., S. 3-6.
136 Ibid., S. 27.
137 Wie im Fall Bahro und der drei Vertreter der Bielefelder Schule hat die Bedeutung von Thomas Schmid weniger mit seiner Stellung in der grünen Bewegung als mit der Klarheit der von ihm artikulierten Positionen zu tun, die wir für wichtig halten, weil sie konstitutive Elemente der Ideologie und Weltanschauung der Grünen sind.
138 Siehe Thomas Schmid, »Nicht sozial, aber bürokratisch, über die Vergesellschaftung der Ohnmacht«, in: Schmid (Hrsg.), *Das pfeifende Schwein: Über weitergehende Interessen der Linken*, 1985, S. 127.

139 Siehe Thomas Schmid, »Plädoyer für einen reformistischen Anarchismus«, in: Kluge, *Grüne Politik*, S. 75.
140 Siehe »Vorbemerkung«, in: Thomas Schmid (Hrsg.), *Die Linke neu denken*, 1984, S. 7.
141 »Einigkeit und Grüne und Freiheit, ökolibertäre Grüne. Gründungserklärung«, abgedruckt in: *Kommune*, Nr. 4, 1984, S. 51.
142 Ibid.
143 Ibid., S. 52.
144 Ibid., S. 54.
145 Schmid, »Plädoyer«, S. 78.
146 Ibid., S. 76.
147 Schmid, »Nicht sozial«, S. 135.
148 Siehe Thomas Schmid, »Reform-Absolutismus und Basis-Bürokratie?«, in: *Die Zeit*, 6. Februar 1987.
149 Ibid.
150 »Einigkeit und Grüne und Freiheit«, S. 54.
151 In starkem Gegensatz zu unseren vorherigen »Idealtypen« – Bahro, Wiesenthal und Schmid – waren Ebermann und Trampert in den 80er Jahren und bis zur entscheidenden Niederlage des fundamentalistischen Flügels im Jahre 1990/91 wichtige Akteure in der grünen Partei. Bezeichnenderweise trennten sich Ebermann und Trampert wütend und enttäuscht von den Grünen, weil die Grünen ihrer Ansicht nach zu einer systemkonformen Gruppierung geworden waren, die vor den Sozialdemokraten dienerte und auf die Ausübung von Regierungsmacht fixiert war. Ihr Versuch, eine neue, wirklich grüne Partei ins Leben zu rufen, scheiterte.
152 Siehe Johano Strasser und Klaus Traube, *Die Zukunft des Fortschritts: Der Sozialismus und die Krise des Industrialismus*, 1984, S. 284.
153 Ebermann und Trampert, *Die Zukunft der Grünen*, S. 209.
154 Strasser und Traube, *Die Zukunft des Fortschritts*, S. 25.
155 Ebermann und Trampert, *Die Zukunft der Grünen*, S. 128.
156 Strasser und Traube, *Die Zukunft des Fortschritts*, S. 32f. Auch Ebermann und Trampert, »Sozialistischer Industrialismus«, in: dies., *Die Zukunft der Grünen*, S. 136-140.
157 Siehe Strasser und Traube, *Die Zukunft des Fortschritts*, S. 23.
158 Ibid., S. 43. Siehe auch Ebermann und Trampert, *Die Zukunft der Grünen*, S. 7.
159 Natürlich haben auch parteipolitisch unabhängige Linke wie Ernst Bloch und Herbert Marcuse eine Wissenschafts- und Technikkritik vorgetragen und die Idee von ihrem neutralen und emanzipatorischen Charakter angegriffen. Siehe Ernst Bloch, *Das Prinzip Hoff-*

*nung*, 4. Aufl., 1977, S. 778ff., und Herbert Marcuse, *One-Dimensional Man* [dt.: Der eindimensionale Mensch], 1983.

160 Siehe Ebermann und Trampert, *Die Zukunft der Grünen*, S. 147.

161 Siehe Ernst Bloch, *Geist der Utopie*, 2. Aufl., 1985, S. 240f.

162 Der Neologismus stammt natürlich von John Kenneth Galbraith. Siehe J. K. Galbraith, *The New Industrial State*, 1967.

163 Siehe Strasser und Traube, *Die Zukunft des Fortschritts*, S. 186-189.

164 Ibid., S. 166.

165 Ibid., S. 258-260. Zu einer ähnlichen Kritik des realen Sozialismus siehe auch Rudolf Bahro, *Die Alternative: Zur Kritik des real-existierenden Sozialismus*, 1981.

166 Hier verdanken die Ökosozialisten der Arbeit von Ivan Illich besonders viel; siehe insbes. *Selbstbegrenzung: eine politische Kritik der Technik*, 1978.

167 Siehe Ebermann und Trampert, *Die Zukunft der Grünen*, S. 220.

168 Strasser und Traube, *Die Zukunft des Fortschritts*, S. 290, 295.

## Kapitel 6: Politische Programmatik

1 Die Grünen, *Das Bundesprogramm*, 1980, S. 4.

2 Von den 46 Seiten sind 2 der Energiepolitik gewidmet, 2 der Raumordnungs- und Siedlungspolitik sowie dem Verkehr, 4 dem Frieden und der Dritten Welt, 6 der Umwelt und der Natur, 4 der Demokratie und den Bürgerrechten, 4 den Frauen, 2 den gesellschaftlichen Außenseitern, und 2 der Gesundheitspolitik. Die verschiedenen Überschriften entsprechen nicht nur den Bewegungen der späten 70er Jahre, sondern jede programmatische Aussage ist auch im wesentlichen eine kurze Zusammenfassung der wichtigsten Positionen dieser Bewegungen. Kein Wunder, da die führenden Leute der jeweiligen Bewegungen den Auftrag erhielten, sie zu verfassen.

3 Erneutes Wirtschaftswachstum hat nicht, wie in der Vergangenheit, neue Arbeitsplätze geschaffen. Die Unternehmen haben ihre Gewinne benutzt, um ihre Portfolio-Investitionen und Rationalisierungsmaßnahmen zu finanzieren.

4 Die Grünen, *Umbau der Industriegesellschaft, Schritte zur Überwindung von Erwerbslosigkeit, Armut und Umweltzerstörung (Umbauprogramm)*, 1986, S. 7.

5 Die Grünen glauben, daß das Profitstreben der Industriellen und der Wunsch der Konsumenten nach materiellen Gütern einander bedingen und daß beide von der Umwelt zehren. Die Wünsche der Konsumenten sind nicht natürlich gewachsen, sondern Ersatz für unbe-

friedigende Arbeit, gesellschaftliche Entfremdung und das Fehlen einer lebenswerten Umwelt. Für die Grünen ist das Wirtschaftswachstum der Motor dieses Kreislaufs der Selbstzerstörung. Es gibt in bezug auf das Wachstum einen starken gesellschaftlichen Konsens, der einerseits die anhaltende Kapitalakkumulation sicherstellt und andererseits potentiellen sozialen Unruhen vorbeugt, indem er für die Mehrheit der Bevölkerung einen ständig steigenden Lebensstandard bereitstellt. Der Staat, gefangen zwischen der Last eines aufgeblähten Wohlfahrtssystems und den wachsenden Bedürfnissen und Wünschen der Bevölkerung, wird zunehmend zum Teil des »Wachstumskartells«. Durch die Förderung des Wirtschaftswachstums hoffen die politisch Verantwortlichen auf Steuereinnahmen und die Schaffung neuer Arbeitsplätze, wodurch sie den Wohlstand vermehren und die an sie gestellten Forderungen reduzieren können. Dem klassischen marxistischen Szenario der kapitalistischen Krise zufolge führt die Überproduktion zu Firmenzusammenbrüchen und sinkenden Löhnen. Abnehmender Wettbewerb und billige Arbeitskräfte schaffen wiederum neue Bedingungen für die Kapitalverwertung und die wirtschaftliche Expansion. Dies hat zur Folge, daß neue Arbeitsplätze entstehen, die Produktion gesteigert wird und die Arbeitslosen zu niedrigeren Löhnen (wieder-)eingestellt werden. Das Ausbleiben des »Beschäftigungseffekts« bei den »kapitalistischen Krisen« ist von marxistischen und neomarxistischen Sozialwissenschaftlern in der Bundesrepublik heftig diskutiert worden. Siehe Michael Opielka, »Vom Sozialstaat zum ökologischen Gemeinwesen – Für eine neue Sozialpolitik«, in: Niels Beckenbach u. a., *Grüne Wirtschaftspolitik: Machbare Utopien*, 1985, S. 106-226, und auch Georg Vobruba, *Politik mit dem Wohlfahrtsstaat*, 1983, insbes. S. 83-129.

6 Siehe Die Grünen, *Bundestagswahlprogramm 1987*, 1986, S. 33, und Christian Leipert, »Die Grünen auf der Suche nach einem neuen ökonomischen Leitbild«, in: Beckenbach u. a., *Grüne Wirtschaftspolitik*.

7 Leipert, »Die Grünen auf der Suche«, S. 21. Diese Ansicht ist offensichtlich eine ins Ökonomische gewendete Version der von E. P. Thompson vertretenen und bei den Grünen von Rudolf Bahro propagierten Exterminismus-These.

8 In seinem Profitstreben reduziert der Industrielle die Natur auf ein Input in seinen wirtschaftlichen Kalkulationen. Dadurch wird Natur ebenso wie Arbeit zu einer Ware, die keinen Wert an sich hat, sondern durch einen Preis quantifiziert wird. Die Auswirkungen der Produktion auf die Natur – Raubbau und Verschmutzung unersetzlicher Ressourcen – werden aus der Kalkulation ausgeschlossen.

9 Wachstumsindustrien wie die medizinische und die pharmazeutische Branche leisten kaum mehr als Reparaturdienste für psychischen Streß und lebensbedrohliche Umweltverseuchung, die aus früherem Wachstum resultieren. Die Ursachen vieler Krankheiten liegen zumeist nicht im individuellen Verhalten der Menschen, sondern in der zunehmenden Zerstörung der natürlichen Lebensbedingungen und in den gesellschaftlichen Verhältnissen, in denen sie leben müssen. Vorbeugung bedeutet im Kontext grüner Gesundheitspolitik zuerst Entgiftung von Boden, Wasser, Luft und Nahrungsmitteln, Verbot und Ersetzung giftiger Substanzen, Bekämpfung des Arbeitsdrucks und anderer krankmachender Faktoren am Arbeitsplatz und im täglichen Leben. Die Grünen, *Gesundheitspolitische Vorstellungen der Grünen*, 1986, S. 6. Siehe auch Opielka, »Vom Sozialstaat«, S. 206f.

10 *Bundestagswahlprogramm*, 1987, S. 34.

11 *Umbauprogramm*, S. 9.

12 *Bundesprogramm*, S. 6.

13 Im Gegensatz zu Arbeitslosigkeit und Armut nehmen die ökologischen Gefahren nicht die Form klassenmäßiger Unterdrückung an, es entsteht ein »›askriptives‹ Gefährdungsschicksal. ... Gefahren werden zu blinden Passagieren des Normalkonsums. Sie reisen mit dem Wind und mit dem Wasser, stecken in allem und in jedem und passieren mit dem Lebensnotwendigsten – der Atemluft, der Nahrung, der Kleidung, der Wohnungseinrichtung ...« Die Auswirkungen der ökologischen Krise können nicht von der glücklichen Mehrheit auf den unglücklichen Rest abgewälzt werden. Sie tangieren oder vielmehr gefährden jeden mehr oder weniger gleich. Siehe Ulrich Beck, *Risikogesellschaft. Auf dem Weg in eine andere Moderne*, 1986, S. 8, 10.

14 *Umbauprogramm*, S. 10.

15 Ibid.

16 Ibid., S. 103.

17 Ibid., S. 10.

18 Siehe Opielka, »Vom Sozialstaat«, S. 36f. Diese Unterscheidung zwischen »echten« und »künstlichen« oder »manipulierten« Bedürfnissen stammt aus Herbert Marcuses *Eindimensionalem Menschen* und ist zu Recht häufig und heftig kritisiert worden. Dennoch erscheint sie oft in grünen und alternativen Schriften, zumeist als theoretische Verbrämung einer im wesentlichen moralistischen, auf Askese und Antimaterialismus basierenden Ablehnung des Konsumismus.

19 *Bundesprogramm*, S. 7.

20 Es befaßte sich auch mit Landwirtschaft, Verkehr und Nahrungsmittelindustrie.

21 Nach grünen Berechnungen pumpen die »Giftküchen« im Laufe eines einzigen Jahres etwa 5,1 Millionen Tonnen Sulfat, 53 000 Tonnen Ammoniak, 500 000 Tonnen Phenol, 1,7 Tonnen Chrom, 1,2 Tonnen Blei und 320 Tonnen Arsen allein in den Rhein, der immer noch einen großen Teil deutscher Haushalte mit Trinkwasser versorgt. Außerdem werden jährlich 30 000 Tonnen Pestizide in der westdeutschen Landwirtschaft eingesetzt, und 155 000 Tonnen werden pro Jahr ins Ausland exportiert, ein beträchtlicher Teil davon sickert ins Grundwasser ein. »Die chemische Industrie ist einer der bedeutendsten Wirtschaftszweige und die Branche, die am stärksten auf Kosten der Umwelt produziert ... Nur 1/7 der Produktion ist für den Endverbrauch bestimmt. Dies gibt der chemischen Industrie den Charakter einer modernen Schlüsselindustrie. Sie ist der Ausgangspunkt für eine zunehmende Chemisierung der Produktion und des Konsums.« Besonders gefährlich sind biologisch nicht abbaubare Chemikalien wie Chlorhydrate, die von der Natur nicht zersetzt oder verarbeitet werden. Sobald sie im Wasser sind, treten sie in die Nahrungskette ein und lagern sich in den Fettzellen ab, wo sie bei Menschen und Tieren Krebs auslösen und das Erbgut schädigen können. Die deutschen Gesetze verbieten Verkauf und Anwendung nur in der Bundesrepublik, aber nicht die Herstellung für Exportzwecke. Die Grünen, »Der Rhein ist tot – es lebe die Chemie?« und *Umbauprogramm*, S. 48.

22 *Umbauprogramm*, S. 49: »Sanfte Chemie« bedeutet, »daß nur noch Chemikalien hergestellt werden, deren Struktur in der Natur nichts Ungewöhnliches ist und die von Mensch und Natur ohne Schaden in ihrem normalen Biorhythmus abgebaut werden können.«

23 Dazu gehört das Verbot zahlreicher Produktlinien, bei denen das hochtoxische Dioxin und das Schwermetall Kadmium verwendet werden, und das Verbot der Herstellung, der Anwendung, des Exports und Imports von bekannten krebserzeugenden Substanzen wie Asbest, PCB und Formaldehyd. Siehe Die Grünen, »Umweltpolitisches Entgiftungsprogramm«.

24 Vor allem hätten die Behörden das Recht, Einsicht in alle Unterlagen zu nehmen, einschließlich der »ökologischen« Buchführung der Firmen. Neue und/oder ungetestete Produkte würden strengen Untersuchungen hinsichtlich ihrer Auswirkungen auf die Umwelt unterzogen.

25 Ein »Plausibilitätsprinzip« träte als rechtliche Grundlage für die Entschädigungsforderungen der Konsumenten an die Stelle des

»Kausalitätsprinzips«. Arbeiter hätten das Recht, die Arbeiten zu verweigern, die sie als gefährlich einschätzen würden, einschließlich der Arbeit mit Chemikalien. Die Grünen, »Vorschläge der Grünen zur Veränderung des Betriebsverfassungsgesetzes«, 1987.

26 *Umbauprogramm*, S. 50; Die Grünen, »Entgiftung – sanfte Chemie ist keine Utopie«, 1986.

27 Die Grünen, »Entgiftung«.

28 Dieses Erbe hatte zur Folge, daß die grüne Anti-Atom-Politik von Anfang an eine ausgefeilte Kritik der bestehenden Energiepolitik und gut durchdachte Gegenvorschläge beinhaltete. Selbst in dem etwas überspannten und formelhaften Bundesprogramm von 1980 enthält der Abschnitt über die Energiepolitik neben den üblichen abstrakten und exklamatorischen Forderungen eine lange Liste von ehrgeizigen, aber politisch durchaus realisierbaren Vorschlägen bezüglich der politischen, wirtschaftlichen und sozialen Nebenwirkungen und Folgen einer baldigen Stillegung der Atomindustrie.

29 Unter dem starken öffentlichen Druck nach Tschernobyl legte die SPD-Rechte einen Vorschlag für eine »Ausstiegs«-Periode von zehn Jahren vor, während die CDU/CSU und die FDP hartnäckig an ihrer Forderung nach technischer Sicherheit und der Behauptung festhielten, die Atomenergie sei wirtschaftlich notwendig. Der detaillierte Vorschlag findet sich in: Die Grünen, »Der sofortige Ausstieg ist möglich«, 1986.

30 Diese Achse dreht sich normalerweise um die Erhaltung bestehender Strukturen oder die Behebung bestehender Dysfunktionen. Der scharfsinnigste Analytiker dieses Problems ist in Deutschland zweifellos Niklas Luhmann. Zu einer abstrakten theoretischen Behandlung dieser Frage siehe das Kapitel »System und Umwelt« in seinem Buch *Soziale Systeme*, 1987, S. 242 ff.

31 Dazu heißt es im Programm von 1980: »Atomenergie ist nicht sicher, da der Betrieb der Atomanlagen zur schleichenden Strahlenverseuchung führt, das Katastrophenpotential der Atomkraftwerke und anderer atomarer Anlagen ein nicht verantwortbares Risiko darstellt und der Atommüll bisher nicht beseitigt werden kann.« Aus dem *Bundesprogramm*, 1980, S. 10.

32 Dies ist eines der größten Dilemmata grüner Politik: Sie stellt »universelle« Risiken und Interessen dar, für die sich Menschen nur schwer mobilisieren und organisieren lassen. Wir werden weiter unten auf dieses Problem zurückkommen.

33 Der technische Begriff GAU – größter anzunehmender Unfall – hat seit dem Durchbrennen des Kernreaktors von Tschernobyl zunehmend Eingang in die Umgangssprache gefunden.

34 Die Grünen, »Der sofortige Ausstieg«, S. 27.

35 Diese Polemik hat deswegen einen besonders flüchtigen Charakter, weil die Größe des Risikos und die Konsequenzen im umgekehrten Verhältnis zueinander stehen – das Durchbrennen eines Reaktors ist das am wenigsten wahrscheinliche Ereignis, hat aber gleichzeitig die weitreichendsten Konsequenzen.

36 Das bedeutet nicht, daß die Grünen dieser Art von Kosten-Nutzen-Rechnung völlig ablehnend gegenüberstehen. Sie waren gezwungen, konservative Befürworter der Atomenergie mit ihren eigenen Argumenten zu schlagen. Diese Befürworter leugnen diese Risiken nicht generell – ihre Risikoeinschätzungen und Statistiken bilden sogar manchmal die Grundlage der grünen Argumente. (Das Papier »Sofortiger Ausstieg« verwendet beispielsweise Daten des berüchtigten Rheinisch-Westfälischen Elektrizitätswerkes und des SPD-Berichtes »Sichere Versorgung ohne Atomenergie?«) Während die Argumente für die Atomenergie die Risiken herunterspielen und bagatellisieren, zielen sie hauptsächlich darauf ab, die Kosten des Ausstiegs aus der Atomenergie zu betonen (und häufig zu übertreiben). Die Grünen kontern, indem sie das Erfordernis bzw. den Umfang dieser Kosten und Konsequenzen bestreiten. Während einige Behauptungen, wie das häufig gehörte Argument, die »Lichter gingen aus«, von den Grünen stichhaltig widerlegt wurden, sind andere Fragen verzwickter. Zum Beispiel würde die Aufgabe der Atomenergie, zumindest kurzfristig, die gesamte Stromerzeugung wieder auf die Kraftwerke verlagern, die mit fossilen Brennstoffen betrieben werden und weitgehend für den sauren Regen und das Waldsterben verantwortlich sind. Das grüne Ausstiegsszenario sieht daher strenge Auflagen für die Kohle- und Ölkraftwerke vor. Auf das Argument von den höheren Energiepreisen antworten die Grünen mit einer Berechnung, die gerade einmal 7 DM monatliche Mehrkosten für einen Dreipersonenhaushalt annimmt. Dem Argument von den Arbeitsplatzverlusten, das zur Mobilisierung gewerkschaftlicher Unterstützung dient, halten die Grünen entgegen, daß ein einziges konventionelles Kraftwerk ebenso viele Leute beschäftigt wie die gesamte deutsche Atomenergieindustrie. Siehe Die Grünen, »Der sofortige Ausstieg«, S. 4, 6-8, 11f.

37 »Der sofortige Ausstieg«, S. 14.

38 *Umbauprogramm*, S. 43.

39 Der erste Schritt wäre ein vierjähriges Entgiftungsprogramm für die bestehenden konventionellen Wärmekraftwerke durch den Einsatz von High-Tech-Filtern und Kohle mit niedrigem Schwefelgehalt. *Umbauprogramm*, S. 44.

40 *Bundestagswahlprogramm*, 1987, S. 37.

41 Um das Einsparen von Energie durch private Verbraucher zu fördern, sind die Grünen für eine entsprechende Ausbildung der Architekten und Bauunternehmer, für die Schaffung von Einrichtungen, die Ratschläge und finanzielle Unterstützung für das Energiesparen geben, für das Auflegen spezieller Forschungs- und Entwicklungsprogramme und strengere Baubestimmungen. Außerdem würden die bestehenden Stromtarife dahingehend geändert, daß ein hoher Verbrauch teurer wird. Siehe ibid.

42 »Die örtlichen Netze werden in kommunales Eigentum überführt ... Von den traditionellen Stadtwerken muß sich ein Energiedienstleistungsunternehmen in folgenden vier Punkten grundsätzlich unterscheiden: Bedarfs- statt Erwerbsprinzip, Nutzungs- statt Angebotsorientierung, Demokratisierung statt unternehmerische Verselbständigung, Partizipation statt Verplanung.« Um einen erfolgreichen Prozeß der Kommunalisierung einzuleiten, wären mehrere Zwischenschritte notwendig: die Trennung von Stromerzeugung und -verteilung durch die Überführung des Stromverteilungsnetzes in die öffentliche Hand und die Brechung der Energiemonopole. *Umbauprogramm*, S. 43-45, und »Der sofortige Ausstieg«, S. 14.

43 Sie sind »ökologisch«, weil sie erneuerbar sind. Sie sind »demokratisch«, weil sie sich dezentral einsetzen lassen: Sogar die einzelnen Haushalte können ihren eigenen Strom sauber und effizient erzeugen. Angesichts der Unterentwicklung einer entsprechenden Industrie und der Arbeitsintensität alternativer Energietechniken hätte dies zudem »positive Arbeitsmarkteffekte«. Daher fordern die Grünen, daß die Bundesregierung in einem Zeitraum von vier Jahren 4 Milliarden DM für Forschungsprogramme und Steuererleichterungen zur Entwicklung und Anwendung alternativer Energietechnologien bereitstellt. Außerdem würden die Energieversorgungsunternehmen per Gesetz gezwungen, den Überschuß an privat erzeugtem Strom zu kaufen. »Der sofortige Ausstieg«, S. 18, 45, und *Umbauprogramm*, S. 45f.

44 »Der sofortige Ausstieg«, S. 30.

45 Das Eingebundensein der Energiewirtschaft in die kapitalistischen Produktionsverhältnisse erzeugt ein »Bedürfnis« nach Atomenergie. Energie wird nicht als begrenzte gesellschaftliche Ressource, sondern als Ware betrachtet, die unbegrenzt vorhanden ist. So verschleudern die Energiekonzerne gewaltige Mengen unersetzbarer Energie in Form von Abwärme, nicht weil es technisch unmöglich wäre, sie zu nutzen, sondern weil es nicht »profitabel« ist. Die Preisgestaltung der Industrie sowie sinkende Einheitspreise bei steigen-

dem Verbrauch fördern ebenfalls die Verschwendung und die Illusion von unbegrenzten Energieressourcen. Siehe *Umbauprogramm*, S. 42f.

46 Ein in diesem Zusammenhang oft zitiertes Buch ist E.F. Schumachers *Small ist Beautiful*, 1973, und seltener Kirkpatrick Sales *The Human Scale*, 1980. Fast alle Schriften von Ivan Illich beruhen auf dieser Art von Industrie-/Technologie-Kritik; siehe zum Beispiel *Selbstbegrenzung: eine politische Kritik der Technik*, 1978. Eine sachlichere, empirisch und historisch fundierte Variante ist Michael Piores und Charles Sabels Buch *The Second Industrial Divide*, 1984; siehe insbes. die Abschnitte über »flexible Spezialisierung«.

47 Neuere Darstellungen des Begriffs und der Geschichte der deutschen Sozialpolitik liefern Volker Hentschel *Geschichte der deutschen Sozialpolitik 1880-1980*, 1983; H. Lampert, *Sozialpolitik*, 1980; G.W. Brück, *Allgemeine Sozialpolitik*, 1976; und – zweifellos die sorgfältigste und maßgeblichste Arbeit – V.V. Bethusy-Huc, *Das Sozialleistungssystem der Bundesrepublik Deutschland*, 1976.

48 Der Einwand lautet, daß die klassischen liberalen Rechte der freien Selbstbestimmung und vollen Selbstverwirklichung in einer klassischen liberalen freien – sprich »kapitalistischen« – Marktwirtschaft nur für die Bourgeoisie gelten. Die Existenz des Arbeiters als »Lohnarbeiter« bleibt an den Arbeitsmarkt gebunden, und sein Wille als »abstrakte Arbeitskraft« ist der kapitalistischen Organisation der Produktion unterworfen.

49 *Umbauprogramm*, S. 11.

50 Der CDU-Politiker und »linke« Vordenker der Partei Heiner Geißler entdeckte eine »neue soziale Frage«, eine Verschwörung des organisierten Kapitals und der organisierten Arbeit gegen Unorganisierte, große Familien, alleinerziehende Mütter und alte Menschen und beklagte den »verwalteten Bürger«, den eine interventionistische Sozialbürokratie fest im Griff habe. Heiner Geissler, *Verwaltete Bürger: Gesellschaft in Fesseln*, 1978.

51 Eine der besten Analysen der deutschen Variante der neokonservativen Ideologie bietet *Die neue Unübersichtlichkeit*, 1986, von Jürgen Habermas.

52 Die beiden Hauptrepräsentanten der Steuerungs- und Legitimationskrise waren Claus Offe, *Strukturprobleme des kapitalistischen Staates*, 1972, und Jürgen Habermas, *Legitimationsprobleme im Spätkapitalismus*, 1973. Beide haben diese These seitdem ebenso verworfen, wie sie die deutsche Linke insgesamt kontinuierlich kritisiert haben.

53 Diese klassische Analyse von Schumpeter wurde in Deutschland vor

allem durch James O'Connors Buch *The Fiscal Crisis of the State*, 1973, wiederbelebt.

54 Zum SPD-Standpunkt siehe Johano Strasser, *Grenzen des Sozialstaats?*, 2. überarb. Aufl., 1983. Zur DGB-Position siehe Erich Standfest, »Die Zukunft des Wohlfahrtsstaates aus der Sicht der Gewerkschaften«, in: *Sozialer Fortschritt*, 4, 1980, S. 79ff.

55 Diese These von einer Kommodifizierung oder Funktionalisierung des Reproduktionsbereichs wird hauptsächlich von der postfordistischen Schule in Deutschland und der Regulations-Schule in Frankreich vertreten. Siehe Joachim Hirsch und Roland Roth, *Das neue Gesicht des Kapitalismus*, 1985.

56 Obwohl Habermas' provokative Formulierung im grünen Milieu häufig erwähnt wird, ist die dahinterstehende weitreichende Analyse unbekannt oder wird überaus skeptisch betrachtet. Siehe Jürgen Habermas, *Theorie des kommunikativen Handelns*, Bd. 2, 1981, S. 489ff.

57 Michael Opielka, »Von der Krise zur Zukunft des Sozialstaats: Ansatzpunkte einer ökologischen Sozialpolitik«, in: Die Grünen, Baden-Württemberg, *Die Zukunft des Sozialstaats*, 1983, S. 30. Das Buch stellt ein breites Spektrum von linken und grünen Ansichten dar.

58 In dem nach der Bundesdelegiertenversammlung in Sindelfingen bei Stuttgart veröffentlichten Dokument *Sindelfinger Programm*: »Gegen Arbeitslosigkeit und Sozialabbau. Sinnvoll arbeiten – solidarisch leben«, 1983, S. 8.

59 Michael Opielka u.a., »Umbau statt Abbau des Sozialstaats!«, in: Die Grünen, Baden-Württemberg, *Die Zukunft des Sozialstaats*, S. 288.

60 Die Grünen veranschlagen diesen Mindestbedarf auf etwa 1000 DM monatlich zuzüglich Miete, wobei ältere und junge Menschen zusätzlich 200 DM pro Monat erhalten sollen. Dies ist beträchtlich mehr als das Einkommen von alleinstehenden Frauen oder Studenten, das unter der »Armutsgrenze« von 650 DM monatlich liegen kann. Siehe ibid., S. 96f., und Die Grünen, »Freiheit von Armut«.

61 *Umbauprogramm*, S. 95. Der Gebrauch des Wortes »entwürdigend« spielt deutlich auf Artikel 1, Paragraph 1 des Grundgesetzes an, »Die Würde des Menschen ist unantastbar«, der häufig von linken Kritikern im Zusammenhang mit der Gesellschaftsordnung der Bundesrepublik zitiert und als Grundlage des Sozialstaatsgebots interpretiert wird.

62 Da die Löhne von Frauen erheblich unter denen ihrer männlichen Kollegen liegen und Hausfrauen überhaupt nicht entlohnt werden

(obwohl sie den gleichen Arbeitsbeitrag zum Haushalt leisten), sind sie den Männern gegenüber strukturell durch das bestehende Rentensystem benachteiligt, das auf der Dauer der Erwerbsarbeit und der Höhe des letzten Gehalts basiert. Außerdem würde die strukturelle und finanzielle Lücke zwischen den Altersbezügen im privaten Sektor und den Beamtenpensionen geschlossen. Die Altersbezüge im privaten Sektor wären steuerfinanziert statt beitragsfinanziert, und »übermäßig hohe« Beamtenpensionen würden von einer »Belohnung« auf ein garantiertes Einkommen zurückgeführt.

63 Um die Diskrepanzen zwischen der relativ guten sozialen Versorgung von privilegierten Schichten der Bevölkerung und der weniger guten Versorgung von unterprivilegierten Gruppen zu beseitigen, soll das soziale Sicherungssystem vereinheitlicht werden. *Sindelfinger Programm*, S. 7.

64 Die Grünen, »Freiheit von Armut«, 1988. Es kann zum Beispiel vorkommen, daß bei einem Bezieher von Sozialhilfe die Wohnung daraufhin geprüft wird, ob sie über seine »Bedürfnisse« hinausgeht oder ob der Umfang seines Besitzes auf anderweitige Unterstützungen oder Einkommen hinweist. In ähnlicher Weise kann einer Person, die Arbeitslosengeld bezieht und eine zumutbare Arbeit verweigert, das Arbeitslosengeld gestrichen werden.

65 Dies gilt besonders für die private Krankenversicherung. Opielka u. a., »Umbau statt Abbau«, in: Die Grünen, Baden-Württemberg, *Die Zukunft des Sozialstaats*, S. 294.

66 *Sindelfinger Programm*, S. 5.

67 *Bundestagswahlprogramm 1987*, S. 47.

68 *Bundesprogramm*, S. 5.

69 *Umbauprogramm*, S. 10.

70 Zur Zeit haben die Krankenkassen feste Beitragssätze. Obwohl man eine Krankenkasse frei wählen kann, besteht die gesetzliche Pflicht zur Krankenversicherung. Der Arbeitgeber zahlt ebenfalls einen Teil des Versicherungsbeitrags. Aber Angestellte, Freiberufler und die Reichen generell entziehen sich der Zahlung des vollen Prozentsatzes ihres Einkommens, indem sie häufig in eine private Krankenkasse gehen; deren Prämien sind zwar höher als die Beiträge, die ein durchschnittliches Einkommen für eine normale Krankenkasse aufbringen muß, aber niedriger als diejenigen, die jemand mit einem hohen Einkommen zu zahlen hätte. Hinzu kommt, daß man ab einer bestimmten Beitragsobergrenze oft keinen festen Prozentsatz mehr zahlt. Dies ist nach Auffassung der Grünen nicht nur sozial ungerecht, sondern entzieht dem öffentlichen Krankenversicherungssystem auch beträchtliche und dringend benötigte Mittel.

71 Die Grünen, *Gesundheitspolitische Vorstellungen*, S. 10. Zu einer detaillierteren Analyse und Darstellung des Standpunktes der Grünen zum sozialen Verteilungsmechanismus in Form eines Geldtransfers vom Sozialetat zu Kapitaleinkommen siehe insbesondere Michael Wunders und Jose Qalduezas Beiträge in: Die Grünen, *Die Grünen im Bundestag: Kritik des Gesundheitswesens und Alternativen*, 1986, S. 33-41, 44-53.
72 *Gesundheitspolitische Vorstellungen*, S. 13.
73 *Bundestagswahlprogramm 1987*, S. 46.
74 *Gesundheitspolitische Vorstellungen*, S. 6.
75 *Umbauprogramm*, S. 86.
76 *Gesundheitspolitische Vorstellungen*, S. 19.
77 Ibid., S. 6.
78 Ibid., S. 7.
79 Ibid., S. 14.
80 *Gesundheitspolitische Vorstellungen*, S. 24.
81 Unter dem keynesianisch orientierten SPD-Wirtschafts- und Finanzminister Karl Schiller eingeführt, war die konzertierte Aktion ein runder Tisch von Vertretern des Staates, der Wirtschaft und der Gewerkschaften. Er wurde formell aufgelöst, als die Gewerkschaften 1978 ihre Mitarbeit aufkündigten, weil die Arbeitgeber versuchten, das Mitbestimmungsgesetz von 1976 für verfassungswidrig erklären zu lassen. Über die konzertierte Aktion siehe Rolf Seitenzahl, *Einkommenspolitik durch konzertierte Aktion und Orientierungsdaten*, 1974.
82 Es wurde durch ein Bündel von Gesetzen geschaffen, das die alliierten Besatzer und die Adenauer-Regierung erließen.
83 Rainer Erd, *Verrechtlichung industrieller Konflikte: Normative Rahmenbedingungen des dualen Systems der Interessenvertretung*, 1978.
84 Ibid., S. XI. Eine gewisse legalistische Ausrichtung und Bewußtseinslage waren lange für die deutsche Gewerkschaftspolitik kennzeichnend. Die legalistische Gewerkschaftspolitik entwickelte sich zuerst in der Weimarer Republik. Siehe Klaus Schönhoven, *Die deutschen Gewerkschaften*, 1987, S. 161-180.
85 Zum Begriff kooperative Gewerkschaftspolitik siehe Otto Jacobi (Hrsg.), *Kritisches Gewerkschaftsjahrbuch 1978*, 1978.
86 Siehe Schönhoven, *Die deutschen Gewerkschaften*, S. 225.
87 Auf der Basis eines empirischen Modells behauptet Adam Przeworski sogar, daß die deutschen Sozialdemokraten die einzige Partei in Europa waren, die diese Strategie in optimaler Weise verfolgte; siehe *Capitalism and Social Democracy*, 1985, insbes. Kap. 3.
88 Dies ist natürlich die berühmte These von Piore und Sabel.
89 »Im Jahrzehnt zwischen 1970 und 1979 hat sich im Vergleich zu den

vorangegangenen zehn Jahren die Zahl der an Arbeitskämpfen Beteiligten mehr als verdoppelt und ist die Zahl der ausgefallenen Arbeitstage um über das Dreifache gestiegen.« Schönhoven, *Die deutschen Gewerkschaften*, S. 237.

90 Für eine ausführliche Einschätzung des Verhältnisses von Arbeitgebern und Arbeitnehmern in Deutschland und der Struktur der Gewerkschaften in historischer Sicht siehe Andrei S. Markovits, *The Politics of the West German Trade Unions*.

91 Die IG Metall ist die größte und eine der radikalsten Gewerkschaften im DGB.

92 Trotz des zunehmenden Umweltbewußtseins bei fortschrittlichen Gewerkschaftern sprach die DGB-Spitze von einem Primat der Wirtschaft gegenüber der Umwelt und der Arbeitsplätze gegenüber dem Umweltschutz. Siehe *Deutscher Gewerkschaftsbund*, »Umweltschutz und qualitatives Wachstum«, März 1985, und *Gewerkschaftliche Monatshefte*, 2/1985 mit Beiträgen von D. Wunder, H. Rappe, K. von Haaren und G. Döding. Der damalige Vorsitzende der IG Metall, Hans Mayr, sagte 1985: »Wenn ein ökologisches Problem nur dadurch gelöst werden kann, daß Arbeitsplätze gefährdet werden, dann haben die Arbeitsplätze für mich Priorität«, in: *Frankfurter Rundschau*, 14. Januar 1985.

93 Die Grünen kritisieren seit langem das alte Bündnis zwischen Kapital und Arbeit gegen die Umwelt, basierend auf dem gemeinsamen und ungebrochenen Interesse am Wirtschaftswachstum, weil so höhere Gewinne und Löhne erreicht werden können.

94 Sie ist der in Großbritannien, den Niederlanden und Belgien vergleichbar.

95 Roland Czada zeigt von der Ökonometrie her, daß die Volkswirtschaft der Bundesrepublik am stärksten modernisiert und die Anpassung des Arbeitsmarktes durch Entlassungen erreicht wurde. Im Gegensatz dazu war in anderen Ländern, beispielsweise in Großbritannien, die hohe Arbeitslosigkeit durch die rückständige Infrastruktur bedingt, und die Anpassung des Arbeitsmarktes erfolgte über eine Verbilligung der Arbeit. »Wirtschaftlicher Strukturwandel und Arbeitslosigkeit«, in: *Leviathan*, 8, 1987, S. 63f.

96 Eine gute empirische Begründung dieser These findet sich bei Goran Therborn, »Nationale Politik der internationalen Arbeitslosigkeit: Der Fall Bundesrepublik im Lichte der OECD-Daten von 1973-1984«, in: *Leviathan*, 8, 1987, S. 39-56. Seit der Regierung Schmidt, die zwischen hoher Inflation/monetärer Instabilität und hoher Arbeitslosigkeit wählen mußte, entschied sich die westdeutsche Bundesregierung durchgängig für letztere. Entgegen der öffentlichen

Meinung begann diese Politik des Opferns der Vollbeschäftigung zugunsten von Wachstum und Stabilität nicht erst mit dem Sturz der Regierung Schmidt und der Regierungsübernahme durch die von Kohl geführte Koalition im September 1982. Kohl setzte die Politik Schmidts auf konkretere Weise fort, was ihm dadurch ermöglicht wurde, daß er sich auf andere Wählerschichten stützte. Siehe Douglas Webber, »Eine Wende in der deutschen Arbeitsmarktpolitik?«, in: *Leviathan*, 8, 1987, S. 74-85; Dieter Vesper, »Der Beitrag der Finanzpolitik zur Beschäftigungssicherung – Ein empirischer Befund«, in: Heinz Markmann und Diethard B. Simmer (Hrsg.), *Krise der Wirtschaftspolitik*, 1978. Gleichzeitig startete die Privatwirtschaft mit starker finanzieller Unterstützung der Regierung eine massive Rationalisierungsoffensive, die die Produktivität erheblich steigerte. In bezug auf die Schaffung neuer Arbeitsplätze stand die Bundesrepublik von allen Industrienationen mit am schlechtesten da, doch auch Belgien und Großbritannien wiesen hohe Arbeitslosenraten auf. Siehe Therborn, »Nationale Politik«, Tabelle 3, S. 45. Das Überangebot von Arbeitskräften wurde dadurch gemildert bzw. verdeckt, daß Neuzugänge verlangsamt oder abgeblockt wurden – zum Beispiel durch Ausbildungsmaßnahmen für Jugendliche und das Fernhalten von Hausfrauen vom Arbeitsmarkt. Siehe Blanke u.a., »Staatliche Sozialpolitik und die Regulierung der Nichterwerbstätigkeit«, in: *Leviathan*, 8, 1987, S. 297-313.

97 Sie wurden zu Randbelegschaften, Teilzeitbeschäftigten und Arbeitslosen. Diese Marginalisierung, die als Disziplinierungsinstrument dient, wird vor allem durch das Sozialversicherungssystem erreicht. Diese Strategie ist ebenso brutal und effektiv wie politisch ungefährlich, da diese Gruppen politisch diskreditiert und diffamiert werden können und schwer zu mobilisieren sind. Ausgezeichnete Analysen liefert *Politik der Armut und die Spaltung des Sozialstaats*, 1983, von Stephan Leibfried und Florian Tennstedt (Hrsg.).

98 Karl Hinrichs u.a., »Der Streit um die Zeit: Die Arbeitszeit im gesellschaftspolitischen und industriellen Konflikt«, in: Claus Offe u.a. (Hrsg.), *Arbeitszeitpolitik: Formen und Folgen einer Neuverteilung der Arbeitszeit*, 1982, S. 8.

99 Diese Wachstumsrate wurde ständig auf 6 Prozent geschätzt, aber seit dem »Wirtschaftswunder« nicht mehr erreicht.

100 Siehe IG Metall, »Einheitsgewerkschaft: Solidarisches Handeln – Soziale Gegenmacht, Protokoll des 13. Ordentlichen Gewerkschaftstages der IG Metall in Berlin«, 1980.

101 Der Band von Offe u.a., *Arbeitszeitpolitik*, basiert auf einer Konferenz über Arbeitszeitpolitik im Zentrum für Interdisziplinäre For-

schung der Universität Bielefeld und ist die bekannteste, umfassendste und scharfsinnigste Behandlung dieses Themas aus linker/sozialistischer Sicht.

102 Die Grünen sehen die 35-Stunden-Woche nicht als langfristiges, sondern als kurzfristiges Ziel, das möglichst schnell erreicht werden muß. »Sofortmaßnahmen zur Arbeitsumverteilung«, in: *Sindelfinger Programm.*

103 Helmut Wiesenthal, »Arbeitszeitverkürzung – Arbeitsumverteilung«, in: Niels Beckenbach, *Grüne Wirtschaftspolitik*, 1985.

104 *Umbauprogramm*, S. 58.

105 Eine allmähliche Verkürzung der Arbeitszeit, die sich über einige Jahre erstreckte, ermöglichte es der Wirtschaft, das Ziel der Schaffung von Arbeitsplätzen durch weitere Rationalisierungsmaßnahmen zu unterlaufen, die den Gesamtbedarf an Arbeitskräften verringern würden – wie es die Arbeitgeber und Manager der Stahlindustrie und des Druckgewerbes während der heftigen Auseinandersetzungen um die 35-Stunden-Woche 1984 forderten, als IG Metall sowie IG Druck und Papier im Frühjahr und Sommer mehr als sieben Wochen streikten.

106 Eckhard Strattmanns Rede im Deutschen Bundestag bei der zweiten Lesung des Betriebsverfassungsgesetzes am 29. März 1984.

107 Mehrarbeit fällt dann an, wenn die reguläre, vertraglich festgelegte Arbeitszeit eines Arbeiters die normale, gesetzlich festgelegte Wochenarbeitszeit überschreitet.

108 Die Gesetzesvorlage ist abgedruckt in: Die Grünen, »Arbeitszeitforum – Arbeitszeitpolitik«, 1984, S. 76-81.

109 Statistiken für die Bundesrepublik haben wiederholt bestätigt, daß in dieser Kategorie von Arbeitsplätzen 90 Prozent Frauen arbeiten. Siehe zum Beispiel Hinrichs u. a., »Der Streit um die Zeit«.

110 Mit weiteren Dokumenten abgedruckt in: Die Grünen, »Antidiskriminierungsgesetz«, 3. Aufl., 1986, S. 14-67.

111 Marie-Luise Janssen-Jurreit, »Gesetze gegen die katastrophale Bescheidenheit der deutschen Frau«, in: *TAZ*, 5. März 1986.

112 Die Forderung, die Gleichheit der Geschlechter – die auf die Familie beschränkt ist und sich nicht auf den öffentlichen Bereich erstreckt – in der Verfassung zu garantieren, hat im allgemeinen zu nichts geführt. Spezielle rechtliche Garantien, wie sie zuerst in den Vereinigten Staaten und Großbritannien und später in Italien und Frankreich eingeführt wurden, gab es damals in der Bundesrepublik nicht. Erst 1980 verabschiedete die sozialliberale Koalition ein Gesetz, das die Normen der Europäischen Gemeinschaft bezüglich des Diskriminierungsverbots übernahm.

113 Paragraph 1, Artikel 2.

114 Ibid.

115 Die Kontroverse fand auf den Frauenkongressen der Grünen während der Formulierung der Endfassung der Gesetzesvorlage im März und Juni 1986 statt. Einen guten Überblick über die Konflikte und Fragestellungen gibt Tina Stadlmayer, »Wie stark darf Quotierung sein?«, in: *TAZ*, 25. Juni 1986.

116 Artikel 1.

117 In die Praxis umgesetzt, bedeutete die rechtlich sehr weitreichende Quotenregelung zweifellos eine Revolutionierung der Verteilung der Lebenschancen, durch die Männer faktisch von bestimmten, seit Jahrzehnten traditionell männlichen Karrierenwegen ausgeschlossen würden. Einsteiger in diese Berufe müßten über Jahre hinweg ausschließlich Frauen sein, um das bestehende Übergewicht von Männern auszugleichen. Bis die jetzige Generation von arbeitenden Männern in den Ruhestand ginge, wären diese Berufe Männern effektiv verschlossen.

118 Siehe »Begründung zur Generalklausel«, in: Die Grünen, »Antidiskriminierungsgesetz«, S. 19.

119 Forderung der feministischen Rechtsanwältin Vera Slupik laut Artikel von Stadlmayer, »Wie stark darf Quotierung sein?«

120 Das Gesetz würde verlangen, daß alle öffentlichen und privaten Arbeitgeber bestimmten Kontrollinstanzen jährlich Berichte über ihre Einstellungs- und Umsetzungsentscheidungen vorlegen. Es sähe auch harte finanzielle Strafen bei Nichtbefolgung vor, siehe Artikel 10, 11 und 12 der Gesetzesvorlage. Die Überwachung und Entgegennahme von Beschwerden läge bei einer unabhängigen Frauenbeauftragten, Frauenbeauftragtengesetz, Artikel 1.

121 Die »allgemeine Begründung« in: Die Grünen, »Antidiskriminierungsgesetz«, S. 17.

122 Siehe die »Begründung für das Arbeitszeitgesetz« in: *Arbeitszeitforum*, S. 82.

123 Präambel zum Arbeitszeitgesetz in ibid.

124 Die Grünen haben in der Tat 1987 ein ausführliches Kulturprogramm vorgelegt: »Dem Struwwelpeter durch die Haare gefahren: Auf dem Weg zu einer grünen Kulturpolitik«. Es bietet interessante und gelegentlich erschreckende Einblicke in die »grüne Kultur«, die vom anarchistischen Untergrund Berliner Prägung bis hin zu aufpolierten proletarischen Vorstellungen reicht.

125 Obwohl eine inhaltliche Diskussion darüber in der IG Metall schon früher stattgefunden hatte, wurde der Ausdruck auf dem 9. Bundeskongreß des DGB im Juni 1972 geprägt. Deutscher Gewerkschafts-

bund, »Protokoll des 9. Ordentlichen Bundeskongresses des DGB, 25.-30. 6. 1972.«

126 Siehe die Dokumentation über den Workshop der IG Metall in: G. Friedrichs (Hrsg.), »Aufgabe Zukunft: Qualität des Lebens«, 1972.

127 Aus: Deutscher Gewerkschaftsbund, »Protokoll des 9. Ordentlichen Bundeskongresses«, S. 181. Auf seinem 10. Bundeskongreß nahm der DGB die Humanisierung der Arbeit formell in seinen tarifpolitischen Forderungskatalog auf. Deutscher Gewerkschaftsbund, »Protokoll des 10. Ordentlichen Bundeskongresses des DGB«.

128 Von den konkreten Gewerkschaftsforderungen, die in die Zuständigkeit des Parlaments (und nicht in die der »Sozialpartner«) fallen, sind die meisten entweder in das Antidiskriminierungsgesetz oder in das Arbeitszeitgesetz der Grünen aufgenommen worden. Dazu gehören zusätzliche Pausen für Fließbandarbeiter, längere und häufigere Arbeitspausen für alle Beschäftigten und gemeinsame Pausen und Aufenthaltsräume für Gespräche und Diskussionen. Sie ändern allerdings nichts an den Ursachen von Monotonie und Streß im Arbeitsprozeß selbst, sondern versuchen, sie erträglicher zu machen.

129 Verfassungsmäßig kann der Staat eine humanere Organisation des Produktionsprozesses nicht per Gesetz erzwingen, und die Vielzahl der unterschiedlichen Situationen läßt sich nicht durch einen Katalog von allgemeinen Rechtsnormen erfassen.

130 *Umbauprogramm*, S. 64.

131 Ibid.

132 Ibid.

133 Die Grünen, »Vorschläge der Grünen«. Während diese Rechte im Grundgesetz verankert sind, gelten sie nicht in vollem Umfang am Arbeitsplatz, daher die Notwendigkeit, ihren Geltungsbereich ausdrücklich zu erweitern.

134 Punkt 3 der vorgeschlagenen Änderung des Mitbestimmungsgesetzes von 1976 in ibid., S. 5.

135 Dazu würde ein beträchtlicher Einfluß auf die Unternehmensplanung sowie auf die technischen, organisatorischen und zeitlichen Veränderungen des Arbeitsprozesses gehören. In ibid., S. 7.

136 Rainer Erd zufolge bedeutet die Verrechtlichung der Tarifverhandlungen, daß »Gesetzgebung und Rechtsprechung darüber bestimmen, ... was Gewerkschaften und Betriebsräte unter spezifischen Bedingungen mit welchen Mitteln vereinbaren dürfen.« Erd, *Verrechtlichung industrieller Konflikte*, S. 16. In der Praxis hieß dies, daß die Orientierung auf Lohnerhöhungen und der Einsatz von Streiks an eng gefaßte rechtliche Bedingungen gebunden waren und

die Verhandlungen auf die zentralen Organisationen beschränkt blieben; ibid., S. 22.

137 Aus dem Kommentar zur vorgeschlagenen Änderung des Mitbestimmungsgesetzes von 1976 und des Betriebsverfassungsgesetzes von 1972, in: Die Grünen, »Vorschläge der Grünen«, S. 10.

138 Dieses Argument hatte sowohl in der Weimarer als auch in der Bonner Republik Befürworter. Zu Weimar siehe beispielsweise Otto Kirchheimers Aufsätze »Weimar – und was dann? Analyse einer Verfassung«, in: Otto Kirchheimer, *Politik und Verfassung*, 2. Aufl., 1981, S. 9-56, und »Legalität und Legitimität«, in: Kirchheimer, *Politische Herrschaft: Fünf Beiträge zur Lehre vom Staat*, 4. Aufl., S. 7-29. Zu einem zeitgenössischen Befürworter dieser Position siehe Ulrich K. Preuß, *Legalität und Pluralismus: Beiträge zum Verfassungrecht der Bundesrepublik Deutschland*, 1973.

139 Auf Betriebsebene bedeutet dies vor allem die Aufhebung der Klausel im Mitbestimmungsgesetz, die den Betriebsrat zu »vertrauensvoller Zusammenarbeit« verpflichtet und ihm untersagt, auf Konfliktkurs zu gehen (die sogenannte Friedenspflicht), was die Arbeit der Betriebsräte im Interesse der abhängig Beschäftigten erschwert. Siehe Einleitung zum Änderungsvorschlag in: »Vorschläge der Grünen«, S. 2.

140 Die Grünen, *Weder Waffenrock noch Schwesterkleid*, 1988. Zur Position Rita Grießhabers siehe »Das letzte Berufsverbot der Republik«, in: *TAZ*, 3. Juni 1996.

141 Siehe *Bundestagswahlprogramm*, S. 27 und Bundes-Arbeitsgemeinschaft Frieden der Grünen, »Einseitig abrüsten – wir machen den ersten Schritt. Friedenskonzept 1987«, 1986, S. 7.

142 Zuerst von Pentagon-Experten im Jahre 1973 verkündet, war sie u. a. auf die Niederlage in Vietnam und darauf zurückzuführen, daß die Sowjets Parität bei den strategischen Atomwaffen erreicht hatten. Die nukleare Abschreckung, die auf der sicheren gegenseitigen Zerstörung basierte, war psychologisch und technologisch nicht mehr glaubwürdig.

143 Richard Nixons Verteidigungsminister James Schlesinger hatte schon in den frühen 70er Jahren eine Diskussion über die »Krise der Abschreckung« in Gang gebracht, die 1977 unter der Carter-Regierung zu einer Umschichtung der Verteidigungsausgaben führte. Auch Henry Kissinger beförderte Ende der 70er Jahre eine öffentliche Diskussion über dieses Thema.

144 »Counterforce« bedeutet im weitesten Sinne die Zerstörung von militärischen Anlagen, Raketensilos und anderen strategischen Punkten, um die Fähigkeit des Feindes zum Vergeltungsschlag auszu-

schalten. Die vorher geltende, entgegengesetzte Strategie zielte darauf ab, nach einem Angriff noch eine ausreichende Zweitschlagkapazität zu haben, um dem Feind durch Angriffe auf zivile Ziele und bevölkerungsreiche Ballungsräume einen gleich hohen Schaden zuzufügen.

145 Eine Counterforce-Strategie impliziert per definitionem die Option eines ersten Schlages, und die Prinzipien der horizontalen Eskalation und der flexiblen Reaktion implizieren zwangsläufig die Option, Ort und Umfang einer militärischen Aktion zu bestimmen.

146 Dies erregte zum ersten Mal landesweit Aufmerksamkeit, als der *New York Times* im Oktober 1981 die Defense Guidance Papers für das Haushaltsjahr 1984/85 zugespielt wurden.

147 Da man vernünftigerweise nicht erwarten konnte, daß die Vereinigten Staaten in einem großen Atomkrieg die eigene Existenz aufs Spiel setzen würden, um Europa zu verteidigen, mußten Verteidigungsoptionen auf einer niedrigeren Eskalationsstufe geschaffen werden. Durch die Stationierung amerikanischer Raketen in der Bundesrepublik wurde es für die USA möglich, sich in einem Konflikt zur Verteidigung Europas zu engagieren, ohne das unmittelbare Risiko einzugehen, ihr eigenes Territorium zu opfern. Es sollte freilich daran erinnert werden, daß die Strategiediskussion, die zum Doppelbeschluß führte, schon viel früher begonnen hatte und von einem Westdeutschen angestoßen worden war. Der damalige Kanzler Helmut Schmidt entdeckte die »Raketenlücke« bzw. das »eurostrategische Ungleichgewicht«. Man ging davon aus, daß sie durch die sowjetische Parität bei den atomaren Interkontinentalraketen erreicht worden war. Schmidt brachte die Diskussion über die Raketenlücke in Gang, die in seiner Rede vor dem Institute for Strategic Studies in London 1977 im Doppelbeschluß gipfelte. Dementsprechend waren die Pershing-Raketen hauptsächlich zur Stärkung des Bündnisses gedacht. Da der Grundsatz galt, »einsetzen oder verlieren«, und da sie ausschließlich unter amerikanischer Kontrolle standen, würden die USA automatisch in jede Kraftprobe mit den Sowjets in Mitteleuropa hineingezogen. Da die Raketen also ein mittleres Bedrohungspotential bildeten, ermöglichten sie es den USA, sich auf einen atomaren Schlagabtausch unterhalb der Schwelle einer totalen, thermonuklearen Kriegführung einzulassen.

148 In der Broschüre der Grünen »Notwendige Anmerkungen zum NATO-Doppelbeschluß« wies Gert Bastian, ein ehemaliger Bundeswehrgeneral, der inzwischen grüner Abgeordneter war, die offiziellen Behauptungen von der sowjetischen Überlegenheit in Europa zurück, die benutzt wurden, um die »Modernisierung« der

NATO-Atomwaffen mittlerer Reichweite zu rechtfertigen. Die von der NATO vorgelegten Zahlen seien keine andere Interpretation der Tatsachen, sondern eine bewußte Verzerrung, um die Raketen der westlichen Öffentlichkeit schmackhaft zu machen. Die Grünen (Gerd Bastian), »Notwendige Anmerkungen zum NATO-Doppelbeschluß«, 1981.

149 Die Analyse »Der Atomkrieg rückt näher« in der Broschüre *Schlachtfeld Europa* von den Grünen Baden-Württemberg, 1983, ist eine der ausführlichsten technischen Kritiken an den Mittelstreckenraketen. Siehe S. 28.

150 Ibid., S. 21.

151 Marie-Luise Beck-Oberdorf, »Wehrt euch gegen die Bedrohung – Wir wollen leben«, in: *Schlachtfeld Europa*, S. 7.

152 Die Deutschen sind wie das Opfer, das afrikanische Stämme an einen Baum binden, um einen Löwen zu fangen; wenn der Löwe kommt, wird das Opfer getötet, aber der Löwe gefangen. Das Bild stammt von Horst Afheldt und wird in *Schlachtfeld Europa* zitiert, S. 46.

153 Die Grünen, »Wir wollen leben«, 1983, S. 21.

154 Die Grünen, Baden-Württemberg, *Schlachtfeld Europa*, S. 2.

155 Siehe dazu den guten Artikel von Hedley Bull, »European Self-reliance and the Reform of NATO«, in: *Foreign Affairs*, Frühjahr 1983, S. 874-892. Über die Krise der NATO siehe Earl C. Ravenal, »Europe without America: the Erosion of NATO«, in: *Foreign Affairs*, Frühjahr 1983, S. 1020-1035.

156 Eine Gruppe von Deutschen, darunter der frühere SPD-Verteidigungsminister Georg Leber und der CDU-Verteidigungsexperte Alois Mertes, wandten sich entschieden gegen amerikanische Stimmen, die eine Politik des Verzichts auf den Ersteinsatz als eine Form der »Entkopplung« forderten. Siehe Karl Kaiser u.a., »Nuclear Weapons and the Preservation of Peace«, in: *Foreign Affairs*, Sommer 1982, S. 1157-1170. Die Grünen haben oft ignoriert, daß der Ersteinsatz (nicht zu verwechseln mit dem Erstschlag) zu jeder amerikanischen Verteidigungsdoktrin gehörte – »balanced collective forces«, »massive retaliation«, »mutual assured destruction«, »flexible response« und »seamless web« – und vor allem von den Westdeutschen unterstützt wurde.

157 Das bedeutete, daß in die Eskalationsleiter weitere Sprossen eingebaut wurden, die eine Reaktion im Vorfeld des irrationalen, verfrühten und selbstmörderischen Schritts eines großen Atomkrieges ermöglichten. Die USA brauchten eine Kriegführungsstrategie, die einer sowjetischen Aggression begegnen bzw. amerikanische Inter-

essen durchsetzen konnte, ohne die Fehler des Vietnamkrieges zu wiederholen. Es ging also um die Maximierung der relativen Vorteile der amerikanischen Militärmaschinerie, die nicht im Menschenpotential, sondern in technisch überlegenen Waffen lagen.

158 Siehe den meisterhaft geschriebenen und einflußreichen Artikel von George McBundy, George F. Kennan, Robert S. McNamara und Gerard Smith, »Nuclear Weapons and the Atlantic Alliance«, in: *Foreign Affairs*, Frühjahr 1982, S. 753-766, und Robert S. McNamara, »The Military Role of Nuclear Weapons: Perceptions and Misperceptions«, in: *Foreign Affairs*, Herbst 1983, S. 59-80.

159 Siehe vor allem den Bericht der ESECS-Führungsgruppe, *Wege zur Stärkung der konventionellen Abschreckung in Europa: Vorschläge für die 80er Jahre*, 1983, und die von der CDU/CSU-Bundestagsfraktion im Mai 1982 in Auftrag gegebene Untersuchung von Manfred Wörner und Peter Würzbach.

160 Ihm folgte eine zweite, revidierte Version, der »Rogers-Plan«, der den verschiedenen europäischen Einwänden Rechnung trug und nach dem damaligen NATO-Oberkommandierenden General Rogers benannt war. Im folgenden werden wir der Einfachheit halber nur von ALB sprechen.

161 ALB beinhaltete drei neue strategische Prinzipien: 1. das »integrierte Schlachtfeld« bedeutete, daß konventionelle, chemische und taktische atomare Waffen (Granaten, Minen, Raketen usw.) bei einem koordinierten Angriff eingesetzt würden; 2. das »erweiterte Schlachtfeld« bedeutete, daß die Offensive durch Präventivangriffe über die Frontlinien hinaus ins »feindliche Hinterland« getragen würde; 3. der »tiefgestaffelte Angriff« auf strategische Ziele ergänzte dies – Transportsysteme für Atomwaffen, Ersatzteillager, Kontroll- und Kommandoeinrichtungen.

162 Siehe Department of the Army, *Field Manual 100-5*, Operations, Washington DC, 20. August 1982, S. 8-1, 10-1.

163 Das Koordinationskomitee machte ALB zu einem seiner Agitationsschwerpunkte für die Zeit nach der Stationierung. Die Grünen veranstalteten eine Konferenz und veröffentlichten eine umfangreiche Dokumentation über ALB, und die *TAZ* leitete eine Medienkampagne ein, um die Öffentlichkeit über die neue amerikanische Strategie zu informieren.

164 Die Grünen sind der Auffassung, daß die größere Flexibilität, die durch konventionelle Strategien wie ALB möglich wird, die Gefahr der Eskalation zu einem Atomkrieg in Europa nicht verringert, sondern erhöht. Das steht im Widerspruch zu den Hauptgründen, die die Militärplaner zu diesen neuen konventionellen Strategien bewo-

gen haben: die Schwelle zu einem allgemeinen thermonuklearen Krieg sollte ironischerweise dadurch erhöht werden, daß die Schwelle für ein militärisches Eingreifen gesenkt wurde.

165 Die Grünen, Baden-Württemberg, *Schlachtfeld Europa*, S. 8.

166 Ibid., S. 86.

167 Ibid., S. 69.

168 Obwohl sie die Aggressivität der sowjetischen Führer und Strategen gelegentlich ebenso kritisierten, taten sie dies seltener, während sie kaum eine Gelegenheit ausließen, um die militante Einstellung der Reagan-Regierung hervorzuheben und Amerika als »aggressive«, den Krieg schürende Supermacht zu bezeichnen. Siehe »Angriff als Verteidigung«, S. 85f., und *Schlachtfeld Europa*, S. 50-56.

169 Man war der Ansicht, daß große Sektoren des amerikanischen Kapitals schlechte Chancen im internationalen Konkurrenzkampf hätten, und daß es in einer solchen Situation verführerisch wäre, den Bereich, in dem man immer die »erste Geige« gespielt hatte, nämlich den militärischen, zu instrumentalisieren, um sich wirtschaftlich in eine bessere Position zu bringen. Siehe *Schlachtfeld Europa*, Kap. 6, »US-Weltmachtpolitik – US-Globalstrategie und Kriegführungskonzepte für Europa«, S. 66.

170 Hinter dem Wettrüsten und seiner »Konventionalisierung« wittern die Grünen eine altvertraute Interessenkonstellation: das internationale Kapital, die Rüstungsindustrie, das Militär und seine politischen Verbündeten. Siehe ibid., insbes. Kap. 5, »Profit für den Frieden: ökonomische Aspekte der ›Konventionalisierung‹«, S. 51-64.

171 Um zu überleben, muß der Kapitalismus ständig seine Märkte vergrößern und seine Gewinne steigern. Und angesichts des »erwachenden Nationalbewußtseins« und des »Befreiungskampfes« in der Dritten Welt braucht der Kapitalismus zunehmend die Unterstützung einer aggressiven Außenpolitik, um den Export von Rohstoffen aufrechtzuerhalten.

172 Zu diesem Phänomen siehe Andrei S. Markovits, »On Anti-Americanism in West Germany«, in: *New German Critique*, Nr. 34, Winter 1985, S. 3-27.

173 Jan Pauer legt Gedanken über die UdSSR dar, die sich in vier Punkten aus der aufpolierten Imperialismustheorie der Grünen ergeben:

1. Im Gegensatz zum westlichen Kapitalismus gibt es in den sogenannten real existierenden sozialistischen Ländern keinen Wirtschaftsmechanismus, der ein systembedingtes Interesse an der Aufrechterhaltung des Rüstungskomplexes erzeugt.
2. Anders als der Kapitalismus, der aus Selbsterhaltung Wirtschaftswachstum und ökonomisch begründete Expansion braucht, fehlt

eine derartige immanente Triebkraft in den real-sozialistischen Staaten ...

3. Die unleugbare Expansion der Sowjetunion nach dem Zweiten Weltkrieg wird durch das Leiden unter dem deutschen Angriff und der deutschen Besatzung und die daraus entstandene Überängstlichkeit der sowjetischen Machtelite erklärt ...
4. Die Sowjetunion beutet die Dritte Welt nicht aus, sondern leistet einen »objektiv« antiimperialistischen Beitrag.

Siehe Jan Pauer, »Wie friedliebend ist die UdSSR? Die Grünen und Osteuropa. Anmerkungen zu einer laufenden Diskussion«, in: *Kommune*, Juli 1985, S. 38. In diesem gut geschriebenen Artikel untersucht Pauer aus einer kritischen, aber linken Perspektive die unreflektierte Übernahme alter linker Weltbilder aus der vor-ökologischen Periode in grüne Politik.

174 Die sowjetische Gerontokratie, so das Argument, sei hauptsächlich an der Aufrechterhaltung einer geopolitischen Pufferzone um das »Mutterland« herum interessiert. Der Wettlauf mit den USA käme nicht etwa der Sowjetunion zugute, sondern zerstöre ihre Wirtschaft. Daher sei das Wettrüsten ein bewußt geplanter Wirtschaftskrieg gegen das sowjetische Volk. Der Aufstieg der UdSSR zur zweiten Weltmacht war natürlich erst dann vollzogen, als sie die USA auch militärisch eingeholt hatte. »Angriff als Verteidigung«, S. 66.

175 Petra Kelly, Torsten Lange, Henning Schierholz und Roland Vogt in: Die Grünen, »Statt Krieg der Sterne Abrüstung auf der Erde. SDI, EUREKA und ›Europäische Verteidigungsinitiative‹«, 1985.

176 Siehe in ibid., Henning Schierholz, »SDI, EUREKA und das ›Europäische Raketenabwehrsystem‹«, S. 18-22.

177 Siehe in ibid., »Reaktionsmöglichkeiten der UdSSR auf ein umfassendes BMD-System der USA aus technischer Sicht«, S. 64-68.

178 Die Grünen, »Ohne Waffen, aber nicht wehrlos: Das Konzept der Sozialen Verteidigung«, 2. Aufl., 1987, S. 4.

179 Die Grünen, *Bundestagswahlprogramm 1990*, 1990, S. 4.

180 Ibid., S. 5.

181 Ibid., S. 8-10.

182 Ibid., S. 11f.

183 Ibid., S. 16.

184 Ibid., S. 12.

185 Ibid., S. 13.

186 Ibid., S. 14f.

187 Mit dem möglichen Rückgang der Bedeutung der NATO aufgrund des Endes des Kalten Krieges hat die Westeuropäische Union etwas an Gewicht gewonnen. Sie ist natürlich um die Achse Deutschland-

Frankreich zentriert, die durch die Aufstellung einer gemeinsamen Brigade eine neue militärische Dimension erhielt. Es gibt Pläne für den Ausbau dieser Brigade zu einer europäischen Armee, die die NATO irgendwann einmal ersetzen könnte. Zur Kritik der Grünen an der Westeuropäischen Union und dem deutsch-französischen Militärbündnis generell siehe die Regenbogenfraktion im Europaparlament, *Bundesrepublik und Frankreich: Nicht Militärkumpanei, sondern Völkerfreundschaft!* (n. d.).

188. *Bundestagswahlprogramm 1990*, 1990, S. 20f.
189 Ibid., S. 23.
190 Ibid., S. 22.
191 Ibid., S. 24.
192 Ibid.
193 Zur Debatte zwischen den Gewerkschaften und dem Lafontaine-Flügel der Sozialdemokratischen Partei über die Deregulierung der Arbeitszeit siehe Christopher S. Allen, »Trade Unions, Worker Participation, and Flexibility: Linking the Micro to the Macro«, in: *Comparative Politics*, 22, 3. April 1990, S. 253-273; Andrei S. Markovits und Christopher S. Allen, »The Trade Unions«, in: Gordon Smith u. a. (Hrsg.), *Developments in West German Politics*, 1989, S. 289-307.
194 *Bundestagswahlprogramm 1990*, 1990, S. 25.
195 Ibid.
196 Ibid., S. 26f.
197 Ibid., S. 28.
198 Ibid., S. 30f.
199 Ibid., S. 32.
200 Ibid., S. 32-35.
201 Ibid., S. 36.
202 Ibid. Der deutsche Verfassungsschutz ist eine von mehreren Überwachungsorganisationen, sein spezieller Auftrag besteht im Aufspüren von Menschen, die der Staat als gefährlich für die verfassungsmäßige Ordnung der Bundesrepublik einstuft, daher der Name Verfassungsschutz. Indem die Grünen das Wort Schutz in Anführungsstriche setzen, bringen sie ihre eher zynische Auffassung und ihre negativen Gefühle gegenüber dem Schutzcharakter dieser Organisation zum Ausdruck.
203 Ibid., S. 37.
204 Ibid.
205 Ibid., S. 37.
206 Ibid., S. 38f.

## Kapitel 7: Politik

1 Der Ausdruck stammt von Werner Hülsberg, *The German Greens*, 1987.

2 Die vorausgegangenen drei Phasen sind von Hülsberg untersucht worden, *German Greens*, S. 77-107; Lillian Klotzsch und Richard Stöß, »Die Grünen«, in: Klotzsch und Stöß (Hrsg.), *Parteienhandbuch*, 1983.

3 Anna Hallensleben, *Von der Grünen Liste zur Grünen Partei*, 1984, S. 62. Das Buch von Hallensleben ist die einzige wirklich umfassende Untersuchung über die Herausbildung einer grünen Regionalpartei, und trotz einer zuweilen übermäßigen Detailtreue und Gründlichkeit, die vom Erzählfluß ablenken, ist es für das Verständnis der tieferen Ursachen der Entwicklung hin zu einer grünen Partei unentbehrlich.

4 Sie waren im allgemeinen über 30 – in einigen Ortsverbänden lag das Durchschnittsalter sogar zwischen 40 und 60 –, und die meisten waren berufstätig. Siehe ibid., S. 50, 54, 141.

5 Ibid., S. 63.

6 Als KdA-Veteran meinte Georg Otto auf dem Gründungsparteitag, die Beteiligung an Wahlen müsse als ein zusätzliches Instrument der Bürgerinitiativen gesehen werden, das Druck ausübe, indem es den anderen Parteien Stimmen entzöge. Siehe Hallensleben, *Von der Grünen Liste*, S. 62.

7 Ibid., S. 25.

8 Hülsberg, *German Greens*, S. 82.

9 Ibid., S. 84.

10 Hallensleben, *Von der Grünen Liste*, S. 90-92.

11 Ibid., S. 92.

12 Hülsberg, *German Greens*, S. 84.

13 Hallensleben, *Von der Grünen Liste*, S. 150.

14 Ibid., S. 132.

15 Für eine detailliertere historische Darstellung und Dokumentation über die Alternative Liste siehe Michael Bühnemann u. a., *AL: Die Alternative Liste Berlin*, 1984.

16 Hülsberg, *German Greens*, S. 92.

17 Ibid., S. 90.

18 Hallensleben, *Von der Grünen Liste*, S. 170.

19 Siehe Rolf Meyer und Günter Handlögten, »Die Grünen vor der Wahl«, in: *Aus Politik und Zeitgeschichte*, Nr. 3, 1981, S. 7.

20 Siehe Aline Kuntz, »From *Spiegel* to Flick: the Maturation of the West German *Parteienstaat*«, in: Andrei S. Markovits und Mark Silverstein (Hrsg.), *The Politics of Scandal*, 1988.

21 »Für SPD-Dialog mit Grünen: Grundwertekommission legt ihr Diskussionspapier vor«, in: *Frankfurter Rundschau*, 3. Dezember 1982.

22 »Kanzler: Für SPD sind Grüne kein Partner«, in: *Frankfurter Rundschau*, 17. März 1982.

23 Richard Löwenthal, »Identität und Zukunft der SPD«, in: *Gewerkschaftliche Umschau*, Januar/Februar 1982.

24 »SPD im Bundestag sperrt sich gegen Grüne; Roth: chaotisch; Ehmke: Kein Koalitionspartner ...«, in: *Frankfurter Rundschau*, 20. März 1983.

25 »Ravens bringt Grüne ins Gespräch«, in: *Frankfurter Allgemeine Zeitung*, 23. Februar 1982.

26 SPD: 55 Sitze, CDU: 56, GAL: 9, FDP: 0. »Klose: Mit GAL kooperieren«, in: *Frankfurter Rundschau*, 11. Juni 1982.

27 »GAL-Angebot an die SPD«, in: *Frankfurter Rundschau*, 14. Juni 1982.

28 »Hamburger SPD ziert sich noch: Gespräche mit GAL erst nach Kieps Scheitern«, in: *Frankfurter Allgemeine Zeitung*, 18. Juni 1982.

29 »Hamburger SPD lädt Grüne ein«, *Frankfurter Rundschau*, 2. Juli 1982.

30 »Nur strapaziös oder ruinös? Die Verhandlungen der Hamburger SPD mit den Grün-Alternativen«, Nachweis fehlt.

31 »Der Sonderfall Hamburg«, in: *Frankfurter Rundschau*, 13. August 1982.

32 »Wenn SPD bis dahin keine dicken Hirsche schießt ... GAL und SPD in Hamburg. Gespräche über Sachfragen aufgenommen«, in: *Frankfurter Rundschau*, 8. Juli 1982.

33 »Dohnanyi läßt sich von Schmidt und Börner nicht beirren; Hamburgs Bürgermeister verteidigt Gespräche mit GAL«, in: *Frankfurter Rundschau*, 17. August 1982.

34 »Forderung nach Neuwahlen bringt Dohnanyi um die Contenance; GAL und SPD beschließen Kreditermächtigung«, in: *Frankfurter Allgemeine Zeitung*, 17. August 1982.

35 »Hamburger SPD in der Zerreißprobe; GAL will Hamburg zu einer atomwaffenfreien Zone erklären«, in: *Frankfurter Allgemeine Zeitung*, 1. September 1982.

36 »GAL bringt Dohnanyis SPD in größte Verlegenheit«, in: *Frankfurter Allgemeine Zeitung*, 9. August 1982.

37 »Für Gespräche mit GAL«, in: *Frankfurter Rundschau*, 4. August 1982.

38 »Hafenausbau kann zum größten Zankapfel werden«, in: *Frankfurter Rundschau*, 13. August 1982.

39 »Neuwahlen lediglich eine Flucht (Dohnanyi)«, in: *Frankfurter Rundschau*, 18. August 1982.

40 »Dohnanyi und Kose verlangen von Klose Kompromisse«, in: *Frankfurter Rundschau*, 8. Oktober 1982.

41 »SPD ist nicht lernfähig; GAL enttäuscht«, in: *Frankfurter Rundschau*, 9. Oktober 1982.

42 »Hamburger SPD billigt Entscheidung für Wahlen im Dezember. Entschiedene Absage an Große Koalition«, in: *Frankfurter Rundschau*, 13. Oktober 1983.

43 »Mehrheit für Auflösung der Hamburger Bürgerschaft; auch GAL für Neuwahlen am 19. Dezember«, in: *Frankfurter Rundschau*, 25. Oktober 1982.

44 »GAL für Gespräche mit SPD weiter offen«, in: *Frankfurter Allgemeine Zeitung*, 19. Oktober 1982.

45 »SPD zum Tanzen bringen: Im Hamburger Wahlkampf legt GAL neu gefaßte Forderungen vor«, in: *Frankfurter Allgemeine Zeitung*, 2. Dezember 1982.

46 Ibid.

47 »Absolute Mehrheit für SPD in Hamburg«, in: *Frankfurter Allgemeine Zeitung*, 20. Dezember 1982; »Berliner Abgeordnete gewählt, erstmals Vertreter der AL im Bundestag«, in: *Frankfurter Rundschau*, 7. März 1983.

48 »Grüne vom Ergebnis überrascht«, in: *Frankfurter Allgemeine Zeitung*, 21. Dezember 1982.

49 »Genscher ärgert SPD-Flirt mit Grünen«, in: *Frankfurter Rundschau*, 5. Juli 1982.

50 »Thema Koalition mit Grünen erregt Bonner Parteien«, in: *Frankfurter Rundschau*, 5. Juli 1982.

51 Ibid.

52 »Skandalöse Äußerungen, Grüne contra Börner«, in: *Frankfurter Rundschau*, 5. Juli 1982.

53 »Hessische Grüne wollen keine Koalition eingehen«, in: *Frankfurter Rundschau*, 8. Februar 1982.

54 »Grüne Grundsätze«, in: *Frankfurter Rundschau*, 16. August 1982.

55 Die Sitzverteilung: CDU: 52, SPD: 49, Grüne: 9. Siehe »Realität verdrängt bald Freude über Erfolg: Hessens Grüne nach der Wahl«, in: *Frankfurter Rundschau*, 28. September 1982.

56 »Wiesbaden macht sich auf die Suche nach der Mehrheit«, in: *Frankfurter Rundschau*, 28. September 1982.

57 Ibid.

58 »Hessens Grüne strecken Fühler zu Landtagsparteien aus«, in: *Frankfurter Rundschau*, 9. Oktober 1982.

59 »Börner signalisiert Grünen Einlenken«, in: *Frankfurter Rundschau*, 21. Oktober 1982.
60 »Grüne: Börners Schwenk um 180 Grad ...«, in: *Frankfurter Rundschau*, 22. Oktober 1982.
61 Börner war nach der Hessischen Verfassung nicht gezwungen, einen formellen Koalitionspartner zu haben. Wenn keine Mehrheit zustande kommt und kein neuer Ministerpräsident gewählt wird, bleibt der frühere Ministerpräsident als parlamentarischer Geschäftsführer im Amt.
62 Die Landtagswahlen im Frühjahr würden mit der Bundestagswahl zusammenfallen; dadurch gäbe es eine niedrige Wahlbeteiligung, die den Sozialdemokraten tendenziell mehr schadet als der CDU/CSU oder der FDP.
63 »Grüner Apfel und Bauchschmerzen der Umweltschützer«, in: *Frankfurter Rundschau*, 22. Januar 1983.
64 »SPD in Hessen setzt auf Sieg«, in: *Frankfurter Rundschau*, 15. August 1983.
65 »Kritik an Führung der hessischen SPD«, in: *Frankfurter Allgemeine Zeitung*, 29. März 1983.
66 »Öko-soziale Alternative wichtiger denn je«, in: *Frankfurter Rundschau*, 14. Mai 1983.
67 »Südhessische SPD denkt an Koalition mit Grünen«, in: *Frankfurter Allgemeine Zeitung*, 30. Mai 1983.
68 »Hessens SPD will Zusammenarbeit mit Grünen«, in: *Frankfurter Allgemeine Zeitung*, 30. Mai 1983.
69 Die SPD verbesserte ihren Sitzanteil um 2 auf 51. Die Grünen verloren 2 und rutschten auf 7 ab. Die FDP nahm der CDU 8 Sitze ab, wodurch der konservativ-liberale Block insgesamt auf 54 Sitze kam. »Mit dem Schwenk der FDP fing alles an«, in: *Frankfurter Rundschau*, 22. November 1983.
70 »Hessens Grüne bieten SPD Zusammenarbeit an«, in: *Frankfurter Rundschau*, 3. Oktober 1983.
71 »Der Chef garantiert Solidarität des Experimentes«, in: *Frankfurter Rundschau*, 7. November 1983.
72 »SPD und Grüne in Hessen beginnen Verhandlungen«, in: *Frankfurter Rundschau*, 15. November 1983.
73 Die Aussage der SPD vor Verhandlungsbeginn beinhaltete ein abgeändertes Investitionsprogramm zugunsten kleinerer – sprich dezentraler – Betriebe sowie eine vorübergehende, vielleicht auch ständige Aussetzung der Bauarbeiten am Atomreaktor von Biblis. Siehe »Naßrasieren und kontinuierliche Zusammenarbeit«, in: *Frankfurter Allgemeine Zeitung*, 12. November 1983.

74 Wie Horst Winterstein in einigen ihrer Forderungen formuliert hatte: Berufsausbildung für junge Leute, aktive Beschäftigungspolitik und konsequenter Umweltschutz, siehe »Spielraum für Verhandlungen nicht eingeengt«, in: *Frankfurter Rundschau*, 12. November 1983.

75 »SPD und Grüne verhandeln in gereizter Atmosphäre«, in: *Frankfurter Allgemeine Zeitung*, 15. November 1983.

76 »Hektik vor historischem Moment«, in: *Frankfurter Rundschau*, 11. Januar 1984.

77 »Börner: In Wiesbaden bald wieder eine gewählte Regierung«, in: *Frankfurter Allgemeine Zeitung*, 2. Januar 1984. Dazu gehörten die Aufgabe von zwei vorgeschlagenen Mülldeponien, eine »humanere« Politik gegenüber Ausländern, die Streichung des Baus von zwei neuen Gefängnissen, weniger Geld für den Straßenbau und ein Nachtflugverbot für den Frankfurter Flughafen. Siehe »Sechs Bedingungen der Grünen für SPD-Bündnis«, in: *Frankfurter Rundschau*, 15. März 1984.

78 »Hessens Grüne stellen neue Forderungen an SPD«, in: *Frankfurter Allgemeine Zeitung*, 9. Mai 1984.

79 »Zugeständnisse Börners an Grüne«, in: *Frankfurter Allgemeine Zeitung*, 16. Mai 1984.

80 Der Finanzminister Herbert Reitz kündigte öffentlich seinen Rücktritt an und gab eine persönliche Einschätzung ab, ohne Börners Kurs offen in Frage zu stellen. Ein weiterer Dissens, wenn auch in kleinerem Umfang, zeigte sich während der langerwarteten Wahl von Börner zum Ministerpräsidenten am 7. Juni 1984. Man nahm an, daß mehrere ungültige Stimmzettel von SPD-Mitgliedern abgegeben worden waren. Siehe »SPD und Grüne wählen Börner zum Ministerpräsidenten«, in: *Frankfurter Allgemeine Zeitung*, 8. Juni 1984.

81 »Grüne sprechen Börner das Vertrauen aus«, in: *Frankfurter Allgemeine Zeitung*, 5. Juli 1984.

82 Das war die Ansicht von Paul Giani, einem der mächtigsten Rechten in der hessischen SPD. Siehe »SPD und Grüne: Hürden werden kleiner«, in: *Frankfurter Allgemeine Zeitung*, 27. Juli 1984.

83 Ihr Baustopp war eine der Forderungen gewesen, von denen die Grünen ihre Zustimmung zum Haushalt 1984 abhängig gemacht hatten. Der grüne Delegierte Kem hatte drohend gesagt: »Auch wenn nur ein einziges Gefängnis gebaut wird, gibt es keine Stimmen für Börner.«

84 »Wilde Beziehungskiste in Wiesbaden«, in: *Frankfurter Rundschau*, 18. Oktober 1984.

85 Siehe »Zunächst einmal Werbung für rot-grünes Bündnis in Wiesbaden«, in: *Frankfurter Allgemeine Zeitung*, 19. November 1984;

»Nach dem Bruch in Hessen«, in: *Frankfurter Allgemeine Zeitung*, 22. November 1984; »Kaum Chancen für Neubeginn des Bündnisses«, in: *Frankfurter Allgemeine Zeitung*, 23. November 1984.

86 »Die Reifeprüfung« und »Den Grünen ihre Widersprüche vorhalten«, in: *Frankfurter Rundschau*, 1. Dezember 1984.

87 Siehe »Grüne wollen Bündnis retten«, in: *Frankfurter Rundschau*, 3. Dezemer 1984; »Absage oder Angebot?«, in: *Frankfurter Rundschau*, 3. Dezember 1984.

88 »Börner ruft Grüne zu Bündnissen auf«, in: *Frankfurter Rundschau*, 12. März 1985.

89 »Börners Regierungserklärung«, in: *TAZ*, 13. Mai 1985.

90 Siehe »Platzt Koalition in Hessen doch noch?«, in: *TAZ*, 12. Mai 1985; »Zweckbündnis unter hessischen Verhältnissen«, in: *Frankfurter Allgemeine Zeitung*, 18. Oktober 1985; »Börners Koalition sieht ein Lehrstück für sozialdemokratisches Verhalten«, in: *Frankfurter Allgemeine Zeitung*, 18. Oktober 1985.

91 Der gesamte von den Fundis beherrschte Bundesvorstand mit Ausnahme von Norbert Kostede brachte Einstellungen zum Ausdruck, die von Skepsis bis Ablehnung reichten. Siehe »Bundesvorstand der Grünen hält nichts von Wiesbadener Koalitionsabsprache«, in: *Frankfurter Allgemeine Zeitung*, 22. Oktober 1985.

92 »In Wiesbaden nicht die Vision eines Kompromisses am Horizont«, in: *Frankfurter Allgemeine Zeitung*, 16. Oktober 1985.

93 Am 30. Oktober 1984.

94 Erhard Eppler meinte, daß man dort mit den Grünen konstruktiv zusammenarbeiten sollte, wo dies möglich war; und Brandt brachte wieder seinen Satz von einer Mehrheit links von der Union ins Spiel. Siehe »Brandts Rechenexempel hat zuviele Unbekannte«, in: *Frankfurter Allgemeine Zeitung*, 22. November 1984.

95 Die Umfrage erschien am 19. Juni 1984.

96 In: *Rheinische Post*, 7. August 1984.

97 Richard Niehoff sagte, er gehe fest davon aus, daß die Grünen in den Landtag kämen, in: *Westdeutsche Allgemeine Zeitung*, 16. April 1985.

98 Wie dem Autor bei Interviews mit dem Manager Martin Pannan am 15. Juni 1985 in Düsseldorf und von Parteisprecher Thomas Hoof am 27. Mai 1985 in Düsseldorf berichtet wurde.

99 Siehe *Bonner Rundschau*, 1. August 1984.

100 Er beinhaltete auch das mittelfristige Ziel einer Vergrößerung der Zahl der Kohlekraftwerke, ein Programm gegen Arbeitslosigkeit und die Ablehnung der Bonner Pläne für ein Kabelfernsehnetz. Siehe *Frankfurter Rundschau*, 17. Dezember 1984.

101 *Rheinische Post*, 2. Februar 1985.
102 *Frankfurter Rundschau*, 16. März 1985.
103 Ibid.
104 So wie *Bild* und der Kölner *Express*.
105 Henrich Schnoor, der nordrhein-westfälische Innenminister, sah in ihm einen weiteren Beweis für die völlige politische Inkompetenz der Grünen, in: *Frankfurter Rundschau*, 16. März 1985.
106 Siehe *TAZ*, 15. und 18. Dezember 1984.
107 *TAZ*, 17. Mai 1985.
108 William R. Doemer, »Key Vote for Kohl«, in: *Time*, 30. Juni 1986.
109 Günter Bannas, »Je linker, desto aussichtsreicher«, in: *Frankfurter Allgemeine Zeitung*, 21. Mai, 1986.
110 Tschernobyl hatte in Verbindung mit den positiven Ergebnissen bei den Kommunalwahlen in Schleswig-Holstein schließlich die Krisenstimmung geschaffen, die seit den Wahlniederlagen in NRW und im Saarland vorherrschte. Siehe Ursel Sieber, »Aufwind durch die Katastrophen? – Die Grünen vor ihrem Bundesparteitag«, in: *TAZ*, 15. Mai 1986.
111 Als Anspielung auf das bekannte Buch von Günther Anders *Hiroshima ist überall*, war dieser Satz später in der westdeutschen Linken und der Anti-Atom-Bewegung häufig zu hören.
112 Siehe den Text von Ditfurths Rede im Parteitagsprotokoll in: *Grüner Basis Dienst*, Nr. 7-9, 1986, S. 18.
113 Siehe Tramperts Rede in: ibid., S. 22.
114 Siehe Joachim Wille, »Das Neue Testament war nicht gefragt«, in: *Frankfurter Rundschau*, 20. Mai 1986.
115 Biblis war der größte Atomreaktor in Hessen und wurde zu jener Zeit stark ausgebaut. Die Firmen, die ein Monopol auf die Herstellung von Brennstäben und die Verwertung und den Transport von Atommüll haben, sitzen in Hanau.
116 Siehe *Grüner Basis Dienst*, Nr. 7-9, 1986, S. 5.
117 In beiden Bundesländern fallen Atomreaktoren hauptsächlich in die Zuständigkeit der Bundesregierung.
118 Der schließlich erreichte Kompromiß über die »Erklärung von Hessen« erforderte wenig mehr als »konkrete Schritte« vor Ende 1986 und eine Schließung der Atomreaktoren bis zum Ende der Legislaturperiode. Er war hauptsächlich ein Mißtrauensvotum gegen die Realos in der eigenen Partei. Siehe »Dauerkonflikt«, in: *Die Zeit*, 23. Mai 1986.
119 Siehe Oliver Tolmein, »Grüne radikale Mehrheit auf Kompromißkurs«, in: *TAZ*, 20. Mai 1986.
120 Ibid.

121 Ibid. Die NATO wurde weiterhin als das Bündnis charakterisiert, das das Wettrüsten ständig anheizte; sie sollte jedoch nicht zerstört, sondern nur »geschwächt« werden. In der Öffentlichkeit gingen diese Nuancen allerdings unter.

122 Die *Frankfurter Allgemeine Zeitung* titelte: »NATO-Austritt und Abschaffung der Bundeswehr im Wahlprogramm der Grünen.« Die *Süddeutsche Zeitung* erklärte: »Austritt der Bundesrepublik aus der NATO gefordert.« Die ausländische Presse – die Londoner *Times*, *International Herald Tribune*, *Le Figaro* und *Le Monde* – betonte in ihren Berichten ebenfalls ausschließlich den Widerstand der Grünen gegen die NATO.

123 Interview in der Nachrichtensendung »Heute« am 20. Mai 1986.

124 Das Gerücht ging auf die unwahre Meldung einer Nachrichtenagentur zurück, die in späteren Berichten maßlos übertrieben wurde. Siehe Martin Winter, »Verletzung nicht beklatscht«, in: *Frankfurter Rundschau*, 3. Juli 1986.

125 Siehe Matthias Naß, »Wir haben einen Elfmeter vergeben«, in: *Die Zeit*, 20. Juni 1986.

126 Siehe beispielsweise »Grüne ruinieren das Land: Harte Attacken der Koalition vor der Niedersachsenwahl«, in: *Frankfurter Rundschau*, 5. Juni 1986.

127 »Wir haben gewonnen, aber nicht gesiegt«, Interview in »Heute« am 15. Juni 1986.

128 Interview im Süddeutschen Rundfunk in der Sendung »Journal« am 16. Juni 1986.

129 Siehe Jürgen Voges, »Die geplatzten Träume der Grünen«, in: *TAZ*, 18. Juni 1986.

130 Siehe die Zusammenfassung der Analyse des Infas-Instituts, »Der Wähler hielt sich an vertraute Muster«, in: *Süddeutsche Zeitung*, 18. Juni 1986.

131 Siehe Voges, »Die geplatzten Träume«.

132 Siehe »Auf der Party der Grünen wurde es still«, in: *Die Welt*, 16. Juni 1986.

133 Siehe Naß, »Wir haben einen Elfmeter vergeben«. Jutta Ditfurth bezeichnete die Wahl als guten Erfolg, aber keinen überwältigenden. Siehe Günter Bannas, »Die Grünen sind mit sich unzufrieden«, in: *Frankfurter Allgemeine Zeitung*, 18. Juni 1986. Lukas Beckmann brachte das verblüffende Argument, daß die Kluft zwischen den 80-90 Prozent der Bevölkerung, die über Tschernobyl entsetzt waren, und den 7 Prozent, die die Grünen wählten, einen »Mangel an Demokratie« darstelle. Siehe Klaus Hartung, »Mangel an Demokratie«, in: *TAZ*, 18. Juni 1986.

134 Siehe Hartung, »Mangel an Demokratie«.
135 Siehe Hans-Helmuth Kohls Interview mit Fischer, »Mehr auf die Leute zugehen«, in: *Frankfurter Rundschau*, 18. Juni 1986.
136 Siehe Günter Bannas, »Die Grünen sind mit sich unzufrieden«, in: *Frankfurter Allgemeine Zeitung*, 18. Juni 1986.
137 Siehe Hans-Helmut Kohls Interview mit Fischer, in: *Frankfurter Rundschau*, 18. Juni 1986.
138 »Stahlkugelfraktion« ist eine Anspielung auf Stahlkugeln als Zwillenmunition, die anarchistische Autonome bei Demonstrationen verwenden. Gleichzeitig werden sie damit indirekt mit der sogenannten weit rechts stehenden Stahlhelmfraktion der CDU auf eine Stufe gestellt, die für ihre autoritären Neigungen bekannt ist. Die Autonomen und andere Gruppen, die gewaltsamen Widerstand befürworten, sind in der westdeutschen Anti-Atom-Bewegung besonders stark vertreten. Ein Realo-Papier von Helmut Wiesenthal und Norbert Kostede ging mit dieser »Stahlkugelfraktion« hart ins Gericht. Für eine Zusammenfassung siehe Voges, »Die geplatzten Träume«.
139 Ruth Hammerbacher, Spitzenkandidatin der Grünen bei der Wahl in Niedersachsen in einem Gruppeninterview, »Umarmen bis ihnen die Luft ausgeht«, in: *TAZ*, 2. Juli 1986.
140 Siehe Bannas, »Die Grünen sich mit sich unzufrieden«.
141 Siehe Naß, »Wir haben einen Elfmeter vergeben«.
142 Siehe Oliver Tolmein, »Das kleinste gemeinsame Radikale«, in: *TAZ*, 20. Mai 1986.
143 Siehe »Prominente Grüne sollen nach Bonn zurück«, in: *Süddeutsche Zeitung*, 14. Juli 1986; Dieter Bauer, »Grüne gönnen Petra Kelly nur den fünften Platz«, in: *Süddeutsche Zeitung*, 28. Juli 1986.
144 Siehe Martin Winter, »Die alte Streitlust kam erst beim Thema SPD auf«, in: *Frankfurter Rundschau*, 29. September 1986; Bernd Siegler, »Kein Demoaufruf – der Wahl zuliebe«, in: *TAZ*, 29. September 1986.
145 Siehe Astrid Hölscher, »Neuer Geist der Grünen«, in: *Frankfurter Rundschau*, 29. September 1986.
146 Siehe Winter, »Die alte Streitlust«.
147 Siehe Siegler, »Kein Demoaufruf«.
148 Die bayerische Landespartei hatte sich wiederholt von der Gewalt der Demonstranten auf dem Baugelände in Wackersdorf distanziert. Siehe Max-Hermann Bloch, »Bayerns Grüne wollen gewaltfrei auftreten«, in: *Augsburger Allgemeine*, 2. Juni 1986.
149 Siehe Hölscher, »Neuer Geist der Grünen«.
150 Ibid.
151 Siehe Ursel Sieber, »Realos wollen abwarten«, in: *TAZ*, 25. September 1986.

152 Siehe Ursel Sieber und B. Siegler, »Mit angelegten Flügeln in die Wahl«, in: *TAZ*, 29. September 1986.

153 Ibid.

154 Auszug aus »Bündnispolitische Erklärung«, in Bernd Siegler, »Rotgrünes Blockdenken irreal«, in: *TAZ*, 27. September 1986. In NRW und Hamburg bestand die beliebte Fundi-Taktik darin, für ein formelles Koalitionsangebot zu votieren, die Vorbedingungen aber so hoch zu schrauben, daß Verhandlungen unmöglich wurden und dadurch die SPD als »reaktionär« vorzuführen. Helmut Wiesenthal, ein Realo aus NRW und Soziologieprofessor in Bielefeld, hatte diese Taktik im Frühjahr aus theoretischen Gründen zurückgewiesen. Siehe Helmut Wiesenthal, »Vorschläge zur Wahrnehmung politischer Chancen«, in: *TAZ*, 2. April 1986.

155 Das formale liberale Recht, politisches Asyl und Einwanderung in die Bundesrepublik zu beantragen – ein verfassungsmäßiges Vermächtnis des Holocaust und der Nazityrannei –, ist durch bürokratische Maßnahmen zunehmend eingeschränkt worden. Ultrarechte Kräfte wie die CSU von Strauß oder die Republikaner von Schönhuber in Bayern propagierten bei der Wahl eine Politik des »Deutschland den Deutschen« unter dem Vorwand, daß der Mißbrauch des Asylrechts zunehme und der Arbeitsmarkt überfüllt sei, und schlugen eine verfassungsmäßige und rechtliche Änderung des Rechts auf Asyl vor. Gemäßigte Kräfte in der CDU wie Heiner Geißler und Rita Süßmuth waren ebenso entschieden gegen Strauß wie Genschers FDP. Wie schon in Kapitel 6 im Zusammenhang mit der von den Grünen geforderten »multikulturellen Demokratie« dargestellt wurde, war die Frage des Asylrechts und der Einwanderung 1992 in einem 1987 noch nicht vorstellbaren Maße zum politisch wichtigsten Thema in Deutschland geworden.

156 Die Zahl der Kandidaten einer jeden Landesliste, die tatsächlich ein Mandat bekommen, hängt davon ab, wieviel Prozent die Partei bei der Bundestagswahl erhält. Das bedeutet, daß in allen Fällen, wo die Gesamtzahl der Kandidaten einer Landesliste, die ein Mandat bekommen, ungerade ist, die Frauen automatisch die Mehrheit der Abgeordneten bilden.

157 Mit ihren 4,6 Prozent von 1983 verfehlten die Grünen den für den Einzug in den bayerischen Landtag erforderlichen Prozentsatz von 5 Prozent nur knapp.

158 Siehe Andrei S. Markovits, *The Politics of the West German Trade Unions*, 1986.

159 Thomas Ebermann sagte dem Geschäftsführer der SPD, Peter Glotz, rundheraus, die Grünen befürchteten, daß die Strategie der

SPD auf die Vernichtung der Grünen abziele. Siehe das Interview mit Glotz und Ebermann, »Es wird keine rot-grüne Mehrheit geben«, in: *Stern*, 27. November 1986.

160 Siehe das Interview mit Antje Vollmer und Christa Nickels, »Warten auf Willy«, in: *Wirtschaftswoche*, 27. November 1986.

161 Siehe »Grüne: Man wählt das Abenteuer«, in: *Der Spiegel*, 12. Januar 1987.

162 Siehe Horst Bieber, »Auf die Promis kommt es an«, in: *Die Zeit*, 16. Januar 1987.

163 Siehe »Grüne: Man wählt das Abenteuer«, in: *Der Spiegel*, 12. Januar 1987.

164 Siehe Michael Stiller, »Hinüber zum anderen Ufer«, in: *Süddeutsche Zeitung*, 15. Januar 1987; Christian Schneider, »Wahlkämpfer ohne Zwangsjacke«, in: *Süddeutsche Zeitung*, 16. Januar 1987.

165 Siehe Ursel Sieber, »Wenn das Spielbein zum Standbein wird ...«, in: *TAZ*, 13. Januar 1987.

166 Ibid.

167 Für eine Liste der neuen grünen Abgeordneten siehe »Die neuen Bundestags-Grünen«, in: *TAZ*, 13. Januar 1987.

168 Siehe Günter Bannas, »Die Grünen sprechen von einer historischen Wahl«, in: *Frankfurter Allgemeine Zeitung*, 27. Januar 1987.

169 Siehe Günter Bannas, »Otto Schily ist der Mann des Abends«, in: *Frankfurter Allgemeine Zeitung*, 26. Januar 1987.

170 Siehe den guten Artikel von Claus Offe, »Zwischen Protest und Parteipolitik«, in: *Die Zeit*, 10. Oktober 1986.

171 Siehe Günter Bannas, »Schily fühlt sich als Mohr, und Ebermann strahlt«, in: *Frankfurter Allgemeine Zeitung*, 6. Febraur 1987.

172 Schily in einem Radiointerview, das in der *Frankfurter Allgemeinen Zeitung* zitiert wurde, 6. Februar 1987.

173 Ibid.

174 »Wenn wir untergehen, dann aufrecht«, in: *Der Spiegel*, 16. Februar 1987.

175 »Die Grünen drohen mit Aufkündigung der Koalition in Wiesbaden«, in: *Frankfurter Allgemeine Zeitung*, 9. Februar 1987.

176 »Börner entläßt Umweltminister Fischer: Neuwahlen im Frühjahr wahrscheinlich«, in: *Süddeutsche Zeitung*, 10. Februar 1987.

177 »Börner gibt auf. Verzicht auf den Landesvorsitz und auf die Kandidatur als Regierungschef«, in: *Frankfurter Allgemeine Zeitung*, 11. Februar 1987.

178 Siehe den Text des Briefes von Börner an Fischer in: *Süddeutsche Zeitung*, 10. Februar 1987, und das Interview mit Börner in: *Der Spiegel*, 16. Februar 1987.

179 Siehe Gerhard Spörl, »Ein Vatermord auf Raten«, in: *Die Zeit*, 13. Februar 1987.

180 Siehe Gerhard Spörl, »Die Macht fest im Blick«, in: *Die Zeit*, 27. Februar 1987.

181 Ibid.

182 Siehe Claus Brill, »Spaltet Aussicht auf Mitregierung?«, in: *Süddeutsche Zeitung*, 7./8. März 1987, und ein Interview mit dem Fundi Manfred Zieran in: *Der Spiegel*, 9. März 1987.

183 Siehe Herbert Riehl-Heyse, »Die Akrobaten mit der Atomnummer«, in: *Süddeutsche Zeitung*, 31. März 1987.

184 »Die wollen doch nur Ängste schüren« und ein Interview mit Walter Wallmann in: *Der Spiegel*, 30. März 1987.

185 »Machtwechsel in Hessen: Wallmann wird Regierungschef«, in: *Süddeutsche Zeitung*, 6. April 1987.

186 »Keine Große Koalition in Hamburg: Dohnanyi spricht sich für Neuwahlen aus«, in: *Süddeutsche Zeitung*, 4. März 1987.

187 Siehe Volker Skierka, »GAL bleibt beim Nein zu einer Koalition«, in: *Süddeutsche Zeitung*, 30. März 1987.

188 Siehe Volker Skierka, »Im weißen Lammfell auf Stimmenfang«, in: *Süddeutsche Zeitung*, 15. April 1987.

189 Siehe »SPD und CDU in Hamburg setzen auf die FDP«, in: *Süddeutsche Zeitung*, 13. April 1987, und ein Interview mit Klaus von Dohanyi in: *Der Spiegel*, 9. März 1987.

190 »Wo sind sie geblieben?«, in: *TAZ*, 19. Mai 1987. Es ist interessant, daß nur 6,4 Prozent der Frauen für die ausschließlich weibliche Liste der GAL stimmten, während es bei den Männern 8,5 Prozent waren.

191 »Die ›Versuchung‹ der GAL zog nicht«, in: *Die Welt*, 18. Mai 1987.

192 »Jutta findet's ›schade und schön‹«, in: *Die Rheinpfalz*, 18. Mai 1987.

193 »Trotz Erfolgs bleiben Grüne in der Opposition«, in: *Die Welt*, 14. September 1987.

194 Die Barschel-Affäre oder »Waterkantgate«, wie manche Medien sie nannten, war einer der merkwürdigsten Skandale in der Geschichte der Bundesrepublik. Uwe Barschel, der junge und populäre Ministerpräsident von Schleswig-Holstein, wendete einige schmutzige Tricks an, um seinen sozialdemokratischen Herausforderer Björn Engholm zu diskreditieren, der ebenso jung war, aber noch populärer zu sein schien. Als diese Tricks, zu denen auch die Bezahlung von Privatdetektiven gehörte, die in Engholms Leben Material für eine Schmutzkampagne finden sollten, zum Gegenstand von Ermittlungen und von den Medien aufgegriffen wurden, gab Barschel öffentlich sein Ehrenwort, daß er damit nichts zu tun habe. Als die Beweise gegen Barschel unwiderlegbar wurden, fand man ihn tot in der

Badewanne eines Genfer Hotels. Siehe »Waterkantgate: Beschaffen Sie mir eine Wanze«, in: *Der Spiegel*, 14. September 1987; »Waterkantgate: Einer hat beim Beten gelogen«, in: *Der Spiegel*, 21. September 1987; »Waterkantgate: Das Kartenhaus fällt«, in: *Der Spiegel*, 28. September 1987; »Waterkantgate: Sterben nach Methode 1«, in: *Der Spiegel*, 19. Oktober 1987.

195 »Grüne reden von Stalins Methoden«, in: *Bonner Rundschau*, 15. September 1987.

196 »Grünes Streitritual nach der Wahl«, in: *TAZ*, 15. September 1987.

197 Zu einem ausgezeichneten Artikel, der den »Show«-Charakter grüner Politik, inbesondere die ritualisierten Kämpfe zwischen Fundis und Realos, beschreibt, siehe »Krise ohne Untergang«, in: *Die Zeit*, 11. Dezember 1987.

198 »Die Grüne Waltraud Schoppe schüttelt ihren roten Haarschopf«, in: *Frankfurter Allgemeine Zeitung*, 21. November 1987.

199 »Vermitteln, damit es einen nicht selber zerreißt«, in: *Brigitte*, 24. Januar, 1990.

200 »Getrennt laufen, zusammen raufen«, in: *Die Zeit*, 20. November 1987.

201 »Von nun an mit drei Flügeln«, in: *Süddeutsche Zeitung*, 28. Januar 1988.

202 »Per Ritterschlag zum Landesfürsten«, in: *Die Zeit*, 11. März 1988; »Der Bart allein macht keinen ›jungen Marx‹«, in: *Stuttgarter Zeitung*, 9. März 1988; »Es wurde nichts aus acht plus x«, in: *Frankfurter Allgemeine Zeitung*, 21. März 1988.

203 »Den Grünen ist man im Norden nicht grün«, in: *Die Welt*, 9. Mai 1988.

204 »Niederlagen haben keine Väter«, in: *TAZ*, 10. Mai 1988.

205 »Grüne bangen um ihre Zukunft«, in: *Frankfurter Rundschau*, 11. Mai 1988.

206 Siehe Kuntz, »From Spiegel to Flick«.

207 »Einmalig schweinisch«, in: *Der Spiegel*, 24. Oktober 1988.

208 Ibid.

209 Ibid.

210 »Alle durchgeknallt«, in: *Der Spiegel*, 24. Oktober 1988.

211 Ibid.

212 »Nach der Abwahl des Bundesvorstandes verstärken sich die Flügelkämpfe bei den Grünen«, in: *Süddeutsche Zeitung*, 5. Dezember 1988.

213 Siehe Giovanni di Lorenzo, »Ich wollte einfach nur reinen Tisch«, in: *Süddeutsche Zeitung*, 5. Dezember 1988.

214 »Jutta Ditfurth warnt vor Rechtsruck«, in: *Süddeutsche Zeitung*, 6. Dezember 1988.

215 Siehe Günter Bannas, »Zwischen Radikalität und Kompromiß«, in: *Frankfurter Allgemeine Zeitung*, 10. Februar 1989.
216 Die Zahlen brachte die *Süddeutsche Zeitung* am 30. Januar 1989.
217 »Fundamentalisten verlieren Mehrheit bei den Grünen«, in: *Süddeutsche Zeitung*, 6. März 1988.
218 Siehe Klaus Dreher, »Abschied unter Tränen und Buh-Rufen«, in: *Süddeutsche Zeitung*, 6. März 1989.
219 »Enttäuschte Gefühle«, in: *Der Spiegel*, 16. April 1990.
220 »Völlig irre«, in: *Der Spiegel*, 16. April 1990.
221 Siehe Günter Bannas, »Resigniert nicht, arbeitet weiter!«, in: *Frankfurter Allgemeine Zeitung*, 2. April 1990.
222 »Machtwechsel in Hannover nach 14 Jahren CDU-geführter Regierung«, in: *Süddeutsche Zeitung*, 14. März 1990.
223 Siehe »Nach dem Wahldebakel streiten die Grünen über ihren künftigen Kurs«, in: *Frankfurter Allgemeine Zeitung*, 4. Dezember 1990; Günter Bannas, »Nicht an der Weggabelung, sondern im Nebel«, in: *Frankfurter Allgemeine Zeitung*, 5. Dezember 1990.; »Fischer: Grüne zwischen Neubeginn und Exitusverwaltung«, in: *Frankfurter Allgemeine Zeitung*, 5. Dezember 1990; Giovanni di Lorenzo, »Rettungsversuche nach dem Untergang«, in: *Süddeutsche Zeitung*, 7. Dezember 1990; »Dagobert vom Fleischerladen«, in: *Der Spiegel*, 10. Dezember 1990.
224 Siehe »Wähler honorierten Architekten der deutschen Einheit« und die Wahlstatistiken in: *Frankfurter Rundschau*, 4. Dezember 1990, S. 10f.

### Kapitel 8: Die ostdeutschen Grünen

1 Zu einer erkenntnisreichen Anwendung des wichtigen analytischen Ansatzes »exit, voice and loyalty« von Albert O. Hirschman auf die DDR, ihren Zusammenbruch und ihr Verhältnis zur Bundesrepublik siehe Albert O. Hirschman, »Exit, Voice, and the Fate of the German Democratic Republic: An Essay in Conceptual History«, in: *World Politics*, 45, 2. Januar 1993, S. 173-202. Die gesamte Ausstiegsoption wurde nur durch die Entscheidung der ungarischen Regierung Anfang Mai 1989 möglich, den Eisernen Vorhang von Minenfeldern und Stacheldraht abzubauen, der die Grenze zwischen Ungarn und Österreich bildete. Sechs Monate später sollte diese damals wenig beachtete Aktion zum Fall der Berliner Mauer führen.
2 Peter Joachim Lapp, *Die »befreundeten Parteien« der SED: DDR-Blockparteien heute*, 1988. Es ist wichtig, darauf hinzuweisen, daß

Tausenden von Nazi-Sympathisanten und ehemaligen Wehrmachtsoffizieren vom Staat eine politische Heimat in der NDPD fanden, so daß diese zu einer Art offiziellem »Reservat« für Ex-Nazis unter kommunistischer Herrschaft wurde.

3 Siehe Merrill Elaine Jones, »Greens under God and the Gun: the East German Environmental Movement, the Lutheran Church and the East German State«, Dissertation, 1991, S. 19-22.

4 Ibid., S. 10.

5 Ibid., S. 15.

6 Ibid., S. 15f., 54f.

7 Ibid., S. 16. Zur Rolle der lutherischen Kirche bei der Schaffung einer Umweltschutzbewegung in der DDR siehe Carol Hager, »Environmentalism and Democracy in the Germanies«, in: *German Politics*, 11. April 1992, S. 95-118.

8 Siehe ibid., Kapitel 3, »The Early Movement«.

9 *TAZ*, 15. August 1989, S. 2.

10 *TAZ*, 30. August 1989, S. 8.

11 *TAZ*, 15. August 1989. S. 3.

12 *TAZ*, 15. August 1989. S. 9.

13 *TAZ*, 19. August, 1989, S. 2.

14 *TAZ*, 30. August 1989, S. 8; 31. August 1989, S. 8.

15 *TAZ*, 13. September 1989, S. 8.

16 Ibid.

17 Ibid., S. 7.

18 *TAZ*, 20. September 1989, S. 6.

19 Ibid., S. 7.

20 *TAZ*, 28. September 1989.

21 Ibid.

22 *TAZ*, 23. September 1989, S. 1.

23 *TAZ*, 25. September 1989, S. 1.

24 *TAZ*, 4. Oktober 1989, S. 1, 3.

25 Harold James, »Introduction«, in: Harold James und Marla Stone (Hrsg.), *When the Wall Came Down: Reactions to German Unification*, 1992, S. 1.

26 *TAZ*, 20. Dezember 1989, S. 2.

27 *TAZ*, 8. Februar 1990, S. 6.

28 *TAZ*, 6. September 1989, S. 3.

29 *TAZ*, 25. September 1989, S. 1.

30 *TAZ*, 27. November 1989, S. 5.

31 *TAZ*, 22. Mai 1990, S. 6; 25. Mai 1990, S. 6.

32 *TAZ*, 29. Januar 1990, S. 5.

33 *Der Spiegel*, 15. April 1991, S. 26-30.

34 Ibid.
35 Ibid.
36 *TAZ*, 7. Mai 1991.
37 *TAZ*, 23. September 1991, S. 5.
38 Ibid.
39 Ibid.
40 Ibid.
41 Zitiert in Stephen Kinzer, »In Germany, too, an Effort to Mobilize Political Outsiders«, in: *New York Times*, 19. Juli 1992.

## Schluß

1 Manche haben die USA genau deswegen für eine »Ausnahme« gehalten, weil ihre Arbeiterklasse ihre kollektive politische Identität nicht durch die Bildung einer eigenen Partei zum Ausdruck gebracht hat, die ipso facto als »links« einzustufen wäre. Die Literatur, die sich mit dieser amerikanischen Ausnahmesituation oder zumindest mit einigen ihrer Aspekte befaßt, ist umfangreich. Besonders wichtig sind die folgenden Bücher: Louis Hartz, *The Liberal Tradition in America: An Interpretation of American Political Thought since the Revolution*, 1955; Frederick Jackson Turner, *The Frontier in American History*, 1947; John M. Laslett und Seymour Martin Lipset (Hrsg.), *Failure of a Dream? Essays in the History of American Socialism*, 1974; *The First New Nation*, 1967; Lipset, *Agrarian Socialism*, 1968; Lipset, *Revolution and Counterrevolution*, 1968; die Debatte zwischen Sean Wilentz und Michael Hanagan in: *International Labor and Working Class History*, Nr. 26; Gwendolyn Mink, *Old Labor and New Immigrants in American Political Development: Union, Party, and State 1875-1920*, 1986; und Jerome Karabel, »The Failure of American Socialism Reconsidered«, in: *The Socialist Register*, 1979, S. 204-227.
2 Siehe Seymour Martin Lipset und Stein Rokkan, »Cleavage Structures, Party Systems, and Voter Alignments: an Introduction«, in: Seymour Martin Lipset und Stein Rokkan (Hrsg.), *Party Systems and Voter Alignment: Cross-National Perspectives*, 1967, S. 1-64.
3 Der Begriff »postmaterialistisch« war eng mit der Pionierarbeit von Ronald Inglehart verbunden. Siehe insbesondere seinen Artikel »Postmaterialism in an Environment of Insecurity«, in: *American Political Science Review*, Nr. 75, 1981, S. 890-900, und Kap. 2, »The Rise of Postmaterialist Values«, in: Ronald Inglehart, *Culture Shift in Advanced Industrial Society*, 1989, S. 66-103.

4 Lipset und Rokkan, »Cleavage Structures«.

5 Reinhard Kühnl, »Der Aufstieg der extremen Rechten in Europa«, in: *Blätter für deutsche und internationale Politik*, 22. Juni 1992, S. 730-741.

6 Ibid.

7 Claus Leggewie, *Die Republikaner: Phantombild der neuen Rechten*, 1989; Hans Georg Betz, »Politics of Resentment: Right-wing Radicalisms in West Germany«, in: *Comparative Politics*, 23. Oktober 1990, S. 45-60.

8 Siehe Ursula Feist und Klaus Liepelt, »Die Wahl zum Machtwechsel: Neuformierung der Wählerschaft oder Wählerkoalition aus Hoffnung? Eine Analyse der Bundestagswahl vom 6. März 1983«, in: *Journal für Sozialforschung*, 23.3, Herbst 1983.

9 Thomas Koelble, »After the Deluge: Unification and the Political Parties in Germany«, in: *German Politics and Society*, Nr. 22, Frühjahr 1991, S. 45-59.

10 Die DVU gewann 6,18 Prozent der Stimmen in Bremen im September 1991. Im April 1992 errang sie 6,3 Prozent in Schleswig-Holstein, während die Republikaner 10,9 Prozent in Baden-Württemberg erreichten. Siehe *Der Spiegel*, 13. August 1992.

11 Siehe »Feine Jungs«, in: *Der Spiegel*, 4. Mai 1992, S. 102-105.

12 Siehe Lipset, *Political Man*, insbes. Kap. 4, »Working-Class Authoritarianism.

13 Peter Lösche und Franz Walter, Die SPD: *Klassenpartei – Volkspartei – Quotenpartei*, 1992, S. 379-386.

14 Ibid.

15 Es ist klar, daß nicht alle Parteien der europäischen Linken dem oligarchischem Organisationsmodell entsprechen, wie es von Michels beschrieben worden ist. In dieser Hinsicht war der Unterschied zwischen, sagen wir, der deutschen SPD und der französischen Sozialistischen Partei (und ihrem Vorläufer) gewaltig. Dennoch wiesen alle Parteien der traditionellen europäischen Linken, zumindest in ihrer Weltanschauung und ihrem allgemeinen Habitus, wenn auch nicht unbedingt in ihrer Organisationsstruktur, eine gewisse oligarchische Rigidität im Sinne von Michels auf. Diese wurde in allen Teilen der traditionellen europäischen Linken, ungeachtet des Landes und der genauen ideologischen Ausrichtung, in Frage gestellt.

16 Den Begriff des Anti-Antikommunismus verdanken wir Helmut Dubiehl, der ihn in einem hervorragenden Buch entwickelte, das er zusammen mit Ulrich Rödel und Günter Frankenberg veröffentlichte. Siehe Ulrich Rödel u. a., *Die demokratische Frage*, 1989, S. 11-17.

17 Zum Begriff kämpferische versus sozialpartnerschaftlich eingestellte

Gewerkschaft siehe Andrei S. Markovits, *The Politics of the West German Trade Unions.*

18 Zum Ergrünen der deutschen Gewerkschaften im Laufe der zweiten Hälfte der 80er Jahre siehe Tom Harsanyi, »The New Left and the Dilemmas of Social Democracy in the Federal Republic of Germany: Leftism in an Affluent Society«, unveröffentlichter Dissertationsentwurf, Harvard University, 29. Mai 1992.

19 Zur Unfähigkeit der Grünen, nennenswert in der Industriearbeiterschaft Fuß zu fassen, siehe Russell J. Dalton, *Politics in West Germany*, 1989, S. 287f.

20 Maurice Duverger, *Political Parties: Their Organization and Activity in the Modern State*, 1954, S. xxvii.

21 Siehe Roland Roth, »Eine korrupte Republik? Konturen politischer Korruption in der Bundesrepublik«, in: Rolf Ebbighausen und Sighard Neckel (Hrsg.), *Anatomie des politischen Skandals*, 1989, S. 201-233.

22 Es kommt nicht von ungefähr, daß man Ende der 80er Jahre in Deutschland kaum irgendwelche Veröffentlichungen über makrosoziologische Fragen oder über die damit verbundene »qualitative« Sozialwissenschaft lesen konnte, ohne auf Zitate aus Ulrich Becks *Risikogesellschaft* zu stoßen. Während das Buch von Beck die Risiken analysiert, denen die fortgeschrittene Industriegesellschaft am Ende des zwanzigsten Jahrhunderts ausgesetzt ist, stellt der »Beckismus« oder die »Beckmanie« ein aufschlußreicheres Phänomen dar als die Arbeit selbst. Man hatte den Eindruck, daß das Zitieren der Arbeit von Beck für jeden deutschen Sozialwissenschaftler mit einem »kritischen« Einschlag unabdingbar sei.

23 Joachim Raschke, *Krise der Grünen: Bilanz und Neubeginn*, 1991, S. 7-9.

24 Duverger, *Political Parties*, S. 27-36.

25 Jürgen Habermas prägte den Begriff des »Verfassungspatriotismus«, um die westlichen Werte und Tugenden der Bundesrepublik hervorzuheben und damit einem immer lauter werdenden Chor konservativer Stimmen entgegenzutreten, der den angeblichen Mangel an nationalen Gefühlen und Nationalstolz beklagte und diese Lücke als schädlich für die Selbstwahrnehmung Deutschlands interpretierte. Siehe »Über den doppelten Boden des demokratischen Rechtsstaates«, in: Jürgen Habermas, *Eine Art Schadensabwicklung*, 1987, S. 18-23.

26 Siehe zum Beispiel Lösche und Walter, die unter vielen anderen das niederschmetternde Ergebnis der SPD bei der Bundestagswahl am 2. Dezember 1990 auf Oskar Lafontaines falsche Strategie zurück-

führten und nicht auf seine verständliche Unfähigkeit, die nationalistischen Kräfte zu verstehen, geschweige denn zu bedienen. Siehe Robert Leicht, »Bleibt einfach alles, wie es ist?«, in: *Die Zeit*, 7. Dezember 1990.

27 Eine ausführlichere Entwicklung dieser Idee findet sich bei Andrei S. Markovits, »Anti-Americanism and the Struggle for a West German Identity«, in: Peter H. Merkle (Hrsg.), *The Federal Republic of Germany at Forty*, 1989, S. 35-54. Siehe auch Karen Donfried, »West German Youth Protest and Anti-Americanism«, unveröffentlichte Diplomarbeit, Wesleyan University, 1984.

28 Über den Antiamerikanismus der deutschen Demonstranten gegen den Golfkrieg siehe Andrei S. Markovits, »Die Linke gibt es nicht – und es gibt sie doch«, in: *Frankfurter Rundschau*, 7. März 1991; Markovits, »Ein amerikanischer Jude und eine deutsche Friedensrede«, in: *Frankfurter Rundschau*, 16. Februar 1991; Markovits, »Eine ernüchternde Erfahrung: Die Friedensbewegung aus der Sicht eines amerikanischen Juden«, in: *Die Zeit*, 15. Februar 1991. Siehe auch die Aufsatzsammlung in: Klaus Bittermann (Hrsg.), *Liebesgrüße aus Bagdad: Die »edlen Seelen« der Friedensbewegung und der Krieg am Golf*, 1991.

29 Über den Antiamerikanismus als Kritik an der Moderne siehe Paul Hollander, *Anti-Americanism: Critiques at Home and Abroad, 1965-1990*, 1992.

30 Natürlich gab es Ausnahmen. So sollten beispielsweise Peter von Oertzens engagierter Einsatz für viele ostdeutsche Dissidenten sowie seine Teilnahme an der Konferenz zur Unterstützung von Rudolf Bahros Freilassung im November 1978 in Berlin erwähnt werden. Aber Peter von Oertzen war bezeichnenderweise das einzige Mitglied des SPD-Vorstands, das an dieser Konferenz teilnahm. Ebenfalls erwähnenswert als eine Ausnahme vom stillschweigenden Einverständnis der Sozialdemokratie mit dem »real existierenden Sozialismus« war die Kulturzeitschrift *Logo*, die der SPD nahe stand und sich sehr stark für die Sache der osteuropäischen Dissidenten engagierte. Und es ist außerdem erwähnenswert, daß diese Zeitschrift *vor* den Ereignissen von 1989 eingestellt wurde. Siehe Tilman Fichter, »Die SPD und die nationale Frage«, in: Cora Stephan (Hg.), *Wir Kollaborateure*, 1992, S. 107-124. Daß die Haltung der Sozialdemokratie zum Nationalismus und zum »real existierenden Sozialismus« für die deutsche Linke ein besonderes Problem ist, zeigt sich am deutlichsten an den zahlreichen Debatten, die sich an dieser Thematik entzündet haben. Siehe beispielsweise die Antwort von Peter Glotz, einem der originellsten Denker und produktivsten Autoren

der Sozialdemokratie und der Linken, auf Fichter mit der vielsagenden Überschrift »Fichter und Fichte«, in: ibid., S. 125-130. Zu einer ähnlichen Diskussion über diese Frage siehe Andrei S. Markovits, »The West German 68-ers Encounter the Events of 1989, in: *German Politics* 1, 1. April 1992, S. 13-30; Melanie Drane, »A Divided Left Faces German Unity: A Response to Andrei Markovits«, in: *German Politics* 1. 2. August 1992, S. 274-281.

31 Zu einer ungewöhnlich scharfsichtigen Behandlung des Themas Legitimität der DDR in den Augen des Westens als Konsequenz ihres »antifaschistischen« Charakters siehe Chaim Noll, »Treue um Treue: Linke Gefühlslagen und die literarische Beschwörung der besseren DDR«, in: Stephan, *Wir Kollaborateure*, S. 90-106.

32 Zu einigen besonders abscheulichen Beispielen für die Feindseligkeit der westdeutschen Linken, insbesondere einiger kämpferischer Gewerkschaften, gegenüber der Solidarität und ihren Verbündeten in der Intelligenz, KOR, siehe Peter Schneider, »Man kann ein Erdbeben auch verpassen«, in: *Die Zeit*, 27. April 1990.

33 Zum eindrucksvollsten Appell für eine fortschrittliche Politik auf der Grundlage der Demokratie siehe Paul Bermann, »My Version of DSA's Vision and Mission«, in: *Socialist Forum: Discussion Bulletin of the Democratic Socialists of America*, Nr. 19, Frühjahr 1992, S. 9-14.

34 Eine nützliche Sammlung von austro-marxistischen Schriften, einschließlich einiger über den Nationalismus, findet sich bei Tom Bottomore und Patrick Goode (Hrsg.), *Austro-Marxism*, 1978.

35 Siehe Claus Leggewie, *Multikulti: Spielregeln der Vielvölkerrepublik*, 1990.

36 Die Frage der Staatsbürgerschaft, des Multikulturalismus und der Flüchtlinge ist nicht nur in Deutschland, sondern in ganz Europa von großer Bedeutung. Deutschland ist in den letzten Jahren zum ersten Einwanderungsland Europas geworden. Allein 1992 kamen über 600000 Flüchtlinge in die Bundesrepublik. Von den 425000 Flüchtlingen, denen es Anfang August 1992 gelang, aus dem früheren Jugoslawien zu fliehen, nahm Deutschland beispielsweise über 200000 auf. Im Vergleich dazu kamen jeweils 50000 in Österreich und Ungarn unter, während es die Schweiz gerade auf 17500 brachte. Die Zahlen für Großbritannien (1200), Frankreich (1200), Belgien und Finnland (weniger als 1000), Spanien (120) und Griechenland (97) sind, gelinde gesagt, sehr skandalös. (Siehe »Germany Chides Europe about Balkan Refugees«, in: *New York Times*, 29. Juli 1992.) Mit anderen Worten, Deutschland hat sich – wie schon oft seit 1945 – bei der Aufnahme von Flüchtlingen viel humaner ge-

zeigt als jedes andere europäische Land, dennoch gibt es ein schwerwiegendes Problem. Einerseits hat Deutschland die bei weitem liberalste Politik in Europa hinsichtlich der Aufnahme von Flüchtlingen. In Artikel 16.2.2 des Grundgesetzes heißt es ganz klar: Personen, die aus politischen Gründen verfolgt werden, haben das Recht auf Asyl. Da die Verfasser dieses Artikels während des Zweiten Weltkriegs selbst im Exil waren und in anderen Ländern Flüchtlingsstatus hatten, wird dieser Artikel für liberaler gehalten als die Konvention der Vereinten Nationen von 1951, die primär auf Dissidenten und Minoritäten zugeschnitten war, die von Regimes sowjetischer Prägung in der Nachkriegszeit unterdrückt wurden. Während des Asylverfahrens stellen die Länder und Kommunen den Asylsuchenden Wohnmöglichkeiten, medizinische Versorgung und Beihilfen zum Lebensunterhalt bereit, helfen ihnen bei der Arbeitssuche und beim Erlernen der deutschen Sprache. Mit dem am 1. Juli 1992 in Kraft getretenen Gesetz will die Bundesregierung das Verfahren straffen und zentralisieren, indem es den Ländern und Kommunen entzogen wird. Sie rechnet damit, daß eine Entscheidung über den Asylantrag innerhalb von drei Monaten nach Ankunft der Asylsuchenden in der Bundesrepublik gefällt wird. Sie wendete pro Jahr ungefähr 3 Milliarden DM auf, um den Flüchtlingen ein neues Zuhause zu geben.

Dieser toleranten Aufnahmepolitik steht andererseits ein sehr ausschließliches Verständnis von Staatsbürgerschaft gegenüber, das in diesem Buch schon erörtert wurde.

Obwohl Flüchtlingsquoten im Grundgesetz nicht erwähnt werden, hat die Bundesregierung gelegentlich auf Quoten zurückgegriffen, um bestimmte Menschen nicht individuell aufzunehmen, wie es Artikel 16.2.2. vorsah, sondern als Gruppe. Die vietnamesischen »boat people«, die 1979 in die Bundesrepublik kamen, waren das bekannteste Beispiel für Quotenflüchtlinge. Chilenen, Argentinier, Kubaner, Kurden und in letzter Zeit Juden aus der Sowjetunion und ihren Nachfolgestaaten sind ebenfalls als Quotenflüchtlinge behandelt worden. (Viele dieser Informationen stammen aus einer hervorragenden Forschungsarbeit von Madeleine Tregg »Germany's New ›Jewish Question‹ or German Jewry's ›Russian Question‹? The Resettlement of Jews from the Former Soviet Union in the Federal Republic of Germany«, unveröffentlichtes Manuskript, Refugee Resettlement Department, Council of Jewish Federations, 1992.)

37 In der holländischen Stadt Maastricht trafen sich im Dezember 1991 die zwölf Mitglieder der Europäischen Gemeinschaft, um festzulegen, in welchen Phasen die Vereinigung dieser Gemeinschaft bis

zum Ende dieses Jahrtausends erreicht werden soll. Der Maastricht-Vertrag bedeutete nur einen von zahlreichen Schritten und Maßnahmen, die die Länder der Europäischen Gemeinschaft vollzogen, um schließlich ein Vereintes Europa zu schaffen. In dieser Hinsicht schien er nur eine Erweiterung des Einzelgesetzes zu sein, mit dem am 1. Januar 1993 schrittweise alle politischen und wirtschaftlichen Grenzen zwischen den 12 Mitgliedern der EU abgebaut werden sollen. Aber Maastricht unterschied sich qualitativ von allen vorausgegangenen Abkommen in bezug auf die europäische Einheit. Der Vertrag forderte im Grunde genommen nichts Geringeres als die Aufhebung der nationalen Souveränitäten, die historisch seit der Französischen Revolution ausschließlich von Nationalstaaten ausgeübt wurden. Maastricht sieht einen dreistufigen Integrationsprozeß vor; würde der Vertrag verwirklicht, ginge er weit über die bisherigen Integrationsmaßnahmen hinaus, indem er die Autonomie und Souveränität der Nationalstaaten in wesentlichen Bereichen beschnitte – von der Wirtschaftspolitik bis hin zu sozialen Reformen. So war es für niemanden – mit Ausnahme der Bürokraten in Brüssel (der sogenannten »Eurokraten«) – überraschend, daß es in fast jedem Land der Gemeinschaft heftigen Widerstand gegen das Abkommen von Maastricht gab. Die Abneigung der Dänen gegen das Projekt führte dazu, daß sie den Vertrag im Frühjahr 1992 mit knapper Mehrheit ablehnten. Die Franzosen wären ihrem Beispiel beinahe gefolgt, aber sie billigten im September 1992 den Vertrag mit hauchdünner Mehrheit. Die Ablehnung des Vertrags durch die Bevölkerung war in jedem europäischen Land so stark, daß die Initiatoren des Abkommens in der Zwischenzeit den Auftrag erhalten haben, nicht die ursprüngliche Zielsetzung zu revidieren, wohl aber seine Verwirklichung zeitlich zu strecken und stärker abzufedern.
Es waren zum großen Teil diese Maßnahmen und die allgemeine Bereitschaft, den Prozeß zu verlangsamen, die dazu beitrugen, daß die Dänen ihre erste Ablehnung des Vertrags in einer zweiten Abstimmung im Mai 1993 mit nur geringer Mehrheit revidierten. Aber über 40 Prozent der Dänen sind immer noch dagegen, daß das Land sich Europa anschließt, auch wenn dies mit weniger Zwang und zeitlichem Druck verbunden ist. Maastricht ist zwar nicht tot, aber es hat mit Sicherheit bei allen Europäern, auch bei den Deutschen, seine anfängliche Attraktivität und Dringlichkeit verloren.

## Epilog

1 Rudolf Walther, »Man trägt wieder links«, in: *Die Woche*, 12. Januar 1996. Walter schreibt: »Fünf Jahre lang galt vielen die Unterscheidung von links und rechts nur noch als ›Gesäßgeographie‹. Jetzt scheint das Klima für linke Politik wieder freundlicher zu werden.« Während wir auch meinen, daß das Klima für linke Politik wieder freundlicher wird, bleiben wir bei unserer Ansicht, daß die Linke als fundamentale politische Kraft nie ganz verschwunden war und daß die Unterschiede gegenüber der Rechten immer weit über eine »Gesäßgeographie« hinausgingen.

2 Es ist interessant, daß selbst in den Ländern, in denen die Linke schwerwiegende Einbußen in bezug auf Wähler und parlamentarische Vertretung hinnehmen mußte, vor allem aber die Fähigkeit verlor, die politische Debatte und die intellektuelle Atmosphäre des Landes zu bestimmen (Frankreich ist ein Paradebeispiel, aber Italien, Großbritannien und die Vereinigten Staaten stehen auch nicht viel besser da), dieser Niedergang dem Zusammenbruch des »realen Sozialismus« und den unglaublichen Ereignissen von 1989 vorausging und keineswegs deren Folge war.

3 Hans-Ulrich Joerges, »Grün schlägt Rot«, in: *Die Woche*, 29. September 1995. Über der Überschrift steht: »SPD in der Krise – Politik im Umbruch«, der Untertitel lautet: »Joschka Fischer löst die Grünen von den Genossen – und bereitet sie auf Bündnisse mit der CDU vor.«

4 Das soll natürlich nicht heißen, daß in anderen Ländern keine grünen Parteien existieren. Wie wir in dem Buch aufgezeigt haben, waren die deutschen Grünen nicht einmal die ersten, die den Namen geprägt, sich als eine grüne Partei konstituiert und dieses einmalig wichtige Vermächtnis der Neuen Linken repräsentiert haben. Aber während es in fast jedem Industrieland der Welt grüne Parteien gibt, hat keine von ihnen auch nur annähernd eine so große Bedeutung für die Innenpolitik des jeweiligen Landes, für die Entwicklung progressiver Politik oder für die Linke insgesamt erlangt wie die deutschen Grünen. Dies ist eines der Hauptthemen unseres Buches, und durch die Entwicklungen, die seit dem Erscheinen der englischen Fassung 1993 stattgefunden haben, ist es noch relevanter geworden. Um es ganz deutlich in einer Weise auszudrücken, die den Grünen Unbehagen bereiten würde, was ihnen hoch anzurechnen ist: Von allen grünen Parteien und Bewegungen in der ganzen Welt stellen nur die deutschen Grünen eine wichtige politische Kraft und ein bedeutsames gesellschaftliches Phänomen dar. Wie in unserem Buch

ausgeführt, hat dies wenig damit zu tun, daß die deutschen Grünen politisch versierter oder sonst irgendwie begabter sind als ihre Kollegen in anderen Ländern; aber es hat viel mit den Entwicklungen der deutschen Geschichte im zwanzigsten Jahrhundert zu tun.

5 In einer faszinierenden Darstellung der Regierungsjahre von Bruno Kreisky in der österreichischen Politik beschreibt Heinz Fischer, der bekannte Intellektuelle der österreichischen Sozialdemokratie, einer ihrer größten Aktivisten der Nachkriegszeit und seit 1990 Präsident des österreichischen Nationalrats, ungemein lebendig und ehrlich, wie überrascht und unvorbereitet die Sozialdemokraten waren, als die Frage der Ökologie und der Atomenergie zwischen 1976 und 1979 auf sie zukam. Noch bei der Parlamentswahl von 1975 war der Atomreaktor von Zwentendorf den meisten Österreichern unbekannt. Der Bau dieser Anlage, der zu diesem Zeitpunkt schon seiner Vollendung entgegenging, war kein Wahlkampfthema. Knapp drei Jahre später, im November 1978, spaltete dieser Reaktor die österreichische Öffentlichkeit in einer bis dahin nicht gekannten lagerübergreifenden Weise und führte zu dem berühmten Referendum, nach dem zum ersten Mal in Europa ein Atomreaktor durch den Willen der Bevölkerung stillgelegt wurde. (Siehe Heinz Fischer, *Die Kreisky-Jahre 1967-1983*, Wien 1993). Nicht zufällig war Zwentendorf ein wichtiger Auslöser für das Ergrünen der österreichischen Linken, die schrittweise Schwächung der österreichischen Sozialdemokratie und die Aufweichung einer vermeintlich unzerstörbaren Proporzdemokratie, die auf der scheinbaren Unveränderbarkeit fest zementierter Lager basierte. Diese »Verwestlichung« der österreichischen Politik, die Anton Pelinka zutreffend »die Entaustrifizierung Österreichs« nennt, hat neben vielen guten Eigenschaften und demokratiefördernden Zügen auch einen Jörg Haider als weniger anziehendes Nebenprodukt. Siehe Anton Pelinka, »Die Entaustrifizierung Österreichs: Zum Wandel des politischen Systems 1945-1995.«, in: *Österreichische Zeitschrift für Politikwissenschaft*, Bd. 2, Nummer 1, 1995, S. 5-15.

6 Siehe »Ifo-Institut empfiehlt wochentags Geschäftsöffnungszeiten bis 22 Uhr«, in: *Süddeutsche Zeitung*, 12./13. August 1995.

7 Siehe die erstklassige Untersuchung von Joachim Raschke, *Die Grünen, wie sie wurden, was sie sind*, 1993.

8 Susannah Heschel, »Konfigurationen des Patriarchats, des Judentums und des Nazismus im deutschen feministischen Denken«, in: Charlotte Kohn-Ley und Ilse Korotin (Hrsg.), *Der feministische Sündenfall: Antisemitische Vorurteile in der Frauenbewegung*, Wien 1994, S. 160-184; Susannah Heschel, »From the Bible to Nazism:

German Feminists on the Jewish Origins of Patriarchy«, in: *Tel Aviver Jahrbuch für Geschichte*, 1992, herausgegeben vom Institut für Deutsche Geschichte, Universität Tel Aviv, 1992, S. 319-333; und Susannah Heschel, »Judaism as the Engenderer of Patriarchy: Antisemitism in German Feminist Thought« (unveröffentlichter Beitrag, der beim Forum »Post-Fascist German Feminism« auf der Jahreskonferenz der German Studies Association präsentiert wurde, die vom 21.-24. September 1995 in Chicago, Illinois, stattfand.) Dagmar Herzog, »German Lessons: Interpreting Nazism's Sexual Politics« (unveröffentlichter Beitrag, der beim Forum »Post-Fascist German Feminism« auf derselben Konferenz vorgetragen wurde.)

9 Susannah Heschel beschreibt die Argumentationslogik, die eine direkte Verbindung zwischen Nazismus und Judaismus herstellt, mit folgenden abschreckenden Worten: »Der Nazismus wird von manchen deutschen Feministinnen als die Folge des Patriarchats betrachtet. Die deutschen Frauen sind für den Nazismus nicht verantwortlich, weil sie dessen Opfer sind, so wie sie die Opfer des Patriarchats sind. Da das Patriarchat ihrer Ansicht nach außerdem dem Judentum entspringt, ist der Nazismus letztlich das Ergebnis des Judentums«, in: *Tel Aviver Jahrbuch für Deutsche Geschichte*, 1992, S. 327.

10 Helke Sander, *Die Geschichte der drei Damen K*, München 1987.

11 Gerda Weiler, *Ich verwerfe im Lande die Kriege: Das verborgene Matriarchat im Alten Testament*, München 1984.

12 Gisela Bock (Hrsg.), *Zwangssterilisation im Nationalsozialismus. Studien zur Rassenpolitik und Frauenpolitik*, Opladen 1986.

13 Christa Mulack, *Am Anfang war die Weisheit*, München 1988; und Christa Mulack, *Jesus: der Gesalbte der Frauen*, Stuttgart 1987.

14 Karin Windaus-Walser, »Gnade der weiblichen Geburt? Zum Umgang der Frauenforschung mit Nationalsozialismus und Antisemitismus«, in: *Feministische Studien*, Bd. 6, November 1988, S. 102-115; und Leonore Siegele-Wenschkewitz, »Die Wiederkehr des antijüdischen Stereotyps in feministischer Theorie und Theologie«, in: *Metis: Zeitschrift für historische Frauenforschung und feministische Praxis*, Bd. 1, Nr. 2, 1992, S. 29-32. Siehe dazu auch: Brigitte Fuchs/Gabriele Habinger (Hrsg.), *Rassismen und Feminismen: Differenzen, Machtverhältnisse und Solidarität zwischen Frauen*, Wien 1996.

15 Sara Lennox, »Divided Feminism: Women, Racism, and German National Identity«, in: *German Studies Review*, Bd. 18, Nr. 3, Oktober 1995, S. 481-502.

16 Dagmar Schulz, »Dem Rassismus in sich begegnen«, in: *Courage*, Oktober 1981, S. 17-22; Dagmar Schulz, »Kein Ort nur für uns al-

lein. Weiße Frauen auf dem Weg zu Bündnissen«, in: *Entfernte Verbindungen*, S. 157-197; und Dagmar Schulz, »Unterschiede zwischen Frauen – ein kritischer Blick auf den Umgang mit ›den Anderen‹ in der feministischen Forschung weißer Frauen«, in: *Beiträge zur feministischen Theorie und Praxis*, Nr. 27, 1990, S. 45-57. Der Sammelband *Rassismen und Feminismen* (siehe Anm. 14) bietet einen ausgezeichneten Überblick.

17 Ika Hügel, »Wir brauchen uns – und unsere Unterschiede!«, in: *Entfernte Verbindungen*, S. 18-32.

18 Sabine Broeck, »Does racism make a difference?« (Unveröffentlichtes Manuskript eines Vortrags, der am 28. Dezember 1992 bei der Modern Language Association in New York gehalten wurde).

19 Eine merkwürdige Parallele gibt es in den Vereinigten Staaten: Einige afro-amerikanische Autoren und Aktivisten werfen den Juden vor, die Hauptverantwortlichen für den Sklavenhandel gewesen zu sein, durch den Afrikaner in die Vereinigten Staaten gebracht wurden. Vertreter dieser Auffassung sind der Pfarrer Louis Farrakhan und Leute in seiner Organisation und seinem geistigen Umfeld sowie Leonard Jeffries, früherer Leiter des Instituts für afro-amerikanische Studien am City College der City University of New York.

20 Bei einem Vergleich Deutschlands mit anderen Ländern in bezug auf die Feministinnen und ihre Interpretation der Geschichte ihrer jeweiligen Länder kommt Sara Lennox zu der Erkenntnis: »Natürlich sind es nicht nur die deutschen Feministinnen, die die Unterdrükkung der Frauen durch das Patriarchat als die Wurzel allen Übels betrachtet haben, aber in Deutschland haben solche monokausalen Modelle eine besonders nützliche Funktion, was vielleicht ein Grund dafür ist, daß sie sich im deutschen Feminismus noch lange gehalten haben, nachdem sie von den meisten Feministinnen in anderen Ländern aufgegeben worden waren. Indem die deutschen Feministinnen auf ›das Primat des Patriarchats‹ pochen, können sie sich selbst von jeder Verantwortung für die vergangene oder gegenwärtige deutsche Geschichte freisprechen und sich selbst statt dessen nur als ihre Opfer darstellen; diese Haltung gegenüber dem Nationalsozialismus haben einige deutsche Historikerinnen, namentlich Gisela Bock, eingenommen.« Siehe Sara Lennox, »Divided Feminism: Women, Racism, and German National Identity«, in: *German Studies Review*, Bd. 18, Nr. 3, Oktober 1995, S. 485.

21 Eine hervorragende Darstellung der schrittweisen Anerkennung Kroatiens und Sloweniens durch Deutschland sowie der Schlüsselrolle und der Initiativen der Grünen, die offenkundig eine Position des Neo-Wilsonianismus vertraten, hat Beverly Crawford gegeben,

»German Foreign Policy and European Political Cooperation: The Diplomatic Recognition of Croatia«, in: *German Politics and Society*, Bd. 13, Nr. 2, Sommer 1995, S. 1-34.

22 Joschka Fischer, »Die Katastrophe in Bosnien und die Konsequenzen für unsere Partei Bündnis 90/Die Grünen. Ein Brief an die Bundestagsfraktion und an die Partei«, in einer gekürzten Fassung abgedruckt auf der Dokumentationsseite der *Frankfurter Rundschau* vom 2. August 1995 mit der Überschrift »Wir müssen für den militärischen Schutz der UN-Zonen sein«.

23 Der anhaltende Antiamerikanismus von großen Teilen der Grünen und der Linken selbst in dieser Frage bestätigt unseren Standpunkt, daß die Feindseligkeit, das Mißtrauen und die Verachtung für alles Amerikanische (Blues, Rock'n' Roll und Blue Jeans ausgenommen) in der Weltanschauung dieses Milieus so tief verwurzelt sind, daß sie sich zu einem ihrer Merkmale entwickelt haben. Joschka Fischer hat dieses Problem zutreffend als »die negative Obsession USA« diagnostiziert, und er glaubt, daß sie einen großen Einfluß auf die politischen Ansichten der Mitglieder des ultrapazifistischen Flügels seiner Partei ausübt. Er wirft den Wortführern dieser Fraktion vor, daß sie in ihrem Positionspapier, das dafür plädiert, die Deutschen sollten sich jeder Teilnahme an friedenserhaltenden Einsätzen in Bosnien enthalten, nicht mit einem Wort »die Rolle des ach so finsteren US-Imperialismus bei der Befreiung der Welt vom Nationalsozialismus erwähnen«. (Siehe Joschka Fischers Brief »Auf der Flucht vor der Wirklichkeit«, Montag, 27. November 1995, in: Süddeutsche Zeitung, 28.11.1995, S. 2). Fischers Analyse ist zwar richtig, aber zu optimistisch. Wir wagen die Hypothese, daß in der Weltsicht derjenigen, die Fischer wegen ihrer »negativen Obsession USA« tadelt, die Vereinigten Staaten das gleiche Übel darstellen wie Nazi-Deutschland. Dieser Flügel der grünen Partei und ein großer Teil der deutschen Linken würden den Vereinigten Staaten niemals eine positive oder befreiende Leistung zusprechen, einschließlich der Befreiung Europas vom Joch des deutschen Nationalsozialismus. Das verdeutlicht ein sehr guter Artikel von Arthur Heinrich »Danke, Amerika! Dayton und die Deutschen«, der im Januar 1996 in der linken Zeitschrift *Blätter für deutsche und internationale Politik*, S. 35-44, erschien. In diesem Artikel, der wegen seiner scharfsinnigen Analyse und seiner Klarsichtigkeit internationale Aufmerksamkeit und Anerkennung fand, zeigt Heinrich überzeugend, wie viele bekannte Vertreter sowohl der deutschen Rechten als auch der deutschen Linken nichts als Kritik und Verachtung für die Vereinigten Staaten übrig hatten, als diese die bosnischen Kriegsparteien nach

Dayton brachten, wo diese unter der Federführung Amerikas ein Abkommen ausarbeiteten. Heinrichs Ton verrät ein gewisses Erstaunen über seine eigenen Erkenntnisse. Wir sind leider überhaupt nicht erstaunt. Wenn es eine Sache gibt, in der sich prominente Akteure und Vordenker der deutschen Rechten und Linken seit langem einig sind, dann ist es ihre Abneigung und Verachtung gegenüber den Vereinigten Staaten. »Die negative Obsession USA« sitzt tiefer und ist weiter verbreitet, als Joschka Fischer ahnt. Manche Deutsche werden es den Vereinigten Staaten nie verzeihen, daß sie geholfen haben, die friedlichste und wohlhabendste Demokratie in einer ansonsten schwierigen deutschen Geschichte zu errichten.

# Bibliographie

## Bücher


Adamschek, Helmut/Alexander Sprom (Hrsg.), *Die Macht und ihr Preis: Grün-Alternative Bewegung und Parlamentarismus*, Berlin 1984.

Adenauer, Konrad, *Erinnerungen 1945-1953*, Stuttgart 1965.

Albert, Judith C./Stewart E. Albert (Hrsg.), *The Sixties Papers*, New York 1984.

Albrecht, Ulrich, *Die Wiederaufrüstung der Bundesrepublik*, Köln 1980.

Altbach, Philip. G. (Hrsg.), *The Student Revolution: A Global Analysis*, Bombay 1970.

Amery, Carl, *Natur als Politik: Die ökologische Chance des Menschen*, Reinbek 1976.

Anders, Günther, *Die Antiquiertheit des Menschen*, 7. Aufl., Bde. 1 und 2, München 1987.

Apel, Hans, u. a., *Sicherheitspolitik contra Frieden? Ein Forum zur Friedensbewegung*, Berlin 1981.

Aust, Stefan (Hrsg.), *Der Baader Meinhof Komplex*, Hamburg 1985.

*Brokdorf: Symbol einer politischen Wende*, Hamburg 1982.

Autorenkollektiv (Hrsg.), *Bedingungen und Organisation des Widerstandes*, West-Berlin, Der Kongreß von Hannover, Protokoll 1967.

– *Die Linke antwortet Jürgen Habermas*, Frankfurt/M. 1968.

Bachrach, Peter/Morton Baratz, *Power und Poverty*, New York 1970.

Baeyer-Katte, Wanda von, u. a., *Gruppenprozeß: Analysen zum Terrorismus*, Bd. 3, Opladen 1981.

Bahro, Rudolf, *Die Alternative: Zur Kritik des real-existierenden Sozialismus*, Köln 1981.

– *Building the Green Movement*, Philadelphia 1986.

– *Elemente einer neuen Politik: Zum Verhältnis von Ökologie und Sozialismus*, Berlin 1980.

– *From Red to Green*, London 1984.

– *Die Logik der Rettung*, Stuttgart 1987.

– *Pfeiler am anderen Ufer*, Berlin 1984.

– *Socialism and Survival*, London 1982.

Barbrook, Alec, *Power and Protest in American Life*, Oxford 1980.

Barkin, Solomon (Hrsg.), *Worker Militancy and its Consequences, 1965-75: New Directions in Western Industrial Relations*, New York 1975.

Bauss, Gerhard, *Die Studentenbewegung der sechziger Jahre*, 2. Aufl., Köln 1983.

Beck, Ulrich, *Risikogesellschaft. Auf dem Weg in eine andere Moderne*, Frankfurt/M. 1986.

Beckenbach, Niels u.a., *Grüne Wirtschaftspolitik: Machbare Utopien*, Köln 1985.

Bell, Daniel, *The Coming of Post-industrial Society: A Venture in Social Forecasting*, New York 1973 [dt.: Die nachindustrielle Gesellschaft].

– *The End of Ideology: On the Exhaustion of Political Ideas in the Fifties*, Cambridge 1988.

Benz, Georg/Bernt Engelmann/Detlef Hensche (Hrsg.), *Rüstung, Entrüstung, Abrüstung*, Bornheim 1982.

Bethusy-Huc, V.V., *Das Sozialleistungssystem der Bundesrepublik Deutschland*, Tübingen 1976.

Billstein, H. und K. Naumann (Hrsg.), *Für eine bessere Republik: Alternative der demokratischen Bewegung*, Köln 1981.

Billstein, Helmut u.a., *Organisierter Kommunismus in der Bundesrepublik Deutschland*, Opladen 1977.

Bittermann, Klaus u.a., *Liebesgrüße aus Bagdad: Die »edlen Seelen« der Friedensbewegung und der Krieg am Golf*, Berlin 1991.

Bloch, Ernst, *Geist der Utopie*, 2. Aufl., Frankfurt/M. 1985.

– *Das Prinzip Hoffnung*, 4. Aufl., Frankfurt/M. 1977.

Bockerioch, Wolfram u.a., *SPD und Grüne: Das neue Bündnis?*, Reinbek 1985.

Boggs, Carl, *Social Movements and Political Power*, Philadelphia 1986.

Bookchin, Murray, *The Ecology of Freedom: The Emergence and Dissolution of Hierarchy*, Palo Alto 1982.

de Boor, Wolfgang, *Ursachen des Terrorismus in der Bundesrepublik Deutschland*, Berlin 1978.

Borgwart, Peter, *Abschied von den Grünen*, Düsseldorf 1988.

Bottomore, Tom/Patrick Goode (Hrsg.), *Austro-Marxism*, Oxford 1978.

Bourdieu, Pierre, *Les heritiers: les étudiants et la culture*, Paris 1964.

Brand, Karl-Werner (Hrsg.), *Neue soziale Bewegungen in Westeuropa und den USA*, Frankfurt 1985.

Brand, Karl-Werner, Detlef Büsser und Dieter Rucht, *Aufbruch in eine andere Gesellschaft: Neue soziale Bewegungen in der Bundesrepublik*, Frankfurt/M. 1983.

Brandt, Gisela, Johanna Kootz und Gisela Steppke, *Zur Frauenfrage im Kapitalismus*, Frankfurt/M. 1973.

Brandt, Willy, *Zum sozialen Rechtsstaat: Reden und Dokumente*, Berlin 1983.
Braunthal, Gerard, *Political Loyalty and Public Service in West Germany: The 1972 Decree against Radicals and its Consequences*, Amherst 1990.
– *The West German Social Democrats, 1969-1982: Profile of a Party in Power*, Boulder 1983.
Brint, Steven/Jerome Karabel, *The Diverted Dream: Community Colleges and the Promise of Educational Opportunity in America*, 1900-1985, New York 1989.
Brück, G. W., *Allgemeine Sozialpolitik*, Köln 1976.
Bruggeman, Agnes, *Anhänger und Gegner der Nationaldemokratischen Partei Deutschlands (NPD)*, Bonn 1968.
Brunschwig, Henri, *Societé et romantisme en Prusse au XVIIIe siècle*, Paris 1973.
Brzezinski, Zbigniew, *Planspiel. Das Ringen der Supermächte um die Welt*, Erlangen 1989.
Bühnemann, Michael, Michael Wendt und Jürgen Witüschek, *AL: Die Alternative Liste Berlin*, Berlin 1984.
Bürklin, Wilhelm, *Grüne Politik*, Opladen 1984.
Butterwege, Christoph/Heinz-Gerd Hofschen, *Sozialdemokratie: Krieg und Frieden*, Fulda 1984.
Callenbach, Ernest, *Ökotopia. Notizen und Reportagen von William Weston aus dem Jahre 1990*, Berlin 1978.
Capra, Fritjof, *The Turning Point, Science, Society and the Rising Culture*, New York 1982 [dt.: Wendezeit, Bern 1983].
Capra, Fritjof und Christine Spretnak, *Green Politics: The Global Promise*, New York 1984.
Cerny, Philip G. (Hrsg.), *Social Movements and Protest in France*, New York 1982.
Clatterbaugh, Kenneth, *Contemporary Perspectives on Masculinity: Men, Women and Politics in Modern Society*, Boulder 1990.
Cooper, Alice Holmes, *»The West German Peace Movement of the 1980s: Historical and Institutional Influences«*, Magisterarbeit, Harvard University, 1988.
Crouch, Colin/Alessandro Pizzorno (Hrsg.), *The Resurgence of Class Conflict in Western Europe since 1968*. Bde. 1 und 2, New York 1978.
Dalton, Russel J., *Politics in West Germany*, Glenview 1989.
Dalton, Russel J./Manfred Kuechler (Hrsg.), *Challenging the Political Order: New Social and Political Movements in Western Democracies*, New York 1990.
Deppe, Frank/Georg Fülberth/Jürgen Harrer, *Geschichte der deutschen Gewerkschaftsbewegung*, Köln 1978.

Deuerlein, Ernst, *Deutschland 1963-1970*, Hannover 1972.
Diani, Mario, *Isole nell'archipelago: il movimento ecologista in Italia*, Bologna 1988.
Ditfurth, Jutta, *Lebe wild und gefährlich. Radikalökologische Perspektiven*, Köln 1991.
– *Träumen, Kämpfen, Verwirklichen*, Köln 1988.
Dittmers, Manuel, *The Green Party in West Germany: Who are they? and What do they really want?*, Buckingham, 1986.
Donati, Paolo R., *Movimenti sociali contemporanei, bibliografia 1975-84*, Mailand 1984.
Donfried, Karen, »West German Youth Protest and Anti-Americanism«, unveröffentlichte B.A. Hons Thesen, Wesleyan University, 1984.
Dräger, Klaus/Werner Hülsberg (Hrsg.), *Aus für Grün? Die Orientierungskrise zwischen Anpassung und Systemopposition*, Frankfurt/M. 1986.
Dregger, Alfred, *Freiheit in unserer Zeit*, München 1989.
– *Der Preis der Freiheit: Sicherheitspolitik im geteilten Europa*, München 1985.
Droz, J. (Hrsg.), *Le romantisme politique en Allemagne*, Paris 1963.
Duhm, Dieter, *Aufbruch zur neuen Kultur: Von der Verweigerung zur Neugestaltung: Umrisse einer ökologischen und menschlichen Alternative*, München 1984.
Dutschke, Rudi/Wolfgang Lefèvre/Bernd Rabehl, *Rebellion der Studenten*, Reinbek 1968.
Duverger, Maurice, *Political Parties: Their Organization and Acitivity in the Modern State*, übers. v. Barbara North und Robert North, London 1954.
Ebbighausen, Rolf/Sighard Neckel (Hrsg.), *Anatomie des politischen Skandals*, Frankfurt/M. 1989.
Ebermann, Thomas/Rainer Trampert, *Die Zukunft der Grünen*, Hamburg 1985.
Eppler, Erhard, *Ende oder Wende? Von der Machbarkeit des Notwendigen*, Stuttgart 1975.
Erd, Rainer, *Verrechtlichung industrieller Konflikte: Normative Rahmenbedingungen dualen Systems der Interessenvertretung*, Frankfurt/M. 1978.
EECS-Lenkungsgruppe, *Wege zur Stärkung der konventionellen Abschreckung in Europa: Vorschläge für die 80er Jahre*, Baden-Baden 1983.
Esping-Andersen, Gösta, *Politics against Markets: The Social Democratic Road to Power*, Princeton 1985.

– *Social Class, Social Democracy and State Policy: Party Policy and Party Decomposition in Denmark and Sweden*, Kopenhagen, Institut für Organisations- und Industriesoziologie, 1980.

Falkenberg, Gabriel/Heiner Kersting (Hrsg.), *Eingriffe im Diesseits*, Essen 1985.

Ferguson, Marilyn, *The Aquarian Conspiracy: Personal and Societal Transformations in the 80s*, Los Angeles 1980.

Fetscher, Iring, *Terrorismus und Reaktion*, Köln 1977.

Fetscher, Iring/Günter Rohrmoser, *Ideologien und Strategien, Bd. 7 der Analysen zum Terrorismus*, Opladen 1981.

Fichter, Tilman, *SDS und SPD*, Opladen 1988.

Fichter, Tilman/Siegward Lönnendonker, *Kleine Geschichte des SDS*, Berlin 1977.

Fields, A. Belden, *Student Politics in France: A study of the Union nationale des étudiants de France*, New York 1970.

– *Trotskyism and Maoism: Theory and Practice in France and the U. S.*, New York 1988.

Fischer, Joschka, *Der Umbau der Industriegesellschaft*, Frankfurt/M. 1989.

– *Von grüner Kraft und Herrlichkeit*, Hamburg 1984.

Flechtheim, Ossip K./Wolfgang Roth/Fritz Vilmar/Manfred Wilke, *Der Marsch der DKP durch die Institutionen: Sowjetmarxistische Einflußstrategien und Ideologien*, Frankfurt/M. 1980.

Frankland, E. Gene und Donald Schoonmaker, *Between Protest and Power: The Green Party in Germany*, Boulder 1992.

Frevert, Ute, *Frauengeschichte: Zwischen bürgerlicher Verbesserung und neuer Weiblichkeit*, Frankfurt/M. 1987.

Funke, Hajo, *Republikaner: Rassismus, Judenfeindschaft, nationaler Größenwahn*, Berlin 1989.

Galbraith, J. K., *The New Industrial State*, Boston 1967.

Gansel, Norbert (Hrsg.), *Überwindet den Kapitalismus oder Was wollen die Jungsozialisten?*, Reinbek 1971.

Geissler, Heiner, *Verwaltete Bürger, Gesellschaft in Fesseln*, Frankfurt 1978.

Gladitz, Nina (Hrsg.), *Lieber heute aktiv als morgen radioaktiv*, Berlin 1976.

Goldthorpe, John H. u. a., *The Affluent Worker in the Class Structure*, London 1969.

Gorz, André, *Zur Strategie der Arbeiterbewegung im Neokapitalismus*, Köln 1974.

Gourevitch, Peter u. a., *Union and Economic Crisis: Britain, West Germany, and Sweden*, London 1984.

Gruhl, Herbert, *Ein Planet wird geplündert*, Frankfurt/M. 1975.
Grupp, Joachim, *Abschied von den Grundsätzen?* Berlin 1986.
Guggenberger, Bernd, *Bürgerinitiativen in der Parteiendemokratie*, Stuttgart 1980.
Haasken, Georg/Michael Wigbers (Hrsg.), *Protest in der Klemme: Soziale Bewegungen in der Bundesrepublik*, Frankfurt/M. 1986.
Habermas, Jürgen, *Eine Art Schadensabwicklung*, Frankfurt/M. 1987.
– *Legitimationsprobleme im Spätkapitalismus*, Frankfurt/M. 1973.
– *Die neue Unübersichtlichkeit*, Frankfurt/M. 1986.
– *Theorie des kommunikativen Handelns*, Bd. 2, Frankfurt/M. 1981.
Habermas, Jürgen u. a., *Protestbewegung und Hochschulreform*, Frankfurt/M. 1969.
Hallensleben, Anna, *Von der Grünen Liste zur Grünen Partei*, Göttingen 1984.
Hamilton, Richard F., *Who Voted for Hitler?*, Princeton 1988.
Hartz, Louis, *The Liberal Tradition in America: An Interpretation of American Political Thought since the Revolution*, New York 1955.
Hasenclever, Wolf-Dieter/Connie Hasenclever, *Grüne Zeiten*, München 1982.
Hauff, Volker u. a., *Bürgerinitiativen in der Gesellschaft*, Villingen-Schwenningen 1980.
Haug, Wolfgang, *Die Faschisierung der bürgerlichen Subjekte: die Ideologie der gesunden Normalität und die Ausrottungspolitiken im deutschen Faschismus*, Berlin 1986.
– *Der hilflose Antifaschismus: zur Kritik der Vorlesungsreihe über Wissenschaft und NS an deutschen Universitäten*, Köln 1977.
Heidt, Wilfried (Hrsg.), *Abschied vom Wachstumswahn: Ökologischer Humanismus als Alternative zur Plünderung des Planeten*, Langnau 1980.
Heller, Agnes, *Theorie der Bedürfnisse bei Marx*, Köln 1981.
Hentschel, Volker, *Geschichte der deutschen Sozialpolitik, 1880-1980*, Frankfurt/M. 1983.
Herf, Jeffrey, *Revolutionary Modernism: Technology, Culture and Politics in Weimar and the Third Reich*, Cambridge 1994.
– *War by Other Means: Soviet Power, West German Resistance and the Battle of the Euromissiles*, New York 1991.
Hergt, Siegfried, *Partei-Programme: SPD, CDU, CSU, FDP, DKP, NPD*, Opladen 1975.
Hermand, Jost, *Grüne Utopien in Deutschland: Zur Geschichte des ökologischen Bewußtseins*, Frankfurt/M. 1991.
Hesse, Gunter/Hans-Hermann Wiebe (Hrsg.), *Die Grünen und die Religion*, Frankfurt/M. 1988.

Hilferding, Rudolf, *Das Finanzkapital*, Berlin 1910.
Hindels, Josef, *NPD: Ein Alarmzeichen*, Wien 1967.
Hippler, Jochen/Jürgen Maier (Hrsg.), *Sind die Grünen noch zu retten? Krise und Perspektiven einer ehemaligen Protestpartei*, Köln 1988.
Hirsch, Arthur, *French New Left*, Montreal 1982.
Hirsch, Joachim, *Der Sicherheitsstaat: Das »Modell Deutschland«, seine Krise und die neuen sozialen Bewegungen*, Frankfurt/M. 1980.
Hollander, Paul, *Anti-Americanism: Critiques at Home and Abroad, 1965-1990*, New York 1992.
Hollstein, Walter/Boris Penth, *Alternativprojekte: Beispiele gegen die Resignation*, Reinbek 1980.
Horchem, Hans Josef, *Die Verlorene Revolution: Terrorismus in Deutschland*, Herford 1988.
Horn, Michael, *Sozialpsychologie des Terrorismus*, Frankfurt/M. 1982.
Heulshoff, Michael G., Andrei S. Markovits und Simon Reich (Hrsg.), *The New Germany in the New Europe*, Ann Arbor 1993.
Hüllen, Rudolf van, *Ideologie und Machtkampf bei den Grünen*, Bonn 1990.
Hülsberg, Werner, *The German Greens: A Social and Political Profile*, übers. v. Gus Fagan, London 1988.
Hütter, Joachim, *SPD und nationale Sicherheit*, Meisenheim am Glan 1975.
Illich, Ivan, *Tools for Conviviality*, New York 1973 [dt.: Selbstbegrenzung: eine politische Kritik der Technik, Frankfurt/M. 1978].
Inglehart, Ronald, *Culture Shift in Advanced Industrial Society*, Princeton 1989.
– *The Silent Revolution: Changing Values and Political Styles among Western Publics*, Princeton 1977.
Jacobi, Otto (Hrsg.), *Kritisches Gewerkschaftsjahrbuch 1978*, Berlin 1978.
Jäger, Brigitte/Claudia Pintl (Hrsg.), *Zwischen Rotation und Routine: die Grünen im Bundestag*, Köln 1985.
Jäger, Herbert/Gerhard Schmidtchen/Lieselotte Süllwold, *Lebenslaufanalysen*, Bd. 2 der *Analysen zum Terrorismus*, Opladen 1981.
James, Harold/Marla Stone (Hrsg.), *When the Wall Came Down: Reactions to German Unification*, New York 1992.
Jones, Merrill Elaine, »Greens under God and the Gun: The East German Environmental Movement, the Lutheran church and the East German State«, Wissenschaftliche Arbeit zur Erlangung des B.A., Harvard University, 1991.
Jungk, Robert/Norbert R. Müller, *Alternatives Leben*, Baden-Baden 1980.

Kahl, Werner, *Vorsicht Schußwaffen! Von kommunistischem Extremismus, Terror und revolutionärer Gewalt*, München 1986.
Kallscheuer, Otto (Hrsg.), *Die Grünen – Letzte Wahl? Vorgaben in Sachen Zukunftsbewältigung*, Berlin 1986.
Karabel, Jerome/A. H. Halsey (Hrsg.), *Power and Ideology in Education*, New York 1977.
Karl, Frank, *Die K-Gruppen*, Bonn 1976.
Katsiaficas, George, *The Imagination of the New Left: A Global Analysis of 1968*, Boston 1987.
Katzenstein, Peter, *Policy and Politics in West Germany, The Growth of a Semi-sovereign State*, Philadelphia 1987.
Kelly, Petra/Jo Leinen (Hrsg.), *Prinzip Leben – Ökopax, die neue Kraft*, Berlin 1982.
Kerr, Clark, *The Uses of the University*, Cambridge 1963.
Kirchheimer, Otto, *Politik und Verfassung*, 2. Aufl., Frankfurt/M. 1981.
– *Politische Herrschaft: Fünf Beiträge zur Lehre vom Staat*, Neuaufl., Frankfurt/M. 1981.
Kitschelt, Herbert, *The Logic of Party Formation: Ecological Politics in Belgium and West Germany*, Ithaca 1989.
Klages, Helmut, *Wertorientierungen im Wandel*, Frankfurt/M. 1985.
Kleinert, Hubert, *Aufstieg und Fall der Grünen: Analyse einer alternativen Partei*, Bonn 1992.
Kloke, Martin, *Israel und die deutsche Linke: Zur Geschichte eines schwierigen Verhältnisses*, Frankfurt/M. 1990.
Klönne, Arno/Hartmut Reese, *Die deutsche Gewerkschaftsbewegung*, Hamburg 1984.
Klotzsch, Lilian/Richard Stöss (Hrsg.), *Parteienhandbuch*, Opladen 1983.
Kluckhohn, Paul (Hrsg.), *Weltanschauung der Frühromantik*, Darmstadt 1966.
Kluge, Thomas (Hrsg.), *Grüne Politik*, Frankfurt/M. 1984.
Knabe, Gerd (Hrsg.), *20 Jahre NPD: Porträt einer jungen Partei*, Knüllwald-Nausis 1984.
Knorr, Lorenz, *Geschichte der Friedensbewegung in der Bundesrepublik*, Köln 1983.
Kofler, Leo, *Zur Kritik der »Alternativen«*, Hamburg 1983.
Kolinsky, Eva (Hrsg.), *The Greens in West Germany: Organization and Policy Making*, Oxford 1989.
Korpi, Walter, *The Democratic Class Struggle*, London 1983.
Kraushaar, Wolfgang (Hrsg.), *Autonomie oder Ghetto? Kontroversen über die Alternativbewegung*, Frankfurt/M. 1978.
– *Was sollen die Grünen im Parlament?*, Frankfurt/M. 1983.
Krieger, Verena, *Was bleibt von den Grünen?*, Hamburg 1991.

Krohn, Maren, *Die gesellschaftlichen Auseinandersetzungen um die Notstandsgesetze*, Köln 1981.
Kunz, Norbert (Hrsg.), *Ökologie und Sozialismus: Perspektiven einer umweltgründlichen Politik*, Köln 1986.
Laqueur, Walter, *Terrorismus – die globale Herausforderung*, Berlin 1987.
Lampert, H., *Sozialpolitik*, Berlin 1980.
Langguth, Gerd, *The Green Factor in German Politics: From Protest Movement to Political Party*, Boulder 1984.
Lapp, Peter Joachim, *Die »befreundeten Parteien« der SED: DDR-Blockparteien heute*, Köln 1988.
Laslett, John M./Seymour Martin Lipset (Hrsg.), *Failure of a Dream?, History of American Socialism*, Garden City 1974.
Leggewie, Claus, *Multikulti: Spielregeln der Vielvölkerrepublik*, Berlin 1990.
– *Die Republikaner, Phantombild der Neuen Rechten*, Berlin 1989.
Lehmbruch, Gerhard/Philippe C. Schmitter (Hrsg.), *Patterns of Corporatist Policy-making*, London 1982.
– *Trends towards Corporatist Intermediation*, London 1979.
Leibfried, Stephan, *Armutspolitik und die Entstehung des Sozialstaats*, Bremen (Forschungsschwerpunkt Reproduktionskrisen, soziale Bewegungen und Sozialpolitik) 1985.
Leibfried, Stephan/Florian Tennstedt (Hrsg.), *Politik der Armut und die Spaltung des Sozialstaats*, Frankfurt/M. 1983.
Leif, Thomas, *Die professionelle Bewegung: Friedensbewegung von innen*, Bonn 1985.
de Leon, David, *Everything is Changing*, New York 1988.
Leonhard, Martin, *Umweltverbände: Zur Organisierung von Umweltinteressen in der BRD*, Opladen 1986.
Leonhardt, Alfred, *Umweltreproduktion im staatsmonopolistischen Kapitalismus: Zur Kritik bürgerlicher Konzeptionen einer marktwirtschaftlichen Lösung der Umweltprobleme*, Berlin 1977.
Lilge, Herbert, *Deutschland: 1945-1963. Von den Pariser Verträgen bis zum Ende der Ära Adenauer*, Hannover 1983.
Lipset, Seymour Martin, *Agrarian Socialism*, Garden City 1968.
– *The First New Nation*, Garden City 1967.
– *Passion and Politics: The Dimensions of Student Involvement: Rebellion in the University*, Boston 1972.
– *Political Man*, Garden City 1960.
– *Revolution and Counterrevolution*, New York 1968.
– (Hrsg.), *Student Politics*, New York 1968.
– *The Third Century: America as a Post-industrial Society*, Stanford 1979.

Lipset, Seymour Martin/Philip G. Altbach (Hrsg.), *Students in Revolt*, Boston 1969.
Lipset, Seymour Martin/Stein Rokkan (Hrsg.), *Party Systems and Voter Alignments: Cross-national Perspectives*, New York 1967.
Lipset, Seymour Martin/Sheldon S. Wolin (Hrsg.), *The Berkeley Student Revolt: Facts and Interpretations*, Garden City 1965.
Lösche, Peter/Frans Walter, *Die SPD: Klassenpartei – Volkspartei – Quotenpartei*, Darmstadt 1992.
Löwy, Michael, *Pour une sociologie des intellectuels révolutionnaires*, Paris 1976.
– *Rédemption et utopie*, Paris 1988.
Lüdke, Hans-Werner/Olaf Dinné (Hrsg.), *Die Grünen: Personen, Projekte, Programme*, Stuttgart 1980.
Luhmann, Niklas, *Soziale Systeme*, Frankfurt/M. 1987.
Lumpley, Robert, *States of Emergency: Cultures of Revolt in Italy from 1968 to 1978*, London 1990.
McCracken, Paul u. a., *Towards Full Employment and Price Stability: A Report to the OECD by a Group of Independent Experts*, Paris 1977.
Mallet, Serge, *The New Working Class*, übers. v. André und Bob Shepherd, Nottingham 1975.
Mannheim, Karl, *Ideologie und Utopie*, Bonn 1929.
Marcuse, Herbert, *One-Dimensional Man*, Boston 1983 [dt.: Der eindimensionale Mensch, Frankfurt/M. 1967].
Maren-Griesebach, Manon, *Philosophie der Grünen*, München 1982.
Marighella, Carlos, *The Mini-Manual of the Urban Guerilla*, San Francisco 1978.
Markmann, Heinz/Diethard B. Simmer (Hrsg.), *Krise der Wirtschaftspolitik*, Köln 1978.
Markovits, Andrei S., *The Politics of the West German Trade Unions: Strategies of Class and Interest Representation in Growth and Crisis*, Cambridge 1986.
Markovits, Andrei S./Mark Silverstein, *The Politics of Scandal: Power and Process in Liberal Democracies*, New York 1988.
Mast, Claudia, *Aufbruch ins Paradies?*, Zürich 1980.
Mayer-Tasch, Peter, *Die Bürgerinitiativbewegung*, 5. überarb. Aufl., Reinbek 1985.
Mayr, E., *The Growth of Biological Thought*, Cambridge 1982.
Merkl, Peter (Hrsg.), *The Federal Republic of Germany at Forty*, New York 1989.
Merkl, Peter/William E. Paterson/Gordon Smith (Hrsg.), *Development in West German Politics*, Houndsmills 1989.
Mettke, Jörg (Hrsg.) *Die Grünen*, Reinbek 1982.

Meyer, Thomas, *Am Ende der Gewalt? Der deutsche Terrorismus, Protokoll eines Jahrzehnts*, Frankfurt/M. 1980.
Meyer-Abich (Hrsg.), *Frieden mit der Natur*, Freiburg 1979.
Miermeister, Jürgen/Jochen Staadt (Hrsg.), *Provokationen: die Studenten und die Jugendrevolte in ihren Flugblättern, 1965-1971*, Darmstadt 1980.
Mink, Gwendolyn, *Old Labor and New Immigrants in American Political Development: Union, Party, and State, 1875-1920*, Ithaca 1986.
Müller, Emil-Peter, *Die Grünen und das Parteiensystem*, Köln 1984.
Müller, Leo A., *Republikaner, NPD, DVU, Liste D ...*, Göttingen 1989.
Müller-Rommel, Ferdinand (Hrsg.), *New Politics in Western Europe: The Rise and Success of Green Parties and Alternative Lists*, Boulder 1989.
Müller-Witt, Harald (Hrsg.), *Arbeitsplätze contra Umwelt: eine rot-grüne Kontroverse*, Freiburg 1980.
Mumford, Lewis, *The Myth of the Machine*, Bd. 2, New York, Harcourt Brace Jovanovich, 1970 [dt.: Mythos der Maschine, Frankfurt/M. 1977].
Narr, Wolf-Dieter (Hrsg.), *Auf dem Weg zum Einparteienstaat*, Opladen 1977.
Neumann, Franz L., *Wirtschaft, Staat, Demokratie*, Hg. v. Alfons Söllner, Frankfurt/M. 1978.
Nevermann, Knut (Hrsg.), *Lokal 2000: Berlin als Testfall*, Reinbek 1983.
O'Connor, Jim, *The Fiscal Crisis of the State*, New York 1973.
Offe, Claus, *Disorganized Capitalism: Contemporary Transformations of Work and Politics*, Hg. v. John Keane, Cambridge 1985.
– *Strukturprobleme des kapitalistischen Staates*, Frankfurt/M. 1972.
Offe, Claus/Karl Hinrichs/Helmut Wiesenthal (Hrsg.), *Arbeitszeitpolitik: Formen und Folgen einer Neuverteilung der Arbeitszeit*, Frankfurt/M. 1982.
Opp, Karl-Dieter u. a., *Soziale Probleme und Protestverhalten: Eine empirische Konfrontation des Modells rationalen Verhaltens mit soziologischen und demographischen Hypothesen am Beispiel von Atomkraftgegnern*, Opladen 1987.
Osterroth, Franz/Dieter Schuster, *Chronik der deutschen Sozialdemokratie*, Bd. 3: *Nach dem Zweiten Weltkrieg*, 2. überarb. Aufl., Bonn 1963.
Otto, Karl A., *Vom Ostermarsch zur APO*, Frankfurt/M. 1977.
Paucke, Horst, *Umweltprobleme: Herausforderung der Menschheit*, Frankfurt/M. 1980.
Pelinka, Anton, *Gewerkschaften im Parteienstaat*, Berlin 1980.
Pelinka, Anton/Fritz Plasser (Hrsg.), *Das österreichische Parteiensystem*, Wien 1989.

Perrow, Charles, *Normal Accidents: Living with High-Risk Technologies*, New York 1984.

Pestalozzi, Hans A./Ralf Schlegel/Adolf Bachmann (Hrsg.), *Frieden in Deutschland: die Friedensbewegung, wie sie wurde, was sie ist, was sie werden kann*, München 1982.

Pfalzgraf, Robert u. a., *The Greens of West Germany: Origins, Strategies, and Transatlantic Implications*, Washington 1983.

Piore, Michael J./Charles Sabel, *The Second Industrial Divide: Possibilities for Prosperity*, New York 1984.

Pirker, Theo, *Die blinde Macht: Die Gewerkschaftsbewegung in Westdeutschland*, Bd. 2, Berlin 1979.

Poulantzas, Nicos, *Fascisme et dictature*, Paris 1974.

Preuss, Ulrich K., *Legalität und Pluralismus: Beiträge zum Verfassungsrecht der Bundesrepublik Deutschland*, Frankfurt/M. 1973.

Pritchard, Rosalind M. O., *The End of Elitism? The Democratization of the West German University Systems*, New York 1990.

Przeworski, Adam, *Capitalism and Social Democracy*, Cambridge 1985.

Probst, Ulrich, *Die kommunistischen Parteien der Bundesrepublik Deutschland*, München 1980.

Raschke, Joachim, *Krise der Grünen: Bilanz und Neubeginn*, Marburg 1991.

Reich, Charles, *The Greening of America: How the Youth Revolution is Trying to Make America Liveable*, New York 1970.

Richert, Ernst, *Die radikale Linke von 1945 bis zur Gegenwart*, Berlin 1969.

Rödel, Ulrich, Günter Frankenberg und Helmut Dubiehl, *Die demokratische Frage*, Frankfurt/M. 1989.

Römpczyk, Elmar, *Internationale Umweltpolitik und Nord-Süd-Beziehungen*, Saarbrücken 1979.

Ronge, Volker, *Die Gesellschaft an den Grenzen der Natur: Aufsätze zur politischen Ökologie*, Bielefeld 1978.

de Rosnay, Joël, *La macroscopie: Vers une vision globale*, Paris 1975.

Roth, Wolfgang, *Kommunalpolitik für wen? Arbeitsprogramm der Jungsozialisten*, Frankfurt/M. 1971.

Rotchild, Joseph, *East Central Europe between the Two World Wars*, Seattle 1974.

Rucht, Dieter (Hrsg.), *Neue soziale Bewegungen in der Bundesrepublik Deutschland*, Frankfurt 1987.

– *Von Wyhl nach Gorleben: Bürger gegen Atomprogramm und nukleare Entsorgung*, München 1980.

Rupp, Hans Karl, *Außerparlamentarische Opposition in der Ära Adenauer*, Köln 1970.

– *Politische Geschichte in der Bundesrepublik Deutschland*, 2. Aufl. Stuttgart 1978.
Sale Kirkpatrick, *The Human Scale*, New York 1980.
Schehl, Hellmuth, *Vor uns die Sintflut? Ökologie, Marxismus und die herrschende Zukunftsgläubigkeit*, Berlin 1977.
Schenk, Herrad, *Die feministische Herausforderung: 150 Jahre Frauenbewegung in Deutschland*, München 1981.
Schlicht, Uwe, *Vom Burschenschafter bis zum Sponti: Studentische Opposition gestern und heute*, Berlin 1980.
Schmid, Thomas (Hrsg.), *Die Linke neu denken*, Berlin 1984.
– *Das pfeifende Schwein: Über weitergehende Interessen der Linken*, Berlin 1985.
Schmidt, Eberhard, *Die verhinderte Neuordnung, 1945-1952*, 7. Aufl., Frankfurt/M. 1977.
Schmitter, Philippe C., *Corporatism and Public Policy in Authoritarian Portugal*, London 1975.
Schmollinger, Horst W./Peter Müller, *Zwischenbilanz: 10 Jahre sozialliberale Politik, 1969-1979*, Hannover 1980.
Schonauer, Karlheinz, *Die ungeliebten Kinder der Mutter SPD: Die Geschichte der Juso von der braven Parteijugend zur innerparteilichen Opposition*, Bonn 1982.
Schönhoven, Klaus, *Die deutschen Gewerkschaften*, Frankfurt/M. 1987.
Schroeren, Michael (Hrsg.), *Die Grünen: 10 bewegte Jahre*, Wien 1990.
Schumacher, E. F., *Small is Beautiful*, New York 1973.
Schuster, Dieter, *Die deutschen Gewerkschaften seit 1945*, Stuttgart 1973.
Schütte, Johannes, *Revolte und Verweigerung: Zur Politik und Sozialpsychologie der Spontibewegung*, Gießen 1980.
Schwarzer, Alice, *So fing es an! Die neue Frauenbewegung*, München 1983.
Seitenzahl, Rolf, *Einkommenspolitik durch konzertierte Aktion und Orientierungsdaten*, Köln 1974.
Smith, Gordon, William E. Paterson und Peter H. Merkl (Hrsg.), *Developments in West German Politics*, London 1989.
Stamer, Sabine (Hrsg.), *Von der Machbarkeit des Unmöglichen*, Hamburg 1985.
Steigerwald, Robert, *Protestbewegung: Streitfragen und Gemeinsamkeiten*, Frankfurt/M. 1982.
Steinweg, Reiner (Hrsg.), *Das kontrollierte Chaos: Die Krise der Abrüstung*, Frankfurt/M. 1980.
– *Die neue Friedensbewegung: Analysen aus der Friedensforschung*, Frankfurt/M. 1982.
Stephan, Cora (Hrsg.), *Wir Kollaborateure*, Reinbek 1992.

Stephan, Dieter, *Jungsozialisten: Stabilisierung nach langer Krise? 1969-79*, Bonn 1980.
Stern, Fritz, *The Politics of Cultural Despair*, Berkeley 1961.
Stracke, Ernst, *Stadtzerstörung und Stadtteilkampf*, Köln 1980.
Strasser, Johano, *Grenzen des Sozialstaats?*, 2. überarb. Aufl., Köln 1983.
Strasser, Johano/Klaus Traube, *Die Zukunft des Fortschritts: Der Sozialismus und die Krise des Industrialismus*, Berlin 1984.
Tallert, Harry, *Eine grüne Gegenrevolution*, Frankfurt/M. 1980.
Thomas, Siegfried, *Zwischen Wehrmacht und Bundeswehr: Der Kampf um die Remilitarisierung der BRD*, Berlin 1981.
Thompson, E. P., *Beyond the Cold War*, New York 1982.
Tolmein, Oliver, *Ökorepublik Deutschland, Erfahrungen und Perspektiven rot-grüner Zusammenarbeit*, Hamburg 1986.
Touraine, Alain, *The Post-industrial Society, Tomorrow's Social History, Classes, Conflicts and Culture in the Programmed Society*, übers. von Leonard F. Mayhew, New York 1971.
– *The Workers' Movement*, übers. v. Ian Patterson, Cambridge 1987.
Tozzi, Michel, *Syndicalisme et nouveaux mouvements sociaux, régionalisme, feminisme, écologie*, Paris 1982.
Turner, Frederick Jackson, *The Frontier in American History*, New York 1947.
Vester, Frederic, *Neuland des Denkens: Vom technokratischen zum kybernetischen Zeitalter*, Stuttgart 1980.
Vetter, Heinz O. (Hrsg.), *Aus der Geschichte lernen – die Zukunft gestalten: Dreißig Jahre DGB*, Köln 1980.
Vobruba, Georg, *Politik mit dem Wohlfahrtsstaat*, Frankfurt/M. 1983.
Vollmer, Antje (Hrsg.), *Kein Wunderkind für Alice? FrauenUtopien*, Hamburg 1986.
Wallach, H. G. Peter/George K. Romoser (Hrsg.), *West German Politics in the Mid-Eighties*, New York 1985.
Weinberger, Marie-Luise, *Aufbruch zu neuen Ufern?*, Bonn 1984.
Wilfert, Otto, *Lästige Linke*, Mainz 1968.
Wilharm, Irmgard (Hrsg.), *Deutsche Geschichte 1962-1983: Dokumente in zwei Bänden*, Frankfurt/M. 1985.
Wohl, Robert, *The Generation of 1914*, Cambridge 1978.
Zellentin, Gerda/Günter Nonnenmacher (Hrsg.), *Abschied von Leviathan: Ökologische Aufklärung über politische Alternativen*, Hamburg 1979.

### Artikel

Afheldt, Horst, »Friedenspolitik: naiv oder realistisch?«, in: Hans A. Pestalozzi/Ralf Schlegel/Adolf Bachmann (Hrsg.), *Frieden in Deutschland: die Friedensbewegung, wie sie wurde, was sie ist, was sie werden kann*, München 1982.

Allen, Christopher S., »Trade Unions, Worker Participation, and Flexibility: Linking the Micro to Macro«, in: *Comparative Politics*, Heft 22, 3. Apr. 1990.

Armanski, Gerhard, »Yankees, Indsmen und Sachsen«, in: *Dollars und Träume*, Nr. 10, Okt. 1984.

Auhagen, Hendrik, »Skizze eines sozio-ökologischen Kompromisses«, in: *Kommune*, Nr. 10, 1984.

Bahro, Rudolf, »Hinein oder hinaus«, in: Jörg Mettke (Hrsg.), *Die Grünen*, Reinbek 1982.

Beier, Gerhardt, »Leninisten führten die Feder«, in: *ÖTV-Magazin*, Nr. 3, März 1979.

Benedict, Hans-Jürgen, »Auf dem Weg zur Friedenskirche? Entstehung und Erscheinungsformen der neuen Friedensbewegung in der evangelischen Kirche«, in: Reiner Steinweg (Hrsg.), *Die neue Friedensbewegung: Analysen aus der Friedensforschung*, Frankfurt/M. 1982.

Berman, Paul, »My Version of DSAs Vision and Mission«, in: *Socialist Forum: Discussion Bulletin of the Democratic Socialists of America*, Nr. 19, Frühjahr 1992.

Betz, Hans Georg, »Politics of Resentment: Right-wing Radicalism in West Germany«, in: *Comparative Politics*, 23. Okt. 1990.

Binswanger, Hans-Christoph, »Qualitatives Wachstum: Strategie und Ausgestaltungsprobleme«, in: Harald Müller-Witt (Hrsg.), *Arbeitsplätze contra Umwelt: eine rot-grüne Kontroverse*, Freiburg 1980.

Blanke, Bernd u. a., »Staatliche Sozialpolitik und die Regulierung der Nichterwerbstätigkeit«, in: *Leviathan*, 8, 1987.

Brandt, Willy, »Mehr Demokratie wagen«, in: Willy Brandt, *Zum sozialen Rechtsstaat: Reden und Dokumente*, Berlin 1983.

Brant, Karl-Werner, »Cyclical Aspects of New Social Movements: Waves of Cultural Criticism and Mobilization Cycles of New Middle Class Radicalism«, in: Russell J. Dalton/Manfred Kuechler (Hrsg.), *Challenging the Political Order: New Social and Political Movements in Western Democracies*, New York 1990.

Braunthal, Gerard, »Social-Democratic-Green Conditions in West Germany: Prospects for a New Alliance«, in: *German Studies Review*, 9, 1986.

Bull, Hedley, »European Self-reliance and the Reform of NATO«, in: *Foreign Affairs*, Frühjahr 1983.
Bundy, McGeorge, F. Kennan, Robert S. McNamara und Gerard Smith, »Nuclear Weapons and the Atlantic Alliance«, in: *Foreign Affairs*, Frühjahr 1982.
Bürklin, Wilhelm P., »The Greens: Ecology and the New Left«, in: H. G. Peter Wallach/George K. Romoser (Hrsg.), *West German Politics in the Mid-Eighties*, New York 1985.
– »Social Integration and the Future of the Greens«, in *ASGP Journal*, 15, 1987.
Byrne, Paul, »Great Britain: The Green Party«, in: Ferdinand Müller-Rommel (Hrsg.), *New Politics in Western Europe: The Rise and Success of Green Parties and Alternative Lists*, Boulder 1989.
Chandler, William M., und Alan Siaroff, »Postindustrial Politics in Germany and the Origins of the Greens«, in: *Comparitive Politics*, 18. 3, 1986.
Czada, Roland, »Wirtschaftlicher Strukturwandel und Arbeitslosigkeit«, in: *Leviathan*, 8, 1987.
Ditfurth, Jutta, »Radikal und phantasievoll gesellschaftliche Gegenmacht organisieren! Skizzen einer radikalökologischen Position«, in: Thomas Kluge (Hrsg.), *Grüne Politik*, Frankfurt/M. 1984.
Dominick, Raymond, »The Roots of the Green Movement in the United States and West Germany«, in: *Environmental Review*, 12. 3, 1986.
Drane, Melanie, »A Divided Left Faces German Unity: A Response to Andrei Markovits«, in: *German Politics*, 1. 2, Aug. 1992.
Dunn, Keith A., und William O. Staudenmeier, »Strategy for Survival«, in: *Foreign Policy*, Herbst 1983.
»Einigkeit und Grün und Freiheit, ökolibertäre Grüne: Gründungserklärung«, abgedruckt in: *Kommune*, Nr. 4, 1984.
Ely, John, »The Greens: Ecology and the Promise of Radical Democracy«, in: *Radical America*, 17. 1, 1983.
– »The Greens between Legality and Legitimacy«, in: *German Politics and Society*, Nr. 14, 1988.
– »Marxism and Green Politics in West Germany«, in: *Thesis Eleven*, Nr. 13, 1992.
Falkenberg, Gabriel/Erhard Müller, »Thesen für eine systemüberwindende Realpolitik«, in: *Kommune*, Nr. 7, 1984.
Feist, Ursula/Klaus Liepelt, »Die Wahl zum Machtwechsel: Neuformierung der Wählerschaft oder Wählerkoalition aus Hoffnung? Eine Analyse der Bundestagswahl vom 6. März 1983«, in: *Journal für Sozialforschung*, 23. 3, Herbst 1983.

Fichter, Tilman, »Die SPD und die nationale Frage«, in: Cora Stephan (Hrsg.), *Wir Kollaborateure*, Reinbek 1992.
Frankland, E. Gene, »Green Politics and Alternative Economics«, in: *German Studies Review*, 11. 1, 1988.
– »Parliamentary Politics and the Development of the Green Party«, in: *Review of Politics* 51. 3, 1989.
Gansel, Norbert, »Die Strategie in der Diskussion der Jungsozialisten«, in: Norbert Gansel (Hrsg.), *Überwindung des Kapitalismus oder Was wollen die Jungsozialisten?*, Reinbek 1971.
Gorski, Philip, Rezension von: Ferdinand Müller-Rommel (Hrsg.), *New Politics in Western Europe*, in: *German Politics and Society,* Nr. 22, Frühjahr 1991.
Hager, Carol, »Environmentalism and Democracy in the Two Germanies«, in: *German Politics*, 1.1, April 1992, S. 95-118.
Halfmann, Jost, »Rights and Reciprocity: Social Movement Themes and Social Change in the Federal Republik of Germany«, in: *Praxis International*, 8. 1, 1987.
Harsany, Tom, »The New Left and the Dilemmas of Social Democracy in the Federal Republic of Germany: Leftism in an Affluent Society«, unveröffentlichter Dissertationsentwurf, Harvard University, 19. Mai 1992.
Hill, Phil, »The Crisis of the Greens«, in: *Socialist Politics,* Nr. 4, 1984.
Hinrichs, Karl/Claus Offe/Helmut Wiesenthal, »Der Streit um die Zeit: Die Arbeitszeit im gesellschaftspolitischen und industriellen Konflikt«, in: Offe/Hinrichs/Wiesenthal (Hrsg.), *Arbeitszeitpolitik: Formen und Folgen einer Neuverteilung der Arbeitszeit*, Frankfurt/M. 1982.
Hirsch, Joachim, »Between Fundamental Opposition and *Realpolitik*: Perspectives for an Alternative Parliamentarism«, in: *Telos*, Nr. 56, 1983.
– »Fordist Security State and New Social Movements«, in: *Kapitalstate*, Nr. 10-11, 1983.
Hirschman, Albert O., »Exit, Voice, and the Fate of the German Democratic Republic«, in: *World Politics*, 45. 2, Jan. 1993.
Hülsberg, Werner, »The Greens at the Crossroads«, in: *New Left Review*, Nr. 152, Juli-Aug. 1985.
Inglehart, Ronald, »Post-materialism in an Environment of Insecurity«, in: *American Political Science Review*, Nr. 75, 1981.
Jahn, Egbert, »Friedensbewegung und Friedensforschung«, in: Reiner Steinweg (Hrsg.), *Die neue Friedensbewegung: Analysen aus der Friedensforschung*, Frankfurt/M. 1982.
Jansen, Sarah, »Magie und Technik – Auf der Suche nach feministischen

Alternativen zur patriarchalen Naturnutzung«, in: *Beiträge zur feministischen Theorie*, Nr. 12, Dez. 1984.

Kaiser, K./G. Leber/A. Mertes/F.J. Schulze, »Nuclear Weapons and the Preservation of Peace«, in: *Foreign Affairs*, Sommer 1982.

Karabel, Jerome, »The Failure of American Socialism Reconsidered«, in: *The Socialist Register*, 1979.

Karapin, Roger, »Social Movements and Democracy in Western Germany: Creating Coalitions for Policy Reform, 1969-89«, unveröffentl. Magisterarbeit, Department of Political Science, Massachusetts Institute of Technology, 1993.

Kaste, Hermann/Joachim Raschke, »Zur Politik der Volkspartei«, in: Wolf-Dieter Narr (Hrsg.), *Auf dem Weg zum Einparteienstaat*, Opladen 1977.

Kelly, Petra, »Wir müssen die Etablierten entblößen, wo wir können«, in: Jörg Mettke (Hrsg.), *Die Grünen*, Reinbek 1982.

– »Wie sich die Ökologiebewegung zur Friedensbewegung entwickelte«, in: Petra Kelly/Jo Leinen (Hrsg.), *Prinzip Leben – Ökopax, die neue Kraft*, Berlin 1982.

Kitschelt, Herbert, »Left Libertarian Politics: Explaining Innovation in Competitive Party Systems«, In: *World Politics*, 40. 2, 1988.

Klotzsch, Lilian/Richard Stöss, »Die Grünen«, in: Klotzsch/Stöss (Hrsg.), *Parteienhandbuch*, Opladen 1983.

Koelble, Thomas, »After the Deluge: Unification and the Political Parties in Germany«, in: *German Politics and Society*, Nr. 22, Frühjahr 1991.

Komer, Robert W., »Maritime Strategy vs. Coalition Defense«, in: *Foreign Affairs*, Sommer 1982.

Kuby, Gabrielle, »Ende der patriarchalen Herrschaft«, in: *Frauenoffensive*, Nr. 2, April 1975.

Kühnl, Reinhard, »Der Aufstieg der Extremen Rechten Europas«, in: *Blätter für deutsche und internationale Politik*, Juni 1992.

Kuntz, Aline, »From *Spiegel* to Flick: The Maturation of West German *Parteienstaat*«, in: Andrei S. Markovits/Mark Silverstein (Hrsg.), *The Politics of Scandal: Power and Process in Liberal Democracies*, New York 1988.

Leinweber, Bernd/Karl-Ludwig Schibel, »Die Alternativbewegung: Ein Beitrag zu ihrer gesellschaftlichen Bedeutung und politischen Tragweite, ihre Möglichkeiten und Grenzen«, in: Wolfgang Kraushaar (Hrsg.), *Autonomie oder Getto? Kontroversen über die Alternativbewegung*, Frankfurt/M. 1978.

Liepert, Christian, »Die Grünen auf der Suche nach einem neuen ökonomischen Leitbild«, in: N. Beckenbach u. a., *Grüne Wirtschaftspolitik: Machbare Utopien*, Köln 1985.

McNamara, Robert S., »The Military Role of Nuclear Weapons: Perceptions and Misperceptions«, in: *Foreign Affairs*, Herbst 1983.
Markovits, Andrei S., »Anti-Americanism and the Struggle for a West German Identity«, in: Peter Merkl (Hrsg.), *The Federal Republik of Germany at Forty*, New York 1989.
– »German Social Democracy«, in: *Studies in Political Economy*, Nr. 19, Frühjahr 1986.
– »On Anti-Americanism in West Germany«, in: *New German Critique*, Nr. 34, Winter 1985.
– »The West German 68-ers Encounter the Events of 1989«, in: *German Politics*, 1. 1, April 1992.
Markovits, Andrei S./Christopher S. Allen, »The Trade Unions«, in: Gordon Smith/William E. Paterson/Peter H. Merkl (Hrsg.), *Developments in West German Politics*, London 1989.
Markovits, Andrei S./David S. Meyer, »Green Growth on the West German Left: Cultivating Political Space«, vorgestellt auf dem 13. Weltkongreß der International Political Science Association, Paris, 15.-21. 7. 1985.
Meyer, Rolf/Günter Handlögten, »Die Grünen vor der Wahl«, in: *Aus Politik und Zeitgeschichte*, Nr. 3, 1981.
Müller, Harald, »Ökonomiebewegung und Friedensbewegung: Zur Gefährdung des Lebensraums«, in: Reiner Steinweg (Hrsg.), *Die neue Friedensbewegung: Analysen aus der Friedensforschung*, Frankfurt/M. 1982.
Müller-Rommel, Ferdinand, »New Political Movements and ›New Politics‹ Parties in Western Europe«, in: Russel J. Dalton/Manfred Kuechler (Hrsg.), *Challenging in Political Order*, New York 1990.
Neumann, Franz L., »Der Niedergang der deutschen Demokratie«, in: Franz L. Neumann, *Wirtschaft, Staat, Demokratie*, herausgegeben von Alfons Söllner, Frankfurt/M. 1978.
– »Die soziale Bedeutung der Grundrechte in der Weimarer Verfassung«, in: Franz L. Neumann, *Wirtschaft, Staat, Demokratie*, hrsg. v. Alfons Söllner, Frankfurt/M. 1978.
Noll, Chaim, »Treue um Treue: Linke Gefühlslagen und die literarische Beschwörung der besseren DDR«, in: Cora Stephan (Hrsg.), *Wir Kollaborateure*, Reinbek 1992.
Offe, Claus, »Griff nach der Notbremse«, in: Wolfgang Kraushaar (Hrsg.), *Was sollen die Grünen im Parlament*, Frankfurt/M. 1983.
Opielka, Michael, »Vom Sozialstaat zum ökologischen Gemeinwesen – Für eine neue Sozialpolitik«, in: N. Beckenbach u. a., *Grüne Wirtschaftspolitik: Machbare Utopien*, Köln 1985.
– »Von der Krise zur Zukunft des Sozialstaats: Ansatzpunkte einer

ökologischen Sozialpolitik«, in: Die Grünen, Baden-Württemberg, *Die Zukunft des Sozialstaats*, Stuttgart 1983.
Parniske-Kunz, Carola, »Ökologie – eine Angel des Feminismus?«, in: Norbert W. Kunz (Hrsg.), *Ökologie und Sozialismus: Perspektiven einer umweltgündlichen Politik*, Köln 1986.
Pauer, Jan, »Wie friedliebend ist die UdSSR? Die Grünen und Osteuropa. Anmerkungen zu einer laufenden Diskussion«, in: *Kommune*, Nr. 7, Juli 1985.
Pohl, Rüdiger, »Bundesbankpolitik in der Krise – Krise der Bundesbankpolitik«, in: Heinz Markmann/Diethard B. Simmer (Hrsg.), *Krise der Wirtschaftspolitik*, Köln 1978.
Rainbach, Anson, »Benjamin Bloch and Modern German Jewish Messianism«, in: *New German Critique*, Nr. 34, Winter 1985.
Ravenal, Earl C., »Europe without America: the Erosion of NATO«, in: *Foreign Affairs*, Frühjahr 1983.
Reiche, Jochen, »Ökologie und Zivilisation: Der Mythos von den natürlichen Kreisläufen«, in: Thomas Schmid (Hrsg.), *Die Linke neu denken*, Berlin 1984.
Riemer, Jeremiah M., »Reproduction and Reunification: The Politics of Abortion in United Germany«, in: Michael G. Huelshoff/Andrei S. Markovits/Simon Reich (Hrsg.), *The New Germany in the New Europe*, Ann Arbor 1993.
Roth, Roland, »Eine korrupte Republik? Konturen politischer Korruption in der Bundesrepublik«, in: Rolf Ebbighausen/Sighard Neckel (Hrsg.), *Anatomie des politischen Skandals*, Frankfurt/M. 1989.
Scharrer, Manfred, »Eine die Geschichte verfälschende ›Gewerkschaftsgeschichte‹«, in: *Die Quelle*, 29. 11, Nov. 1978.
Schiller, David, »Germany's Other Terrorists«, in: *Terrorism: an International Journal*, 9. 1, 1987.
Schily, Otto, »Vor unvergleichlichen Möglichkeiten«, in: Wolfram Bokkeroich (Hrsg.), *SPD und Grüne: Das neue Bündnis?*, Reinbek 1985.
Schlaga, Rüdiger/Hans-Joachim Spanger, »Die Friedensbewegung und der Warschauer Pakt: Ein Spannungsverhältnis«, in: Reiner Steinweg (Hrsg.), *Die neue Friedensbewegung: Analysen aus der Friedensforschung*, Frankfurt/M. 1982.
Schlotter, Peter, »Strategien der Konfliktentspannung: Vorschläge für die achtziger Jahre«, in: Hessische Stiftung Friedens- und Konfliktforschung (Hrsg.), *Europa zwischen Konfrontation und Kooperation: Entspannungspolitik für die 80er Jahre*, Frankfurt/M. 1982.
Schmid, Thomas, »Nicht sozial, aber bürokatisch, über die Vergesellschaftung der Ohnmacht«, in: Thomas Schmidt (Hrsg.), *Das pfeifende Schwein: Über weitergehende Interessen der Linken*, Berlin 1985.

– »Plädoyer für einen reformistischen Anarchismus«, in: Thomas Kluge (Hrsg.), *Grüne Politik*, Frankfurt/M. 1984.

Schmierer, Joschka, »Weichenstellungen«, in: *Kommune*, Nr. 12, 1983.

Schwarzer, Alice, »Bornierte Freund-Feind-Muster«, in: *Der Spiegel*, 29.4.1991.

Standfest, Erich, »Die Zukunft des Wohlfahrtsstaates aus der Sicht der Gewerkschaften«, in: *Sozialer Fortschritt*, 4, 1980.

Therborn, Göran, »Nationale Politik der internationalen Arbeitslosigkeit: Der Fall Bundesrepublik im Lichte der OECD-Daten von 1973-1985«, in: *Leviathan*, 8, 1987.

Trempnau, Thomas, »Alfheldts Konzept einer defensiven, reaktiven Verteidigung«, in: *Antimilitarismus Information*, Nr. 3, 1981.

Trepl, Ludwig, »Ökologie – eine grüne Leitwissenschaft? Über Grenzen und Perspektiven einer modischen Disziplin«, in: *Kursbuch*, Nr. 74, Dez. 1993.

Tress, Madeleine, »Germany's New ›Jewish Question‹ or German Jewry's ›Russian Question‹? The Resettlement of Jews from the Former Soviet Union in the Federal Republic of Germany«, unveröffentl. Manuskript, Refugee Resettlement Department, Council of Jewish Federations, 1992.

Vesper, Dieter, »Der Beitrag der Finanzpolitik zur Beschäftigungssicherung – Ein empirischer Befund«, in: Heinz Markmann/Diethard B. Simmer (Hrsg.), *Krise der Wirtschaftspolitik*, Köln 1978.

Webber, Douglas, »Eine Wende in der deutschen Arbeitsmarktpolitik?«, in: *Leviathan*, 8, 1987.

Weber, Hermann, »Kommunistische Gewerkschaftspolitik in der Weimarer Republik«, in: *ÖTV-Magazin*, Nr. 4, April 1979.

Weick, Edgar, »Aus der Geschichte lernen«, in: *express*, 17. 4, 23. 4. 1979.

Wiesenthal, Helmut, »Arbeitszeitverkürzung – Arbeitsumverteilung«, in: N. Beckenbach u. a., *Grüne Wirtschaftspolitik: Machbare Utopien*, Köln 1985.

– »Grün-Rational: Vorschläge für eine zeitgemäße Strategie«, in: *Kommune*, Nr. 4, 1984. Auch in: G. Falkenberg/H. Kersting (Hrsg.), *Eingriffe im Diesseits*, Essen 1985.

**Primärquellen**

Bundesarbeitsgemeinschaft Frieden der Grünen, »Einseitig abrüsten – wir machen den ersten Schritt, Friedenskonzept, 1987«, Bonn 1986.

Bürgerinitiativen Umweltschutz Unterelbe (Brokdorf), *Der Bauplatz muß wieder zur Wiese werden!*, Hamburg 1977.

Department of the Army, *Field Manual 100-5*, Washington, D.C., Operations, 20. Aug. 1982.
Deutscher Gewerkschaftsbund, »Protokoll des 9. Ordentlichen Bundeskongresses des DGB, 25.-30.6.1972«.
– »Protokoll des 10. Ordentlichen Bundeskongresses des DGB«.
Friedrichs, G. (Hrsg.), »Aufgabe Zukunft: Qualität des Lebens«, Frankfurt 1972.
Die Grünen, »Antidiskriminierungsgesetz«, 3. Aufl., Bonn 1986.
– »Arbeitszeitforum – Arbeitszeitpolitik«, Bonn 1984.
– *Das Bundesprogramm*, Bonn 1980.
– *Bundestagswahlprogramm 1987*, Bonn 1986.
– *Bundestagswahlprogramm 1990*, Bonn 1990.
– »Entgiftung – sanfte Chemie ist keine Utopie«, Bonn 1986.
– »Euromilitarismus – Zur Bedeutung der Europäisierung der Sicherheitspolitik«, Bonn 1985.
– »Freiheit von Armut«, Bonn 1988.
– »Gegen Arbeitslosigkeit und Sozialabbau: Sinnvoll arbeiten – solidarisch leben« (Sindelfingen-Programm), Bonn 1983.
– *Gesundheitspolitische Vorstellungen der Grünen*, Bonn 1986.
– *Die Grünen im Bundestag: Kritik des Gesundheitswesens und Alternativen*, Bonn 1986.
– *Grüner Basis-Dienst*, Nr. 1, 1985.
– *Grüner Basis-Dienst*, Nr. 7-9, 1986.
– »Militärgroßmacht Westeuropa? Zur Bedeutung der Europäisierung der Sicherheitspolitik und der Belebung der Westeuropäischen Union«, Bonn 1981.
– *Die multikulturelle Gesellschaft: Für eine demokratische Umgestaltung in der Bundesrepublik. Positionen und Dokumentation*, Bonn 1990.
– »Notwendige Anmerkungen zum NATO-Doppelbeschluß«, Bonn 1981.
– »Ohne Waffen, aber nicht wehrlos: Das Konzept der sozialen Verteidigung«, 2. Aufl. Bonn 1987.
– »Der Rhein ist tot – es lebe die Chemie?«, Bonn o.J.
– »Der sofortige Ausstieg ist möglich«, Bonn 1986.
– »Statt Krieg der Sterne, Abrüstung auf der Erde: SDI, EUREKA und ›Europäische Verteidigungsinitiative‹«, Bonn 1985.
– »Dem Struwwelpeter durch die Haare gefahren: Auf dem Weg zu einer Grünen Kulturpolitik«, Bonn 1987.
– *Umbau der Industriegesellschaft, Schritte zur Überwindung von Erwerbslosigkeit, Armut und Umweltzerstörung (Umbauprogramm)*, Bonn 1986.

– »Umweltpolitisches Entgiftungsprogramm«, Bonn o.J.
– »Vorschläge der Grünen zur Veränderung des Betriebsverfassungsgesetzes«, Bonn 1987.
– *Weder Waffenrock noch Schwesternkleid*, Bonn 1988.
– »Wir wollen leben!«, Bonn 1983.
Die Grünen, Baden-Württemberg, *Schlachtfeld Europa*, Bonn 1983.
– *Die Zukunft des Sozialstaats*, Stuttgart 1983.
Die Grünen im Bundestag (Hrsg.), *SPD-Sicherheitspolitik. Ein halber Frieden. Was uns von der SPD trennt*, Hamburg 1986.
– *Vergesellschaftung der Stahlindustrie – eine Alternative zur Stahlkrise?*, Bonn 1983.
Industriegewerkschaft Metall, »Einheitsgewerkschaft: Solidarisches Handeln – Soziale Gegenmacht. Protokoll des 13. Ordentlichen Gewerkschaftstages der IG Metall in Berlin«, Frankfurt/M. 1980.
Regenbogenfraktion im Europaparlament, *Bundesrepublik und Frankreich: Nicht Militärkumpanei, sondern Völkerfreundschaft!*, Bonn o.J.

## Zeitungen und Zeitschriften

Augsburger Allgemeine Zeitung
Bonner Rundschau
Brigitte
Frankfurter Allgemeine Zeitung
Frankfurter Rundschau
Gewerkschaftliche Umschau
The New York Times
Pflasterstrand
Rheinische Post
Der Spiegel
Stern
Süddeutsche Zeitung
Die Tageszeitung
Die Welt
Westdeutsche Allgemeine Zeitung
Wirtschaftswoche
Die Zeit

# Abkürzungen

| | |
|---|---|
| AD | Action Directe |
| AGDF | Aktionsgemeinschaft Dienst für Frieden |
| AL | Alternative Liste |
| APO | Außerparlamentarische Opposition |
| ASF | Aktion Sühnezeichen/Friedensdienst |
| AStA | Allgemeiner Studentenausschuß |
| A3W | Aktion 3. Weg |
| AUD | Aktion Unabhängiger Deutscher |
| BBU | Bundesverband der Bürgerinitiativen für Umweltschutz |
| BDA | Bundesverband der Deutschen Arbeitgeberverbände |
| BI | Bürgerinitiative |
| BUF | Bundeskonferenz Unabhängiger Friedensgruppen |
| BUU | Bürgerinitiative Umweltschutz Unterelbe |
| BuVo | Bundesvorstand |
| CCC | Cellules Communistes Combattantes |
| CDU | Christlich Demokratische Union |
| CSU | Christlich Soziale Union |
| DA | Demokratischer Aufbruch |
| DBD | Demokratische Bauernpartei Deutschlands |
| DFG/VK | Deutsche Friedensgesellschaft/Vereinigte Kriegsdienstverweigerer |
| DGB | Deutscher Gewerkschaftsbund |
| DKP | Deutsche Kommunistische Partei |
| DSU | Deutsche Soziale Union |
| DVU | Deutsche Volksunion |
| EKD | Evangelische Kirchengemeinschaft Deutschlands |
| FDP | Freie Demokratische Partei |
| GAL | Grüne Alternative Liste |
| GAZ | Grüne Aktion Zukunft |
| GIM | Gruppe Internationale Marxisten |
| GLU | Grüne Liste Umweltschutz |
| GNU | Gesellschaft für Natur und Umwelt |
| GSG-9 | Bundesgrenzschutzgruppe 9 |

| | |
|---|---|
| GVP | Gesamtdeutsche Volkspartei |
| IDJ | Initiative Demokratie Jetzt |
| IFM | Initiative für Frieden und Menschenrechte |
| KAB | Kommunistischer Arbeiterbund |
| KB | Kommunistischer Bund |
| KBW | Kommunistischer Bund Westdeutschlands |
| KdA | Kampf dem Atomtod |
| KfA | Kampf für Abrüstung |
| KfDA | Kampf für Demokratie und Abrüstung |
| KOFAZ | Komitee für Frieden, Abrüstung und Zusammenarbeit |
| KPD | Kommunistische Partei Deutschlands |
| KPD-AO | Kommunistische Partei Deutschlands – Aufbauorganisation |
| KPD-ML | Kommunistische Partei Deutschlands/Marxisten-Leninisten |
| KPW | Kommunistische Partei Westdeutschlands |
| LDPD | Liberal-Demokratische Partei Deutschlands |
| MSB-Spartakus | Marxistischer Studentenbund-Spartakus |
| NDPD | National Demokratische Partei Deutschlands |
| NPD | Nationaldemokratische Partei Deutschlands |
| OPEC | Organization of Petroleum Exporting Countries – Organisation erdölexportierender Staaten |
| PCF | Parti Communiste Français – Kommunistische Partei Frankreichs |
| PDS | Partei des Demokratischen Sozialismus |
| PFLP | Popular Front for the Liberation of Palestine – Palästinensische Befreiungsfront |
| PSP | Pacifistisch Socialistische Partij – Pazifistische Sozialistische Partei |
| PSU | Parti Socialiste Unifié – Vereinigte Sozialistische Partei |
| RAF | Rote Armee Fraktion |
| RGO | Revolutionäre Gewerkschaftsopposition |
| RZ | Rote Zellen |
| SALZ | Sozialistisches Arbeiter- und Lehrlingszentrum |
| SB | Sozialistisches Büro |
| SDS | Sozialistischer Deutscher Studentenbund |
| SED | Sozialistische Einheitspartei Deutschlands |
| SHB | Sozialdemokratischer Hochschulbund |
| SPD | Sozialdemokratische Partei Deutschlands |
| SPK | Sozialistisches Patienten Kollektiv |

| | |
|---|---|
| SPÖ | Sozialistische Partei Österreichs |
| SPV | Sonstige Politische Vereinigung – Die Grünen |
| SRP | Sozialistische Reichs Partei |
| UFV | Unabhängiger Frauenverband |
| USP | Umweltschutz-Partei |
| WEU | Westeuropäische Union |
| WGA | Wählergemeinschaft Atomkraft, Nein Danke! |

# Register

*Hinweis:*
Die Stichworte »SPD« und »Die Grünen« sind aus Gründen der Handhabbarkeit nicht aufgenommen worden. Aufgrund der Vielzahl der thematischen Bezüge hätte dies zu einem Übermaß an Nennungen geführt. Zur Orientierung sei generell auf das ausführliche Inhaltsverzeichnis (S. 604ff.) verwiesen.

# Ausführliches Inhaltsverzeichnis